ESKİ YAKINDOĞU'DA KENT, BELLEK, ANIT

KOÇ ÜNİVERSİTESİ YAYINLARI: 71   ARKEOLOJİ

Eski Yakındoğu'da Kent, Bellek, Anıt
Ömür Harmanşah

İngilizceden çeviren: Fügen Yavuz
Yayına hazırlayan: Ziya Kaya, Defne Karakaya
Düzelti: Gaye Dinçel
Mizanpaj uygulama: Gelengül Erkara
Kapak tasarımı ve uygulama: Gökçen Ergüven
Ön iç kapak görseli: Kalhu kale tipi yerleşiminde Kalhu (Nimrūd) Ninurta Tapınağı. F. Cooper'ın tapınak girişi çizimi
Arka iç kapak görseli: II. Aššur-nasir-apli'nin Kuzeybatı Sarayı "Ziyafet Steli," Kalhu (Nimrūd)

Cities and the Shaping of Memory in the Anicent Near East, Cambridge University Press, 2013
© Ömür Harmanşah, 2013
© Türkçe yayın hakları: Koç Üniversitesi Yayınları, 2013 Sertifika no: 18318
1. Baskı: İstanbul, Kasım 2015

Bu kitabın yazarı, eserin kendi orijinal yaratımı olduğunu ve eserde dile getirilen tüm görüşlerin kendisine ait olduğunu, bunlardan dolayı kendisinden başka kimsenin sorumlu tutulamayacağını; eserde üçüncü şahısların haklarını ihlal edebilecek kısımlar olmadığını kabul eder.

Baskı: Yılmaz Ofset   Sertifika no: 15878
Nato Caddesi 14/1 Seyrantepe Kâğıthane/İstanbul   +90 212 284 0226

Koç Üniversitesi Yayınları
İstiklal Caddesi No:181 Merkez Han Beyoğlu/İstanbul   +90 212 393 6000
kup@ku.edu.tr • www.kocuniversitypress.com • www.kocuniversitesiyayinlari.com

Koç University Suna Kıraç Library Cataloging-in-Publication Data
Harmanşah Ömür
  Eski Yakındoğu'da kent, bellek, anıt / Ömür Harmanşah ; İngilizceden çeviren Fügen Yavuz; yayına hazırlayan Ziya Kaya, Defne Karakaya.
  pages ; cm.
  Includes bibliographical references and index.
  978-605-5250-70-6
  1. Cities and towns--Middle East--History. 2. Collective memory--Middle East. I. Fügen Yavuz. II. Kaya, Ziya. III.Karakaya, Defne. IV. Title.
  HT147.M628 H3720 2015

Eski Yakındoğu'da Kent, Bellek, Anıt

ÖMÜR HARMANŞAH

İngilizceden Çeviren: Fügen Yavuz

Kızım Nar için

İçindekiler

Şekil Listesi	9
Kısaltmalar	13
Önsöz	19

BİRİNCİ BÖLÜM   21
Giriş

Kentler, Kültürel İmgelem ve Bellek	21
Kentin İnşası	23
Kentler, Peyzaj ve Uzun Soluklu Bir Tarih	26
Kitabın Yapısal Çerçevesi	30

İKİNCİ BÖLÜM   35
Değişen Peyzajlar: Kentler, Siyaset ve Bellek

Giriş: Kentler ve Hareketli Coğrafyalar	35
Bir Peyzaj Söylemi: "Bu Taşlara Henüz Kimse Dokunmadı"	48
Peyzaj Arkeolojisine Çağdaş Yaklaşımlar	51
Anadolu ve Yukarı Mezopotamya'da Çevre ve Tarih	56
Bölgesel Yüzey Araştırmalarının Anlattıkları	60
Geç Hitit Coğrafyasında Kentleşme, Anıt ve Tören	65
Kayan Peyzajlar: İktidarın Coğrafyasındaki Kaymalar	71
Kaya Anıtları, Yeni Kentler ve Sömürge Peyzajları	74
Malatya'da Mahal ve Mekân	77
Konar Göçerlerin Yerleşik Hayata Geçmesi, Yer Değiştiren Kentler	95

ÜÇÜNCÜ BÖLÜM   103
Aššur Ülkesi: Asur İmparatorluk Coğrafyasının Kuruluşu

Giriş: Hareketli Asur Peyzajları	103
Dönüşen Bir Dünyada Kentler, Coğrafyalar ve Siyasi Aktörler	105
Sınırların İnşası: Orta Asur Döneminde Dicle ve Fırat Boyunda Kurulan Kentler	107
Aššur'un Ötesi: Asur Ülkesinin Yeni Ufukları	114
Kalhu'nun Kuruluşu	123

Asur Kaya Anıtları, Geçmişe Uzanan Coğrafyalar ve
Kırsal Mekâna İşlenen Yazıt 127

Sonuç: Kayan Coğrafyalar ve Mekân Kurma Pratikleri 135

DÖRDÜNCÜ BÖLÜM 137
Kent ve Festival: Anıtlar, Kentsel Mekân ve Mekânsal Anlatılar

Giriş: Kentte Tören, Performans ve İnşa 137

Kentsel Mekânın Üretimi 139

Yukarı Mezopotamya Kenti: Planlama ve Kentsel Kurulum Özellikleri 144

Kalhu'nun Kuruluşu: Anlatısallık ve Performans 150

Mekânsal Anlatılar: Kalhu'nun Kentsel Peyzajı 156

Obelisk ve Stel: Kamusal Alanın Ritüelleştirilmesi 170

"Bu Kapılara Ben Ortostat Dizdim": Anıtlar, Bellek ve
Kargamış'ta Törensel Mekân Yapımı 174

BEŞİNCİ BÖLÜM 199
Dikili Taşlar ve Yapım Hikâyeleri:
Mimari Teknolojiler ve Kentsel Mekânın Poetikası

Teknolojik Üslup, Arkitektonik Kültür ve Zanaat Bilgisinin Mekânları 199

Ortostatlar: Aşınan Duvarlara Anıtsal Bir Bitiş 203

Kalhu: Taş Teknolojileri, Mimari Yenilik ve Görsel Kültür 210

Dikili Taşlar: Bir Mimari Tekniğin Uzun Soluklu Geçmişi 219

Temsiliyetin Benimsenmesi: Kuzey Suriye'de Erken Demir Çağına Geçiş 236

I. Tukultī-Apil-Ešarra (Tiglat-Pileser): Orta Asur Ortostatları ve Anma Fikri 239

Son Sözler 241

ALTINCI BÖLÜM 245
Kentler, Mekân ve Arzu

Kentler ve Arzu 245

Tutkulu Mahaller 246

Tasavvur Edilen Kentler 248

Mimari Mekândan Peyzaj ve Mahal Arkeolojilerine 249

Kaynakça 253

Dizin 349

Şekil Listesi

1 Demir çağında Yukarı Mezopotamya haritası ve metinde adı geçen kentler, yerleşimler ve sit alanları
2 Yukarı Mezopotamya'daki belli başlı arkeolojik yüzey araştırma projeleri haritası
3 Suriye-Hitit devletleri ve belli başlı demir çağı yerleşimleri
4 Tel 'Ain Dārā. Geç tunç-erken demir çağı tapınak planı
5 Tel 'Ain Dārā. Geç tunç-erken demir çağı tapınak genel görünüşü
6 Halep Fırtına Tanrısı Tapınağı, Halep Kalesi. Plan
7 Halep Fırtına Tanrısı Tapınağı, Halep Kalesi. Ortostatlar
8 Kızıldağ: Kurumuş Hotamış Gölü'ne bakan Hartapu kaya kabartma ve yazıtlar
9 Erken demir çağı Malizi / Melid sit alanları ve anıtları haritası
10 Elbistan Karahöyük, pot-Hitit tabaka Evre 2 planı: Luvice hiyeroglif stelin arkeolojik bağlamı
11 Elbistan Karahöyük Luvice hiyeroglif stel
12 Arslantepe (Malatya) topografik yerleşim planı
13 Arslantepe (Malatya) demir çağı "Aslanlı Kapı" planı
14 Luvice hiyeroglif yazıtı ile İspekçür steli
15 Luvice hiyeroglif yazıtı ile Darende steli
16 Luvice hiyeroglif yazıtı ile Izgın steli
17 Tel Halaf. Kazı yapılan kalıntılar ile topografik yerleşim planı
18 Tel Halaf. Kazı yapılan kalıntılar ile kale tipi yerleşim planı
19 Demir çağında Yukarı Dicle bölgesi "Aššur Ülkesi"
20 Demir çağında Yukarı Dicle Nehir Havzası
21 Aššur sit alanı planı
22 Aššur ve Kār-Tukultī-Ninurta çevresi
23 Kār-Tukultī-Ninurta, 1989 itibarıyla yerleşimin yüzey araştırma haritası
24 Kār-Tukultī-Ninurta, kentin anıtsal bölümünün planı
25 Kalhu'nun yakın çevresi, *Patti-hegalli* sulama kanalı ve Negūb Tüneli
26 III. Şalmaneser bronz kapı kabartmaları, Tel Balawat (Imgur-Enlil)
27 III. Şalmaneser bronz kapı kabartmaları, Tel Balawat (Imgur-Enlil), Kabartma Panel 10

28	III. Şalmaneser bronz kapı kabartmaları, Tel Balawat (Imgur-Enlil), Kabartma Panel 10
29	Birkleyn Çay'da Dicle Tüneli bölgesi ve çevresi planı
30	Aşağı Mağara (Mağara I) duvarlarındaki I. Tiglat-pileser kabartma imgesi, solunda Dicle 1 çiviyazısı yazıtı
31	Dicle Tüneli-Birkleyn Çay, Yukarı Mağara ağzı ve III. Şalmaneser'in kabartma ve yazıtları
32	Zincirli. Demir çağı yerleşim planı
33	Göllüdağ. Demir çağı yerleşim planı
34	II. Aššur-nasir-apli'nin Kalhu (Nimrūd) Kuzeybatı Sarayı planı
35	II. Aššur-nasir-apli'nin Kuzeybatı Sarayı "Ziyafet Steli," Kalhu (Nimrūd)
36	Kalhu (Nimrūd) kent planı
37	Kazı yapılan kalıntılar ile Kalhu (Nimrūd) kale yerleşimi planı
38	Kalhu (Nimrūd) "Şalmaneser Kalesi" (III. Şalmaneser *ekal mašarti*) planı
39	Kalhu (Nimrūd) Rıhtım duvarı kesiti
40	Kalhu kale tipi yerleşiminde Kalhu (Nimrūd) Ninurta Tapınağı planı
41	Kalhu kale tipi yerleşiminde Kalhu (Nimrūd) Ninurta Tapınağı
42	Kalhu (Nimrūd) Ninurta Tapınağı ortostatı: Ninurta Anzu kuşunu izliyor. Çizim
43	Kargamış, kent planı
44	Kargamış, "Aşağı Saray Alanı" planı
45	Kargamış, "Su Kapısı" planı
46	Kargamış, Aşağı Saray Alanı ayrıntı planı. Kabartmalı Uzun Duvar, Büyük Merdiven ve Fırtına Tanrısı Tapınağı
47	Kargamış, "Kabartmalı Uzun Duvar" kabartma anlatının şematik çizimi
48	Kargamış. Aşağı Saray Alanı ve Büyük Merdiven. Kazıların genel görünüşü
49	Kargamış, "Kral Kapısı Alanı" planı
50	Kargamış, Kubaba-Karhuhas Tören Alayı. Ortostat kabartmalar, Ankara Anadolu Medeniyetleri Müzesi
51	Tilmen Höyük. Orta tunç çağı sarayı kuzeybatı cephesi ortostatlarından sistem kesiti
52	Orta ve geç tunç çağında Kuzey Suriye
53	Orta tunç çağında Ebla (Tel Mardikh). Topografik harita ve kazı yapılan kalıntılar
54	Ebla (Tel Mardikh), Alan A'da Aşağı Kentin Güneybatı ("Şam") Kapısı
55	Ebla (Tel Mardikh), Alan A'da Aşağı Kent'in Güneybatı ("Şam") Kapısı. Kuzeybatıdan görünüş
56	Tilmen Höyük topografik planı
57	Tilmen Höyük, orta tunç çağında (Tabaka II) kale tipi yerleşim planı

58 Tilmen Höyük, orta tunç çağı Saray kalıntıları, kuzeybatıdan genel görünüş
59 Tilmen Höyük, sarayın kuzeybatı cephesinden orta tunç çağı ortostatlar, giriş avlusundan görünüş
60 İvriz'de Tabal Kralı Warpalawaš'ın kaya kabartması

Tablo Listesi

1 Yukarı Mezopotamya'daki belli başlı bölgesel arkeolojik yüzey araştırma projeleri: Geç tunç-demir çağı geçişi
2 Malizi kralları soyağacı
3 Malizi / Melid Krallığı ve kralların en önemli Luvice hiyeroglif anıtlar
4 Kargamış'taki erken demir çağı hükümdarları ve kamusal anıtlar

Kısaltmalar

AA	Archäologischer Anzeiger
AAAS	Les annales achéologiques arabes syriennes
AfO	Archiv für Orientforschung
AJA	American Journal of Archaeology
AnaAraş	Anadolu Araştırmaları
AnSt	Anatolian Studies
AW	Antike Welt
BaM	Baghdader Mitteilungen
BASOR	Bulletin of the American Schools of Oriental Research
BCSMS	Bulletin of the Canadian Society for Mesopotamian Studies
BiblArch	Biblical Archaeologist
BSMS	Bulletin of the Society for Mesopotamian Studies
CAD	Chicago Assyrian Dictionary
CAH	Cambridge Ancient History
CAJ	Cambridge Archaeological Journal
CTH	Catalogue des Textes Hittites
DaM	Damaszener Mitteilungen
EpigAnat	Epigraphica Anatolica
IstMitt	Istanbuler Mitteilungen
JAE	Journal of Architectural Education
JANES	Journal of the Ancient Near Eastern Society
JAOS	Journal of the American Oriental Society
JCS	Journal of Cuneiform Studies
JESHO	Journal of the Economic and Social History of the Orient
JFA	Journal of Field Archaeology
JMA	Journal of Mediterranean Archaeology
JNES	Journal of Near Eastern Studies
JSAH	Journal of the Society of Architectural Historians
MDOG	Mitteilungen der Deutschen Orient-Gesellschaft

OEANE	Oxford Encyclopedia of Archaeology in the Near East (New York: Oxford University Press-1997)
PAPS	Proceedings of the American Philosophical Association
RA	Revue d'Assyriologie et d'Archéologie Orientale
RHA	Revue Hittite et Asianique
RlA	Reallexikon der Assyriologie
RIMA	The Royal Inscriptions of Mesopotamia Assyrian Periods
SAA	State Archives of Assyria
SAAB	State Archives of Assyria Bulletin
SMEA	Studi Micenei ed Egeo-Anatolici
TAD	Türk Arkeoloji Dergisi
TAVO	Tübinger Atlas des Vorderen Orients
Tüba-Ar	Tüba-Ar: Türkiye Bilimler Akademisi Arkeoloji Dergisi
WA	World Archaeology
WO	Die Welt des Orients
ZA	Zeitschrift für Assyriologie und Vorderasiatische Archäologie

Önsöz

Büyüdüğüm kent Ankara, yeni doğmuş olan Türkiye Cumhuriyeti'nin modern başkenti olarak 13 Ekim 1923'te yeniden kuruldu. Türkiye'de devletin kurucuları, Bizans ve Osmanlı imparatorluklarının kadim başkenti İstanbul'dan uzak durmak istiyorlardı. Baştan aşağı Avrupa modernizmiyle donatılmış bir kent kültürünü geliştirebilmek adına, yeni bir kentsel alan, modernist ütopyalarını canlandırmak için ideolojik ve toplumsal açılardan yepyeni bir zemin yaratmayı hedeflediler. Bu yeni inşa edilen başkentin mimarisi, "devrim mimarisi" olarak nitelendirildi ve Avrupa'daki Modern Hareketin sahip olduğu teknoloji, üslup ve görsel kültür benimsendi (Bozdoğan 2001: 56 vd.; Kezer 1998). Ankara'nın inşası, yeni siyasal düzenin ve kirlenmiş yakın geçmişten kendini besbelli uzak tutan yeni cumhuriyet ideolojisinin belki de en somut tezahürüydü. Ankara'nın tören alanları, bu modernist devlet için ve bu devletin büyük gösterisi olarak tasarlandı.

Diğer taraftan Ankara'nın küçücük ve tozlu bir Anadolu kasabasından modern başkente dönüştüğünün öğretildiği milliyetçi bir eğitim sistemi içinde büyüdüm. Ankara'nın 16. yüzyılda Orta Anadolu'nun belki de en büyük şehri ve zengin bir ticaret ağının merkezi olduğunu şaşkınlıkla öğrenmem çok daha sonralara, doktora yıllarıma rastlar. Ankara'nın merkezi bir yer olarak böylesi büyük bir öneme sahip olması, büyük olasılıkla Frig ve erken Roma dönemleri için de geçerliydi. O halde uzun soluklu bir perspektiften bakıldığında, Ankara'nın modern Türkiye'nin yeni başkenti seçilmesi belli ki rastgele bir seçim değil, tarihsel bilgiye dayanan bir karardı. Bu karar biraz da mekânın sahip olduğu potansiyel ile yine bu mekânın, tarih boyunca ticari ağların ve Orta Anadolu peyzajının siyasi örgütlenmesinin merkezinde olmasıyla belirlenmişti.

21. yüzyılın başlarında bu proje üzerine ilk düşüncelerimi şekillendirmeye başladığımda Ankara, modernist kurucularının ideallerinden uzun süre önce uzaklaşmış bir kentti. Yaklaşık 4,5 milyon nüfusun yaşadığı bu büyük kent, dış mahallelerindeki gecekondular tarafından kemirilmiş ve köyden kente kitlesel nüfus akışıyla birlikte plansız gelişimin kurbanı olmuştu. Hermann Jansen'in 1927'de Ankara için yaptığı ve burayı bir bahçeli kent olarak tasavvur ederek havaalanını şehrin merkezindeki hipodroma yerleştirdiği hayranlık uyandıran plandan geriye,

kent sokaklarında çok az iz kaldı. Ankara, bunun yerine kırılgan gündelik tarihinin silik izlerini koruyarak kendine ait bir kültürel peyzaj yarattı. Kent çok ilginç biçimlerde, kentsel mekâna yapılan idealist müdahaleler, gündelik yaşam pratikleri ve müşterek belleğin narin dirençleri ile ihtiraslı ve katı şemaların aşamalı ve günden güne ilerleyen yapıbozumunun karmaşık bir birleşimini bünyesinde toplar. *Eski Yakındoğu'da Kent, Bellek, Anıt*'ta tam da bu gerilimi, yani kente zaman zaman dayatılan kısa vadeli, pitoresk, ütopik anıtsallık ile kentin uzun vadeli kültürel biyografisi arasındaki bu mekânsal ikiliği araştırıyorum. Kentleri araştırma tutkum, Ankara'nın tedirgin mekânlarının deneyiminden geliyor.

Burada kitabın oluşumuna önemli katkılarda bulunan sizlere şükranlarımı sunmak isterim. Adını anamadıklarım olmuşsa umarım beni affedersiniz. Bu kitabın kökleri Pensilvanya Üniversitesi Sanat Tarihi Bölümü'nde yazdığım doktora tezine kadar uzanır. Tez danışmanım Holly Pittman, Penn'de doktora eğitimine başladığımdan bu yana bana sonsuz ve samimi bir destek ve teşvik kaynağı olmuştur. Mimarlık tarihi ve peyzaj çalışmalarına yönelik yaklaşımımda Renata Hood'un etkisini ne kadar abartmaya kalksam o kadar kifayetsiz kalır sözcükler. Harvard Üniversitesi'nden Profesör Irene J. Winter, bir sempozyumdan ötekisine karşılaştığımız her fırsatta bu araştırma projesi için bana cesaret verdi. Yayınlarının kendi çalışmam üzerindeki etkisi bir yana, kendisi yazım süreci boyunca da yazdıklarımı hiç usanmadan okudu ve her biri yapıcı eleştiriler ve içgörülerle dolu pek çok değerli not, mesaj ve mektup iletti. Bugün hayatta olmayan hocam Profesör Keith DeVries, Anadolu arkeolojisindeki en güncel gelişmeler hakkında her zaman sınırsız ve samimi bir ilham ve bilinç kaynağım oldu. Beni Mezopotamya arkeolojisiyle tanıştıran Richard Zettler'a ve Akadca hocalarım Barry Eichler ve Earle Lichty'e müteşekkirim. Cambridge University Press için elinizdeki metni bitirmeye çalışırken benden cömert desteklerini esirgemeyen Brown Üniversitesi'ndeki çalışma arkadaşlarım Sue Alcock ve John F. Cherry'e teşekkürlerimi sunmak isterim. Reed College ve Brown Üniversitesi'nde verdiğim dersler esnasında öğrencilerim kitaptaki pek çok bölümle tanıştı ve kitabı son haline getirirken onlardan gelen eleştiriler benim için son derece faydalı oldu. Metnin iki anonim okuyucusuna da müteşekkirim. Onların titiz okumaları ve yapıcı eleştirilerinin kitaba büyük katkısı oldu. Cambridge Üniversitesi Yayınevi Editörü Beatrice Rehl ile yardımcıları Isabella Vitti, Amanda J. Smith ve Anastasia Graf ile birlikte çalışmak her zaman keyifliydi. Zahmetli çalışmaları için kendilerine teşekkür ederim.

Pensilvanya Üniversitesi Müzesi Kahvesi'nde Elif Denel ile birlikte yaptığımız uzun tartışmalar, Suriye-Hitit devletleri üzerine fikirlerimi oluşturmama ve Kuzey Suriye ile Güneydoğu Anadolu'da demir çağının arkeolojik malzemeleriyle uğraşmanın getirdiği zorlukları aşmama yardımcı oldu. Arkadaşlarım ve meslektaşlarım Matthew Rutz, Paul Delnero, WuXin, Gül Kaçmaz, Açalya Kıyak, Heather Grossman, Gabriel Pizzorno, Aslı Tanrıkulu, Günder Varinlioğlu, Susan Helft, Jeremie Peterson, Alexis Boutin ve Ersan Ocak benimle her zaman mesleki dayanışmayı aşan paylaşımlarda bulundular ve kitabın satırları arasında daima onlara ait bir şeyler bulunacaktır. Türkiye'deki ailem –Güler, Fahri, Onur ve Rabia– Birleşik Devletler'de geçirdiğim yıllar boyunca beni sürekli teşvik edip destekledi. Onlara da teşekkür ederim.

Peri Johnson sevgiyle ve mesleki dayanışmayla istisnasız her zaman yanımda olarak bu kitaba en büyük katkıyı yaptı. Burada sunulan fikirlerin neredeyse hepsini son derece eleştirel bir gözle değerlendirdi. Ona ne kadar teşekkür etmek istesem az, kelimeler kifayetsiz kalır.

Projenin saha çalışması aşamasında sayamayacağım kadar çok insan çeşitli arkeolojik kaynaklara ulaşmama yardımcı oldu. Bu değerli malzemeleri kitapta kullanmamış olsam da bana Gordion ve Ayanis alanlarındaki demir çağı mimari teknikleri üzerine çalışma olanağı sağlayan G. Kenneth Sams ve Altan Çilingiroğlu'na ayrı ayrı teşekkür etmek isterim. Van Arkeoloji Müzesi (2001), Gaziantep Arkeoloji Müzesi (2001) ve Ankara Anadolu Medeniyetleri Müzesi'ndeki (2002) demir çağı taş anıtlar üzerinde çalışmama izin veren TC Kültür ve Turizm Bakanlığı, Kültür Varlıkları ve Müzeler Genel Müdürlüğü'ne minnettarım. Her birinde geçirdiğim süre boyunca benden yardım ve desteklerini esirgemeyen üç müzenin candan personeline ayrıca teşekkür ederim. Refik Duru, Kay Kohlmeyer, Reinhard Dittman, David Hawkins, Tony Waltham, Frances Pinnock ve Ebla Projesi'ne nezaket gösterip yayınlarındaki çizimleri kullanmama izin verdikleri için teşekkür borçluyum. Sağladıkları görsellerle British Academy, British Museum, Metropolitan Museum of Art ve British Institute for the Study of Iraq da aynı ölçüde cömert davrandılar. Brown Üniversitesi John Hay Kütüphanesi, kitapta kullanılan bir dizi illüstrasyonu titizlikle dijitalleştirdi.

Kitabın düzeltmeleri, Koç Üniversitesi Anadolu Medeniyetleri Araştırma Merkezi'nde geçirdiğim (AnaMed) yıl boyunca yapıldı. Bana son derece misafirperver bir çalışma ortamı sunan Scott Redford ve AnaMed personeline teşekkür ederim. Ayrıca 2012 sonbaharında misafir öğretim üyesi olarak bulunduğum Brown Üniversitesi, Cogut Beşeri Bilimler Merkezi personeline müteşekkirim. Dizinde bana yardımcı olan Bradley Sekedat'a da teşekkür ederim.

Son olarak, bu kitapta yer verilen kimi fikirler daha önce başka yerlerde yayımlandı. Üçüncü Bölüm'de demir çağı Melid Krallığı üzerine yazılmış bölümün sadeleştirilmiş hali *Journal of Mediterranean Archaeology* [cilt 24.1 (2011) 55-83], Dördüncü Bölüm'ün daha kısa bir versiyonu *Bulletin of the Schools of Oriental Research*'te [cilt 365 (2012) 53-77] basılmıştır. Beşinci Bölüm'ün kısa hali Jack Cheng ve Marian H. Feldman editörlüğündeki *Ancient Near Eastern Art in Context: Studies in Honor of Irene J. Winter by Her Students* kitabında yer alır.

[Ninurta konuşur]
Sevgili kentim, kutsal mekân Nibru'un başı göğe ersin!
Kentim kardeşlerimin kentleri arasında birinci gelsin!
Tapınağım kardeşlerimin tapınakları arasında en yükseğe (?)... erişsin!
Kentimin toprakları Sümer'in taze pınarı olsun!
Anuna, tanrı kardeşlerim, diz çöksün orada!
Uçan kuşları yuva kursun kentimde!
Göçmenlerin bedeni gölgemde tazelensin!

"Ninurta's Return to Nibru," 168-74. satırlar,
Black vd. 2006: 181-6.

BİRİNCİ BÖLÜM

Giriş

Anıtları, göz alabildiğine uzanan inşaat alanları ve büyük binalarıyla kasaba ve kentler, bir azınlık için değil, kitleler için düzenlenir... Bir hanedanlık, eğer ortada kent yoksa, ülkesindeki medeniyeti tamamlamak için öncelikle yeni bir kent kurmak zorunda kalacaktır.

İbni Haldun (MS 1332-1406) *Mukaddime* (IV.1-2)

Kent planlaması siyaseti konusunda yazan birçok araştırmacı, Ankara, Brezilia ve İslamabad gibi planlanmış başkentlerin, her şeyden önce, ulus inşası için harcanan gayretin ve bundan duyulan gururun ifadeleri olarak tasarlandıklarını ve bu yüzden de imge ve karakterlerini mevcut bir şehirden almalarının mümkün olmadığını belirtmiştir. Kentin imar edileceği yerde ne kadar az şey varsa, Ankara hakkındaki popüler bir okul şarkısında söylendiği gibi, başkenti "yoktan" varetmekten duyulan gurur ve şeref de o kadar büyük olur.

Sibel Bozdoğan, *Modernizm ve Ulusun İnşası* (2002: 83)

Kentler, Kültürel İmgelem ve Bellek

Bu kitapta mimari bir pratik, kamusal bir kutlama biçimi ve siyasi bir söylem kaynağı olarak eskiçağ Yakındoğu'sundaki kent inşa pratiği incelenmektedir. Yakındoğu tarihi kayıtlarında kent inşa etme düşüncesi, çoğunlukla hâkim seçkinlerin, yerleşim yapıları ile kurulu peyzajlara yönelik siyasi bir müdahalesi olarak karşımıza çıkar. MÖ 8. yüzyıl sonunda yaşamış Asur Kralı II. Şarrukin, belki de MÖ 3. binyılda Agade^{KI}'yi kuran Akadlı adaşına öykünerek, bugün Horsâbad olarak bilinen yerde Dur Şarrukin'i ("Şarrukin Kalesi") kurması ve inşa etmesiyle ünlüdür. II. Şarrukin'in, pek çok Asur eyaletinin her birini, eyaletin kendi işçi ve zanaatkârıyla birlikte bu inşa projesine dahil etmeyi başaran etkileyici örgütlenmesi de aynı ölçüde bilinmektedir (Parpola 1995). Benzer şekilde, Babil hükümdarları Nabopolassar ve II. Nebukadnezzar da sırasıyla MÖ 7. yüzyıl sonu ve 6. yüzyıl başında mimari teknoloji alanındaki pek çok yeniliği bir araya getirerek Babil'in etkileyici kentsel peyzajını yeniden kurup inşa ettiler (Van de Mieroop 2003). MÖ 7. yüzyılın ilk yarısında çalışkan Urartu Kralı II. Rusa'nın imparatorluğun bir ucundan diğer ucuna, birbirine bir tür kraliyet alameti işlevi gören özgün bir taş işçiliği ile bağlanan pek çok yeni hanedan kalesi inşa ettirmesi aynı derecede iddialı, ama belki daha az bilinen bir örnektir (Harmanşah 2009). Kilikya Suriye-Hitit Kralı Adanawalı Azativatas, bugün Karatepe-Arslantaş olarak bilinen yerde bir kale yaptırmış, bölgedeki Luvice hiyeroglif yazıtlardan öğrenildiğine göre, II. Şarrukin ve II. Rusa gibi o da kaleye kendi kraliyet ismini vermiş ve buraya Azativataya demiştir (Hawkins 2000, I: I.1). En son ve çok önemli bir diğer örnek olarak, Ahamenit krallarının Pasargad ve Persepolis'te yaptırdığı törensel başkentler, belki de bu tür projeler arasında en görkemlileridir.

Bu gelişigüzel seçilmiş örnekler, Yakındoğu demir çağlarında Babil'den Anadolu'ya ve İran'a kadar kent inşa etme pratiklerinin coğrafi yayılım ve kültürel çeşitliliği konusunda bize fikir vermekte. Bu örnekler sadece yeni kentler, imparatorluk başkentleri ve bölgesel merkezlerin nasıl inşa edildiğini anlamamıza yardımcı olmaz, kent inşasının o dönemlerde krallık politikaları ile toplumsal belleğin şekillenmesinin ayrılmaz parçası haline gelen toplumsal bir olay olarak nasıl tasavvur edildiğini de gösterir. Daha genel düşünürsek, böyle bir inşa pratiği ve kent politikası, demir çağları boyunca Yakındoğu'nun kent peyzajlarını nasıl dönüştürmüştür? Bu inşa programlarının içeriği nasıldır ve bu programlar siyasi söylem ve müşterek kimlikle nasıl böylesine doğrudan bir yolla ilişkilenmiştir? Kent inşa etme kararı, toplumsal bir ütopya olarak her zaman hâkim seçkinlerin bir ayrıcalığı mıdır, yoksa hâkim seçkinler, aslında süregiden yerleşim eğilimleri, somut ekonomik konjonktürler ve tarihi kayıtlarda bize daha az görünür, daha az erişilebilir olan diğer toplumsal süreçlere sadece uygun mu hareket ediyorlar? Büyük ölçekli mimari projelere bakıldığında, işgücü, malzeme kaynakları ve yapı zanaatkârlığı açısından nasıl bir örgütlenme vardır? Ve bu projelerle mimari bilgi ve yenilikçi yapım teknolojilerinin dolaşımı arasında nasıl bir ilişki vardır?

Yukarıdaki sorulara bölgeye özgü ve tarihsel açıdan incelikli bir cevap bulmaya girişen bu kitap, erken demir çağı boyunca (MÖ 1200-850 c.) belirli bir coğrafi bölge olarak Yukarı Suriye-Mezopotamya'da kentlerin inşası hakkındadır. Erken demir çağı, yukarıda örnekleri verilen orta ve geç demir çağlarına ait (MÖ 850-330) muhteşem kentsel kalkınma hikâyelerinin bir öncüsü olarak düşünülebilir. Geç tunç çağındaki büyük iktidarların MÖ 1200 civarındaki çöküşünü takiben, yeni ortaya çıkan kentleşme ve jeopolitik düzenleme bağlamında, yerleşim yerlerinin kuruluşuna dair pek çok aşamanın eş zamanlı hayata geçtiği bir dönemdir erken demir çağı. Günümüzde Kuzey Irak, Güneydoğu Türkiye ve Kuzey Suriye'yi içine alan Yukarı Suriye-Mezopotamya bölgesi, demir çağında müreffeh kentlerden oluşan bir bölgeydi (ŞEKİL 1). Doğuda Asur İmparatorluğu'nun çekirdek toprakları uzanırken batı ve kuzeybatıda Suriye-Hitit bölgesel devletleri kümelenmişti. Orta Dicle bölgesinde giderek kentleşen çekirdeği ve MÖ 7. yüzyıl sonlarındaki çöküşüne dek süren batı ve güneydeki topraklara doğru zamanla yayılımıyla Asur Devleti, bu dönemde bölgenin önemli bir hükümran devletiydi. Suriye'nin kuzeyi, Türkiye'nin güneydoğusu ile güney bölgesinin orta kısımları ise, bir ya da iki ana kent merkezi ve onların artbölgeleri çevresinde odaklanan pek çok bölgesel beyliğe ev sahipliği yapıyordu. Bu devletler MÖ 1175 civarında dağılan Hitit İmparatorluğu'nun kültürel mirasını sahiplendikleri için bilimsel yazında topluca Suriye-Hitit ya da Geç-Hitit devletleri olarak bilinmektedir (Hawkins 1982). Erken demir çağında Asur İmparatorluğu ve Suriye-Hitit devletleri arasında kent kurmak, hem arkeolojik bulguların hem de yazılı belgelerin ziyadesiyle gösterdiği gibi, ortak bir inşa pratiği, resmi söylem ve kültürel kimlik kaynağıydı (Mazzoni 1994). *Eski Yakındoğu'da Kent, Bellek, Anıt* bu çok yönlü tarihi olgunun karşılaştırmalı bir perspetifle yapılan ilk ayrıntılı ve kapsamlı analizidir. Bu kitap, eskiçağ metinleri, arkeolojik kazı ve yüzey araştırmaları ile çevresel araştırma ve mekânsal analizleri incelemek suretiyle kent kurma pratiğinin kültürel bir tarihini sunar.

Kentin İnşası

Asur ve Suriye-Hitit kentlerinin kuruluşu, kent merkezlerinde büyük inşa projeleri ve kamusal anıtlar yapılmasını içerirken, çevredeki kırsal alanlar ağaç dikimi ve sulama programları ile işleniyordu. Bu önemli toplumsal olaylar, devletin yazılı

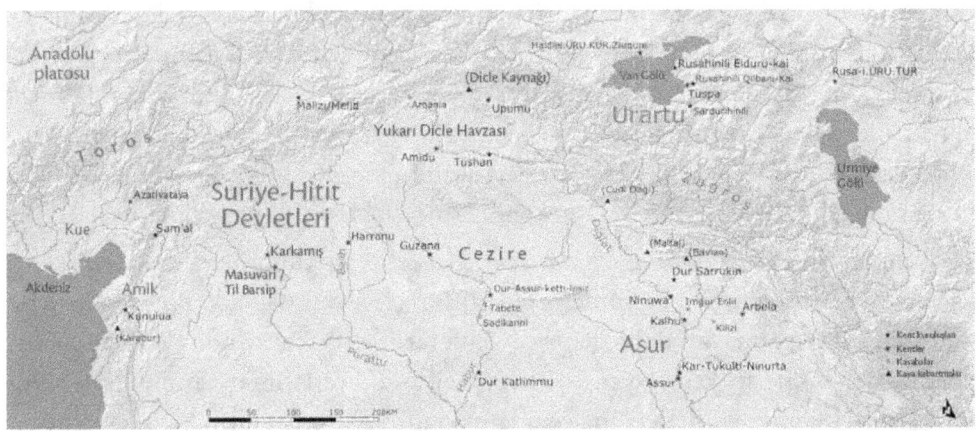

ŞEKİL 1 Demir çağında Yukarı Mezopotamya haritası ve metinde adı geçen kentler, yerleşimler ve sit alanları (Taban haritası Peri Johnson tarafından ESRI Topografik Veriler [Creative Commons: World Shaded Relief, World Linear Water] kullanılarak hazırlanmıştır).

ve görsel anlatılarında anılıp kutlanırken, Yukarı Suriye-Mezopotamya devletleri tarafından paylaşılan ortak bir pratik olarak resmi ideolojinin önemli bir bileşeni haline geldiler. Asur ve Suriye-Hitit kentlerinin sarayları, tapınakları, kent kapıları ve kamusal alanları, oyma taş ortostatlarla (duvar boyunca dizili, ince işlenmiş dikili taşlar), görsel anlatılar ve anma yazıtlarına sahip çeşitli anıtlarla çevriliydi. Bu kitap demir çağı kentlerinin bu mimari teknolojileri, anıt yapma pratikleri ve görsel kent kültürüne odaklanmakta, kentsel alanların simgesel olarak yüklü ve bölgesel olarak paylaşılan dilinin, müşterek anılar ile kültürel kimlikler üreten süreçlerin ayrılmaz bir parçası olduğunu savunmaktadır.

Kent kuruluşları, uzun zamandır, kısa vadeli tarihsel olaylar olarak ele alınmış ve siyasal seçkinler ya da imparatorluk iktidarının gücüyle ilişkilendirilmiştir. Bilhassa imparatorluk kentlerinin kuruluşu ve siyasi başkentlerin yeni mevkilere taşınması, sıklıkla sanki narsis hükümdarların ütopyalarıymış gibi, siyasal tarih bağlamı içinde ele alınmıştır. Kentsel antropolojide 1970'lerin başından beri süregelen "ayrıştırılmış başkentler" adıyla anılan tartışmalar, bu yaklaşıma güzel bir örnektir. Ayrıştırılmış başkentler, bir grup seçkin yararına (hem siyasal hem askeri) yeni bir iktidar odağı/ üssü yaratmak için bir hükümran devlet içindeki mevcut siyasal yapı ve yerleşim hiyerarşisinden maksatlı olarak "ayrıştırılmış", yeni inşa edilmiş başkentlerdir (Blanton 1976; Willey 1979). Bu kültürel açıdan karşılaştırmalı kavram, hem daha erken (Joffe 1998a) hem de yakın tarihli (Yoffee 2005: 189) çalışmalarda eski Yakındoğu örneklerine uyarlanmıştır. Merkezi yer teorisine dayalı evrenselci bir model olarak kavram, sadece Horsâbad ve Ninova gibi tarihsel kayıtlarda iyi temsil edilen imparatorluk kentlerine odaklanmakta ve devlet başkentlerinin yerini değiştirmek ya da yeniden inşa etmeye yönelik tarihsel olarak önemli siyasi kararlara nedensel açıklamalar getirmektedir. Ancak bana göre ayrıştırılmış başkentler tezi, başkentlerin kuruluşunu peyzaj değişiminin daha geniş kapsamlı tarihsel süreçlerinden tam anlamıyla ayrıştırırken, kent ekonomilerini devlet ideolojileri ile siyaset oluşumlarından ayırır. Bütün bunların yanında, kentsel alan üretiminin karmaşıklığı ile maddi, kültürel ve teknolojik yönleri, bu tartışmada kendilerine hiçbir şekilde yer bulamazlar.

Buna karşılık *Eski Yakındoğu'da Kent, Bellek, Anıt* kitabı, yeni kurulan kentleri, uzun vadeli yerleşim eğilimleri, peyzaj süreçleri ve kısa vadeli perspektiflerle rahatlıkla kavranamayan daha geniş çevresel tarihler çerçevesinde ele almaktadır. Uzun vadeli bir perspektif benimsemek, peyzajlardaki yerleşim dinamikleri ve insan hareketliliğini anlamamıza olanak sağlamaktadır. Daha ayrıntılı bir seviyede, bu kitap, yeni yaratılan kent peyzajlarının mikro tarihleri ve malzeme kültürleri ile de ilgilenir: Yani yenilikçi mimari teknolojileri, yeni oluşturulan kült festivalleri, belâgatli kamusal alan düzenlemeleri ve kentsel doku gibi maddi kültürleriyle. Dahası bu tarihi olguyu, mekân, peyzaj, anlatı ve temsil kuramlarının denenebileceği bir laboratuvar olarak kabul eder.

Yeni bir alanda kent inşa etme fikri, çoğu kez toplumlar için uygar hayatın üretken gücü olarak kabul edilir. Yeni kentin, "kentsel olarak tanımlanan kendine özgü bir yaşam biçimi" geliştiren mekânsal bir alan içerdiği varsayılır (Wheatley 2001: 228). Bu kentlilik biçimi, Roma İmparatorluğu soyundan gelenler arasında kent (Latince *civitas*) ve uygarlık (*civilization*) kelimeleri arasındaki etimolojik ilişkide kendini gösterirken, Arapçada da medine (kent) ve medeniyet kelimeleri arasında benzer bir ilişki söz konusudur.[1] O halde kültürler arası bir bakışla kentsel yaşam, ekonomik refah, siyasal istikrar, kültürel etkileşim idealleriyle dolu simgesel bir imge ve yeni bir toplumsal karmaşıklık barındırır. Bu bölümün başındaki alıntıda görüldüğü gibi İbn-i Haldûn kentlerin inşasını uygar hayat ve iktidar kullanımının tesisi için elzem görmektedir.

Erken Mezopotamya epik şiirinde kentler, kültürel imgelem ve siyasal anlatılarda önde gelen bir rol oynar. Bu kitabın girişinde bir Sümer edebi eseri olan *Ninurta'nın Nibru'ya Dönüşü*'nden alıntılanan birkaç satırda Nibru (Nippur) kenti, siyasi alanda hareket eden tanrısal iktidar anıtı olarak kişileştirilmektedir (Black vd. 2006: 181-6). Yatay, dünyevi bir alana görkemli biçimde konumlandırılan ("*yabani bir boğanın boynuzlarıymışçasına*") kent ve tapınakları, kamu yararına düzenlenen festivallerde halkın toplandığı ve kargaşa zamanlarında sığındığı uygar toplumsal mekânı oluşturur (Harmanşah 2013).

Yeni bir kentin inşa amacı; bu iktidar, refah ve uygarlık ideallerini siyasi seçkinlerin gözünde somutlaştırmaktı. Egemen sınıf tarafından başlatılan bir eylem olarak kentin inşası iktidarın imzasını taşır. Ancak kentler, ortaya çıkışlarını takiben kendilerine has bir gelişim süreci, kültürel bir biyografi edinir ve içlerinde yaşayanların maddi pratikleri aracılığıyla dönüşüm geçirirler. Bu dönüşüm, genelde kurucuların başlangıçtaki mimari hedeflerinden uzaklaşma anlamına gelebilir. *Eski Yakındoğu'da Kent, Bellek, Anıt*, kentlerin inşasını müzakere edilen, diyalektik bir süreç olarak ele almak amacındadır. Bir tarafta kentsel idealler, kentleşme politikaları ve anıtsal inşaatların temsiliyetleri –diğer bir deyişle siyasal seçkinlerin yaptıkları– yer alır. Diğer tarafta ise farklı bir mekânsal üretim biçimi olarak hizmet veren maddi pratiklerin izleri ve kalıntıları bulunur. Bu iki süreç arasındaki uzun vadeli müzakere ve diyalektiği kavramak, kentsel biçim araştırmasına esas teşkil eder. Kentsel idealler sorunu, yazılı ve tarihi kayıtlarda belirgin biçimde su yüzüne

---

1 *Civitas* için bkz. *OCD*, 3. baskı (1996): 335. *Medine* için bkz. *Encyclopedia of Islam*, New Edition Supplement Fasc. 7-8 (2003): 551-4.

çıkarken, gündelik mekânlardaki izlere ve kalıntılara büyük ölçüde arkeolojik kayıtlar üzerinden ulaşılabilmektedir (Brogiolo ve Ward-Perkins 1999: xiv-xv). Bu nedenle bu kitap kimi zaman birbiriyle çelişir gözükse de tarihsel ve arkeolojik, yani makro ve mikro perspektifler arasında bir denge kurmayı hedeflemektedir. Ancak bu ikisi arasında bir uzlaşı, elimizdeki kaynakların ayrıntılı biçimde okunması ve tarihsel açıdan temsiliyet sorununun açıkça tartışılması yoluyla mümkündür.

Kentlerin inşası, insanlığın yerleşim tarihi boyunca çok çeşitli coğrafyalarda yaygın olarak görülen yer ve mekân üreten önemli bir toplumsal faaliyet ve yerleşim stratejisiydi. Eskiçağ yaşamında Akdeniz'deki Fenike ve Yunan kolonilerinden Tel el Amarna'daki Akhenaton şehrine, Büyük İskender'in yeni kentleri ve askeri kolonilerinden Roma eyaletlerindeki İmparator Augustus zamanının yeni kentlerine kadar bu pratik, eskiçağ Akdeniz ve Yakındoğu dünyasında bilinmekteydi. Toprak fethetme dönemlerinde erken İslam ve ortaçağ Avrupa dünyası yeni inşa edilen kasabalarla dolu hale geldi (Kostof 1991, 1992; Wheatley 2001). Yeni kurulan kentler sıklıkla önceki tenha, işlenmemiş ya da terk edilmiş araziler üzerine ("yoktan") inşa edildi ve genelde muazzam bir toplumsal girişim gerektirdi. Geniş ölçekli inşa programları, mimari kentsel bir çekirdeğin hızlıca inşasının planlanmasını ve başlatılmasını hedefledi. Belki daha da önemlisi, kırsal alanlar bir kentsel artbölge oluşturacak şekilde işlenip yeniden yapılandırılırken, bu programlar, yeni kentlerin çeperindeki peyzajların bütüncül olarak dönüştürülmesini de kapsadı. Bu kent kuruluşları, tarihi kayıtlarda seçili konumlarda vuku bulan kısa vadeli olaylar olarak anlaşılsa da, benim görüşüm, bunların ayrıca her zaman uzun vadeli yerleşim süreçlerinin parçaları olduğudur. Hâkim seçkinlerin siyasi kararları, anıt yazıtları ve diğer yazılı dokümanlarda korunan tarihi kayıtlarda bolca dile getirildiği için peyzaj değişiminin uzun vadeli süreçlerini belirlemek daha zordur. Peyzajların derin geçmişi üzerine artzamanlı perspektifle yapılacak bir arkeolojik inceleme, bu süreçleri ve bu süreçlerin kent kuruluşlarıyla olası bağlantılarını araştırmak için son derece uygundur.

Kentler, Peyzaj ve Uzun Soluklu Bir Tarih

Yakındoğu tarihi kayıtlarında kentlerin kuruluşuna, seçkin hamiliği tarifleyen ve genelde kamu anıtlarında sergilenen bir siyasi retorik eşlik etmektedir. Bu siyasi retorik, imparatorluk iktidarının askeri ve ekonomik icraatlarını, inşa projeleri ve benzer kamusal vakıflara nedensellik ilişkisiyle bağlayan bir söylemdir. Yeni kentlerin kamusal vakıfları, anıt ve adak heykeller dikmek, şölenler vermek ve yeni festivaller düzenlemeyi içine alır. Askeri harekâtları inşa projelerine bağlayan bu anlatılaştırıcı söylem, MÖ 3. binyılın sonunda Akad Krallığı'na ait erken dönem tarihi yazıtlara dek uzanır (Studevent-Hickman ve Morgan 2006). Edebi ve tarihsel metinlere göre özellikle yeni kurulan kent, Akad Kralı Şarrukin tarafından kurulan Agade kenti gibi idari ya da törensel bir merkez olduğunda, bu siyasal söylemin anlatı ile olan bağı daha da vurgulanır (Van de Mieroop 1999a). Bugün nerede olduğu bilinmeyen başkent Agade'nin kuruluşu, Şarrukin'in güney Mezopotamya düzlüklerine iktidarını yerleştirmesinin temsili haline gelmiş ve doğrudan Akad askeri aygıtının başarısıyla ilişkilendirilmiştir (Wall-Romana 1990: 208). Šamaš Tapınağı'nda bina temelinin inşasında kullanılan tuğlaların üzerine kazınmış Mari Kralı Yahdun-Lim'e (MÖ 1810-1794) ait bir Akad yazıtında, kralın düşman kaleleri ve toprakları yok etmesi ve "sedir ve şimşir dağlarından" ağaç kesmesi, onun anıtlar ve tapınak binaları inşa etmesi ile yan yana sıralanmıştır (van Koppen 2006: 96-8). Bu kitapta ele alınan yeni Asur ve Suriye-Hitit kentlerinin kamusal anıtları, Yakındoğu tarihinde bu tür anlatılaştırmanın belki de en karmaşık örneklerini temsil eder.

Dolayısıyla krallık kentlerinin kuruluşu, imparatorluk iktidarına siyasal bir strateji ve devlet gösterilerine bir sahne olmak üzere ortaya çıkmıştır. Her bölgesel krallığın tarihinde siyasal kent merkezinin coğrafi olarak yer değiştirmesi, yerleşim yapısında yenilikçi bir değişimin sinyalini veren dönüştürücü bir andır. Bu yer değiştirmeye, bölgesel devletler ve bölgesel krallıklar arasında çekişme yaşanan sınır bölgeleri ile komşu toprakları yeniden yapılandıran yeni eyalet merkezleri ve sınır kalelerinin inşası eşlik etmiştir.[2] Yeni kentler, tarımsal üretim için toprakların yeniden yapılandırılmasına, örneğin sulama sistemlerinin kullanıma sokulması sayesinde yoğunlaştırılmış ekim ile yardım etmiştir. Yeni ticaret limanları, bölgeler arası bağlantısallığın mevcut ağlarına meydan okumuştur.[3] Kent inşa projeleri beraberinde yenilikçi ve sembol yüklü mimari ve zanaat teknolojilerini getirmiştir. Nihayetinde ister başarılı ya da başarısız, ister kısa ömürlü ya da uzun vadeli olsun, yeni yerleşimler çevrelerinde "bir dünya kur[ar]lar",[4] yerleşimleri kuran ve kullanan-

---

2 Bölgesel krallıklar burada, birkaç kentsel merkez ve onların artbölgeleriyle sınırlı, ufak ölçekli devletler olarak anlaşılmalıdır. Bölgesel devletlerin ise toprak genişlemesi ve sınır peyzajlarının tarımsal olarak sömürgeleştirilmesi konusunda daha büyük hırsları bulunur. Bir kent devletinin bölgesel devlete dönüşmesi ve imparatorluk iktidarının çekişmeli toprakları yeniden yapılandırmak için temel araç haline gelen kent kuruluşları pratiği arasındaki ilişki için bkz. Oppenheim (1957: 33) ve Trigger (1985).

3 Bölgeler arasındaki bağlantı kavramı, Horden and Purcell (2000), özellikle 123-72'de ayrıntılı biçimde ele alınmaktadır. Horden ve Purcell, Fernand Braudel'in *Mediterranean* kitabındaki "The Mediterranean as a human unit: communications and cities" başlıklı bölümün önemine işaret etmekte. (Braudel 1972, I: 276-352).

4 Norberg-Schulz (2000: 11) bir "mekân kapasitesindeki yapı..." olarak her mimari imge ya da birimin bir ilişkiler "dünyası açtığını" iddia eder.

lara yeni bir dünya düzeni sunar, onların en yakınındaki insan çevresinin özünü dönüştürür ve içine dahil oldukları dünyada yer alan ilişki hiyerarşisini değiştirirlerdi.

Yeni kentlerin anma yazıtları ve vakayiname metinlerindeki beyanı, inşa projelerini egemen seçkinlerin başarıları olarak tanımlar ve geçmişten krallık retoriği olarak bahseden anlatısal bir söylem oluşturur. Kent ve kır ortamlarındaki kamusal anıtlarda sergilenen görsel anlatılar, bu retoriğin tüm permütasyonlarında iletimine katkıda bulunur (Winter 1981a). Kentlerin inşasına yönelik elde edilen arkeolojik bulgular, kent kuruluşunun bu görsel ve yazılı retoriğiyle her zaman uyumlu değildir; bu sebeple kent oluşum süreçlerini ve bunların siyasi temsili arasındaki örtüşme ve farklılıklarını bir arada açıklamak önemlidir. Bu kitabın ikinci amacı, kent kuruluşunun yazılı, görsel ve maddi kayıtlarda nasıl sunulduğunu karşılaştırmaktır. Varolan yaklaşım kent kurma pratiğinin hem saha pratiği hem siyasi tasavvuru, hem fiziksel hem de temsili yanlarıyla ilgilenir. Sonuç olarak kitap, kentlerin mimari açıdan nasıl inşa edildiğini ele alır ve bu mimari pratiklerle bağlantılı olduğu bilinen inşanın siyasal ve toplumsal süreçleriyle de aynı derecede ilgilenir.

Güney Mezopotamya'daki ilk kentlerden başlayarak tarihin çeşitli dönemlerinde Yakındoğu, kentlerin kuruluşuna tanıklık ediyor, ancak *Eski Yakındoğu'da Kent, Bellek, Anıt* kitabı, kentleşme süreçlerine dair zengin yazılı ve arkeolojik bulguların bulunduğu erken demir çağındaki (MÖ 1200-850 c.) Yukarı Suriye-Mezopotamya devletlerine odaklanıyor. Kitap bu amaçla bölgesel bir yaklaşım benimsiyor ve Orta ve Yukarı Dicle havzalarındaki yeni Asur İmparatorluğu'nun erken dönemiyle Kuzey Suriye, Güney ve Güneydoğu Türkiye'deki Suriye-Hitit bölgesel devletlerini karşılaştırıyor (ŞEKİL 1). Bu geniş coğrafi bölgede Luvice, Aramice ve Fenikece konuşan Suriye-Hitit bölgesel yönetimleriyle birbirinin çağdaşı olan Asur ve Urartu bölgesel devletlerini birbirine bağlayan ortak maddi bir kültür vardır. Kitap erken demir çağına odaklandığı için kitaba Urartu devleti dahil edilmedi. Urartu mimari pratikleri ve kent kuruluşları, bu ortak dünyanın oldukça önemli bir parçası olsa da Urartu devletinin esas büyümesi ancak MÖ 9. yüzyıldan sonra gerçekleşmiştir. Bu ortak dünya geç tunç çağının Hitit ve Asur İmparatorluklarından miras kalan uzun vadeli toplumsal yapıları üzerine kurulmuş ve demir çağı boyunca gelişmiştir. Üçüncü ve Dördüncü Bölümlerin esas odağını, geç tunç çağı imparatorluklar dünyasından erken demir çağının parçalanmış yönetim biçimlerine geçişi oluşturuyor. Bu iki bölümde, bölgesel kültürel değişim süreçlerine katılımları üzerinden mimari bilgi ve kent inşa pratiklerinin dolaşımı tartışılıyor. Kitap, demir çağı boyunca kurulmuş Yakındoğu kentlerine dair kronolojik bir inceleme sunmak yerine, örnek olayların analizi üzerinden kent kurma pratiğinin ortak ve geniş kapsamlı temellerini araştırıyor.

Başlangıçta projeyi harekete geçiren unsurlar, Asur, Urartu ve Suriye-Hitit kamusal anıtlar üzerinde gözlenen kent inşası ve peyzajların kalkındırılmasına dair farklı dillerde yazılmış yazıtlar arasındaki çarpıcı benzerlikti. Bu tür paralelliklerin bilimsel yazında derinlemesine incelenmemiş olması aynı derecede çarpıcıydı. Burada arkeolojik ve metinsel bulgular üzerine yaptığım sentez, erken demir çağında kent inşa projelerinin sadece her alana nüfuz eden mimari bir pratik olmakla kalmayıp aynı zamanda krallık retoriğine egemen olduğunu ileri sürüyor. Söz konusu krallık retoriğine bakıldığında, belki de kent inşasının ve mimari projelerin yanında, onunla karşılaştırılabilecek bir tek askeri başarılarla ilgili bilgi gözlenebilir. Burada sunulan sentez, kentlerin inşası, yazıtlar yazılması, kamusal anıtlar dikilmesi ve bahçeler kurulmasının nasıl eşzamanlı olarak birlikte ortaya çıktığına dair bir kavrayış geliştiriyor.

Bu sentezde makro düzeyden mikro düzeye kadar bulguların doğasına duyarlı olmak ve kentlerin kuruluşuna yaklaşırken üç farklı mekânsal ve zamansal ölçekte çalışmak gerekmektedir:

• Uzun süreli peyzaj değişim süreçleri ve yerleşim tarihi,
• Büyük ölçekli inşa projeleri aracılığıyla kentsel mekân üretimi,
• Sembolik anlam yüklü mimari teknolojilerin gelişimi.

Analizin bu üç ölçeği, birbirleriyle bire bir uyumlu olmayı gerektirmeksizin çeşitli bulgu ve kanıtları bir arada kullanmayı olası kılar. Kentsel tarih incelemeleri, yayımlanmış kazılar, tarihi metinler ve kent içindeki anıtlardan faydalanırken uzun vadeli süreçleri ise arkeolojik yüzey araştırmaları ve çevresel araştırmalar ortaya çıkarır. Tarihi ve arkeolojik kayıtlardan elde edilen özellikle bu iki bulgu kitlesi, siyasal temsil ile kültürel pratikler, ideolojiler ile maddi dünya arasında birbirini dengeleme eğilimi gösterir. Son olarak, ocaktan taş kesme işçiliği ve taş yontma teknikleri gibi mimari teknolojiler üzerine yapılan incelikli saha çalışmaları, kent peyzajlarının malzeme ve teknoloji, yüzey ve doku yapısı üzerinden yeniden ele alınmasına olanak sağlar. Bu durum, tartışmayı kent inşa pratiklerinin son derece somut bir yönüne, yapı ölçeği kapsamındaki basit ayrıntılara indirirken aynı zamanda tartışmayı yapı ustalarına, teknolojik bilgiye ve gündelik alanlara bağlar.

Burada bahsi geçen çokölçekli yaklaşım, çeşitli alanlarda kuramsal ve yöntembilimsel bir zemin de talep eder. *Eski Yakındoğu'da Kent, Bellek, Anıt*; günümüzdeki peyzaj, kentleşme, mimari mekân ve maddi kültüre yönelik eleştirel yaklaşımları dahil ederek, kentlerin içinde ve çevresinde mekânları üreten etkinliklerin doğasına yönelik bir kavrayış geliştirir. Demir çağı başkentlerinden elde edilen resmi metinler, büyük ölçekli projeler ve bunlara verilen ideolojik vurguyla bilhassa kent merkezli bir perspektif sergiler. Ne var ki uzun vadeli yerleşim tarihi ayrıntılı olarak ele alındığında kent kuruluşlarının, tamamıyla imparatorluk başkentleri inşasıyla sınırlı olmadığı ortaya çıkar. Yeni kentlerin kurulması aslında daha genel yerleşim eğilimlerine bağımlıdır ve yeni yerleşimler köy, çiftlik, sınır kalesi ve bölgesel merkez ölçeğinde eşit derecede gözlenir. Bunun yanı sıra, mimari teknolojiler üzerine sunduğum analiz, demir çağı kentlerinde hızla yayılan kabartmalı ortostat programların uzun süredir varsayıldığı gibi sadece kısa vadeli bir yenilik olarak değil, diyakronik (ardışık) bir perspektiften kavranması gerektiğini savunur.

Kent kuruluşları, devletin, anma törenleri ve festivaller şeklinde tezahür eden dramatik gösterileridir. Bu şenlikli etkinlikler, toplumun geçmişle ilişkisinin yeniden tanımlanmasına sahne olmuştur. İnşa projeleri, kent merkezine yayılan bir kamusal anıtlar dizisi kurmak suretiyle devletin görsel ve yazılı anlatılarını sergileyen kentsel mekânlar haline gelmiştir. Bu, kısmen kamusal alanlarda anlatısal kabartma programları sergileyen taş ortostatlar, "obeliskler" ve steller dikme tekniğiyle hayata geçmiştir. Ortostat tekniği, erken demir çağı kentleri arasında yaygın bir pratik halini almıştır. Bir teknolojik üslup ve mimari estetik olarak ortostatlar, kentsel peyzajda seçkin ideolojinin maddi dışavurumları olarak görev yapmıştır. Sonuç olarak burada ele alınan üç analiz boyutunun her biri, uzun vadeli peyzaj süreçlerinin araştırılmasından kısa vadeli olaylar olarak kent kuruluşlarını ele almaya ve mimaride özgün yenilikçi teknolojilerin belgelenmesine kadar, Yukarı Suriye-Mezopotamya'da geç tunç çağından erken demir çağına geçiş sırasında kent kurma pratiğini tarihsel açıdan ayrıcalıklı bir olgu olarak kavramaya katkıda bulunur.

Kitabın Yapısal Çerçevesi

Bir tarihsel sorun olarak üst paragraflarda bahsedilen bölgede kentlerin kuruluşu, mevcut çalışmanın merkezinde yer alıyor. Bu bölümü takip eden iki bölüm geç tunç çağı-erken demir çağı geçişinde yeni kentsel yerleşimler kurulmasına eşlik eden peyzaj süreçlerini ve yeni kentlerin bulunduğu alanlardaki bölgesel peyzaj dönüşümlerini inceliyor. Söz konusu geçiş döneminde Asur ve Suriye-Hitit hükümdarlarının kent kurma projeleri, bir kentin fiziksel inşasından çok daha ihtiraslı projelerdir. Anıt yazıtları ve görsel tasvirlerle ifade edilen krallık retoriği, büyük ölçekli sulama ağları, büyük çaplı ekili-dikili alanlar ve nüfusun yerleşimiyle birlikte bir peyzaj işleme programı içerir. Kentsel mekânlar ve imparatorluk peyzajlarını sürekli yeniden tasavvur eden kamusal anıtların inşasıyla bu retorik kamuya sunulur. Hitit, Suriye-Hitit ve Asur kaya kabartmaları ve stelleri gibi kamusal anıtlar da, ihtilaflı topraklar arasına bir sınır çekmiş ve imparatorluk peyzajlarının hayali bir haritasını yaratmıştır. Geniş peyzaj süreçleri üzerine odaklanmak beni, kentlerin inşası, kamusal anıtların kurulması, terk edilmiş kırsal alanların yeniden yerleşime açılması ve peyzajlarda tarım yapılmasının, kendi deyimimle devletin "mekânlaştırılmış anlatılar"ının bileşenleri olduğunu ileri sürmeye götürmektedir. Siyasi peyzajlar, bir taraftan yönetici seçkinlerin ütopyacı ideallerini temsil eden, diğer taraftan müşterek hayal gücünde ekolojik refah imgesi inşa etme girişiminde bulunan kültürel yapıtlar haline gelmiştir.

Hem İkinci hem de Üçüncü Bölümlerin büyük bir kısmı, Yukarı Mezopotamya'daki bölgesel yüzey araştırmalarından elde edilen arkeolojik bulgulara dayanıyor. Bu bulgular, daha sonra belirgin bölgesel kapsamlarıyla bilinen kent kuruluş vakalarıyla çakıştırılmaktadır. İkinci Bölüm'de Hitit İmparatorluğu'nun jeopolitik merkezinin yavaş yavaş güneye doğru kayışı ve geç tunç çağı sonunda çöküşü ele alınıyor. Suriye-Hitit devletlerinde bu çöküşün ardından ortaya çıkan kentleşmeye bir örnek olması için, Malizi/Melid devletinin oluşumuna yönelik arkeolojik ve epigrafik bulguların ayrıntılı bir analizi sunulmuştur. Bu krallık, Türkiye'nin doğusundaki Malatya-Elbistan ovalarında erken demir çağının ilk yüzyıllarında Hitit İmparatorluğu'nun küllerinden doğan ilk siyasal oluşumlardan biri olarak ortaya çıkmıştır. Malizi "taşra beyleri" tarafından kırsal ve kentsel alanlarda dikilen anıtlar, hep dönüşüm halinde olan son derece değişken bir peyzaj resmi sunar. Resmedilen bu peyzaj, kentlerin inşası ve benzeri mahal kurma pratikleri üzerinden yapılandırılan bir peyzajdır.

İkinci Bölüm'de anlatılan Hitit siyasi peyzajlarının hareketliliğine benzer şekilde, Üçüncü Bölüm de, Yukarı Mezopotamya'daki yerleşim değişikliklerinin kapsamlı süreçlerinin bir parçası olarak, MÖ 2. binyıl sonu ve 1. binyıl başında Asur peyzajlarının dönüşümünü inceliyor. MÖ 14. yüzyıl sonlarından itibaren iktidarın coğrafi çekirdeği ve siyasi merkezi Asur krallık yazıtlarında "Aššur Ülkesi" olarak adlandırılmış ve bunu takip eden pek çok yüzyıl içinde, Aššur Ülkesi yavaş yavaş kuzeye, Orta Dicle bölgesindeki Aššur kentinin sınırlı artbölgesinden, Dicle ve Yukarı Zap ile Aşağı Zap nehirlerinin birleştiği yerdeki sulak ve zengin kaynaklara sahip peyzajlara kaymıştır. Buna ek olarak Yukarı Dicle Havzası ve Cezire peyzajları da Asur'a bağlı eyalet ve sınır bölgeleri olarak yoğun yerleşim ve tarıma tanıklık etmiştir. Bu bölüm, Asur peyzajlarının inşasının yeni kentleri, geniş ölçekli mimari programları, sulama kanalları inşasını, meyve bahçeleri dikimini, yeni taş ocakları açılmasını ve kimi zaman nüfus yerleştirmelerini kapsadığını gösteriyor.

Dördüncü Bölüm'de tartışma, kentsel düzeydeki mimari projelere kaymakta ve bu projeleri toplumsal bir faaliyet ve festival olayı olarak incelemektedir. Büyük ölçekli inşa projeleri birçok açıdan halk festivallerine benzer şekilde toplumsal hayatı sekteye uğratan olaylar olarak anlaşılabilir. İnşa projeleri, krallık retoriğinin anıtlar ve anma pratikleri biçiminde tecelli ettiği devletin ve siyasileşmiş gösterilerin kamusal gösterilerine dönüşmüştür. Bu projeler, kamusal mekânlarda kurulan ve tarihsel olayları yazılı ve görsel hanedanlık anlatılarıyla aktaran *narû* anıtları (steller ve obeliskler), ortostat programları, ata heykelleri ve kapı heykelleri gibi mimari teknolojiler ve kamusal anıtları içine alır. Bu tür anıtlarla giderek tanımlanan kent peyzajları, anıtlarla ilişkili yıllık festivaller ve tapınma pratiklerinin tesisiyle ayinleştirilmiş ve törenleştirilmiştir. Bu inşaat projelerinin yürürlüğe konması, toplumsal bellek ve kimlikleri yeniden tasavvur eder. Dolayısıyla krallık retoriği, kendine ait tarih anlatıları yaratmış ve büyük ölçekli inşa programlarında kullanılan belirli mimari teknolojiler aracılığıyla kamusal alanları biçimlendirmeye girişmiştir.

Dördüncü Bölüm'ün odağında belli başlı iki inşa projesi yer almaktadır: MÖ 9. yüzyılda Asur Kralı II. Aššur-nasir-apli'nin Kalhu'da kendi imparatorluk şehrini kurması ve MÖ 10. yüzyıl ve 9. yüzyıl başında Kargamış'taki Suhis-Katuvas hanedanlığının geniş çaplı inşa programı. Hemen hemen aynı dönem hüküm sürmüş olan erken demir çağının Kalhu ve Kargamış krallarının yönetiminde bu iki kent; yuvarlak tepeli steller, obeliskler, üzeri yazılı heykeller, kaya kabartmaları ve kabartmalı ortostat programlarını içeren bir dizi kamusal anıtın inşasıyla mevcut kamusal alanları dönüştüren kapsamlı mimari yenileme programlarına tanıklık etmiştir. Aynı şekilde kült törenleri ve devlet gösterileri bu kamusal alanları her iki kentte de etkin biçimde yeniden şekillendirmiş ve bu dramatik faaliyetler aracılığıyla kent peyzajları da dramatik bir coğrafyaya sahip olmuştur. Bu bölümde sunulan mekânsal anlatılar kavramı, mekânın anlatısallaştırılması vasıtasıyla kentsel mekânların kuruluş süreçlerine işaret eder. Bu anlatısallaştırma, geçmişin sayısız defalar tashih edilerek yeniden düzenlenen versiyonlarını toplumun tahayyülüne ileten devlet anıtlarının, kademeli olarak kullanıma sunulmasıyla mümkün olur.

Beşinci Bölüm erken demir çağı kentlerinde kullanılan ortak mimari teknolojileri inceliyor. Bölümün en önemli katkısı, büyük ölçekli inşa projelerinin mimari bilgi ve diğer teknolojilerin iletilmesinde anahtar rol oynadığını ileri sürmesidir. Tartışmanın çekirdeğini erken demir çağının kendine has mimari teknolojilerinden biri oluşturur: Asur ve Suriye-Hitit kamusal anıtlarındaki ince işlenmiş taş işçiliği ve ortostatların dikilmesi. Arkeolojik ve yazılı bulgulara dayanarak ortostatlara ilk olarak MÖ 2. binyılın ilk yarısında, Tel Mardik ve Tilmen Höyük gibi Suriye'nin kuzeyindeki arazilerde rastlandığını öngörüyorum. Bölgesel bir mimari pratik olarak ortostatlar, ilk olarak kerpiç duvarları aşınma etkilerine, özellikle yağmura, rüzgârın sebep olduğu erozyon ve diğer fiziksel hasarlara karşı güçlendirmek üzere geliştirilmiştir. Bu duvar giydirme tekniğini kullanan Yakındoğu'nun ustaları, ortostatlar saygın bir mimari teknoloji statüsü edinip Asur ve Luvice anıt yazıtlarında açık biçimde işlenirken, yapı yüzeylerinin arkitektonik niteliklerini düzenli olarak geliştirmişlerdir.

Ortostatların kamusal alanlarda dikilen resimli sunum alanlarına dönüşmesi, geç tunç çağı-erken demir çağı geçişinde Suriye-Mezopotamya ve Anadolu ustalarının bir yeniliğiydi. Suriye-Hitit ve Asur kentlerinde hâkim seçkinlerin resimli anlatı programları eş dönemlerde ve yaygın ölçekte görülmüştür. Bu resimli programlar, kamusal mekânlarda son derece hareketli duvar yüzeyleri ortaya çıkarmıştır. Geç tunç çağı tapınakları ve kent kapılarının kült merkezli programlarına artık anma yazıtları, devletin açık alan gösterileri ve yeni hanedanlık kimliklerinin inşası için kentsel mekânları tören alanlarına dönüştüren devletin ideolojik anlatıları da eşlik etmektedir.

Mimarlık tarihçisi Kenneth Frampton'ın (1990, 1995) inşaatın belirli bir coğrafyadaki poetikası olarak arkitektonik ifade fikri ile çağdaş arkeolojik / sanat tarihsel söylemin malzeme üslubu, teknolojik üslup ve inşa süreci kavramları, bu bölümün kuramsal çerçevesini belirlerken etkili olmuştur. Arkitektonik ifade, binaların yapısal dürüstlüğünden (dimdiklik) gelen fiziksel özelliklerine işaret ederken inşa malzemesi ve tekniklerinin dokunsal özelliklerine de gönderme yapar. Daha genel anlamda bu alan, kültürel yapıt ile yapıtın inşası arasındaki boşluğu doldurmaya çalışır. Benzer şekilde mimarlık da inşasının teknolojilerinden ayrıştırılamaz. Bu şekilde inşa edilmiş olan çevre, kültürel olarak anlamlı bir arkitektonik ifadeyle dokunmuştur ki bu ifade karmaşık emek-yoğun süreçlerle elde edilmiştir. Kent kuruluşlarının tarihsel ve toplumsal bağlamları, tam olarak böylesi simgesel olarak yüklü teknolojilerin denendiği yerlerdir; mimari proje alanları malzemelerin özenle işlendiği alanlar haline gelmiştir.

Son bölüm, tartışmanın her üç ölçeğini de yeniden ele alıyor ve mekân, kültürel temsil ve toplumsal pratik gibi kuramsal konulara eğilerek, eskiçağ Yakındoğu'sunda yeni kentler ile yeniden inşa edilen kentlerin bu tür meselelerin disiplinler arası ele alınışına nasıl katkıda bulunduğunu açığa kavuşturmaya çalışıyor. Benzer şekilde kitap, genel olarak modernizm ile sanayileşme öncesi ve Batı dışı kültürler perspektifinden mimari mekân kuramlarına oldukça katkıda bulunuyor. Eskiçağ dünyasının mimari mekânları üzerine yapılan çalışmalar fazlasıyla modernite ve onun mekân kavramları ile koşullandırılmıştır. Mimarlık eleştirisinin modernist söyleminde mimari mekân sıklıkla nesneleştirilir, görsel ya da algısal bir fetiş olarak sunulur ve kapitalist sistem içinde bir ticari nesne haline gelir. 19. yüzyılın mimari (ağırlıklı olarak Alman kökenli) söylemi, mimari mekân kavramını kendi başına estetik ve biçimsel bir kategori olarak ortaya koymuştur. Algısal deneyim üzerinden değerlendirilen mekân, psikolojik anlamda incelenmiş ve mimarinin biçimsel unsurları ile insan algısı arasında bir empati dünyası (*Einfühlung*) olarak tasavvur edilmiştir. Mimari mekân, bu yolla giderek toplumsal üretim ilişkilerinden ayrıştırılmış ve sanki kendisini var eden mekânsal pratikler ve tarihsel süreçlerden bağımsız bir "sanat eseri" olarak analiz edilebilirmiş gibi kendine münhasır olarak ele alınmıştır. Bu soyut ve şekilci mekân anlayışı, artık bizim çağdaş mimarlık tarihi anlayışımıza işlemiş haldedir ve kaçınılmaz olarak toplumsal bilimler ve beşeri bilimlerin diğer dallarındaki mimarlık ve kentsel mekân yorumları üzerinde de etkide bulunmaktadır. Aynı şekilde eski çağlara yönelik mimari mekân çalışmaları da, bu modern mekân kavramlarının eski çağda inşa edilmiş çevrelere anakronistik tarzda uygulanışından muzdariptir. Mekân hakkındaki arkeolojik yorumlarda, özellikle mimari mekânın her zaman profesyonel olarak tasarlandığına dair modernist varsayım sık sık karşımıza çıkar. Mimarlıkla ilgili bu varsayımlar inşa faaliyetinin kültürel bir süreç ve mekânın toplumsal bir ürün olduğunu reddetmektedir. Benzer şekilde mekân üretiminin ardındaki *gerçek* toplumsal ilişkileri de görmezden gelir. Nihayet, inşa projesi sonrası dönemde fiziksel ve bilişsel olarak mekânı dönüştüren pratikleri yok sayar.

Amaçlı bir mekânsal üretim eylemi olarak yeni kentlerin inşası, bize çeşitli toplumsal aktörlerin rol aldığı ilginç bir tarihi vaka örneği sunar. Bu aktörler, projelerin soylu hamileri gibi siyasi aktörlerden yapı ustaları ve denetçilerine, gündelik pratikleriyle mekânların biçim ve anlamlarını dönüştüren sıradan kentlilere dek uzanmaktadır. Kent inşasının sadece siyasal seçkinlerin ideolojik kararları sonucu olduğuna dair genelgeçer varsayımın aksine, *Eski Yakındoğu'da Kent, Bellek, Anıt*, bu anlayışın, hâkim sınıfın krallık retoriğinin tahakkümü altındaki resmi tarih kayıtlarından türediğini ileri sürer. İkinci olarak bu anlayış, modernist mekân üretimi anlayışını varsayar. Halbuki çeşitli arkeolojik, çevresel, resimli ve yazılı bulgular bir bütün olarak karşılaştırıldığında, kent kuruluşlarının toplumsal karmaşıklığı ister istemez ortaya çıkar. Aynı şekilde, görünüşte kısa vadeli bir siyasal olay olarak algılanan kent inşası, uzun süreli yerleşim süreçlerinin, peyzaj yapılandırmasının ve süreklilik gösteren kültürel pratiklerin bir ürünü olarak ortaya çıkar. Kentler birkaç yılda kurulabilir, ancak yalnızca bölgesel bina geleneklerine dair bilgi birikiminin kullanımıyla olanıklıdırlar. Binalar bir gecede göğe yükselmiş görünebilir, ancak yalnızca onların mekân ve yüzeyleriyle bağ kuran insanlarla anlam kazanırlar. Önemli tarihsel kararların ardında iktidardaki seçkinler olabilir, ancak onların kendileri de konumlarını daha uzun vadeli toplumsal süreçlere ve belirli tarihsel koşullara borçludur. Bu kitapta anlattığım hikâyeler işte bunlardır.

İKİNCİ BÖLÜM

Değişen Peyzajlar: Kentler, Siyaset ve Bellek

[P]eyzaj üzerine yapılacak çalışma, akademik bir faaliyet olmanın ötesinde, insan hayatının karmaşıklığı, tarihsel olumsallık, çekişme, hareket ve değişim üzerinedir... Eğer. . . peyzaj fikrini genişletir ve bu fikri insanların –tüm insanların– onları çevreleyen maddi dünyayı anlama ve bu dünyaya bağlanma biçimi olduğunu düşünürsek ve insanın dünyada var olmasının tarihsel ve uzamsal olarak her daim rastlantısal olduğunun farkına varırsak peyzajların her daim süreç içinde olduğu, karşıtlıklar içerebileceği, düzensiz ve tedirgin yapısı netlik kazanır.

Barbara Bender 2001: 2-3

Peyzaj, maddi kültürün diğer biçimleri gibi tarihsel incelemenin kapsamını yazılı kayıt bırakma beceri ve gücüne sahip kişilerin ötesine genişletme potansiyeline sahiptir. Kimi peyzajlar, diyelim bir tasarımcı ya da haminin tekil görüntüsünü ortaya koysa da çoğu peyzaj zaman içinde bir şekilde belli bir toplumun ortak noktaları kadar farklılıklarını da içine alan geniş çeşitlilikte insan çabası tarafından çizilir.

Marina Moskowitz 2009: 71

Giriş: Kentler ve Hareketli Coğrafyalar

MÖ 9. yüzyılda yaşayan Asur Kralı II. Aššur-nasir-apli, "Atalarım zamanında viraneye dönmüş, terk edilmiş kentleri yenileme işini üstlendim ve buraya birçok insanı yerleştirdim," diye anlatır. Kral şöyle devam eder: "Topraklarımdaki eski sarayları yeniledim. Onları görkemli bir üslupla bezedim [ve] içlerine tahıl ve saman depoladım."[1] Geç tunç ve erken demir çağlarının Yukarı Mezopotamya ve Anadolu devletleri, yeni kentler kurulması ve meyve bahçeleri dikilmesinden, sulama sistemleri tesis edilmesi ve kaya kabartmalarının yontulmasına kadar uzanan büyük ölçekli inşa projeleri vasıtasıyla çevreleriyle yakın ilişki kurmaya ve

---

[1] II. Aššur-nasir-apli'nin (MÖ 883-859) Kuzeybatı Sarayı'ndaki "Ziyafet Steli"nden bir parça; çeviri A. Kirk Grayson (1991, 291).

varolan peyzajları dönüştürmeye özel bir ilgi gösterdiler. Aššur-nasir-apli'nin bu paragrafın başında yer alan açıklaması belirli bir inşa projesine değil, miras yoluyla elde ettiği yapı çevresini dönüştürmeyi hedefleyen kapsamlı bir peyzaj politikasına işaret eder. Kullandığı retorik, restore etmeyi planladığı atalardan kalma bir anıtlar topografyasını akla getirir. Ruth Van Dyke ve Sue Alcock'un (2003: 1) Yakındoğu hükümdarlarının bellek pratiklerini ele alırken belirttiği gibi, peyzaj projeleri ve krallık retoriği aracılığıyla "kral, toplumsal belleğin inşasıyla yakından ilgilenmiştir."

Asur'un Nīnuwa'sı, Urartu'nun Tušpa'sı ve Suriye-Hitit'in Kargamış'ı gibi kentlerin efsanevi hikâyelerinde görüldüğü üzere, tarihsel kayıtlarda Yukarı Mezopotamya peyzajlarının temsilinde muhteşem kentleşme çalışmaları ve kent yaşamının gelişimi ağır basar. Bu devletlerdeki anıt yazıtlarında henüz uygarlığın adım atmadığı peyzajların yeni kentler kurulması aracılığıyla işlenmesine tekrar tekrar gönderme yapılır ve kent merkezli bir devlet ideolojisi söylemi ortaya konur. Bu kayıtlarda devletin refahı, dikkat çekici biçimde böylesi "uygarlaştırma" süreçlerinin gerekliliklerine bağlıdır: yeni sömürgeleşmiş topraklarda inşaat, toprağın işlenmesi ve sulama.

Yakındoğu arkeolojisinin, prestijli yapıtlar, yazılı arşivler ve anıtsal mimariden oluşan zengin buluntular için geniş yerleşimlerde yapılan kazılara verdiği bir buçuk yüzyıllık emek, sadece kentin bu baskın imgesini pekiştirmiştir. Ancak tıpkı bölüm başında Barbara Bender ve Marina Moskowitz'den yaptığım alıntılarda belirtildiği gibi, peyzaj arkeolojilerinin anlatacağı farklı hikâyeler vardır ve bu hikâyeler, çevredeki büyük inşa projeleri ve siyasi müdahalelerin oldukça ötesine uzanır. Peyzajlar maddi bellek, uzun vadeli insan pratikleri, olaylar ve siyasal çekişmelerin derinlerdeki kalıntılarına olduğu kadar kültürel tasavvur ve hikâye anlatımı katmanlarına bağlılıkları açısından da "özünde dinamik ve tarihsel olarak duyarlıdırlar" (Alcock 1993: 7; ayrıca bkz. Bender 2006). Eğer bugün çoğu peyzaj ve mekân düşünürünün iddia edeceği gibi, peyzajlar değişken ve kolay denetlenemeyen, zengin dokulu ve katmanlı yapılarsa onları dönüştürecek olanı, sadece siyasi aktörlerle sınırlamamak gerekir. Bu durum, imparatorluk inşa projelerinin peyzajdaki konum ve etkilerini hiçbir şekilde dışlamaz, ancak benim amacım bu projeleri uzun vadeli yerleşim eğilimleri ve çevresel değişim bağlamına oturtma ihtiyacına vurgu yapmaktır. Michael Jackson, Karl Marx'tan alıntı yaparak bize şunu hatırlatır: "İnsanlar kendi tarihlerini kendileri yaparlar ama kendi diledikleri gibi yapmazlar; insanlar tarihi kendi seçtikleri şartlar altında değil, doğrudan içinde bulundukları, verili ve geçmişten aktarılan şartlar altında yaparlar" (Marx 1934: 10; alıntı Jackson 2007: 23). Daha radikal bir ifadeyle tarih, "aktörlerin hiçbir şekilde nihai sonucu en baştan bilemediği ve kontrol edemediği sonsuz yenilikte olaylar zinciridir" (Arendt 1958: 59-60; alıntı Jackson 2007: 23).

Son birkaç on yılda peyzaj arkeolojisi alanında, yoğun ve yaygın yüzey araştırması gibi saha yöntemleriyle donatılmış çağdaş yaklaşımlar öne çıkmış ve Yakındoğu peyzaj tarihini kavramak için bize gerekli arkeolojik araçları sağlamıştır (Cherry 2003; Alcock ve Cherry 2004; Wilkinson 2003; Wilkinson, Ur ve Casana 2004). Bu bölüm, peyzaj arkeolojisinden elde edilen çevre ve yerleşim tarihleri bağlamında, geç tunç çağından erken demir çağına geçiş döneminde yeni kent inşalarını ele alır. Yeni kurulan kentleri peyzaj dönüşümünün uzun vadeli süreçlerinin bir bileşeni olarak kavramak için çevresel, arkeolojik, sanat tarihsel ve yazılı bulguları bir araya getirir. Yeni kent kuruluşu gibi tarihsel bir pratiği kavramak hem maddi pratikler hem de bunların yazılı kayıt ve görsel kültürdeki temsilleri üzerine *eleştirel* düşünmeyi gerektirir. İlerleyen kısımda, yeni kent kuruluşu pratiğinin siyasi temsillerini ele alıyor ve resmi devlet söylemi bünyesine mimari projelerin nasıl dahil edildiğini analiz ediyorum. Yazılı açıklamaların bu daha kapsamlı değerlendirmesini takiben, Yukarı Mezopotamya yerleşim peyzajlarının eleştirel bir analizine zemin hazırlamak için yakın dönem peyzaj arkeolojisi ve teorisindeki gelişmeleri sunuyorum. Yukarı Mezopotamya'daki yakın dönemli arkeolojik yüzey araştırmalarından elde edilen bulgular, geç tunç çağının kentleşmiş ve ticari odaklı dünyasından erken demir çağının dağınık ve kırsal yaşamına doğru, bölgeye has belirli yerleşim değişikliği süreçlerini sunar (TABLO 1 ve ŞEKİL 2).

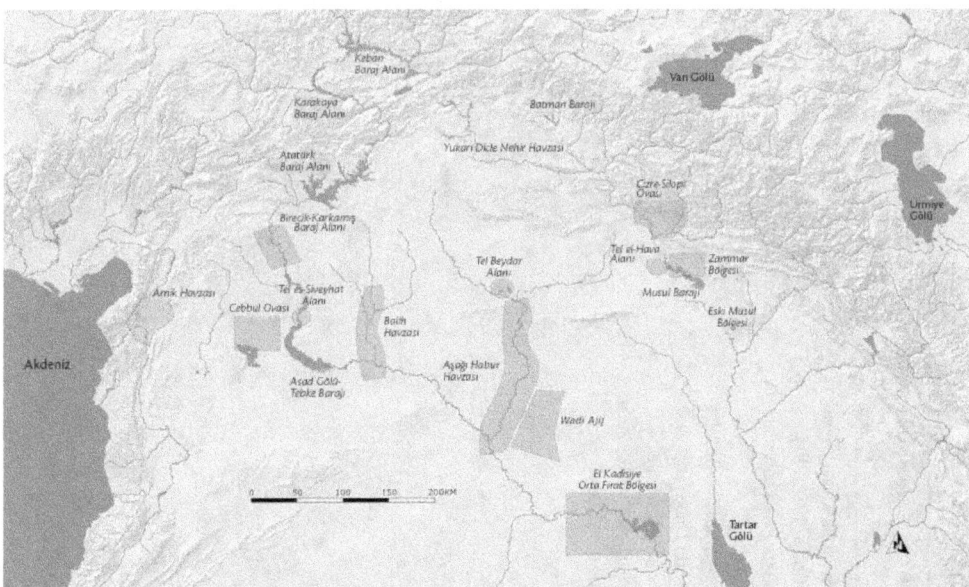

ŞEKİL 2 Yukarı Mezopotamya'daki belli başlı arkeolojik yüzey araştırma projeleri haritası (Taban haritası Peri Johnson tarafından ESRI Topografik Veriler [Creative Commons: World Shaded Relief] kullanılarak hazırlanmıştır).

TABLO 1. Yukarı Mezopotamya'daki belli başlı bölgesel arkeolojik yüzey araştırma projeleri: Geç tunç-demir çağı geçişi.

PROJE VE ALAN (YÜZEY ARAŞTIRMA EVRENİ)	YAYIN	YÖNTEMBİLİM	GEÇ TUNÇ–ERKEN DEMİR ÇAĞI GEÇİŞİ
Dicle-Fırat Arkeolojik Keşif Projesi, Güneydoğu Türkiye 1988-1991 Yukarı Dicle bölgesi vadi havzaları, Güneydoğu Türkiye. Altbölgeler: 1. Batman'dan Bismil'e kadar Batman Su / Dicle Havzası. 2. Cizre-Silopi Ovası 3. Cizre'nin kuzeyinde Dicle Havzası 4. Botan Su alanı 5. Garzan Su Havzası.	Algaze 1989. Algaze vd. 1991. Rosenberg ve Togul 1991. Parker 2001b.	Değişken, ancak genelde yoğun olmayan, taşıtlı, ancak çok dönemli tellerle olduğu kadar tek dönemli, daha küçük, genelde düz arazilerle ilgilenir. Büyük alanlar çevresinde belli yerlerde yürüyerek yapılan yüzey araştırmaları.	Batman Su'da OT büyük oranda yoktur, GT güçlükle fark edilir: Nuzi malları, Habur araç gereçlerine yönelik bazı bulgular, ancak diğer yandan kimi orta Asur'a özgü araç gereçler de görülür. Özellikle Ziyaret Tepe çevresinde yaygın olarak DÇ sit alanları fark edilir. Ayrıca Garzan Su Havzası'ndaki nehir terasları ve tepelerde tarıma yönelik pek çok DÇ alanı bulunur. Garzan Su Havzası'nda 12'si <1 hektar ve yalnızca 3'ü 1-5 hektar aralığında toplam 15 DÇ sit alanı tespit edilmiştir. Botan Nehir Vadisi'nde hiç GTÇ sit alanı olmamasına karşın 8 sit alanının DÇ'ye ait olduğu tespit edilmiştir. Güneyde Cizre-Silopi Ovası'nda Mitanni-orta Asur'a ait herhangi bir iz ilginçtir ki görünmez. 2. binyıl başlarına ait yirmi altı sit alanı tespit edilmiştir. Bu sayı GTÇ'de hepsi ufak köyler olan (Mitanni / orta Asur, MÖ 1400-1000) 10 sit alanına düşer. DÇ'de yerleşim sayısı artar (38 sit alanı), en yoğun yerleşim geç Asur'un zirveye ulaştığı dönemden sonra görülür. Yerleşim yerleri mevsimsel Şurik Dere çevresinde toplanır. Cudi Dağı eteklerinde Silopi Höyüğü, Şurik Dere'de Nerwan Höyüğü, Takyan Höyüğü, Basorin Höyüğü, kale duvarlarıyla ve ayrı beslenme havzaları için bölgesel merkezler işlevi görerek DÇ'de genişleyerek geniş sit alanları haline gelmiştir. GTÇ'de işgal edilen sit alanlarında tam bir yerleşim sürekliliği bulunur. Yirmi sekiz yeni yerleşim yeri kurulmuştur (toplam yerleşim yerlerinin %73'ü). Takyan Höyüğü yeni kurulan tek geniş yerleşim yeridir, diğer tüm kurulanlar köyler, mezralar ya da çiftliklerdir.

DEĞİŞEN PEYZAJLAR: KENTLER, SİYASET VE BELLEK | 39

PROJE VE ALAN (YÜZEY ARAŞTIRMA EVRENİ)	YAYIN	YÖNTEMBİLİM	GEÇ TUNÇ–ERKEN DEMİR ÇAĞI GEÇİŞİ
Dicle-Fırat Arkeolojik Keşif Projesi, Güneydoğu Türkiye 1988-1991 Fırat Havzası, Güney Türkiye (Birecik-Kargamış baraj bölgesi)	Algaze vd. 1991. Algaze vd. 1994. Ayrıca bkz. Morandi Bonacossi 2000: 375-378.	Karma: Çoğunlukla taşıtlı, ayrıca yoğun örnekleme yüzey araştırması. Bağlı kırsal yerleşimleri tespit etmek için büyük höyükler, vadi tabanları ve daimi su kaynakları etrafında arazi kesit yürüyüşleri.	Kargamış'ın kendisi ve Cısrın Höyüğü dışında GTÇ hemen hemen hiç yoktur. Algaze vd. (1991, 1994) Kargamış'ta büyük bir yerleşim yoğunluğu olduğunu ve MÖ 3. binyıl sonu ve 2. binyıl başındaki üç kademeli yerleşim hiyerarşisinin GTÇ'de mevcut olmadığını öne sürer. Bu dönem için görünüşe göre karşılaştırmalı örneklem eksikliği nedeniyle araştırma ekibi yörede yaşayan bir topluluk teşhis etmemiştir. Geç Asur seramiklerinden anlaşıldığına göre bölgeye yoğun olarak ODÇ'de yerleşilmiştir (16 sit alanı).
Baraj Kurtarma Yüzey Araştırması, Aşağı Fırat Havzası, Doğu Türkiye 1977 Malatya ve Elazığ bölgesi Fırat Havzası, Malatya'nın güneyindeki dağlık bölge, Urfa-Adıyaman ovaları.	Özdoğan, 1977.	Karma: Genelde taşıtlarla yapılan ve sit temelli, ama yer yer yürüyerek yapılan yoğun yüzey araştırmaları da yer alır.	Çanak çömlek diziliminde OT ve GTÇ birbirlerinden bağımsız olarak ayırt edilemedi. Hem Malatya-Elazığ bölgesinde hem de Urfa-Adıyaman Ovası'nda OT-GTÇ'den DÇ'ye kadar yerleşim alanları sayısında genel toplamda bir artış görülür ve Özdoğan, DÇ'de bölgede dikkate değer ufak ölçekli yerleşim alanları ortaya çıktığını belirtir.
Adıyaman Yüzey Araştırması, Güneydoğu Türkiye 1985-1988 Yukarı (Türkiye) Fırat, Tille Höyüğü civarı. Samsat'ın nehir aşağısındaki Fırat Vadisi, Kahta Çayı ve Fırat'ın birleşim yeri yukarısındaki üçgen şeklindeki alan, Gölbaşı Havzası, Keysun-Kızılin Ovası, Besni Ovası.	Blaylock, French ve Summers 1990.	Taşıtlara ve çoğunlukla ayrıntılı yapılan yüzey araştırması. Yoğun saha yürüyüşü sadece seçili birkaç sınırlı alanda yapılmıştır.	Bölgede ETÇ'de yoğun yerleşim görülür (40 sit alanı), ancak orta ya da GTÇ'de hiçbir sit alanı tespit edilmemiştir. Sit alanları tarihsel olarak erken DÇ geç Hitit Krallığı Kummuh'a denk düşerler. DÇ çömlekleri Tille Höyüğü'nden gelen stratigrafik dizilimle tespit edilmiştir. Erken DÇ; MÖ 12. yüzyıldan 10. yüzyıla kadar. Orta DÇ: bağımsız Kummuh Krallığı (MÖ 9. yüzyıldan 8. yüzyıla kadar); geç DÇ: MÖ 7. yüzyıl yeni Asur katmanları. DÇ'de yerleşim dokusunun gelişimi raporda yer almamaktadır.

PROJE VE ALAN (YÜZEY ARAŞTIRMA EVRENİ)	YAYIN	YÖNTEMBİLİM	GEÇ TUNÇ-ERKEN DEMİR ÇAĞI GEÇİŞİ
Batı Cezire Peyzaj Arkeolojisi Projesi, Balih Vadisi, Kuzey Suriye 1983, 1992-1995 Modern Rakka ve Balih'in Fırat ile birleştiği yerden kuzeyde Türkiye sınırına kadar olan Balih Vadi Havzası.	Akkermans 1984. Wilkinson 1998a ve 1998b. Lyon 2000.	Akkerman'ın 1983 tarihli yüzey araştırması uydu görüntülerine, hava fotoğraflarına ve bunların araçlarla yapılan arazi doğrulamasına dayanıyordu. Alçak höyüklü ufak sit alanları gözden kaçırıldı. Daha sonra Wilkinson, Lyon ve diğerleri tarafından nehir havzası boyunca yürüyerek yapılan yoğun yüzey araştırmalarında daha fazla sit alanı tespit edildi. Lyon'un çalışması, Tel Sabi Abyad diyagnostik "orta Asur" eşyalarını kullanarak 2. binyıl sonundaki sit alanlarını tespit etmek üzerine yoğunlaştı.	ETÇ ve OTÇ'ye yüzölçümü 15 hektarı geçmeyen yerleşim yerlerinin varlığı damgasını vurur. GTÇ'den başlayarak ve özellikle DÇ'de yerleşim yerleri, çekirdekleşmiş merkezler dışında büyük çaplı bir dağılma gösterir. GTÇ'de gerileyen Hamam et-Turkman'daki kent merkezi MÖ 1350 civarında terk edilmiş ve yerini Tel Sabi Abyad'daki komşu dunnu yerleşimi almıştır. Vadinin güney kısmında (Tel Zkero güneyi, Balih Yüzey Araştırması 152) DÇ yerleşimleri nehir kıyısı boyunca toplanırken kuzeydeki yerleşimler de nehirden uzaktır. Lyon, Tel Hammam et-Turkman ve Tel Sabi Abyad kazılarına dayanarak tunç çağı-demir çağı geçişini dönemlere ayırmıştır: Balih VII: 2. binyıl başı (Hammam VIIA, Hammam VIIB): Tel Bi'a / Tuttul ve Harran önemli höyükler. 50 sit alanı. Ortalama sit alanı büyüklüğü 2,78 hektar (25-0,3 hektar aralığında), toplam sit alanı 143 hektar. Balih VIIIA: MÖ 1450-1300 (Hammam VIIIA; Sabi Abyad: Mitanni): 41 sit alanı. Ortalama sit alanı büyüklüğü 2,37 hektar (11-0,3 hektar aralığında), toplam sit alanı 94,6 hektar. Varolan yerleşim dokusunda belirgin bir seyrelme, özellikle ufak sit alanlarının ortadan kalkması. Yerleşim yapısı sabit kalır. 11 hektara düşen Tel Bi'a halen ana sit alanıdır. Balih VIIIB: MÖ 1300-1100 (Hammam VIIIB; Sabi Abyad: Orta Asur): Yalnızca 6 sit alanı. 8-0,3 hektar aralığı. Hammam et-Turkman bölgesinde yoğunlaşma. Yerleşimin çöküşü: VIIIA yerleşimlerinin %80'i terk edilmiştir.

PROJE VE ALAN (YÜZEY ARAŞTIRMA EVRENİ)	YAYIN	YÖNTEMBİLİM	GEÇ TUNÇ–ERKEN DEMİR ÇAĞI GEÇİŞİ
			Balih IX: MÖ 900–: 41 sit alanı. Toplam sit alanı sayısının %90'ını oluşturan en az 37 yeni sit alanı kurulmuştur. Dağınık ve kırsal bir doku tespit edilmiştir. Pek çok yeni kurulmuş ufak sit alanı görülmektedir ve bu alanlar GTÇ sitlerinden bir kayma / göç ve bölgesel bir kopukluk ifade etmektedir.
Tel es-Siveyhat bölgesi, Kuzey Suriye. Fırat'ın doğu kıyısı, Tebke Barajı Kurtarma Projesi'nin yukarı bölgesi.	Wilkinson 1995.	Yoğun	OT ve GTÇ'de Tel es-Siveyhat bölgesinde tedrici bir gerileme görülmüştür. GTÇ'de yerleşim, tunç çağının sonunda yıkılan Tel Munbaka, Tel Hadidi ve Al-Kitar gibi büyük kalelerle sınırlıdır. DÇ'de, Tel es-Siveyhat Ovası'nın ufak sınırları içinde yeni alanlara henüz kurulmuş en az 5 tane ufak, düz, alçak yerleşim olduğu doğrulanmıştır. Bunlar büyük olasılıkla köyler, mezralar ya da ekili-dikili alanlardı ve hepsi de önceki toprağı işleme sınırının (marjinal alanlar) ötesinde kurulmuştu. Wilkinson bu sit alanlarındaki DÇ seramiklerinden "standart" olarak söz eder.
Umm el-Marra Projesi, Cebbul Ovası, Kuzeybatı Suriye 1996 Suriye'nin kuzeybatısında Halep'in batısında, Tel Umm el-Marra bölgesinde, Cebbul Ovası'nın orta ve doğusu. John Hopkins University-University of Amsterdam Projesi. Fırat vadi kenarının doğusunda, Cebbul Gölü güneyi ve Cebbul Ovasını sınırlayan alçak tepelerin kuzeyinde Nahr el Dhahab havzaları.	Schwartz vd. 2000.	Yaygın ve taştlı, sit alanı temelli. Sit alanı dışı yüzey araştırmaları, belirlenen sit alanlarının çevresindeki bölgelerle sınırlı.	MÖ 2. binyıl başında bölgenin terk edilmesinden sonra 33 orta tunç sit alanı tespit edilmiştir. Bunların çoğu (22) ET höyükleri üzerinde kurulmuştur. Bölgedeki en geniş yerleşim yeri olan Umm el-Marra ile birlikte OT II daha bayındırdı. GTÇ'de (MÖ 1600-1200) yerleşim yerlerinde belirli bir azalma görülür (11 sit alanı). Sit alanının doğusuna doğru yer alan bozkırda artık yerleşim yokken Umm el-Marra hâlâ geniş ölçüde doludur. Arkeologlar artan göçebe hayvancılığa işaret ederler. 34 DÇ sit alanı tespit edilmiştir. Bunların büyük çoğunluğu 2 hektardan küçüktür ve sadece aşağı Nehr ed-Dhahab, Saba'in ve Misan'daki iki sit alanı 3-8 hektar arasındadır. Umm el-Marra terk edilmiş ve onun yerini alacak yeni büyük bir merkez ortaya çıkmamıştır.

PROJE VE ALAN (YÜZEY ARAŞTIRMA EVRENİ)	YAYIN	YÖNTEMBİLİM	GEÇ TUNÇ–ERKEN DEMİR ÇAĞI GEÇİŞİ
Amik Vadisi Bölgesel Projesi, GD Türkiye 1932-1938, 1995-1998 Tel Açana / Alalah bölgesinde batı ve kuzeye uzanan Amanos ve Toros dağlarıyla tarif edilen Amik Vadisi. Üç büyük nehir: Kara Su, Afrin, Orontes / Asi. Batıda Kızılkaya Dağları. Yıllık yağış miktarı 500-700 mm.	Braidwood 1937. Yener vd. 2000. Harrison 2001. Pruss 2002.	Braidwood yüzey araştırması: Kademeli örnekleme için sondajlarla höyük temelli araştırma. Yener vd.: Saha dışında transact (hat) yürüyüşüyle yapılan yüzey araştırmaları ile birlikte yoğun, tam kapsamlı yüzey araştırması. Seramik toplama: Tanılayıcı (diyagnostik) ve ana çanak çömlek parçalarıyla birlikte çatı kiremitleri toplandı. Ana çanak çömlek parçaları sayıldı ve elden çıkartıldı. Kısa süre önce kuruyan Antioch da (Amik Gölü) araştırıldı. Ayrıntılı bir jeoarkeolojik çalışma yapıldı. Göldeki çökeltiden polen çekirdekleri alındı. Tel el Cüdeyde ve Tel Kurdu'da yapılan kazılarla stratigrafik kontrol yapıldı.	Braidwood yüzey araştırmasıyla kimisinde kazı yapılan (ASI-ASI78) ve hepsi açıkta 178 sit alanı kayıt altına alındı. Daha önce Braidwood'un inceleme yaptığı yerlerden bazıları artık Suriye'de olsa da (bu sebeple bu alanlarda inceleme yapılmadı [24 sit alanı]) kısa süre önce yapılan inceleme AS237'ye ulaştı. İlk sonuçlara göre kalkolitik dönemden OTÇ'ye kadar Amik Ovası'nda yerleşim yoğunluğu, GTÇ'de keskin bir düşüşün ardından artmaktadır. Sit alanlarının sayısı DÇ'de önceki seviyelere ulaşırken en yoğun yerleşim, sit alanlarının yaklaşık %50'sinin kullanıldığı Roma ve İslamiyet dönemleridir. Sit alanları Kızıl Irık, Afrin ve Eski Afrin kanalları etrafında toplanmaktadır. Dört tip höyük: (1) Alçak ve küçük (h<6 m, s<2 ha); (2) Küçük höyükler (h>6 m.); (3) Hem yüksek hem geniş alana yayılan höyükler ve (4) Geniş alana yayılan ve alçak höyükler (Tel Tayanat, Tel 'Imar, Tel Kurdu). Amik diz. K/L: Orta Tunç Çağı. M: Geç Tunç Çağı N: Erken DÇ (MÖ 1200-1000) O: orta-geç DÇ (MÖ 1000-500). Amik K/L'de (yazılı bulgulara göre OTÇ'nin MÖ 17. yüzyıldan 16. yüzyıla kadar olan dönemi) en büyük sit alanı, 22 hektar büyüklüğündeki Açana. ETÇ'den biraz daha fazla sayıda ve daha geniş bir alana yayılmış sit alanları. İkincil kasabalar 4-9 hektar, 5-10 km uzakta. Ayrıca çok küçük yerleşimler. Amik M'de (GTÇ) toplam 16 sit alanı, sit alanları sayısında büyük bir düşüş ve güneyde yoğunlaşan sabit yerleşimler. Ege'den ithalat ve yerel taklitler. Amik N'de Ege'den ithal edilenlerin taklit edilmesine devam edilmekte. Amik N/O'da sit alanlarının sayısı ikiye katlanıyor (N: 22, O: 32 sit alanı).

PROJE VE ALAN (YÜZEY ARAŞTIRMA EVRENİ)	YAYIN	YÖNTEMBİLİM	GEÇ TUNÇ–ERKEN DEMİR ÇAĞI GEÇİŞİ
			Kara Su, B ve G vadileri etrafında büyük bir yoğunlaşma. Amik N'deki bütün sit alanlarının %74'ü yeni oluşumlarken O alanlarının %75'i Amik N'den devralınmış. Açana GTÇ'de yıkılır ve bir daha asla ayağa kalkamaz. Diğer GTÇ sit alanları var olmaya devam eder. Üç önemli yerleşim (Tel Tayanat, Çatal Höyük ve Cüdeyde) vadinin güney kenarında konumlanır. Erken tunç çağında Tayanat kurulur (Amik H-I), ardından orta ve geç TÇ'de Alalah (Amik K-M) ve sonra DÇ'de Tayanat (Amik O).
Vadi Ajij Yüzey Araştırması, KD Suriye Aşağı Habur'un doğusunda yer alan Vadi Ajij (senede ortalama 120 mm yağış miktarı) yarı kurak çöküntü havzası. Kıyı peyzaji. Burası Aşşur'u Aşağı Habur'a, Dür-Katlimmu'ya bağlayan rotadır.	Bernbeck 1993. Bernbeck 1999b. Ayrıca bkz. Morandi Bonacossi 2000: 369-371.	Yoğun.	Orta Asur sadece 1 sit alanıyla temsil edilir (Um Akrebe). Yeni Asur yerleşimi MÖ 9. yüzyılda başlar (Faz A: 3 yerleşim), 8. (Faz B) ve 7. yüzyıllarda (Faz C) sırasıyla 12 ve 19 yerleşimle çarpıcı bir artış görülür. Faz B'de Sit 15 (Umm ‹Aqrubba) kurulur ve çevresinde bir dizi ufak sit alanı toplanır. DÇ yerleşimlerine dair dört kademeli bir hiyerarşi öngörülmüştür: büyük kasabalar (2), küçük kasabalar (3), köyler (6), mezralar (8).
Tübinger Atlas des Vorderen Oriens, Aşağı Habur yüzey araştırması, KD Suriye 1975-1977 Aşağı Habur, Suriye'nin kuzeydoğusunda kuzeyde modern Hassaka ve Deyrü'z-Zor yakınında Habur Nehri ile Fırat'ın birleştiği yer arası.	W. Röllig ve H. Kühne, AAAS 27-28 (1977-8) 115-140; AAAS 33 (1983) 187-199; H. Kühne AfO 25 (1974-7); AfO 26 (1978-9) 181-195. Ergenzinger vd. 1988. Morandi Bonacossi 1996b ve 2000. Ayrıca bkz. Barbanes 1999: 48-54.	Höyük temelli, taşıtlı.	Bu havza, GTÇ'de Mitanni ve orta Asur denetimi arasında kalan bir sınır bölgesidir. Sol (D) kıyının yukarısında kalan Tel Bderi bir Mitanni merkezi görünümündedir, ancak aralarında geniş Şeyh Hamad'ın olduğu pek çok diğer geniş sit alanı OA bağlantılıdır. Habur boyunca büyük sulama kanalları kullanılmıştır. MÖ 13. yüzyıldan 11. yüzyıla kadar orta Asur döneminde çok az sit alanı olduğu kanıtlanmıştır (9). Şeyh Hamad'ın güneyinde herhangi bir yerleşim gözlenmemiştir.

PROJE VE ALAN (YÜZEY ARAŞTIRMA EVRENİ)	YAYIN	YÖNTEMBİLİM	GEÇ TUNÇ–ERKEN DEMİR ÇAĞI GEÇİŞİ
			Bu da Dūr-Katlimmu'yu havzanın güneyinde bir sınır kalesi yapar. GTÇ'de yerleşim büyük sit alanlarıyla sınırlıdır (Röllig ve Kühne 1983: 194). Haseke, Ta'ban, 'Ajaja, Fahgami ve Şeyh Hamad gibi büyük merkezler havza içinde düzenli olarak birbirlerinden 20-40 km uzaklığa yayılmıştır. Elde edilen seramikler üzerine araştırma yapıldığı dönemde, bölgede MÖ 11. yüzyıldan 9. yüzyıla kadar olan döneme ait çömlekler çok iyi anlaşılmamıştır. Bu nedenle erken DÇ / erken yeni Asur dönemi yerleşim sistemi tam olarak belirlenememiştir. Bu boşluk yöntembilimin sonucu gibi görünmektedir ve gerçek, göründüğünden kesinlikle farklıdır (Morandi Bonacossi 2000). Kühne'nin Aşağı Habur haritasında MÖ 1300-1000 yıllarında 3 vilayet merkezi görünür (10-40 hektar sit alanlar: Sheikh Hamad, Um Akrebe ve Ajaja), 2 kasaba (4-10 hektar: Fahgami ve Ta'ban) ve 7 köy (0-6 hektar). Bunlar anlaşılan görünebilir tek höyük alanlarıdır. Tam kapsamlı / yoğun yüzey araştırması olmadığından bu doku, ağırlıklı olarak kırsal olduğu bilinen erken DÇ hakkında çok güvenilir bir kaynak olarak görünmez. Yeni Asur DÇ'de (8. yüzyıldan itibaren) havzanın bütününde harran-şarri ve büyük bir kanal ile birlikte kırsal yerleşim ve kasabalar yaygınlaşmıştır. Arada kaleler kurulmuştur (Tel Adla ve Tel Abu Hamda gibi). Demir çağına ait 46 alana karşılık 18 GTÇ sit alanı tespit edilmiştir.

PROJE VE ALAN (YÜZEY ARAŞTIRMA EVRENİ)	YAYIN	YÖNTEMBİLİM	GEÇ TUNÇ–ERKEN DEMİR ÇAĞI GEÇİŞİ
Tel Beydar Bölgesi, Yukarı Habur Havzası KD Suriye 1977-1988 Tel Beydar, Yukarı Habur Havzası, Vadi Avij çevresi.	Barbanes 1999. Wilkinson 2000c.	Yoğun.	Toplam 82 sit alanı üzerinde yüzey araştırması yapıldı. GTÇ oldukça yüksek, geniş höyüklere dayanmaktaydı (yükseklik 15-27 m arası, yüzölçümü 2-26 hektar arası). Çoğunluğu (62 sit alanı) DÇ yerleşimiydi. Otuz bir küçük, kırsal sabit yerleşim (3-1 hektar yüzölçümü, 1-2 m yükseklikleriyle pek çoğu 1 hektara yakın; yaklaşık 5 km2'ye bir sit alanıyla dağınık), yargöçebe / yaylacı nüfusuyla üç kıyı yerleşimi, ikisi belirsiz.
			DÇ'de büyük höyüklerin hiçbirinde iskân yoktu, ancak 26 sit alanında höyüğün bitişiğinde alçak höyükler biçiminde DÇ yerleşimi kaydedildi. Bu alçak kasaba alanlarının on altısında GTÇ yerleşimi de görülür. Bu durum, GTÇ'de başlayan, yüksek höyükleri terk edip ovaya inme eğilimini göstermekte. DÇ sit alanlarının otuzu (% 48) yeni oluşumlardı. Tel Beydar alanı, bölgesel merkez işlevi görmeye devam etmiş olabilir ancak kranzhügel'de artık yerleşim yoktur.
Kuzey Cezire Yüzey Araştırması Projesi, Kuzeybatı Irak 1986-1990 Kuzeybatı Irak, batıda Suriye sınırı, güneyde Cebel Sincar ve kuzey ile doğuda Dicle arasında. Tel Afar / Sincar ovalarının kuzeyi.	Wilkinson ve Tucker 1995. Wilkinson 1995.	Yoğun. Höyüklerde saha araştırması, sit alanı dışı araştırma, seçilmiş sit alanlarında kazı çalışması, hava ve uydu görüntülerinin zemin doğrulaması. Yoğun höyük örneklemesinde diyagnostik çanak çömlek ve küçük yapıtlar toplandı ve transect (hat) yürüyüşleriyle arazi yayılımında sit alanı dışı örnekleme yapıldı.	Bazıları birden çok höyüğü içine alan 184 sit alanında yüzey araştırması yapıldı. Habur (eski Asur)-Nuzi (Mitanni) eşyalarının ve orta Asur çömleklerinin kabaca kronolojik sıralaması yapılmıştır ve ilki 2. binyıl başlarına, ikincisi 2. binyıl sonlarına tarihlendi. Orta Asur peyzajına genel olarak yerleşimde ve kent merkezlerinde belirgin bir seyrelmenin damgasını vurduğunu göz önünde bulunduralım (sit alanları 43'den 28'e düşmüştür). Yerleşimin genel yapısı 2. binyıl boyunca süreklilik göstermesine rağmen Habur ve geç Asur eşyalarının bolluğuna nazaran orta Asur etkinliğine dair sit alanı dışı araştırmalardan çok az bulgu elde edilmiştir.

PROJE VE ALAN (YÜZEY ARAŞTIRMA EVRENİ)	YAYIN	YÖNTEMBİLİM	GEÇ TUNÇ–ERKEN DEMİR ÇAĞI GEÇİŞİ
Kuzey Cezire Yüzey Araştırması Projesi, Kuzeybatı Irak 1986-1990 Kuzeybatı Irak, batıda Suriye sınırı, güneyde Cebel Sincar ve kuzey ile doğuda Dicle arasında. Tel Afar / Sincar ovalarının kuzeyi.	Wilkinson ve Tucker 1995. Wilkinson 1995.	Yoğun. Höyüklerde saha araştırması, sit alanı dışı araştırma, seçilmiş sit alanlarında kazı çalışması, hava ve uydu görüntülerinin zemin doğrulaması. Yoğun höyük örneklemesinde diyagnostik çanak çömlek ve küçük yapıtlar toplandı ve transect (hat) yürüyüşleriyle arazi yayılımında sit alanı dışı örnekleme yapıldı.	Geç Asur döneminde yerleşim, yüzey araştırması evreni açısından 28'den 78'e yükselen sit alanlarındaki artışla dağınık hale gelmiştir. Bu sit alanlarının hepsi aynı çağa ait değildi, ancak OA yerleşim ağının kenarındaki boşlukları yeni kuruluşlarla doldurmuştur. 3. binyıldaki büyük Tel el-Hava yerleşimi (50-60 hektar) bu zamana kadar 7-15 hektara düşerken yerleşim yoğunluğu belki de Apku, Tille ya da hatta Ninova gibi diğer eyalet başkentlerine geçmiştir. Bölgedeki arazi yayılımı DÇ'de kırsal alanlarda toprağın yoğun olarak işlendiğini gösterir.
El Kadisiye (Hadisa) baraj projesi, Orta Fırat yüzey araştırması, B Irak 1978-1985 Irak Çöl Platosu Bölgesi: Orta Fırat, Suhu.	Abdül-Amir 1988. Ayrıca bkz. Barbanes 1999: 35-48.	Sit alanı temelli, ama irili ufaklı pek çok sit alanında kazı yapılmasıyla uzun sürede tamamlanmıştır.	Yüzey araştırması yapılan 82 sit alanından kırkının DÇ'den kaldığı görülmektedir. Bunların büyük bölümü yeni oluşumlarken pek çok sit alanında iskân devam etmektedir. Abdul-Amir, höyüklerin büyüklüğünü, morfolojik özelliklerini ve eşya kümelenmesini temel alarak çoğu MÖ 9. yüzyıldan 7. yüzyıla uzanan yerleşimler için dört tip hiyerarşi öne sürdü: kentsel yerleşimler (4), istihkâm alanları (11), geçici kamp alanları (28) ve mezarlıklar (3). 4 kent yerleşiminin üçü adalar üzerindedir. İstihkâm alanları, dikdörtgen şeklinde surları ve içindeki mimari komplekslerle küçük sit alanlarıdır. Barbanes haklı olarak, Abdul-Amir'in görsel anlatımlarından bildiğimiz, üzerlerinde erken 1. binyıl çanak çömleğiyle küçük, fazla dikkat çekmeyen höyüklerin yeni Asur ordusunun yuvarlak "geçici kampları" olarak teşhis edilmesini eleştirmiştir (1999: 46).

PROJE VE ALAN (YÜZEY ARAŞTIRMA EVRENİ)	YAYIN	YÖNTEMBİLİM	GEÇ TUNÇ–ERKEN DEMİR ÇAĞI GEÇİŞİ
			Bu sit alanlarında herhangi bir askeri faaliyete dair somut bulgu yoktur. Bu alanlardan bazılarında hem orta hem geç Asur dönemlerine ait çanak çömlek bulunmaktadır. Tarihsel kaynaklardan öğrenildiğine göre bu bölgede erken DÇ'ye bağımsız Suhu yöneticileri (šaknu) egemendi.
Zammar Bölgesi'nde Irak Saddam (Eski Musul) Barajı Kurtarma İngiliz Arkeolojik Keşif Projesi 1985-86 Orta Dicle Havzası, Dicle Nehri'nin batısında Musul / Ninova'nın 100 km kuzeybatısı, Ninova ili Zammar alt valiliği; Tel el-Hava bölgesinin hemen doğusu. Nehir kıyısı boyunca 70 km'lik alan.	Ball (der.) 2003.	Çanak çömlek dizilimini tespit etmek için farklı sit alanlarında yapılan sondajlarla taşıtlı ve sit alanı temelli.	Yüzey araştırmasında Mitanni (2. binyıl ortası), orta Asur (2. binyıl sonu) ve geç Asur (1. binyıl başı) tarihsel dönemlerini takip ederek GTÇ-DÇ fazlara ayrıldı. "Nuzi ince malları" tanımlamasına dayanarak "Mitanni dönemi" sit alanları bir sit alanı dışında (Hirbe Harhasan) görsel olarak yoktur. 2. binyıl başından itibaren belirgin bir gerileme gözlenir. Orta Asur dönemi de iyi temsil edilmez (yalnızca 2 küçük sit alanı). Kazıyı yapanlar bölgenin orta Asur ve Mitanni toprakları arasında "tampon" bölge oluşturduğunu iddia etmiştir. Geç Asur döneminde hatırı sayılır miktarda yeniden kurulan yerleşim görülmektedir (8 sit alanı). Şeyh Kubba yeni bir oluşum olarak tespit edilmiştir. Tüm yerleşimlerin küçük, kırsal yerleşimler olduğu görülmektedir.

Kısaltmalar: OT(Ç): Orta Tunç (Çağı), GT(Ç): Geç Tunç (Çağı), DÇ: Demir Çağı, OA: Orta Asur; YA: Yeni Asur, GA: Geç Asur.

Bu bölümün ikinci yarısı, Hitit İmparatorluğu'nun Anadolu'daki jeopolitik çekirdeğinin MÖ 13. yüzyılda güneye doğru kayarak yavaş yavaş çöküşünden, yeni kentlerin kuruluşuyla birlikte Türkiye'nin güneyinin orta bölümleri ve güneydoğusu ile Suriye'nin kuzeyinin siyasi ve kültürel coğrafyasının yeniden düzenlenmesine kadar olan dönemi içine alan, Suriye-Hitit devletlerindeki kentleşme süreçlerinin ilk yıllarına eğiliyor. Son olarak erken demir çağının ilk yüzyılları boyunca Malatya-Elbistan ovalarında Malizi/Melid devletinin kurulmasına yönelik arkeolojik ve epigrafik bulguları sunuyorum. Malizi "taşra beyleri"nin kırsal ve kentsel bağlamlarda yaptığı anıtlar, yeni kent inşa etme ve diğer mahal kurma pratikleri aracılığıyla yapılandırılan bir peyzajı, geçiş halindeki değişken bir peyzaj resmini akla getiriyor.

Bir Peyzaj Söylemi: "Bu Taşlara Henüz Kimse Dokunmadı"

Orta Asur Kralı Tukultī-Ninurta (MÖ 1233-1197 [*kısa kro.*]) kendisine yeni bir başkent kurmaya karar verdiğinde, karşı kıyıda orta Asur'a yüzyıllar boyu başkentlik yapmış eski Aššur'dan sadece 3 km yukarıda kalan Dicle Nehri'nin doğu kıyısında bir alanı seçti. Kraliyet kuruluş yazıtlarına göre Kār-Tukultī-Ninurta, "Tukultī-Ninurta'nın limanı, ortada ne bir ev ne de konut olan, üzerine hiç yıkıntı ya da moloz yığılmamış ve hiç tuğla işlenmemiş bozkır (ve) araziler (*ina namê* A.GÀR. MEŠ *arbūti*)[2] üzerine kuruldu.[3] Kralın yapı ustaları yeni kent çevresine "bolca" su sağlamak için *Pattu-mēšari* ("Adalet Kanalı") adı verilen bir ana (*mi'ratu-*) kanal yaptı ve "kentimin ovalarını sulak arazilere dönüştürdüler" (*qarbat* URU-*ya ana tamkīri*).[4] Bunu elde etmek için kral, "taş keskilerle sarp, yüksek dağlarda yol açmak" ve "geniş bir patika açmak..." zorunda kaldı (Grayson 1987: 273: A.0.78.23, 101-3 satırlar). Daha sonra daha az bilinen bir kral olan I. Tukultī-Ninurta'nın oğlu Aššur-nādin-apli (MÖ 1196-1194 [*kısa kro.*]) Aššur yakınında Dicle Nehri'nin rotasını değiştirme girişiminde bulundu ve bu olayın anısına kentin bir kapısına

---

2 *Namû / nawû(m)* "bozkır, çöl, tenha bölge"yi, ancak daha özelde, "tarımsal alanların kenarında, göçebelerin ve göçebe nüfus ve kalabalıklarının yaşam alanı olan otlak arazilerini" ifade eder (namû başlığı altında; *CAD* N, bölüm 1: 249).

3 Grayson 1987: 273; metin A.0.78.23, satır 94. Kār-Tukultī-Ninurta'nın kuruluş yazıtları Grayson 1987: 269-278; metin A.0.78.22'den 25'e basıldı. Bu özgün yazıt (A.0.78.23) Tulul al-'Aqar (ya da Akir) sit alanında, zigguratta bulunan bir taş tablettir. Buluntu yerindeki arkeolojik bulgular ve konumu için bkz. Andrae ve Bachmann 1914: 44-5. Tablet bugün Berlin'deki Vorderasiatische Museum'dadır (VA 8253). Kār-Tukultī-Ninurta'nın kuruluşu için bkz. Gilibert 2008.

4 Grayson 1987: 273-4; metin A.0.78.23, satır 105-6. Bu sulama projesinin arkeolojik tanımlaması üzerine, bkz. Dittmann 1995 ve yorumlar için Bagg 2000b: 306-11.

kendi kraliyet heykelini (*salam šarrūtiya*) dikmeye and içti.[5] Ayrıca *Kalhu*'nun kuruluşu anısına yapılan anıt yazıtlarında yeni Asur Kralı II. Aššur-nasir-apli (MÖ 883-859) kendi yeni kentinin en yakın artbölgelerine su getirmiş olduğunu iddia etti: Yeni başkentinin çevresinde "her çeşit meyve ağacının olduğu" meyve bahçeleri yapıldı ve yeni inşa edilen *Patti He(n)galli* ("Bolluk Kanalı") üzerinden sulama yapıldı.[6] Asur'un dışında Kilikya'da, Luvi Kralı Azativatas (MÖ 8. yüzyıl sonu) Karatepe'ye kendi kentini kurduğu zaman buraya *Azativataya* adını verdi ve kent kapılarında sergilenen iki dilde yazılmış yazıtlarda Adanawa Ovası'nın zenginleşmesini sağladığını ve ovanın "bütün sınır hudutlarında kaleler inşa ettiğini" ilan etti.[7] Transkafkasya'nın Ararat Ovası'nda, Urartu Kralı I. Argišti (MÖ 785/80-756 c.) modern Armavir sit alanında *Argištihinili*'yi inşa etti (Smith 1996: 238-49). Yaptırdığı anma yazıtlarında arazide, "toprak vahşiydi; oraya hiçbir şey inşa edilmemişti," diye bildirirken, beyanına göre yeni dikilen meyve bahçeleri ve üzüm bağlarını sulamak için nehirlerden yayılan dört kanal inşa edildi (Melikishvili 1960: metin 137; aktaran Smith 1999: 46).

Sonraki Urartu Kralı II. Rusa (MÖ 685-651 c.) "taşlara kimsenin dokunmadı"ğı Ayanis alanında *Rusahinili Eiduru-kai*'yi kurdu ve kurduğu kentin çevresine yeni meyve bahçeleri ve üzüm bağları diktirmekle övündü. Kral, kale kapısındaki bir yazıtta kentin kuruluşunu şöyle anar:

> Argišti'nin oğlu Rusa, yüce Haldi'nin kudretiyle Eiduru dağının önüne bu kusursuz kaleyi inşa ettirdi. Rusa diyor ki: Kaya <el değmemişti>, burada (daha önce) hiçbir şey inşa edilmemişti. Kale ile birlikte kusursuz bir tapınak inşa ettirdim. Buraya yeni asma bahçeleri ve meyve bahçeleri diktirdim ve yeni bir şehir (yerleşim) yaptırdım. Kudretimle (?) burada başardıklarım bunlar. Buraya Rusahinili adını verdim. Yüce Haldi'nin kudretiyle, (ben) Argišti'nin oğlu Rusa, kudretli kral, yüce kral, Biainili kralı, Tušpa-kentinin beyiyim. Rusa diyor ki: Her kim adımı siler (ve) kendi adını koyarsa, Haldi ve Fırtına Tanrısı ve Güneş Tanrısı onu yok etsin. ([İngilizceye] çev. Salvini 2001b)

II. Rusa, bu yazıtla Asur Krallığı ve Suriye-Hitit devletleri tarafından paylaşılan kent inşa pratiği ve krallık retoriğine –Yukarı Mezopotamya devletlerinin bölgeler arası *koine*'i– iştirak etmekte. Normalde *koine*, farklı kültürel ve etnik toplulukları

---

5 Grayson 1987: 300-1; metin A.0.79.1, özellikle satırlar 15-27. Aššur'dan bir kil tablettir ve şu an Yale University Library, New Haven Babil koleksiyonundadır (YBC 2246).

6 Grayson 1991: 288-93; metin A.0.101.30 (Ziyafet Steli), satırlar 36-8. II. Aššur-nasir-apli'nin sulama projeleri için bkz. Bagg 2000b: 311-4.

7 Hawkins 2000, I: I.1. KARATEPE I (Çiftdilli) 45f. Karatepe'deki arkeolojik çalışma için bkz. Bossert vd. 1950; Çambel 1948; 1993; Çambel, Röllig ve Hawkins 1999; Sicker-Akman 1999, 2000 ve Çambel ve Özyar 2003'de yer alan "*Die Bildwerke*"nin son baskısı.

barındıran geniş bir coğrafi bölgenin ortak dili için kullanılsa da (bkz. Kaynakça ile Siegel 2001) burada "tüm kültürel, toplumsal ve ekonomik mübadele çevresini" içine alan ortak fikirler, pratikler, ideoloji ve maddi kültür ağına gönderme yapar (Horden ve Purcell 2000: 530). Bu kullanıma benzer şekilde Marian H. Feldman da Doğu Akdeniz'de geç tunç çağına ait "uluslararası bir üslup" tanımlarken "görsel *koine*" kavramını benimser (Feldman 2002: 18, n. 87). Bu tür bir ortak kültür geniş coğrafyalara aynı şekilde yayılmaz, fakat yöredeki farklı topluluklar arasında benzer ya da kültürel olarak homojen olmasa da birbirini anlama düzeyinde karşılıklı bir etkileşim, iletişim ve çekişme anlamına gelir. *Koine* kavramı, Yukarı Mezopotamya'daki kültürel çeşitliliğe vurgu yapmaya olanak sağlarken, buluşma/temas ve bilgi alışverişinin özellikle siyasal, yazınsal, görsel ve mimari alandaki farklı boyutlarına işaret eder.

Yeni kent merkezleri kurulmasına eşlik eden, merkezin hemen yanında ya da artbölgelerde toprak işleme üzerine betimlemeler, kurucularının anma yazıtlarında tutkuyla ifade edilen ortak krallık retoriğinin önemli bir parçasıydı. Üzerine yeni kentler inşa edilen geçmişin ekilmemiş, çorak, el değmemiş peyzajlarıyla daha sonra gelen tarımsal olarak gelişmiş, sulama yapılan, zengin peyzajlar arasındaki karşıtlık üzerindeki retorik vurgu, krallık ediminin "uygarlaştırıcı etkisi"ni gösterir ve yeni yerleşimcilere yaşanılacak yeni bir dünyayı biçimlendiren meşru, kendine yeterli bir çevre vaadeder. Böylesi sömürgeleştirici edimlerin meşrulaştırma ideolojisi, 16. yüzyıldan 19. yüzyıla dek devam eden, Batı'nın emperyal projelerinden tanıdığımız, Amerika, Afrika ve Avustralya'daki Batılı yerleşimi meşrulaştıran *terra nullius* (boş topraklar) söylemiyle büyük benzerlikler taşır (Zukas 2005: 49).

1970'lerin sonunda Mario Liverani'nin, etkileyici Althusserci ideoloji yapıbozumunun etkisiyle eski Yakındoğu tarih yazımında ideolojik söylem üzerine eleştirel tartışmalar önem kazanmıştır (Bahrani ve Van de Mieroop 2004: x). Liverani'nin eleştirel yaklaşımının izinde pek çok araştırmacı ideolojik açıdan ustaca hazırlanan krallık beyanatlarının (daha önce ele alınanlar gibi) tarihi bir gerçeklik taşıdıklarından duyduğu kuşkuyu dile getirmiştir. Örneğin Fales, Asur krallık yazıtlarında peyzajın, "krallık ideolojisinin, coğrafi-topografik gerçeklik üzerine yansıtılmasıyla şekillenen, büyük ölçüde çağrışım yapan özellikler peyzajı," olduğunu savunur (Fales 1990: 91). Liverani'ye göre, "ideoloji, sömürüyü sömürülene, elverişli olanı elverişsiz olana yaptığı gibi, hoş bir biçimde sunma işlevine sahiptir" (Liverani 1979: 298). Onun formülasyonunda Asurlu hükümdarlar ideolojinin "yaratıcıları" ve tebaları pasif "mağdurlar"dır (299). Sonuç olarak ideoloji, "fiziksel ve ekonomik gerçekliğin aynası değil, bu gerçekliğin tersyüz edilmiş imgesi" haline gelir (298).

İdeolojiyi bir yanılsama, olayların çarpıtılması ya da esrarengiz bir havaya büründürülmesi, toplumsal gerçekliğin gündelik yaşamdan kopartılan bir yangerçekliği olarak kavramak onu yanlış yorumlamak olur. Demarrais ve meslektaşları ideolojinin, "kültürel sistemin merkezi bir unsuru" ve toplumsal aktörler tarafından kamusal eylemin yararlarına ulaşabilmek için seferber edilen "toplumsal bir iktidar kaynağı" olduğunu ileri sürer (Demarrais, Castillo ve Earle 1996: 15). Liverani'nin sonraki yazılarında ileri sürdüğü gibi, peyzajlar üzerine yapılan bir çalışmada kraliyet metinlerine belirli toplumsal çıkarları olan retorik söylemler olarak yaklaşmak daha verimlidir (2004). Bu krallık retoriği aslında kendi içinde toplumsal bir gerçeklik olarak görülebilir. Terry Eagleton (1991: 30), ideolojik söylem malzemesinin yalnızca, "egemen sınıfın çıkarlarından değil, bir bütün olarak toplumun somut yapısından," ortaya çıktığını savunur. Eğer ideoloji kavramı egemenlerin tekelinden çıkartılır ve pek çok toplumsal seviyede çeşitli ideolojiler ve karşıt ideolojiler şeklinde işlediği kabul edilmeye başlanırsa, o zaman ideoloji de "gerçeğin toplumsal inşası"nın bir bileşeni haline gelir (Holliday 2002: xx-xxi).

Bu sebeple, tıpkı ideoloji gibi retorik söylem de hükümdarın icraatları ya da dilsel ifadeyle sınırlı kalmaz; anmaya ilişkin inşa programları ve av sahneleri, kurban ritüelleri ve devlet törenleri gibi kamusal alanda krallığı işaret eden tüm etkinliklere yayılır. Bunlar, toplumsal geçerliklerine ancak bir karşılık –yani kendi anlamlarını doğrulayan bir karşı jest– gerektiren karmaşık bir kültürel söylem aracılığıyla ulaşan toplumsal aktörleri ifade eden performanslardır (Perinbanayagam 1985). Diğer bir deyişle bu etkinlikler kamusal icraat biçimleridir ve kabul edilmeleri karşılığında siyasi peyzajları şekillendiren toplumsal güce dayalı anıtsal jestleri ifade ederler. İmparatorluk retoriği esasen anlatılaştırıcı olduğu kadar mekân kurucu da olduğundan retorik kendi tarih anlatılarını yaratır ve söylemsel etkinliğe benzer biçimde geniş peyzajlardan büyük ölçekli inşa programlarında uygulanan mimari teknolojilere kadar kamusal alanları farklı ölçeklerde şekillendirir. Dolayısıyla Asur krallık beyanatlarında başkalaşan peyzajlar hakkındaki edebi sunumlar, *topoi*'nin ötesine geçer; bu sunumlar kent kuruluşlarının, pek çok büyük ölçekli ve ihtiraslı peyzaj inşa projeleri arasında, bileşenlerden sadece biri olduğunu vurgular.

Peyzaj Arkeolojisine Çağdaş Yaklaşımlar

Peyzajlar üzerine çalışma, toplum bilimler ve beşeri bilimlerde disiplinler arası bir araştırma alanıdır ve bu konuda farklı kuramsal yaklaşımlarla özellikle arkeoloji, antropoloji, coğrafya, çevre araştırmaları, kültürel araştırmalar ve sanat tarihi kapsamında pek çok çalışma yayımlanmıştır.[8] Mekân ve mahal kavramlarıyla

---

8 Önemli arkeolojik katkılar için bkz. Cherry'nin Akdeniz bölgesel yüzey araştırmaları üzerine yaptığı inceleme (2003). Ayrıca bkz. David ve Thomas (der.) 2010; Forbes 2007; Alcock ve Cherry (der.) 2004; Athanassopoulos ve Wandsnider (der.) 2004; Ingold 2000;

yakından ilintili olan ve hem kentsel hem de kırsal çevreleri içine alan peyzaj, yeni mekânsal düzenlemelerdeki insan ekolojilerinin incelenmesi için üretken bir alan olarak ortaya çıkar. Diğer yandan peyzaj yaklaşımları, 1960'ların nicel, Kartezyen mekânsallık mefhumlarından uzaklaşarak Julian Thomas'ın yakın zamanda ifade ettiği gibi "kültür ve toplumsal ilişkiler, iktidar ve siyasa, kimlik ve deneyim üzerine odaklanma"mıza olanak sağlar (2001: 166). Peyzaj, kırsal alanlarda gündelik hayattan kent bahçelerinin tarihine, Avustralyalı aborjinlerin rüya patikalarıyla benzerliklere (Myers 1986), orta Asya göçebelerinin kırsal ekonomilerine (Frachetti 2008) kadar tarihsel süreçlerin daha önce keşfedilmemiş gelişim tarzlarını gözlemlememize olanak verir. Yüzey arkeolojisi ve çevresel tarihin genişleyen yöntembilimlerinde gerçekleşen yeterli yenilikler, peyzaj çalışmasına genişleyen bir deneysel zemin sağlamaya devam etmiştir.

Şimdi mevcut bilimsel yazında peyzaj tanımına ve arkeolojinin bu tanıma yaptığı katkıya dönelim. Her şeyden önce peyzaj ne içinde arkeolojik kalıntıların yer aldığı pasif bir "çevresel bağlam" olarak düşünülür ne de tarihi olaylar için durağan bir "pitoresk arkaplan" olarak kabul edilir. Carl O. Sauer'in "peyzaj morfolojisi" (1925) adlı makalesinin yayımlanmasından bu yana doğal ve kültürel peyzajlar arasındaki modernist ayrım giderek daha çok sorgulanır olmuştur.[9] Bunun yerine peyzaj, doğa ile kültür arasında sürekliliği içeren bir kavram olmaya başlamıştır; peyzaj, birbirinden ayrılmaz, iç içe geçmiş bu iki alan arasında bir "dolayımdır" (Knapp ve Ashmore 1999: 20). Burada aranan peyzaj tanımı bir temsil ortamı, "bir kültürel imge, çevreyi temsil etmenin ya da sembolize etmenin görsel yolu" (Daniels and Cosgrove 1988: 1) olarak sanat tarihsel peyzaj kavramının da ötesine geçer.[10] Peyzaj düşüncesini temsili tanıma indirgemek, peyzajların özündeki maddiliği ve

---

Ashmore ve Knapp 1999; Barker 1995; Tilley 1994; Alcock 2002 ve 1993. Antropolojide birçokları arasından bkz. Bender (der.) 1993; Hirsch ve O'Hanlon 1995; Stewart ve A. Strathern (der.) 2003. Yakındoğu çalışmalarında bkz. Wilkinson 2003; Klengel ve Renger (der.) 1999 ve Milano vd. (der.) 2000.

9 Sauer'in çalışması genellikle peyzaj çalışmaları için çıkış noktası kabul edilir. Sauer bugün anladığımız şekliyle peyzajın yeni bir tanımını yapmış ve makalesi, insan toplulukları ve doğa arasındaki ilişkilere çevresel deterministik bakış açılarına bir saldırı niteliği taşımıştır. Sauer (1925: 29-30) peyzajların fiziksel ve kültürel özelliklerini birbirinden ayırma düşüncesine karşı çıkmıştır.

10 Daniels ve Cosgrove fiziksel peyzaj ve temsilleri arasındaki bağlayıcı ilişkiye işaret eder. "Sözel, görsel ve inşa edilmiş peyzajların anlamlarının iç içe geçmiş karmaşık bir tarihi olduğunu" iddia ederler (Daniels ve Cosgrove 1988: 1). Ancak Hirsch (1995: 5 ve 22-3) peyzajlara bu tür bir izlenimci bakışın "dışarıdakinin bakış açısına" öncelik verdiğini ve bakış açısı kabul edilen öznenin gözünden faaliyet gösterdiğini ileri sürer.

fiziksel olarak onları meydana getiren mekânsal pratikleri görmezden gelir. Bernard Knapp'ın kelimeleriyle:

> [P]eyzaj [...] üzerine kültürel bir tasarı ya da zihinsel kalıp yüklenen doğal, hazır durumdaki bir alt katman olarak kabul edilemez. "Doğal" dünya ile toplumsal olarak inşa edilmiş peyzaj imgesi arasında dinamik bir gerilim vardır. Peyzaj ne "tam" ne de "inşa edilmiş" ya da "inşa edilmemiş"tir: O daha çok sürekli inşa halinde "toplumsal bir ifadedir." (Knapp 1999: 230-1)

O halde peyzaj, insanın çevresindeki maddi dünyayla ilişki kurduğu anlamlı, birbirine bağlı mahal dizilerinden oluşan fiziksel ve zihinsel olarak inşa edilmiş bir dünyadır (Smith 2001: 364; Bender 2001: 2-3). Knapp'ın dile getirdiği gibi, hiçbir zaman bitmiş bir ürün, durağan bir imge ya da okunaklı bir metin değil, daha doğru bir ifadeyle sürekli yapım sürecinde olan değişken ve hareketli bir çevredir. Sürekli değişiyor olsa da peyzaj kısa ömürlü değildir. Peyzajların bellekleri vardır; bir peyzajın tortulaşmış maddeselliği, fiziksel çevrenin çökelti katmanlarına kayıtlı insan etkinliği ve ekolojik süreçlerin bir palimpsestini sunar. Bu tür bir tabakalanma, her bir toplumun, toplumsal bellek yerleri haline gelen topraklarının sözlü, yazılı ve görsel temsillerinden oluşan müşterek tasavvuru içinde aynı anda var olur. Diğer bir deyişle peyzajlar aynı anda insan pratikleriyle maddileşen hem kültürel yapıtlar hem de tarihsel süreçlerdir. Peyzajlar bir kültürel üretim, toplumsal etkileşim ve müşterek etkinlik alanı meydana getirirler.[11]

Peyzajların maddi kalıntısı üzerine çalışmak gerektiğinden, yoğun ve yaygın bölgesel yüzey araştırmaları, peyzajları belgeleme ve yorumlamada kabul gören bir pratik olarak önemli bir arkeolojik araştırma aracıdır (Cherry 1983; Francovich, Patterson ve Parker 2000). İddiaya göre sistematik bir çevre ve yerleşim tarihi incelemesi olan yüzey arkeolojisi, yüzyıllar içinde çevresel koşullarda meydana gelen ardışık değişimleri —insanın çevre ve toprağın kullanımına yaptığı müdahaleleri— anlama peşindedir. Bu amaçla yüzey arkeolojisinde saha çalışmaları, toplumsal görüngülerin uzun zaman aralıklarındaki arazi sınırları, yapıt dağılımları, yerleşim alanları, rotalar ve yollar, yapay teraslama, su yolları ve sulama kanalları ile insanın mikro ve makro bölgesel ölçekli diğer tüm benzer etkinlik *loci*'sini içine alan maddi imzasını tespit eder (Adams 1981; Wilkinson 2003: 3-4). Çok dönemli

---

11 Burada Pierre Bourdieu'nun "kültürel üretim alanı" kavramına başvuruyorum (özellikle Bourdieu 1993). Benzer şekilde Knapp ve Ashmore (1999: 20-1) peyzajın, "Bourdieu'nun *habitus*'unun, insanın çevresindeki dünyayı deneyimlediği rutin toplumsal pratiklerin ayrılmaz parçası" olarak kabul edilebileceğini ileri sürer. Knapp ve Ashmore'a göre "insanlar *habitus*'un *ötesinde* peyzajın içinde yaşayarak onu etkin olarak düzenler, dönüştürür, onunla özdeşleşir ve onu anarlar. Çevre, ancak insanlar mekânı karmaşık mahaller olarak yarattığı ve deneyimlediği sürece kendisini peyzaj olarak ortaya koyar."

peyzaj özelliklerinin bu şekilde titizlikle belgelenmesi; kültürel sistemler, peyzajların mekânsal düzenlenişi, demografik büyüme, iklimsel dalgalanmalar, peyzajda insan kaynaklı bozulmalar, çökelme pratikleri ve arkeolojik buluntuların oluşumundaki ardışık değişimle ilgili arkeologların sonuç çıkarmasına olanak verir (Wandsnider 1998). Yazılı tarihsel yorumları doğrulama amaçlarından vazgeçen arkeolojik yüzey araştırması, Braudelci Annales Okulu'nun tarihe yaklaşım hedeflerini paylaşma noktasına gelmiştir.[12] Arkeolojik araştırma, yüzey araştırma saha çalışmasının sürekli değişen yöntembilimlerine istinaden belli başlı olaylar yerine değişimin tarihsel süreçlerini uzun vadede tahlile yönelik epistemolojik bir kaymayla ve kent peyzajları yerine kır peyzajlarına daha çok ilgi göstererek mekânsallığa ve zamansallığa dair kavramlarını büyük ölçüde gözden geçirdi.[13] Coğrafi Bilgi Sistemleri (CBS) ya da uydu görüntülerinin analizi gibi yeni teknikler peyzaj verilerinin karmaşasının işlenmesi ve sunulması için üretken bir zemin oluştururlar. Ne var ki bunun için bu tekniklere "dozunda bir kuşkuculuk" (Wandsnider 1998: 101) ve postkolonyal çerçevede kartografik gösterimle birlikte başgösteren etik sorunlara (Piper 2002) dair bir farkındalık ile yaklaşmak gerekir.

Geçtiğimiz onyıllarda malzeme bilimi yöntembilimlerinin peyzajla ilgili bütün sorulara cevap veremeyeceği giderek kabul edildi. Peyzajların sergilediği karmaşıklık, toplumların, tarihsel olayları ve maddi pratiklerinin kendilerini ekolojik olarak maddi kayıtlara kaydettirme yollarıyla sınırlanamaz. Bu arşiv de doğası gereği temsilidir ve harfi harfine "okumalar" yetersiz olmakla kalmaz, zaman zaman yanıltıcı da olabilir (Shanks ve Hodder 1995). Peyzaja yönelik nicel ve işlevselci yaklaşımlar, örneğin belirli peyzajlardaki yaşamlar, kutsal bir dağ üzerine dolaşan hikâyeler hakkında ya da mağara ve obrukların neden yeraltı dünyasına giriş kabul edildiğine dair net hiçbir şey söylemez. Toplumsal pratiklerle temsilleri arasındaki ilişkiyi belirlemek için somut bulguları, kültürel anlamlılık ağlarını inceleyen yorumlayıcı bir çerçeveye taşımak gerekir (Snead and Preucel 1999: 170).

---

12 Fransız *Annales Tarih Okulu* ile ilgili genel bir açıklama için bkz. Burke 1990. Yüzey arkeolojisi üzerine *Annales Okulu* ve F. Braudel'in çalışmasının etkileri için bkz. Cherry 1983: 388; Bintliff (der.) 1991 içindeki makaleler; Horden ve Purcell 2000: 48; Smith 2003: 48-50.

13 Bu yeni yöntembilimler arasında doğabilimcilerin, özellikle jeomorfoloji, toprak mikromorfolojisi, arkeobotanik ve arkeozooloji ile birlikte iklim bilimi ve polen bilimine giderek daha fazla katılımı dikkat çekicidir. Uzaktan algılama ve uydu görüntülerinin kullanımı (Ur 2003; Kouchoukos 2001), GPS ile yüzey araştırmaları ve manyetometri, yer radar modellemesi ve elektriksel direnç gibi jeofiziksel yöntemler, tahribatsız uzaktan algılama tekniklerinden bazılarıdır.

Buna ilaveten peyzajların, "insanlar tarafından algılanması, deneyimlenmesi ve uygun bağlama yerleştirilmesiyle" meydana geldiğini anlamak gerekir (Ashmore ve Knapp 1999: 1, vurgu yazara ait). O halde peyzajların ortaya çıkışı, toplumsal eylemlilik ve iktidar mekanizmalarının kullanımını (DeMarrais, Castillo ve Earle 1996), farklı kültürel kimlikler arasındaki siyasi mücadele ve uzlaşmaları (Smith ve David 1995), gündelik pratiklerin maddi birikimini ve bu dokunsal deneyime dair müşterek tasavvuru (Tilley 1994) kapsar. Peyzajlar toplumsal olarak anlamlı alanlardan oluşan karmaşık bir ağ ile tesis edilir. Bu alanlar çeşitli biçimlerde temsil edilir; tasavvur edilir, mitleştirilir, marjinalize edilir ya da tartışılırlar. Bunlar "belleğin kristalize olduğu ve kendini sakladığı," genelde belirli tarihsel olaylarla bağlantıları nedeniyle varolan ve anma pratikleri aracılığıyla devamlılığı sağlanan bellek alanlarıdır (Nora 1989: 7). Geçmişi canlandırmaya dönük dramatik bir gösteri ve toplumsallaşma yolu olarak anma, belirli bir yöreyle ilgili anlatısal bir tarih defteri yaratır. Bu anlatı ya da "mekânsal hikâyeler" (De Certeau 1984: 115-30) de anma pratiklerinin, Maurice Halbwachs'ın ortaya attığı kavramı kullanırsak, *cadre matériel*'i (maddi/fiziksel çerçeve) olarak hizmet eden peyzajlara aittir (1992). O halde özetlersek, mekânın toplumsal üretimi bir dereceye kadar mahallerin ve peyzajların zaman içinde anıtsallaşmasını, yeniden düzenlenmesini ve bunların anma ve diğer mekânsal pratikler aracılığıyla tarihsel anlatılar halinde yazılmasını kapsar.

Hatıra peyzajları, seçkin ve yerel ideolojiler arasında siyasal müzakerelerin yapıldığı hareketli kamusal alanlar tarafından tesis edilir. Anma yerleri güç gösterme alanlarıdır ve bu gösteri pratiklerinin maddi kalıntıları yerel tarih yazımını teşvik eder (Alcock 2001: 325). Bu bölüm, Güneydoğu Türkiye'de Diyarbakır yakınlarında bulunan bugünkü adıyla Birklinçay, "Dicle'nin kaynakları"ndaki Asur peyzaj etkinlikleri gibi mahal kurma pratiklerinin, peyzajlar üzerinde somut ve kavramsal olarak nasıl bir iz bıraktığını gösteren belirli anma pratiklerini ele alıyor (Harmanşah 2007b).

Anıt yapımını, mekânsal olarak beşeri çevreyi ve bunun müşterek tasavvurda temsil biçimini önemli ölçüde yeniden yapılandıran bir diğer anma etkinliği olarak değerlendirirsek, benzer biçimde yeni kentler kurulması da dahil, büyük ölçekli inşa faaliyetleri toplumun peyzajla girdiği bir ilişki olarak anlaşılabilir. Anıtlar, kentler ve bunların maddi varlıklarına nüfuz eden müşterek faaliyetler, toplumsal dünyaya ve toplumun geçmişe dair anlayışına katkıda bulunur (Rowlands 1993: 144; Alcock 2002: 28-32). Adam Smith'in (2003) iddia ettiği gibi, siyasal peyzajlar olarak mevcut yapı çevrelerinin devamlı yeniden şekillenmesi, tarihin yanında ikincil bir olgu değil, tarihsel olaylar ve toplumsal süreçlerin seyri üzerinde etkiye sahip bir eylemliliktir. Takip eden kısımlarda bir dizi örnek üzerinden erken demir çağında yeni kent ve anıt inşası aracılığıyla Yukarı Mezopotamya peyzajlarının dönüşümü ele alınıyor. Anma töreninin, bu sürecin önemli bir parçası olduğu iddia ediliyor. Örnek olayları ortaya koymak için Yukarı Mezopotamya peyzajlarına ardışık zamanlı bir bakış sunuldu, çünkü yeni kent kurulmasının uzun vadedeki rolünü görmek için böylesi geniş bir bölgesel bakış gereklidir.

Anadolu ve Yukarı Mezopotamya'da Çevre ve Tarih

Yukarı Mezopotamya, içinden Fırat ve Dicle nehirlerinin geçtiği ve Zagros eteklerinden Akdeniz kıyılarına ve Orta Fırat bölgesinden Toros Dağları'na kadar uzanan alçak, dalgalı bir platodur. Bölge bugün Kuzey Irak, Kuzey Suriye ve Güneydoğu Türkiye'yi içine alır (ŞEKİL 1). Bu peyzajın geniş bölümüne Cezire ya da kelime anlamıyla "ada" adı verilir. Cezire, Fırat Havzası ve Fırat'ın iki ana kolu olan Habur ve Balih ile Dicle Nehri ve Yukarı ve Aşağı Zap tarafından sınırlanır. Burası yakın dönemde arkeolojik yüzey araştırma projelerinin yoğunlaştığı alanlardır.

Cezire Platosu yer yer, özellikle Kuzey Suriye'de bazalt ovaları ve volkanik konilerle alçıtaşı, kalker ve kumtaşından oluşan tersiyer sedimanter jeoloji üzerinde oluşmuş ve üzeri kuaterner aluvyal ve çakıl birikintileriyle örtülmüştür (Wilkinson 1990: 87; Wilkinson ve Barbanes 2000: 398). Habur ve Balih nehirleri bölgeyi uzunlamasına geçerek Fırat ve Dicle havzalarının yanında yoğun yerleşim ve tarımsal faaliyet şeritleri meydana getirir ve ulaşım koridorları olarak hizmet verirler. Plato, kuru tarım ya da yağmur suyuyla tarımın yapıldığı yarı kurak bir kuşaktır ve bu sebeple tarım açısından Aşağı Mezopotamya'dan farklıdır. Yıllık 250-300 mm yağmur miktarı çizgisi, tarımsal strateji ve tahıl seçimi bakımından yaylayı kabaca kuzey ve güney dilimlerine ayırır. Güney dilimi bozkır bölgesidir (senelik 100-300 mm yıllık yağış miktarı) ve yağıştaki yıllık dalgalanmalar önem arz ettiğinden, yüksek risk içeren, marjinal tarım bölgesi kabul edilir. Cezire'nin kuzey sınırı yılda 300-600 mm yağış alır ve "yer yer görülen çalılıklar, ardıç ağaçları yanında çam, meşe ve fıstıkağaçlarıyla bozkıra uzanan kurak ağaçlık alan" özelliği gösteren nemli bozkır ormandır (Wilkinson 2003: 18-9). Kuzey dilimi hububat, mercimek, sebze, zeytin ve üzüm bağlarını kapsayan daha geniş bir yelpazede üretimi sürdürebilmekte ve hayvancılığın eşlik ettiği çok daha dengeli bir geçim ekonomisi sergilemektedir. Güney dilimindeki uzmanlaşmış geçim ekonomileri daha çok kırsal ekonomi ve tahıl üretimine bağlıdır; başlıca ürün, sürülerin beslenmesi için de vazgeçilmez olan arpadır (Zeder 1988, 1991). Asur kralları tarafından yapılan büyük sulama sistemleri gibi insan eliyle yapılan müdahaleler, tam da bu yağmur suyuyla beslenen ve sulamalı tarım yapılan bölgeler arasındaki kesintili değişken bölgede peyzajları ve onların verimliliğini önemli ölçüde etkilemiş olabilir. Son olarak Levant ve Güney

Anadolu kıyı şeridini, özellikle Kilikya Ovası'nı kaplayan kıyı bölgesi Akdeniz kıyı ormanlığı kabul edilir ve Toros-Zagros dağlarının kuzey ve kuzeydoğuya kıvrılan bölümü meşe-fıstık-badem ağacı step ormanlarıyla kaplıdır. Bu bölge tarih boyunca Yakındoğu devletlerinin kereste ihtiyacının büyük bölümünü karşılamıştır.

Erken Holosen döneminin doğal alanlarıyla karşılaştıldığında Yukarı Mezopotamya'nın bu ağaçlıklı ve bozkır peyzajı bugün büyük ölçüde bozulmaya uğramıştır. Palinolojik araştırmalar, Yakındoğu'da erken ve orta Holosen dönemi peyzajlarının (neolitikten erken tunç çağı sonuna kadar), MÖ 2. ve 1. binyıldan modern dönemlere kadar gelen geç Holosen peyzajlarından çok daha yeşil ve ağaçlıklı olduğunu ortaya koyar (Van Zeist ve Bottema 1991: 11; Roberts vd. 2001). Bitki örtüsünü bozan şartlar, MÖ 2000 civarında oluşmuştur ve özellikle orta Holosen'den başlayarak bu şartlar hayvan otlatma, yakacak odun kesimi ve tarımcılık gibi büyük ölçüde peyzaj üzerindeki insan etkisi sonucu ve aynı ölçüde olmasa da zaman içindeki kararsız hidroklimatik şartların etkisiyle oluşmuştur.[14] Yukarı Mezopotamya'daki arkeobotanik ve hayvan incelemeleri, belirgin bölgesel farklılıklara rağmen geç tunç çağı, demir çağı ve Helenistik dönemlerde (GÖ 3500-2000 c.)[15] bitki örtüsüne yapılan insan müdahalelerinin özellikle büyük çaplı ağaç kesimi olarak ortaya çıktığını gösterir (Miller 1998; Van Zeist ve Bottema 1991: 140-1). Asur ve Urartu topraklarında gelişen metal endüstrisi ve göçebe-hayvancılık, ormanların işletilmesini zorunlu kılmış ve Yukarı Mezopotamya'daki ağaçlık alanları olumsuz etkilemiş olmalıdır.

Cezire'de kuzey-güney vadileri boyunca yerleşim yoğunlaşmış, ancak vadiler arasında kalan marjinal yarıkurak bozkırı, büyük ölçüde göçebe çobanlar kullanmıştır. Kendilerine has yerleşim stratejileri sunan "nehir kıyıları", "yüksek bölgeler" ve "meralar" ile Yukarı Mezopotamya peyzajları daha zengin bir habitat çeşitliliği sergiler (Buccellati 1990b). MÖ 3. binyıl ortasında Yukarı Mezopotamya'da kentleşme, kent kurma pratiği olarak ünlü *Kranzhügel* yerleşimleri ile birlikte höyüklerden oluşan bir peyzaj oluşmasına yol açmıştır. Bugün Cezire, peyzajın her yerine yayılan böylesi binlerce höyükle ayırt edilmektedir ve erken tunç çağında çok daha yoğun iskân edilmiştir. Cezire höyüklerinin boyutu nadiren 100 hektar üzerindedir ve pek çoğu MÖ 3. binyıl ortasında maksimum büyüklüklerine ulaşmıştır. Ne var ki bölgedeki görece küçük ve alçak profilli höyükler, neolitik-kalkolitik ya da demir çağı yerleşimleridir ve bu durum demir çağında yerleşim kuranların çoğunun (tunç çağının büyük höyüklerini terk etmekteydiler) neden genelde kalkolitik höyükler

---

14 Miller 1998: 204-6; Van Zeist ve Bottema 1991: 125, fig. 45.
15 GÖ "Günümüzden Önce"nin kısaltmasıdır. İklim tarihi ve arkeobotanikte MÖ/İÖ gibi arkeolojik terimler yerine GÖ kullanılır.

üzerine inşaat yapmayı tercih ettiklerini daha iyi anlatır (Wilkinson 2003: 109, fig. 6.7). Tunç çağı yerleşimlerinde atalardan kalma peyzajın ortaya koyduğu bu topografik yükselti, demir çağı boyunca da çevrede aynı derecede göze çarpan bir özellik olmalıdır. Bunu Akadcadaki yer isimlerinde bu tür peyzaj özellikleri için kullanılan *tīlu* ("yıkık höyük") kelimesinin çokça geçmesinden anlayabiliyoruz.

Geç tunç çağında büyük ölçüde merkezileşen iktidarların ve bölgesel devletlerin inşa etkinlikleri, isimleri kendi bölgelerinin ötesine ulaşan büyük kent merkezleri yaratmıştır. Törensel merkez işlevi gören bu kentler, aynı zamanda geniş bölgeler için idari merkez ve ticaret limanı olarak hizmet ettiler. Orta Anadolu Platosu'nda yer alan Hitit İmparatorluğu'nun başkenti Hattuša (bugünkü adıyla Boğazköy), merkezi kültik etkinliklerinin ve devlet ritüellerinin giderek daha fazla odağı olmuştur. İmparatorluk topraklarındaki farklı kültleri kendisinde toplayan Hattuša'nın yukarı kenti, MÖ 15. yüzyıldan 13. yüzyıla kadar pan-Hitit kült merkezi olarak hizmet etmiştir.[16] Benzer şekilde Untaš-Napiriša'da Elamlar, Dūr-Kurigalzu'da Kassitler, büyük olasılıkla Waššukanni'de Mitanni ve kesinlikle Kār-Tukultī-Ninurta'da Asurlular, kırsal bölgelerin belli başlı tanrı ve tanrıçalarını yeni kurulan başkentlerde toplamaya ve kent içinde yeni inşa edilen kutsal bölgelerde onlara yer açmaya giriştiler. Tarhuntašša, Kargamış, Alalah ve Ugarit gibi Kilikya ve Kuzey Suriye merkezlerinin ağırlıklı olarak Doğu Akdeniz ticaretine dayandığı görülür. Daha ufak ölçekte Emar (Tel Meskene) ve Ekalte (Tel Munbaka) gibi Orta Fırat'ın müreffeh kasabaları kendi sınırlı topraklarını özerk biçimde kontrol etmiş ve aynı zamanda hareketli kent peyzajlarının önemli bir kültik ve törensel işlev görmesini teşvik etmişlerdir (Adamwhite 2001). Bu irili ufaklı bölgesel devletler ve kent merkezlerinin sonraki süreçte gerilemesiyle birlikte geç tunç çağının bölgeler üstü dünyası yavaş yavaş kayboldu. Yüzey araştırması bulguları, Yukarı Mezopotamya'da yerleşim modelinin geç tunç çağında daha az hiyerarşik ve büyük yerleşimlere daha çok bağımlı olmaya başladığını ortaya koyuyor **(TABLO 1)**.[17] Büyük yerleşimlerin çöküşünü takiben erken tunç çağında

---

16 Bkz. özellikle Hawkins 1998b, ancak bugün Seeher 2006. Gorny'nin (1995a: 70) bu kültlerin, "artık geleneksel evleri (Kaneş ve Puruşanda gibi) olmadığı" için başkente nakledilmiş olabileceği iddiası Hitit tarihinin başlangıç dönemi için kesinlikle geçerlidir. Bu, elbette orta ve geç tunç çağı peyzajlarındaki yerleşim hiyerarşilerinin zayıflamasıyla bağlantılı olabilir. Ne var ki bu durum, 14. ve 13. yüzyıllarda "Hatti Ülkesi"nin İmparatorluk topraklarından toplanan "LIM.DINGIR[MEŠ URU]HATTI: Hatti'nin bin tanrısı"nın evi haline gelip Hitit panteonu içinde soğurulduğu Halep / Aleppo gibi büyük kült merkezleri için doğru değildir.

17 Birecik-Kargamış baraj bölgesinde yapılan yüzey araştırmalarında Algaze ve arkadaşları, MÖ 3. binyıl sonundan 2. binyıl başına kadar olan üç kademeli yerleşim hiyerarşisinin geç

hayvancılıkla uğraşan göçebe grupların çoğalmasıyla birlikte, bu gelişme geniş çaplı kırsallaşmayla sonuçlanmıştır. Benim yaptığım çözümleme, erken demir çağında yeni kent kurma pratiğindeki artışı, tunç-demir çağı geçişinde büyük tunç çağı höyüklerinin terk edilmesi ve yeni peyzaj görüntüsü içinde kırsal alanların yeniden iskân edilmesiyle ilişkilendiriyor. Yeni kale tipi yerleşimler inşa etme fikrinin kabul edilmesinin, yerleşim yapılarının bu kademeli değişimiyle yakından ilgili olduğunu iddia ediyorum.

Hitit, Mısır ve Asur bölgesel egemenliklerinin MÖ 12. yüzyılın başındaki çöküşü takip eden yıllarda gerilemesiyle Yukarı Mezopotamya birkaç yüzyıl süren bir sömürgelikten çıkma deneyimi yaşadı (Masetti-Rouault 1998). Geç tunç çağı kayıtlarına kıyasla imparatorluk kurumlarının resmi kayıtlarındaki suskunluk, günümüz bilimsel yazınında ve gerileme kuramlarında erken demir çağının yeterince temsil edilememesine yol açmıştır. Ne var ki mevcut yüzey araştırmaları, kazılar ve epigrafik bulgular ayrıntılı analiz edildiğinde ortaya çıkan peyzaj imgesi tarımsal açıdan ongundur ve yeni siyasal birimler ile ticaret ağları, yerleşimde yeni stratejiler ve bozkırdaki refahla ayırt edilir.

Doğu Akdeniz dünyasında geç tunç çağı ekonomik ağının gerilemesini takiben Yukarı Mezopotamya'daki çeşitli coğrafyalarda erken demir çağı (MÖ 1200-850 c.) yeni siyasal uzlaşmalar ve ekonomik yapılanmalar dönemidir (Akkermans ve Schwartz 2003: 351-77; Klengel 2000). Metinlerin görece az oluşu, tarihçilerin bu dönemi uzun süre "karanlık çağ" olarak adlandırmasına yol açmıştır. Ancak yakın dönemde yapılan bilimsel çalışmalar, bu adlandırmanın doğruluğunu sorgulamakta ve ortada kopukluktan çok bir süreklilik olduğu izlenimi veriyor.[18] Kültürel boşluğun sorgulanmasıyla birlikte ortaya çıkan erken demir çağı tablosu çarpıcı bir değişim dönemine işaret eder. Bölgenin siyasi coğrafyasındaki köklü yapılandırmalarla birleştirildiğinde bu ilginç geçiş dönemine kapsamlı bir kültürel dönüşüm dizilimi eşlik eder: yerleşim peyzajlarında değişiklikler, ticaret ağlarında yeni yönelimler, yeni devlet örgütlenmesi biçimleri ve tarımsal stratejiler ile maddi kültür, yazınsal sistemler ve zanaat üretim teknolojilerinde değişiklikler (Bunnens 2000a).

---

tunç çağında görsel olarak eksikken, Kargamış'ın büyük kent merkezinin yaklaşık 40 hektara ulaştığını keşfetmiştir (Algaze vd. 1991: 205; Algaze, Breuninger ve Knudstad 1994: 18). Demir çağında ufak yerleşimlerin sayısında artış görülürken geç tunç çağı sitlerinin büyük höyüklerle sınırlı olduğu Tübinger Atlas Aşağı Habur yüzey araştırması için benzer bir sonuç ileri sürüldü.

18 Bkz. Mazzoni 2000; Braun-Holzinger ve Matthäus 2002; Fischer vd. 2003; Bietak 2003; Bachhuber ve Roberts 2009.

Bölgesel Yüzey Araştırmalarının Anlattıkları

Yukarı Mezopotamya bölgesindeki yüzey araştırmalarından elde edilen arkeolojik bulgular, demir çağı peyzajlarının yaygın biçimde dağınık ve kırsal olarak yorumlanan ortak bir yerleşim modeline sahip olduğuna işaret ediyor (Wilkinson 2003: 128-33) (TABLO 1). Ancak Mezopotamya yüzey araştırma projelerindeki yöntembilimsel zorluklar ve uyumsuzluklarla birlikte sorun, özellikle demir çağı için bölgede hassas sınıflandırılmış bir seramik kronolojisi olmamasıdır. Bu sorunlar, peyzajlara ve maddi kültürde bölgesel farklılıklara dair güvenilir ve ayrıntılı bir tabloya ulaşmamızı engeller.[19] Taşıtla yapılan geleneksel yüzey araştırmaları erken demir çağı sit alanlarını tespit etmekte yetersiz kalır, çünkü kırsal ve düşük tabanlı yerleşimleri gözden kaçırabilirler ve kaçınılmaz olarak lineer çökmeler ile arazi dağılımları gibi peyzaj özellikleri hakkında söyleyecek sözleri yoktur.[20] Yukarı Mezopotamya'da başta Asur dışı araç gereçler olmak üzere belirli bölgelerde seramik buluntularla ilgili bilgi eksikliği vardır ve demir çağı için ardışık çanak çömlek dizilimleriyle hassas seramik kronolojilerinin olmaması, bu dönemde yerleşim dokusundaki değişikliği tarif etmemizi engeller.

Yukarı Mezopotamya'da yapılan yüzey araştırmalarından elde edilen sonuçlar ile Asur İmparatorluğu'nun tarihi kayıtları arasında bire bir bağ kurma ve bölgesel yüzey araştırma bulgularını tarihselleştirme yönündeki akademik eğilim bir diğer sorundur. Bu durum Dicle Havzası ve Cezire çanak çömleklerinin sınıflandırılmasında bilhassa belirgindir. Bu sınıflandırma yapılırken, bölgedeki çanak çömleklerle Yakındoğu'nun diğer yerlerinde geç tunç çağı ya da erken/orta/geç demir çağında kullanılan standart terminoloji arasında bağlantı kurmak yerine, rehber olarak tarihsel zaman aralığı (Mitanni, orta Asur, yeni Asur ve benzeri) kullanılmıştır (ör. Wilkinson ve Tucker 1995). Demir çağının en başından itibaren bölgenin, "sonunda pek çoğu geç Asur bölgesel imparatorluğuna dahil olan kabile krallıkları, eyalet krallıkları ve ufak devletlerden oluşan bir amalgam" olduğu görülür (Wilkinson

---

19 Yukarı Mezopotamya'daki seramik kronolojilerini tanımlamaya yönelik bir girişim için bkz. Fischer vd. 2003 ve Hausleiter ve Reiche (der.) 1999 yazıları.

20 Yakındoğu'da yüzey araştırması yöntembilimi sorunları için bkz. özellikle Wilkinson 2000a ve Wilkinson 2003: 33-44. Wilkinson burada kısmi-yoğun araştırmalar yerine tam kapsamlı araştırmayı savunur. Bir bölgede yoğun *transect* yürüyüşüyle yapılan kısmi örnekleme, kaçınılmaz olarak araştırma yapılmamış araziye dair genellemeler yapma fikrini beraberinde getirir. Society for American Archaeology'nin 1985 tarihli toplantısında "Tam kapsamlı yüzey araştırması sorunu" başlıklı sempozyuma sunulan belgeler için bkz. Fish ve Kowalewski (der.) 1990. Yüzey araştırma verilerinden elde edilen yerleşimlerin yeniden yapılandırılması ile ilgili yöntembilimsel sorunlara yönelik ayrıntılı bir tartışma için bkz. Francovich, Patterson ve Parker 2000.

ve Barbanes 2000: 397). Bölgenin Asur İmparatorluğu'nun tarihi rotası içine dahil edildiği düşüncesi Asur-merkezli bir bakış izlenimi verir ve kimi zaman yüzey araştırmasından elde edilen verilerin hatalı yorumlanmasına neden olur. Örneğin, yerleşimde arkeolojik olarak gözlenen değişikliklerin tarihlemesi sıklıkla doğrudan terk ediş, tarımsal sömürgeleşme ya da toplu sınırdışı gibi tarihsel olaylara dayandırılır.[21] Çanak çömlek bulguları da benzer şekilde etnik temeller (Asur, Asur-olmayan ve diğerleri) üzerinden değerlendirilir ve belli seramik türleri siyasi denetimle özdeşleştirilir. Çanak çömleği, insanlarla veya siyasi denetimle eş değer görmenin ya da "etnik kimliği arkeolojik kültürle bire bir eşleme"nin yanlışlığı uzun zaman önce görülmüştür (Akkermans ve Schwartz 2003: 329). Reinhard Bernbeck bunun yerine, yüzey araştırması verilerinin siyasal olaylardan ziyade öncelikle uzun dönem ekonomik ve toplumsal süreçlerle ilgili soruları cevaplamak için kullanılması gerektiğini savunur. Yeni Asur sınır bölgelerinin yorumlanmasında seramiklerin tam da bu şekilde kullanılması sorunu üzerine bir makalede şöyle yazar:

> Bir seramik analizi üzerinden imparatorlukta ya da imparatorluğun kendi sınırları içinde herhangi bir etnik grubu diğerlerinden ayırmanın mümkün olmadığına inanıyorum. En azından bu bölge [Vadi Ajij] ve dönem için üslupsal nitelikler siyasal ya da ekonomik kümelenmelerle ilişkili değildir... Yeni Asur İmparatorluğu'nda uzun süreli eğilimler hakkında bu veriler diğer herhangi bir krallık *res gestae*'sinden çok daha farklı şeyler ortaya koymaktadır. (Bernbeck 1999: 171)[22]

Yüzey araştırma verilerini en azından başta siyasi tarihsel anlatılar ve taraflı olma potansiyeli taşıyan diğer raporlardan bağımsız değerlendirmekte fayda vardır. Demir çağ hükümdarlarının yürüttüğü siyasi peyzaj uygulamalarının, ıslah edilen pek çok bölgede yerleşim yapısını değiştirdiği kesindir, ancak kitlesel sürgün ve zorunlu iskân, Yakındoğu'da peyzaj dönüşümlerinin karmaşıklığını açıklamakta yetersiz kalır.

---

21 Örneğin, bkz. Wilkinson 2000a: 236. Burada erken demir çağındaki dağınık kırsal yerleşim modeli, "Neo-Asur otoritelerinin temkinli yeniden iskân politikalarıyla" ilişkilendirilir. Ne yazık ki bu, demir çağındaki bütün yeni yerleşimler için standart bir açıklama haline gelmişe benziyor. Bkz. örneğin, Schwartz vd. 2000: 452; Morandi Bonacossi 2000; Parker 2001b, 2003.

22 Orta Anadolu Yaylası'ndaki erken demir çağı çanak çömleği üzerine yazı yazan Hermann Genz de benzer bir düşünce sergiler: "Erken demir çağı Orta Anadolu'da görülen farklı çanak çömlek gruplarını yazılı kaynaklardan öğrenilen etnik ya da politik unsurlarla özdeşleştirmek henüz mümkün değildir – ve belki de hiç olmayacaktır. Kültürel değişimleri açıklamanın tek yolu olarak siyasi olaylar ya da nüfus hareketlerine odaklanmak yerine diğer olası açıklamaları da dikkate almak gerekir" (Genz 2003: 187).

Belirli bölgesel farklılıklar ve bu tür yöntembilimsel ikilemlere rağmen mevcut araştırma bulgularına bakarak, demir çağında köy, mezra ve ekili-dikili alanlardan oluşan yoğun iskân edilmiş peyzajlar ile geç tunç çağında daha küçük, daha geniş alana yayılmış çok daha fazla sayıda gelişmiş kent merkezi olduğu izlenimi ediniriz. Geç tunç-erken demir çağı geçişini konu alan birkaç arkeolojik yüzey araştırmasının sonuçları **TABLO 1**'de özetlenmiş ve **ŞEKİL 2**'de haritalandırılmıştır. Bu geçiş aşamasının belirgin özellikleri şunlardır: (1) Geç tunç çağında nüfus ağırlıklı olarak büyük höyüklerdedir ve bu dönemde ufak ölçekli yerleşimler neredeyse yoktur; (2) Erken ve orta demir çağları boyunca çoğu dağınık ve kırsal olan yerleşimlerin sayısında kademeli bir artış meydana gelir; (3) Tunç çağı höyüklerinin büyük bölümü erken demir çağında terk edilmiştir ve demir çağı yerleşimleri tunç çağı höyüklerine bitişik alçak höyükler şeklinde görülür; (4) Erken demir çağından başlayarak tarıma ayrılan sınırlı kaynak nedeniyle, daha önce iskân edilmemiş ya da otlak olarak kullanılmış alanlara yerleşim kurulmasıyla birlikte marjinal peyzajların kademeli olarak dolduğu görülür (birkaçını saymak gerekirse, kurak bozkırlar ve dik yamaçlar) ve (5) Bölgesel merkezlerde belirgin bir kayma ya da kısa mesafeli yer değiştirmeler görülür. Geç tunç çağından benzer bir konumsal kesinti kırsal yerleşimlerde de görülür. Bu sebeple demir çağı yerleşimlerinin önemli bir yüzdesi yeni oluşumlardır.

British Archaeological Expedition, 1985 ve 1990 yılları arasında Tel el-Hava bölgesi, Cebel Sincar'ın kuzeyi ve Dicle Havzası'nın batı bölgesinde çok kapsamlı bir yüzey araştırma projesi yürütmüştür. Demir çağı döneminde peyzajlar 1-2,5 hektar aralığında (ve nadiren 5 hektara yakın) çok küçük yerleşimlerle kaplıydı. Wilkinson ve Tucker, orta Asur yerleşim dokusuna nazaran orta Asur köylerinin demir çağında da devam ettiğini ve iskân edilmemiş marjinal alanların yeni yerleşimlerin kuruluşuna tanıklık ettiğini göstermiştir. Bu kuruluşlardan biri olan Hirbe Aloki'de yapılan deney kazısında bölgede düşük tabanlı Ubaid Höyüğü üzerinde yeni bir demir çağı yerleşimi olduğu ortaya çıkmıştır (Wilkinson ve Tucker 1995: 61 ve 66). Buna ilaveten, MÖ 3. binyılda bölgenin en büyük yerleşimi olan Tel el-Hava 50-60 hektardan 7-15 hektara düştü. Diğerlerinden eski olan bu yerleşim tamamen terk edilmemiş, kendi törensel önemini ve hatta belki de idari sıfatını korumuş olmalıdır, çünkü MÖ 9. yüzyılda III. Şalmaneser'in burada Tanrı Adad'a bir tapınak yaptırdığı bilinir (Grayson 1996: 119-20; metin A.0.102.41).

Geç tunç çağında Mitanni ve orta Asur toprakları arasında önemli bir sınır bölgesi olan ve ayrıntılı çalışmaların yürütüldüğü Aşağı Habur Havzası'nda yapılan Tubinger Atlas des Vorderen Orients yüzey araştırması, geç tunç çağında (orta Asur) bölgede sınırlı sayıda yerleşim olduğunu gösterdir – beş tanesi vadi boyunca birbirinden eşit uzaklıklarda konumlanan büyük höyükler (Haseke, Ta'ban, 'Ajaja, Fahgami ve Şeyh Hamad) ile birlikte dokuz sit alanı (Morandi Bonacossi 2000: 366-9; Ergenzinger ve diğ. 1988). Döneme ait katmanlı seramik buluntu olmadığından erken demir çağı/erken yeni Asur (MÖ 10. yüzyıldan 9. yüzyıl başlarına kadar) sitleri haritalanamamıştır. Daha katmanlı ve dağınık olan kırsal sit alanlarının, nehir vadisinden öteye ve kurak bozkıra uzandığı yeni Asur döneminde yerleşim sayısında görünürde ani bir artış kaydedilir (9. yüzyıldan 8. yüzyılın başına kadar toplam 95 hektar alana sahip on sekiz yerleşim ve MÖ 8. yüzyıldan 7. yüzyıla kadar olan geç yeni Asur döneminde toplam 270 hektar alana sahip altmış altı yerleşim). Ancak orta ve yeni Asur dönemleri arasındaki bu farklılığa dikkatle yaklaşmak gerekir, çünkü bugünkü şartlarda yeni Asur dönemi yüzeyde daha fazla görünür haldedir ve sonuçlardan bazıları olumsuz bulgulara dayanır. Bununla şunu söylemek istiyorum: Arkeolojik bulguların olmayışı genelde hiç sorgulanmadan gerçekmişçesine kabul edilir, oysa kimi zaman bu durum sadece bulguları toplamaya dair kullandığımız yöntembilimlerin ve/ya da belirli malzemeleri tanımlamaktan yoksun oluşumuzun ürünü olabilir. Tel Beydar bölgesindeki yoğun yüzey araştırması sırasında yirmi altı sit kayıt altına alınmıştır. Buradaki tunç çağı höyükleri terk edilmiş ve demir çağında yerleşim tunç çağı höyüklerinin hemen yanındaki alçak höyüklere kaymıştır (Barbanes 1999: 56, not 43; ŞEKİL 3). Tel Beydar bölgesindeki altmış iki demir çağı yerleşiminin hemen hemen yarısı demir çağında kurulmuştur.

Kuzey Suriye peyzajlarına doğru ilerlediğimizde MÖ 2. binyıl sonlarına doğru Balih Vadisi'nde yerleşim yoğunluğunda belirgin bir düşüşün ardından, 1. binyıl başlarında kırsal yerleşmelerin sayısında bir patlama görülür. Yüzey araştırmaları bu sitlerden en az otuz yedisinin yeni yerleşimler olduğunu bildiriyor. Bu rakam bu dönemde tarihlenen tüm sitlerin yüzde 90'ını oluşturur (Lyon 2000: 102). Tel es-Siveyhat yakınındaki Tebke Baraj alanında orta ve geç tunç çağlarında yerleşim kademeli olarak azalır. Geç tunç çağı sonunda Tel Munbaka, Tel Hadidi ve Al-Kitar gibi oldukça büyük merkezler terk edilirken tahminen erken demir çağında Tel es-Siveyhat'ın merkezin dışındaki bölümlerinde çok sayıda alçak ve küçük yerleşim bulunmuştur (Wilkinson 1995: 151). Teşrin Baraj bölgesinde Tel Bazı gibi daha alçak kasabalar ile yaygın geç tunç yerleşimleri terk edilirken (Einwag ve Otto 1999), erken demir çağında Tel Hamis, Tel Jurn Kabir ve Tel Kadahiye gibi daha küçük yeni yerleşimler kurulmuştur (Séiquer 1999; Eidem ve Pütt 1999). Benzer şekilde geç tunç çağı sonunda Halep'in doğusundaki Cebbul Ovası'nda en geniş yerleşim (Umm el-Marra) terk edilirken, yerleşim yoğunluğunda hatırı sayılır bir düşüş meydana geldi (on bir sit); ancak demir çağında ovada 2 hektardan biraz ufak köyler şeklinde yerleşim vardır (otuz dört sit) (Schwartz vd. 2000: 452). Amik

Ovası'nda yerleşim yoğunluğu, geç tunç çağında da hatırı sayılır oranda düşer (Amik M: On altı sit) ve yine erken demir çağında (MÖ 1200-1000) (Amik N: Yirmi iki sit) ve demir çağının kalanında (MÖ 1000-500) (Amik O: Otuz iki sit) yerleşimde kademeli bir genişleme gözlenir (Yener vd. 2000). Amik Ovası'nda orta-geç demir çağı sit alanlarının yüzde 75'i erken demir çağından gelirken, erken demir çağı yerleşimlerinin yüzde 74'ünün yeni inşa edilmiş olması dikkat çekicidir (Harrison 2001: 122). Amik Ovası'ndan elde edilen bulgular, erken demir çağında yerleşim konumunda belirgin kaymaların meydana geldiği ve dönüşmekte olan peyzajda yerleşim kurmanın dikkat çekici bir pratik halini aldığı yorumunu doğrulamaktadır. Bu bulgular, özellikle erken demir çağından orta demir çağına kadar olan dönem için daha hassas seramik kronolojileri hazırlandığında, diğer bölgelerde yüzey araştırmaları yapan arkeologları, bu eğilimi bir araştırma konusu olarak ele almaya teşvik edecektir.

Sonuç olarak farklı bölgelerdeki peyzaj arkeolojisinden elde edilen bulgular, tunç çağından demir çağının ortalarına kadar uzanan geçiş döneminde Yukarı Mezopotamya üzerinde birbirine benzer eğilimler olduğunu akla getirmektedir. Asur topraklarına yakın alanlarda yerleşim sayısındaki düşüş, sıklıkla Mitanni ve orta Asur dönemleri ile yeni Asur döneminde gerçekleşen yeniden iskânla ilişkilendirilir. Geç tunç çağında Kuzey Suriye ve Güneydoğu Anadolu'da kırsal yerleşimlerdeki gerileme ve kentsel yerleşim höyüklerindeki nüfus yoğunluğu, MÖ 12. yüzyıl başındaki çöküş ve yerleşim yerlerinin terk edilmesiyle sonuçlanmış, erken demir çağından orta demir çağına kadar dağınık ve kırsal yerleşim modelinin kademeli oluşumu devam etmiştir.

Yukarı Mezopotamya'da yapılan çeşitli bölgesel yüzey araştırma projeleri, işlenmemiş otlak arazileri ya da dağlık alanlar gibi eski marjinal alanlarda kırsal yerleşim yoğunluğunun bilhassa fazla olduğunu göstermekte. Tel el-Hava bölgesinde "vadilerin bulunmadığı ve erişimi zor yeraltı sularıyla, eğimli marjinal arazi," önceki orta Asur yerleşim boyutlarının ötesine geçen yeni köyler tarafından "da işgal edilmişti" (Wilkinson 1995: 146). Kuzey Suriye'deki Tel es-Siveyhat bölgesinde kırsal yerleşimler demir çağında, "eski tarım sınırına ya da biraz ötesine" kadar hızla büyümüştür (Wilkinson 1995: 151). Yıllık yaklaşık 150 mm yağış miktarıyla tarımsal açıdan marjinal bir vadi olan Vadi Ajij, demir çağı boyunca dikkate değer bir yerleşim katmanlaşması elde etmiştir (Bernbeck 1993: 127-45). Bu bulgu, demir çağında kurak bozkırda toprağın daha geniş alanda işlendiğini ve büyük olasılıkla göçebe hayvancılık faaliyetleri ile tarımsal üretim arasında karşılıklı bir etkileşimin arttığını ortaya koyar.

Genel tabloda yeni yerleşimler inşa edilmesi, krallığın öncülüğündeki büyük kent merkezleriyle sınırlı değildir, ancak demir çağında bu kent merkezleri Yukarı Mezopotamya'daki yerleşim eğilimlerinin önde gelen özelliğidir. Bu pratik; özellikle köyler, mezralar, ekili-dikili alanlar, sınır kaleleri ve bölgesel merkezler gibi farklı ölçeklerde yaygın olarak gözlemlenmiştir. Demir çağı hükümdarlarının yeni kentler, özellikle yoğun inşa etkinliğiyle eyalet merkezleri kurma çabalarını, büyük olasılıkla bu kırsallaşma ve yerleşim alanlarının dağılması eğilimine karşı bir strateji ve belki de tarımsal üretimi yönetmek için bilinçli bir çaba olarak anlamak gerekir. Bu bölümün başında ele alınan önceki verimsiz peyzajları işlemeye dönük krallık retoriği, belki de en iyi erken demir çağının geniş çaplı peyzaj değişiklikleri bağlamında anlaşılır. Bu dönemde o zamana kadar var olmuş yerleşimler daha az kullanılmış, marjinal peyzajlar Yukarı Mezopotamya'daki en geçerli pratik haline gelmiş ve bu değişiklikler çevre algısında derin izler bırakmıştır.

Geç Hitit Coğrafyasında Kentleşme, Anıt ve Tören

Yukarı Mezopotamya'nın kırsal bölgelerinde tunç çağı sonuna yönelik kapsamlı yüzey araştırmalarından elde edilen bulguları ele aldıktan sonra, şimdi de demir çağı başlarındaki bölgeye has kentleşme dinamiklerine dönelim. Yakın dönemde Kuzey Suriye ve Güneydoğu Anadolu arkeolojisi ve tarihi üzerine yapılan bilimsel çalışmalar, iktidarın belirgin şekilde yeniden şekillenmesi sırasındaki devlet oluşum süreçlerine dikkat çekmiştir (Mazzoni 2000a; Hawkins 1982). Özellikle Orta Anadolu'da Hitit İmparatorluğu'nun çöküşü ve Orta-Yukarı Dicle vadilerinde Asur İmparatorluğu'nun zayıflamasının ardından gelen dönemde bu jeopolitik değişiklikler, imparatorluk devletlerinin bölgedeki denetimini ve ekonomik sistemlerini yok etmiştir. Erken demir çağında, önceki Hitit toprakları ile bu toprakların güney ve güneydoğu sınırlarında yeni ideolojik bağlantılara, toplumsal düzen ve ekonomik çerçevelere sahip bir dizi bölgesel devlet ortaya çıkmıştır (ŞEKİL 3). Bu bölgesel devletler arasında Yukarı Orta Fırat Vadisi'nde Kargamış, Malatya ve Elbistan ovalarında Malizi/Melid, Kapadokya'da Tabal, Adıyaman yakınında Kummuh, Maraş bölgesinde Gurgum, Çukurova ve doğu Kilikya'da Kue, Dağlık Kilikya'da Hilakku, Amik Ovası'nda Patina/Unki ve Hama çevresinde Hamat en tanınmış olanlardır (Melchert 2003). Bu devletlerdeki Luvice, Fenikece ve Aramice konuşan halklar, rekabet ve ortak maddi kültür, toplumsal pratik ve devlet ideolojileri ile çokdilli bir ağ oluştururlar (Harmanşah 2007a). Bu devletlerin titizlikle analiz edilmesi kamu anıtlarında yaygın olan ikidilliliğin ispatladığı gibi, genelde kültürel ve dilsel olarak farklı halklardan meydana geldiklerini gösterir. Ancak her egemen hanedanlığın siyasi kimliği ve Luvi, Arami ya da Fenike kültürleriyle olan ideolo-

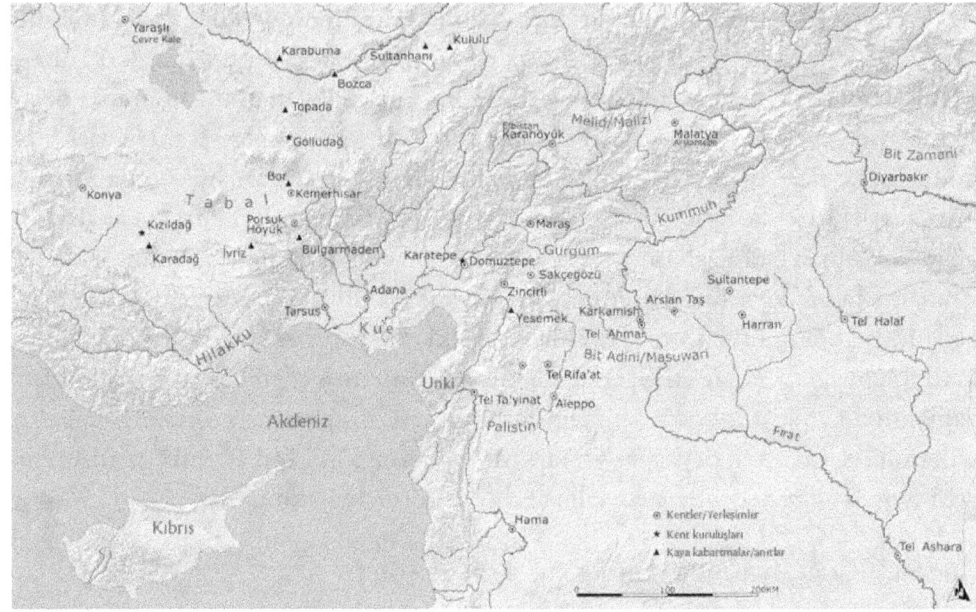

ŞEKİL 3 Suriye-Hitit devletleri ve belli başlı demir çağı yerleşimleri (Taban haritası Peri Johnson tarafından ESRI Topografik Veriler [Creative Commons: World Shaded Relief, World Linear Water] kullanılarak hazırlanmıştır).

jik bağlantıları zaman içinde istikrarsız biçimde değişmekteydi. Örneğin merkezi Kuzey Suriye'de bulunan eski adıyla Masuvari, bugünkü adıyla Tel Ahmar'daki Suriye-Hitit devletinin yerleşim alanında yer alan bir dizi Luvice hiyeroglif stelde erken demir çağındaki Luvi bağlantısı görülür (Bunnens 2006; Hawkins 2000 I: 224-6). Masuwari, Bit-Adini devletinin Til Barsip/Tarbusiba adını almasıyla MÖ 9. yüzyılla birlikte Aramilerle net bir siyasi bağ kurmuştu ve Arami lideri "Ahuni"nin görkemli kenti haline geldi.

Bu kültürel ağın somut göstergeleri arasında temelde işlevleri üretim, depolama, ticaret ve şölen olan, bölgesel merkezler olarak kurulan yeni kale tipi yerleşimlerin inşası vardı. Bu projeler süresince yenilikçi mimari teknolojiler kullanılmış ve bu teknolojiler bölgeden bölgeye aktarılmıştı. Fildişi mobilya parçaları üretimi, metal işleri, taş işçiliği, tekstil üretimi ve diğer zanaatlar da kendilerine özgü bir biçemsel ve ikonografik dağarcıkla, Suriye-Hitit devletlerinin ortak el işçiliği ve görsel kültürü arasındaki yerlerini aldılar (Aro 2003; Winter 1988). Yeni iskân edilen marjinal peyzajlarda Akdeniz'in ikincil ürünleri olan zeytin ve üzüm üretiminin hızla gelişmesi ve zeytin ve üzümden elde edilen ürünlerde, özellikle zeytinyağı ve şarap üretiminde uzmanlaşma, bölgedeki tarımda görülen önemli gelişmelerdi. Erken demir çağında çöl devesinin Yukarı Mezopotamya'da yük hayvanı olarak kullanılmaya başlanmasıyla birlikte bu lüks mal ve eşyaların ticareti kolaylaşmıştı (Akkermans ve Schwartz 2003: 361; Mazzoni 1995a: 130). Karadan ilerleyen güzergâhlar Suriye-Hitit üretim merkezlerini, fiilen Doğu Akdeniz ticaret ağlarına ve Asur ve Urartuların talepkâr pazarlarına bağlamıştı. Kendine has bir krallık retoriği, devlet ideolojisi ve kült bağlar içeren anıt yazıtlarının dilleri Luvi hiyeroglifi ile Fenike ve Arami alfabesiydi. Suriye-Hitit dünyasından kalma üzeri yontulmuş mezar stelleri ve ata heykelleri, bu dünyadaki ortak ataya tapma ve şölen pratiklerini doğrular (Bonatz 2000a).

Geç tunç çağı-erken demir çağı geçişi, ortaya çıkan Suriye-Hitit devletlerindeki yeniliklerle aynı anda hem bölgesel ve yerel gelenekler hem de Hitit imparatorluk geçmişi özellikleriyle olan benzerliği bakımından maddi kültürde süreklilik sergiler. Tille Höyük, Lidar Höyük, Norşuntepe, Kilise Tepe, Tel Afis, Kinet Höyük, Porsuk Zeyve Höyük ve Grê Dimsê'deki (ve diğerleri) kesintisiz stratigrafik dizilimler, geç tunç çağı ve erken demir çağı tabakaları arasında çok az boşluk olduğunu ya da hiç olmadığını gösterir (Fischer ve diğ. 2003). Hititlerin çarkla yapılan seramik üretim teknolojileri, erken demir çağında kullanıma giren elyapımı yatay yivli süslemeli seramikler gibi eşyalarla üst üste biner.[23]

Erken demir çağından kalma Luvice hiyeroglif anıtlar ve mühür baskıları, krallık soyunu ve anıt yapmaya dair süreklilik gösteren bir geleneği doğrulamaktadır (Hawkins 2009: 164). Bunun ötesinde görsel anlatıların ikonografik ve üslupsal özelliklerine bakıldığında, erken Demir çağında Suriye-Hitit kentlerindeki zanaat pratiklerinin, bir taraftan Hitit imparatorluk geleneklerine ve diğer taraftan tunç çağında Kuzey Suriye'deki yerel geleneklere yaslandığı açıktır. Bu ortak Hitit geçmişinin yerel pratiklerle karıştığı ve Suriye-Hitit devletleri arasında müşterek kimliği güçlendirdiği iddia edilebilir (Bonatz 2001a). Luvice, ağırlıklı olarak Hitit İmparatorluğu ve demir çağı boyunca Güneydoğu Anadolu, Orta Anadolu'nun güneyi ve Batı Anadolu'da konuşulan MÖ ikinci ve 1. binyılın Anadolu'daki yerel dil grubudur. Hem Hattuša ve Tarhuntašša'nın 13. yüzyıl Hitit imparatorluk hükümdarları hem de demir çağının pek çok Suriye-Hitit hükümdarı, taş anıtlar ve kaya yüzeyler üzerine anıt yazıtları

---

23 El yapımı seramikler, özellikle oluklu süsleme ya da kenarları ve boynu yivli pişirme kapları, Doğu ve Güneydoğu Anadolu ile Yukarı Dicle ve Yukarı Fırat bölgelerinde erken demir çağının işareti olmaktadır (Bartl 2001). Lidar (Müller 1999a, 1999b: Seviye 7, 6e2, 6e1, 6d'de "oluklu çanak çömlek," 14c tarihlemesi ile doğrulandı), Tille Höyük (Blaylock 1999: Seviye IV-V'de "yizli çanak çömlek"), Grê Dimsê (Karg 2001), Tel Afis (Mazzoni 1992), Norşuntepe (Bartl 2001: 386), Tel Halaf ve diğer pek çok sit alanındaki erken demir çağı tabakalarında görülür.

dikerken Luvicenin belirli bir lehçesini benimsemiş ve "Hitit" hiyeroglif alfabesini kullanmışlardır (Melchert 2003; Hawkins 2000 I: 1-6).

Tel 'Ain Dārā ve Halep kalelerinde Suriye-Hitit dönemine ait iki tapınakta yapılan arkeolojik incelemeler, geç tunç-erken demir çağı geçişi sırasında mimaride ve kült pratiğindeki sürekliliği örnekler. Halep'in 40 km kuzeybatısında yer alan ve Afrin Vadisi'ne tepeden bakan 'Ain Dārā'daki tapınak büyük olasılıkla Ištar-

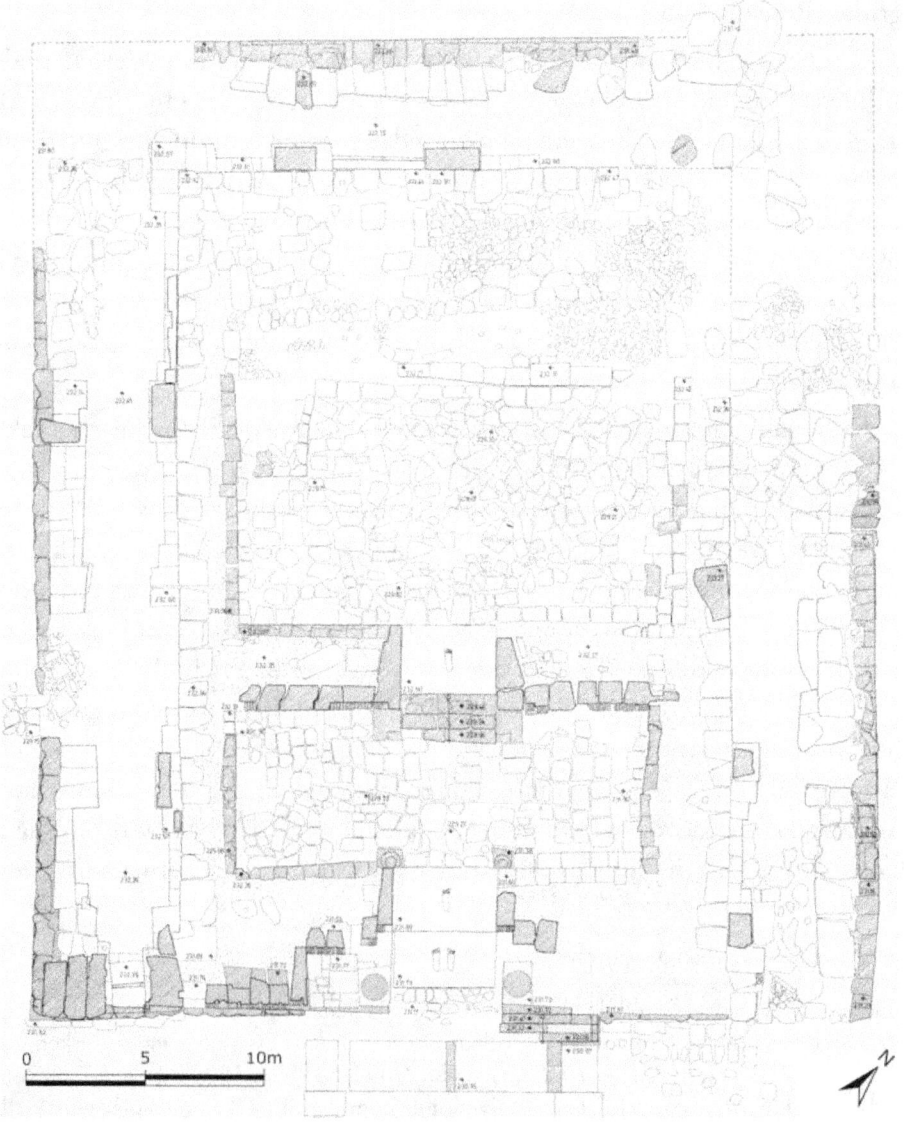

ŞEKİL 4 Tel 'Ain Dārā. Geç tunç-erken demir çağı tapınak planı (Deutsche Archaologische Institut Şam Birimi'nin izniyle).

ŞEKİL 5 Tel 'Ain Dārā. Geç tunç-erken demir çağı tapınak genel görünüşü.

Šawuška'ya adanmıştır (bkz. **ŞEKİL 4** ve **5**). Tapınak, bazalt ve kalker taşından etkileyici bir yontu işçiliğiyle bezelidir ve bu işçilik, masif aslan ve sfenks kapı figürlerinde de göze çarpmaktadır (Abu Assaf 1990). Tapınak geç tunç çağında (MÖ 1300 c.) kurulmuş ve yaklaşık MÖ 740'a kadar yeniden inşa edilmeye ve bakım görmeye devam etmiştir (Abu Assaf 1990: 20-4, 39-41; Orthmann 1993; Zimansky 2002). Bu tarihleme, höyükte yapılan yüzey araştırma ve deneme sondajlarıyla doğrulanmıştır. Veriler 'Ain Dārā'daki kentin tunç çağı sonunda (MÖ 13. yüzyıl) aralıksız devam eden önemli bir yerleşim yerine sahip olduğunu göstermiştir; yerleşimin en gelişmiş dönemi II. demir çağı dönemidir (MÖ 9. ve 8. yüzyıllar) (Stone ve Zimansky 1999).

Orta tunç çağında Yamhad devletinin başkenti olan Halep kalesinde Halab'ın Fırtına Tanrısı için yaptırılan tapınak da kült kimliği ve mimari teknolojisinde süreklilik gösterir (**ŞEKİL 6**). Tapınak erken tunç çağında kurulmuş ve MÖ 2. binyıl başında kuzey duvarının iç cephesindeki süslemesiz ama daha ince işli duvar levhalarıyla (ortostatlar) daha anıtsal ölçekte yeniden inşa edilmiştir (**ŞEKİL 7**) (Kohlmeyer 2009: 194; Gonnella, Khayyata ve Kohlmeyer 2005). İlk kabartmalı ortostatlar tapınağın mimarisine ilave edildiğinde, geç tunç çağında Hititlerin hamiliğinde ikinci bir inşa aşaması başlamıştır.[24] Tapınak, erken demir çağında, tahminen

---

24 Ortostatlar, duvarların alt kısmını su sızıntısı, rüzgâr ve diğer fiziksel zararlardan korumak için yapılan, dik duran, ince yontulmuş bloklardır. Mimari teknik olarak ortostatlar üzerine uzun bir inceleme için bkz. Beşinci Bölüm.

ŞEKİL 6 Halep Fırtına Tanrısı Tapınağı, Halep Kalesi. Plan (Kohlmeyer 2011: Fig. 1; Kay Kohlmeyer'in izniyle).

MÖ 11. yüzyıl içinde derin oyulmuş kabartma resimler ve Luvice hiyeroglif yazıtlarla daha ayrıntılı ve ayırt edici biçimde, Suriye-Hitit üslubunda bir ortostat programıyla Palistin/Walistin Ülkesi Kralı Taita'nın hamiliğinde bir daha inşa edilmiştir (Kohlmeyer 2011; Hawkins 2011). Demir çağındaki tapınakta Hitit imparatorluk üslubunda oyulmuş birkaç kabartma blok yeniden kullanılmıştır ve bu bloklar MÖ 14. yüzyıl sonu ya da 13. yüzyılda Aleppo'daki (Halep) inşa etkinliklerine işaret eder (Khayyatta ve Kohlmeyer 2000: 737). 'Ain Dārā Tapınağı'yla benzer şekilde Halep Tapınağı'nda da bazalt sfenks ve aslanlı kapı figürleri öne çıkmaktadır. 'Ain

ŞEKİL 7 Halep Fırtına Tanrısı Tapınağı, Halep Kalesi. Ortostatlar.

Dārā ve Halep tapınaklarının mimari teknik ve kültürel etkileri, orta tunç çağından orta demir çağına kadar Kuzey Suriye'deki mimari geleneğin oluşması bağlamında Beşinci Bölüm'de daha ayrıntılı ele alınıyor. Geliştirilen mimari tasarımları, inşa teknolojileri ve yontma programlarıyla 'Ain Dārā ve Halep'teki tapınaklar, zanaat teknolojilerindeki çeşitlilikten etkilenen farklı tekniklerin Doğu Akdeniz dünyasına nasıl yayıldığının hikâyesini anlatan yapılardır. Bu yapılar, yerel heterojen pratikler ile Hitit imparatorluk kültürünün ortak mirası içine kök salan mimari pratikler ve görsel kültürün hayranlık verici bir karışımını gözler önüne sererler. Bu bölümün ilerleyen kısımlarında geç tunç-erken demir çağı geçişinde Suriye-Anadolu'daki kültürel süreklilik ve değişime benzer bir perspektifle Melid/Malizi devletinin oluşumu yorumlanıyor. Malizi peyzajlarına bir bağlam sağlamak için sonraki başlık altında dikkatimizi tunç çağı sonunda Kuzey Suriye ve Anadolu'da yer değiştiren siyasi peyzajlara çeviriyoruz ve bu dönüşümü, yeni kentler kurma ve kamusal anıtlar dikme pratiklerine yönelik elimizdeki bulgularla birlikte ele alıyoruz.

Kayan Peyzajlar: İktidarın Coğrafyasındaki Kaymalar

Mevcut arkeolojik ve epigrafik bulgulara bakıldığında emperyal Hitit hanedanlığının MÖ 1180 civarında Hattuša'daki çöküşünü takiben Kargamış, siyasi peyzajın yeniden düzenlenmesinde önemli bir oyuncu olarak karşımıza çıkar. Kargamış orta tunç çağından başlayarak Kuzey Suriye coğrafyasında zaten önemli bir siyasal ve ekonomik konuma sahipti (Hawkins 1980a). En önemli Fırat geçişinde Fırat nehir taşımacılığının yukarı orta kesimini denetim altında tutan bir konuma sahip olan Kargamış, aynı zamanda orta tunç çağından demir çağına kadar önemli bir zanaat üretim merkezi ve metal, kereste, şarap ve ürün deposuydu (Winter 1983a: 178). Geç tunç çağının sonunda Hititlerin Kuzey Suriye ve Güney Anadolu'ya, özellikle de Kargamış çevresindeki bölgeye müdahalesi giderek yoğunlaşmıştır. I. Šuppiluliuma (MÖ 1344-1322) Hitit İmparatorluğu'nun Kuzey Suriye üzerindeki bölgesel iktidarını güçlendirmiş ve MÖ 1340 civarında oğlu Piyaššili'yi (daha sonra edindiği Hurricedeki taht ismiyle Šarri-Kušuh olarak bilinir) Kargamış'a genel vali ve diğer oğlu Telipinus'u Halab'a (Halep) muhtemelen Fırtına Tanrısı Tešub'un rahibi olarak atamıştır.[25] Hitit genel valiliğinin tesis edilmesini takiben Halep siyasaldan çok törensel öneme sahipken, müreffeh Kargamış kenti, Kuzey Suriye'de Hitit siyasi varlığının merkezi haline gelmiştir.

Ayrıca II. Muvatalli (MÖ 1295-1272 c.) Hitit Krallığı'nın başkentini Hattuša'dan, Dağlık Kilikya ve Konya Ovası'nın güneyinde bir kent ve bölge olan Tarhuntašša'ya taşıma girişiminde bulunmuştur (Singer 1998a: 539). Muvatalli'nin ölümünün ardından tahta geçen Urhi-Tešub (III. Muršili) tarafından Hattuša'ya Büyük Kral'lık geri getirildi. Bununla birlikte yakın dönemdeki epigrafik keşiflere göre II. Muvatalli'nin Tarhuntašša'da kral naibi olan bir diğer oğlu Kurunta, daha sonra Hattuša'daki Büyük Kral'lığa rakip oldu. Siyasi alandaki bu çekişme aşağıdaki keşiflerin ardından ortaya çıkmıştır:

(a) IV. Tudhaliya ve kuzeni Kurunta arasında imzalanan, günümüze eksiksiz aktarılmış bir anlaşma olan (CTH 104) ve "tımarlı" Tarhuntašša Krallığı'nın sınırlarını düzenleyen, 1986'da Boğazköy'de Yerkapı yakınlarında bulunan "Tunç Tablet",[26]

(b) Boğazköy'deki 3. tapınakta, üzerinde Kurunta'yı "Büyük Kral"[27] olarak adlandıran kendi mühür baskıları,

(c) Konya'nın güneybatısında Hatip'deki büyük bir su kaynağında bulunan Kurunta kaya kabartması. Kabartma büyük olasılıkla Hitit "Aşağı Ülkesi" ile Tarhuntašša arasındaki sınırı işaret etmekdir (Bahar 1998).

---

25 Kuzey Suriye'deki Hitit çıkarları için bkz. Bryce 1998: 75-102 ve I. Šuppiluluima'nın oğullarını Kargamış ve Halab'a naip olarak ataması üzerine bkz. Bryce 1998: 189-95 ve not 103.

26 Hawkins 2002: 144 ve Bryce 1998: 295-9. Yerkapı'da 35 m'deki bronz tabletin topraktan çıkarılması için bkz. Neve 1987: 405-8 ve Abb. 21-2-3. Bronz Tablet'in standard baskısı Otten 1988'dir. Metnin İngilizce çevirisi için bkz. Beckman 1999: 108-124.

27 Tapınak 3'te bulunan resmî mühürler üzerindeki Kurunta baskıları için: bkz. Neve 1987: 401-3, Abb. 20 ve Neve 1991: 330, Abb. 35.

John David Hawkins (2002) ve Itamar Singer'ın (1996a) ikna edici biçimde öne sürdükleri gibi MÖ 13. yüzyıla dek Hattuša'nın zayıflamasına karşılık Tarhuntašša ve Kargamış zaten güçlü siyasal merkezler haline gelmiştir. Öyle ki bu siyasal merkezlerin kralları, kısa süre öncesinde Hattuša'daki hanedanlığın çöküşüne dek Hitit kralının imtiyazı olduğu düşünülen "Büyük Kral" unvanını benimsemiştir. İmparatorluğun son yüzyıllarında Hitit iktidar coğrafyalarında güneye doğru bu kademeli kayma anlaşıldığında, MÖ 12. yüzyılın ilk çeyreğinde Hattuša'nın fiili olarak terk edilmesi aslında büyük bir sürpriz olarak görülemez.

Hitit başkentinde yakın dönemde yapılan arkeolojik incelemelere göre "müreffeh" kentin "düşman saldırılarıyla" korkunç ve geri dönülmez biçimde yok edildiğine dair yaygın kanının aksine, Boğazköy'ün Yukarı Kenti belki kült binaların ayinlerle temizlenmesi ve törenle kapatılmasıyla zamanla terk edilmiştir. Jurgen Seeher, Boğazköy'ün son tunç çağı tabakalarından elde edilen tüm arkeolojik bulguları ayrıntılı şekilde yorumlayarak kentin yok olmasından birkaç sene önce Hattuša'nın başkent ve krallık ikametgâhı olma statüsünü çoktan kaybetmiş olması gerektiğini net biçimde göstermiştir (Seeher 2001: 633). Araştırmacılar tunç çağı sonunda Tarhuntašša krallarının akıbetinden çok emin değildir; ne var ki bu haliyle Hattuša'daki imparatorluk hanedanlığıyla ilişkilenen Kargamış kral naiplerinin hanedanlık çizgisi, tunç çağı ortalarına kadar devam etmiş ve Yukarı Fırat ve Kuzey Suriye topraklarının denetimini elinde bulundurmuştur.[28] Lidar Höyük'te erken demir çağı tabakalarında bulunan mühürlerde kendisine "Kargamış Kralı" denilen Kuzi Tešub (Talmi Tešub'un oğlu)[29] Šarri-Kušuh'la başlayan Kargamış imparatorluk hanedanlığı çizgisinde beşinci kral olarak gösterilir. Geç tunç çağında Orta Anadolu yaylalarını (Hitit İmparatorluğu'nun çekirdek toprakları) belirtmek için kullanılan "Hatti Ülkesi" isminin demir çağında Kargamış'taki bölgesel merkeziyle Kuzey

---

28 Ancak bkz. Singer 1996a: 68-71. Hattuša'daki çoğu kısmı okunaksız anıt yazıtı olan NİŞANTAŞ'ın bugün en azından bir parçası olduğu anlaşılan (Hawkins 2002: 144, 146-7 ve n. 4) Boğazköy'deki eksik bir Hitit çiviyazısı tablet (*KBo* XII no.38), II. Šuppiluluima (MÖ 1207-1180?) ve babası IV. Tudhaliya'nın Alašiya'ya (genelde Kıbrıs olarak tespit edilir) yaptığı seferlerden ve Tudhaliya'nın heykelinin (ALAM) yükseldiği NA4 *hé-gur* SAG. UŠ ("dağın tepesinin edebi evi") anıtının anma amaçlı inşasından bahseder. Tabletin harf çevirisi, çevirisi ve incelemesi için bkz. Güterbock 1967.

29 Lidar Höyük, Güneydoğu Türkiye'de Samsat kuzeyindeki Urfa ili içinde Fırat'ın doğu kıyısında konumlanan büyük bir höyüktür. Bu mühür baskılar 1985'te höyüğün kuzey bölümünde, 7. Tabaka'dan çıkarılmış ve Sürenhagen 1986: Abb. 1-3'de yayımlanmıştır; mühürlerin üzerindeki yazıların harf çevirisi ve çevirisi için bkz. Sürenhagen 1986: 186. Hawkins (1988: 100) mührün üzerindeki hiyeroglif yazıyı şöyle okur: "(Kral) Kuzi-Tešub, Kargamış Ülkesi'nin Kralı / (Kral) Talmi-Tešub, Kargamış Ülkesi'nin Kralı'nın / tanrılar tarafından tanınmış oğlu."

Suriye bölgesine geçmesi ve yeniden tanımlanması kesinlikle tesadüfi değildir ve bölgesel iktidarın devredildiğini doğrulamaktadır (Hawkins 2000 I: 3).[30]

Bu yeni arkeolojik ve epigrafik verilerden ortaya çıkan kayda değer sonuç, Hitit İmparatorluğu coğrafyasında sosyoekonomik ve siyasal ağırlık merkezinin MÖ 13. yüzyılda çoktan güneye, Güney Anadolu'nun ortasına ve Kuzey Suriye'ye kaymış olduğudur. Bu uzun vadeli eğilimin devamı olarak, erken demir çağında daha sonra görülen kentleşme süreci daha çok anlam kazanır. Hitit İmparatorluğu'nun çekirdek topraklarını –yani "Hatti Ülkesi"ni– tanımlayan peyzaj sisteminde, bu bölge sınırları ötesine kayma süreci belki de geç tunç-erken demir çağı geçişinde Asur çekirdek peyzajları olan "Aššur Ülkesi," Aššur kenti çevresinden Yukarı Orta Dicle-Yukarı Zap bölgesindeki Kalhu-Nīnuwa-Arbela üçgenine kaymasıyla karşılaştırılabilir. Bu konu bir sonraki bölümde ele alınıyor. Bu büyük ölçekli mekânsal dönüşümlerin ardındaki motivasyonun büyük olasılıkla ticaret ağları ile metal kaynaklarının değişimini etkin biçimde kontrol etmek olduğu yorumunda bulunulabilir. Bu tür kayan peyzajlara belki elle tutulur en büyük kanıt, Kār-Tukultī-Ninurta, Tarhuntašša, Kalhu, Nīnuwa, Zincirli ve diğer örneklerde görüldüğü gibi yeni başkentler kurulmasıdır (Casana and Hermann 2010). Hitit merkezlerinin çöküşüyle birlikte Orta Anadolu peyzajlarında 2. binyıl sonunda ortaya çıkan idari boşluk, sonunda bölgede özellikle Halys Bendi ve Sangarios Vadisi'nde Frigyalılar ile Konya Ovası ve Kapadokya'da Tabal Krallığı gibi yeni bölgesel devletlerin oluşmasına yol açtı (Strobel 2008).

Kaya Anıtları, Yeni Kentler ve Sömürge Peyzajları

Eskiçağ Yakındoğu'sunda su kaynakları, mağaralar, dağ geçitleri, nehir koyakları ve kayalık çıkıntılar gibi jeolojik olarak çarpıcı ve kültürel olarak anlamlı yerlere çizilen resimleri ve sıklıkla resmi devlet ideolojisini ya da siyasal beyanatları aktaran metinleriyle kaya kabartmalar, olağanüstü kamu anıtlarıdır. Zamana karşı dirençli bu oluşumlar sıklıkla tabiatı bakımından anmayla ilişkilidir, bir dizi ritüel pratik ve toplumsal töreni kendi çevrelerinde toplarlar. Bu şekilde toplumsal performans ve bellekle ilişkilidirler (Alcock 2002: 28-30). Kaya kabartmalar bir yandan doğal kaya yüzeyleri sömürgeleştirirken diğer yandan jeolojik peyzajın zamansallığına bağlı kalır ve yereldeki anlamlı mevkileri devlet gösterileri için tahsis ederler. Kaya

---

30 I. Tukultī-apil-ešarra'nın (MÖ 1114-1076) *Amurru* ve *Labnana* Dağı topraklarına yaptığı seferlerde Kargamış Kralı Ini-Tešub, Hattuša'nın çöküşünden sadece bir yüzyıl sonra "Hatti Ülkesi Kralı" olarak geçer (Grayson 1991: 37, metin A.0.87.3, satır 28). Aynı kral ilginç biçimde Melid/Malatya'dan *ša* KUR *Hatte* GAL-*te* ya da "Büyük Hatti Ülkesi'nde" olarak bahseder (Grayson 1991: 43; metin A.0.87.4, satır 31).

kabartmalar yontmak, bir bakıma ihtilaflı sınır peyzajında yeni bir kent kurma eylemine benzer. Her iki eylem de eskinin çorak "doğal" alanlarını uygarlaştırmak gibi sömürgeci bir anlayışla bu alanları ele geçirme iddiası taşır. Bu sebeple kaya kabartmalar tekil coğrafyalarda özgün tarihsel süreçlerin can alıcı imleridir. Aslında Lübnan'da ünlü Nehr el-Kalb sitinde olduğu gibi kaya kabartmaların peyzaj üzerinde yüzlerce yıllık varlığı, anlam ve sembolizmlerinin sürekli yeniden tasavvur edilmesine, yeni siyasal söylemlere, hikâyelere ve hatta birkaç kez yeniden yontma eylemine davetiye çıkarır (Volk 2008).

Orta Anadolu'nun güneyinde KIZILDAĞ, KARADAĞ ve BURUNKAYA adlarıyla bilinen bir grup anıtsal kült komplekse ve kayaya işlenmiş anıtlar bulunur. Bu anıtların hepsinin üzerinde, erken demir çağında bölgede, özellikle yeni Asur kaynaklarında Tabal olan alanda kentleşmenin nasıl başladığını anlamak için çok önemli olduğu görülen Luvice hiyeroglif yazıtlar yer almaktadır.[31] KIZILDAĞ ve KARADAĞ Konya Ovası'nın güneyine bakan Kızıldağ ve Karadağ dağlarının kayalık yamaçlarında yer alırken, BURUNKAYA daha kuzeybatıda, Kapadokya peyzajının ortasındaki Ihlara bölgesindedir (ŞEKİL 3). Özellikle bu anıtların IV. Tudhaliya'nın (MÖ 1237-1209 c.) kutsal havuz kompleksi YALBURT'taki yazıtlarla olan benzerliği dikkate alındığında, anıtlardaki Luvice hiyeroglif yazıtlar bugün epigrafik gerekçelerle MÖ 12. yüzyıldan önceye, Hattuša'nın terk edilmesinden hemen sonraya tarihlenmektedir (Hawkins 2009: 165).[32] Kızıldağ'daki kaya kabartmalar, kayalara oyulmuş şekiller ve bir dizi Luvice hiyeroglif yazıt, mevsimsel Hotamış Gölü'ne tepeden bakan kayalık bir çıkıntı üzerine inşa edilmiş büyükçe bir kale içindedir (ŞEKİL 8) (Karauğuz, Bahar ve Kunt 2002). Bu alanlarda ayrıntılı bir arkeolojik araştırma yapılmamasına karşın, KARADAĞ'ın, belki yakınındaki KIZILDAĞ'da bulunan çağdaşı kale tipi yerleşimle ilişkilendirilmiş kutsal bir bir dağ başı arazisinde bir kent dışı kült yerleşimi olduğu açıktır.[33] Tüm bu kaya yazıtlarda "Büyük Kral,

---

31 Hawkins 2000 I: 433-42, Levhalar 236-43 ve Hawkins 1992.

32 Kızıldağ'da beş, Karadağ'da iki ve Burunkaya'da bir yazıt bulunmuştur. Hawkins, Hitit İmparatorluğu'nun Luvice hiyeroglif yazıtlı anıtları olan Yalburt ve Boğazköy-Südburg ile bunlar arasında yakın paleografik bağlar görür ve "Hitit İmparatorluğu'nun çöküşünün hemen ardındaki döneme" tarihlenmesi gerektiğini savunur (Hawkins 2000 I: 434). Hatice Gonnet (1983a), Kızıldağ 4 çevresindeki tapınma amaçlı yapıların (kayalara oyulmuş taht, sunak ve "sunu çukuru") Hitit İmparatorluğu geleneğiyle ilişkilendirilmesi gerektiği fikrine dayanarak 13. yüzyıla tarihlenmesi gerektiğini savunmuştur. Itamar Singer (1996a) da Hartapu'nun Tarhuntašša krallarından biri olduğu, Hattuša'nın on Büyük Kral'ıyla aynı dönemde yaşadığı ve kendi toprak egemenliği iddialarını onlar hesabına kuzeye doğru genişletmiş olabileceği olasılığını destekler.

33 Kızıldağ anıtsal kompleksi ve kalenin taslak planı için bkz. Bittel 1986: Ill. 10-1 s. 107 ve mimari özelliklerin ele alındığı s. 106-9; ama ayrıca Karauğuz vd. 2002.

ŞEKİL 8 Kızıldağ: Kurumuş Hotamış Gölü'ne bakan Hartapu kaya kabartma ve yazıtlar.

Kahraman" Mursilis'in oğlu, ayrıca "Büyük Kral" unvanı alan Hartapu adında bir hükümdarın sürekli adı geçer ve büyük olasılıkla Kızıldağ'daki kaleye gönderme yaparak yeni bir kentin kurulması anılır:

KIZILDAĞ 3

Fırtına Tanrısı <(nın) sevgilisi (??)>, Güneş, Büyük Kral Hartapus,
Mursilis'in oğlu, Büyük Kral, Kahraman kurdu bu kenti.
(İngilizceye çeviri: Hawkins 2000 I: 438)

Bu kült yerleşimlerin tarihsel önemi görünüşe göre şöyledir: Erken demir çağının en başlarında, yörenin kralı Hartapu, Konya Ovası'nın güneyinden Kapadokya içlerine kadar uzanan bölgesel bir devlet kurmak istemektedir ve bu bölgesel iddia, daha sonra demir çağı devletleri arasında yaygın olarak kullanılacağını bildiğimiz yeni kent kurma ideolojisi ve krallık retoriği ile kayalar üzerine kabartmalar ve anıt yazıtları yontma pratiğiyle ortaya konmuştur. Boğazköy'de II. Šuppiluluima'nın Kutsal Havuz Kompleksi (Südburg) yazıtında olduğu gibi yeni kent kuruluşuna yönelik benzer ifadeler, 13. yüzyıl Hitit İmparatorluğu'nun Luvice hiyeroglif anıtlarından da bilinir. Südburg yazıtı, kralın Güney Anadolu'nun batı ve ortalarına yaptığı seferlerde inşa ettirdiği birkaç kent anısına yapılmış ve bu kentlerin inşası ile bu özgün kamusal anıtın inşası arasında bir bağ yaratılmıştır (Hawkins 1995d:

22-3). Bu iki inşa eylemi, yani yeni kentler kurma ve kaya kabartmalar yontarak kamusal anıtlar yapma, yeni yerleşim toprakları ele geçirmenin iki önemli sömürgeleştirici işareti olarak ilginç şekilde birbiriyle ilişkili görünür. Davetkâr bir kaya yüzey ya da verimli lakin işlenmemiş bir toprak (*terra nullius*) olsun, iki eylem de, krallığın eskinin "el değmemiş" peyzajlarını içeren müdahalesiyle belirli yerlere yazıtlar yazarak güçlü bir meşrulaştırma retoriğini paylaşırlar.

Toros Dağları'nın Orta Anadolu Yaylası'nın verimli ovalarına açılan kuzey eteklerinin peyzajları, Hatti ve Tarhuntašša arasında stratejik bir sınır oluşturur. MÖ 13. yüzyılın ikinci yarısında YALBURT (üzeri yazılı ortostatlarıyla kutsal havuz), EMİRGAZİ (sunaklar), KÖYLÜTOLU YAYLASI (bir Hitit su bendine bağlı kalker bloğu), HATİP (kaya kabartma) ve Eflatun Pınarı (kült anıtla birlikte kutsal havuz kompleksi) gibi pek çoğunun üzerinde Luvice hiyeroglif yazıtlar olan Hitit imparatorluk anıtlarıyla bölge sınırları büyük ölçüde belirlenmişti (Glatz 2009: 136).

Yeni epigrafik bulgular temelinde, tunç çağında DUMU.LUGAL, "Kralın Oğulları" olarak bilinen yüksek mevkideki Hitit görevlilerinin, Güney Anadolu ve Kuzey Suriye'de iktidarı elinde bulunduran sınır bölgelerin vassal krallarının, erken demir çağında kendi sınırlı topraklarının denetimini sürdürdüğünü ve Suriye-Hitit devletleri olarak bilinen yeni oluşan bölgesel devletlerin sosyopolitik altyapısını kurduklarını iddia etmek durumundayız. Kült kompleksler ve anma yazıtlarıyla kaya kabartmalar ile peyzaj düzenleme biçimindeki Hitit imparatorluk pratiği, özellikle erken demir çağı devletlerinde (Asur dahil) sürdürülürken, büyük olasılıkla bu peyzajlardaki varolan Hitit anıtları kalıcı bellek alanları olarak kullanımda kaldı. Demir çağının ilk Luvice hiyeroglif anıtlarında toprağın yörenin seçkin ailelerine bir tür yeniden dağılımı apaçık görünür. O halde demir çağı seçkinleri; meyve bahçeleri, üzüm bağları dikimi ve özellikle yeni kent ve yolların yapımı ve dahası kent ve kent dışı ortamlarda kamusal anıtlar dikme gibi inşa etkinlikleri aracılığıyla bu peyzajları işleme sürecini başlattı. Sonraki başlık altında sunulduğu gibi bu olgunun en canlı örneği belki de erken demir çağı Malizi/Melid Krallığı'dır.

Malatya'da Mahal ve Mekân

Suriye-Hitit dünyasında erken demir çağının en erken ve en önemli devletlerinden biri, Türkiye'nin doğusunda, Yukarı Fırat'ın batı kıyısındaki Malatya Ovası'na kurulmuş olan Malizi/Melid'dir (**ŞEKİL 9**).[34] Burası, Toros ve Anti-Toros dağ sıraları arasında, Fırat ve kolları (Tohma Su ve Kuru Çay) ile bölgedeki çokça kaynak tarafından sulanan çok verimli ve bol miktarda meyve bahçesi ve maden kaynağıyla

---

34 Melid/Malizi Krallığı tarihi üzerine bkz. Hawkins 2000 I: 282-6; Harmanşah 2011a.

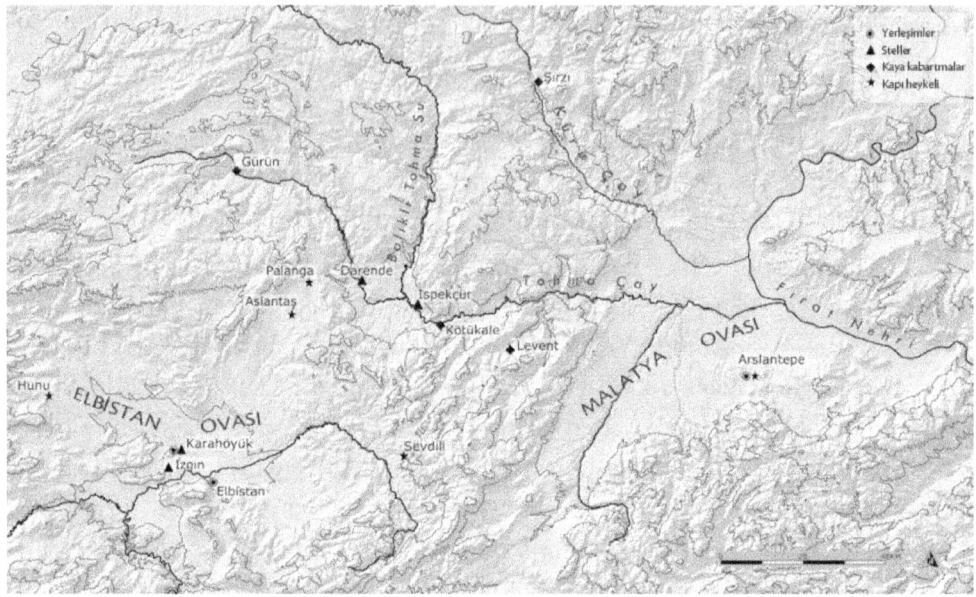

ŞEKİL 9 Erken demir çağı Malizi/Melid sit alanları ve anıtları haritası (Taban haritası Peri Johnson tarafından ESRI Topografik Veriler [Creative Commons: World Shaded Relief, World Linear Water] kullanılarak hazırlanmıştır).

tarihsel öneme sahip bir dağarası havzasıdır (Delaporte 1933: 129-32; Marcolongo ve Palmieri 1983; Frangipane 1993). Malatya Ovası'nın çevresindeki dağlık alanlar demir ve gümüş cevheri ve kurşun yatakları bakımından zenginken yüksek toprak nemi Malatya-Arslantepe çevresinde yoğunlaşır. Hemen kuzeydoğudaki Kiği-Keban'da gümüş cevheri yatakları yer alır ve doğudaki Ergani maden bölgesi (büyük olasılıkla eskiçağdaki ismiyle *Arqānia*) kuzey Mezopotamya için her zaman zengin bir bakır kaynağı olmuştur.[35] Sonuç olarak stratejik konumu ve kaynakları nedeniyle Malatya Ovası, geç tunç çağında Hititler ve Asurlular arasında (Singer 1985), orta demir çağında Asurlular, Urartular ve Tabal Krallığı arasında ihtilaflı bir sınır bölgesiydi. Peyzajdaki anıtların dağılımından görüldüğü gibi erken demir çağı bölgesel devleti Malizi/Melid'in, bölgesel kontrolü en sonunda batı ve kuzeybatıya, Orta ve Yukarı Tohma Su Vadisi, Elbistan Ovası ve son olarak Kuru Çay Vadisi'ne doğru genişlettiği görülmektedir (**ŞEKİL 9**).

Bölgede demir çağına ait ilk anıtlar, Malatya Ovası'nda değil de batıdaki Elbistan Ovası'nda görülür (**ŞEKİL 10** ve **11**). KARAHÖYÜK, üzerine Luvice hiyeroglifiyle

---

35 Eski Yakındoğu'daki metal kaynakları ve metal işleme teknikleri üzerine bir inceleme için, bkz. Moorey 1994: 216-301. Anadolu'da eski dönem madencilik üzerine bir inceleme için özellikle bkz. Jesus 1980.

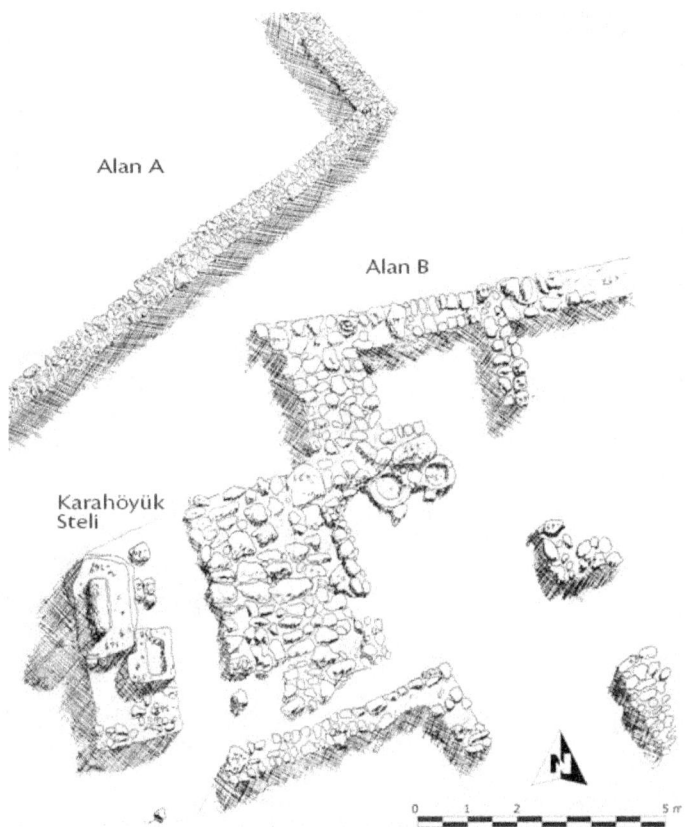

ŞEKİL 10 Elbistan Karahöyük, pot-Hitit tabaka Evre 2 planı: Luvice hiyeroglif stelin arkeolojik bağlamı (Özgüç ve Özgüç 1949: plan 4'ten uyarlanmıştır). Türk Tarih Kurumu Başkanlığı'nın izniyle kullanılmıştır.

yazılmış masif bir anma stelidir. Stel, 1947'de Elbistan Ovası'ndaki Karahöyük'te yapılan kazıda *in situ* çıkarılmıştır ve Tahsin ve Nimet Özgüç (1949: 16-7), Hurman Suyu üzerinde yer alan ve Elbistan Ovası'nı baştan başa geçen Doğu-Batı rotasını kontrol eden konumdaki höyüğün ovanın en büyük höyüğü olduğunu bildirirler. Anıt ender bulunan bir arkeolojik bağlama aittir: Özgüç'ün kazı çukurunun güneybatı köşesinden, yerleşim höyüğünün en üstünden çıkarılmıştır ve arkeologların deyimiyle sit alanındaki en erken "Hitit sonrası" aşamasıyla ilişkilidir (Özgüç ve Özgüç 1949: 21-35). Çevresindeki ovadan yaklaşık 22 m yüksekte olan bu etkileyici höyüğün büyük bölümü kazı yapıldığı sırada bir köy tarafından işgal edildiğinden kazı için en tepede ufak bir el değmemiş alan kalmıştır. Sit, büyük bir kerpiç sur duvarıyla tahkim edilmiştir (Özgüç ve Özgüç 1949: 18 ve fig. 25). Yoğun sıkıştırılmış toprak alan ortasında dikdörtgen bir taban üzerindeki yüksek, gittikçe sivrilen kalker bir stel bulunur. Stel, sunu ve kurbanlar için ayrılan bir taş tekne ve üzerine

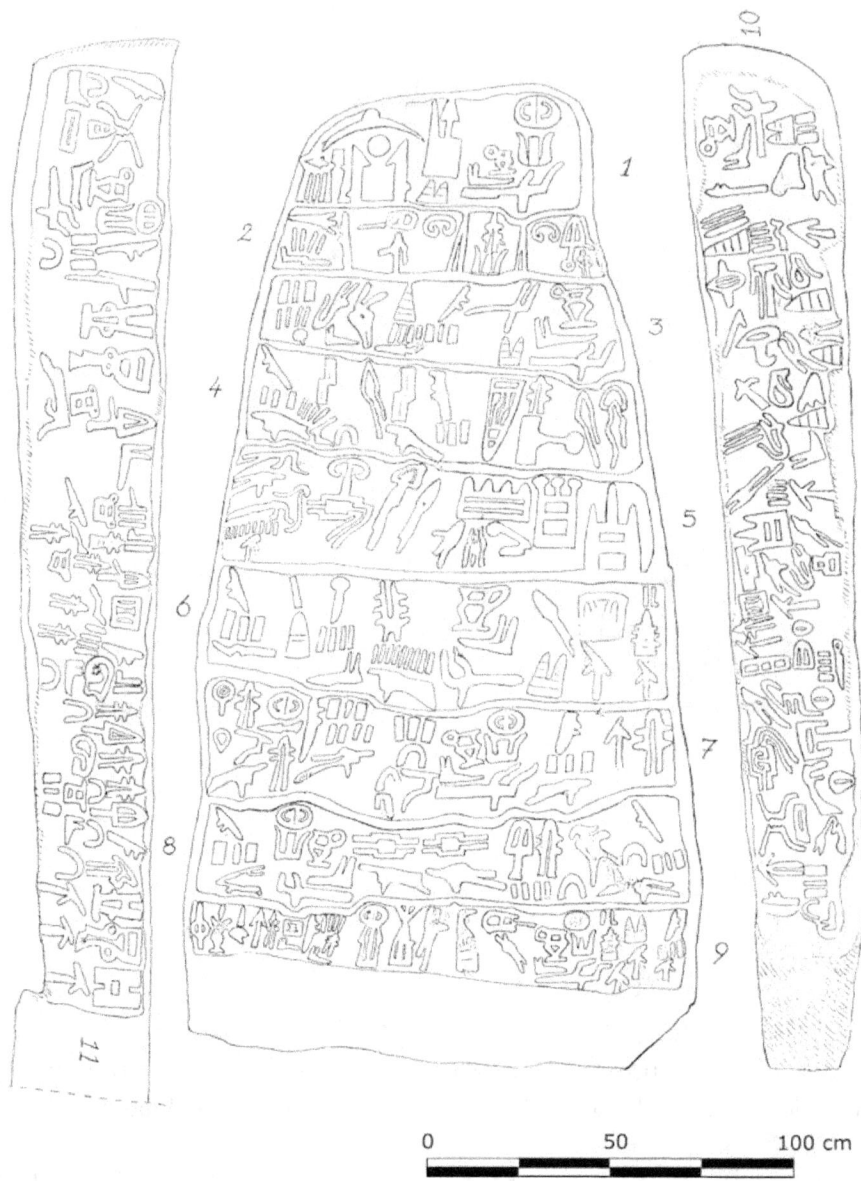

ŞEKİL 11 Elbistan Karahöyük Luvice hiyeroglif stel (Özgüç ve Özgüç 1949: pl. 49; Ankara Anadolu Medeniyetleri Müzesi, envanter no. 10754). Türk Tarih Kurumu Başkanlığı'nın izniyle kullanılmıştır.

inşa edildiği 4 m x 2 m boyutunda taş kaplı bir platformla birlikte yerleştirilmiştir (**ŞEKİL 10**). Anıtın hemen etrafında bulunan demir çağı tabakalarına ait çok sayıda kül, atılmış çanak çömlek ve hayvan kemiği yatakları ile anıtla aynı dönemden kalma ilk demir çağı tabakasına ait zemin kalıntıları, demir çağında sitte yoğun ve uzun süren kült pratiğine işaret eder. Kült etkinlik büyük olasılıkla hayvan kurban etme ve törensel şölenleri kapsamaktaydı.[36] Arkeologlar Karahöyük'ün "Hitit sonrası" tabakasındaki taş kaplı platformun altında sınırlı bir alanda sitin "Hitit İmparatorluğu dönemi" tabakalarına ulaştı. Kabartmalarla bezeli Hitit tören kapları, damga ve silindir mühürler ve bronz aletlere ait çok sayıda kırık parçanın toplanmasıyla birlikte ortaya anıtsal bir yapı çıkmıştır (Özgüç ve Özgüç 1949: 36-50).

Karahöyük stelinin üç tarafı oymadır ve üzerindeki Luvice hiyeroglif metin ilk kez Hans Güterbock tarafından okunmuş ve yakın dönemde J.D. Hawkins derlemesinde yayımlanmıştır (ŞEKİL 11) (Guterbock 1949; Hawkins 2000 I: 289). İşaret biçimleri ve grafik kullanımdaki "arkaizm"e bakıldığında stel, MÖ 2. binyılın sonundaki Güney Anadolu'nun orta bölümündeki anıtlarla (KIZILDAĞ-KARADAĞ-BURUNKAYA grubu) yakından ilişkilidir ve bu sebeple MÖ 12. yüzyılın başına tarihlenir. Bu tarih arkeolojik bağlamla da desteklenir (Özgüç ve Özgüç 1949: 24, 34-5). "Pitos-Adamlarının Efendisi" Armananis tarafından POCULUM ülkesinin Fırtına Tanrısı'na adanan stel, ülkenin (belki Elbistan Ovası'nın) ve üç kentin hükümdar "Büyük Kral Ir-Tešub"a kalmasının anısına yaptırılmıştır. Yazıta göre Ir-Tešub hükümdar olarak POCULUM topraklarını aldığında "kenti boş buldu" (satır 3), oraya yeni topluluklar yerleştirdi ve "evler (ve) kentler için POCULUM topraklarını geliştirdi" (satır 6) (Hawkins 2000 I: 291). Onun ardından gelen Malatya kralları, Kargamış hanedanlığı soyundan geldiklerini iddia ettiklerinden KARAHÖYÜK yazıtında adı geçen Büyük Kral'ın Kargamış krallarından biri olabileceğini düşünmek fazla zorlama olmaz. Diğer yandan Tarhuntašša kralları ile bağ kurmak da olasıdır.[37] Strobel (2008: 664, n. 128), Armananis'i Hattuša'da yüksek mevkideki bir görevli

---

36 Bu kalıntılar kazıyı gerçekleştirenler tarafından "*bothros*/çöp çukuru" kalıntıları olarak yorumlanmıştır. Bkz. Özgüç ve Özgüç, 1949: 21-5. Stel çevresindeki kül-çanak-çömlek-kemik kalıntılarına dikkatimi çeken Elif Denel'e teşekkür ederim. Bu arkeolojik bulgunun benzer bir yorumla daha ayrıntılı ele alınışı için bkz. Denel 2006. Bu kalıntılardan elde edilen çanak-çömleklerden bazılarının en iyi bezeli örnekler olduğu görülür. Bu durum, bu grupların törensel amaçlı olduğunu akla getirmekte.

37 İlk Malizi anıtları ve Kargamış'ta bulunan anıtlarla kronolojik paleografi uyuşmazlığı temelinde Hawkins (2000 I: 287-8), KARAHÖYÜK'teki bu "Büyük Kralı," Kargamış yerine Tarhuntašša'daki hanedanlıkla özdeşleştirme olasılığına vurgu yapar. Bunu yaparken Malatya krallarının doğrudan Kargamış'ın Kuzi-Tešub soyundan geldiğini kabul eder. Karahöyük yazıtları ve KIZILDAĞ, KARADAĞ ve BURUNKAYA yazıtları arasında daha çok paralellik gören Hawkins (1993a), Elbistan Ovası'nın ilk olarak MÖ 12. yüzyılda Tarhuntašša kralları tarafından ele geçirildiğini, daha sonra Taita adlı kentin kuruluşu anısına dikilen IZGIN anıtında görüldüğü gibi MÖ 11. yüzyılda Malatya Krallığı'na dahil edildiğini savunur (Bkz. Hawkins 2000 I: 314-8). GÜRÜN ve KÖTÜKALE anıtlarının hamisi Malatya Kralı Runtiyas'ın Kargamışlı Kuzi-Tešub'un gerçek torunu değil, "soyundan" gelen biri olarak anlaşılması da olası görünmektedir.

ile ilişkilendirme olasılığına işaret etmiştir. Her halükârda, sadece bölgesel bir devlet kurulması değil, aynı zamanda bu devlette pek çok kasaba kurulmasını ve peyzajlarının işlenmesini de tarihsel olarak hatırlatan bir anıtla karşı karşıyayız. Dahası arkeolojik bulguların açıkça gösterdiği gibi kamusal anıtının bulunduğu sit alanı, demir çağı boyunca bu bölgesel devlet içindeki ana yerleşimlerden birinin kentsel çekirdeğinde yer alan törensel etkinliklerin gerçekleştiği yerdir. Karahöyük stelinde belirtilen Malizi/Melid Krallığı'nın başlangıcıyla birlikte MÖ 12. yüzyılda Elbistan Ovası'nda meydana gelen bu tarihsel olayların bağıntısı hâlâ tartışma konusudur.

Malizi Krallığı (Asur kayıtlarında Melid-Milidia, klasik kaynaklarda Melitene) ile ilgili bilgiler, yöreye özgü Luvice hiyeroglif anıtlar, sınırlı arkeolojik bulgular ve Asur ile Urartu yazılı kaynaklarından elde edilmektedir. Krallık merkezi, eski Malatya yakınlarındaki Arslantepe sitiydi ve buranın Malizi kenti olduğu tespit edilmiştir (Frangipane 1993; Hawkins 1993b). Asurlu I. Tukultī-apil-ešarra (Tiglatpileser) (MÖ 1114-1076) Doğu Anadolu'da Nairi ve Daiēni topraklarına yaptığı seferden dönerken Milida kentini ziyaret eder. Kralın vakayinamelerine göre kent ona boyun eğer ve senelik vergi olarak kurşun cevheri ödemeyi kabul eder (Grayson 1991: metin A.0.87.1, sütun v, satır 33-41). Kral, Akdeniz ve kıyı devletlerine yaptığı bir diğer ekonomik güdümlü seferde Malatya Ovası'nı yeniden ziyaret eder ve Malizi Kralı "Allumari"den vergi alır (Grayson 1991: metin A.0.87.4, satır 31). Epigrafik bulguların da desteklediği gibi MÖ 12. yüzyıl sonunda Malizi Krallığı'nın çoktan gelişmekte olan bölgesel bir devlet olduğu görülmektedir.

Krallık başkenti olan Arslantepe'de yapılan kazılar ne yazık ki kentin erken demir çağına ait çok ayrıntılı bir resim sunmuyor, ancak M. Frangipane yönetiminde bu tabakalarda yeni arkeolojik çalışmalar yapılmaya devam edilmektedir (Alvaro 2010). Frangipane'in (1993, 2004) sit alanında yapılan Fransız ve İtalyan kazılarından elde edip yayımladığı stratigrafik dizilime göre Arslantepe, geç tunç ve orta demir tabakalarında anıt inşasında pek çok aşama geçirmiştir. Höyüğün kuzeydoğusundaki alanda, merkezi taş kaplı avluyu çevreleyen geç tunç II dönemine ait (daha önceki döneme ait bir kapı yapısını örten) anıtsal bir kent kapısı (Arslantepe IV: "İmparatorluk Kapısı," MÖ 1500-1200 c.) inşa edilmiş ve geç tunç çağı sonuna kadar süren uzun bir tarihe sahip olmuştur. Çıkan bir yangında zarar gören kent kapısı, bir dizi konutla birlikte yeniden inşa edilmiştir (Pecorella 1978: 138; Puglisi ve Palmieri 1966). Arslantepe III ve II dönemlerinde bir tarihte (geç Hitit seviyeleri, MÖ 1200-700), "taş temeller üzerinde birbirini izleyen iki kerpiç savunma duvarı ve [...] kapı alanının güneyinde büyük bir bina" daha inşa edilmiştir. Bunlar bölgede azımsanmayacak büyüklükte bir inşa programının varlığına işaret eder (Frangipane 1993: 48; Alvaro 2010: 276). Ancak erken demir çağındaki bu inşa programına bir kent kapısının yeniden inşasının dahil olup olmadığı belli değildir. Fransız ve İtalyan kazılarından ayrı ayrı çıkarılan yapılar arasındaki stratigrafik ilişkiyi tespit etmek zordur. Bu durum Arslantepe'de erken demir çağının ne kadar sürdüğünü anlamamızı daha da zorlaştırmaktadır.

Frangipane ve Pecorella'ya göre (Frangipane 1993: 48-9; Pecorella 1978), İtalyanların yaptığı kazının III. ve II. tabakaları, 1932 ve 1939 yılları arasında Fransız ekibin yaptığı kazıda ortaya çıkan ünlü Aslanlı Kapı'dan öncedir (**ŞEKİL 12 ve 13**). Aslanlı Kapı, demir çağı içinde biraz daha sonraları, tam IV. tabakadaki "İmparatorluk Kapısı"nın olduğu yerde yeniden inşa edilen bir kent kapısıdır. Yapı II. Şarrukin döneminde Asurluların kenti ele geçirdiği farz edilen zamandan önceki nihai inşa etkinlikleriyle ilişkilendirilir. Yeni kapı, "üç teras üzerinde uzayan kerpiç ve ahşap duvarlı bir saray"ın taş kaplı geniş avlusuna açılmaktaydı (Frangipane 1993: 50). Epigrafik, üslupsal ve mimari gerekçelerle kapının içine yerleştirilen kabartmalı ve yazılı ortostat blokların tarihlemesi, bu önemli yapının daha eski yapılardan alınan bloklarla inşa edilmiş olması gerektiğini akla getiriyor (Özyar 1991: 163; Pecorella 1967: 174). Hawkins'in Malatya hanedanlığı üzerine yaptığı ayrıntılı incelemeye göre Malatya ortostatlarının bir kısmı (Malatya 5, 7, 8, 9, 10, 11, 12, 14) ile kırık bir stel (Malatya 14) üzerine, doğrudan Kargamışlı Kuzi Tešub'un soyundan gelen oğlu ya da torunu Malizi Kralı PUGNUS-mili'nin ismi kazınmıştır (Hawkins 2000 I: 287). Her durumda ortostatlar üslup bakımından MÖ 12. ya da 11. yüzyıla tarihlenmektedir. Bu da stratigrafik olarak Aslanlı Kapı için hiç de akla yatkın bir tarih değildir.[38] Kargamış ve Karatepe'deki kentsel yapılarda belgelendiği gibi, yeni yapıları daha önceki iktidar çevrelerine bağlayan bir mimari pratik olarak devşirme, Suriye-Hitit kentlerindeki inşa programlarının ortak özelliğidir (Özyar 1998a). Bu anlamda, erken demir çağının Suriye-Hitit kentlerinde devşirme malzeme kullanılmasının, bir bellek pratiği olarak işlev görmüş olabilmesi dikkate değerdir. Bu pratik, erken demir çağı devletlerini maddi ve görsel olarak bölgede kendi tunç çağı geçmişlerine bağlar.

---

38 Arkeolojik stratigrafi ve ortostatların tarihlenmesi arasındaki bu uyumsuzluk, arkeolojik açıdan büyük bir sorun oluşturmuştur. Mazzoni Suriye-Hitit kentlerinin kapılarının mimarisi üzerine yazarken (1997b: 310-1) "Aslanlı Kapı"nın MÖ 12. ila 11. yüzyıla tarihlendiğini varsayar. Orthmann'ın (1971) bu heykeli MÖ 10. yüzyıl sonu ila 9. yüzyıl başına tarihlemesi üslupsal analize dayalıydı. Bu tarihlemenin sanat tarihsel bir eleştirisi için bkz. Winter 1973: 223-30. Bu ortostatlar üzerine en yakın tarihli çalışma Aslı Özyar'ın yayımlanmamış doktora tezidir (1991: 107-65). Bu tez, epigrafik ve arkeolojik bulguları bir araya getirir ve ortostatların arkitektonik (teknik/yapısal) özelliklerini analiz ederek yapımlarını MÖ 12. ila 11. yüzyıl ortasında bir zamana yerleştirir.

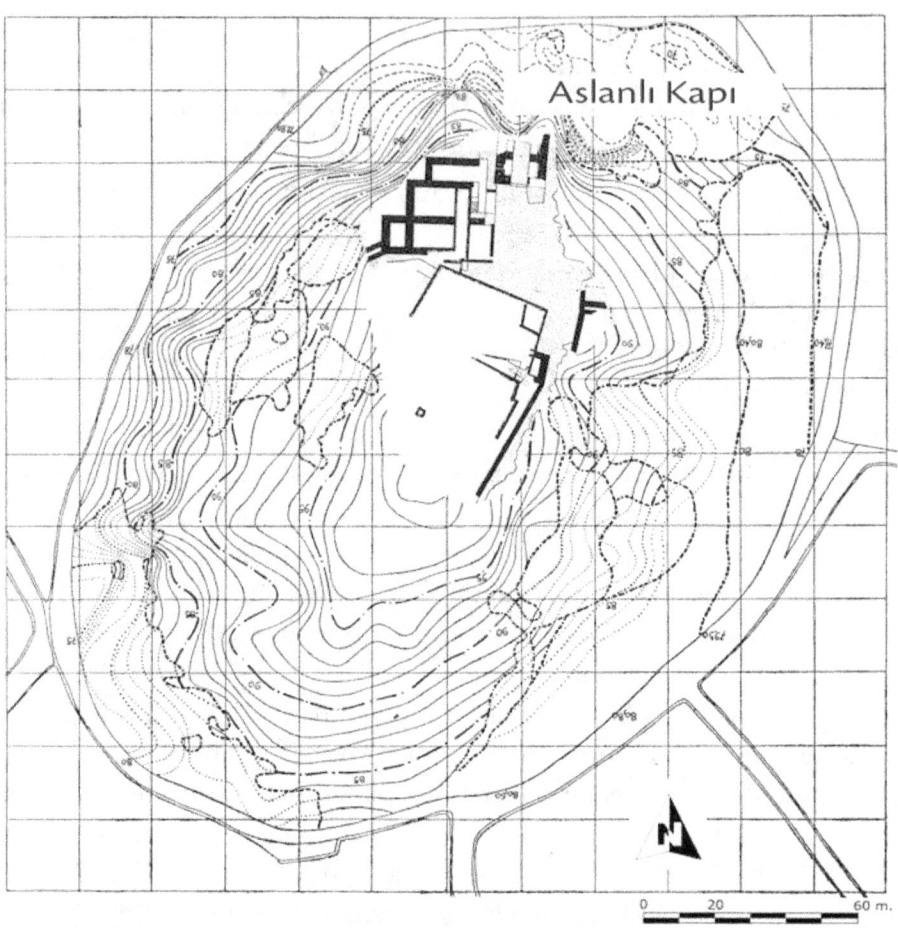

ŞEKİL 12 Arslantepe (Malatya) topografik yerleşim planı (Delaporte 1940: pl. XI'den uyarlanmıştır).

Malatya'nın artbölgesindeki hatıra peyzajı ve yerleşim genişlemesi bakımından ise Malatya dışındaki anıtlar çok daha sarih ve aydınlatıcıdır. Luvice hiyeroglif yazıtlarıyla tek başına duran bu stel ve kaya kabartmaları, **ŞEKİL 8**'de haritalanarak gösteriliyor ve **TABLO 3**'te, coğrafi konum, anıt tipi, metin içeriği ve görsel tasvirlerine göre bu eserler kaba bir kronolojik düzenle listeleniyor. Kuzi-Tešub soyundan gelen hanedan hükümdarı PUGNUS-mili'nin oğlu Runtiyas'ın adı, biri Yukarı Tuhma Su Vadisi'ndeki GÜRÜN ve diğeri Orta Tohma Suyu'ndaki KÖTÜKALE'de olmak üzere iki kaya yazıtta geçer.[39] GÜRÜN kaya yazıtında, kralın Taita? ve diğer kentleri içeren yeni sınır topraklara yerleşmesi anılırken KÖTÜKALE'de aynı hükümdarın

---

39 GÜRÜN: Hawkins 2000 I: 295–9, lev. 135-8; KÖTÜKALE: Hawkins 2000 I: 299-301, lev. 139-41.

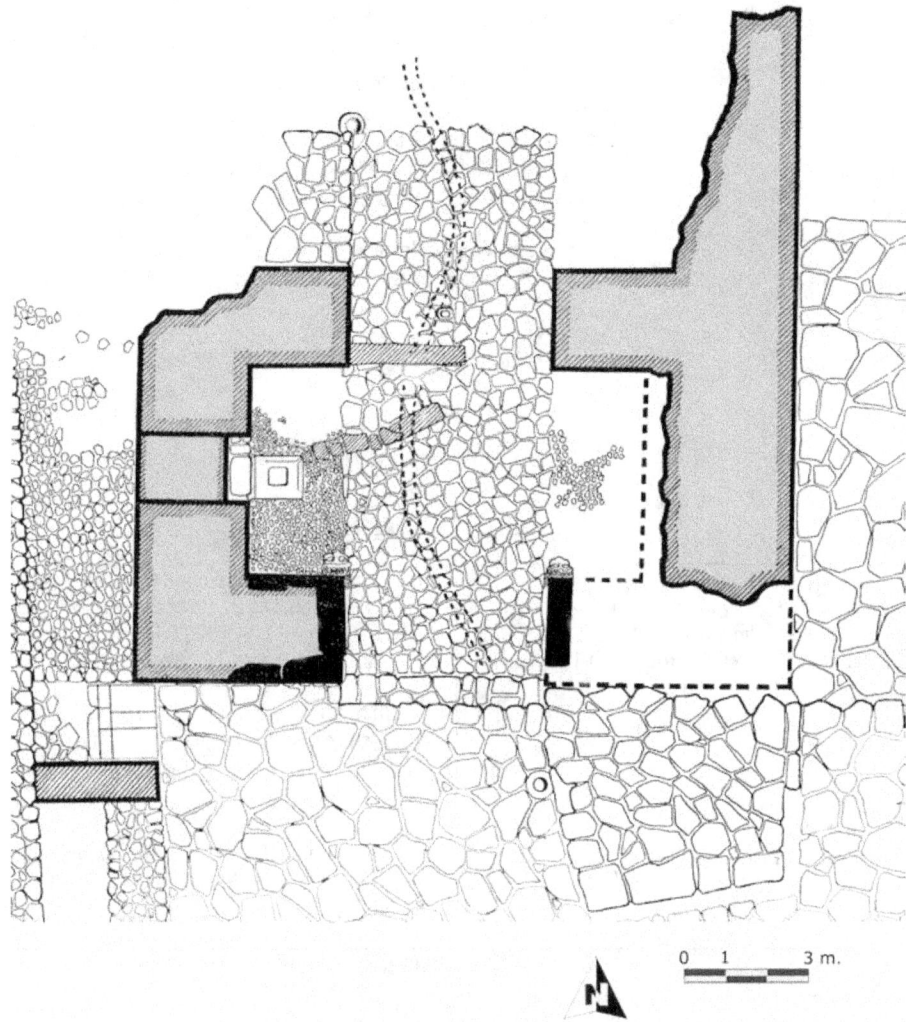

ŞEKİL 13 Arslantepe (Malatya) demir çağı "Aslanlı Kapı" planı (Delaporte 1940: pl. XII'den uyarlanmıştır).

yeni bir krallık yolu yaptırdığı yazar. MÖ 12. yüzyılda Runtiyas zamanında Malizi bölgesel devletinin batıya doğru çoktan genişlediği ve Malatya Ovası'nı Tabal ve Orta Anadolu Yaylası'na bağlayan Orta ve Yukarı Tohma Su vadilerini kontrol etmeye başladığı görülür (**ŞEKİL 9**). PUGNUS-mili'nin diğer oğlu ve Runtiyas'ın erkek kardeşi olan hükümdar Arnuwantis (MÖ 11. yüzyıl başı), yazıtlar ve görsel temsilleriyle stel biçiminde bir dizi anıt yaptırmayı tercih etmiş gibidir. İSPEKÇÜR ve DARENDE'deki iki önemli stelinin bulunduğu noktalar, onun hükümdarlığı döneminde Tohma Su Vadisi'nin öneminin devam ettiğini hatırlatır.

TABLO 2 Malizi kralları soyağacı (Hawkins 2000 referans alınmıştır).

Ir-Tešub, *"Büyük Kral"*

Armananis, *"Pitos Adamlarının Efendisi"*
KARAHÖYÜK
(Stel; MÖ 12. yüzyıl)

Kuzi-Tešub Hanesi
A Hanedanlığı

Kuzi-TONİTRUS (Kuzi-Tešub),
"Kargamış Kenti'nin Büyük Kralı, Kahraman"

↓

PUGNUS-mili (I)

↓

| Runtiyas, *"Malizi kenti taşra beyi"* GÜRÜN (*Kaya kabartma, MÖ 12. yüzyıl sonu*) KÖTÜKALE (Kaya kabartma, MÖ 12. yüzyıl sonu) | Arnuwantis (I) *"Kral, Malizi kenti taşra beyi"* İSPEKÇÜR (Stel, MÖ 11. yüzyıl başı) ↓ PUGNUS-mili (II) *"Muktedir (?) kral"* MALATYA 5, 7-13 (Kapı ortostatları, MÖ 11. yüzyıldan 10. yüzyılın başına kadar) ↓ Arnuwantis (II), *"Malizi kenti taşra beyi"* DARENDE (Stel, MÖ 11. yüzyılın sonundan 10. yüzyıla kadar) |

B Hanedanlığı

Taras (?), *"Kahraman, Malizi Taşra Beyi"*
IZGIN 1, 2 (İki grup yazıtlı stel, MÖ 11. yüzyıldan 10. yüzyıla kadar)

↓

Wasu(?)runtiyas, *"Kral"*

↓

Halpasulupis
"Muktedir (?) kral"
MALATYA 1
(Kapı ortostatı, MÖ 11. yüzyıldan 10. yüzyıla kadar)

TABLO 3 Malizi/Melid Krallığı ve kralların en önemli Luvice hiyeroglif anıtları.

HÜKÜMDAR	KAMUSAL ANIT	ANIT TİPİ VE ARKEOLOJİK BAĞLAM	MALATYA OVASI'NDAKİ KONUMU	YAZITIN İÇERİĞİ	TARİH
Armananis, Pitos-Adamlarının Efendisi	KARAHÖYÜK (Ankara Anadolu Medeniyetleri Müzesi env. 10754)	Stel, höyüğün en üst bölümündeki kentsel bağlamdan çıkarılmıştır, kült ve şölen etkinliklerini kanıtlar.	Elbistan Ovası: Hurman Suyu'nda yer alan, ovadaki en büyük höyük.	Poculum topraklarının Fırtına Tanrısı'na adanır. Büyük Kral Ir-Tešub toprakları ziyaret eder ve burayı boş bulur, evler ve kentler yaptırarak bu toprakları geliştirir. Ülke ve 3 kent Armananis'e miras kalır.	MÖ 12. yüzyıl başı
Runtiyas, Büyük Kral, Kargamış Kahramanı Kuzi-Tešub'un torunu, Malizi kenti Taşra Beyi PUGNUS-mili'nin oğlu	GÜRÜN	İn situ bulunan bir çift kaya yazıt.	Yukarı Tohma Su Vadisi, dar koyak, bugünkü Malatya-Kayseri yolu üzerinde. Hanedanlığın en çok sayıdaki anıtı kuzeybatıda bulunur.	Kral Runtiyas'ın yerleşim politikası. Taita (?) kenti ve Zinapi (?) Naharasa ve Nama [...] dağlarından bahsedilir. Yüce Fırtına Tanrısı, Yüce Tanrıça Hepatu, Yüce Tanrı Sarruma'ya hitap edilir.	MÖ 12. yüzyıl sonu
Runtiyas, Büyük Kral, Kargamış Kahramanı Kuzi-Tešub'un torunu, Malizi kenti Taşra Beyi PUGNUS-mili'nin oğlu	KÖTÜKALE	İn situ bulunmuş kaya yazıtlar.	Orta Tohma Su Vadisi, modern (ama artık eski) Malatya-Darende yolu, Darende'den nehir aşağı. Nehrin dar koyağı.	"Taş yol" inşası.	MÖ 12. yüzyıl sonu
Arnuwantis, Kuzi-Tešub'un torunu, Kahraman, Malizi kenti Taşra Beyi PUGNUS-mili'nin oğlu	İSPEKÇÜR (Sivas Müzesi Env. 342)	İspekçür köyünde parçalanmış halde (4 parça) bulunan stel. 4 kenarlı stelin 3 tarafına farklı mekânlarda	Orta Tohma Su Vadisi. Darende'den 20 km nehir aşağı, İspekçür köyü.	Kral Arnuwantis'in yerleşim politikası.	MÖ 11. yüzyıl başı (?)

HÜKÜMDAR	KAMUSAL ANIT	ANIT TİPİ VE ARKEOLOJİK BAĞLAM	MALATYA OVASI'NDAKİ KONUMU	YAZITIN İÇERİĞİ	TARİH
		törensel etkinlik içinde olan 3 figür oyulmuş. Biri muhtemelen Tanrıça Hepatu (mimari bir arkaplan önünde duruyor); biri Tanrı Sarruma (sakalsız, püsküllü uzun giysili, kıvrık lituus, ucu kıvrık ayakkabılar) ve biri (C tarafında) Kral Arnuwantis (libasyon yapıyor).			
Arnuwantis, Kahraman Kuzi-Tešub'un torunu, Malizi kenti Taşra Beyi PUGNUS-mili'nin oğlu	DARENDE (Ankara Anadolu Medeniyetleri Müzesi)	Stel. 4 kenarlı, giderek incelen tepesi yuvarlak ve küçük. Geniş kenar kentin tanrıçası Hepatu'yu tasvir eder (şölen sahnesinde de kabartma bir resimle); dar kenarda Sarruma ile bir aslanın üzerinde duran, iki tanrının önünde libasyon yapan tanrılaştırılan ata kral bulunur.	Orta Tohma Su Vadisi. Eski Darende'deki Ulu Cami'den devşirme.	"... tumani" kentinin kuruluş ve iskânı	MÖ 11. yüzyıl başı (?)

HÜKÜMDAR	KAMUSAL ANIT	ANIT TİPİ VE ARKEOLOJİK BAĞLAM	MALATYA OVASI'NDAKİ KONUMU	YAZITIN İÇERİĞİ	TARİH
Taras, Kahraman, Malizi kenti Taşra Beyi	IZGIN (Eski Şark Eserleri Müzesi, İstanbul, env. 7693)	Stel, uzun ve obelisk benzeri. İki grup yazıt.	Elbistan Ovası, Izgın köyü mezarlığında.	Malatya Kralı'nın inşa etkinlikleri ve yerleşim politikası. Taita (?) kentinin kuruluşu ve Malizilerin bu kente yerleşmesi. Sınırların genişlemesi ve YALIYASA kasabaları ile PYTHOS.GRYLLUS kentindeki yerleşimlerden de bahsedilir. Fırtına Tanrısı'na adanmıştır.	MÖ 11. ila 10. yüzyıllar (?)
Sa(?)tiruntiyas, Kahraman, Malizi Taşra Beyi, Kahraman Sahwis'in oğlu, Runtiyas'ın sevgili hizmetkârı.	ŞİRZİ	In situ kaya yazıt (yazıtta "IPA-TARPAMI-" olarak geçmekte)	Yukarı Kuru Çay Vadisi. Modern Malatya-Sivas yolu yakınında, kayalık bir yamaca oyulmuş.	Bölgeyle ilgili bir anıtı, büyük olasılıkla kaya anıtın kendisini ya da sit alanıyla ilişkili bir mimari kompleksin inşasını anmakta.	MÖ 8. yüzyıl başından ortasına kadar

İSPEKÇÜR üç kenarında ayakta duran üç insan figürünün görsel temsilinin yer aldığı, dört kenarlı, 2,27 m yüksekliğinde obelisk-benzeri ve kalker taşından yapılma bir steldir. Figürlerin hepsi bir tür törensel etkinlik içinde ve farklı mekânsal ortamlarda görünür (ŞEKİL 14) (Hawkins 2000 I: 301; Orthmann 1971: 117). Stelin resmi olarak, Cornell Expedition tarafından 1907'de İspekçür köyünde görüldüğü rapor edildi ve stel 1935 yılında Sivas'taki Gök Medrese'de dört parçaya ayrılmış halde bulunmuştur (Gelb 1939: 30-1, no. 28). DARENDE üç tarafında benzer kabartmalar olan çok daha küçük (79 cm yüksekliğinde), tepesi yuvarlak bazalt taşından bir steldir (ŞEKİL 15). DARENDE steli eski Darende'deki Ulu Cami'nin minare duvarında devşirme olarak kullanılmış ve Sivas'taki Gök Medrese'ye gönderilmiştir (Gelb 1939: 27-8, no. 18). Her iki anıt üzerindeki yazıtlar özel olarak dağlık peyzajların düzenlenmesine gönderme yaparak Arnuwantis'in bölgedeki

ŞEKİL 14 Luvice hiyeroglif yazıtı ile İspekçür steli (Hawkins 2000: pl. 143). Görsel telifi: Walter de Gruyter.

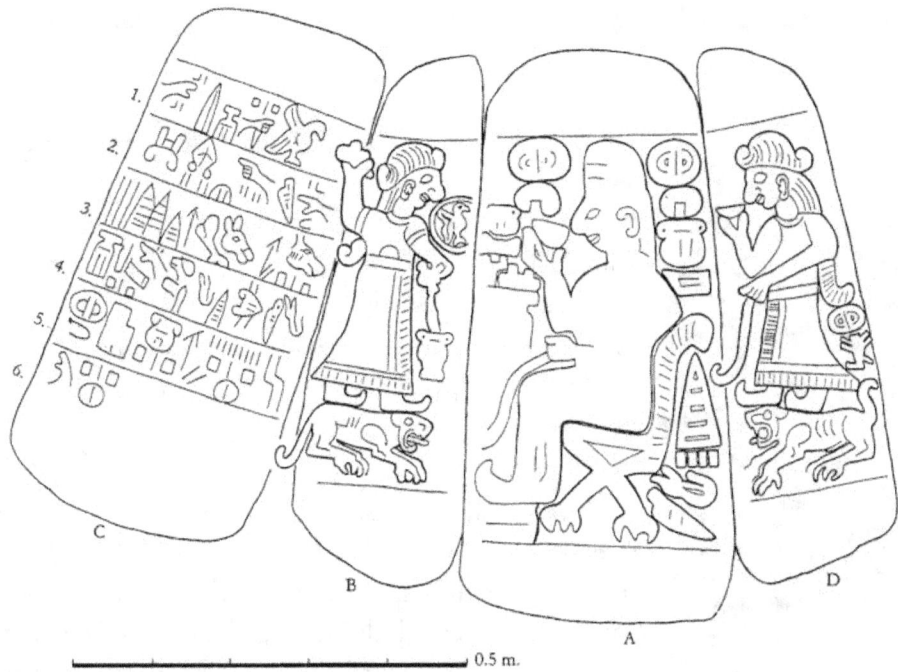

ŞEKİL 15 Luvice hiyeroglif yazıtı ile Darende steli (Hawkins 2000: pl. 146). Görsel telifi: Walter de Gruyter.

yerleşim başarılarını anmaktadır. Bu durum, İSPEKÇÜR steli üzerindeki engebeli peyzaj görselleri ve GÜRÜN yazıtında adı geçen üç dağ ile ilişkilendirilebilir.[40]

IZGIN stelinin yazarı, "Kahraman, Malizi Taşra Beyi" Taras?'ı (CRUS+RA/I yazılır) kolaylıkla PUGNUS-mili hanedanlığına bağlayamayız, çünkü kendi soyağacını vermez. Ancak GÜRÜN ve İSPEKÇÜR anıtlarıyla uyumlu paleografisine dayanılarak yazıt yine de MÖ 11., 10. yüzyıla tarihlenir (Hawkins 2000 I: 314-8). IZGIN dört kenarı yazılı, oldukça yüksek (2,45 m) obelisk benzeri diğer bir anıttır (**ŞEKİL 16**). Elbistan Ovası'nın ortasında, Karahöyük'ten sadece 5 km güneybatıda ve Ceyhan Nehri ile Harman Suyu'nun birleştiği yere yakın yerdeki Izgın köyünün günümüz mezarlığında tekrar kullanılmış halde bulundu. Luvice hiyeroglif ile yazılan oldukça uzun yazıttan, Malizi yerleşimlerinin Elbistan Ovası içine

---

40 Gürün, §2-3 şöyle okunur: "Taita (?) kenti, Zinapi (?) dağları, Naharasa (ve) Nama'yı [...] ayırdım, ve [...] kente yerleştim." (Hawkins 2000 I: 296); diğer yandan İspekçür §2–4 şöyle okunur: "[...] Ben oturulmasını [sağladım] ve [...] dağlara [yer]leştim. [...] Ben yaptım." (Hawkins 2000 I: 302). İspekçür stelinin B yüzünde (ön) uzun, püsküllü bir elbise ve ucu yukarı kıvrık ayakkabılar giyen ve elinde bir asa/lituus tutan sakalsız bir insan figürü, "pul deseni"yle yapılmış dağlık bir peyzaj temsili üzerinde ayakta durmaktadır. Bu sahnenin daha ayrıntılı bir betimlemesi için bkz. Hawkins 2000 I: 301.

ŞEKİL 16 Luvice hiyeroglif yazıtı ile Izgın steli. İstanbul Arkeoloji Müzesi, envanter no. 7693

yayılmasını ve yeni kentler kurulmasını anan bir bölümü burada alıntılamaya değer:

IZGIN 1

Ba[bamın babasın]ın (?) ülkelerinde, sınırlara sınırları ekledim

ve ırmak kıyısı topraklarına topraklar kattım

Taita (?) kentini kurdum

ve Malizi(leri) yerleştirdim

...nehir (insanlarını) YALIYASA'nın kasabalarına

ve PİTOS.GRYLLUS kentine yerleştirdim kendi yetkimle...

(Hawkins 2000 I: 315)

Taita kenti, daha eski GÜRÜN yazıtlarında da (§2) geçer. Bu durum, Taita'nın yenilenmiş bir krallık inşa etkinliği alanı olduğunu ve Tohma Su Vadisi ya da Elbistan Ovası'nda bir yerde bulunması gerektiğini akla getirir.

Malatya Ovası'ndaki Malizi kenti "Taşra Beyleri," Orta Anadolu yaylası ve Kuzey Suriye ile Kilikya'dan geçen karayolu rotasını kontrol etmek için stratejik peyzajlar oluşturan Tohma Su Vadisi ve Elbistan Havzası'nı yavaş yavaş birleştirdiler. Bu mikro-bölgenin erken demir çağındaki ünü, I. Tukultī-apil-ešarra'nın Akdeniz seferinden Aššur'a dönerken Melid/Malizi'yi ziyaret etmesiyle ve "Dicle Kaynağı"ndaki kendi kaya anıtlarındaki yazısıyla daha da güçlenmektedir (Harmanşah 2007b).

Ne yazık ki Arslantepe kazıları ve baraj inşaatıyla ilgili acil (kurtarma) yüzey araştırmaları dışında Malatya Ovası, Tohma Su Vadisi ve Elbistan Ovası bölgelerinde ancak sınırlı arkeolojik inceleme yapıldı. Ağustos 1977'de Jak Yakar ve Ayşe Gürsan-Salzmann'ın Sivas ve Malatya yörelerinde yürüttüğü yüzey araştırmasında sadece yaygın araştırma yöntemleri kullanıldı. Bu araştırmanın bir özeti yayımlandı; eski Malatya ve Fırat Nehri ile Tohma Su Vadisi'nin birleştiği alan arasında yoğun yerleşim bildirildi (Yakar ve Gürsan-Salzmann 1979: 38, ayrıca 1978). Mehmet Özdoğan ve ekibinin, daha sonra Karakaya Barajı suları altında kalan bölgedeki Aşağı Fırat Havzası'nda yaptığı yoğun yüzey araştırması, "Malatya'nın merkez bölgesinde" kırk adet arkeolojik sit alanı tespit etti (Özdoğan 1977: 25-8). Araştırılan sitlerden en az on beşinin orta-geç tunç çağı, on yedisinin demir çağında iskân edildiğini gösteren bulgular elde edildi. Bu durum, başta özellikle Pirot Höyük, Cafer Harabesi, Kadıoturan Tepesi ve Köşkerbaba Höyük olmak üzere büyük höyük alanlarında peyzajda sağlam bir yerleşim sürekliliğini akla getiriyor (Özdoğan 1977: 50-6). Veli Sevin'in (1987) Malatya, Elazığ ve Bingöl bölgelerinde Fırat üzerindeki Urartu sınırları üzerine yaptığı yüzey araştırması nehrin sadece doğu kıyısına odaklandı. İtalyan ekip tarafından Arslantepe civarında yapılan en yakın tarihli yüzey araştırmasında demir çağı yerleşimlerinin kısıtlı olduğu bildiriliyor, ancak bu durum projenin özellikle tarihöncesi dönemlere odaklanmasının ve demir çağı seramiklerinin tespit edilmesindeki zorlukların sonucu olabilir (Di Nocera 2005). Malizi Krallığı'nın haritasını çıkarmak için kullanılan yüzey araştırması verileriyle birlikte tabloya Sevdiliköy (Eralp 1998) ve Aslantaş'taki (Özgüç ve Özgüç 1949: 11-5, fig. 16 ve 17) aslan heykelleri gibi erken ve orta demir çağlarına ait yazısız anıtlar da dahil edildiğinde, Orta Tohma Su ve Elbistan havzalarındaki anıt yoğunluğu dikkat çekicidir (ŞEKİL 9). Buna ilaveten krallığın toprak sınırlarındaki dar nehir vadilerinin, kaya kabartma ve yazıtlarla imlenmesinin de Malizi peyzajların örgütlenmesinde önemli olduğu görülür.

Geç tunç-erken demir çağı geçişinde Kuzey Suriye ve Güney Anadolu'da yaşanan huzursuzluk dönemleri bize kayan peyzajlar ve değişen mekân kurma pratikleriyle kendini gösterir. Hitit İmparatorluğu'nun son yüzyılında bölgesel iktidarın, Kızılırmak kıvrımındaki Orta Anadolu çekirdeğinden Kuzey Suriye'deki Kargamış civarına, Kilikya'daki Tarhuntašša'ya ve nihayet Kapadokya'daki Tabal ve Yukarı Fırat'taki Malizi'ye doğru kademeli olarak kaydığı görülür. Arkeolojik yüzey araştırmalarından elde edilen verilerin gösterdiği gibi, bu jeopolitik dönüşümlerin ayırıcı özelliği yerleşim peyzajının yeniden şekillenmesidir. Bu şekillenme kent odaklı düzenden dağınık ve kırsal olana, imparatorluk iktidarının bölgesel sistemlerinden yöredeki toprak sahibi hanedanların bölgesel krallıklarına doğrudur. Ne var ki hem Hitit İmparatorluğu'nun son döneminde hem de onun çöküşünden sonra yapılan kamusal anıtlardan elde edilen bulguları ihmal edersek bu topraklarda demir çağı başlangıcını anlatan hikâye eksik kalacaktır. Bu anıtlar steller, kaya kabartmalar, pınar anıtları ve sıklıkla Luvice hiyeroglif yazıtlar ve görsel kabartma programları içeren kent kapıları olarak kendilerini gösterir ve bize devletin resmi ideolojisiyle seslenirler. Böylesi değişken ve siyasal olarak çekişmeli bir bağlamda çok kere bu anıtların, kültürel olarak anlam yüklü ya da sadece yerel nüfus için kutsal olan, bu sebeple "iktidar mahalleri" olarak kabul edilen mahalleri ve peyzajları kendi-

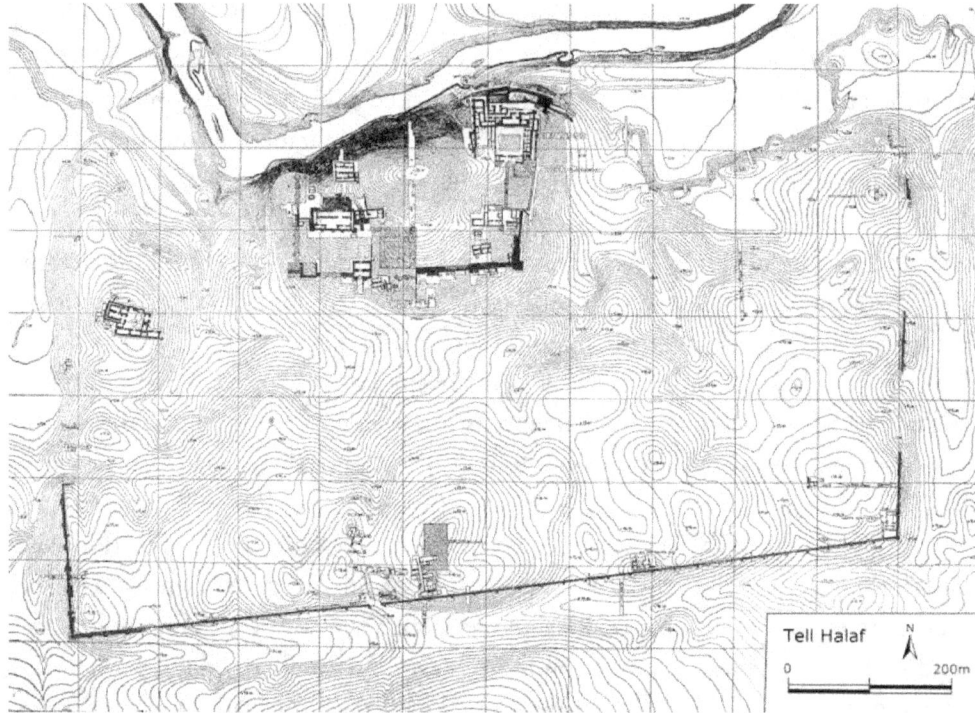

ŞEKİL 17 Tel Halaf. Kazı yapılan kalıntılar ile topografik yerleşim planı (Oppenheim vd. 1950: Plan 1'den uyarlanmıştır; Walter de Gruyter'ın izniyle).

lerine mal ettiği açıkça görünür (Živković 2010). Yeni anıt inşası ve kasabaların kurulmasıyla Elbistan ve Malatya ovalarında geç tunç çağında belli öneme sahip yerlerin erken demir çağı Malizi Krallığı'nın içine nasıl dahil edildiğini, daha önce adı geçen Elbistan Karahöyük ve Malatya Arslantepe kazıları göstermekte. Tunç çağı mahalleri ve yerleşim yerleriyle bunların demir çağında anıtsallaştırılması arasındaki ilişkiyi anlamak için daha ayrıntılı arkeolojik saha çalışmaları yapılması gerekmekte.

Yeni kent kurma, tarım yapılan sınırdaki bölgelere nüfus yerleştirme ve bu sınır peyzajları bölgesel devletin çekirdeğine bağlamak için krallık yolları inşa etme üzerine anma yazıtlarında ilgi çekici bir krallık retoriği bulunur. Malizi kamusal anıtlarının ideolojik içeriği ve tarihsel bağlamını bu retorik oluşturur. Bölgede tek arkeolojik kazıdan çıkan anıt olan KARAHÖYÜK'ten de anlaşıldığı gibi anma stellerinin bulunduğu sit alanları, kent peyzajlarının tam merkezinde kült ve törensel etkinlik yeri olarak kalırken, kaya kabartma ve yazıtlar Malatya bölgesinin dağlık peyzajlarında önemli geçitleri imler. Özelde Malizi Krallığı, genelde Yukarı Mezopotamya'daki diğer demir çağı devletleri için, ikisi de bölgesel örgütlenmenin kültürel politikasında önemli araçlar olan krallığa ait kamusal anıtlar yerleştirme ve yeni kentler kurma arasında kavramsal bir bağ kurmak olası görünüyor. MÖ 12. yüzyıldan başlayıp 11. yüzyıla kadar demir çağı merkezleri Kargamış, Hama, Aleppo, 'Ain Dārā ve Zincirli'de devam eden ilk inşa etkinlikleri Malizi Krallığı'nda yaşanan gelişmelerle aynı dönemdeydi (Mazzoni 2000a: 31-7) ve makul olarak bölgenin her yerinde birbirine benzer yerleşim stratejileri ve anma etkinlikleri yürütüldüğü ileri sürülebilir.

Konar Göçerlerin Yerleşik Hayata Geçmesi, Yer Değiştiren Kentler

Konuya Asur ile devam etmeden önce erken demir çağı Suriye-Hitit peyzajlarıyla ilgili üzerinde duracağımız bir diğer önemli husus, bölgesel merkezlerin gerilemekte olan tunç çağı başkentlerinden yeni kurulan demir çağı kent merkezlerine kısa-mesafeli geçişi olacak. Eğer "bölge" (coğrafi ve kültürel olarak tanımlı bir mikro ekolojiye ilişkin) peyzaj süreçlerini tarif ederken anlamlı arkeolojik bir mekânsal birimse, o halde devingenlik (yani bölgenin sosyoekonomik ve siyasal çekirdeğindeki bölgesel merkezlerin yer değiştirmesi), bu mikro bölgesel peyzajların uzun vadeli dönüşümlerini anlamamız için çok önemlidir. Yukarı Mezopotamya'daki bir dizi vakada geç tunç-erken demir çağı geçişine, başkentin büyük ölçekte terk edilmesi ve demir çağında eskisine çok yakın bir kent merkezi kurulması damgasını vururken, bu özel durum yeni bir demir çağı devleti kurulmasının simgesi olarak kabul edilir. Bu sürece ilginç bir örnek Yukarı Habur Vadisi'nde Tel Feheriye (eski çağdaki adıyla Sikana) ve Tel Halaf/Gūzāna'da yer alan kentsel yerleşimlerdir; ilki önemli bir Mitanni-geç tunç çağı kenti, ikincisi demir çağı *Bīt-Bahiāni* Arami Krallığı'nın başkentidir.

MÖ 12. yüzyıl sonundan 11. yüzyıla kadarki Asur vakayinamelerinde *ahlamû* KUR.*armaya*.MEŠ olarak geçen, genelde *ahlamû*-Aramiler olarak çevrilen konargöçer gruplar Suriye-Mezopotamya'nın bozkır alanlarında, özellikle Orta Fırat ve Habur'da egemen olan önemli bir kültürel gruptu.[41] Kent merkezli bir bakış açısından yazılan bu erken dönem yazılı kaynaklar, Arami konar-göçer grupların yerinin "çöl" (*madbaru*) olduğunu belirterek ve onları dışarıdaki, işgalci ya da barbar olarak göstererek sürekli marjinalize etmişlerdir. Ne var ki Aramca konuşan grupların erken demir çağından önce Suriye-Mezopotamya'ya yabancı olduğunu gösteren herhangi bir kanıt bulunmamaktadır. Aslında bulgular tersini gösterir (Schwartz 1989: 277; Sader 2000). Büyük ölçüde kabile temelinde örgütlenen Suriye-Mezopotamya'daki yerli koyun ve keçi çobanları ya da yerleşik çiftçiler olarak görülen Aramiler, Orta Fırat ve diğer Cezire vadi sistemlerinin kenarındaki çorak bozkır alanlarda ikamet

---

41 Özellikle I. Tukultī-apil-ešarra ve Aššūr-bēl-kala'nın vakayinamelerinde. Bkz. örneğin, Grayson 1991: 23; Metin A.0.87.1, süt. v. satır 44-49; Grayson 1991: 43, metin A.0.87.4, satır 34-36; Grayson 1991: 101, metin A.0.89.7 süt. iii, satır 1-3.

etmiştir. Bu dağılımı, Yukarı Mezopotamya'da göçebe hayvancılığın belli dönemler arttığı marjinal bozkır ortamlarının uzun soluklu tarihinin parçası olarak anlamak gerekir (Lyonnet 2001). Aramiler öncelikle geç tunç çağı merkezlerinin çöküşüyle ortaya çıkan iktidar boşluğunu, dolaşımın karayolu rotalarını etkin biçimde kontrol ederek doldurmaktaydı. Erken demir çağında (MÖ 11. ve 10. yüzyıllar) Luvice konuşan devletlerin ortaya çıkışıyla birlikte Yukarı Mezopotamya, bu Aramice konuşan nüfusun bir bölgesel devletler dizisi şeklinde kademeli yerleşmesi sürecine tanıklık etti. Bu topluluk Luvi devletleri arasına dağılmış, hatta onlarla karışmış olabilir. Bu Arami devletlere dair öne çıkan bazı örnekler, Yukarı Habur Vadisi'nde *Bīt-Bahiāni*, Amanos Dağları'nın doğu eteğinde İslahiye Ovası'ndaki *Sam'al*, Yukarı Fırat'taki Tel Ahmar/Til Barsip bölgesindeki Bīt-Adini ve Aleppo yakınında Tel Rifa'at/Arpad bölgesindeki *Bīt-Agūsi*'dir. İlk Arami krallıklarının toprak yoğunlaşması, yeni kentler kurmak aracılığıyla somut bir kentleşme sürecini gerektirmiştir. Bu süreç MÖ 10. yüzyıldan 9. yüzyıla dek en yoğun dönemini yaşamıştır (Sader 2000: 72-5; Mazzoni 1994). II. Aššur-nasir-apli dönemine gelindiğinde Arami devletleri Asur metinlerinde belirtilen "krallık kentleri" (*alāni šarrūti*) ve "tahkimli kentler"e (*alāni dannūti*) sahip olmakla kalmadı, ayrıca Aramice Yukarı Mezopotamya'nın her yerinde ortak dil olarak kullanılmaya başlandı (Ikeda 1979; Lipinski 2000a).

Aramice konuşan konar-göçerlerin kentleşmesi, özellikle erken demir çağında göçebe nüfusların kent merkezlerine sürekli akışının dahil olduğu sürecin aslında doruk noktası olarak görülebilir. M.B. Rowton (1973a) Yakındoğu'da tarım toprakları ile mera alanlarının fazlasıyla iç içe olduğunu ve kent merkezi ile bozkır topraklar arasında sürekli bir nüfus alışverişi meydana geldiğini ileri sürmüştür. Rowton'ın "ayrıştırılmış göçebelik" tanımında kent, göçebe topraklar ortasında göçebeler ile devlet arasında bir arabulucu mekân işlevi görürken, bozkır ve kent sakinlerinin konar-göçerleri (yarı göçerleri) her zaman sembiyotik bir ilişki içinde olmuştur (Rowton 1973b, 1974). Yukarı Mezopotamya'daki Aramice konuşan grupların, MÖ 2. binyıl sonu ve 1. binyıl başında kademeli olarak bir yaşam alanına yerleştirilmesi, Rowton'ın tarihötesi ve kültürler arası bulgularına güzel bir örnek olarak sunulur. Bu hipoteze göre göçebe ve yarıgöçebe grupların yerleşik hayata geçen seçkinleri, sonunda kentsel çevrenin sosyoekonomik ve siyasi iktidar yapılarına erişim hakkı olan toprak sahipleri haline gelmişlerdir. Burada Masuwari (Tel Ahmar) gibi önceki birçok Luvi kentinin Aramiler tarafından ele geçirilmesinin, benzer bir sürecin sonucu olarak anlaşılabileceğini ileri sürmek isterim. Zincirli gibi belirli demir çağ kentlerinin tam dairesel ya da dikdörtgen şeklindeki kent planları ile göçebe kamplarının yerleşim formatları arasında bir bağ olduğunu tahmin etmek belki de olasıdır.

Önemli bir Fırat geçişinde yer alan Tel Ahmar (eskiçağdaki adıyla Masuwari/Til Barsip), erken demir çağında çoğu Fırtına Tanrısı Tarhunzas'a adanmış bir dizi anıtsal stel yaptırmış Luvice konuşan hükümdarların tahtı olmuştur (Hawkins 2000 I: 224-48; Bunnens 2006). Bir olayı ya da kişiyi anmak amacıyla yapılan bu Luvice hiyeroglif yazıtların en az birkaçı yeni kentlerin inşasından bahseder.[42] Kentin kültürel olarak Suriye-Hitit karakteri, en az MÖ 9. yüzyıl ortasında kentin Asurlularca ele geçirilmesine kadar devam etmiş gibidir. Ne var ki bölgedeki Arami etkinliği 9. yüzyılın başlarında yoğunlaştığında, kentin hâkim siyasi ideolojisi Arami eksenine kaymış görünür. Çünkü III. Şalmaneser'in vakayinamelerinde Til Barsip kentinden Bīt Adini devletinin Arami hükümdarı Ahunu'nun[43] "tahkimli kenti" ya da "krallık kenti" olarak bahsedilirdi.[44] III. Şalmaneser MÖ 856'da bu kentsel merkezi ele geçirdiğinde yeni aldığı Kār-Šulmānu-ašarēdu (literatürdeki adıyla Kar-Şalmaneser) adı ile kent, Asur'un bölgedeki eyalet yönetim yeri olarak yeniden inşa edilmiş, en sonunda da *bēl-pāhāti*'nin ikametgâhı olmuştur.[45] Nehrin karşısında, batı kıyısında yer alan ikizkent Pit(i)ru da Ana-Aššūr-utēr-asbat adıyla Şalmaneser tarafından yeniden kurulmuştur (Grayson 1996: 22-3; metin A.0.102.2: satırlar 81b-86a). Kentsel merkezler ve bu merkezlerin çevrelerindeki bozkır alanlarda göçebe hayvancılık yapan gruplar arasındaki sıkı etkileşim ve siyasi çekişmeler bu yüzden Til Barsip'in karmaşık kent tarihinde canlanır. Arslantaş (eskiçağdaki

---

42 Bkz. örneğin, TEL AHMAR 1 (Hawkins 2000 I: 239-43, lev. 99-100). Halep'teki Suriye Ulusal Müzesi'nde bir anıtsal steldir ve MÖ 10. yüzyılın sonu ya da 9. yüzyılın başına tarihlenir. Satır §5b şöyle der: "... [Mas]uwari kentinin, başı[nı] göğe [erdir]dim." Hükümdarın adı (Ariyahinas'ın oğlu, Hapatilas'ın torunu) günümüze kalmamıştır.

43 Bkz. örneğin, Grayson 1996: 15: metin A.0.102.2 (Yukarı Dicle bölgesinde, Türkiye'nin güneydoğusundaki Kurkh sitinde yükselen bir stel olan Kurkh Monoliti), satırlar 31-2. "URU.DU6 *bar-si-ip* URU *dan-nu-ti-šú šá* DİŠ.*a-hu-ni* DUMU *a-di-ni*" şöyle çevrilir: "Adini'nin oğlu, Ahunu'nun müstahkem kenti, Til Barsip kenti." Ayrıca Grayson 1996: 35: metin A.0.102.6 (Aššur'dan kalan kil tabletlerden birkaç örnek), satırlar 57-61. "... DİŠ.*ahu-ni* DUMU *a-di-ni*... URU.DU6 *bur-si-ip* URU.MAN-*ti-šú*." Burada Ahunu "krallık kenti Til Barsip'i" terk edişi anlatılır. Bu metinde (satırlar 60-61), III. Şalmaneser, Fırat'ın her iki yakasındaki Til Barsip ve Pit(i)ru kentlerinin kurucusu olarak I. Tukultī-apil-ešarra'yı onurlandırır.

44 Til Barsip'te konumlanan Luvi ve Arami hanedanlıkları arasındaki kronolojik ilişki tartışmalıdır. Bunnens (1995: 25; 1999) kentin, MÖ 9. yüzyıl başındaki hırslı hükümdar Ahuni yönetiminde güçlü Arami kabilesi Bīt Adini'nin topraklarında bir bağımlı devlet haline gelmiş olabileceğini ileri sürer. Ikeda (1984) Ahuni'nin MÖ 9. yüzyıl başında Til Barsip'i Luvi hanedanlığından aldığını kabul eder. Son dönemde Hawkins (2000 I: 225) ve Dion (1997: 89-90) da en büyük olasılığın, Til Barsip'te Arami egemenliğinin kısa süre devam etmesi ve Ahunu devriyle sınırlı olması olduğunu kabul etmiştir.

45 Bkz. Hawkins 1982: 392; Bunnens 1997c: 17; Bunnens 1995: 24.

adıyla Hadatu) yerleşiminde bulunan ve MÖ 8. yüzyıldaki bilinen bir "Masuwari Taşra Beyi" tarafından Hatata kentinin kuruluşu anısına yaptırılan anıtsal kapı aslanındaki üç dilli yazıt (Luvice hiyeroglif, Aramice, Asur çiviyazısı), orta demir çağında bile toplumun çoklu kültürel bağlarının bölgede varlığını pekiştirir (Hawkins 2000 I: 246-8, pl. 103-5).

Aramilerin erken demir çağı kentleşmesinin bir diğer öne çıkan örneği, Batı Yukarı Habur Vadisi'nde Habur Nehri kaynağı yakınlarından gelir. Bölgede 1940'larda yapılan arkeolojik çalışmalardan öğrendiğimiz kadarıyla geç tunç çağında bölgenin en ünlü kent merkezi 80 hektarlık heybetli Tel Feheriye'deydi.[46] Oriental Institute Projesi kapsamında 1940'da bölgede yapılan sondajlarda en önemli tabakaların geç tunç çağına ait olduğu anlaşıldı. Sondaj VI'da toprak altından varlıklı bir orta Asur tüccarının evi çıkarıldı ve arkeolojik buluntular arasında üzerinde I. Şalmaneser (MÖ 1263-34) ve I. Tukultī-Ninurta'nın (MÖ 1233-1197) *limmu* görevlilerinin adları olan çiviyazısı tabletler ve 13. yüzyıl silindir mühür baskıları yer alıyordu.[47] Sondaj IX'da 13. yüzyıldan kalma duvarlar üzerine inşa edilmiş "demir çağı"na ait bir anıtsal "*hilani*" yapısı tespit edildi (Pruss ve Bagdo 2002: 318 ve Abb. 3) ve yapının temellerinin hemen altındaki sıkıştırılmış dolgudan (Zemin 6, kazı burada durdu) geç tunç çağına tarihlenen oyma fildişi eserler çıkarıldı (McEwan vd. 1958: 1-10). Demir çağı yapısı MÖ 9. yüzyıldan 7. yüzyıla kadar olan zaman aralığına tarihlenmekte, ancak sit alanının hiçbir yerinde erken demir çağı çanak çömleğine rastlanmamıştır (McEwan vd. 1958: 25). Yazılı bulgular aracılığıyla Tel Feheriye eskiçağ Sikāni'si ile özdeşleştirilir. Burası, Hava Tanrısı Hadad-Tešub'un, Bēl Habur, "Habur Irmağı Beyi" biçimindeki önemli kült merkezidir (Novák 1999: 189).

Tel Feheriye'nin sadece 2 km güneybatısında Tel Halaf sit alanı yer alır. Arami Krallığı Bīt-Bahiāni'nin başkenti olan Guzāna (Aramca *gwzn*) erken demir çağında bir tarihte buradaki bir kalkolitik höyüğün üzerine kurulmuştur (**ŞEKİL 17 ve 18**). 12. yüzyıl başlarında Alman diplomat Max Freiherr von Oppenheim tarafından sit alanında bir kazı yapılmıştır (Oppenheim vd. 1950). Von Oppenheim'in yaptığı kazılardan elde edilen erken demir çağı stratigrafisi, sit alanında kentin inşasına yönelik hassas bir kronoloji sunmaya yetecek netlikte değildir (Orthmann 2002a: 27), ancak alanın demir çağı tabakalarından elde edilen arkeolojik buluntular

---

46 Kazı raporları için McEwan vd. 1958; Moortgat 1956 ve 1959.

47 H.J. Kantor, aktaran Carl H. Kraeling ve Richard C. Haines, "Structural remains" McEwan vd. 1958: 11-20 içinde, bkz. özellikle 18-20. Çiviyazısı tabletlerin basılmış hali için bkz. H.J. Güterbock, "The cuneiform tablets," McEwan vd. 1958: 86-90 içinde. Orta Asur mühürleri aynı ciltte yayımlanmıştır; bkz. H.J. Kantor, "The glyptic," McEwan vd. 1958: 69-85.

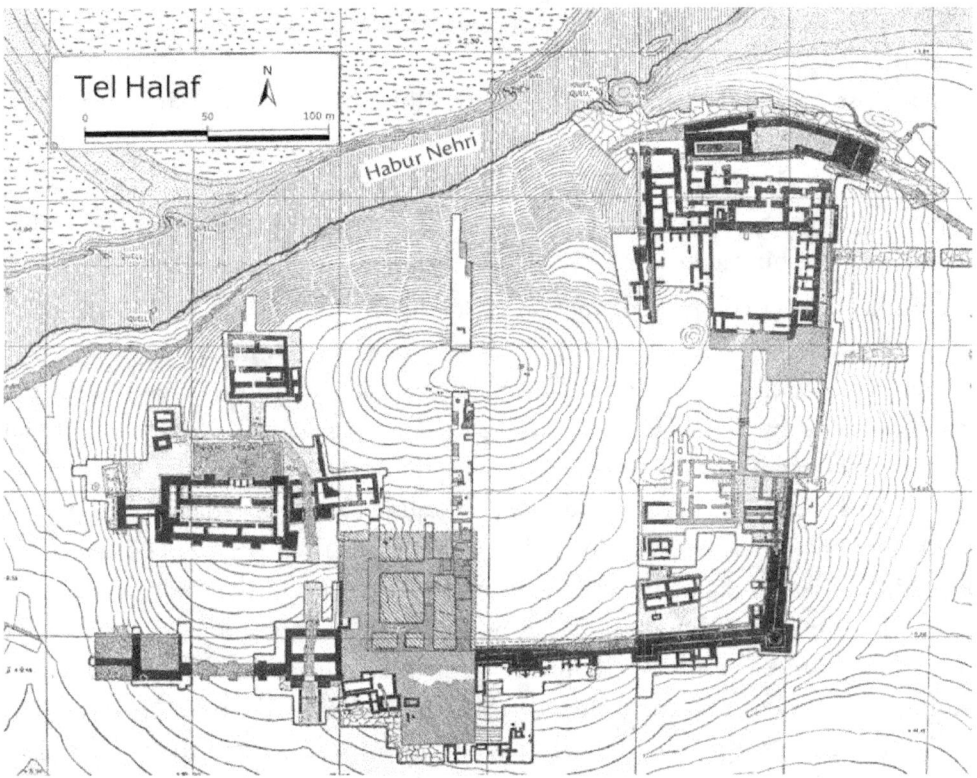

ŞEKİL 18 Tel Halaf. Kazı yapılan kalıntılar ile kale tipi yerleşim planı (Oppenheim vd. 1950: Plan 1'den uyarlanmıştır; Walter de Gruyter'ın izniyle).

arasında yivli süslemeli tek renkli elyapımı seramiklerin olması (*altmonochromen Waren*), sitteki yerleşimin muhtemelen demir çağında oldukça erken bir döneme tarihlenmesi gerektiğini düşündürmektedir, çünkü bu özel çanak çömlek tipi bölgede erken demir çağının başlangıcı için tanısal kabul edilir (Bartl 1989). Habur Nehri vadisine tepeden bakan Guzāna'nın anıtsal kale tipi yerleşim özelliği gösteren doğrusal planlı kentsel düzeni, kent kuruluşunun genel bir kavramsallaştırılmasını açıkça ima eder. Eldeki bulgular erken demir çağı Arami devleti başlangıcının, başkentin kurulması olarak kabul edildiğini gösterir, halbuki Yukarı Habur'un batısındaki bölgesel merkez, çöken tunç çağı yerleşim höyüğünden çok da uzak olmayan başka bir yere taşınmıştır. Tel Feheriye'de orta demir çağı inşa etkinliğinin sınırlı olmasından anlaşıldığı gibi, demir çağı boyunca Sikāni muhtemelen kült önemini korumuş, ancak siyasi iktidar mevkii ve bölgenin ekonomik merkezi olma özelliğini yitirmiştir.

Geç tunç çağı-demir çağı geçişinde bölgesel kent merkezinin kısa mesafeli kayması Amik Ovası'nda da görülür. Önemli bir bölgesel başkent ve ticaret limanı olan

Alalah (Tel Açana) geç tunç çağının sonu itibariyle terk edilirken, Tel Açana'nın hemen kuzeybatısındaki (yaklaşık 1,5 km) Tel Ta'yinat sit alanında yeni bölgesel merkez inşa edilmesi, bölgede Suriye-Hitit krallıklarının oluşması sırasında Amik siyasi peyzajının yeniden örgütlenmesine damga vurdu (Harrison 2001: 124-9). Erken demir çağında bir 3. binyıl höyüğü üzerine kurulan Tel Ta'yinat, mimari yapısı ve Luvice hiyeroglif yazıtlarıyla kamusal anıtlardan da anlaşıldığı gibi demir çağında anıtsal bir merkezdir.

Horden ve Purcell'in kent merkezleri tartışmasında (2000: 89-122), kentler içinde faaliyet gösterdikleri peyzaj süreçlerine bağlı olarak zaman içinde "solan, güçlenen ya da yer değiştiren" akışkan varlıklar olarak anlaşılır. Bölgesel sosyoekonomik ve siyasi merkezlerde bu tür pek çok coğrafi yer değiştirme, yeni kentleşme ve toprak kontrolü politikaları aracılığıyla Yukarı Mezopotamya peyzajlarının yeniden şekillendiği geç tunç-erken demir çağı geçişinde meydana gelmiştir. O halde yeni bölgesel başkentler inşa edilmesi, yerleşim sistemlerindeki böylesi geniş ölçekli ve kademeli dönüşümleri belirleyen değil ortaya çıkaran, yüzeydeki olaylar olarak görülmelidir. Dahası tunç çağında birbiri ardına gelen anıt inşaatlarıyla dolan kentlerin yerleşim höyüklerindeki çevresel bozulma, büyük höyüklerin terk edilmesine katkıda bulunmuş olmalıdır. Seçkinlerin krallık ikametgâhını siyaseten eski başkentlerin sıkıntılı bürokratik mekânlarından ayrıştırmaya yönelik stratejisi, büyük olasılıkla bu olguyu etkileyen bir diğer faktördü. Joffe'ye göre (1998a: 568) yeni başkentler, "varolan sosyopolitik örgütlenme kalıplarını bozmak için" eski merkezlere makul bir uzaklığa yerleştirilmiş, ancak coğrafi olarak birbirlerine yakın olmaları erişilebilirliklerini ve jeopolitik iktidarlarının devamlılığını sağlamıştır. Açıkça görülüyor ki bu hipotezler, sorun odaklı arkeolojik saha çalışmaları ve varsa konuyla ilgili epigrafik kaynaklar üzerine yapılacak çalışmalarla test edilmelidir. Sonraki bölümde erken demir çağında Suriye-Hitit kentleşmesine benzeyen ve onu tamamlayan bir süreç olarak Orta ve Yukarı Dicle ile Habur vadilerindeki orta Asur ve erken yeni Asur kentleşmesini inceliyorum.

Bu bölümde yeni kentler inşa edilmesi üzerine yapılacak arkeolojik çalışmalarda bir peyzaj yaklaşımı benimsenmesi gerektiğini savundum. Bu yaklaşımın, zorunlu olarak hem mikro-bölgesel bağlamda yerel mahal kurma politikalarına hem de daha geniş yerleşim ağlarında uzun vadeli değişikliklere ve değişken bağlantılara duyarlı olması gerekmektedir. Geç tunç ve erken demir çağlarında Yukarı Mezopotamya'daki devingen peyzajlar ve yer değiştiren coğrafi tasavvurlara dikkat çekmeye çalıştım. Bu dönem, Doğu Akdeniz'de büyük bir dizgesel çöküşle kesintiye uğrayan dinamik bir zaman dilimidir, ancak aynı zamanda maddi kültürde köklü değişimlerle de damgalanmıştır. Bunun yanı sıra Doğu Türkiye'de bölgesel Malizi/

Melid devleti sınırları içinde kalan peyzajların yerel artikülasyonlarına odaklandım. "Malizi taşra beyleri"nin inşa projeleri ve anıt yapma etkinliklerindeki çeşitliliği ele alırken, kentler inşa etme, yeni ele geçirilen tarımsal alanları işleme, nüfus yerleştirme ve kendileri de kült etkinliğin merkezi haline gelen stellerin, kaya kabartmaların üzerinde yer alanları törenlerle anıştırma ve kent kapılarının mimarisi arasındaki yakın ilişkiye dikkat çektim. Bulgular bu tür devlet destekli peyzaj inşası ve mahal kurma etkinliklerinin boş bir topografyada gerçekleşme zorunluluğu olmadığını, onun yerine halihazırdaki çökmüş bir kültürel peyzajın devralınıp sahiplenilebildiğini gösteriyor. Ancak bu sadece belirli araştırma sorularına sahip olan bölgesel odaklı peyzaj arkeolojisi projelerinin ve epigrafik kaynakların birbiriyle bağlantılı olarak eleştirel okuması aracılığıyla ikna edici biçimde gösterilebilir.

ÜÇÜNCÜ BÖLÜM

Aššur Ülkesi: Asur İmparatorluk Coğrafyasının Kuruluşu

Giriş: Hareketli Asur Peyzajları

MÖ 14. yüzyıl sonundan başlayarak Asur krallık yazıtlarında Asur bölgesel devletlerinin coğrafi çekirdeğinden "[tanrı] Aššur Ülkesi" (KUR.[DINGIR] *aššur*.KI) diye bahsedilir ve Asur hükümdarlarına "Aššur Ülkesi Kralı" (LUGAL KUR.*aššur*.KI) unvanı verilirdi.[1] Bu özgül zaman dilimi orta Asur dönemi olarak bilinir (MÖ 1400-1050 c.) ve pek fazla kesintiye uğramadan geç tunç çağının son iki yüzyılıyla demir çağının başlangıcı boyunca devam eder (Kuhrt 1995: 348-65). MÖ 2. binyılın ilk yarısındaki küçük ticaret kent-devleti Aššur, bu dönemde yüzölçümünü Aššur kentinin Orta Dicle artbölgesi ötesine dek genişleten bir bölgesel krallığa dönüşmüş ve en sonunda eski Yakındoğu'nun en yayılmacı bölgesel iktidarlarından biri haline gelmiştir (Postgate 1992c). MÖ 2. binyıl başında Aššurlu tüccarların, madencilik, metalurji üretimi ağı ve Anadolu'nun dağlık yerlerindeki ticaret merkezleriyle eşsiz bir ticaret ilişkisi tesis ettikleri görülür (Kuhrt 1998; Barjamovic 2010). Asurlu hükümdarlar, kendilerini Tanrı Aššur'un hizmetindeki bürokratik görevliler olarak gösteren mütevazı, ama sağlam bir unvanı, "Tanrı Aššur'un nâibi" (*iššʾiak dingir. aššur*) unvanını ellerinde bulundurmuşlardır. MÖ 14. ve 13. yüzyıllar içinde Asurlu hükümdarların yavaş yavaş daha iddialı bir unvanı benimsediğini görürüz: "Aššur Ülkesi Kralı." Bu unvan, bölgesel egemenliği sembolize eden "sınırlar ve serhatlar genişleten", "Sümer ve Akad kralı", "Yukarı ve Aşağı Denizler kralı", "evrenin kralı" ya da "dünyanın dört bucağının kralı" gibi diğer çok sayıda unvanla birlikte gelir.[2]

---

1 Krallık yazıtlarda "Aššur Toprakları"na ilk kez Arik-dīn-ili (MÖ 1307-1296) zamanında rastlanır. (Grayson 1987: 120-1; metin A.0.75.1, satır 3, 10, 12-3, 47). Burada Asur Kralı Arik-dīn-ili ve önceki krallardan, LUGAL.KUR.DINGIR.*a-šur*, "Aššur Ülkesi Kralı" olarak bahsedilir. Aššur'daki üzeri yazılı bir tuğlada, Arik-dīn-ili, babası Enlil-nārāri ve büyükbabası Aššur-uballit'den MAN.KUR.*aš-šur* olarak bahsedilirdi (Grayson 1987: 125; metin. A.0.75.7).

2 Tadmor 1999 ve Grayson 1971. I. Adad-nīrāri, I. Šulmānu-ašarēd (Šalmaneser) ve I. Tukultī-Ninurta'nın vakayinameleri daha önceki Asur krallık kavramlarından kökten bir ayrılığı temsil eder.

Diğer yandan bu süreç Aššur'un çekirdek toprakları olarak "Aššur Ülkesi" coğrafi kavramının –en azından geç Asur İmparatorluğu'nun MÖ 9. yüzyılda kuruluşuna dek oldukça değişen bir terim– inşasını da gerektirmiştir.

Bu bölüm, Yukarı Mezopotamya'daki daha kapsamlı yerleşim değişimi süreçlerinin bir parçası olarak MÖ 2. binyıl sonu ve 1. binyıl başlarında Asur peyzajlarının dönüşümünü inceliyor. İddia şu ki, bu zaman dilimi boyunca jeopolitik Asur tanımında, krallık yazıtlarından bilinen "Aššur Ülkesi"ne karşılık gelen kuzeye doğru saptanabilir bir kayma vardır. Burada bu mekânsal kaymanın sadece az çok eşzamanlı olduğu değil, aynı zamanda Hitit İmparatorluğu'nun dağılması sırasındaki "Hatti Ülkesi"nin güneye doğru kaymasıyla kusursuz bir simetri içinde olduğu ileri sürülüyor. Önceki bölümde gösterdiğim gibi Hitit İmparatorluğu'nun siyasi ağırlık merkezinin yavaş yavaş güneye doğru yer değiştirmesi demir çağında "Hatti Ülkesi" isimli bölgenin Kuzey Suriye ile birleşmesiyle sonuçlanmıştır. Aynı şekilde orta Asur'da kullanılan KUR.*aššur* terimi de önceleri Aššur kenti çevresindeki idari bölgeyi ifade etmekteyken aynı terim, geç Asur vakayinamelerinde Kalhu, Ninūwa, Dur Šarrukin ve Arbela arasında kalan kabaca üçgen şeklindeki esas Aššur bölgesine karşılık gelir.[3] Yukarı Dicle Havzası'nın ortasında yer alan bu Asur çekirdeğinin sınırları, Dicle, Yukarı ve Aşağı Zap vadileriyle ve Zagros Dağları'nın etekleriyle çizilir (**ŞEKİL 19**). Asurluların ortaya çıkan bölgesel devleti, Aššur kentinin ve kentin tanrısının ismini alırken, kuzeyde yeni işlenmiş ve kentleşmiş Asur bölgesine göre Aššur kenti zamanla marjinal hale gelir. Hitit ve Asur peyzajlarının coğrafi hareketliliğinin arkasındaki tarihsel şartlar ve siyasal ekonomik güdüler aslında oldukça farklı olabilir; fakat bunların yan yana gelişleri, Yakındoğu'da geç tunç-erken demir çağı geçişi sırasındaki siyasi peyzajların değişken ve dinamik doğasını anlamak için aydınlatıcıdır.

Bu yeni Asur peyzajının coğrafi mekânı, zamanla inşa projeleri ile yeni kentlerin kurulması, nüfus yerleşimi, sulama projeleri ile büyük ölçekli kanalların inşası, yeni taş ocaklarının açılışı ve bahçelerde dikim yapılması aracılığıyla somut halini almıştır. Diğer yandan, Asur müşterek tasavvurunda da Aššur Ülkesi'nin yeniden inşa edilmesi gerekmiştir. Bu inşa, Dicle'nin Kaynağı, Nehr el-Kalb, Šubnat Nehri'nin Kaynağı, Nairi Denizi ve benzerleri gibi simgesel olarak yüklü, ritüelleştirilmiş yerlerde anma törenleri düzenlenmesi ve anıtlar dikilmesi aracılığıyla merkez ve

---

3 Bu tanım üzerine bkz. en yakın tarihli Radner 2011; Barbanes 1999: 18-26; 2003; Postgate 1992c: 251. Kalbi (*heartland*) ifadesinin, etnik bir şekilde tanımlanan bir coğrafya olarak 19. ve 20. yüzyıl ulusalcılığını çağrıştırması nedeniyle "Asur'un kalbi" teriminden açık bir biçimde kaçınıyorum. Benim Asur "üçgeni" tarifim Radner'ın Aššur'un güneyini içine alan yakın tarihli tartışmasından (2011) biraz farklıdır. Ben üçgeni Büyük Zap Nehri ile Dicle'nin birleştiği yerle sınırlıyor ve Aššur'un bu çekirdekten dışlandığını vurguluyorum.

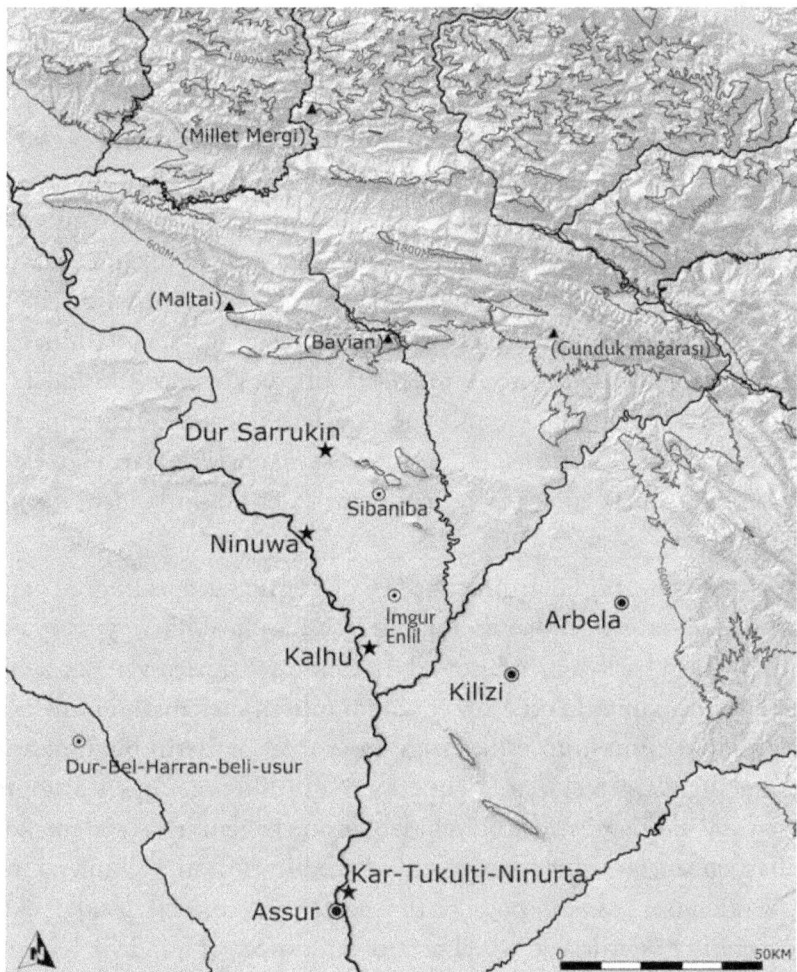

ŞEKİL 19 Demir çağında Yukarı Dicle bölgesi "Aššur Ülkesi" (Taban haritası Peri Johnson tarafından ESRI Topografik Veriler [Creative Commons: World Shaded Relief, World Linear Water ve World Elevation Contours] kullanılarak hazırlanmıştır).

sınır peyzajların sınırlarının hadiselerle dolu çizilme süreciyle tamamlanır (Shafer 1998, 2007; Harmanşah 2007b). Mekânsal düzenlemelere, karmaşık bir sınırlar dünyası oluşumu eşlik etmiştir. Bu, Asur eyaletleri ve vasal devletlerinin Yukarı Mezopotamya'nın bir ucundan diğer ucuna kademeli olarak yerleştirilen karma sisteminde belirgindir.

Dönüşen Bir Dünyada Kentler, Coğrafyalar ve Siyasi Aktörler

Asurluların Yukarı Mezopotamya'daki siyasi ve ekonomik müdahaleleri üzerine yapılacak bir çalışma, ağırlıklı olarak tarihsel coğrafya çerçevesindeki yazılı kaynaklara dayalı bir çaba olmuştur. Yakındoğu çalışmalarında, eskiçağ coğrafyasının sahası büyük ölçüde, yazılı raporların epeyce soyut kartografik alanındaki yer ve bölge isimlerinin tespiti üzerinden eskiçağ dünyasının yeniden bir siyasi haritasının hazırlanması ekseninde dönmektedir (ör. Röllig 1995; Brinkman 1997 vd.). Diğer yandan, özellikle yerleşim modellerinin yeniden kurgulanmasında, peyzaj arkeolojisi belgelerinin, eskiçağ coğrafyasına dair metin tabanlı analizleri tamamlayabileceği ve tartışmaya açabileceği gösterilmiştir (Wilkinson, Ur, Barbanes Wilkinson ve Altaweel 2005: 23). Bu olgunun ötesinde somut peyzajlar ve bu peyzajlardaki yerleşim kültürleri ile yakın bir angajman içerisinde olmak, eskiçağ habitatlarının mekânsal özelliklerini anlamak için esastır. Bu nedenlerle orta ve geç Asur etkisindeki alanda, özellikle Cezire'de, yerleşim ve kentleşme süreçlerini yorumlamak için arkeolojik kazılar, bölgesel yüzey araştırmaları, çevre ve peyzaj araştırmalarından elde edilen bulgular ile arkeolojik olarak çokkatmanlı metinler arasında ilişki kurmak için hatırı sayılır çabalar gösterilmiştir.

Burada kentleşme, bir bölgenin daha fazla yerleşim karmaşıklığı ve yoğunluğu kazandığı bir peyzaj süreci olarak anlaşılır. Bu karmaşıklık ve yoğunluk, tarım ve uzmanlaşmanın başladığı endüstriyel üretimde gelişmeler, yerel değişim, uzun mesafe ticari ve toplumsal etkileşim ve tüm bunların mekânsal düzenlemelerinin yeniden yapılandırılmasının eşlik ettiği kasaba ve kentlerin büyümesinin tesis edilmesi aracılığıyla gerçekleşir. Kentleşme ile birlikte, geniş kırsal toprakların bölgenin siyasal ekonomisi ve kültürel ideolojisine bağlandığı siyasi merkezileşme ve anıtsallaştırma ortaya çıkar. Ayrıca sıklıkla kentin eğitimli seçkinleri tarafından dile getirilen kentsel yaşamın poetikası mevcuttur – müşterek iktidar, ekonomik refah, kült pratik gösterileri, kültürel heterojenlik ve uygar gündelik hayatın odağı olarak epik bir kent fikri. Ortaya çıkan bölgesel iktidar bağlamında başkentler, devlet gösterilerinin kamusal mekânı olmak gibi özel bir statü elde eder ve hayırsever soylu hamilerin ihtiraslı inşa projelerine tanıklık ederler.

Krallık yazıtlarında sıklıkla kentleşme, tümüyle siyasi seçkinlerin kararlarına dayalı bilinçli bir yapı programı olarak sunulur. Ancak Lewis Mumford, Spiro Kostof ve diğer kent tarihçilerinin gösterdiği gibi, kentler karmaşık varlıklardır ve ekonomik, sosyomekânsal ve kültürel etkenlerin kentlerin yapımında büyük rol oynadığı bir dizi sürecin ürünüdür (Mumford 1961; Kostof 1991: 1-41). Tarihsel kayıtlar, kentlerin temsilinde kurucularının tasarım ütopyaları olarak mükemmelleştirilmiş imgelerini sunar. Henri Lefebvre'in iddia ettiği gibi kentsel mekân, rakip siyasi görüşler ve daha geniş bölgesel süreçleri bünyesinde toplayan toplumsal bir ürün, müşterek eylemin kümülatif bir yapıtıdır (Lefebvre 1991: 30, 169-228). Bu sebeple kentsel mekân üretimi, siyasi seçkinlerin planlama kararları kadar bu planlama kararlarını yapısal olarak bozabilecek ya da altüst edebilecek gündelik hayatın mekânsal pratiklerini de içine alır (De Certeau 1984).

Geç tunç, erken demir ve orta demir çağlarında Asur peyzajları yapımında tarihi kayıtlar, Kar-Tukultī-Ninurta, Kalhu, Dūr-Šarruken ve Nīnuwa gibi her biri giderek daha ihtiraslı krallık inşa programlarına ev sahipliği yapan pek çok kent kuruluşunun hikâyesini anlatır. Ancak peyzaj perspektifinden bakıldığında, bu etkileyici projeleri Suriye-Hitit kent kuruluşlarıyla aynı paralelde, Yukarı Mezopotamya'nın evrim geçiren yerleşim ekolojilerinin daha uzun vadeli eğilimleriyle ilişkili olarak anlamak olasıdır (Mazzoni 1994). Wilkinson ve meslektaşları, Yukarı Mezopotamya peyzaj arkeolojisilerindeki yüzey araştırmasından elde ettikleri kümülatif bulgularla, bölgenin MÖ 2. binyılın ikinci yarısından MÖ 1. yüzyılın ilk yarısına dek yerleşim olarak bozkır bölgelerine ve yüksek alanlara uzanan bir dağınıklık ve kırsallaşmaya tanıklık ettiğini göstermiştir (Wilkinson, Ur ve Casana 2004: 202). Orta Asur ve geç Asur dönemlerinde yeniden yerleşim politikalarında yeni kentler kurma fikri benimsenirken, Cezire ve Yukarı Dicle Vadisi'ndeki kentleşme ve yeniden yerleşim girişimleri, büyük kentlerden uzağa doğru bu daha geniş yerleşim eğilimine karşı bölgesel bir strateji olarak görülebilir. Her halükarda bu sürecin dengeli bir tablosunu sunmak için uzun vadeli bölgesel yerleşim eğilimleri ile siyasi güdümlü kısa vadeli kentsel müdahalelere dair eleştirel bir anlayışa gerek olduğunu ileri sürüyorum. Buradaki önerim, tarih kayıtlarında Asur İmparatorluğu'nu *a priori* kabul etmek ve imparatorluk genişlemesinin siyasi anlatılarını sanki bu devlet yalıtık bir varlıkmış gibi açıklamak yerine, hem kır hem kent peyzajlarını ardışık bir ekolojik perspektife yerleştirmektir.

Sınırların İnşası: Orta Asur Döneminde Dicle ve Fırat Boyunda Kurulan Kentler

Arkeolojik kazılar ve yüzey araştırmalarından elde edilen kümülatif bulgular, Yukarı Mezopotamya'da orta Asur dönemi kentleşmenin (MÖ 1400-1050 c.) boş bir coğrafya üzerine tamamen yeni (*ex novo*) bir yerleşim sisteminin kolonyal bir zorlaması değil, özellikle daha önce Hurri-Mitanni kültürel dünyasında yer alan mevcut yerleşim ağlarının yaygın bir şekilde yerleştirilmesi ve rehabilitasyonu olduğunu güvenilir biçimde ortaya koymuştur (Barbanes 1999: 18-26; Masetti-Rouault 1998: 226). Cezire, MÖ 16. yüzyıldan 14. yüzyıla kadar Mitanni devletinin tam kalbinde yer alıyordu ve diğer Suriye-Mezopotamya devletleriyle birlikte kültürel ve ekonomik ağın bir parçasıydı (Akkermans ve Schwartz 2003: 346). Asur çekirdek toprakları ve Cezire'deki pek çok kazı alanından elde edilen arkeolojik bulgular, MÖ 2. binyılın ikinci yarısı için süreklilik teşkil eden "Mitanni" ve "orta Asur" maddi buluntu stratigrafisi gösterir (Lyon 2000: 90).[4] Asur eyalet sistemi, eyalet başkenti olarak yenilenmesi ve eski haline getirilmesi için genellikle geleneksel bölgesel merkezleri seçti. Eyalet başkentleri, devletin idari iktidarının yoğunlaştığı ve sınır artbölgeleri ile iletişim kurduğu merkezler olarak düşünüldü (Postgate 1979: 216).

Yukarı Mezopotamya kırsal alanlarında Mitanni'den orta Asur'a kadar olan kurumsal sürekliliği kavramak için MÖ 2. binyılın müstahkem mülkleri *dimtu/dunnu* iyi bir örnektir. Bunlar, Mitanni kültür dünyasında *dimtu* ve orta Asur döneminde *dunnu* olarak anılan özel mülke ait tarım arazileridir (Koliński 2001). Bu küçük ölçekli, ancak anıtsal yerleşimler, bu arazilerin en azından bazılarının zaman zaman *ilku* sisteminde görevleri olan Asur'un seçkinlerine krallık bağışı olarak yeniden dağılımıyla büyük çapta gelişmiştir (Koliński 2001).[5] Bu *dimtu/dunnu* yerleşimlerinin arkeolojik olarak en bilinen örnekleri Arrapha Ülkesi'ndeki Tel Fahar, Yukarı Balih Vadisi'ndeki Tel Sabi Abyad ve Balih ve Habur vadileri arasındaki Tel Chuera'dır (Huwēra).[6] Tel Sabi Abyad'daki kazıdan çıkarılan çiviyazılı tabletler, arazi sahibinin I. Tukultī-Ninurta zamanında Asur'un başvekili ve genel valisi Ili-ipada olduğunu ortaya koyuyor (Akkermans ve Wiggermann 1999). Giricano Höyüğü'nün orta Asur tabakalarından çıkan ufak tablet arşivi (büyük olasılıkla MÖ 1069-1068'de yazılmış), Dicle Nehri'nin diğer tarafında konumlanan Tušhu (yeni Asur'da Tušhan) şehriyle özdeşleştirilen Ziyaret Tepe'ye yakınlığıyla sit alanının Dunnu-ša-Uzibi olduğunu ortaya koyar (Schachner 2003: 156). Yeni Asur dönemindeki bu tür Asurlu seçkinlerin öne çıkan kimi üyeleri, Dūr-bēl-Harrān-bēlu-usur (Tel Abta) gibi kendi kentlerini dahi kurmuşlardır (Unger 1917). Bu sebeple orta Asur'un Yukarı Mezopotamya'ya yaptığı akın, mevcut yerleşim modelleri üzerine yeniden yeni bir toprak yönetimi getirmek için güçlü Asur merkezini varolan iletişim ve uzak mesafe ticaret ağlarına bağlama girişimiydi.

---

4 Maddi kültürde Mitanni tabakaları olarak bilinenlerden orta Asur tabakalarına kayma, metinler, silindir mühür ve damgalar ile çanak çömlek yardımıyla tespit edilir. Lyon bilhassa Tel Billa (Šibaniba), Tel Muhammed Arab, Tel er-Rimah, Tel el-Hava, Tell Brak, Tel el Hamidiya, Tel Muhammed Diyab ve Tel Fahariya'daki stratigrafiye gönderme yapar.

5 Arrapha Ülkesi'nde 15. ve 14. yüzyıl *dimtu* yerleşimleri üzerine bkz. Zaccagnini 1979: 47-52. Orta Asur *dimtu* yerleşim sistemi üzerine bkz. Koliński 2001: 30-32. Ayrıca Koliński (2001: 126) *dimtu* yerleşimlerinin aslında Asur kralı tarafından verilen krallık bağışları olduğunu savunur. *İlku* sistemi üzerine bkz. Postgate 1971 ve 1982b. Yeni Asur toprak bağışları üzerine bkz. Fales 1990.

6 Bkz. Koliński 2001: 31-63. Tel Fahar'daki kazılar üzerine bkz. Koliński 2002; Tel Sabi Abyad üzerine Kaynakça ile Akkermans 2006; Tel Chuera üzerine bkz. Orthmann vd. 1995.

Ninūwa-Arbela tahıl yetiştirme bölgesinin ele geçirilmesi yazılı bulgulara dayanılarak MÖ 14. yüzyıl ortasında, I. Aššur-uballit zamanında (MÖ 1353-1318) başlamış görünmektedir. MÖ 13. yüzyıl başlarında yaşayan Kral I. Adad-nīrāri (MÖ 1295-1264) Aššur'da bulunan kendi kraliyet yazıtlarında, büyük olasılıkla Yukarı Habur Vadisi'nde bulunan Mitanni kraliyet şehri Ta'idu'yu ele geçirmek ve bu kentte geniş çaplı bir yeniden inşa programı yürütmekle övünür.[7] Bunun gerçekten hayata geçirilip geçirilmediğini bir yana bırakırsak, Ta'idu'yu "Hanigalbat Ülkesi"nin ortasında yeniden kurma ve yapılandırma eylemi, kent inşa etkinliği aracılığıyla Habur peyzajlarının yeniden yapılandırılması ve Asurluların bölgesel üretim ve değiş tokuş sistemlerine sızması için ilk önemli girişim olarak görülür. Ne var ki MÖ 14. ve 13. yüzyıllara ait Tel er-Rimah tabletlerinin gösterdiği gibi, bölgeye bu tür geniş ölçekli Asur siyasi ve askeri müdahalelerinden önce Asurlu tüccarların Hurrice konuşulan Mitanni kentlerinin yerel ticaret ağlarında yer alması olasılık dahilindedir (Postgate 2002). Orta tunç çağının başından itibaren (MÖ 2000 c.) Asurluların Yukarı Mezopotamya ve Anadolu'daki maden ticareti piyasalarıyla olan ticari bağlantısı onlara kuzey ve kuzeybatıdaki coğrafyalarla uzun bir tanışıklık sağlamıştır (Barjamovic 2011; Kuhrt 1995: 349).

I. Şalmaneser'in hükümdarlık döneminden başlayarak (MÖ 1263-1234), Asur bölge yöneticileri (*bēl pāhete*) ve valilerinin (šaknu) atanmalarıyla Yukarı Mezopotamya toprakları yeniden örgütlendi.[8] Šukkalu *rabi'u* da (Asur kralından sonra gelen en önemli devlet görevlisi) "Hanigalbat Ülkesi'nin Kralı" anlamına gelen šar māt Hanigalbat unvanını taşıdı. Yukarı Dicle bölgesinin ortasında yer alan Aššur Ülkesi yeni kurulan Asur kentleriyle gelişmeye başlarken Cezire vadilerinde varolan pek çok merkez, yeniden inşa çabaları ve belirli bir aşamaya kadar yeniden iskânlarla bir dönüşüm aşaması geçirdi. Donbaz ve Frame (1983), Aššur'daki Aššur Tapınağı'nın[9] ana avlusundan çıkarılan üzeri yazılı bir kaymaktaşı levhaya dayanarak I. Šulmānu-ašarēd'in Yukarı Habur'da Kahat'ta (Tel Barrī) olduğu gibi Yukarı

---

7 Grayson 1987: 137-8; metin A.0.76.4. Bu, çok kopyalı halde bulunan Aššur'dan bir taş levhadır. Yeniden inşa edilecek yapı kompleksini isimlendiren satır boş bırakılmıştır ve bu nedenle kralın inşa etkinliğini tamamlamış olup olmadığı sorusunu gündeme getirir. Machinist (1982: 14-5, n. 28) Ta'idu'daki yapım işinin Adad-nīrāri'nin oğlu I. Šulmānu-ašarēd tarafından tamamlanmış olabileceğini ileri sürer. Ta'idu kentinin konumu tartışmalıdır (ayrıntılı bir tartışma için bkz. Wäfler 1994). Çeşitli durumlarda Tel al Hamidiya (Eichler vd. 1985: 53-76) ve Tel Brak (Gernot 1989: 82) ile özdeşleştirilir.

8 Orta Asur bölgesel idaresi üzerine bkz. Jacob 2003: 55-65 ve 111-40; Machinist 1982.

9 Bugün İstanbul Arkeoloji Müzesi, Eski Şark Eserleri bölümündedir, müze env. EŞ 9512 ve kazı env. Ass 17313. Tarbisu genellikle Nīnuwa'nın kuzeybatısındaki modern Şerif Han ile Kahat, Tel Barrī ile özdeşleştirilir.

Dicle Havzası'nda da Nīnuwa (Ninova), Arbela (Erbil), Kalhu (Nimrūd/Nemrut), Tarbisu (Şerif Han), Isana ve Talmuššu kentlerinde inşa etkinliklerini sürdürdüğünü iddia etti.[10] Daha sonraki metinlerde I. Šulmānu-ašarēd'in (Şalmaneser) Kalhu'yu (Nimrūd) da kurduğu kabul edilmektedir, ancak kralın kendi anma yazıtları bu başarıdan bahsetmez (bkz. bu bölümün ilerleyen kısmındaki tartışma). Ne var ki Šulmānu-ašarēd'in krallık vakayinamelerinde Asur'un Nīnuwa ve Arbela kentlerindeki yapı çalışmaları kayıt altındadır. Nīnuwa'da kendi adına tapınak ve ziguratın yeniden inşa edilmesiyle kudretli Ištar kültü canlandırılmakla kalmamış, aynı zamanda daha aşağı bir kent iskân edilmiştir. Bu sebeple MÖ 9. yüzyıl başında II. Aššur-nasir-apli zamanında kraliyet tahtının fiziksel olarak Kalhu'ya geçmesinden çok önce MÖ 14. ve 13. yüzyıllarda Asur çekirdek topraklarının yapılandırılması çoktan başlamıştır.

Bir sınır bölgesinin oluşumu, varolan başkentlerin bakımı ve yeniden inşasını olduğu kadar kırsal alanlarda farklı ölçeklerde yeni yerleşim yapılanmasını da zorunlu kılan dengeli bir peyzaj politikası gerektirdi. Kahat (Tel Barrī) (Pecorella 1990: 58), Tel Feheriye (bkz. önceki tartışma), Tel Ajaja (Šadikanni) (Mahmoud ve Kühne 1994), Tel Fahgami (Kattun), Tel Ta'bān (Tabēte) ve diğerleri (Morandi Bonacossi 1996a) gibi pek çok sit alanında yapılan arkeolojik kazılar, Yukarı Habur Vadisi'nde orta Asur varlığını onaylamıştır. Sit alanında ve Tel Šeh Hamad topraklarında yapılan yakın dönemli arkeolojik çalışmalara göre eskiçağın Dūr-Katlimmu kenti, Asurluların MÖ 13. yüzyılda Aşağı Habur bölgesindeki dikkate değer kentleşme çabalarını gösterir (Kühne 2000a). Tel Šeh Hamad'daki yerleşim, orta tunç çağında 15 hektarlık bir yerleşimdir. Bu yerleşimi belki de eski Babil kenti Dūr-Yaggit-Lim ile ilişkilendirmek gerekir (Novák 1999: 164). Dūr-Katlimmu'nun bir Asur eyalet merkezi olarak (yeniden) kurulması, sit alanından bizzat elde edilen çiviyazısı tabletlere dayanarak, en geç I. Šulmānu-ašarēd hükümdarlığı döneminde gerçekleşmiş olmalı (Kühne 1998: 281). Aššūr'un hemen batısında ve kurak Cezire bozkırının karşı tarafında yer alan Dūr-Katlimmu, bölge valisinin (*bēl pāhete*) ve geçici bir süre šukallu rabi,u'nun makamı ve bu nedenlerle geniş bir eyalet toprağının idari merkezi olmuştur (Kühne 2000a: 271; Kühne 2010). Kent MÖ 9. ve 8. yüzyıllarda Asur eyalet sisteminde temelde önemli bir rol alırken,[11] Dūr-Katlimmu'nun kent merkezi, iyi planlanmış iki "aşağı kent" ve kenarkentle ve Habur boyunca uzanan

---

10 Kahat'taki (modern Tel Barrī) Hurri Hava Tanrısı'nın ünlü Tešhub tapınağı I. Šulmānu-ašarēd tarafından restore edilmiştir (Pecorella 1990: 55).

11 Bkz. Morandi Bonacossi 1996a'daki tartışma. Burada Morandi Bonacossi eyalet başkenti olarak idari rolünün yanında kente özel bir askeri işlev de yükler.

muazzam bir sulama projesiyle 110 hektarlık muazzam bir büyüklüğe ulaştı.[12] Yörenin Aššūr-kettī-lešer adındaki hükümdarının Yukarı Habur Havzası'ndaki Tel Bdēri sit alanında Dūr-Aššūr-kettī-lešer kentini kurması, Habur Havzası'ndaki yoğun kent inşa pratiğinin sadece imparatorluk ailesinin öncülüğüyle sınırlı kalmadığını gösterir. Kuruluş yazıtlarında Aššūr-kettī-lešer kendisinden Mari Ülkesi Kralı olarak bahseder ve I. Tukultī-apil-ešarra'nın çağdaşıdır (MÖ 1114-1076).[13]

Orta Asurlular için Balih Vadisi, aynı derece önemli bir batı sınır bölgesi teşkil ederdi.[14] Arkeolojik kazılar MÖ 14. yüzyıl sonunda Tel Hammam et Turkman gibi belirli büyük sit alanlarının barışçıl biçimde terk edildiğini gösteriyor (Akkermans ve Rossmeisl 1990: 31-2). Balih Vadisi'nde 14.-13. yüzyıl geçişi, yerleşim yoğunluğunda belirli bir düşüşü, özellikle toplam sit alanında azalma ve görece küçük ölçekli yerleşim yerleri kurulması aracılığıyla yerleşimlerin konumlarında kaymalar olduğunu akla getirir (ör. Tel Sabi Abyad). Bu durum, belki bir tarafta Mitanni dünyası genelinde bir ekonomik gerileme ve diğer tarafta sınır topraklarının Asurlular tarafından yeniden kademeli bir şekilde örgütlenmesi ile açıklanmalıdır. Bu peyzaj dönüşümünde Mitanni/orta Asur dönemleri esas kilit rolü oynadığından Yukarı Mezopotamya'nın MÖ 2. binyılın başındaki büyük höyük yerleşimlerinden (ör. Tel Hammam et Turkman) erken demir çağının dağınık ve kırsal modeline doğru uzun vadeli yerleşim eğilimleri dikkate alınmalıdır. Kentsel yerleşimlerden kırsal yerleşimlere dönüş, en çarpıcı biçimde Mitanni'den orta ve geç Asur'a geçişte görülür (Lyon 2000: 102).

Yakın dönemde Türkiye'nin güneydoğusunda Yukarı Dicle Nehir Havzası'nda yapılan yüzey araştırma çalışmaları ve kurtarma kazıları, Asur İmparatorluğu'nun Anadolu sınırını, bir dizi müstahkem yerleşimin çizdiğini göstermektedir. Erken demir çağında buradaki kırsal araziler tarımsal yerleşimlerle doludur (ŞEKİL 20).[15]

---

12 Aşağı Habur'daki Asur sulama projeleri üzerine bkz. Ergenzinger vd. 1988 ve Kühne (der.) 1991.

13 Aššūr-kettī-lešer'in silindir kuruluş yazıtı Tel Bdēri'deki kazıda çıkarılmış ve Maul tarafından yayımlanmıştır (1992: 14-35). Ayrıca bkz. Lambert 1991.

14 Balih Vadisi'nde MÖ 2. binyıldaki yerleşim eğilimleri üzerine bkz. Lyon 2000; Wilkinson 1998a, 1998b.

15 Geç tunç ve demir çağları süresince Yukarı Dicle bölgesindeki yerleşim peyzajları üzerine yakın tarihli arkeolojik ve filolojik çalışmaları bir araya getiren yorumlayıcı makaleler için bkz. Parker 1997b, 1998a, 1998b, 2001a, 2001b, 2002, 2003; Köroğlu 2002; Radner ve Schachner 2001; Kessler 1995. Guillermo Algaze tarafından yürütülen Dicle-Fırat Arkeolojik Keşif Projesi'nin ön raporları için bkz. Algaze 1989, Algaze vd. 1991, 1994. Bradley Parker tarafından yürütülen Yukarı Dicle Arkeolojik Araştırma Projesi'nin (UTARP) yakın tarihli sonuçları için bkz. Parker vd. 2003. Güneydoğu Anadolu'da, yeni baraj gölleri

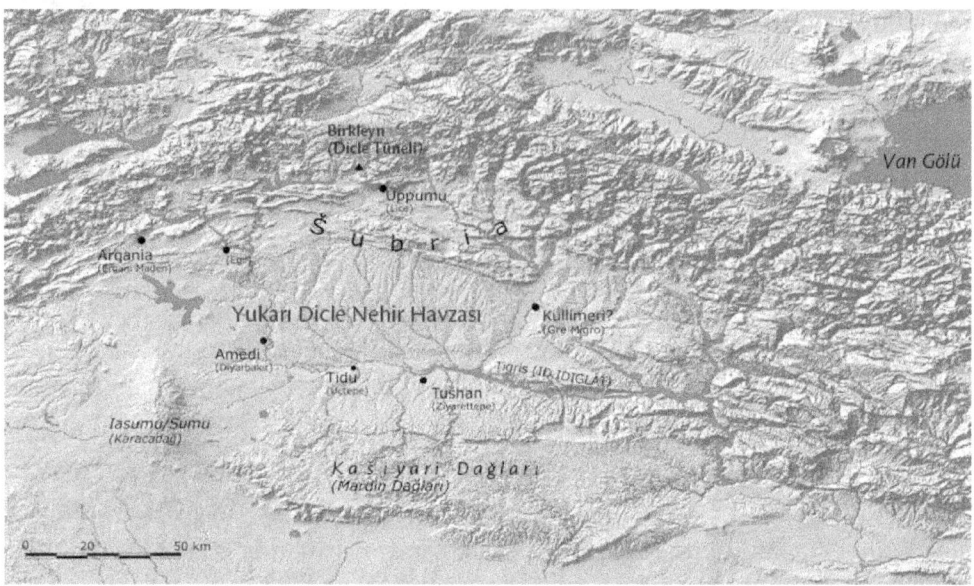

ŞEKİL 20 Demir çağında Yukarı Dicle Nehir Havzası (Taban haritası Peri Johnson tarafından ESRI Topografik Veriler [Creative Commons: World Shaded Relief] kullanılarak hazırlanmıştır).

Maden kaynakları bakımından zengin bu geniş bölge; Dicle, Batman, Garzan, Bitlis ve Bohtan nehir vadilerini ve özellikle Ilısu Barajı inşası nedeniyle yoğun arkeolojik sondaj araştırmalarının yapıldığı alanları içine alır. Burası MÖ 2. binyıl sonu ve 1. binyıl başında batıdaki Suriye-Hitit devletleriyle birlikte Asur, Šubria ve Urartu arasında jeopolitik olarak oldukça önemli bir sınır bölgesiydi. MÖ 882'de II. Aššur-nasir-apli Tušhan kentini bölgedeki eyalet merkezlerinden biri olarak yeniden kurmuştur. Kent, Türkiye'nin Diyarbakır ilinde Dicle Nehri'nin geniş bir ovaya açıldığı önemli bir akarsu geçişindeki güney kıyısında yer alan ve bugün kazı yapılan Ziyaret Tepe ile ilişkilendirilmektedir.[16] Bu yeni kent kuruluşu ve ilgili inşa etkinliği birkaç krallık yazıtında, özellikle Kalhu'daki Ninurta Tapınağı ortostatları[17] ve ünlü Nimrûd Monoliti'nde (Ninurta Tapınağı'nda büyük bir anma steli)

---

nedeniyle sular altında kalacak olan ve kalan alanlarda devam eden arkeolojik kurtarma çalışmaları, Orta Doğu Teknik Üniversitesi'ndeki Tarihsel Çevre Değerlerini Araştırma ve Uygulama Merkezi (TAÇDAM) tarafından koordine edilmekte ve bölgedeki arkeolojik çalışmanın sonuçları, Numan Tuna vd. tarafından hazırlanan, Ilısu ve Karkamış Baraj Gölleri Altında Kalacak Arkeolojik ve Kültür Varlıklarını Kurtarma Projesi adlı senelik ciltlerinde bu kurum tarafından düzenli olarak yayımlanmaktadır.

16 Ziyaret Tepe'nin eskiçağdaki Tušhan ile özdeşleştirilmesi üzerine bkz. Kessler 1980, Parker 1998b, Radner ve Schachner 2001: 754-7. Ziyaret Tepe kazıları üzerine bkz. en yakın tarihli Matney vd. 2009.

17 Grayson 1991: 191-223, metin A.0.101.1, özellikle s. 202, sütun ii, satır 2-12.

kayıtlıdır.[18] Bu yazıtlarda Aššur-nasir-apli "açlık ve kıtlık yüzünden başka diyarlara gitmiş yorgun Asurluları geri getirdiğini" ve onları yeniden buraya yerleştirdiğini iddia eder. Ayrıca Kurkh Monoliti'nde (1861'de Diyarbakır yakınlarında yeri tam olarak bilinmeyen ve Kurkh adı verilen sit alanında keşfedilen bir stel), Yukarı Dicle Nehri üzerinde Tušhan yakınlarındaki Tīdu ve Sināburu kasabalarının (I.) Šulmānu-ašarēd tarafından çoktan garnizonlaştırıldığından da bahseder.[19] Yukarı Dicle bölgesinde orta Asur'un somut varlığı Ziyaret Tepe (Tušhan) (Matney ve Bauer 2000: 120-1), Üçtepe (Tīdu) (Köroğlu 2002) ve Grê Dimsê (Karg 2001) gibi sit alanlarında yapılan arkeolojik kazılarla ve bölgede yapılan yüzey araştırmalarıyla belgelenmiştir (ör. Parker 2001b). Radner ve Schachner (2001: 763-6), Dicle Nehri, Aššur ile kuzeydeki bağımsız Šubria Krallığı arasında doğal sınır oluşturduğunda, bu sınır bölgesinin I. Adad-nīrāri ve I. Šulmānu-ašarēd zamanında çoktan kentleştiğini ileri sürer. Üç kent, Tušhan, Tīdu ve Sinābu, bu Asur sınır bölgesini denetleyen kaleler olmuştur.

Bradley Parker (2001a), bölgedeki yüzey araştırması bulgularına dayanarak demir çağında Asurluların taşkın ovası etrafındaki Yukarı Dicle Havzası'nda sınırlı da olsa belirli bir kırsal alanı sistematik olarak tarımsal köylerle doldurup yeni bir tarımsal yerleşim sistemini kullanıma soktuğunu ileri sürmüştür.[20] Bu süreci bölgeye sürgün edilmiş toplulukların yerleştirildiği manasında "tarımsal kolonizasyon" olarak adlandırmak fazla cüretkâr olur, çünkü bu yüzey araştırması bulgularını nehir havzasındaki kentleşmeye bir yerel karşılık olarak yorumlamak da olasıdır.[21] Yine de Yukarı Dicle sınır bölgesi peyzajlarının, hem kentsel hem kırsal çevreleri içine alan farklı yerleşim ölçeklerinde bir kentleşme süreci aracılığıyla dönüştürüldüğü açıktır. MÖ 14. ve 13. yüzyıllarda Asur kralları, Nīnuwa gibi büyük kent merkezlerine işgücü yatırımı yaparken Kalhu-Nīnuwa-Arbela bölgesinde Aššur Ülkesi'nin temellerini inşa ettiler. Ne var ki Asur krallarının,

---

18 Grayson 1991: 237-254, metin A.0.101.17, özellikle s. 242-3, sütun ii, satır 5-36.
19 Grayson 1991: 256-262, metin A.0.101.19, özellikle s. 261, satır 92.
20 Asurluların Yukarı Dicle sınırı üzerine daha rafine ve yakın tarihli bir tartışma için bkz. Parker 2002, 2003. Parker, yüzey araştırması bulgularına göre, MÖ 9. yüzyılda, erken demir çağı kırsal yerleşimleri geniş ölçüde terk edilirken, maddi kültürde yaşanan bir kaymayla birlikte "yeni ve belirgin biçimde daha yoğun bir imparatorluk dönemi yerleşim modeli" tesis edildiğini aktarır (Parker 2003: 536).
21 Bohtan Su ve Garzan vadileri gibi Dicle'nin kolları boyunca benzer bir kırsal gelişme olmaması kısmen bu düşünceyi destekler. Parker bu "seyrek yerleşim bölgelerini" Asurluların kendi egemenlik alanları ile diğerleri arasında tampon yaratma yönündeki askeri gerekçelerle "sömürgeleşmemiş" bıraktığı "tampon bölgeler" olarak yorumlar (Parker 2003: 551-2).

önceki Mitanni kent merkezlerini yeniden inşa edip bu merkezlerin artbölgelerine iskân sağlarken imparatorluklarının sınırlarını yapılandırmak için de aynı ölçüde hevesli oldukları açıktır.

1967 ilkbaharında Tel er-Rimah'taki (eskiçağdaki adıyla Zamahu) tapınağın kült odasında geç Asur Kralı III. Adad-nīrāri (MÖ 810-781) ve Nergal-Ereš'in (Rasappa [Resafa] valisi) bir steli bulundu (Page 1968). Eskiçağda metnin dokuz satırı silinmiştir. Bu yirmi bir satırlık çiviyazısı metin, Adad-nīrāri'nin Şam'da Aram kralından vergi almasını kutlar. Yazıt kapsamlı bir yeniden iskân programı çerçevesinde Nergal-Ereš'in kurduğu ve inşa ettiği 331 yerleşimi listeler. Yazıtta yeni kurulmuş belirli kentlerin isimleri bulunur (Dūr-Inanna, Kār-Sīn, Dūr-Aššur, Dūr-Nergal-Ereš, Dūr-Marduk, Dūr-Adad-nīrāri ve benzerleri gibi), bunlar yeni kurulan kentler için tipik isimlerdir. Ardından her kent 12 ila 126 arasında farklı sayıda köye bağlanır (Page 1968: 143; Kühne 2010: 120). Kamusal anıtlardan elde edilen yazılı raporlar, yüzey araştırmalarından elde edilen bulgularla birleştiğinde demir çağında Yukarı Mezopotamya'daki yerleşim peyzajının büyük ölçüde kırsal alanlardaki yeni yerleşim oluşumları ya da daha önce terk edilen peyzajlara yeniden yerleşilmesiyle şekillendiği görülür. Bunu, geç tunç çağı sonunda kentsel ekonomilerin gerilemesi ve nihai çöküşüne, Suriye-Mezopotamya topluluklarının erken demir çağında verdiği müşterek bir karşılık olarak görürüz. MÖ 9. ve 8. yüzyılda Asur devletinin bu yerleşim eğilimini bölgesel bir örgütlenme, işgücü yatırımı ve siyasi denetim politikası olarak benimsediğini görürüz.

Aššur'un Ötesi: Asur Ülkesinin Yeni Ufukları

Asur'un bölgesel bir devlete dönüştüğü orta Asur dönemi boyunca (MÖ 1400-1050 c.) Asurlular durmaksızın Aššur'a alternatifler aradı. Kent ve kentin Orta Dicle kurak bozkır artbölgesi güvenilir yağışlı bölgenin oldukça dışındaydı ve Māhmūr Vadisi'ndeki sınırlı tarım artbölgesi giderek artan nüfusun ağırlığını kaldıramıyordu (Kühne 2000a: 272; Novák 2005: 178). Oates (1968: 20), modern etnografik bulguları kullanarak Aššur'un, "yağış bölgesinin verimli toprakları için bariz bir başkent olmadığını," karargâhı bu stratejik mevkide olan bölgenin kırsal göçebeleri için "pozitif ilgi odaklarına" sahip olduğunu iddia etti. Ne var ki sadece tarımsal gerekçelerle değil aynı zamanda Kuzey'in maden ve kereste kaynaklarına yakınlığı nedeniyle de Yukarı Dicle ve Habur havzalarının sulak, ekilebilir toprakları, özellikle de Nīnuwa çevresindeki bölge Asurlulara çekici geliyordu. Nīnuwa çevresindeki alan, taş ocakları bakımından da zengindi ve oldukça büyük miktarda çok çeşitli yapı taşları sunmaktaydı. MÖ 14. yüzyıl ortasından sonra Hitit krallarının, özellikle ve en çok da I. Šuppiluliuma'nın baskılarına dayanamayan Mitanni devletinin gerilemesi

Asurluların ilerleyerek bu toprakları etkisi altına almalarına ve kentler, anıtlar, yollar ve sulama kanallarıyla bu peyzajları işlemelerine ve nüfusu bu topraklara yeniden yerleştirmelerine olanak sağladı (Kuhrt 1995: 295-6; Gernot 1989: 34-41).

Bugün Kalat Şergat olarak bilinen Aššur kenti, Orta Dicle Vadisi'nde yer alan 65 hektarlık bir sit alanı. Kent, MÖ 2. binyılın başında, özellikle I. Šamši-Adad (MÖ 1813-1781) himayesinde ve daha sonra MÖ 14. ve 13. yüzyıllardaki orta Asur krallarının himayesinde büyük çaplı anıtsallaşmaya kadar giden uzun bir kent tarihine sahip (Feldman 2006b; Oates 1968: 19-41) (bkz. ŞEKİL 21). Tanrı Aššur'un kentsel makamı olarak kent, orta Asur ve geç Asur devletlerinin tarihi boyunca törensel ve dini merkez olarak kaldı. Asur krallık yazıtlarında kent, bazen yalnızca *ba'īt ili*; yani "tanrıların arzu nesnesi" olarak anıldı (bkz. örneğin, Grayson 1987: 273, metin A.0.78.23, satır 89). Koruyucu Tanrı Aššur, Asur devlet panteonunun en tepesine yükseltildi ve Asur imparatorluk ideolojisinde temel itici güç olarak hareket etti.[22] Bilimsel yazında Aššur'daki ilk Aššur kültünden *deus persona* yerine *numen loci* olarak bahsedilmesi dikkat çekicidir: Mezopotamya panteonunun derinlerine kök salmış bir üyesi yerine, bizzat kentin mitopoetik [efsanevi] kişileştirmesi olarak anlaşılır (Lambert 1983). Bununla birlikte Aššur kültü Asur devlet gösterilerine dahil edildikçe ve Asur bölgesel çekirdeği Aššur Ülkesi olarak şekillendirildikçe Aššur, Asur bölgesel devletinin zihinsel coğrafyasında capcanlı kaldı. "Aššur'un Silahları" (*GIŠ.kakki Aššur*) sonraki Asur krallarının seferleri sırasında simgesel olarak yüklü yerlerde (Akdeniz sahili, Nairi Denizi, Dicle'nin Kaynağı ve benzeri) törenle "yıkanırdı". Bu eylemler düzenli olarak törensel ziyafet, krallık anıtları yapımı, kaya yazıtlar yontma ya da *salmu* imgeleri yapımı gibi diğer anma eylemleriyle ilintilendirilmektedir (krş. Yamada 2000: 273-99) (bkz. takip eden tartışma). Aššur'un MÖ 2. binyıl içindeki hikâyesi, kültün ve onun kutsal yurdunun sürekli yer değiştirmesini ve peyzajları sömürgeleştirme ve takdis aracı olarak bu kültün, fiziksel şekilde yeniden imparatorluk sınırlarına dağılımını içerir.

Yeni Asur döneminde Aššur Ülkesi fiziksel olarak Yukarı Dicle Havzası'na doğru kuzeye, Aššur'dan uzağa kaydığında kent arkaik tapınaklarını cömertçe yenilemeye ve yeniden inşa etmeye devam eden geç Asur kralları için eski zamandan kalma bir yer, tarihsel değeri olan bir yer olma konumu elde etti. Aššur kentinin kültürel konumundaki bu tarihselleştirici dönüşüm en açık halini II. Aššur-nasir-apli zamanında almıştır. Kral Kalat Şergat kalesindeki Eski Saray'ı (orta Asur) yeniden inşa etti ve sarayın güneydoğu bölümünü Asur krallarının tek parça bazalt lahit-

---

22 Aššur kültü üzerine epigrafik ve arkeolojik bulgular için bkz. Van Driel 1969. Aššur kültünün orta ve yeni Asur siyasi ideolojisindeki rolü üzerine bkz. Lambert 1983; Livingstone 1997; Holloway 2002.

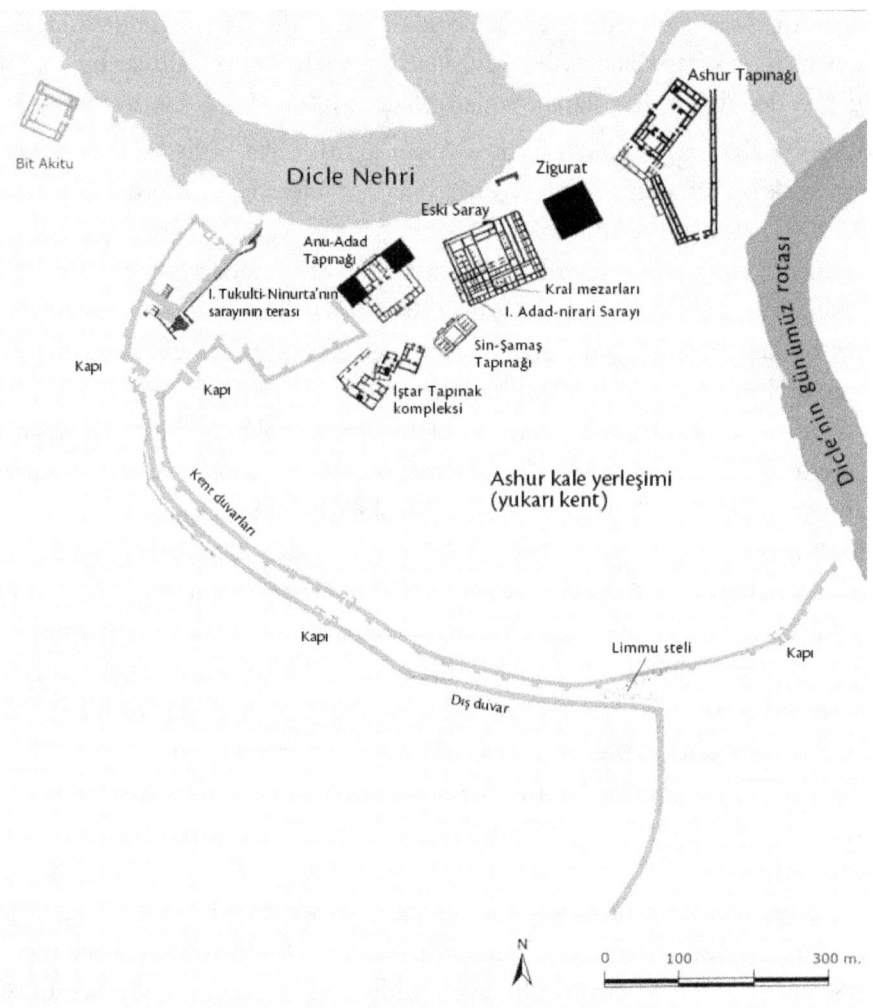

ŞEKİL 21 Aššur sit alanı planı (Harper vd. 1995: fig. 2'den uyarlanmıştır). Metropolitan Museum of Art'ın izniyle.

lere gömüldüğü tonozlu mezar odalarıyla bir mozoleye dönüştürdü.[23] Al-Khalesi (1977: 80-1) sarayın güneydoğu bölümünün tamamıyla ata kültüne ve *kispum* ayinlerine adanmış törensel cenaze kompleksi olan *bit kispim*e ev sahipliği yapmış olması gerektiğini iddia etmiştir. Sennaherib kendi yazıtlarında Aššur'daki Eski

---

23 Aššur'daki Eski Saray'ın krallık mezar kompleksi üzerine bkz. Andrae 1977 (1938) 194-201; Haller 1954: 170-80 ve Plates 40-4; Heinrich 1984: 112-3; Hausleiter 1999b; Novák 1999: 107; Sevin 1999: 158. Aššūr-bēl-kala, II. Aššur-nasir-apli ve V. Šamši-Adad bu odalara gömüldü.

Saray'dan *"ekal tapšuhti šubat dārat,"* yani "bir istirahat sarayı, ebedi ikametgâh" olarak bahseder.²⁴ Esarhaddon, Aššur'un kült binalarının I. Erišum'a dek titizlikle izini sürerek kentin çok daha etkileyici bir tarihsellik raporunu sunar (Leichty 2011: 119-29, Aššur Prizma Metni 57, iii 16-41).

MÖ 13. yüzyılla birlikte pek çok kümülatif yapı bölümünün inşasıyla Aššur kentsel peyzajı, çoktan yoğun bir şekilde inşa edilmiştir.²⁵ Arazi, dar Dicle Vadisi'nin iki kolunun birleşimindeki üçgen çıkıntı üzerinde, alüvyon ovasından 40 m kadar yükseltilmiştir. Kent iyi korunuyor olsa da yükseltilen Eski Kent (Asur metinlerinde URU.*libbi ali* "Kentin Kalbi" olarak geçer) ve güneydoğudaki meskûn uzantısı olan "Yeni Kent" (URU.GIBIL), topografik engellerden dolayı büyüyememiştir.²⁶ Yukarı kale yerleşimine su temini de başka bir sorun oluşturmuş, sonraki inşa projelerini elverişsiz kılmış olmalıdır. I. Tukultī-Ninurta (MÖ 1243-1207) zanaatkârlarına kaleye (é.*lugal.umun.kur.kur.ra*, "Tüm Toprakların Efendisi'nin Krallık Konutu" adını verdikleri) yeni bir saray inşa etmelerini emrettiğinde, temel platformu olarak kullanılacak yaklaşık 29.000 metrekarelik alanı kaplayan dev bir teras yapmaları gerekmiştir.²⁷ "Yeni Saray," kalenin kuzeybatısında, nehre tepeden bakan bir uzantıya inşa edilmiştir. Ne yazık ki, kentin bu bölümünde daha sonra yapılan inşa etkinliği nedeniyle sarayın üstyapısıyla ilgili elimizde pek az bulgu var (Andrae 1977 [1938] 162-4; Heinrich 1984: 95-6 ve özellikle Abb. 50). Ancak Eski Saray'ın Asur kralları tarafından kuşaklar boyu kullanıldığı ve kısa süre önce Tukultī-Ninurta'nın selefleri I. Adad-nīrāri ve I. Šulmānu-ašarēd tarafından yenilendiği göz önüne alınacak olursa, Tukultī-Ninurta'nın Eski Saray alanından ayrılması, Aššur'un kentsel peyzajında güçlü bir değişim meydana getirmiş olmalı.

---

24 Luckenbill 1924: 151, Metin XIII. Aššur'daki krallık mezar odasından bir tuğla yazıt.

25 Aššur kent peyzajı üzerine bkz. Andrae 1977 (1938), MÖ 13. yüzyıl projeleri için özellikle 151-186. Ayrıca bkz. Leick 2001: 194-217; Novák 1999: 104-15; Barbanes 1999: 77-81; Lamprichs 1997; Oates 1972. Deutsche-Orient Gesellschaft ve Berlin'deki Vorderasiatische Museum'un "Assurprojekt" üzerine bkz. Renger 1997b, 2003. Aššur'daki yakın tarihli Alman ve Irak kazıları üzerine, bkz. Dittmann 1990, 1992, Wright 2000b'deki raporlar ve projenin web sitesi: http://miglus.de/Themen/Assur/assur.html (Ağustos 2004 itibariyle).

26 Yeni Kent'in kent surlarında I. Adad-nīrāri'nin inşaat çalışması için bkz. Grayson 1987: 143-4, metin A.0.76.9. Bu, Andrae tarafından Aššur'da yapılan bir kazıda Sennaherib'in sarayından çıkarılan ve bugün İstanbul Arkeoloji Müzesi'nde bulunan bir tablet. Adad-nīrāri kentin bu kesimindeki tahkimlerin ilk yapımını Puzur-Aššur'a atfeder. Puzur-Aššur, MÖ 2. binyıl başında Asur kent devletinin iki farklı hükümdarının ismidir.

27 Sarayın yapımından kralın birçok krallık yazıtında bahsedilir, bkz. özellikle Grayson 1987: 243-7, metin A.0.78.5 ve 6, Andrae tarafından Aššur'daki kazıda çıkarılan taş tabletler üzerine kazınmıştır (sırasıyla Berlin VA 8832 ve İstanbul EŞ 9516, ikincisi örneklerle Berlin 5916 ve İstanbul'da bir diğer tablet). Ayrıca bkz. Lackenbacher 1982: 48-9.

Tukultī-Ninurta'nın hükümdarlığı sırasında Aššur'da başka inşa etkinlikleri de yürütüldü. Bunlar arasında Ištar Aššurītu için yapılan çok daha anıtsal ölçekli yeni bir tapınak ve surların çevresine kazılan derin bir hendek de bulunmaktadır (Lackenbacher 1982: 25). MÖ 13. yüzyılla birlikte Aššur'un sınırlı kentsel peyzajı Asur'un geç tunç-erken demir çağı hükümdarlarının ihtiraslı projeleri için fazlasıyla küçüktü (Stronach 1997b: 309).

Aššur'daki büyük ölçekli inşa projelerinden tatmin olmayan I. Tukultī-Ninurta, belki de Babil'e yaptığı başarılı askeri seferin ardından, nehir üzerinde Aššur'un 3 km yukarısında ve modern Tulul ul 'Aqar Höyüğü'ndeki Dicle Nehri'nin karşı (Doğu) yakasında yeni başkenti Kār-Tukultī-Ninurta'nın inşasını başlatmıştır (**ŞEKİL 22-24**) (Gilibert 2008; Deller, Fadhil ve Ahmad 1994). Saraylar, tapınaklar, diğer kamusal yapılar ve meskûn mahallelerle donatılan ve surlarla çevrili yepyeni bir kent olarak bu ortogonal planlı yeni krallık kenti, devletin idari aygıtının Aššur'dan ilk fiziki ayrılışı olarak kabul edilir. Bu büyük yerleşim (250 hektardan büyük) arkeolojik olarak ilk kez 1913-4'te Walter Andrae ve W. Bachmann tarafından kısıtlı ölçekte incelenmiştir. 1986'dan bu yana devam eden Reinhard Dittmann başkanlığındaki Deutsche Orient-Gesellschaft projesiyle ise daha kapsamlı araştırmalar yapılmıştır.[28] Tukultī-Ninurta'nın krallık ikametgâhını Aššur'dan yeni bir başkente taşıma kararı büyük olasılıkla Aššur'un sunduğu çevresel zorlukların etkisiyle alınmıştır. Buna ek olarak önceki bölümde ele alındığı gibi Tel Feheriye'den Tel Halaf'a ya da Tel Açana'dan Tel Ta'yinat'a olan kaymalara benzer şekilde Aššur ve Kār-Tukultī-Ninurta, geç tunç-erken demir çağı geçişinde bölgesel bir başkentin kısa mesafeli nakline ilginç bir örnek teşkil eder.

Görünen o ki yeni kent inşası, *Pattu-mēšari* ("Adalet Kanalı") adı verilen bir sulama kanalının yapımını ve yeni kentin sulama yapılan araziler üstüne inşa edildiği Dicle Nehri'nin doğusunda kalan ovaların dönüşümünü kapsayan büyük ölçekli sulama programının bir parçasıydı. Walter Bachmann'ın büyük bölümü Kār-Tukultī-Ninurta'nın en yakın artbölgesini kapsayan Māhmūr Ovası taslak haritasında (Dittmann 1995: Abb 1-2.), biri Kuzey'de Dicle boyunca uzanan diğeri Aşağı Zap'tan ayrılan iki kanal kalıntısı görülür, ancak kanalların tarihlemeleri kesin değildir (Bagg 2000b: 311; Dittmann 1995). Bununla beraber, anıtsal ka-

---

28 Tulul ul 'Aqar sit alanındaki arkeolojik saha çalışması üzerine bkz. Andrae 1977 (1938): 121-5, Eickhoff 1985, Dittmann 1995 (Aššur'daki Walter Andrae ekibinden olan Walter Bachmann tarafından 1913-1914 yılındaki daha önceki çalışma raporu); Dittmann vd. 1988; Dittmann 1990 ve 1992 (yakın tarihli çalışma). Bachmann ne yazık ki kazı materyalini hiç yayımlamadı ve bu materyalin çoğu kayıp kabul ediliyor. Notlarının bir kısmı T. Eickhoff (1985) ve R. Dittmann (1995) tarafından yayımlandı.

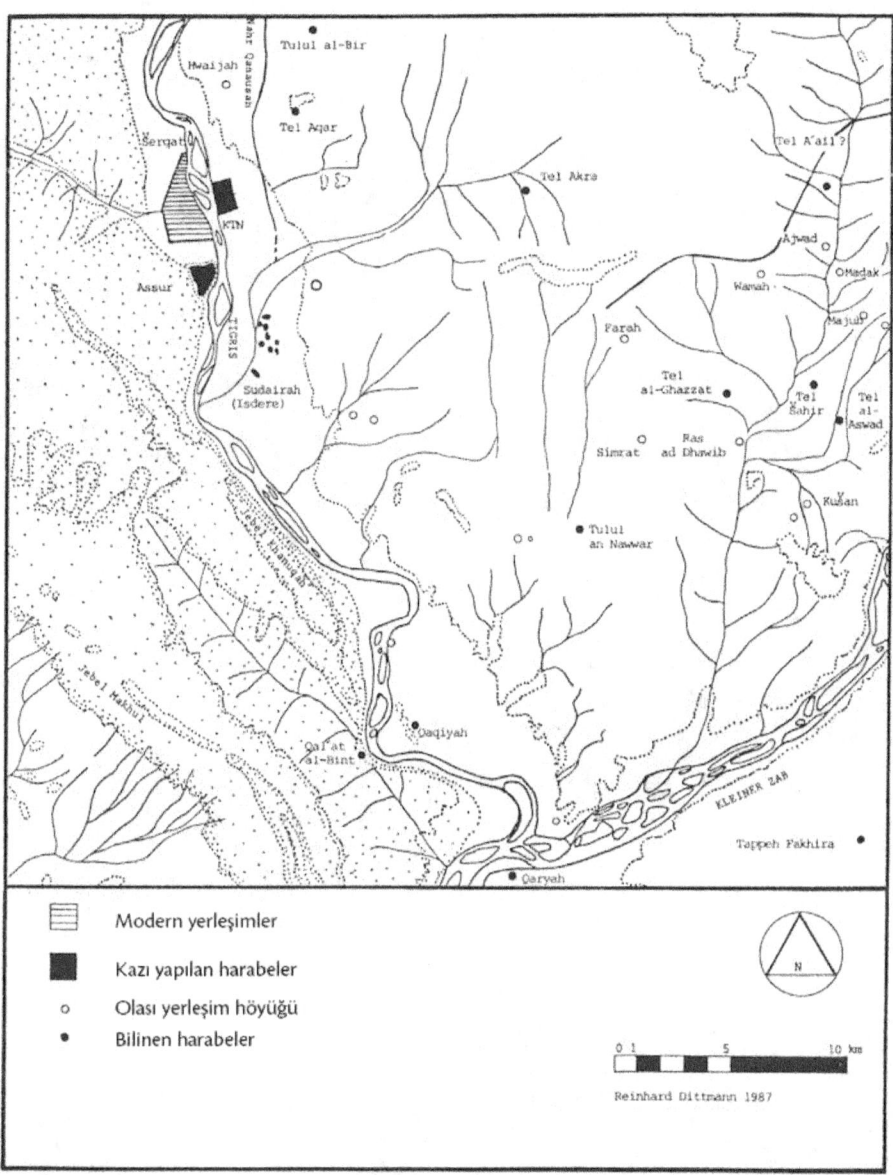

ŞEKİL 22 Aššur ve Kār-Tukultī-Ninurta çevresi (Dittmann vd. 1988: Abb 1; Reinhard Dittmann'ın izniyle).

nallar Kār-Tukultī-Ninurta'nın orta Asur dönemi kentsel peyzajında önemli bir bileşendir. Kār-Tukultī-Ninurta'nın Dicle'nin doğu kıyısında kurulmasını takiben yeni Asur döneminde Asurlular Aşağı ve Yukarı Zap gibi nehre bağımlı vadiler ve onların arasında kalan verimli topraklara sahip daha iyi sulanmış arazilerden giderek daha fazla yararlanma eğilimiyle Dicle Nehri'nin doğusunda kalan bölgeyi

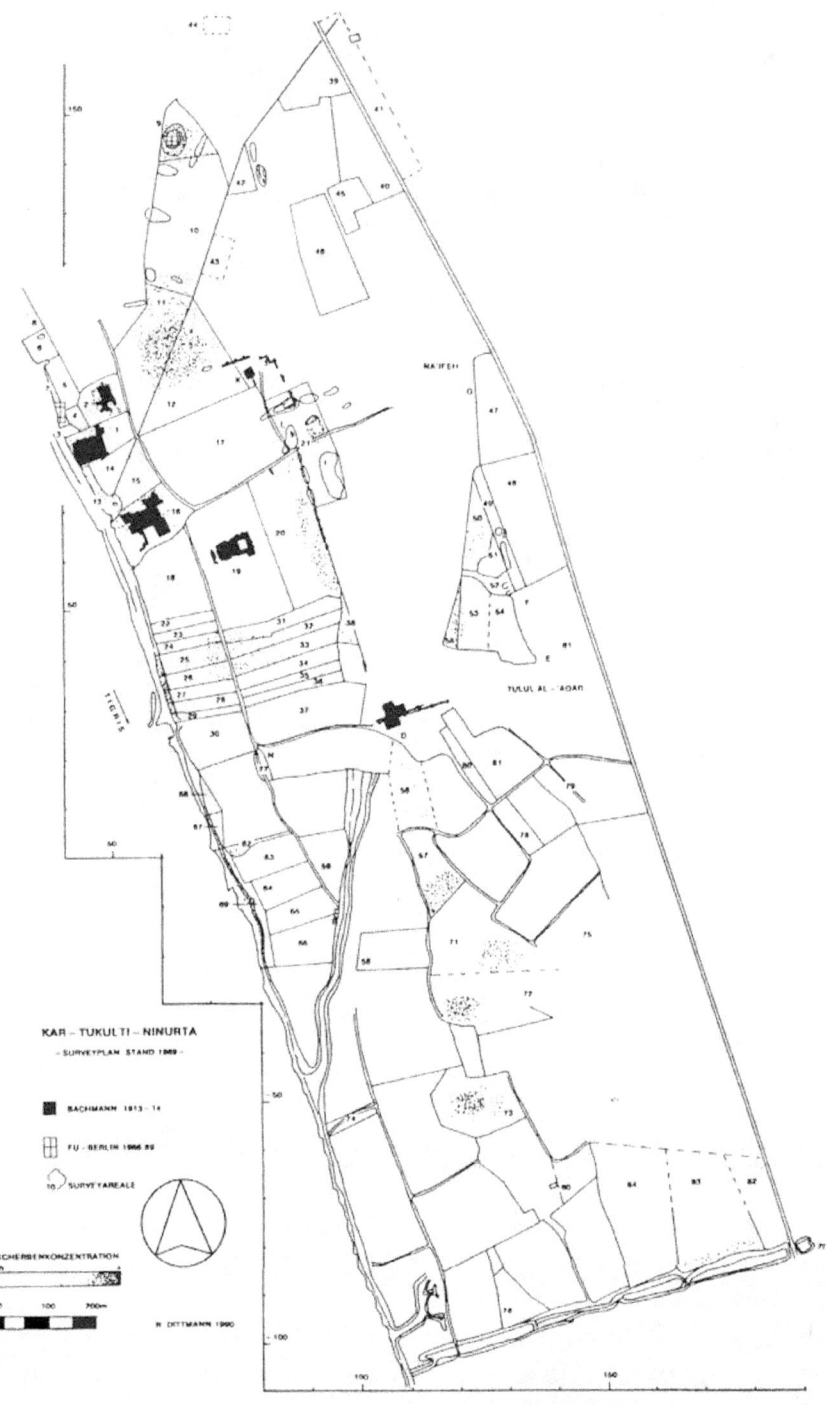

ŞEKİL 23 Kār-Tukultī-Ninurta, 1989 itibarıyla yerleşimin yüzey araştırma haritası (Dittmann 1990: Abb 5; Reinhard Dittmann'ın izniyle).

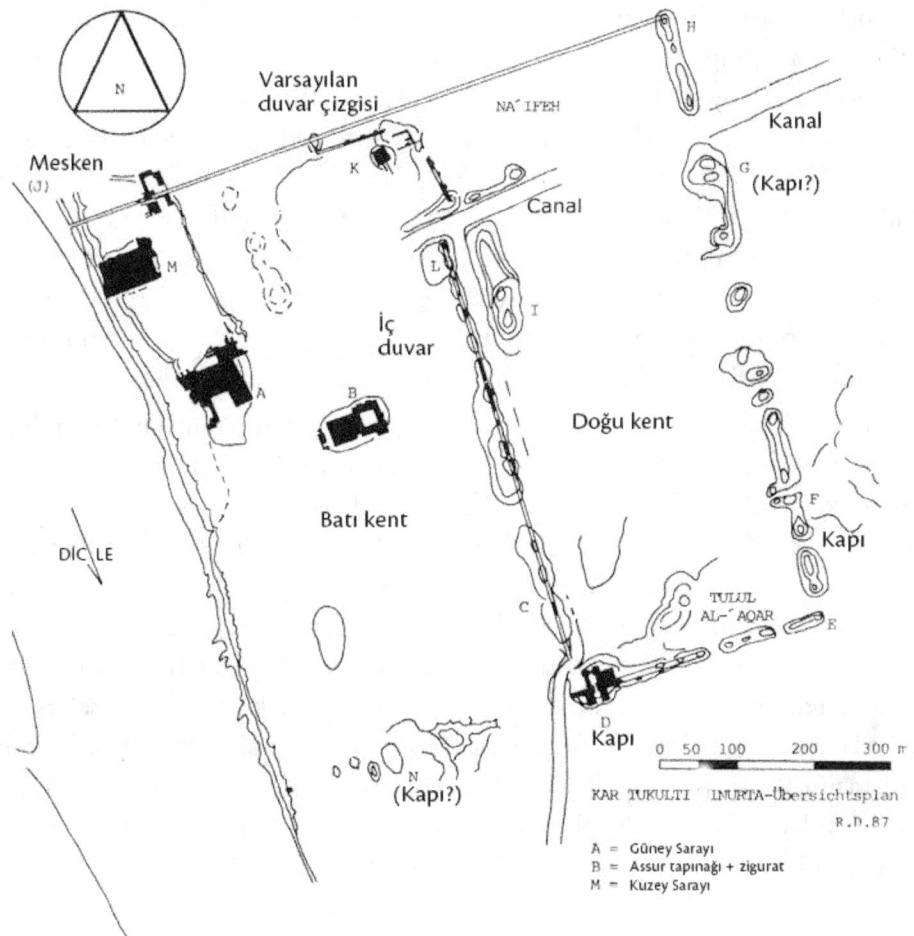

ŞEKİL 24 Kār-Tukultī-Ninurta, kentin anıtsal bölümünün planı (Dittmann 1990; Reinhard Dittmann'ın izniyle).

kentleştirmeye devam etmiştir (Wilkinson 2003: fig. 7.1). Bunun aksine Aššur'un batısında, tarımsal potansiyeli fazla olmayan kalkerli arazi uzanır. Bachmann'ın Māhmūr Ovası yüzey araştırma haritası Dicle Nehri, Aşağı Zap ve Cebel Karahuk arasında özellikle Asur ve sonraki dönemlerdeki yerleşim yoğunluğunu gösterir. Tukultī-Ninurta'nın yeni kentinin yapılacağı yerle ilgili kararının MÖ 2. binyıl sonunda Māhmūr Ovası'nda yerleşimin çoktan gelişmekte olmasına bir karşılık olabileceği iddia edilebilir. Ancak bölgede yapılacak yoğun bir arkeolojik yüzey araştırması ile bu hipotezi sınamak gerekecektir.

Julian Reade, Tukultī-Ninurta'nın güneye yaptığı seferlerin kronolojik bağlamında projenin zamanlaması dikkate alındığında, kralın MÖ 14. yüzyılın başı ya da ortasında Kassit Kralı I. Kurigalzu (MÖ ?-1375) tarafından kurulan Dūr-Kurigalzu'dan (bugünkü Akar Kuf) esinlenmiş olabileceğini ileri sürmüştür.[29] Tukultī-Ninurta, aynı zamanda Mısır'da IV. Amenophis (MÖ 1365 c.) tarafından kurulan Akhetaton (Tel el Amarna), MÖ 13. yüzyıl ortaları civarında Elam Kralı Untaš-DINGIR.GAL tarafından kurulan Dūr-Untaš (bugünkü Çoge Zanbil) (Malbran-Rabat 2002) ve Güney Anadolu'da II. Muvatalli tarafından kurulan (MÖ 13. yüzyıl başı) Tarhuntašša'dan da haberdar olmalıdır. Tukultī-Ninurta aslında geç tunç çağında Hititler, Mısırlılar, Kassitler ve Elamlarla birlikte Yakındoğu'daki tüm imparatorluk devletlerinin ortak imparatorluk pratiği olarak başkent inşasına iştirak etmekteydi (krş. bkz. Feldman 2006a).

Kār-Tukultī-Ninurta'nın inşası projesi, Tukultī-Ninurta'nın Babil'e karşı kazandığı zaferin ardından bu seferin Asur'a geri getirdiği ekonomik ve kültürel refahtan kaynaklanan bir devlet gösterisi olarak ideolojik düzeyde kralın bir anma hareketi şeklinde sunulmuştur (Deller, Fadhil ve Ahmad 1994; Grayson 1987: metin A.0.78.22-25). Alessandra Gilibert, arkeolojik ve yazılı bulgulara dayanarak Tukultī-Ninurta'nın inşa projesinin hükümdarlığının daha erken dönemlerinde çoktan başlamış olduğunu ve kralın vakayinamelerinde Babil zaferini inşa projesiyle ilişkilendiren anlatı söyleminin büyük ölçüde siyasi bir kurgu, askeri sefere "bir tür ideolojik taç giydirme" olduğunu göstermiştir (Gilibert 2008: 179). Tukultī-Ninurta'nın Kassit Kralı IV. Kaštiliaš karşısındaki zaferini kutlayan 750 satırlık edebi bir anlatı olan "Tukultī-Ninurta Destanı" bu tür bir anma ürünüyle benzerlik taşır (Machinist 1976: 457). Efsanenin kendisi daha sonra Asur'a getirilen Babilli bilginlerin etkisiyle Asur'da gelişen yazınsal üretimi gösterir (Kuhrt 1995: 356-7). Tanrı Aššur'un Babil Tanrısı Marduk'un üzerine yükselerek bir devlet kültü haline gelmesi ve Babil'deki *akītu* ("yeni yıl") festivalinin bir versiyonunun Aššur kültü çevresinde kutlanmak üzere Aššur'da tesis edilmesi, Asur edebiyatındaki bu rönesans sırasında gerçekleşir.[30] *Akītu* festivalinin geç Asur bağlamında siyasi olarak yüklü ve zaferle ilgili doğası göz önüne alındığında bu bilhassa anlamlıdır (Pongratz-Leisten 1994, 1997a). "Yetki" sembolik olarak Babil'den Aššur Ülkesi'ne geçirilirken Kār-Tukultī-Ninurta kenti bu egemen iktidarın yeni makamı ve çeşitli kült komplekssleriyle tüm topraklar için en büyük törensel merkez haline gelmiştir.

---

29 I. Kurigalzu'nun Babil'deki inşaat etkinliği üzerine bkz. Clayden 1996. Dūr-Kurigalzu'nun kuruluşu üzerine bkz. ayrıca Reade 1981: 144; Kuhrt 1995: 341. Dūr-Kurigalzu'nun kurucusunu II. Kurigalzu (MÖ 1332-1308) yerine I. Kurigalzu olarak tespit etmek üzere tartışmalar için bkz. Clayden 1996: 112-3.

30 Bkz. Machinist 1985: 360-1; Miglus 1993: 202-203, ilgili yazılı refeeranslar için özellikle not 37.

Asur'un siyasi merkezini yeniden konumlandırmak ve Aššur Ülkesi'ni yeniden tanımlamak için bir sonraki harikulâde hamle, uzun bir ekonomik ve siyasi gerileme olarak nitelendirilen ve tarihi kayıtlarda sessizliğin damgasını vurduğu dönemin ardından MÖ 9. yüzyılın ilk yarısında II. Aššur-nasir-apli zamanında meydana geldi. Bu "gerilemenin" dikkati çeken istisnaları, erken tunç çağında Asur'da yaşayan I. Tukultī-apil-ešarra (MÖ 1114-1076) ve Aššur-bēl-kala'nın (MÖ 1073-1056) hükümdarlık dönemleridir. Bu iki kral zamanından kalma yazıtların zenginliği, Asur'da erken demir çağının önceki bölümüyle (MÖ 12. ve 11. yüzyıllar) ilişkilendirilen ve krallık yazıtlarının eksikliğine dayandırılan (bkz. ör. Van De Mieroop 2004: 189) gerileme ya da "karanlık çağ"ın sadece yüzeysel olduğunu ve tereddütle yaklaşılması gerektiğini gösterir. Asur çekirdek arazileri ve Cezire'den elde edilen arkeolojik ve yüzey araştırması bulguları, herhangi bir boşluk ya da gerilemeye işaret etmez (Kühne 1995b). I. Tukultī-apil-ešarra'nın vakayinamelerinde kralın Nīnuwa ve Aššur'daki inşa projeleri anlatılır. Onun sınır peyzajlarında yaptırdığı kamusal anıtlar, Asur'un kayalara anıt ve stel dikme pratiğinin temellerini oluşturmuştur.

Kalhu'nun Kuruluşu

II. Aššur-nasir-apli'nin hükümdarlığı (MÖ 883-859) Asur tarihi çalışmalarının önemli bir dönemine işaret eder. Krallık yazıtları ve diğer yazılı kaynakların sayısındaki muazzam artış bunu gösterir, ancak biz arkeolojik bulgulardaki bu "önemli sıçrama"yı benzersiz ölçekli yenilikçi mimari teknolojiler ile yeni bir zanaatkâr dağarcığını uygulamaya sokan büyük ölçekli inşa projeleriyle de tespit ediyoruz (ancak bkz. Beşinci Bölüm'deki tartışma).[31] II. Aššur-nasir-apli, Kalhu'daki projeyi başlatmadan önce, Aššur ve Nīnuwa'daki mimari ve kentsel dönüşüm projelerinin hamiliğini yürütmekle uğraşıyordu. Aššur'daki imparatorluk sarayı, Sin ve Šamaš tapınakları ile Nīnuwa'daki Ištar Tapınağı'nın mimari çalışmasını da onun yürüttüğüne inanılıyor (Russell 1999a: 222).

Hükümdarlığının MÖ 879'daki beşinci yılında Aššur-nasir-apli, Aššur'un 65 km uzağında nehir yukarısındaki modern Tel Nimrūd, eskiçağdaki adıyla Kalhu sit alanında yeni bir başkent inşası başlattı (Oates ve Oates 2001). İmparatorluğunun idari-siyasi merkezi en sonunda Orta Dicle bölgesinden alınıp Dicle ve Yukarı Zap'ın kesişme yerinin yakınındaki verimli, dalgalı tarım arazisine taşınmıştı.

---

31 Örnek için bkz. Kuhrt 1995: 483-7; Winter 1981a, 1983b; Paley 1976: 4-6; Reade 1981: 149; Cifarelli 1998: 210 ve n. 3; Russell 1998: 655; Barbanes 1999: 83-6. Irene Winter (1981a: 31) Asur imparatorluk tarihinde onun hükümdarlık döneminden "önemli bir sıçrama" olarak bahseder.

Kalhu'nun yapımında kullanılan çeşitli kent planlaması ve mimari teknoloji hususları sonraki iki bölümde daha ayrıntılı ele alınıyor. Ancak burada, bir peyzaj projesi olarak Aššur-nasir-apli'nin inşa etkinliklerinin bölgesel etkisi üzerine birkaç noktaya değinmek gerekiyor.

MÖ 9. yüzyılın başıyla birlikte Kalhu çoktan, geç tunç çağı sonu ve erken demir çağı başı civarlarında gelişmiş önemli bir kentsel merkezdi. II. Aššur-nasir-apli'nin vakayinameleri kentin ilk kuruluşunu, genellikle I. Şalmaneser olarak anılan (MÖ 1263-1234) orta Asur Kralı Šulmānu-ašarēd'e dayandırır. Šulmānu-ašarēd'in bilinen yazıtlarında, bu konuda sessiz kaldığı görülüyor (bkz. ör. Grayson 1991: 222-3; metin A.0.101.1. sütun iii.132-136). II. Aššur-nasir-apli'nin bu atfı yapmasının nedeni, işçilerinin inşaat sırasında bulduğu I. Šulmānu-ašarēd'e ait kuruluş tabletleri veya mimari yazıtlar olabilir. Julian Reade, British Museum'da bulunan ve resmi olarak Nimrūd Höyüğü'nün ortasından geldiği bildirilen, yayımlanmamış geniş bir pişmiş toprak tablette I. Şalmaneser'in adının geçtiğini yakın dönemde belirtmiştir (Reade 2002b: 138). Her durumda, orta Asur döneminde Kalhu'nun bir kentsel merkez olduğu, MÖ 13. yüzyıl yazılı kaynaklarında isminin geçmesiyle de bilinmektedir (Postgate ve Reade 1980: 320). Dahası I. Tukultī-apil-ešarra zamanından kalma eyaletlerin adlar dizinini veren bir metinde Kalhu eyalet başkenti olarak görülür (Postgate 1985: 96).

1950 kale kazıları sırasında bir meskûn alandan, Tel Nimrūd'daki orta Asur yerleşimine dair sınırlı arkeolojik bulgu elde edilmiştir. Max Mallowan'ın ekibi "1950 yapısı"nın altındaki ufak ama derin hendekte kazı yaparken buldukları bir dizi çini rozet, tek bir mühür baskı ve MÖ 2. binyıl çanak çömleğinden bir orta Asur tabakası tespit etmiştir.[32] Ancak daha sonraki yeni Asur kentinin 360 hektarlık alt kasabasının ne kadarının orta Asur dönemine gelene kadar yerleşim alanı olduğu belli değildir.

Asur'un idari merkezinin Aššur'dan Kalhu'ya geçmesi, "Aššur Ülkesi" tanımlamasına karşı açıkça sebatkâr bir meydan okumaya işaret eder (ŞEKİL 19). Bu, orta

---

32 Ön rapor için bkz. Mallowan 1950: 174-5, ayrıca kısaca Mallowan 1966, I: 197'de. Kazıda MÖ 9. yüzyıl kaplamasından 6 m derinde bir kapı ile birbirine bağlanan iki oda ve sağlam kerpiç duvarlar bulundu. Bu duvarlar ilerde ham toprak üzerine dayanan tarihsiz "belki tarihöncesi" kerpiç duvarlara dayanıyordu. İki odanın zemin seviyesinde kil bir mühür baskısı bulundu (ND 891). Mührün üzerinde "ellerinde iki ceylanı arka ayaklarından tutan kanatlı çıplak bir kadın," vardı ve "Bu sahnenin yanında, oturan iki keçi arasında kutsal ağaç yer alıyordu. Onların üzerinde örgü deseni vardı." Parker 1955: 110. Parker, mührü MÖ 15. ila 13. yüzyıllara tarihlenen Mitanni üslubu olarak tespit eder. Mühür, Parker 1955: pl. xx 1'de yayımlandı. "1950 yapısı" ve çini rozetleri üzerine bkz. ayrıca Oates ve Oates 2002: 135.

Asur döneminde zaten yoğun yerleşime açılmış, zengin tarımsal alanlara sahip kuru tarım peyzajıyla Yukarı Dicle-Yukarı Zap taşkın ovasındaki tarımsal yoğunlaşmaya muhtemelen bilinçli bir karşılıktır (Kühne 1995b: 69-72). Asurluların demir çağında güney yerine Yukarı Suriye-Mezopotamya devletlerine doğru artan ekonomik ilgileri dikkate alındığında, Yukarı Dicle Havzası'na yakın çekirdek bir alan, coğrafi olarak daha anlamlı gelmiş olmalıdır. Ben bunun her şeyden önce, ticaret ve değiş tokuş ağına daha doğrudan katılım, kuzeydeki maden kaynakları ve madencilik tesislerine erişim ve eyaletlerden vergi ve haraç toplamak için ekonomik bir karar olduğunu iddia ederdim. Ancak bu karar aynı zamanda özellikle askeri amaçlar için stratejik olarak da anlamlıdır. Asur kralları batıya, özellikle Nīnuwa ya da Kalhu'ya doğru askeri sefer düzenlediler ve Dicle Nehri'ni yukarı doğru takip ederek kolaylıkla Yukarı Habur'a yaklaştılar.[33] Yukarı Dicle-Yukarı Zap Havzası'nda kaliteli yapıtaşı (kalker ve alçıtaşı) ocaklarının bol olması bölgeyi Asur hükümdarlarının büyük ölçekli inşa projeleri için daha da cazip kılmış olmalı. Kuzey Suriye, Levant ve Hitit'teki tapınaklar, saraylar ve kent kapılarında MÖ 2. binyılın başı ve sonunun prestijli mimari teknolojileri olarak kesmetaş bloklar ve ortostatlar kullanılması, Asurlu seçkinlerin ve zanaatkârların dikkatini çekmiş olmalıdır; mükemmel taş kaynaklarına sahip bir bölgeye taşınmak onların bu ortak mimari ağa erişimini sağlamıştır.

Ninurta Tapınağı'ndaki ortostat yazıtları ve "Nimrūd Monoliti" ile Kuzeybatı Sarayı'ndaki "Standart Yazıt" gibi pek çok anıt yazıtında II. Aššur-nasir-apli, kendisinin Kalhu'yu, māhāzi bēlūtiya "[onun] beyliğinin [kült] merkezi / başkenti"ni (yeniden) kurmasını anıştırır (Mallowan 1966 I: 68). Yazıtlara göre bu dev proje, kent inşasını (surlar, tapınaklar ve saray); Zagros, Orta Fırat ve Kuzey Suriye bölgelerinden sürgün gelenlerin buraya iskân edilmesini; Yukarı Zap'da Patti-Hegalli kanalının yapımını ve civara meyve bahçeleri dikilmesini kapsamaktaydı (bkz. ör. Grayson 1991: 222-3: metin A.0.101.1: iii 132-6). Ancak yakın dönemde yapılan araştırmalar MÖ 14. yüzyıl sonrasından MÖ 7. yüzyıl ortalarına kadar olan dönemde, büyük sulama projelerinin, genellikle yeni kentler kurulması bağlamında Asurlu hükümdarlar tarafından gerçekleştirildiğini göstermiştir. Bagg (2000a, 2000b) artık bu sulama projelerinin basitçe Asur saray bahçelerine su temini ile ilişkilendirilemeyeceğini, aslında büyükçe ve tenha peyzajları sulama yapılan arazilere dönüştürmenin amaçlandığını göstermiştir (ayrıca Kühne 1990c). Bu sulama ağlarının işlevi, vadi havzaları boyunca uzanan kuru tarım sistemlerinin büyük ölçekli geliştirilmesinden yeni kentlerin hemen etrafında meyve-sebze bahçelerin-

---

33 Asur krallık yolları (*hūl / harrān šarri*) ve güzergâhlar üzerine bkz. Kessler 1980 ve 1997; Liverani 1992: 141-152; Altaweel 2003; Marro 2004; Wilkinson ve diğ. 2005: 32-7.

den oluşan besleyici kuşakların geliştirilmesine kadar değişkenlik göstermiş olmalı (Wilkinson 2003a: 92-9; Wilkinson vd. 2005: 27-32). O güne kadar ekilmemiş bir bozkır arazisi ortasında ekonomik refah uyandırmak için gelişen bir peyzaj imgesi, su ve yeşilin bolluğu ile yakından ilişkilendirilmiş olmalıdır. Sulama kanalları, kayalara oyulan kanalları, su kemerlerini ve debi regülatörlerini içine alan aşırı emek yoğun bir inşa etkinliği terkip eden, teknolojik olarak karmaşık projelerdi.[34] Aššur-nasir-apli'nin zanaatkârları tarafından inşa edilen anıtsal sulama kanalı Patti-Hegalli ("Bolluk Kanalı") arkeolojik olarak yüzeyde tespit edilmiş ve Yukarı Zap boyunca izi sürülmüştür. Kanal, Kalhu'nun tam doğusunda, kentten yaklaşık 14 km uzakta başlayıp Zap Nehri boyunca güneybatı yönünde uzanmıştır (ŞEKİL 25).[35] Patti-Hegalli, Quwair köyünün batısında bir noktada Negūb Tüneli olarak bilinen kayalara oyulmuş bir tünelden geçer (Davey 1985).[36] Tünel, Zap'ın kuzey kıyısındaki çakıl kayaç yüksek bir kayalığı geçer ve savak kapakları vasıtasıyla bir debi regülatörü işlevi görmüştür.

Sonuç olarak bir tarafta Aššur Ülkesi'nin yapılandırılmasına girişen ve diğer tarafta imparatorluk sınırlarını sürekli şekillendiren bir peyzaj politikasının eklemlenmesiyle II. Aššur-nasir-apli'nin hükümdarlık dönemi Asur imparatorluk tarihinde çok önemli bir eşiğe işaret eder. Bu gelişimin altyapısı orta Asur döneminde, MÖ 14. ve 10. yüzyıllar arasında düzenlenmiştir. Yerleşimin bölgesel stratejileri; başkentler ve eyalet merkezleri inşasını ve yeniden inşasını, büyük ölçekli sulama ile tarım programlarının yürürlüğe konmasını ve nüfusun sürgün edilmesi ve yeniden iskânını içerirdi. En dikkat çekicileri II. Şarrukin'in Dur Şarrukin'i kurması ve Sennaherib'in Nīnuwa bölgesi ve kentindeki görkemli programı olmak üzere MÖ 8. ve 7. yüzyıllarda görülen inşa etkinliği ilerleyen zamanda Asur çekirdek peyzajlarını değişime uğratmıştır. İmparatorluk devlet aygıtının ideolojik anlatılarında sergilenen bu muazzam projeler, son derece itinalı bir krallık retoriğinin eklemlenmesiyle uzun vadeli peyzaj süreçlerini ve mekânsal üretimin reel dinamiklerini (daha önce ele alındığı gibi) maskelemiştir. Bu krallık retoriği, belki Asurluların

---

34 Sennaherib'in Cervan'daki sukemeri üzerine, bkz. Jacobsen ve Lloyd 1935; Sennaherib'in Nīnuwa çevresi için yaptığı sulama projesi üzerine bkz. Reade 1978; Dalley ve Oleson 2003; Ur 2005.

35 Kanal, A. Henry Layard tarafından bir arazi gezisinde tespit edilmiş ve Felix Jones'un ünlü haritasına dahil edilmiştir. Bkz. Bagg 2000a: 96; 2000b: 311-2; Oates ve Oates 2001: 33-5; Oates 1968: 46.

36 Sit alanında Layard tarafından Esarhaddon'un bir taş levha yazıtı bulundu ve yazıtta tüneli yenilediği anlatılıyor (Bagg 2000b: 312). Bu durum, kanal için Asur tarihlemesini doğrulasa da Negūb yerleşimindeki kompleks inşasına dair net bir kronolojiye izin vermez. Christopher Davey, 1977'de bölgede sınırlı bir yüzey araştırması yapmıştır.

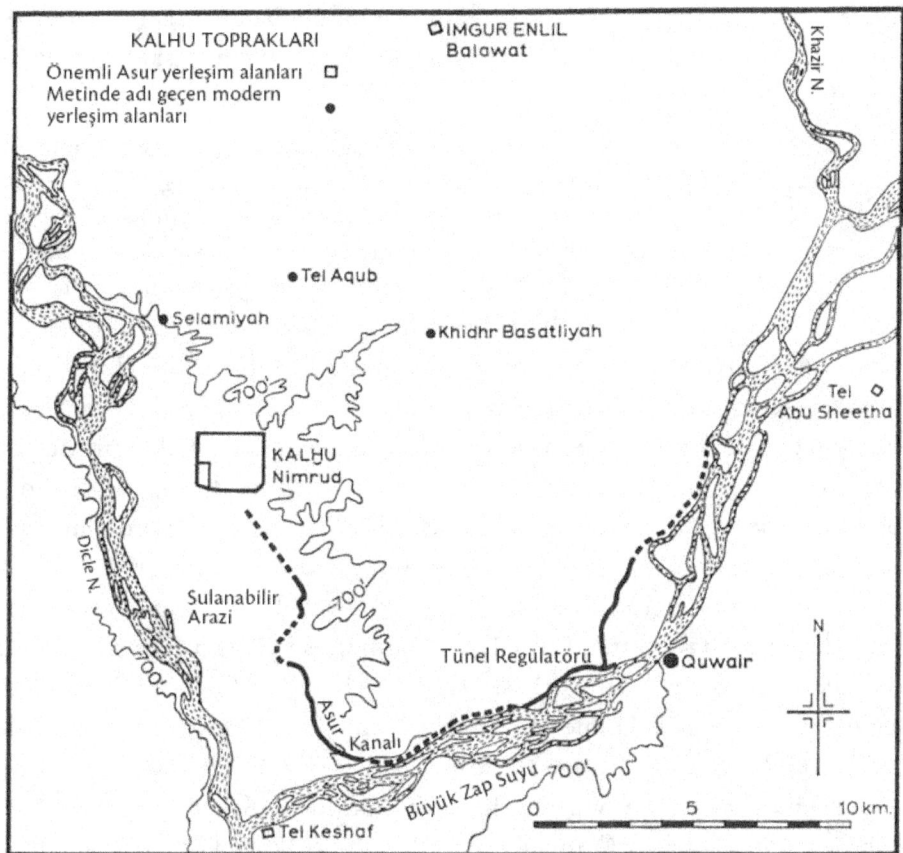

ŞEKİL 25 Kalhu'nun yakın çevresi, Patti-hegalli sulama kanalı ve Negūb Tüneli (Oates 1968: fig. 3). British Academy'nin izniyle.

yabancı peyzajlarda kamusal anıtlar dikmeye dair raporları ve pratikleri tarafından en güzel biçimde anlatılmıştı. Bu tür raporlar özellikle kentlerin inşası raporlarıyla karşılaştırılır. Her ikisi de toprak devralma, peyzajları imleme ve bu devralma yönetimini anma etkinlikleri aracılığıyla sürdürmeye dair kendine özgü bir temsili pratik sergiler. İlerleyen bölümde mahalleri yazılama ve sömürge coğrafyalara el koymanın iki biçimi olarak, kayaları oyma/anıtlar dikme ile peyzajları sömürgeleştirme/ekip biçme düşüncesi arasındaki paralelliği kuruyorum.

Asur Kaya Anıtları, Geçmişe Uzanan Coğrafyalar ve Kırsal Mekâna İşlenen Yazıt

Aššur'dan elde edilen bir dizi koni ve taş yazıttan yeniden kurgulanan büyüleyici bir metinde, erken demir çağı Asur Kralı I. Tukultī-apil-ešarra (MÖ 1114-1076), krallık kentindeki kült komplekste bīt šahūru ve bīt labbūnu inşasını tarif eder.

Bu uzun vakayiname tarzı metinde kral, yapılar hakkında pek çok mimari ayrıntı verir ve yapı arkitektoniğini sınır peyzajlarında kendisine ait askeri ve avlanma başarılarına bağlar.

> Denizatı anlamına gelen nahiruyu kendi yaptığım bir piangu (zıpkın?) ile, yüce tanrılar, benim efendilerim, Tanrı Ninurta ve Nergal'in emriyle, [Büyük] Deniz'de [A]murru topraklarında] öldürdüm; ve canlı bir burhiš, Lumaš topraklarından getirilen... Habhu'nun diğer yakasından. Bazalt taşından temsillerini yaptım. Onları [benim kral]lık [girişimin] sağına ve soluna yerleştirdim. (Grayson 1991: 38-45, metin A.0.87.4, satır 67-71)

Kralın Akdeniz kıyısında nahiru ve burhiš avlama sahnesi, bu efsanevi yaratıkların temsillerinin yontulması ve bu yontuların Aššur'daki kült kompleksinin arkitektonik ve heykelsi gövdesine kaynaştırılmasıyla anıştırılmaktadır. Bu yolla, fethedilen peyzajlar imparatorluğun merkezine taşınmaktadır. Kralın nadide ve egzotik ağaç fideleri ("sedir, şimşir [ve] Kaniš meşesi") getirmek ve yurdunun bahçelerine diktirmekle de gururlanmış olduğu bilinmektedir (Radner 2000: 239). Aynı şekilde, Tukultī-apil-ešarra'nın askeri seferler sırasında birçok anma töreni yerine getirdiği bilinir: Batan-Güneş Denizi'nde "Aššur'un silahlarını yıkama," yıkılmış bir höyükte "üzeri yazılı tunç bir şimşek işareti" (NIM.GİR ZABAR) dikme ve Sedir Dağı'ndan ağaç kesme ya da Dicle Nehri'nin Kaynağı'nda (Güneydoğu Türkiye'deki Birkleyn mağaraları) (Harmanşah 2007b), Yoncalı/Malazgirt'te Van Gölü kuzeyindeki Murat Suyu/Fırat Kaynağı yakınında (Sagona ve Sagona 2004: 34) ve Lebanon Dağı'nda (Yamada 2000: 274, n. 5) kaya kabartmaları oymak gibi. Sınır peyzajlarına yapılan Asur seferleri bağlamında "peyzaj hatırası" olarak adlandırmak istediğim tam da budur. Bu peyzajlarda devlet gösterisi ile sembolik, jeopolitik ya da ayinsel açıdan anlamlı bir yer sahiplenilir, işaretlenir ya da yazılanır. Asurluların bu peyzaj hatırası anıtları, demir çağında yeni kentler kurulması ile "boş" ya da "tenha" peyzajların işlenmesi ya da "kayanın el değmemiş olduğu" toprakların devralınmasına dair krallık retoriği arasındaki bağı anlamamıza yardım eder. Anma yazıtları ve kabartmalar, canlı kayalar yontma edimi aracılığıyla daha önce el değmemiş, imlenmemiş yüzeylere sahip olma ve sonra da sonsuza dek olmasa da pek çok kuşak boyu kalacak bir iz bırakma çabasıdır. Kaya kabartma ve taş anıtlar, kendilerini kültürel olgular yerine "doğanın süreçleri"yle ilişkilendirerek jeolojik zamanın geçici iktidarını ve yaşam süresini ele geçirmeye çalışırlar.

Geç Asur kralları vakayinamelerinde bu tür anıtlardan *narû* olarak bahseder. Bu kelime sıklıkla "stel ya da üzeri yazılı anıt" olarak çevrilir.[37] *Narû* anıtları ya tek

---

37 Bkz. *CAD* (vol. N: 364ff. "Narû" başlığı altında). Ayrıca bkz. Yamada 2000: 273-99; Russell 1999b; Shafer 1998; Morandi 1988; Börker-Klähn's 1982.

başına ayakta duran steller ya da ana kayaya oyulmuş kabartmalar olabilir. Bu tür anıtlardaki görsel bileşenden *salam šarrutiya* ("krallığı[mın] imgesi") ya da s*alam bunnanniya* ("[benim] fiziksel imge[m]") diye bahsedilmiştir.[38] Zainab Bahrani, Asur'un *salmu* kavramı üzerine yazarken kral imgesinin krallığın "kültürel olarak dolayımlanmış, geleneksel olarak kodlanmış" bir temsili olarak ortaya çıktığını, belli bir kralın cisminin tıpatıp benzerine yaklaşmak yerine onun idealize edilmiş bir temsili olduğunu iddia etmiştir (Bahrani 2003: 123). Bu anıtlar sadece karmaşık krallık retoriğini görsel olarak iletmekle kalmayıp aynı zamanda kralın cismini yabancı peyzajlara işaret olarak nakleden görsel bir temsil biçimi sergilerler.

Anma yazıtları, krallık imgeleri yanında anıtın yapımındaki belirli siyasi bağlam ve tarihsel koşulları anlatır, ancak sıklıkla kısa ve kalıp şeklindedirler. *Narû* anıtlarının yapımı askeri seferler sırasında kralın, yazmanlarının ve zanaatkârlarının tam da o durum ve mahal için yöreye özel bir anlatı doğaçlamak zorunda olduğu introspektif anlar olarak düşünülebilir. II. Aššur-nasir-apli'nin seferinde üretilmiş olması gereken önemli bir yazıt, "Kurkh Monoliti" olarak bilinen stel üzerindedir.[39] Stel, 1861'de J.E. Taylor tarafından Diyarbakır'ın hemen güneyindeki eskiçağın Kurkh Höyüğü'nün kuzeybatı tarafında keşfedilmiştir (Grayson 1991: 256-62, metin A.0.101.18; Shafer 1998: 148-51). Grayson metnin yayımlanması için yazdığı kısa yorumda, "metni yazıtın üzerine kazıyan yazman pek çok hata yapmış, bir kısmını düzeltme girişiminde bulunmuştur. Bu durum [...] onun zaman sınırı altında alelacele çalıştığını akla getirir," diye belirtir (Grayson 1991: 257).

Erken demir çağı ve özellikle MÖ 9. yüzyılda II. Aššur-nasir-apli ve III. Šulmānu-ašarēd hükümdarlıklarını takip eden dönemde *narû* anıtları, kent dışı peyzajlarda olduğu gibi kentsel mekânlarda da büyük oranda periferik bağlamlarda görülür (Shafer 1998; 2007). Hem arkeolojik bulgular hem de yazılı kaynaklardan elde edilen bilgiye göre bu anıtların bulunduğu yerler dağ geçitleri ve taş ocakları gibi stratejik mevkiler ya da doğal su kaynakları, nehir kaynakları ya da nehir koyakları gibi simgesel olarak yüklü yerlerdir. Bu anıtlar, Asur Krallığı'nın ideolojik varlığının tesis edilmesi ve yöredeki toplumlarla iletişime geçmesi gereken sınır bölgelerdeki henüz yenilenmiş ya da yeni kurulmuş kent merkezlerinde de yükselir. Kalhu'daki Ninurta Tapınağı'nın ortostat yazıtlarında II. Aššur-nasir-apli pek çok açıdan güçlü ve anlamlı olan bir mevkide bir *narû* yükselttiğini söyler:

---

38 Bkz. *CAD* (vol. s: "Salmu" başlığı altında). Kavrama dair eleştirel bir tartışma için bkz. Bahrani 2003: 121-148.

39 Bugün Londra, British Museum'da (Env. No. 118883).

O esnada kendi fiziksel imgemi (salam bunnannîya) yaptım (ve) üzerine iktidarıma övgüler yazdım (tanatti kiššūtiya). [Onu] Eqū Dağı'nda suyun kaynağındaki (rēš ēni) URU.Aššur-nasir-apli denilen kente diktim. (Grayson 1991: 198; metin A.0.101.1, sütun i, satır 68-9)

Eqū Dağı'nın coğrafi konumu tam olarak bilinmese de Aššur-nasir-apli'nin yeni bir kent kurduğu (ya da yeniden kurduğu) ve kente kendi adını verdiği (yani, Aššur-nasir-apli'nin Kenti) yerdeki bir doğal su kaynağında kendi kamusal anıtını kurması dikkate değer.[40] Burada iki anma eylemi birbiriyle kesişir: simgesel olarak yüklü mitopoetik peyzajda yeni bir kent kurulması ve bir *narû* anıtı dikilmesi. Burada tam da bu kavramsal çakışmaya, *narû* anıtlarının kurulmasına benzer anma olayları olarak yeni kentler kurulmasına dikkat çekmek istiyorum.

Askeri seferler sırasındaki *narû* anıtları yapımının tıpkı vakayiname metinlerinde ifade edildiği gibi büyük Asur anıtlarındaki kabartma anlatı programlarında da temsil edilmesi aynı ölçüde dikkat çekicidir. Bu görsel ve yazılı anlatılarda anma amaçlı inşa etkinliği (burada *narû* dikilmesi) kraliyet seferleri sırasında devlet gösterisinin duygusal yönden en yoğun anını mimleyen en üst törensel olay olarak ortaya çıkar. Aššur'un silahlarını yıkamak (kakkē Aššur) bir diğer anma etkinliği türüdür ve coğrafi anlatılarda benzer bir işleve sahiptir (Yamada 2000: 297-9). Simgesel olarak yüklü bu anma eylemleri süreklilik gösteren kült etkinlikleri için alanlar yaratarak fethedilen peyzajların sınırlarını daha da net çizer. Askeri seferler sırasında kamusal anıtlar yükseltmenin görsel temsili için dikkat çekici bir örnek Tel Balawat'taki bronz kuşaklardır.

Tel Balawat, eskiçağdaki adıyla İmgur-Enlil, Kalhu'nun yaklaşık 15 km kuzeydoğusu ve Nīnuwa'nın 27 km güneydoğusunda yer alan 52 hektarlık, orta büyüklükte ve ortogonal planlı bir yerleşimdir (ŞEKİL 25). Sit alanında 1989'da David Tucker tarafından yapılan yoğun yüzey araştırması sonucu kalkolitik dönemde (geç Ubaid ve Uruk) bölgede yerleşim olduğunu ve orta Asur döneminde yeniden yerleşildiğini gösteren bulgular elde edilmiştir (Tucker 1994: 109). Alanda daha önce yapılan arkeolojik çalışmalarda bir saray kompleksi ile rüyalar ve rüya kehanetleriyle ilişkili bir tanrı olan Mamu'ya adanmış bazı tapınak kalıntıları açığa çıkarılmıştır (Curtis 2008). Sit alanından elde edilen pek çok kuruluş yazıtı kentin II. Aššur-nasir-apli zamanında yeniden inşa edildiğini ima eder:

> Yenilemek için bu kenti ele geçirdim. Ona Imgur-Enlil adını verdim. Sarayımın yakınına bu tapınağı yaptırdım. İçine efendim Tanrı Mamu'nun heykelini yerleştirdim. Lebanon Dağı'na ilerledim (ve) sedir, selvi (ve) dapranu-ardıç kirişler kestim. Bu tapınak üzerine sedir kirişler yerleştirdim (ve)

---

40 Metne dair tartışmalar için bkz. Shafer 1998: 135-6, Liverani 1992: 27-8.

sedir kapılar inşa ettim. (Onları) bronz kuşaklarla bağladım (ve) (onları) kapı geçişlerine taktım. Bu tapınağı görkemli bir üslupla süsledim (ve) içine yüce efendi Tanrı Mamu'yu yerleştirdim. Anıt yazıtlarımı yaptırdım (NA4 NA.RÚ.A) (ve) (onları) bu tapınağa koydum.[41]

Aššur-nasir-apli'nin gururlandığı bu bronz kuşaklar Balawat kalesindeki kazıda ortaya çıkarıldı ve kısa süre önce British Museum tarafından yayımlandı (Barnett vd. 2008). Arkeolojik çalışmanın birçok aşamasında toprak altından kakma ve yivli bezeme tekniğiyle oyulan bu olağanüstü bronz kuşak ya da şeritler ortaya çıkarıldı. Bu çalışmalardan ilki 1878'de British Museum adına efsane Hormuzd Rassam tarafından ve ardından Irak'taki British School of Archaeology adına Max Mallowan tarafından yürütülen 1956-7 keşif gezisi sırasında oldu. Daha erken ve daha parçalı bir grup Aššur-nasir-apli zamanına tarihlenirken diğer ve daha eksiksiz kalan grup, Aššur-nasir-apli'nin oğlu III. Şalmaneser'e tarihlenmektedir (Schachner 2007).

III. Şalmaneser'e atfedilen bronz kuşak grubu, günümüze son derece iyi koşullarda kalmış on altı parçadan oluşur. Bu grup repoussé teknikle süslenmiştir ve Şalmaneser'in çeşitli topraklara yaptığı ilk on üç seferin görsel anlatılarını içerir (ŞEKİL 26). Her kuşakta görsel tasvirlerden oluşan iki yatay kayıt bulunur. Zaman zaman görsellerin altına sahneyi anlatan kısa epigrafik yazılar eklenir. Michelle Marcus'un (1987 ve 1995a) ele aldığı gibi kapı üstlerindeki anlatıların genel yerleşiminin kronolojik değil de coğrafi olarak düzenlenmesi, tüm görsel programın, kralın imparatorluk sınırlarına yaptığı yolculukların anlatısallaştırılmış bir haritası işlevi gördüğünü akla getirir. Panellerdeki savaş anlatıları arasında anma olaylarından alınma birçok bölüm yer alır ve bunlar arasında geçit törenleri ve kurban ritüelleri yanında kaya anıtlarının inşasına ve stellerin dikilmesine dair sahneler ve diğer çeşitli kişisel kült eşyalar yer alır. L6 Kabartma Panel üzerinde büyüleyici bir olay betimlenir. Bu panelde Asur ordusunun tanrılara kurban adadığı "Dicle'nin Kaynağı" mağaralarına törenle varışı gösterilir ve iki mağara ağzında yer alan anakayaya iki salmu imgesi yontulmuştur (ŞEKİL 27-28) (Harmanşah 2007b). Benzer şekilde R7 Kabartma Paneli'nde "Nairi Denizi"ne (büyük olasılıkla Urmiye Gölü) kurbanlar ve adaklar adanmaktadır ve su kenarındaki bir çıkıntının üzerine kral steli yerleştirilir. Bu olaya gönderme yapan Šulmānu-ašarēd'in vakayinameleri aynı zamanda Aššur'un silahlarının yıkanmasından da bahseder (Yamada 2000: 275).

---

41 Grayson 1991: 319-20; metin A.0.101.50, satır 21-34. Metin İmgur-Enlil'deki (Tel Balawat) bir taş kutu içinde bulunan taş kuruluş tabletinden elde edilmiştir. Tablet British Museum'da bulunmakta (Env. No. 90980).

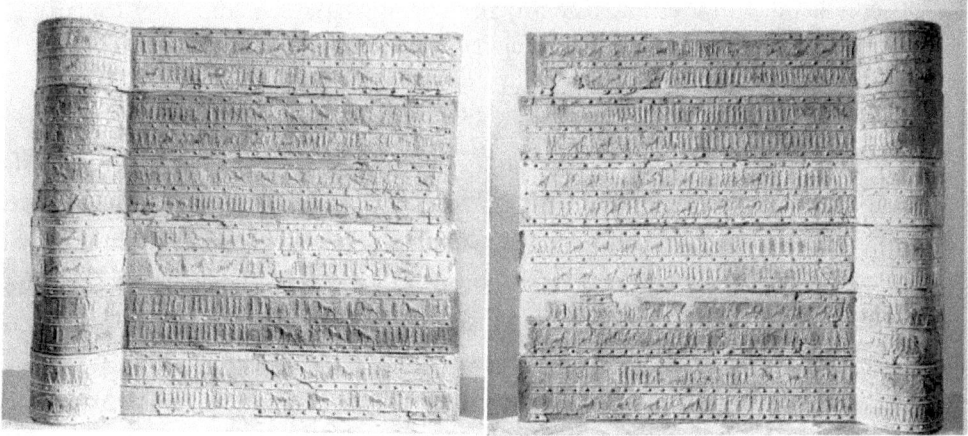

ŞEKİL 26 III. Şalmaneser bronz kapı kabartmaları, Tel Balawat (Imgur-Enlil) (King 1915).

ŞEKİL 27 III. Şalmaneser bronz kapı kabartmaları, Tel Balawat (Imgur-Enlil), Kabartma Panel 10 (King 1915: pl. LIV).

ŞEKİL 28 III. Şalmaneser bronz kapı kabartmaları, Tel Balawat (Imgur-Enlil), Kabartma Panel 10, ayrıntı (King 1915: pl. LIV).

19. yüzyılda J.G. Taylor ve Ferdinand Lehmann-Haupt gibi seyyahların sit alanını ziyaret edip yazıtları yayımlamasından bu yana, Asur'un Dicle Kaynağı'ndaki anma olaylarının gerçek yeri bilim insanları için bilindiktir. Burası Dicle'nin önemli bir kolu olan Dibni Su ya da Birkleyn Çayı'nın çıktığı muhteşem kaynaktır. Birkleyn, mağaralar, kayalık çıkıntılar ve koyakların göze çarptığı ve Türkiye'nin güneydoğusunda bugünkü adıyla Diyarbakır kentinin kuzeyinde Birkleyn Mağara Sistemi olarak bilinen bir alanda yer alan bir kilometre uzunluğundaki bir tünelden çıkar (Doğan 2009) (ŞEKİL 29). *Archaeological Dialogues*'da yayımlanan bir makalemde Balawat bronzlarındaki Dicle'nin Kaynağı panelinde yer alan peyzaj temsilinin Birkleyn topografisiyle çarpıcı biçimde orantılı olduğunu gösterdim (Harmanşah 2007b). Pek çok mağara ağzında, salmu yontma olaylarının önemini onaylayan şekilde I. Tiglat-pileser ve III. Şalmaneser'in kabartmaları ve yazıtları bulunmuştur (ŞEKİL 30-31) (Schachner 2009).

Asur kolonyel iktidar aygıtlarıyla ("Aššur'un silahları" ya da Asur kralının oyma imgeleri ya da sözleri) kayalara kabartma anıtlar yapma, üzeri yazılı steller dikme ve simgesel olarak yüklü ve siyaseten çekişmeli yerleri ayinsel olarak imleme eylemlerinde, asıl Aššur Ülkesi dışında kalan toprakların sınırları çizilir ve somut olarak bizzat Aššur Ülkesi'ne bağlanır. Eyaletlerden oluşan ve gıda maddeleri ile malların imparatorluk merkezine gözetimli akışı ile sürdürülen Aššur Ülkesi'nin

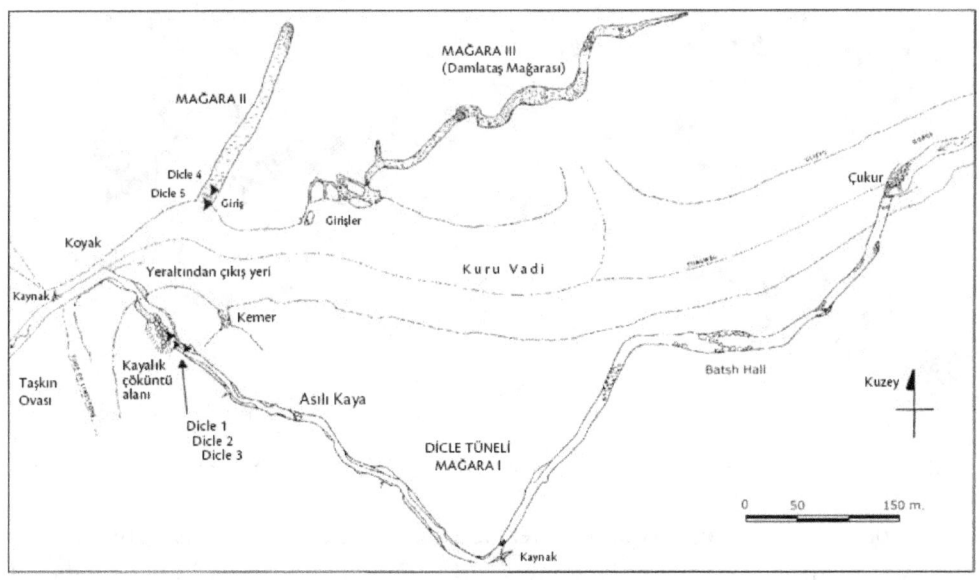

ŞEKİL 29 Birkleyn Çay'da Dicle Tüneli bölgesi ve çevresi planı (Waltham 1976; Tony Waltham'ın izniyle).

ŞEKİL 30 Aşağı Mağara (Mağara I) duvarlarındaki I. Tiglat-pileser kabartma imgesi, solunda Dicle 1 çiviyazısı yazıtı.

ŞEKİL 31 Dicle Tüneli-Birkleyn Çay, Yukarı Mağara ağzı ve III. Şalmaneser'in kabartma ve yazıtları.

bilişsel olarak maruf coğrafyasının ötesinde yabancı peyzajların dış dünyası Asur ile evrensel düzen söylemleri aracılığıyla ilişkilendirilmiştir. Asur kralları bölgesel öneme sahip mevkilerdeki ve her ikisi Asur kaya kabartmalarıyla donatılan "Dicle'nin Kaynağı'ndan" "Fırat'ın Kaynağı"na kadar yetki kullanmayı talep etmişlerdir.

Sonuç: Kayan Coğrafyalar ve Mekân Kurma Pratikleri

İnşa etkinliği tam da doğası gereği bir anma eylemidir. Arkeolojik ve görsel bulgular ile "Aššur Ülkesi" ve ülkenin sınır peyzajlarının yapılmasıyla ilgili yazılı kaynakları bir araya getirdiğimizde, hatıra peyzajının iki türü olarak yeni kentler kurulması ve inşası ile kamusal anıtlar yapılmasının kol kola ilerlediği belirgin hale gelir. Hatta bir dizi vakada (daha önce ele alındığı gibi) sömürgeleştirme ediminin kendine has iki biçimi, mekânın yazılanması aracılığıyla mahal kurmanın iki biçimi olarak bu mevkisel olaylar birbiriyle kesişir. "Aššur Ülkesi"nin yaratılmasının uzun ve zahmetli bir süreç olduğu açıktır ve MÖ 14. yüzyıldan 9. yüzyıla kadar önemli dönüşümler geçirmiştir. Geç tunç çağının kapanışındaki ekonomik zorluklara rağmen, Dicle ve Zap nehirleri kavşağına yakın yerdeki sulak ve bereketli Nīnuwa-Kalhu-Arbela bölgesinde "Aššur Ülkesi" yeniden tanımlanmıştır. Asur'daki siyasi iktidar merkezinin kuzeye doğru bu kademeli kayması Cezire ve Yukarı Dicle Havzası'nda giderek yoğunlaşan yerleşim yapısıyla örtüşmüştür. "Aššur Ülkesi" dışında kalan bu Asur eyalet ve sınırlarının yeniden yapılanması, orta Asur döneminde varolan peyzajlar, mahaller ve yollardan oluşan ağa dayanırdı. Yukarı Dicle Havzası ve Cezire'de yapılan arkeolojik yüzey araştırmalarından elde edilen bulgular, erken demir çağında yerleşimdeki dağınıklığı ve yeni Asur İmparatorluğu'nun yükselişi sırasında orta demir çağında meydana gelen yeniden merkezileşmeyi gösterir.

Geç tunç çağından erken demir çağına geçiş sırasında Yukarı Mezopotamya peyzajları, kayan peyzajlar ve yeni mahal kurma pratikleriyle dinamik bir dünya sunar. Bu bölümdeki tartışma, yeni kent ve kasabaların kurulması, kırsal alanlarda toprağın ekilip biçilmesi, sulama sistemlerinin gelişmesi, yeniden iskân ve kaya kabartmalar, steller ve kent kapıları gibi kamusal anıtların yapımı ile önceki Hitit topraklarının nasıl yeniden şekillendirildiğini gösterir. Bu büyüleyici süreç, demir çağında müşterek tasavvurda Kargamış çevresindeki Kuzey Suriye bölgesine yeniden yerleşen "Hatti Ülkesi"nin, geç tunç çağında Orta Anadolu'da kültürel coğrafi bir terim olarak yeniden tanımlanmasına yol açmıştır. "Hatti Ülkesi" ve "Aššur Ülkesi"nin kültürel biyografileri şaşırtıcı biçimde benzerdir ve genel olarak Yukarı Mezopotamya'da daha geniş peyzaj süreçleri bağlamında anlaşılmaları gerekir.

Kendine has iki ayrı mahal kurma pratiği olarak yeni kentler kurulması ve anıt inşaları arasında çok yakın bir bağ olduğunu ileri sürüyorum, çünkü bu pratikler demir çağının Yakındoğu devletleri arasında anma olayları olarak benimsenip temsil edilmişlerdir. Bu düşünce biçimini takiben anıtların (bir biçimde yeni kentlerin), geçmişi anlatılama yolu olan "anma arzusu"nun ürünleri olduğu iddia edilebilir (Nelson ve Olin 2003: 2). Connerton (1989: 26-7) hatırlamanın nadiren belirli ve münferit olayları akla getirmek olarak işlediğini, ancak daha çok "anlamlı anlatı dizileri oluşturmayı" içerdiğini ve bu nedenle "yeniden yapılandırma değil fakat yapılandırma" edimi olduğunu mükemmel bir şekilde gözlemlemiştir. Bu anlamda kamusal anıtlar sadece geçmişi örgütlemek ve onu anlamlandırmak için değil, aynı zamanda bu anlatı ve hikâyeleri peyzaj içinde konumlandırmak ve bunları iktidar coğrafyaları içine iyice yerleştirmek için de işlev gören yapısal aktörlerdir. Yerleşim peyzajında yeni inşa edilen kentler ve kasabalar, hâkim seçkinlerin geçmişle, atalarıyla ve miras yoluyla kalan topraklarla olan ilişkilerini yeniden tanımlamadaki bu tür uzamsal artikülasyonları olarak değerlendirilebilir.

Bu bakış açısına bir alternatif getirmek için anıtların siyasi otoritenin ifadesi olduğu kadar yerel kültürel pratiklerin ürünü olduğu da söylenebilir. Yakın dönemde Knapp (2009: 47), "anıtsal yapılar etkin biçimde ideolojiyi ifade eden, belleği ortaya koyan ve kimliği tesis eden peyzaj özelliklerine dayalı kültürel olarak yapılandırılan mahallerdir" (vurgu bana ait) diye yazmıştır. Özellikle kamusal anıtlar, müşterek bir aidiyet duygusu ve hikâyelerle bezeli kültürel bir bellek içerirken aynı zamanda derinlikli bir tarihsellik türünü somutlaştıran yapılardır (Canepa 2010: 564 ve n. 7; Holliday 2002: xx-xxi). Bu zenginlik genellikle anıtların görsel, yazılı ve mimari yapı ya da tasarımına, esas olarak da anlatısal ve ikonografik içeriğine bağlanır. Bunların kamu tasavvurunu cezbetmedeki etkilerinin de yapıldıkları özel yer ve bu yerle ilişkilendirilen kültürel anlamdan türediğini ileri sürüyorum. Anıtlar, üzerlerindeki yazıtlar, görsel anlatılar ya da mimari sembolizme ilaveten, mahalleri nedeniyle, içinde bulundukları kültürel peyzajla konuşma şekliyle anlamlı hale gelirler. Bir sonraki bölümde Asur'un Kalhu ve Suriye-Hitit'in Kargamış kentinden elde edilen arkeolojik ve epigrafik bulgular ışığında, anıtların bu anlatısallığı ile kent mekânı kurma arasındaki ilişki ayrıntılı olarak ele alınıyor.

DÖRDÜNCÜ BÖLÜM

Kent ve Festival: Anıtlar, Kentsel Mekân ve Mekânsal Anlatılar

> Oysa kent geçmişini dile vurmaz, çizik, çentik, oyma ve kakmalarında zamanın izini taşıyan her parçasına, sokak köşelerine, pencere parmaklıklarına, merdiven tırabzanlarına, paratoner antenlerine, bayrak direklerine yazılı geçmişini bir elin çizgileri gibi barındırır içinde.
>
> (Calvino 1990: 21)

> Uzak mesafedeki ülkelerle birlikte kentin hemen artbölgelerinden gelen göçmen nüfus için bir toplanma zemini olan kent, içinde çok sayıda farklı toplumsal grubun bir arada var olması gereken yeni bir toplumsal düzeni temsil eder.
>
> (Smith 2003b: 1)

Giriş: Kentte Tören, Performans ve İnşa

Kentler toplumsal eylemin tiyatrolarıdır. Lewis Mumford'un bir zamanlar söylediği gibi anma törenleri ve devletin kamusal gösterileri, ritüeller ve festivaller, kamusal mekânlardaki gündelik performanslar, cenazeler, şölenler ve bu tür pek çok müşterek kutlama ile birlikte kentler sürekli olarak kentsel dramanın yaşandığı yerlerdir (1961: 114). Kentsel mekânlar, sadece kentin kamusal alanlarının yüzeyinde ve yurttaşlarının belleğinde kalıcı bir iz bırakan değil, aynı zamanda kentsel biçimin asıl karakterini uzun vadede belirleyen büyük ve küçük ölçekli toplumsal olaylarla tekrar tekrar hayat bulurlar. Hitit başkenti Hattuša'nın dini takviminde 165 civarı festival yer alır ve kent arşivlerindeki çiviyazısı belgelerin büyük bölümü belirli festivallerin ayrıntılı tanımını sunar (Bryce 2002: 187-210). Geç Babil hanedanlığının başkenti Babil, MÖ 1. binyıl ortalarındaki topografik metinlerde, "festivallerin, şenliklerin ve dansın kenti [...] halkı hiç durmadan festival kutlayan bir kent," olarak tanımlanırdı (George 1997). "Kent ağıtları" olarak bilinen ve MÖ 2. binyıl başına tarihlenen çağrışımcı Sümer edebi kompozisyonları, toplumsal düzen için en büyük felaketi kentin ritüellerinin "dağılması" olarak tanımlar (Tinney 1996).

Toplumsal düzen ve kent yaşamının zamana ait ritmi tören ve festivallere yaslanmaktadır. O halde performans ve kamusal kutlamalar eski Yakındoğu'daki kent yaşamının asli unsurlarıdır.

Asur başkenti Kalhu'nun inşası MÖ 9. yüzyılın ilk onlu yıllarında tamamlandığı zaman II. Aššur-nasir-apli kentlilere, yapı ustalarına ve çeşitli devletlerden davet edilen elçilere görkemli bir ziyafet vermiştir. Ayrıca kral, Kuzeybatı Sarayı'ndaki taht odasına bitişik özel bir odada yaptırdığı anıtsal stel ile inşa projesini ve ziyafeti anıştırdı. Tanımı gereği tekrar eden ve kendiliğinden festivaller, gösteriler ve performanslara bağlı olarak sürekli evrim geçiren biçim ve anlamlarıyla kentler, maceralı topografilerdir. Eğer kentsel mekânın üretimini ve kent anıtlarının inşasını araştırmak istersek onun büyük ve küçük ölçekli müşterek olaylarına dikkat etmemiz gerekir. Bu bölümde, demir çağı yukarı Mezopotamya kentlerindeki büyük ölçekli inşa programlarının festival olayları olarak kabul edildiklerini ortaya koyuyorum. Yeni bir kent inşa edilmesi ya da yeni bir kent şeması kullanılmasının müşterek kimlik ve ortak bellek üzerinde önemli etkileri olmuş olmalıdır, çünkü bu tür inşa programları kentlerin tarihinde yenilikçi ve uyarıcı anlardır. Bunlar, yeni resmi tarih anlatılarının tasarlandığı ve devlet törenleri ile kamusal anıtlarda somut halini aldığı anlardır.

Önceki bölümde demir çağı hükümdarlarının yeni kent inşa etmesinin, bir ekonomik refah, siyasi iktidar ve dini gösteri peyzajı olarak yeni kent imgesinin yapılandırılmasını içine alan sembolik bir eylem olduğu ileri sürülmüştü. Kent kurma eylemi, krallığın geniş siyasal söylemine bağlanan tarihi kayıtlarda hâkim seçkinlerin anıtsal becerisi gibi görülür. Kelimelerin ötesinde kamusal mekânları ve kamusal anıtlarla birlikte kentin fiziksel yerleşimi bu devlet söylemini kentli tebaaya aktarmak için de önemliydi. Bu bölüm özel olarak bu temsil pratiği ve Asur ile Suriye-Hitit siyasi bağlamlarında erken demir çağında Kalhu ve Kargamış'taki inşa programları üzerine özel bir vurguyla bu pratiğin kentsel mekânların kademeli olarak tesisi üzerindeki etkisini konu alıyor. Bu karşılaştırmalı çalışma, ilk olarak kentsel mekân yaratımının, tarihi kayıtlarda sunulandan çok daha kademeli ve parçalı bir süreç olduğunu gösteriyor. İkinci olarak varolan kültürel pratikler ve bu pratiklerin yapıldığı önemli yer, mekân ve peyzajların benimsenmesinin, imparatorluk kentsel yenileme programlarının önemli bir parçası olduğunu gösteriyor. İkinci çıkarım, kentsel mekânları toplumsal bir ürün olarak kavramak için kritiktir.

Önceki iki bölüm, yeni kent inşa etme pratiğini uzun vadeli peyzaj dönüşüm süreçleri bağlamına yerleştirdi. Hem Suriye-Hitit devletleri içinde hem de Asur İmparatorluğu'nda kentler belirli sosyoekonomik, çevresel ve tarihi koşulların ürünü olarak ele alınır. Çevresel bağlamın bu daha geniş ölçeğinden kent merkezinin sınırlı dünyasına hareketle bu bölüm, kentlerin fiziksel inşasıyla ilgili hususlar içeriyor. Toplumsal bir pratik olarak inşaat sürecinin karmaşıklığı, pratiğin devlet ideolojisi, kültürel pratikler, ekonomik stratejiler, kent siyaseti ve inşaat teknolojileri olarak titizlikle bileşenlerine ayrılmasına aracı olur. Eğer yeni kentler inşa edilmesi bir mekân üretim süreciyse aslında bu bileşenlerin müzakere edilmiş bir sonucudur ve ortaya çıkan kentsel plan tüm ilgili etkinliklerin bir palimpsestidir. Bölüm, ne Yakındoğu kent inşa pratiklerinin kapsamlı bir araştırmasını ne de demir çağının yeni inşa edilmiş kentlerinin bir dökümünü sunmak niyetindedir. Onun yerine, kentsel mekânlar üzerine toplumsal pratik olarak festival düşüncesi rehberliğinde ilerleyen bir söylem geliştirmeye çalışıyor ve mekânsal pratiklerin maddiliği (yani mekân üretimi) için temelde arkeolojik bulgulara dayanır.

İlk olarak Henri Lefebvre'in kentsel mekânın toplumsal üretimini ele alışına özel bir gönderme yaparak eskiçağ dünyasının kentsel mekânlarını yorumlamada teorik olarak destekleyici unsurları ele alıyorum. Takip eden başlık altında kentsel mekânların gelişiminde bölgeler arası eğilimlerin altını çizerek, erken demir çağı Yukarı Mezopotamya kentlerinin başlıca topografik yönlerini gözden geçiriyorum. Üçüncü olarak yazılı bulgular ışığında 9. yüzyıl Asur Kralı II. Aššur-nasir-apli'nin kültürel yenileme programının bir parçası olarak Kalhu'nun kuruluşunu anlatıyorum. Dördüncü başlık, arkeolojik bulguların ışığında Kalhu'nun kentsel peyzajını inceliyor ve kentteki mekânların yapısını şekillendiren tören ve anma pratiklerini ele alıyor. Son kısımda, Suriye-Hitit bölgesindeki inşaat programlarını karşılaştırmalı olarak tanıtıyor ve Kuzey Suriye merkezlerinde erken demir çağında kült pratikler ile kent yapılanması arasındaki ilişkiyi ele alıyorum. Kargamış'ın MÖ 11. ve 10. yüzyıllardaki durumu, devlet gösterileri ile kült festivallerin erken demir çağı kentlerinin kamusal alanlarının yapımına nasıl dahil edildiğini anlamamıza olanak veriyor.

Kentsel Mekânın Üretimi

Genel olarak mekân ve özel olarak kent mekânının üretiminin ardındaki işleyiş karmaşıktır. Her şeyden önce Henri Lefebvre'in (1991) mükemmel biçimde ileri sürdüğü gibi, müşterek bir yapının etkinlikleri aracılığıyla oluşması nedeniyle mekân, burada toplumsal bir ürün olarak anlaşılır. Bu ifadeyle anıtsal bir inşaat projesinin kitlesel işgücü ve bu işgücünü örgütleyecek güçlü bir seçkinler sınıfı gerektirdiğini tekrarlayan materyalist klişe anlatılmak istenmiyor (bkz. örneğin, Trigger 1990). Bunun yerine, bu ifade, mekânsal üretim etkinliği çeşitli toplumsal eylem biçimleri aracılığıyla (ritüel pratikler, devlet gösterileri, gündelik etkinlikler ve kentteki hareketlilik) toplumun kendini yeniden ürettiği bir alan iken, yeni yaratılan toplumsal mekânın aynı toplumsal eylem tarafından oluşturulan somut biçimler ve anlamlar içerisinde şekillendiğini ileri sürer.[1] Bunları söylemek, hâkim seçkinlerin önemli kararlarından sokaktaki kentlinin yürüme yordamına kadar çeşitlilik gösteren kentsel mekân yapımındaki toplumsal aktörlerin eşitsiz, dengesiz dağılımını reddetmek anlamına gelmez (De Certeau 1984: 91-110). Aslında, burada mevzubahis olan mekânsal üretimin tam da bu karmaşıklığıdır.[2]

The Production of Space (1991) [Mekânın Üretimi (2014)] kitabında Henri Lefebvre toplumsal mekân, insan pratikleri ve bunların üç düzeyde temsili arasındaki ilişkiyi çözmeye çalışır: mekân temsilleri, temsili mekân ve mekânsal pratik.[3] Lefebvre'e göre mekânın temsilleri, mekânın fiziksel üretimini tasarlayan, planlayan ve başlatan aktörlerin, "toplum mühendisleri"nin tasavvurlarının ürünüdür. Bu proje yapma âlemi, doğası gereği son derece siyasileşmiş bir alandır ve uzman bilgi üzerinde ideoloji ve iktidar kullanımını içerir (Lefebvre 1991: 38-9; Merrifield 2000: 174). Bu sebeple demir çağı siyasi aktörlerinin projeleri olarak kent kuruluşları, ilk önce sembolik bir eylem ve retorik bir hareket olarak, ancak aynı zamanda Lefebvre'in terimiyle "teknolojik bir ütopya" olarak da kabul edilebilir. Lefebvre (1991: 9), mekânsal üretim projelerinden teknolojik ütopyalar olarak bahseder, çünkü bu projeler varolan üretim sınırlarının ötesine uzanmayı

---

1   Spiro Kostof, çalışmalarının tamamında mimari mekân üretiminin ardındaki toplumsal ilişkilere eğilen ender mimarlık tarihçilerinden biridir. Kostof 1985'de, "mimarlık... toplumsal bir edimdir – hem yöntem hem amaç olarak toplumsal," diye yazar (Kostof 1995: 7). Kostof'un mimarlık tarihine yaptığı katkılar üzerine ayrıca bkz. Favro 2000.

2   Pierre Bourdieu, Michel Foucault, Anthony Giddens, Henri Lefebvre ve Michel de Certeau'nun katkıları, mekân üretiminin çeşitli öğeleriyle uyumlu bir toplumsal teori oluşmasında birincil derecede önemlidir. Bourdieu'nun pratiğin teorisi telaffuzu (1977) ve "hem müşterek stratejiler hem toplumsal pratiklerin üretici ve yapılandırıcı ilkesi," bir *yatkınlıklar sistemi* olarak *habitus* kavramı (1990, 1993a, 1993b) son derece etkili olmuştur (Lawrence ve Low 1990: 469). Bourdieu'nun *habitus*u, tarihin hem üreticisi hem ürünü görevi görür ve bu Henri Lefebvre'in toplumsal mekânına kusursuz biçimde uygulanır. Bourdieu'daki kilit kavramlar üzerine bkz. Painter 2000. Lefebvre'in katkısı zaten yukarıda özetlenmiştir. İktidar, bilgi ve coğrafi mekân arasındaki ilişkiler büyük ölçüde Foucault'un mimarlığı "siyasal teknoloji" olarak yorumlamasına dayanır (Lawrence ve Law 1990: 484-5). Giddens'ın toplumun çeşitli seviyelerinde eyleyicilik anlayışının yardımıyla toplumsal performans etkinliği toplumsal sistemlerin dönüştürücüsü olarak kabul edildi ve buradan hareketle mekân yapımında farklı toplumsal grup ve bireylerin rolü üzerine eğilindi. De Certeau'nun çalışması (1984) özellikle mekânsal pratik kavramı ve gündelik pratiklerle mekân inşası arasındaki bire bir ilişki üzerine eklemlendi.

3   Orijinal adı *Production de l'espace*'dır (Editions Anthropos, 1974). Lefebvre'in çalışması üzerine yazılanlar çok fazla, ancak bugün bkz. eleştirel metin ve bibliyografisiyle Elden 2004.

hedefleyen ihtiraslı girişimlerdir.[4] İkincisi temsili mekân, "onunla ilişkili imgeler ve semboller aracılığıyla doğrudan yaşanan ve bundan ötürü 'ikamet edenlerin' ve 'kullanıcıların' mekânı," gündelik hayatın mekânıdır (Lefebvre 1991: 39). Lefebvre'in temsili mekânı, yaşanan mekânın fiziksel yapısı üzerindeki sembolik bir örtüdür ve planlamaya direnen müşterek tasavvur alanı olarak hareket etmektedir. Üçüncü kavram o toplumun mekânını gizleyen mekânsal pratiklerdir (Lefebvre 1991: 38). Kavram toplumsal eylemin ağır ilerleyen süreçlerine, mekânsal çevreyi dönüştüren ve yeniden yapılandıran bütün maddi etkinlik biçimlerine gönderme yapar. Bu sebeple yeni kent inşa etme pratiği bu üç alanın uyumluluğuna yaslanmaktadır; yani (a) imparatorluk aktörlerinin ütopik idealleri, (b) mekânın toplumsal anlamları ve (c) toplumun maddi pratikleri.

Lefebvre'in fikirlerinden ayrı olarak Elizabeth DeMarrais, Luis Jaime Castillo ve Timothy Earle (1996) hâkim aktörler ve toplumun maddi pratiklerini antropoloji perspektifinden ele alırlar. Bu yazarlar ideolojiyi "kültürel sistemin ana öğesi" olarak kabul eder ve ideolojilerin çeşitli biçimlerde maddileştiğini ileri sürerler: (a) törensel olaylar, (b) sembolik yapıtların yapımı, (c) anıtların inşası ve (d) yazma sistemlerinin gelişimi biçiminde (DeMarrais, Castillo ve Earle 1996: 15). Toplumsal iktidar, kamusal biçimde paylaşılan görüngüler olarak bu dört alan aracılığıyla tecelli eder. Hepsinde ortak olan belirli bir performatiflik biçimidir. Bilhassa törensel olaylar gündelik hayat tarzlarını gölgede bırakan kamusal gösterilerdir. Amaçları toplum bütünlüğünün esenliğini idame ettirirken toplumun kendi geçmişiyle ilişkisini şekillendirmektir. Bu görkemli olaylar, kelimeler (retorik), şeyler (yapıtlar, sunular) ve jestlerle (edim) maddileşir. İkincisi, sembolik sanat eserlerinin yapımı müşterek bir görsel kültür geliştirir. Bunlara ilave olarak değerli hammaddeler, zanaat teknolojileri ve üsluplara erişimi sınırlamak toplumsal aktörlük ve siyasi ideolojinin alanı haline gelir. Sembolik yapıtlar ve sunular, tören ve ritüellerin asli bileşenleridir: Toplumsal olayın anlam kazanması bunların maddi varlığı aracılığıyla olur. Üçüncü olarak nihayetinde toplumsal aktörler tarafından dönüştürülse de kamusal anıtlar yönetimdeki seçkinlerin ütopik ideallerinin somut tezahürleridir. Dördüncü olarak festivaller sırasındaki icraları ve anıtlar ile yapıtlar üzerinde sergilenmeleri aracılığıyla iletilen yazılı ve görsel anlatılar retorik söylemler sunar.

---

4   Bir ütopik ideal olarak kent fikri Lewis Mumford tarafından da ifade edilmiştir. *The City in History*'de Mumford şöyle yazar: "kentin sadece kutsal ve dünyevi iktidarı somut terimlerle büyütme/güçlendirme ifade aracı olmadığı, her bilinçli niyetin ötesine geçen bir tarzda aynı zamanda hayatın tüm boyutlarını genişlettiği ortaya çıktı. Kozmosun bir temsili, cenneti dünyaya indirme aracı olarak başlayan kent mümkün olanın sembolü haline geldi. Ütopya onun orijinal kuruluşunun ayrılmaz bir parçasıydı..." (Mumford 1961: 31).

Hem Lefebvre'ci hem antropolojik anlamda eskiçağ Yakındoğu'sunda yeni kentler inşa etmeye dair maddi süreçlerle ilgilenen müteakip tartışma, özellikle ideolojilerin maddileşmesinin iki biçimi olarak daha önce ele alınan anıtların inşası ve törensel olay fikri arasındaki ilişkiye odaklanır. Burada festival olarak bahsedilen törensel olay, toplumun bütününün katılımıyla bir yandan olayın meydana geldiği mekânları diğer yandan toplumu dönüştüren, kentle ilgili bir gösteridir. Bu dönüşüm müşterek yapının örgütleyici hareketleri aracılığıyla mümkün olur. Festivaller toplumsal değerlerin inşası ve dağılması, müşterek belleklerin oluşturulması ve bozulması ve toplumsal hiyerarşilerin olumlanması ve yadsınması için siyasallaştırılmış sahnelerdir. Dahası festivaller "genel anlamda topluluğun manevi ve maddi yenilenme odakları" olarak anlaşılır (Wengrow 2001: 169).

Bir kentin inşası şölensel bir girişimdir. Eski Yakındoğu tarihinde yeni kentler inşa edilmesine daha yakından bakıldığında, inşaat etkinliklerinin çarpıcı kamusal olaylar ve toplumsal değişim hikâyesinin perdeleri olduğu ortaya çıkar. Buna yönelik dikkat çekici bir örnek, Dur Şarrukin'in (Horsabad) inşası için Asur Kralı II. Şarrukin'in MÖ 721 ile 705 yılları arasında yaptığı örgütlenmedir. Kralın işçilerin şefleriyle yaptığı yazışmalardan oldukça iyi bilindiği gibi inşaata imparatorluğun çeşitli eyaletlerinden gelen zanaatkârlar ve işçi grupları katılmıştır (Parpola 1995). İnşaat projeleri toplumu yoğun üretken bir girişimde bir araya getirmiş ve toplumsal ilişkiler, zanaat bilgisinin aktarımı, teknolojik yenilenme, işgücü mobilizasyonu ve doğal kaynaklardan yararlanmak için uygun bir bağlam oluşturmuştur. İkincisi; şölen, ziyafet, dini festivaller, ritüeller, devlet gösterileri, fuarlar ve pazarlar gibi festivalle ilgili göreneksel pratikler kent festivallerinin bileşenleridir ve kentsel çevre yaratımında birincil aktörlerdir.[5] Planlanan ve törensel olarak inşa edilen kentsel mekân gitgide dönüştürülür ve nihayetinde festival pratikleriyle mekâna yeniden yön verilir. Bu tür olayların müşterek ve dramatik karakteri nedeniyle, ortaya çıkan kentin mekânsal biçimi özünde de anıtsal ve görkemli olmuştur.

De Certeau (1984) ve Lefebvre (1991) "mekânsal pratikler"i, mekânı maddi biçim ve müşterek tasavvurda inşa eden, biçimlendiren ve dönüştüren her tür gündelik ve sıradışı etkinlik olarak kabul ederler. Bu şekilde mekânsal pratikler, inşaat etkinlikleriyle sınırlı değildir, ancak mekânın maddi ve sembolik kümeleri-

---

5 Festivalleri toplumsal bir kurum ve kültürel bir pratik olarak kavrayan antropolojik ve etnografik yaklaşımlar üzerine bir dizi yayın için bkz. Dietler ve Hayden (der.) 2001. Aynı ciltte Schmandt-Besserat (2001), 3. binyılda Aşağı Mezopotamya'da festivaller için sanat tarihiyle ilgili yazılı bulgular sunar. Knight (2001) törensel höyükler inşa etmeyi MÖ 1. binyılda American Southeast'deki şölenlerle ilişkilendirir ve bu müşterek etkinlik simgesel olarak dünyanın yenilenmesi olarak ortaya çıkar.

nin biçimlenişine katkıda bulunan tüm pratikleri aynı şekilde içine alır. Bir saray inşasının, yazılı steller benzeri kamusal anıtlar dikmenin ve bunların yapımında kullanılan zanaat teknolojilerinin mekânsal pratikler olduğu doğrudur, ancak De Certeau ve Lefebvre'in de savunduğu gibi mahaller ve anıtlarla ilgili hikâyeler, kentsel mekânlarla ilgili geçmişteki olaylardan kalan ortak anılar, günlük ritüel etkinlikler, kent kapılarında kurulan haftalık pazarlar ve kentlilerin kentin yüzünü sürekli değiştiren yürüyüş yordamları da böyledir. Tarihi kayıtlar ve mimari bulgularda ilk grup oldukça iyi temsil edilirken, incelikli arkeolojik saha çalışmaları dışında ikinci grubun bakiyesini belgelemek zordur. Bölümün başında Italo Calvino'nun *Görünmez Kentleri*'nden yapılan alıntı bu noktayı şiirsel bir ifadeyle tanımlar: Kent, geçmişin belleğini nasıl barındırır ve dile vurur? Bu, bir metin gibi binaların ve sokakların, kentsel mekândaki yapıtların ve ayrı ayrı anlamlı mahallerin yüzeylerine yazılmış somut bir bellektir (Crinson 2005: xii).

Arkeolojik kayıtlarda mekânsal pratiklerin maddi bakiyeleri, arkeolojide çok daha yaygın bir terim olan çökelme pratiğinin nesneleri olarak incelenir. Çökelme (*depositional*) pratikleri belli mimari mekânlarla ilişkilendirilen maddi "buluntu"ların oluşumuna neden olur. Süreçsel arkeolojik yazında mimari mekân, arkeolojik buluntulara dair genellikle statik, nötr, Kartezyen referans çerçevesi olarak görülür. Bu soyut çerçevenin yardımıyla kazılardan çıkarılan yapıtların genel bağlamları belirli mimari mekânlarla, birkaç isim vermek gerekirse yapılar, odalar ve mahallerle ilişkilendirilerek kolaylıkla haritalanabilir. Bu mekânsal birimler, yapıt veri tabanları için hızlı ulaşılabilen bir sınıflandırma matrisi meydana getirirler. Artık pek çok günümüz araştırmacısı, maddi buluntuların mimari mekânın yapıtaşları olduğunu ve çevrelerinden o kadar kolay ayrıştırılamayacağını kabul eder (Smith ve David 1995; Steadman 1996). Dolayısıyla mimari mekân, bir maddi sınıflandırma kabı ya da vasıtası olarak soyutlanamaz, buna indirgenemez ve bir boşluğu çevreleyen sınırlar dizisi olarak anlaşılmamalıdır. Bunun yerine, burada mimari mekân, kendileriyle ilişkilendirilen insan etkinlikleri ya da Lefebvre'in deyişiyle içlerinde depolanan toplumsal enerji aracılığıyla sürekli evrim geçiren arkitektonik ve somut mevcudiyetlerin bütünlüğü olarak kabul edilir (Lefebvre 1991: 13). Daha önce ele alındığı gibi, çağdaş toplumsal kuram ve eleştirel antropoloji söylemi, özellikle tarihsel ve çevresel bağlamlarda mekânsal üretim süreçlerinin sosyopolitik ve ekonomik niteliklerini anlamak için yöntembilimler üzerine yeniden vurgu yaparak, mimari mekân çalışmasını gelişmekte olan maddi kültür çalışmaları bünyesine katmaya çalışmaktadır.

Yukarı Mezopotamya kent inşa pratiklerini ele alırken, mekânsal üretim ve mekânsal anlamlandırmayı uzun vadeli kültürel süreçler olarak değerlendiren eleştirel bir bakış açısına sahip olmak gerekir. Başlangıç olarak, kamusal alanlar, mimari kompleksler, kamusal anıtlar ve yerleşim planı gibi kentin çeşitli fiziksel bileşenlerine yönelik arkeolojik ve yazılı bulgular, kamusal alanlara biçim ve anlam kazandıran halk festivalleri ve festivallerle ilgili inşa etkinlikleriyle uyumlu olarak incelenir. Bir dizi mimari örnek, pratikler ile bu pratiklerin somut tezahürleri arasındaki karşılıklı ilişkiyi göstermektedir – örneğin, Suriye-Hitit kent kapıları ve kent meydanları, Asur sarayları ve saray bahçeleri ve *narû* anıtlarında olduğu gibi. Devlet gösterileri ve ritüel pratiklerin performatifliği üzerine eğilirken kent peyzajlarının törensel ve çarpıcı yanlarına atıfta bulunulur. Kentte stratejik noktalara dikilen kamusal anıtların anlatı karakteri, mekânsal üretimin içinde bulunduğu kamusal alanın esasen ideolojik çekişme yerleri ve toplumsal bellek ile müşterek kimliğin inşa edildiği yerlerden oluştuğunu ortaya koyar.

Yukarı Mezopotamya Kenti: Planlama ve Kentsel Kurulum Özellikleri

MÖ 2. ve 1. binyıl boyunca Yukarı Suriye-Mezopotamya kentlerinde kentsel topografyanın en belirgin morfolojik niteliği her ikisi de sur duvarları ve bir dizi anıtsal kapı içerisine kapatılmış yukarı kent ile aşağı kentin birbirinden ayrılmasıydı. Başlıca bölgesel farklılıklarına karşın bu durum esas olarak Anadolu Hitit, Kuzey Suriye ve Asur geleneklerinin paylaştığı bir mimari olguydu. Yukarı Mezopotamya kent biçimi, orta tunç çağında başlayıp geç tunç çağında Hattuša, Emar, Katna, Ebla ve Aššur gibi bazı fevkalade örneklerle en üst noktaya ulaşan uzun vadeli kümülatif bir süreç üzerinden gelişti. Diğer yandan demir çağı kentleri ya sadece varolan kentsel topografiyi devraldı (ör. Kargamış) ya da eskiçağ höyükleri (Kalhu, Guzāna), yapay teraslama (Dur-Şarrukin) ve doğal yükseklikleri (Tušpa, Azativataya) kullanarak örgütlü kentsel planlama çabalarıyla benzer bir kale tipi yerleşim-aşağı kent ayrımı yaratmaya çalıştı.

Çağdaş yazında "yüksek höyük" ya da "kale yerleşim" olarak çeşitli şekillerde anılan yukarı kent, büyük oranda kamusal binalarla, özellikle hâkim seçkinlerin saray kompleksleri, diğer seçkinlerin konutları, idari yapılar, tapınak alanları ve tören alanlarıyla işgal edilmişti. Kale yerleşimi alanı bir dizi ana cadde ve anıtsal kapı aracılığıyla aşağı kente bağlanırdı. Suriye-Hitit Kargamış'ta, Kuzey Suriye geç tunç çağı Tel Bazı sitinde ve geç Asur'da Dūr-Katlimmu'da olduğu gibi kentlerin meskûn mahallelerinin yavaş yavaş gelişmesi genelde bir dizi "aşağı kent" ve "kenar mahalle" oluşumuna neden oldu. Bu her bir kent bileşeni, yeni bir sur duvarı içine dahil edildiğinden bu tür kentler kümülatif olarak, tarihin farklı dönemlerinde kent çekirdeğini çevreleyen ve tarif eden çok duvarlı sistemlere sahip oldu ve kale yerleşim höyüğü, kademeli olarak yerleşimin kenarına doğru yer değiştirdi. Sur duvarlarıyla ayrılan kentin çeşitli bölümleri arasındaki topografik farklılaşma, özellikle komşu ovadan başlayıp bir dizi törensel kapı geçişi arasından kalede ya da kaleye yakın yerde kült tesisleri ve kamu anıtlarının yer aldığı yüksek platformlara doğru yükselen sokaklar boyu etkileyici bir kentsel peyzaj yarattı.

MÖ 14. ve 13. yüzyıllar boyunca Hititlerin başkenti Hattuša böylesi bir törensel kent yerleşim şemasına sahipti. Hattuša'da aşağı kent ve kentin Fırtına Tanrısı'na adanan tapınak kompleksi (Tapınak A), kralların saray kompleksinin bulunduğu Büyükkale kale yerleşimi, bitişiğindeki Nişantepe ve Sudburg Kutsal Havuz kompleksi ritüel alanları ile pek çok tapınağıyla yukarı kent, bunların hepsi tören kapıları ve kulelerin araya girdiği sağlam bir tahkimat sistemi ile sınırlandırılmıştır.[6] Kentin kült takviminde yer alan İlkbahar AN.TAH.ŠUM festivali ve KI.LAM ("kapı binası") gibi önemli festivaller, kentin kült topografisini önemli derecede şekillendirmiş olmalıdır.[7] Hattuša'nın ve Orta Anadolu ile Güney Anadolu'nun orta bölümünde yer alan diğer kentlerin kent tarzındaki çokteraslı anıtsallık, demir çağında Yukarı Mezopotamya'da devam eden kentlerin inşa biçimine güçlü etkide bulunmuş olmalıdır (Bunnens 1995: 123-4). Hattuša bir tören yolu üzerinden Yazılıkaya'da surların dışında kalan kaya kabartması bir ibadet alanına bağlanmıştır ve Aššur, Arbela ve Nīnuwa gibi belirli büyük Asur başkentleri çok benzer şekilde bozkır ortasındaki *akītu* ibadet alanlarına bağlanmıştır (Pongratz-Leisten 1994).[8] Kentin bu önemli tören arterleri, festivaller sırasında gösteri ve sergileme güzergâhlarıydı ve kent peyzajlarının hem fiziki hem de sosyosembolik omurgasını oluşturuyordu.

Yukarı Mezopotamya peyzajında MÖ 3. binyılın ortasında başlayan bir süreç olarak yüksek höyüklerin oluşumu önceki bölümlerde ele alındı. Tunç çağının sonuyla birlikte özellikle Cezire'de nehir vadileri boyunca uzanan binlerce terk edilmiş höyük, kültürel peyzajların önemli bir özelliğiydi. Demir çağında Yukarı Mezopotamya'da *tilu* ("tepe, höyük") ismiyle nitelenen pek çok yer adı olduğunu dikkate alırsak peyzajdaki yıkık höyükler atalardan kalma bir yerleşim topografisi olarak düşünülmüş olmalıdır. Demir çağının hükümdarları ilk kez yeni kent mer-

---

6 Hattuša'nın kentsel peyzajı üzerine yazılanlar bir hayli fazla. Kentsel planlamanın törensel yanlarını ele alan birkaç önemli özet makale şunlardır: Neve 1993a, 1999; Hawkins 1998b; Singer 1998b; Bryce 2002: 230-256; Mazoyer 2002; Seeher 2006.

7 KI.LAM festivali üzerine bkz. Singer 1983. Bu festivalde kral "sarayın bir kapısından diğerine gider ve... kral kapıda beklerken tören alayı pek çok [ritüel] eşya taşır." Güterbock 1970: 178-9. AN.TAH.ŠUM festivali üzerine bkz. Erkut 1998, Cornelius 1970. *Nuntarriyašha* festivali üzerine bkz. Nakmura 2002. Genel olarak Hitit festivalleri üzerine bkz. Bryce 2002: 194ff.; Ardzinba 1982; Güterbock 1970.

8 İki pratiğin benzer bir karşılaştırması için bkz. Güterbock 1970: 178; Oppenheim 1964: 139.

kezleri inşa etmeye başladığında nehir kıyılarına uygun şekilde konumlandırılmış bu yüksek eskiçağ höyükleri, yeni kale yerleşimler için uygun inşa alanları sundu. Bu pratiği gösteren sayısız örnek bulunur. Orta Asur kenti Kalhu (Tel Nimrūd) ve Nīnuwa (Koyuncuk), Ninevite-5 (erken tunç çağı) höyüklerinin üzerine yerleşmiştir; Amik Ovası'ndaki Suriye-Hitit kenti Kunulua (Tel Ta'yinat) erken demir çağında, 3. binyılına ait bir höyüğünün üzerine kurulmuştu; Arami kalesi Guzāna (Tel Halaf) önemli bir kalkolitik çağ yerleşimi üzerinde yükselmiştir (ŞEKİL 17-18). Tel Sabi Abyad'daki daha küçük ölçekli MÖ 13. yüzyıl yerleşimi geç neolitik-erken Halaf tell'i üzerine inşa edilmişken (Akkermans ve Rossmeisl 1990; Akkermans Limpens ve Spoor 1993), Harbu (Tel Chuēra) bir 3. binyıl Kranzhügel'ine dayanır (Kühne 1996). Bu yerleşim stratejisini geç tunç-erken demir çağındaki yerleşim inşasının tümüne genellemek şüphesiz yanıltıcı olur; ne var ki eskiçağ höyüklerinden oluşan topografinin belirli yeni kent ve kasabalar için yeni yerleşimlere fiziki ortam sunmuş olduğu açıktır.

Dahası kale inşası için ya da büyük yapı komplekslerinin zemin terasları olarak yapay platformların özgürce kullanımı kentsel topografyanın çarpıcı etkisini artırmıştır (Lackenbacher 1982: 101-3, Naumann 1971). I. Tukultī-Ninurta'nın Aššur'daki sarayı É.LUGAL.UMUN.KUR.KUR.RA ("Yeni Saray" olarak da bilinir), kalker taşı temellerin yükseldiği ve güneşte kurutulmuş kerpiç tuğladan yapılma böylesi heybetli bir platform üzerine inşa edilmişti (ŞEKİL 21) (Andrae 1977: 162-4). Anakayanın üç ila on metre (ya da daha fazla) aşağısına kadar yaklaşık 29.000 metrekarelik bir alan yıkılmış binaların molozlarından temizlenmiş ve anıtsal platform kalede varolan yapılar üzerinde yükseltilmişti. II. Aššur-nasir-apli, kuruluş yazıtlarında Kalhu'daki Kuzeybatı Sarayı'na dair 120 sıra kerpiç tuğla kullanılarak inşa edilen bir teras platformdan bahseder. Mallowan da Kuzeybatı Sarayı'na bir teras yapmak için Aššur-nasir-apli'nin ustalarının varolan höyüğü batıya doğru uzattığını ileri sürer.[9] Benzer büyük ölçekli yapay platformlara Tel Ta'yinat (Haines 1971) ve Tel Halaf (Oppenheim vd. 1950) kale yerleşimlerinde de rastlanır.

Yeni kentlerin yapıcıları, anıtsal platformlarla geliştirilen eskiçağ höyüklerindeki mevcut topografik yükseltilerin stratejik kullanımıyla en başından itibaren kale yerleşimi ile aşağı kenti birbirinden farklılaştıran hiyerarşik bir kentsel peyzaj kurabildiler. Ayrıca bu tür bir düzenleme inşaat projesinin seyri boyunca devlet gösterilerinin ve takip eden süreçte kentle ilgili törenlerin yapılabileceği çarpıcı bir kentsel düzenlemenin inşasına olanak sağladı. Bu önceki yerleşimlerin ait olduğu eski çağların yeni yerleşenlerin müşterek belleğinde yer edip etmediği tartışılabilir.

---

9   Bkz. Mallowan 1966 I: 122f'deki tartışma ve Reade 2002b: 138.

Ancak bu varsayım doğruysa bu sitlerin (o dönemde algılanan) eskilikleri yeni yerleşim alanları olarak seçilmesinde etkili olmuş olabilir.

II. Aššur-nasir-apli Kalhu'nun inşasını başlattığında, "eski harap tepeyi temizlemiş" olmakla övünmüştür (DU6 labēru unakkir).[10] Eskiçağ höyüklerinin üzerine yerleşme ve terk edilmiş kentleri canlandırma fikri, önceki bölümlerde ele alındığı gibi açıkça onun kraliyet retoriğinin merkezindedir. Bu strateji belli Asur ve Urartu hükümdarlarının yeni imparatorluk kentlerinin kuruluş alanlarını betimleme şekliyle çarpıcı bir karşıtlık içindedir: işlenmemiş, "hiç tuğla döşenmemiş," el değmemiş peyzajlar. I. Tukultī-Ninurta, Kār-Tukūlti-Ninurta'yı harap tepelerin olmadığı, tenha ovalar üzerine kurdu. II. Šarrukin'in Dur Šarrukin kenti de büyük ölçüde el değmemiş topraklar üzerine inşa edildi ve buradaki heybetli temel platformu aracılığıyla kale yerleşimi, kentten yapay bir şekilde yaklaşık 12 m yükseltildi (Loud, Frankfort ve Jacobsen 1936). İnşaat alanı seçimiyle ilgili böylesi farklı stratejiler, kentlerin yapılışı üzerine kurulan imparatorluk retoriğinin, yeni kent merkezi oluşumundaki belirli çevresel ve tarihsel koşullara uygun olduğunu akla getirir. Buna ilaveten II. Aššur-nasir-apli'nin yıkıntılardan oluşan bir peyzaj tanımlaması, müşterek bellekte demir çağı öncesi kentleri olduğu bilinen yıkıntılar içinde atalardan kalma bir mahal dizisine dair bize dikkat çekici bir imge verir. Bellekteki bu peyzajın tam karşısına Aššur-nasir-apli'nin imparatorluğunda ekilip biçilen ve kentleşmiş peyzaj koyulmaktadır.

İstihkâmlarla sınırlanan geometrik şekilli aşağı kentler kurulması demir çağında sıklıkla gözlenen bir mimari pratiktir, çünkü aşağı kentlerin inşa edilmesi ve tahkim edilmesi kent inşa projelerinin ana bileşeni haline gelmiştir.[11] Aralarında Kār-Tukultī-Ninurta, Kalhu, Imgur-Enlil, Dūr-Katlimmu, Dur Šarrukin'in olduğu pek çok Asur kent kuruluşu doğrusal bir yerleşim planına sahiptir.[12] Suriye-Hitit etkisindeki alanda hem doğrusal hem kusursuz dairesellikte yerleşim planları tespit etmek mümkün: Doğrusal plana Guzāna (Tel Halaf) ve dairesel plana Sam'al

---

10 Grayson 1991: 227; Kuzeybatı Sarayı dev Aslan ve Boğa heykel yazıtı: metin A.0.101.2, satır 55-6.

11 Wilkinson ve Barbanes'e göre (2000), erken demir çağı-erken yeni Asur yerleşimleri için aşağı kentler inşa edilmesi yayılmacı bir yerleşim stratejisiydi. Bu yaygın pratik, büyük olasılıkla Asur başkentlerinde aşağı kentlerin özenli planlanmasında kendini gösterirdi.

12 Bu kentlerdeki sur duvarı yerleşim planlarından çok azı titizlikle arkeolojik olarak haritalanmıştır. Ancak bu kentlerin yayımlanan planları, duvarların doğrudan düz ovalara uzandığı dik açılı yerleşim planları olduğunu akla getirir. Bkz. Bunnens 1995'deki tartışma. Mazzoni (1994: 329-30) dairesel biçimi orta tunç çağı Suriye geleneğine bağlar ve onu "birlik" ve "merkeziyet" sembolü olarak temellendirir ve dikdörtgen biçimi, Guzāna gibi Suriye-Hitit kentlerinin öykündüğü Mezopotamya-Asur geleneğiyle ilişkilendirir.

(Zincirli) iyi birer örnektir (**ŞEKİL 32**). Orta Anadolu'da bulunan Tabal Göllüdağ'daki dağbaşı kenti, tamamlanmamış kale yerleşiminin ortogonal planıyla özellikle ilginçtir (**ŞEKİL 33**). Göllüdağ'daki kent surları yanardağ krater ağzının konturlarını takip eder; bu sebeple kentin genel yerleşim planı yerin topografisi tarafından belirlenmiştir. Ancak en yüksek sırtta teraslar üzerine inşa edilen bir dizi kent bloğunun planı ortogonaldir ve birbirinin aynı pek çok yapı biriminden meydana gelir. Bu alan sit alanının merkezindedir ve açıkça görkemli kompleksle ilişkili inşa edilmiştir. Kent bloklarının ortogonal planı, şüphe götürmez biçimde sit alanında inşaattan önce nizami bir bölünmeyi ima eder. 1960'ların sonunda Burhan Tezcan'ın sade oyma ortostatları ve aslanlı kapıları olan bir yapı kompleksinde yaptığı kazı, bu dağbaşı kentinin Suriye-Hitit karakterini doğrulamıştır (Tezcan

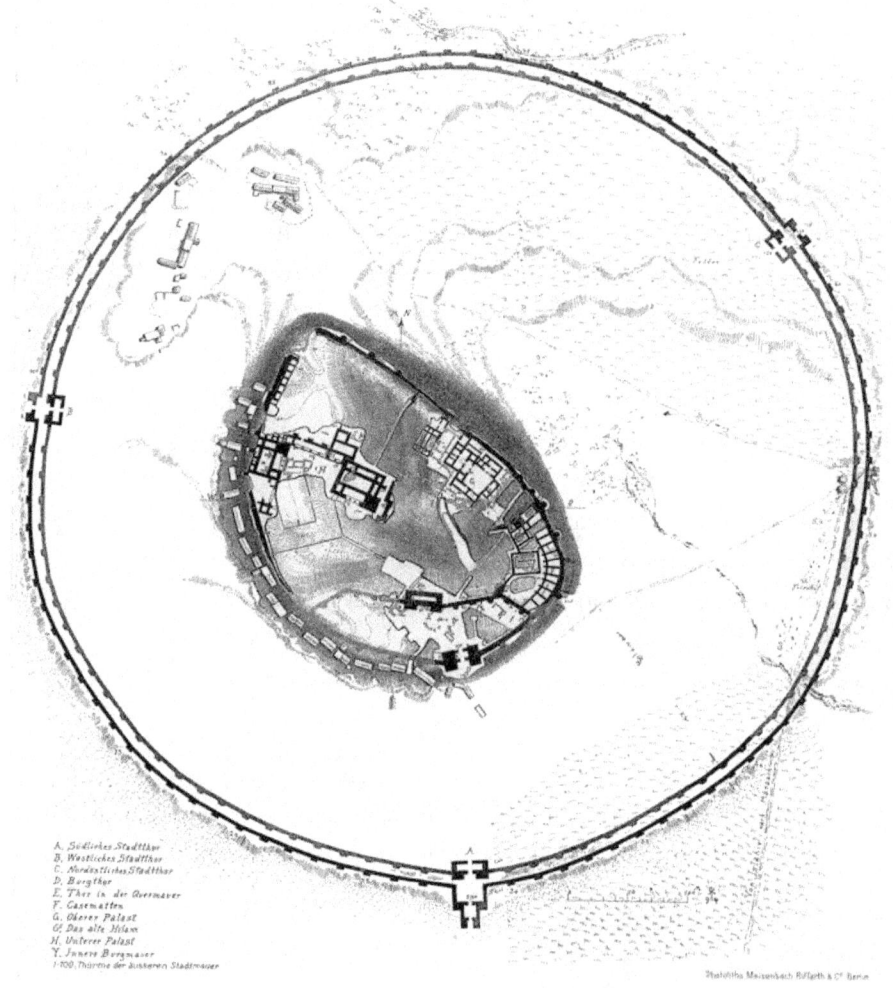

ŞEKİL 32 Zincirli. Demir çağı yerleşim planı (Von Luschan vd. 1898: pl. 29)

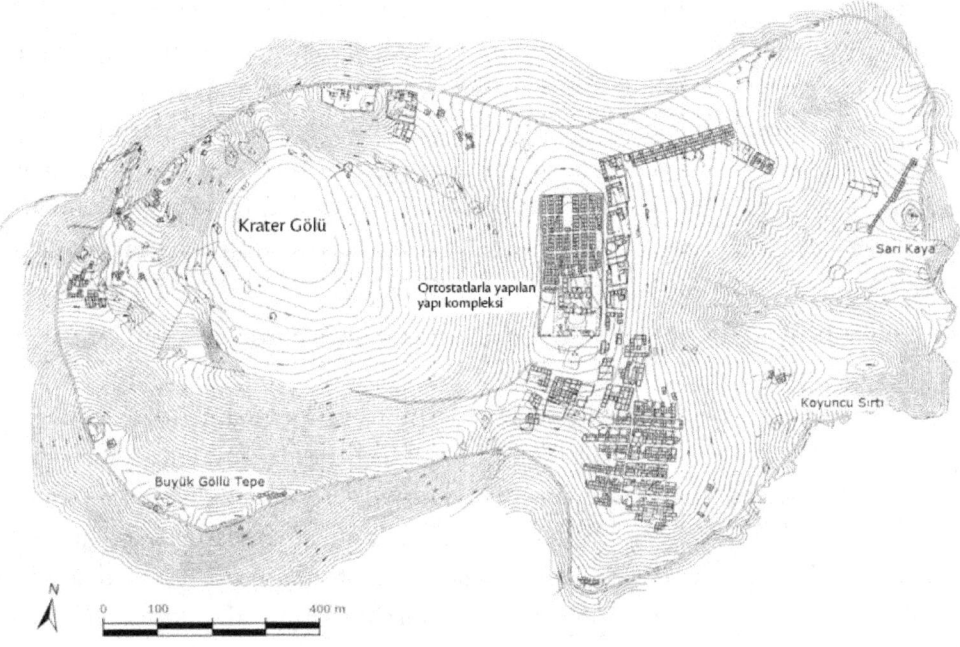

ŞEKİL 33 Göllüdağ. Demir çağı yerleşim planı (Schirmer 1993: fig 3; Wulf Schirmer'in izniyle).

1968). Benzer şekilde, Azativataya (Karatepe), Kerkenes Dağ ve Emar (Tel Meskene) gibi topografik olarak zorlu sit alanlarının dalgalı peyzajı kentin yerleşim planının genel tasarımında bir avantaj olarak kullanılmıştır.

Nizami planlı bir aşağı kent tesisi, yeni kentlerin inşası için görece düz alçak araziler mevcut olduğunda anlamlıdır. Aşağı kent planının kendi nizamiliği, toplumsal ve dünyevi düzenin sembolizmiyle yüklüdür. Planlı yerleşimler aynı zamanda ve dünyevi düzenin temsili olarak, hâkim seçkinlerin ütopik ideallerinin tezahürleri olarak ortaya çıkar. Asur saraylarının ortostat kabartmaları ve anıtsal Balawat kapılarının bronz kuşakları üzerinde yer alan anlatı programlarındaki kent ve askeri kamp temsilleri çok kere yerleşim planı şeklindedir ve kentler genelde dikdörtgen ya da dairesel biçimli olarak görülür. Kusursuz dikdörtgen ya da daire şeklinde planları olan yerleşimler tesis etme fikrinin, doğrudan askeri kamplar ya da kervanların konaklama alanları gibi geçici yerleşimlerden alınmış olabileceğini ileri sürmek isterim. Bu fikir, erken İslamiyet dönemi askeri seferlerindeki askeri kamplarla, Emevilerdeki amsār ile karşılaştırılabilir (Wheatley 2001: 40f.). Al-Basrah ve Al-Kūfah gibi kurak bozkırın kenarına kurulmuş ve yerleşik Arap kabilelerine ev sahipliği yapmış olan bu oluşumların ilk başta geometrik olarak kusursuz planları vardır ve daha sonra gelişip daha güçlü kentler haline gelmişlerdir. Kalabalık orduların uzun seferlere çıktığı ve büyük ticaret kervanlarında develerin uzun mesafeler katettiği demir çağı Yakındoğu'sunu benzer terimlerle düşünmek zorlayıcı olur. Aslında Sennaherib'in Nīnuwa'da bir ekal mašarti yaptırdığını anlattığı yazıtlarından elde edilen yazılı bulgular var. Sennaherib'in işçileri "daha önce kampın ahır ve depolama alanı olarak inşa edilmiş önceki bīt kutalli kalıntılarını yıkmış" ve yeni saray inşasına başlamıştır.[13] Orta tunç çağının Mari (Tel Hariri) ve demir çağının Sam'al (Zincirli) gibi dairesel planlı sit alanlarının (ŞEKİL 32), kervanların ve göçebe grupların geçici konaklama ihtiyacı duyacağı kervan yolları için önemli ticaret kapıları olduğu anlaşılır.

Buraya kadar olan bölümde Yukarı Mezopotamya'da demir çağı kentleri ile kent peyzajlarının genel özelliklerini ele aldım. Kentsel mekân üretilmesi sürecinde savunma kolaylığına sahip kale yerleşimler inşa etmek için eski yerleşim höyükleri, göze çarpan doğal kayalık tepeler ya da yanardağ kraterleri gibi coğrafi olarak ilginç yerler kullanılmıştır. Aşılması güç kaleler yaratmak için eski yerleşim höyükleri sıklıkla temel platformlar inşa edilerek yükseltilmiştir. Geniş meskûn mahalleleriyle aşağı kentler de kent peyzajı ve tahkimatının ortogonal planına dahil edilmiştir. Kusursuz dairesel ya da dikdörtgen forma sahip kimi demir çağı kentlerinin ideal planları, kent kuruluş projelerinin ütopik doğasını açığa vurur ve biçimsel olarak askeri kampların ve kervan konaklama yerlerinin görsel temsillerine bağlanabilir. İlerleyen bölümde bu kapsamlı gözlemler ışığında Kalhu'nun kuruluşu ve II. Aššur-nasir-apli (MÖ 883-859) döneminde kentin inşa projesinin ayrıntılarına dönüyorum.

Kalhu'nun Kuruluşu: Anlatısallık ve Performans

Eskiçağ tarihindeki büyük ölçekli inşaat projeleri genellikle kapsamlı toplumsal, kültürel, dini ve siyasi yenileme programlarının parçası olarak anlaşılır. Roma İmparatoru Augustus'un kültürel yenileme programı ve Roma kent imgesini parlatması (Favro 1996: 224; Zanker 1988: 101-66) ya da Akamenit Kralı Darius'un Persepolis'deki inşaat programı (Briant 2002: 168) II. Aššur-nasir-apli'nin Kalhu programıyla karşılaştırılabilir. Kentin kamusal alanı, her şeyden önce bir kent kültürü geliştirmeyi amaçlayan bu tür kültürel programların her zaman merkezinde yer almıştır. Mimari ve zanaatta yeni biçimlerle kentin yeni yapılandırılan imgesi, bu durumda hâkim seçkinlerin yürürlükteki ideolojisi ve ülke refahıyla ilişkilendirilecektir. II. Aššur-nasir-apli'nin kentle ilgili projeleri sadece Kalhu'nun kuruluşu ve inşasıyla sınırlı değildir, kentin toplumsal ve kültürel hayatının kurumsallaşmasını da içerir. Bu kurumsallaşmaya dahil olanlar arasında kült takvimi ve dini pratiklerde yenilikler,

---

[13] J.E. Reade, "Ninive (Nineveh)" başlığı altında, *RlA* 9 (2000) 419.

kraliyet metinleri üretiminde yenilikler ile krallık retoriğinin yeni biçimler alması, anıtlarda kullanılmak üzere kapsamlı bir görsel dağarcığın kullanıma girmesi ve Yukarı Orta Dicle Havzası'nda karmaşık bir peyzaj dönüşüm programı sayılabilir. Bu tür toplumsal dönüşümler Aššur-nasir-apli'nin krallık retoriğinde kültürel yenilenmenin tarihsel anlatısı içine yerleştirilmişti ve ilerleyen bölümde ele alınacaktır. Kalhu'nun kuruluşu bu geniş kültürel program bağlamında anlaşılmalıdır.

Her şeye rağmen bu durum, genelde Asur üzerine yapılan çalışmalarda varsayıldığı gibi mimarlık, zanaat teknolojileri, kent kuruluşları ve peyzajdaki bu eksiksiz yeniliklerin II. Aššur-nasir-apli'nin inşaat projesi sırasında gerçekleştiği anlamına gelmez. Örneğin, Asur saray mimarisinde görsel anlatı programlarına sahip kabartma ortostatların genelde II. Aššur-nasir-apli'nin Kuzeybatı Sarayı ile birlikte kullanılmaya başlandığı varsayılır (ör. Collon 1995: 130). Ne var ki Altıncı Bölüm bunun Kuzey Suriye ve Levant'ta MÖ 2. binyıla uzanan ve Asur'da en geç I. Tukultī-apil-ešarra zamanında (MÖ 1114-1076) kullanılan bir mimari pratik olduğunu gösterir. Bu mimari örnek, yeni kent inşa projelerinin çok daha köklü pratikleri ve uzun vadeli eğilimleri sahiplendiği yeni ve idealleştirilmiş bir iktidar ve refah imgesi inşa etmek için bunları kendi yenilik söylemine dahil ettiğine yönelik, benim önceki önermemi destekleyen arkeolojik bulgular sunar.

I. Tukultī-Ninurta'nın daha önce MÖ 13. yüzyıl sonunda Kār-Tukultī-Ninurta'yı inşa etmesinin ardından MÖ 9. yüzyılda II. Aššur-nasir-apli zamanında Kalhu'nun inşası, demir çağında Asur'daki ilk büyük inşaat projesidir. Bu olayın anıtsal boyutu ve önemi, Aššur Ülkesi'nin siyasi ve idari merkezinin kuzeye doğru kaymasına neden olmasında daha da belirgindir. Nīnuwa, Arbela ve Kalhu bölgesinin jeopolitik ağırlığı geç tunç çağı ve erken demir çağında giderek arttığından bu yenilik şüphesiz o zaman öngörülmüştür. Yeni bir başkent inşa etmeye yönelik ütopik ideal, MÖ 9. yüzyılın erken onyıllarında artık hayata geçmiş ve II. Aššur-nasir-apli sembolik ve ideolojik olarak yeni kentin ve yeni dünya düzeninin kurucusu rolünü üstlenmiştir. Kalhu, Asur'un idari başkenti olmaya (150 seneden uzun bir zaman) devam etti. Bu durum Nīnuwa'nın (Ninova) 20 km kuzeydoğusunda II. Šarrukin'in (MÖ 721-705) Dur Šarrukin'i (bugünkü adıyla Horsabad) inşa etmeye başlaması ve oğlu Sennaherib'in (MÖ 704-681) Nīnuwa'da dev bir kent inşa programı yürütmesiyle son buldu.[14] Asur tarihinde bu üç başkentin inşası Aššur Ülkesi yerleşim peyzajının (Yukarı Orta

---

14 Šarrukin'in Horsabad'da Dur Šarrukin'i kurması üzerine bkz. Loud, Frankfort ve Jacobsen 1936; Loud ve Altman 1938; Caubet (der.) 1995; Albenda 1986, 2003. Matthiae (1994), Dur Šarrukin'in kent planlama özelliklerinin büyük ölçüde Kalhu'dan geldiğini iddia eder. Sîn-ahhī-erība'nın (Sennaherib) Nīnuwa'yı yeniden inşası ve inşaat projeleri üzerine bkz. Stronach 1994a ve 1995b; Lumsden 2000; Barbanes 1999: 92-7.

Dicle-Yukarı Zap Havzası) yeniden şekillendiği üç önemli aşamayı temsil eder. MÖ 8. yüzyılın sonu ve 7. yüzyılın başındaki büyük başkentler olarak Dur Şarrukin ve Nīnuwa inşaatları; Kilikya'daki Azativataya (Karatepe-Arslantaş) (Çambel ve Özyar 2003) ve Tabal'daki Göllüdağ (Schirmer 1993, 1999a) gibi, Suriye-Hitit bölgesel devletlerindeki ve Urartu Krallığı'nda II. Rusa'nın Toprakkale, Ayanis, Kef Kalesi, Karmir Blur ve Bastam'daki gibi (Çilingiroğlu ve Salvini 2001; Harmanşah 2009) benzer kent inşa projeleriyle kabaca aynı tarihlidir.

    II. Aššur-nasir-apli çeşitli kent anıtları üzerindeki bir dizi yazıtta Kalhu'nun inşasını anmıştır. En ayrıntılı bilgi "Ziyafet Steli" olarak bilinen bir kamusal anıttan elde edilir. Stel, 1951'de Mallowan'ın ekibi tarafından Kuzeybatı Sarayı'nın ana taht odası bitişiğinde yüksek bir konumda *in situ* bulunmuştur (**ŞEKİL 34** ve **35**).[15] Bu, EA Odası'nın içine dikilmiş, yüksek, sarı kumtaşından bir steldir. Hücre-benzeri ufak EA odası, İslam mimarisinde eyvan tasarımına benzer şekilde, avluya dış duvar olmaksızın doğrudan E Avlusu'nun güneydoğu köşesine açılırdı. E Avlusu, sarayda büyük kabul töreni ve devlet seremonilerinin gerçekleştiği babānu avlusuydu ve EA Odası anıtsal B Taht Odası'nın hemen doğusundaydı. Eğer kral ana taht odasından çıkıp avluya geçerse stelin durduğu hücrenin tam önünde konumlanır. Stel dar odanın merkezine, Aššur-nasir-apli'nin pişmiş tuğla döşemesi üzerine yerleştirilmişti. Yazılı kaynaklardan edindiği bilgiyle stelin törenle kutsandığını gösteren Mallowan'ın belirttiği gibi, stelin bu tür bir mimari düzenlemesi onunla ilişkilendirilmiş bir törensel pratiği akla getirir (Mallowan 1952: 8). Ann Shafer hazırladığı tezde, Ninurta Tapınağı'ndaki "Büyük Monolit" ve Ziyafet Steli gibi II. Aššur-nasir-apli'nin kamusal anıtlarına ritüel bir işlev atfeder (Shafer 1998: 99-100, 337-9). Mallowan (1966: 62), Aššur-nasir-apli'nin hükümdarlığından sonra da anıtın öneminin devam ettiğini ileri sürerek EA Odası'nın su geçirmez, pişmiş tuğla kaplı döşemesinin onarıldığını ve III. Šulmānu-ašarēd (Şalmaneser) zamanında stelin her iki duvarının desteklendiğini belirtir.

---

15 Stel (ND 1104) 104,5 cm'e 128 cm boyutlarındadır. Stelin keşfi üzerine bkz. Mallowan 1952: 7-10; 1966 I: 59-63. Mallowan (1966: 62), stel taşının kalker taşı katmanlarının bolca yeryüzüne çıktığı yerleşim yeri çevresinden çıkarılmış olması gerektiğini ileri sürer. Stel ve yazıtı ilk olarak D.J. Wiseman (1952) tarafından ve daha sonra A.0.101.30 olarak Grayson 1991: 288-93'te yayımlanmıştır. Yapılan kazıların ardından Musul Müzesi'ne transfer edildi. Julian Reade (1985: 207) stelin yapımını MÖ 867'den sonraya, muhtemelen 864-60 arasına tarihler. Ayrıca bkz. Postgate ve Reade 1980: 320-1; Finet 1992; Lion ve Michel 2003. Tarihleme kralın seferleri ile bunların metinlerde geçtiği yerlere dayanarak yaklaşık olarak hesaplanmıştır. II. Aššur-nasir-apli anıtlarının kronolojisi üzerine bkz. Paley 1976: 145-155 ve Russell 1999a: 14-9. Kuzeybatı Sarayı inşasının kralın hükümdarlığının sonlarında, en erken onuncu seferinden sonra yapıldığı bellidir.

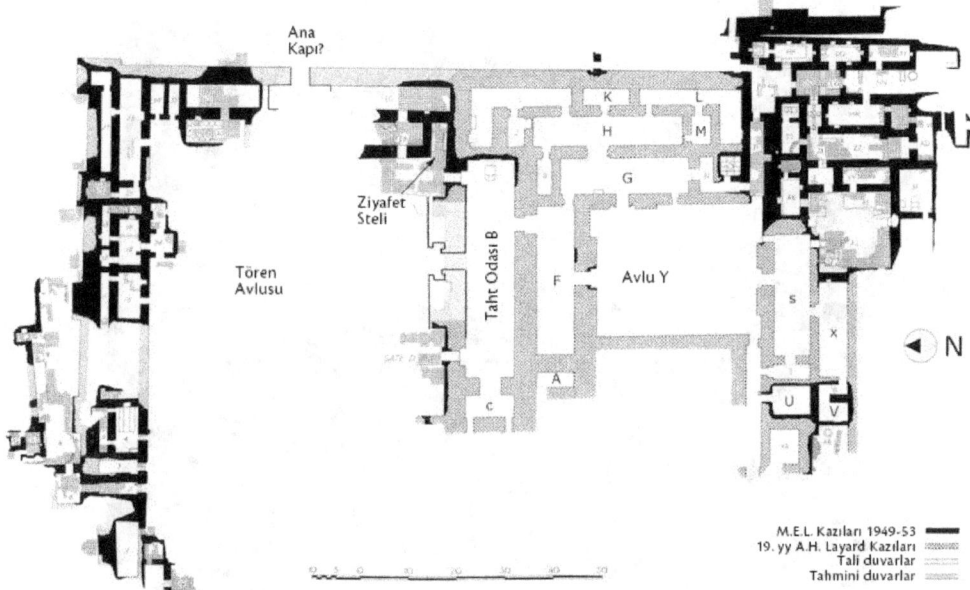

ŞEKİL 34 II. Aššur-nasir-apli'nin Kalhu (Nimrūd) Kuzeybatı Sarayı planı (Mallowan 1966: fig. 42, s. 95). British Institute for the Study of Iraq'ın izniyle, http://www.bisi.ac.uk.

II. Aššur-nasir-apli'nin Kalhu kentinde yaptıklarına dair ayrıntılı bir rapor vermesi bakımından kralın yazıtları içinde Ziyafet Steli'nin metni eşsizdir (satır 20-154); ancak askeri seferler yazıtın sadece başında kısa bir özet halinde yer alır (satır 10-20).[16] 20-3. satırlarda, derin bilgelik (uznu rapaštu) ve marifetli bellek/kalbin belleği (hissat libbiya) erdemleri kral ve Tanrı Ea'nın kişiliğine özgü kent inşasının gerçekleşmesi için gerekli hünerli vasıflar olarak, inşaat projesinin başlamasıyla ilişkilendirilir:

> Yüce efendi Aššur gözlerini şefkatle bana dikti ve o saf ağzından hükümdarlık otoritesi döküldü. Apsû Kralı Tanrı Ea'nın derin bilgeliğiyle (uznu rapaštu) bana verdiği kalbimin belleği/marifetli belleğim (hissat libbiya) nedeniyle gücü ihtişamlı/şanlı kral Aššur-nasir-apli. Kalhu kentini yenileme işini üstlendim.[17]

---

16 II. Aššur-nasir-apli'nin birkaç yazıtının diğer anıtlarda benzeri ya da tekrarı olsa da kralın bilinen tüm metinleri arasında (Grayson 1991'de 138 tanesi yayımlanmıştır) Ziyafet Steli metni eşsizdir. Bu durum anıtın yapılma ve yerleştirilme koşullarının özel olduğu ve Aššur-nasir-apli'nin hükümdarlığı sırasında dikkate değer bir anma olayı olduğu düşüncesini destekler. Bu konu üzerine ayrıca bkz. Finet 1992.

17 Ziyafet Steli, satır 20-3. Bkz. Grayson 1991: 289, metin A.0.101.30; Wiseman 1952: 29-30.

ŞEKİL 35 II. Aššur-nasir-apli'nin Kuzeybatı Sarayı "Ziyafet Steli," Kalhu (Nimrūd) (Mallowan 1966: fig. 27, s. 63). British Institute for the Study of Iraq'ın izniyle, http://www.bisi.ac.uk.

Benzer şekilde Aššur-nasir-apli'nin sarayı, "Kalhu kentinin uygarlaşma bilgeliğini elinde bulunduran saray" (ēkallu kullat nēmeqi ša^{URU} Kalhi) olarak tarif edilmiştir. "Bilgelik, dirayet, uygarlaşma bilgisi ve vasıflı zanaatkârlık," anlamına gelen nēmequ ifadesinin kullanılması, kralın inşa projelerinin uygar yaşamın üretken gücü olarak anlaşıldığını ortaya koyar.[18]

Ziyafet Steli'nin büyük bölümü Aššur-nasir-apli'nin Kalhu'daki kapsamlı kültürel yenileme programına ayrılmıştır: Kuzeybatı Sarayı'nın inşası (satır 23-32); Kalhu'ya

---

18 Bkz. "nēmequ," başlığı altında, *CAD* NII: 160-3. *CAD*'deki tanım şöyledir: "bilgi, deneyim, ilim (bir bütün olarak uygarlığın temeli olan deneyim, bilgi, beceri ve geleneğe gönderme yaparak), beceri, ustalık."

sürgünlerin yerleştirilmesi (33-6); ID Patti-hegalli sulama kanalının açılışı ve meyve bahçeleriyle üzüm bağları dikilmesi (36-40); kralın seferlerinden toplanan bitkilerle kentte bir cennet bahçesi kurulması (bitkilerin tam listesi ve bahçenin şiirsel betimlemesiyle birlikte) (40-52); Ninurta Tapınağı'nın ekfrastik betimlemesiyle (68-72) Kalhu'daki Enlil, Ninurta, Ea-šarru ve Damkina, Adad ve Šala, Gula, Sîn, Nabû, Šarrat-Niphi, Sibitti, Kidmuru tapınak inşaatları (53-68); Ninurta onuruna iki kült festival düzenlenmesi (Šabā'u ve Ulūlu) (73-5); Ninurta Tapınağı'na kralın *salam šarrūtiya*'sının dikilmesi (76-7); sınır peyzajlarındaki kentlerde yeniden yapılanma etkinlikleri (78-83); kralın aslan, boğa, devekuşu, fil avlaması (*epēš bu"uri*) (84-93); farklı eyaletlerden egzotik ve vahşi hayvan sürüleri ele geçirilmesi (LU šakin) (95-9) ve son olarak, sarayın açılışında verilen şölende (*ušarri'unni*) ne servis edildiği ve kimlerin davet edildiğini gösteren ayrıntılı bir istatistiksel liste (103-54).

Bu eşsiz tarihsel anlatıda yeni kentteki inşaat projeleri; av partileri, kült festivaller düzenlenmesi, törensel ziyafet ya da kraliyet heykelleri dikilmesi gibi diğer anma üzerine ve simgesel olarak yüklü retorik eylemlerle bağlantılı bir şekilde sunulur. İyi planlanmış bir kültürel yenilenme programının bileşenleri olarak anma etkinlikleri yeni kentsel peyzajı devlet gösterileri için önemli bir sahneye dönüştürür. Kalhu'nun anıtsal kompleksleri tam da bu toplumsal olaylar aracılığıyla müşterek bilinçte biçimlendirilen, toplumsallaşan, tahsis edilen mahaller olmuştur. Ninurta'ya adanan bir tapınak kompleksi inşa edilmesinin yanında Ulūlu ve Šabā'u aylarında (Asur kült takviminde sırasıyla altıncı ve yedinci aylar) senede iki festival tesis edilmiştir.[19] Yılın hemen hemen tümüne yayılan kült festivallerin sürekli göz önünde olmasıyla yeni kentin ve bu kentin kült alanlarının toplumsal önemi daha da güçlenmiş ve somutlaşmıştır.

Ziyafet Steli yazıtında Aššur-nasir-apli, görkemli bir şölenin yer aldığı saray açılışına çeşitli komşu devletlerden 5.000 şef (*lumahhe*) ve elçi (*šaprāte*), kendi sarayından 1.500 zarīqū görevlisi, Kalhu'dan 16.000 kent sakini (*napšāti*) olmak üzere ülkeden toplam 47.074 kadın ve erkek ile birlikte son olarak Tanrı Aššur ve ülkenin tüm tanrılarını davet ettiğini iddia eder.[20] Ziyafette sunulan yemeklerin listesi yazıtın oldukça büyük bir bölümünü kaplar (34 satır: 106-40) ve belirtilen miktarlar sadece besin maddelerindeki bolluğu göstermekle kalmaz (ör. 500

---

19 Šabā'u ve Ulūlu festivalleri üzerine bkz. Cohen 1993: 321-6 ve 337-340. Šabā'u, Asur dini takviminin 11. ayı, kabaca şubata karşılık gelir ve "altı iri davul performansı" ile en fazla törenleşmiş aylardan biridir.

20 Grayson 1991: 293: A.0.101.30, satır 141-150. Aššur-nasir-apli'nin açılış şöleni üzerine bkz. Wiseman 1952; Finet 1992. Törensel ve toplumsal olaylar olarak şölen ve ziyafetler üzerine bkz. Collon 1992; Reade 1995; Joffe 1998b; Schmandt-Bessarat 2001.

aiialu-geyik, 1.000 *mesukku*-kuş, 10.000 tulum şarap), aynı zamanda çeşitli prestijli yiyecek kalemlerindeki zenginliği de gösterir (ör. 10 homer kabuklu dukdu-fındık, 10 homer kimyon, 10 homer ıtırlı baharat, 100 kap kavrulmuş *abšu*-çekirdek). Liste, kralın üzerinde "titizlikle çalış"tığı (*atammaru*) ve çıktığı seferler sırasında örnekler alıp *kirî sihāte* "zevk bahçesi"ne ektiği (satır 41-52) ayrıntılı egzotik bitki envanteriyle karşılaştırılabilir niteliktedir. Kraliyet bahçesinde ve tören ziyafetinde imparatorluğun periferik peyzajlarının doğal ve kültürel kaynakları bir araya getirilmiş ve imparatorluğun yeni kent merkezi inşasına eklenmiştir. Bu bakımdan krallık retoriği, imparatorluk peyzajlarının başkentin dokusunda temsil edilen bir anlatısını yaratır. Bunların yanında açılış ziyafeti, bu dramatik anlatıda bir kreşendo rolü oynar ve tüm anma programını bir festival, Kalhu'nun inşasını içine alan göz kamaştırıcı bir olay olarak resmeder.

Mekânsal Anlatılar: Kalhu'nun Kentsel Peyzajı

Sıradaki iki başlıkta Asur resmi devlet anlatılarının, kamusal mekânlarda kademeli olarak hayata geçirilen mekânsal olarak örgütlü (kronolojik değil) bir düzenleme aracılığıyla kentlilere nasıl aktarıldığını ele alıyorum. Kaya kabartmalar, steller, obeliskler, yazılı heykeller ve ortostat kabartma programları gibi kamusal anıtlar yapılmasıyla Asur tarihi üzerine uyarlamalar mahallere yazılmış ve bu uyarlamalar kentsel mekânlarda maddileştirilmiştir. Mekânsal anlatılar kamusal mekânlarda anlamlı biçimde inşa edilmiş siyasi olarak yüklü tarihlerdir. Her anıt bir dizi tarihsel olayla bağlantılıdır ve anıtların doğası askeri, ekonomik, sembolik ya da kentsel olsa da hepsi de kralın başarılarıyla özdeşleştirilir. Toplumsal bellekte bireysel anıtlar ve belirli hikâyeler arasındaki bu anlamlı bağ, kentsel mekânların bellek destekleyici olarak inşa edilmesine olanak tanır. Geçmişte araştırmacılar, tekil anıtlar ile bu anıtların geçmişe dair eşsiz temsilleri üzerine kapsamlı incelemeler yapmıştır. Bu bölümde ben, birbirine bağlı bir kentsel peyzajda bu anıtların bir arada nasıl etkili olduğunu göstermeye çalışıyorum.

Kalhu'daki inşaat projeleri öyle büyük ölçekliydi ki pek çoğu Aššur-nasir-apli'nin halefi III. Šulmānu-ašarēd (Şalmaneser: MÖ 858-824) zamanında devam ettirilip tamamlandı. Bu nedenle burada ele alınan maddi kalıntılar, MÖ 9. yüzyılın büyük bölümünde devam eden inşa etkinliklerini kapsar.[21] Kalhu, Dicle ve Yukarı Zap

---

21 Kalhu'nun 9. yüzyıl kentsel morfolojisi üzerine bkz. Curtis 1997: 141-4; Postgate ve Reade1980: 303-23; Mallowan 1966: 74-83; Oates 1968: 42ff.; Reade 1982; Barbanes 1999: 83-6; Novák 1999: 129-140; Oates ve Oates 2001: 27-35. Ne yazık ki tarihleme için yerleşim alanında kapsamlı bir topografik araştırma yürütülmemiştir. Curtis (1997: 142) "kentin tamamının eşyükselti şemasını çıkaran ve yüzey çanak çömlek taraması yürüten"

nehirlerinin birleştiği yerin 8 km kuzeyinde, Dicle taşkın ovasının doğu kıyısındaki bir konglomera teras üzerine inşa edilmiştir (ŞEKİL 25). Aşağı kentin 7,5 km uzunluğundaki sur duvarı yaklaşık 360 hektarlık bir alanı kaplar (ŞEKİL 36). Aššur-nasirapli'nin kale tipi yerleşimi, 20 hektarlık bir alana sahip yüksek bir erken tunç çağı höyüğü üzerine inşa edilmiştir ve Dicle Nehri'nin antik yatağına tepeden bakan yamacın kıyısında yer alır (ŞEKİL 37). Kentin güney ve güneydoğu sınırları da doğuya akan Dicle'nin derin ayağıyla sınırlandı.[22] Kentin güneydoğu kenarındaki aşağı kent istihkâmları Tulul al-'Azar Höyüğü'nü çevreler. III. Şalmaneser (Šulmānu-ašared) tarafından inşa edilen "Şalmaneser Kalesi," ekal māšarti ("teftiş sarayı"), bu höyük üzerinde yer alırdı (ŞEKİL 38). Kentin hareketli güney ve batı sınırlarının aksine kuzey ve doğu sınırları, alçak ova üzerine dik açılı yerleştirilmiş kent surlarıyla tanımlandı.

Nehir kıyısında iki belirgin topografik yükselti olarak üst üste binen iki kale tipi yerleşim düzeni, asıl yukarı kent ve *ekal māšarti*, Kalhu'nun kentsel yapısına özgün bir mekânsal tanım kazandırmıştır. Simetrik bir şekilde siyasi otoritenin iki denge unsuru olarak düzenlenen, bir tarafta Kuzeybatı Sarayı'nın yer aldığı yukarı kent ve anıtsal tapınak kompleksleri, diğer tarafta ekal māšarti, kentsel peyzaja egemen olmuş ve devlet gösterilerinin önde gelen iki sahnesi işlevi görmüştür. Bu kent düzeni, demir çağında Asur başkentlerinin en ayırt edici özelliklerinden biriydi ve MÖ 8. ve 7. yüzyıllarda Dur Šarrukin ve Nīnuwa'nın planlarında da tekrarlanmıştır (Winter 1993: 31). Dur-Šarrukin'de "F Sarayı", ana kaleden ayrı ve onunla eşzamanlı olarak, kentin güneybatı sınırı boyunca uzanan yapay bir platform üzerine inşa edilmiştir ve büyük olasılıkla ekal māšarti olarak hizmet verecek bu yapı, aşağı kentin tahkim duvarları ile sınırlandırılmıştır.[23] Sennaherib'in (Sînahhī-erība) Nīnuwa'sında Koyuncuk Höyüğü üzerindeki yukarı kenti Tel Nebi Yunus'taki kompleks ile tamamlanmıştır; diğerleriyle benzer şekilde ekal māšarti asıl kale yerleşimden ayrı yerleştirilmiş ve tahkim edilen kent sınırı boyunca yükseltilmiştir.[24] Daha sonra ele alacağım gibi, Asur kentsel biçimindeki bu anıtsal ikilik Asur kentlerinde törensel etkinliğin ikili doğasını tasvir eder: Biri devletin kraliyet törenleri ve kült festivalleri, diğeri askeri geçitler ve zafer alaylarıyla ilişkilendirilir.

"Paolo Fiorina'nın yönlendirdiği Centro Scavi, Turin'den bir İtalyan ekibin" çalışmasından bahseder, ancak bildiğim kadarıyla bu çalışmanın sonuçları hiçbir yerde yayımlanmamıştır.

22 Bugünkü adıyla Vadi al Şauf. Felix Jones'un haritasında Shor Derreh olarak işaretlenmiştir. Bkz. Reade 1982: fig. 74; ayrıca Oates ve Oates 2001: 27; Novák 1999: Abb. 22.

23 Loud ve Altman 1938. Nimrūd ve Horsabad yerleşim planlarının bir karşılaştırması için, *ekal māšarti* komplekslerine özel referans ile bkz. Matthiae 1994. Nimrūd ve Horsabad *ekal māšarti*leri arasındaki mimari benzerlikler için bkz. Al-Khalesi 1977: 78-80.

24 Bkz. örneğin, Reade 2000: 388-433; özellikle 419-20.

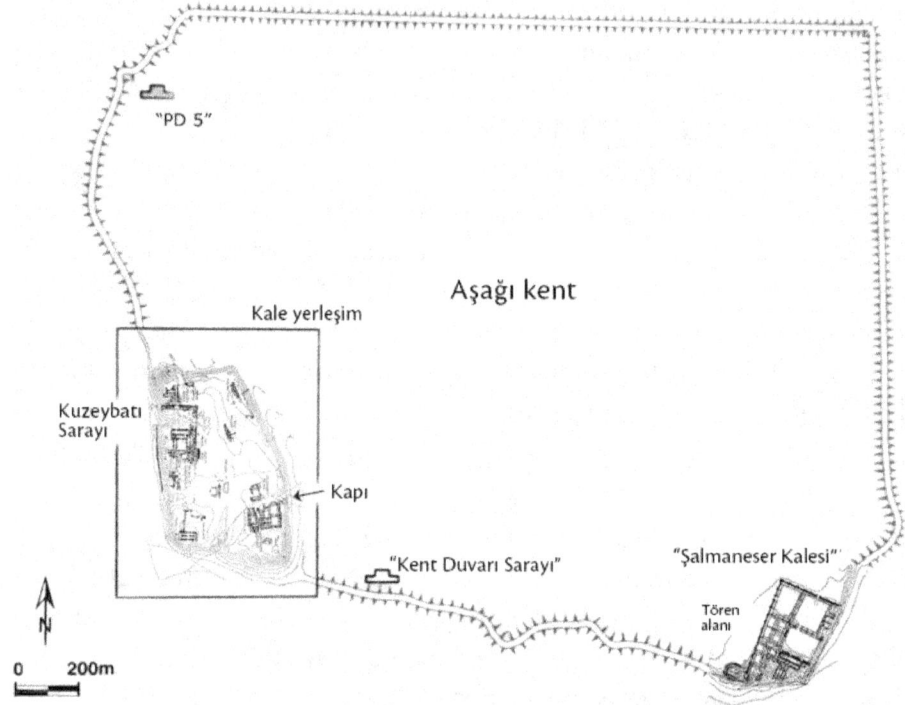

ŞEKİL 36 Kalhu (Nimrūd) kent planı (Mallowan 1966: fig. 1, s. 32'den uyarlanmıştır). British Institute for the Study of Iraq'ın izniyle, http://www.bisi.ac.uk.

Kalhu'nun kent topografisinde aşağı kentle ilgili arkeolojik olarak çok az bilgi vardır. Araştırmacılar ilk gözlemlere dayanarak olası iki aşağı kent kapısı olduğunu ileri sürer: Kuzey duvarı üzerinde, kuzeybatı köşesinin 500 m doğusundaki Nīnuwa Kapısı ve ekal māšarti'nin tam kuzeydoğusundaki Doğu Kapısı (Oates ve Oates 2001: 28).[25] Doğu Kapısı, doğu-batı ekseninde uzanan sokak üzerinde kale yerleşimde arkeolojik olarak bilinen tek kapıyla –Nabu tapınak kompleksinin hemen kuzeydoğusundaki– aynı hizadadır. Bu kapı geçişinin yanlarında, III. Šulmānu-ašarēd'in yazıtlarını (MÖ 855 yılından) taşıyan anıtsal alçıtaşı aslan heykelleri yer alırken taş levhalarla döşeli geniş cadde bu kapıdan geçer ve Nabu Tapınağı ile "Yöneticinin Sarayı"ndan ilerleyerek aşağı kenti kalenin merkezine bağlardı.[26] Kale yerleşim ve aşağı kent arasındaki kot farkını dengelemek için cadde, parke taş kaplı

---

25 Layard aşağı kentin kuzey duvarı boyunca elli sekiz, doğudaki boyunca elli ufak höyük gözlemledi. Bunlar büyük olasılıkla payanda, kule ve kapı izleridir. Ninova Kapısı'nın olası yerleşim alanında kısa süreli bir kazı yapmış, ancak başarılı olamamıştır (aradığı heykelleri bulamamıştır). Layard 1853a: 656-7.

26 Kapı genişliği 4,5 m ve sokak yer yer 6 m'den fazla genişlikteydi. Bkz. Oates ve Oates 2001: 31; Reade 2002b: 138.

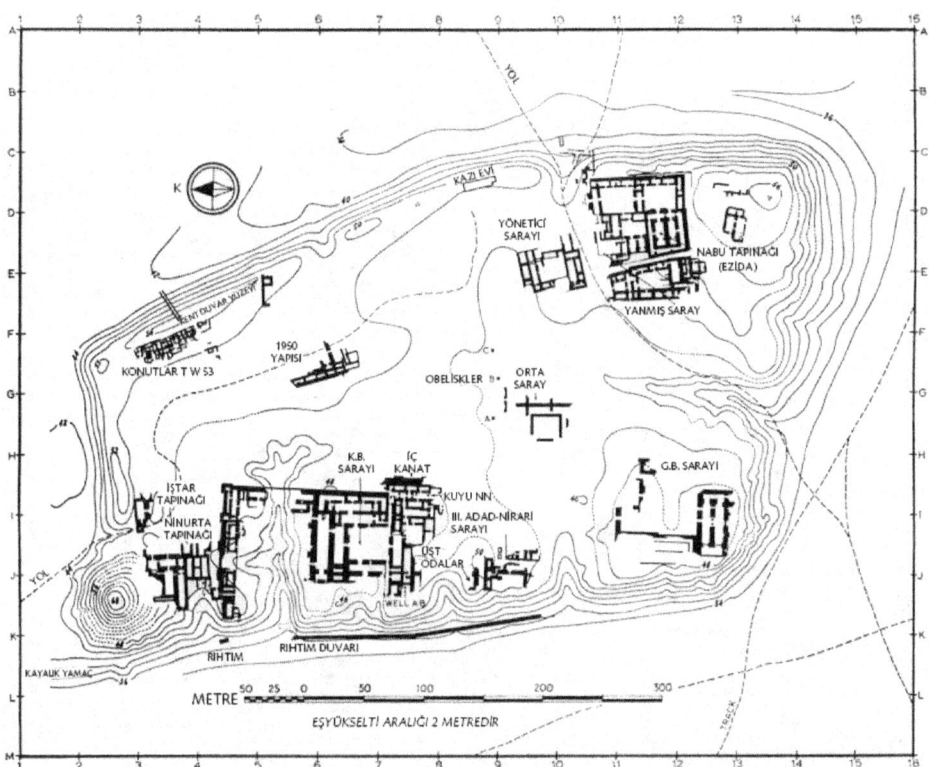

ŞEKİL 37 Kazı yapılan kalıntılar ile Kalhu (Nimrūd) kale yerleşimi planı (Mallowan 1966: fig. 1, s. 32). British Institute for the Study of Iraq'ın izniyle, http://www.bisi.ac.uk.

bir rampa şeklinde yapılmış ve kapıya kadar sabit bir açıyla yükselmiştir (Mallowan 1952: 3). Çakıltaşı ve alçı bloklarla döşeli bir diğer cadde, kale yerleşimin aşağı kent tarafındaki doğu duvarının alt çizgisini takip ederdi (Mallowan 1966: 76). Kale tipi yerleşimin içine geçiş sağlayan ikinci büyük kapı büyük olasılıkla güney duvarının ortasında, topografik haritalarda "Güneybatı Sarayı" ile "Yanmış Saray" arasında vadi erozyonunun görüldüğü noktadaydı.[27] Durum buysa iki ana cadde (kalenin Doğu ve Güney kapılarından geçen), "Merkezi Yapı" alanı çevresinde bir yerde, tam da bir dizi "obelisk" kamusal anıtının çıkarıldığı geniş açıklık alanda buluşacaktır (Reade 1980a: 2).

Aššur-nasir-apli'nin dünyaca ünlü Kuzeybatı Sarayı, kale tipi yerleşimin kuzeybatı sınırına doğru ve Dicle'nin antik yatağına tepeden bakan yerde, sağlam bir kerpiç

---

27 Bu vadi sıklıkla Hormuzd Rassam'ın kaydettiği bir kapı yapısı ile ilişkilendirilir. Rassam, kesmetaş işçiliği ve pişmiş tuğla kemerli yolla tanımlanan eğimli bir geçit yolu tarif etmiştir. Bkz. Postgate ve Reade 1980: 307; Oates ve Oates 2001: 31; Rassam 1897: 226.

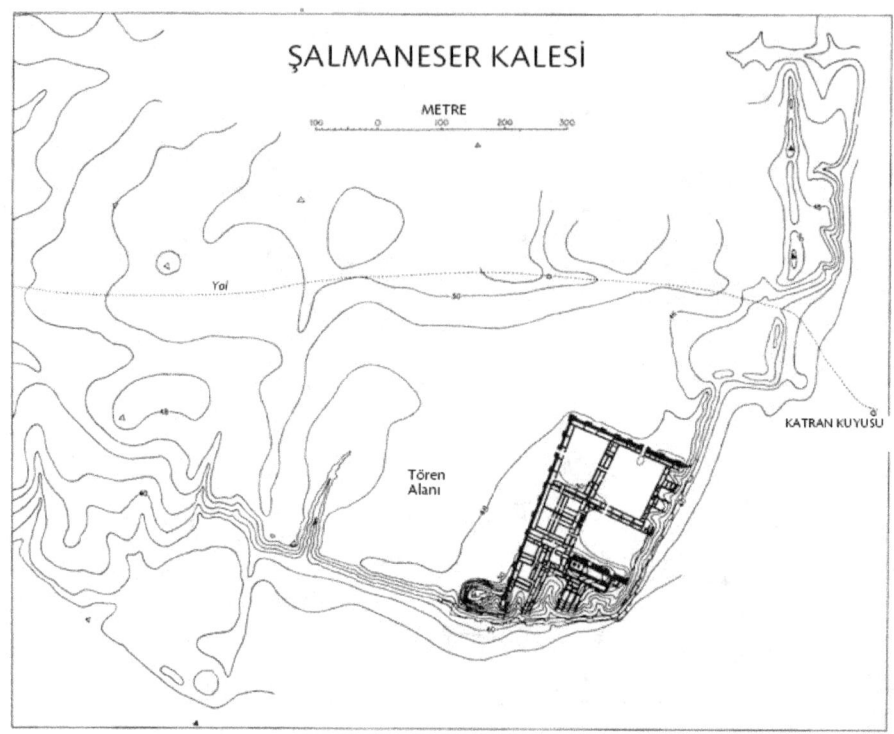

ŞEKİL 38 Kalhu (Nimrūd) "Şalmaneser Kalesi" (III. Şalmaneser ekal ma'sarti) planı (Oates ve Oates 2001: fig. 90, s. 144). British Institute for the Study of Iraq'ın izniyle, http://www.bisi.ac.uk.

platform üzerine inşa edilmiştir (**ŞEKİL 34**).[28] Saray platformu, batıdaki toprak dolgu üzerine ince işlenmiş büyük kalker bloklarla inşa edilen devasa bir "rıhtım duvarı"yla desteklenmiştir (**ŞEKİL 39**). Kentin sadece kerpiçle inşa edilen geri kalan tahkimatlarıyla karşılaştırıldığında bu istisnai bir işçilikti.[29] Genel mimari yerleşim planında

---

28 Kuzeybatı Sarayı üzerine yazılanlar oldukça fazladır. Arkeolojik raporların özet tanımı ve bibliyografyası için bkz. özellikle Postgate ve Reade 1980: 304-7 ve 311-4; Oates ve Oates 2001: 36-70. Mallowan ve ekibinin yapıdaki çalışması üzerine bkz. Mallowan 1966: 93-121. Anıt yazıtlarının bağlamları üzerine bir tartışma için bkz. Russell 1999: 9-63. Kabartma yontular Meuszyński 1981; Paley ve Sobolewski 1987 ve 1992'de yayımlandı. Anlatı kabartma programının eleştirel tartışmaları için bkz. Winter 1981a, 1983b. Kabartma temsilleri ve yontmaların kutsal ve törensel önemi üzerine bkz. Ataç 2010. Duvar boyamaları için bkz. Tomabechi 1986.

29 Mallowan 1966: 76-82. Mallowan'ın ekibi, aşağı kentin sur duvarları ve kale yerleşimin doğu duvarında sınırlı basamaklı hendek araştırması yaptı. "Kent Duvarı Sarayı" alanında ve Şalmaneser Kalesi yanında kısa bir bölüm kazıldı ve büyük bir kerpiç duvar ortaya çıkarıldı (Mallowan 1957: 4). Doğu kale duvarının 37 m genişliğinde olduğu ve en az 13 m yüksekliği koruduğu görüldü (Mallowan 1966: 76).

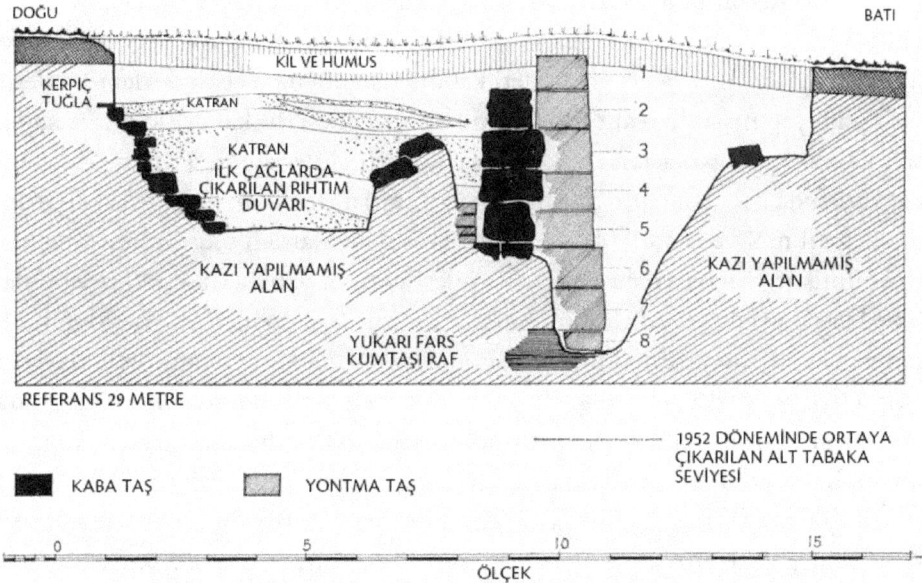

ŞEKİL 39 Kalhu (Nimrūd) Rıhtım duvarı kesiti (Mallowan 1966: fig. 31, s. 78). British Institute for the Study of Iraq'ın izniyle, http://www.bisi.ac.uk.

Kuzeybatı Sarayı, 2. binyıl Mari, Aššur ve Kār-Tukultī-Ninurta seleflerinde benzeri olmayan bir mekânsal ve arkitektonik karmaşıklık barındırır.³⁰ Sarayın arkitektonik unsurları ve yontu programı Altıncı Bölüm'de ayrıntılı olarak ele alınıyor. O bölümde tüm kompleksin mekânsal, görsel ve yazılı bir anlatı haline getirildiği ve bu durumun hem imparatorluk topraklarının genişlemesini anıştıran hem de devletin refahının devamlılığını sağlayan törenlere hizmet ettiği iddia ediliyor.

Aššur'da daha eski örnekleri olsa da, mevcut arkeolojik bilgimizle baktığımızda saray kompleksinin *babānu* ve *bītānu* avluları³¹ biçiminde düzenlenmesi ve bunların

---

30 Bu durum, I. Tukultī-Ninurta'nın Aššur'daki sarayları ile Kār-Tukultī-Ninurta, I. Tukultī-apil-ešarra'nın Aššur'daki sarayı ve diğer erken demir çağı yapılarının arkeolojik olarak daha az tanınması olgusundan kaynaklanan bir yargı olarak kabul edilebilir. Ne var ki Aššur-nasir-apli'nin sarayındaki ortostatik ve yontu programının yenilikçi karakteri genel olarak araştırmacılar tarafından kabul edilmektedir.

31 Bkz. "bītānu," başlığı altında, *CAD* B: 274-5. Orta ve yeni Asur metinlerinde görüldüğü gibi çoğunlukla É-*nu* ya da É-*a-nu* olarak yazılır ve genellikle "iç bölüm, iç mekân" anlamına gelir. Kelimenin mimari-idari bir terim olarak daha özel anlamı CAD'de "bir saray ya da tapınağın iç tarafı" ya da "bir saray ya da tapınağın iç tarafına bağlı personel" olarak verilir. *Bītānu*'yla ilişkili olarak *babānu* kullanımıyla ilgili daha az bulgu var gibidir. Bkz. "babānu" başlığı altında, *CAD* B: 7. Oppenheim özellikle sonraki yeni Asur (8. ve 7. yüzyıllar) krallık metinlerine referansla bu iki kelimeyi mimari terimler olarak ele almıştır. *Bītānu*'yu yeni

anıtsallaştırılmış bir taht odasıyla ayrılması Kuzeybatı Sarayı planında billurlaşmış gibidir. Geniş kamusal avlu (*babānu*) kompleksin kuzey ucuna yerleştirilmiş ve kralın yabancı erkân ve yerel görevlileri kabulü gibi büyük ölçekli devlet törenlerine ev sahipliği yapmıştır. B Taht Odası'nın kuzey cephesi dikkat çekicidir ve kapılar insan kafalı dev boğa, aslan heykelleri ve kanatlı cinlerle bezenmiştir. Cephenin aşağı yarısında kabartma programlarıyla ortostatlar diziliydi. Buradaki kabartmalarda değerli mal ve egzotik canlılar taşıyan yabancılardan oluşan bir tören alayı resmedilmiştir (Meuszyński 1979). Vergileri getiren yabancı konuklar ve onlara eşlik eden saray görevlilerinin bire bir ölçekli figürleri, doğudan ve batıdan kralın tören ve kabullerde yerini aldığı cephenin ortasına kadar uzanan tören alaylarında bir araya gelir (Russell 1998: 713). Ziyafet Steli'nin bulunduğu oda doğrudan bu tören mekânına açılırdı. Sarayın halka açık ana cephesinin görsel programı, Asur kralının yabancı diyarlardan gelen vergi ve egzotik eşyaların alıcısı olarak resmedildiği bir devlet gösterisi tasvir ederdi.[32] Sarayın B Taht Odası güneyindeki *bītānu* avlusu etrafında düzenlenen merkezi bölümün, buradaki kutsal ağaçlar, tufan öncesi apkallu bilgeler ve diğer kanatlı mitolojik canlılar ve kral imgeleriyle kabartma programlarının vakur ve ritüel karakteri göz önüne alındığında, kralla ilişkilendirilen daha ezoterik ritüel bir işlevi vardı (Ataç 2010). Kamusal avluda ve B Taht Odası'nda yer alan anlatı kabartmalarının dolaysız, siyasi olarak yüklü ve olaylı doğasıyla keskin bir karşıtlık oluşturan bu programların esrarlı arkaizmi, saray mimarisini Mezopotamya'da Tufan öncesi atalar dönemine bağlar.

Aššur-nasir-apli'nin Kalhu'daki inşaat projesinin en önemli başarılarından biri Nimrūd kale yerleşiminin kuzey ucuna yapılan bir dizi kült kompleksin planlama ve inşasıdır: Ninurta Tapınağı, Ištar Kidmuru Tapınağı ve Šarrat-niphi Tapınağı (ŞEKİL 40). Kült mahallerden oluşan geniş alanın tümleşik tasarımına bir dizi tören

---

Asur'un geç dönem saraylarının kral bahçeleri ve onların içindeki *bīt hilāni* adı verilen sütunlu yapılarla ilişkilendirmiştir. Aššur-nasir-apli'nin Ziyafet Steli tapınak ana geçişlerine (*ina babānišina*) takılan sedir ağacı kapıları tasvir eder. Yazılı ve arkeolojik bulguların daha ayrıntılı bir incelemesi olmadan sonuca ulaşmak zor, ancak *babānu*'yu anıtsallaşmış kapı yapıları içeren mimari bir dış mekân/cepheyle (örneğin Ninurta ve Šarrat-Niphi tapınak cephelerini göz önüne alarak) ilişkilendirmek daha güvenilirdir. *Bītānu*, diğer taraftan, genel olarak bir mimari iç mekân kavramına gönderme yapar ve saray kompleksinin kamusal olmayan mekânlarıyla pekâlâ ilişkilendirilebilir.

32 Mallowan vergi taşıyanları "Anadolu (?) figürleri" olarak tanımladı (Mallowan 1966: 103); Winter kıyafetlerine ve taşıdıkları eşyalara bakarak onları Kargamış, Bīt Adini ve Fenike ile ilişkilendirdi (Winter 1981a: 17). Ne var ki bu vergi taşıyan figürlerin kimliklerinin belirsiz olması ve eşyalarının, kıyafetlerinin ve vücut hareketlerinin müphem egzotikliği üzerine yapılan vurgu, krallık bahçesi ve açılış ziyafetiyle ilgili olarak, yukarıda ele alınan Ziyafet Steli yazıtındaki krallık retoriğiyle daha uyumludur.

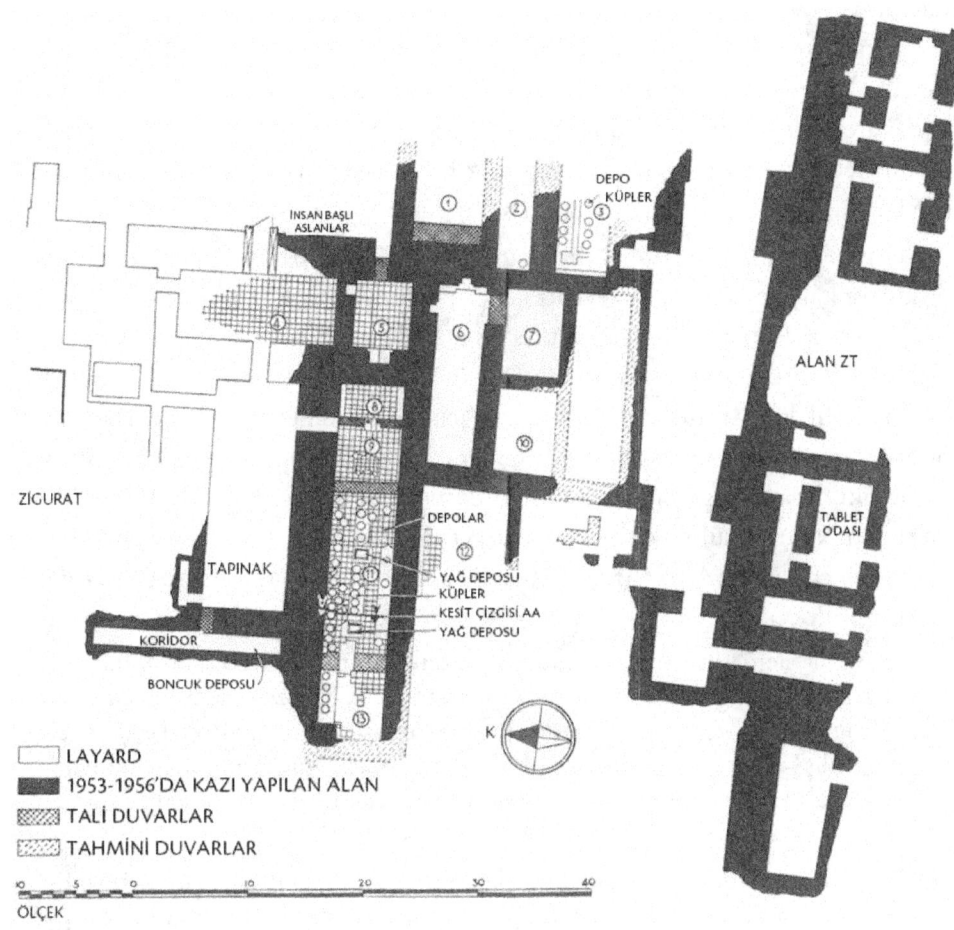

ŞEKİL 40 Kalhu kale tipi yerleşiminde Kalhu (Nimrūd) Ninurta Tapınağı planı (Mallowan 1966: fig. 35, s. 84). British Institute for the Study of Iraq'ın izniyle, http://www.bisi.ac.uk.

avlusu dahildir. Bu avluların çevresine Sîn, Enlil, Adad ve Gula gibi diğer tanrılar için tapınaklar yerleştirilmiştir.[33] Kült kompleksler, kralın gösterişli kompleksi ile yakın bir mimari, topografik ve ideolojik ilişki içinde inşa edilmiştir. Muhtemelen ziguratın hemen güneybatısında bir kale kapısına uzanan dar sokak, babānu avlusu-

---

33 Reade (2002b), British Museum'daki arşiv materyalinde Nemrut kale yerleşimindeki zigurat ve tapınaklara ait arkeolojik bulguları titizlikle incelemiştir. Bu tapınaklardan bazıları hakkında ne kadar az mimari bilgimiz olduğu düşünülürse onun çizdiği tapınak kompleksleri rekonstrüksiyon planlarının (2002b: fig. 2) aşırı iddialı olduğunu belirtmeli. Ayrıca bkz. Oates ve Oates 2001: 107-10. Kuzeybatı Sarayı ve tapınak komplekslerindeki mimari süreklilik üzerine bkz. Van Driel 1969: 14.

nun kuzey duvarı ile Ninurta tapınak kompleksi duvarlarını birbirinden ayırmıştır.[34] Bunlara ilaveten, Kuzeybatı Sarayı'ndaki anlatısal kabartmaların görsel programı, tapınak alanlarındaki ortostat programları ve kamusal anıtlarda kullanılan görsel söz dağarcığıyla yakın bir ilişki tarif eder. Kale yerleşimin kuzeybatı bölümünün tamamı tek bir mimari grup ve kesintisiz bir görsel anlatı programı oluşturmak amacıyla birbiriyle uyumlu planlanmış olmalıdır.

Ninurta Tapınağı ve onunla ilişkili zigurat, kült kompleksin en etkileyici kalıntılarıdır ve kale yerleşimin kuzeybatı kenarında yer alırdı (ŞEKİL 40). Savaş, tarım ve bilgelik tanrısı olan Ninurta kültü, orta Asur kralları arasında yavaş yavaş öne çıkan bir kraliyet kültü olarak önem kazanmış ve Aššur'un oğlu olarak kabul edilmiştir. Belki "tanrısal dünya düzeninin savunucusu" olarak nitelendirilmesi nedeniyle Ninurta kültü, krallık kurumuna yakından bağlıydı.[35] II. Aššur-nasir-apli MÖ 9. yüzyılın başında iktidara gelir gelmez krallık retoriğini yeni kurulan Kalhu'nun kent tanrısı ilan edilen Ninurta kültüyle uyumlu hale getirmiştir. Ninurta üzerine yapılan yakın dönemli bir çalışmada Amar Annus (2002: 5) kültün farklı niteliklerini şöyle tanımlar:

> Kral olarak Ninurta siyasal ve doğal alanlarda pek çok öğenin doğru ve başarılı işlemesinden sorumludur. Kozmik düzenin dengesi bozulduğunda onun yardımı gerekir ve tanrılar arasında bir tek o düzeni yeniden kurmaya muktedirdir. Yeni bir çağ getiren yeniden yapılanma, aynı anda "yeni bir yaratılış" olarak da görülebilir. Bu sadece fiziksel güç değil, aynı zamanda zihinsel güç de gerektirir ve bu sebeple Ninurta, hem savaşta hem düşüncedeki dillere destan hızıyla bir bilgelik tanrısıdır.

Yeni bir dünya düzeni kurma ve yeni bir kültürel zenginlik yaratma bilgeliğiyle ikiye katlanan Ninurta'nın askeri karakteri, Aššur-nasir-apli'nin krallık retoriği ve onun kültürel yenileme programıyla dikkat çekici biçimde uyumludur.

Aššur-nasir-apli tarafından inşa edilen Ninurta Tapınağı, zigurat kalıntılarının hemen güneydoğusunda ortaya çıkan anıtsal bir komplekstir.[36] Buraya taş kaplı bir avludan ulaşılırdı ve yapının etkileyici bir cephesi vardı (ŞEKİL 41). Geçit yollarından ikisinin yanlarında insan başlı ve kanatlı devasa aslanlar (yaklaşık 5 m yüksekliğinde) ve bu geçit yollarının yanlarında mitolojik apkallu'yu gösteren üst üste üç kaydın yer

---

34 Böyle bir kapının varlığı için Layard'ın alanda açtığı yarıktan elde edilen bulgular üzerine bir tartışma için bkz. Reade 2002b: 140, fig. 4; Layard 1853a, Part II: 123ff.

35 Annus 2002: 5. Ayrıca bkz. Black ve Green 1992: 142-3; Streck 2000: 512-22; Braun-Holzinger 2000: 522-4.

36 Ninurta tapınağı üzerine bkz. Reade 2002b: 167ff; Oates ve Oates 2001: 107-110; Postgate ve Reade 1980: 308; Meuszyński 1972; Mallowan (1966: 84-92) tapınak içinde daha önce kazı yapılmış bazı odalarda yeniden kazı yapmış, ancak Layard tarafından iyi anlaşılmamıştır 1853: 328-62.

ŞEKİL 41 Kalhu kale tipi yerleşiminde Kalhu (Nimrūd) Ninurta Tapınağı. F. Cooper'ın tapınak girişi çizimi (Layard 1853b: 351. John Hay Kütüphanesi'nin reprodüksüyonu, Brown Üniversitesi).

aldığı duvar levhaları bulunurdu. Bu kapı geçişi tasarımı, Kuzeybatı Sarayı'ndaki B Taht Odası'na giden ana kapınınkine çok benzer (bkz. özellikle Paley ve Sobolewski 1992: fig. 4.3, Giriş ED-e). Apkallu ortostatlarının önünde, altar ya da heykel tabanı olarak kullanıldığı düşünülen kare şeklinde kaideler yer alır (Layard 1853a, Bölüm II: 348). Cephenin geri kalanında cilalı tuğla kullanılmıştır (Reade 2002b: 168). Aššur-nasir-apli'nin bir podyum üzerine yükseltilmiş ve önünde bir altar bulunan devasa steli "Büyük Monolit" de Ninurta avlusunun bu cephesi yanında bulunmuştur.[37] Büyük Monolit yazıtı kralın hükümdarlığının beşinci yılına (MÖ 878) tarihlenir ve kralın Kalhu'nun kuruluşuyla ilgili bilgi vermeye başladığı ilk anma yazıtıdır.

Ninurta Tapınağı'ndaki kült odaların ortostalarına ve döşeme levhalarına Aššur-nasir-apli'nin ve bütün Asur tarihi kayıtlarının en uzun anıt yazıtları oyulmuştur. Bu vakanüvistik anlatı metninin ii. sütununda Ninurta Tapınağı'nın inşasına dair kısa bir bildiri sunulmaktadır:

> Efendim Tanrı Ninurta için bir tapınak [...] yaptırdım. O süre içinde kalbimin belleğiyle görerek [hissat libbiya = belleğe dayalı beceri, bilgelik] dağın en iyi taşları ve kırmızı altından, yüce tanrısallığının daha önce var olmayan bir *lamassu* imgesi [Dlamma DINGIR-ti-šu GAL-te], Tanrı Ninurta'nın bu imgesini [ALAM DMAŠ] yarattım. Onu Kalhu kentindeki yüce tanrım kabul ettim. Šabāʾu ve Ulūlu aylarında onun için festivaller düzenledim. Bu É.KUR'u her tarafta kurdum. (Grayson 1991: 212, metin A.0.101.1, sütun ii, satır 132-4)

Kazıda ortaya çıkarılan Ninurta Tapınağı'nın ilginç mimari karakteri, burada Aššur-nasir-apli'nin Ninurta'nın görsel temsilini yenileme iddiasıyla önemli ölçüde tamamlanır. Kuzey tapınağının (Mallowan tarafından incelenmemiş) girişinde, iki kapı sövesi ortostatında yer alan mitolojik sahnede Ninurta, üççatallı yıldırım tutan ve genellikle Sümer mitolojisine göre Kaderler Tableti'ni çalan ve dünyevi düzeni bozan Anzû'nun geç bir biçimi olarak kabul edilen bir aslan-grifon kovalayan insan biçiminde tasvir edilir (ŞEKİL 42).[38] Ninurta tapınak yazıtında görsel yenilik olarak bahsedilen tam da bu imge olabilir. Bu sahne bize, söylentiye göre Asur akītu evi kapılarında resmedilmiş olan Aššur'un Tiâmat ile kavgası temsillerini anımsatır,[39] ancak bu konuya daha sonra değineceğim. Ninurta'nın antropomorfik temsili, dünya

---

37 "Nimrūd Monoliti" olarak da bilinir. Yazıtın basımı için bkz. Grayson 1991: 237-54; metin. A.0.101.17. Stel bugün British Museum'dadır (WA 118805).

38 Bu aslan ejderha Tiâmat ya da Asakku olarak da tanımlanmıştır. Bkz. Green 1994: 246-64; özellikle 258. Özellikle elinde tuttuğu üç çatallı yıldırım dikkate alındığında Ninurta burada Fırtına Tanrısı/Adad'a açık bir ikonografik göndermeyle betimlenir ve bu Suriye-Hitit kentlerindeki yayılmacı Fırtına Tanrısı kültünün Aššur-nasir-apli'nin kültle ilgili politikalarına yansıdığını gösterebilir.

39 Pongratz-Leisten 1997a: 245-6; Annus 2002: 94-101; Lambert 1963.

ŞEKİL 42 Kalhu (Nimrūd) Ninurta Tapınağı ortostatı: Ninurta Anzu kuşunu izliyor. Çizim. (Layard 1853b: 351. John Hay Kütüphanesi'nin reprodüksüyonu, Brown Üniversitesi).

üzerinde düzeni tesis etme rolüne sahip kral imgesi için kavramsal bir metafor işlevi görür. Aššur-nasir-apli'nin Ninurta kültünü kendi krallık ideolojisi bünyesine dahil etmesi, kral ve tanrının birçok sıfatı paylaştığı Aššur-nasir-apli'nin vakanüvistik metinlerinde kralın personasının Ninurta ile yakından bağlantılı temsil edilmesinde de görülür (Annus 2002: 96-7). Özetle, Ninurta kültünün Kalhu'nun hami tanrılığı mevkiine yükselmesi önemsiz değil, kralın kültürel yenileme programındaki önemli bir yeniliktir ve Kalhu'nun inşasındaki mimari biçimde maddileşir.

Ninurta kültü akītu festivaliyle de ilişkilendirilirdi. Festival kutlamaları Kalhu'nun kült peyzajını önemli ölçüde yapılandırmış olmalıydı. 3. binyıl ortasından itibaren Mezopotamya'da akītu, bahar ekinoksunda yapılan ve on iki gün süren (Nisannu'nun birinden on ikisine kadar) önemli bir festivaldi.[40] Babil'deki *akītu* törenlerinde, Marduk kült imgesinin kent surlarının dışındaki akītu mabedine gidiş ve törensel dönüşünü içeren ritüel geçit, kralın kutsal görevlerinin yeniden onanması, Yaratılış Efsanesi'nden bölümler sahnelenmesi, şölen ve kentin gönenci için dünya düzeninin yeniden kurulması yer alırdı. Nippur'da Ninurta onuruna bir *akītu* festivali kutlanır, bu festivalde Ninurta'nın "zafer kazandığı savaşlardan şanlı dönüşü" sahnelenirdi (Annus 2002: 61-76, özellikle 63). Asur'da Šarrukin'den önce *akītu* ile ilgili bulgular sınırlı; ancak Aššur'da en geç I. Tukultī-Ninurta zamanından itibaren *akītu* festivali her yıl kutlanırdı (Cohen 1993: 418; van Driel 1969: 165). Pongratz-Leisten (1994,

---

40 *Akītu* üzerine bkz. Black 1981; Black ve Green 1992: 136-7; Cohen 1993: 400-53; Pongratz-Leisten 1994 (George 1996 ve Lambert 1997'de incelendi); Bidmead 2002; Novotny 2002.

1997a) MÖ 1. binyılın başında Asur'da *akītu* törenlerinin belirgin biçimde siyasileştiği ve bölgesel denetimi imleyen zafer alayları biçiminde olduğunu ileri sürer. Zaferle ilgili *akītu*, yeni Asur çekirdeğinin Aššur, Nīnuwa, Kilizi, Arbela ve Kalhu gibi kentlerinde olduğu gibi Harrānu, Kurbail ve Dēr gibi önemli sınır kentlerinde de düzenlendi.[41] Kalhu kale yerleşiminin güneydoğu sınırında konumlanan ve Aššur-ahe-iddina (Esarhaddon) (MÖ 680-669) hükümdarlık dönemine tarihlenen Nabu tapınak kompleksinin kuzeybatı kanadında yapılan kazıda mektuplardan oluşan bir arşiv ortaya çıkarıldı. Mektuplarda MÖ 7. yüzyılda yapılan akītu festivaline dair gözlemler yer alır (Oates ve Oates 2001: 119-23). Eskiçağda É.zi.da olarak bilinen Nabu Tapınağı, daha ufak ölçekte II. Aššur-nasir-apli tarafından inşa edilmiş olabilir, ama Mallowan'ın takımının kazı yaptığı çok tapınaklı anıtsal kompleks, büyük ölçüde III. Adad-nīrāri zamanında (MÖ 810-783) kurulmuştur.[42] V. Šamši Adad'ın (MÖ 823-811) Ninurta Tapınağı'na yerleştirilen bir anma steli Nabû Tapınağı'nda bulunmuştur. Bu durum, MÖ 8. ve 7. yüzyıllarda Asur dinsel ideolojisindeki kült odağının Ninurta'dan Nabû'ya kaydığını ima eder.[43] Her durumda Kalhu'da, büyük olasılıkla MÖ 9. yüzyılda Ninurta ve 8. ile 7. yüzyıllarda Nabû ile ilişkili zafer *akītu*'su düzenlendiğini gösteren bulgular vardır (Postgate 1974b).

Kalhu'da Ninurta'ya adanan festivallerin (Ulūlu ve Šabā'u) karakteri hakkında net bir yazılı bilgi olmamasına rağmen II. Aššur-nasir-apli ve III. Šulmānu-ašarēd zamanındaki zafer geçitlerinin Aššur ve Ninurta kültleri ile siyasi söylemi kaynaştırdığını ileri sürmek olasıdır. Askeri seferlerden elde edilen ganimet, vergi ve esirlerle Aššur, Kalhu ve Nīnuwa gibi Asur kentlerine dönüş, önemli devlet gösterileri haline gelmiş olmalıdır.[44] Kralın Aššur Ülkesi'ne zaferle dönüşü, orta ve yeni Asur metinlerinde temsil edilen söylencesel bir anlatı olan Ninurta'nın savaşlardan sonra Nippur'a dönüşündeki mitolojik akītu geçidi olarak betimlenmiştir (Annus 2002: 64). Kalhu'nun kent yapısı, Ninurta Tapınağı ve simgesel olarak yüklü mekânlarda

---

41 *Akītu* hakkındaki yazılı bulgular büyük ölçüde mektuplardan elde edilir, bkz. Pongratz-Leisten 1997a. *Akītu* ve Kalhu'da *akītu* evinin varlığına dair bulgular için bkz. Cohen 1993: 427, note 1. II. Šarrukin ve Sennaherib zamanında Aššur kenti içinde ve dışında Aššur *akītu* evi üzerine bkz. Van Driel 1969: 57-9 ve 162-5.

42 Nabu tapınak kompleksi arkeolojisi üzerinebkz. Reade 2002b: 196-8; Oates ve Oates 2001: 111-23; Mallowan 1966: 231-88; Oates 1957. Bkz. Reade 2002b:198-201.

43 Stel açık biçimde Ninurta'ya adanmıştır. Hormuzd Rassam tarafından Nabû Tapınağı'nda keşfedilmişti. Bkz. Grayson 1996: 180-8 metin A.0.103.1. Nabû Tapınağı önemli ölçüde anıtsallaştığında 8. ve 7. yüzyıllarda Ninurta Tapınağı'nda büyük inşaat etkinliğinin azlığı kült ideolojisindeki kaymayı destekler.

44 Asur bölgesel siyaseti ve dini ideolojisi arasındaki sıkı ilişki üzerine bkz. Holloway 2002 ve Pongratz-Leisten 1999.

yükseltilen kamusal anıtları içine alan kentin çok sayıdaki kült kompleksleri, kamusal alanda ritüel pratik ve askeri başarılara dair bu tür dramatik eylemler üzerinden şekillendirilir. Arbela'da geç Asur kralları kuzeye ve doğuya yaptıkları seferlerden dönerken Milkia'daki "bozkır"da yer alan Ištar'ın bīt akītu mabedini ziyaret ederlerdi. Ištar'ın kült imgesi eşliğinde ve şatafatlı bir erāb āli geçit töreniyle Arbela'ya girerlerdi (Pongratz-Leisten 1997a: 249-50).

Kalhu'da zafer alayları ve askeri geçit törenleriyle en doğrudan bağlantılı yapı kompleksi, III. Šulmānu-ašarēd zamanında yaptırılan ekal māšarti ya da "kışla sarayı" idi: Kale yerleşimin güneydoğu köşesindeki Tulūl al 'Azar Höyüğü üzerinde surlarla çevrili büyük kompleks.[45] Ninova'in Tel Nebi Yunus Höyüğü'nde bulunan Aššur-ahe-iddina'nın (Esarhaddon) altıgen prizma şeklindeki kuruluş yazıtı, ekal māšarti kompleksinin farkedilen işlevinin doğru olduğunu ortaya koyar:

> (Sütun v; satır 40-6): O günlerde askeri kampı düzene sokmak ve savaş atları, katırlar, savaş arabaları, savaş ekipmanları, düşman ganimetleriyle ilgilenilsin diye atalarımdan önce gelen kralların yaptırmış olduğu ekal *māšarti*, atların ileri atılması, savaş arabalarının yol alması için bunların tamamı benim krallığıma tanrıların kralı ᵈAššur tarafından tahsis edildi [...]
>
> (Sütun vi; satır 58-64): İlk ayın zagmukku (Yeniyıl) festivalinde tüm soylu atları, katırları, develeri, koşum takımlarını, savaş ekipmanlarını, bütün askerleri, düşman ganimetlerini, yıldan yıla durmadan oraya yerleştireyim. Bu sarayın içindekileri, krallık nişanımın muhafızı, ruhumu şenlendiren lütufkâr *šēdu* ve lütufkâr *lamassu*, sonsuza dek gözetsin ve sınırlarına sınır koymasın.[46]

Askeri seferlerde ele geçirilen savaş ekipmanları, ganimet ve haraçların deposu olarak *ekal māšarti* bütün zafer geçitlerinin belli ki son durağıydı ve bu olaylar genelde metinde adı geçen *akītu* ya da *zagmukku* gibi belirli kült festivaller biçimini almıştır. Yapı kompleksinde yer alan depolardan elde edilen arkeolojik buluntular, en dikkat çekicileri fildişi oymalar ve metal silahlar olmak üzere prestijli yapıtlardaki etkileyici zenginliği ortaya çıkardı. Askeri geçit törenleri ve devlet törenleri için kullanılan alanlar sarayın inşa edilen sınırlarından çok daha genişti, ancak kompleksin yaklaşık 200 m kuzeyine ve 450 m batısına kadar uzanan duvarlarla çevrili ve açıklık bir alanı içine

---

45 "Şalmaneser Kalesi"ndeki İngiliz kazısının sonuçlarına dair düzgün bir özet için bkz. Oates ve Oates 2001: 144-94; Mallowan 1966, cilt 2.

46 Prizma 1927-1928'de Ninova'de bulunmuş ve Thompson 1931'de yayımlanmıştır. Oates ve Oates 2001: 145'de benzer bir metinden alıntı yapılır. S4 Odası'nın III. Šulmānu-ašarēd kapı sövesi (Læssøe 1959) ya da tablet ND 7067 ve ND 7054 gibi Şalmaneser Kalesi'nde bulunan diğer tablet ve yazıtlar, *ekāl māšarti'ye* işaret eder (Dalley ve Postgate 1984: 49 no 1 ve 65, no 13). Ayrıca bkz. 1958 yılında kazıdan çıkarılan *šakintu*'nun arşivinden ND 7072 ve SE 8 odasından ND 7010 (Dalley ve Postgate 1984: 80, No.30 ve 63, no.12).

alıyordu (Oates ve Oates 2001: 147-8). Kompleks oldukça geniş avlular etrafında düzenlenen ve çok sayıda ofis, işlik ve depoya ev sahipliği yapan dört ana doğrusal çeyrek şeklinde planlanmıştır. Güneydoğu avlusunun güneyine doğru, yüksek cephesiyle anıtsal taht odası ile ona bağlı odalar yer almaktaydı. Bunlar kale surları üzerinde teraslanan güneydeki iki geniş avluya daha açılmaktaydı. Al Khalesi, güney terasında T ve S avlularını ayıran anıtsal üçlü birimin *bīt kispim* olarak işlev gördüğünü ve kralın ataları ululama ve törensel ziyafetle ilişkili kispu ritüeli performansları sırasında kullanıldığını iddia eder (Al-Khalesi 1977). Özetle yukarı kent anıtlarından farklı olarak III. Šulmānu-ašarēd'in *ekal māšarti*'si önemli devlet gösterilerinin yapıldığı en etkin kent komplekslerinden biriydi ve aynı *ekal māšarti* Kalhu'nun törensel mekânlarının fiziksel yapısı içinde Kuzeybatı Sarayı'nın anıtsal üstünlüğünü dengelemiştir.

Obelisk ve Stel: Kamusal Alanın Ritüelleştirilmesi

Asur kentlerinde zafer alayları ve diğer festival olaylarının önemli kentsel mekânları, içinde ya da çevresinde yükselen anıtsal heykeller ve kamusal anıtlar aracılığıyla mekânsal olarak eklemlenen kent kapıları, kamusal meydanlar ve saray ile tapınak avlularıydı. Kalhu'ya dair bu son başlıkta anma *narû* anıtları (steller, obeliskler ve kral heykelleri), apotropaik anıtsal kapı heykelleri ve ortostat kabartma programlarının birlikte kentteki törensel mekânları dokuduğunu ve sürekli güncellenen tarihsel anlatılarla kamusal alanın sınırlarının belirlenmesi üzerinden kamusal mekânın ritüelleştirilmesini olanaklı kıldığını öne sürüyorum. Ortostat kabartma programları ve anıtsal kapı heykellerinin kültürel önemi Beşinci Bölüm'de ele alınıyor. Kentsel ritüellerin işleyişinde kent kapılarının öne çıkan rolü bu bölümün sonunda ele alınıyor ve bunlar, Suriye-Hitit kentlerinden elde edilen arkeolojik ve yazılı bulgulara dayandırılıyor. Bu sebeple devam eden tartışmayı geç Asur kentlerinin kamusal anıtlarla sınırlı tutacağım.

Kalhu'da yukarı kentin hemen hemen ortalarında, bilimsel yazında "Orta Saray" ve "Orta Yapı" olarak bilinen, bir dizi yapı ve anıt çıkarılmış, ancak yapıların mimari yerleşim ve stratigrafisi kesin olarak anlaşılamamıştır.[47] Orta Saray III. Tukultī-apil-ešarra tarafından yaptırılmıştır ve saray, bu alanın batısıyla Kuzeybatı Sarayı'nın iç kanatlarının hemen güneyine doğru uzanırdı. Daha eski olan Orta Yapı, aslen Layard ve Rassam tarafından incelenmiş ve 1974'de Polish Centre for Mediterranean Archaeology tarafından yeniden kazı yapılmıştır. Günümüze kısmen kalan dört dev aslan ve boğa heykelinin alt kısımları ve söylencesel varlıklarla savaşan apkallu figürleri temsilleriyle pek çok kabartma ortostatın olduğu yazıtlar ve anıtsal

---

47 Bkz. Reade 2002b: 196.

kalıntılara dayanarak yapı II. Aššur-nasir-apli'ye tarihlenmiştir.[48] Güneye bakan devasa ölçekli cephenin orta kapısında büyük figürler yer alırdı ve o cephenin gerisindeki bir dizi odanın kapı söveleriyle duvarları boyunca *in situ* ortostatlar bulunmuştur. Ortostatlar ve mimari yerleşimin ikonografisi ile ana fikri Ninurta Tapınağı'na benzer, bu sebeple yapının Aššur-nasir-apli'nin Kalhu'daki inşa projesinde halihazırda kimliği belirlenememiş tapınaklardan biri olduğu ortaya çıkar.[49] Bölgede yapılan kazıda ayrıca Šulmānu-ašarēd'in üzeri yazılı bir çift beş-ayaklı boğa-*lamassu* heykeli çıkarılmış, ancak bunların "Orta Yapı"nın mimari bağlamı ile ilişkisi anlaşılamamıştır (Russell 1999a: 72-9).

19. yüzyılda tam olarak aynı alandan bir dizi obelisk türü anma steli çıkarılmıştır. Bunlardan biri "Rassam Obeliski" olarak bilinir. 1853'de Hormuzd Rassam tarafından toprak altından çıkarılan stel, siyah bazalt taşından günümüze birkaç parça halinde kalmış bir II. Aššur-nasir-apli anıtıdır.[50] Aynı arkeolojik bağlamdan çıkarılan ikinci ve daha iyi tanınan bir anıt, 1846'da Layard tarafından keşfedilen "Siyah Obelisk"tir (Oates ve Oates 2001: 18). Üçüncü olarak bölgede yine II. Aššur-nasir-apli'ye tarihlenen yarım kalmış siyah bazalt bir hadım heykeli bulunmuştur (Oates ve Oates 2001: 71). Meuszyński ve Sobolewski yapının ana cephesinin önünde, doğudaki aslan *lamassu*'nun hemen doğusundaki hücre benzeri mekânda kalker taşından *in situ* bir kaide bulmuştur. Kaide 135 cm'e 115 cm ve 95 cm ölçülerindedir ve üst yüzeyinde 30 cm derinliğinde 70 cm'e 56 cm ölçülerinde bir oyuk yer alır (Sobolewski 1977: 232). Eğer kazıyı yapanların yorumladığı gibi bu kaide bir obelisk tabanı ise Ninurta Tapınağı'nda olduğu gibi II. Aššur-nasir-apli'nin ve III. Šulmānu-ašarēd'in anıtlarının bu kamusal mekânda sergilendiği ve etkileyici bir tapınak cephesiyle ilişkilendirildiğini varsaymak olasıdır.

Obeliskler, erken ve orta demir çağlarında Asur kentlerinde (Aššur, Nīnuwa ve Kalhu gibi) yükselen Asur kamusal anıtlarıdır. Bu anıtların tamamında uzun ve yükseldikçe azalan kesitlerle birlikte dört kenarlarında bulunan yontma işleri ya da yazıtlar yer alır. Bunlar sivrilen, yüksek, tek başına ayakta duran, sütun benzeri, genellikle dörtgen kesitli ve dört tarafına şeritler halinde görsel anlatı sahneleri oyulan stellerdir. Anıtların, ziguratların üstyapısına mimari gönderme olduğu kabul edilen basamaklı uçları vardır. Bu husus onların kültik bağlamlarla olan

---

48 Merkez Bina'daki Polonya kazılarının ön raporları için bkz. Meuszyński 1976a, 1976c; Sobolewski 1977, 1982b. Kabartmalar Meuszyńsky 1976a: levha 8-15'te yayımlandı.

49 Oates ve Oates 2001: 71-2; Kuzeybatı Sarayı'yla bağlantılı saray benzeri bir yapı olabileceğini ileri süren Reade'e (2002b: 196) karşı.

50 Reade 1980a. Stel şu an British Museum'dadır (Env. 118800). Günümüze en iyi şekilde korunarak kalan parçaların genişliği yaklaşık 80-81,5 cm'dir.

ilişkilerini doğrular (Pittman 1996b: 335). Ebla'da bulunan Ištar Steli (Matthiae 1997) ya da Karahöyük, Izgın ve İspekçür'den çıkarılan 12. ve 11. yüzyıl başı Malizi/Melid anıtları gibi (Hawkins 2000), Kuzey Suriye ve Güneydoğu Anadolu'da bu biçimde daha eski örnekleri olan çok sayıda anıt vardır. Asur anıtlarının ilhamı kuzey ve batıdan gelmiş olabilir.

Günümüze iyi koşullarda kalan Asur obelisklerinin sadece bazılarında uzun vakanüvistik yazıtlar bulunur (ör. Siyah Obelisk), ancak hemen hepsinde, belirli sahneleri tasvir eden kısa yazıtlar vardır. Bu pratik, Aššur-nasir-apli ve Šulmānu-ašarēd zamanında rağbet gören bir başka kamusal anıt tipiyle karşılaştırılır: Yaygın olarak İmgur-Enlil (Tel Balawat) kentinden bilinen anıtsal ahşap kapılara bağlanan bronz repoussé kabartmalar. Balawat'taki bronz kapı anlatılarında törensel olayların şahikalarından seçilen sahnelerin altına ilgili olayı, sıklıkla sahnede yer alan belli figürlerin ve olayın geçtiği yerin adıyla birlikte, tanımlayan kısa epigrafik yazıtlar yerleştirilmiştir. Bu sahnelerde kral vergi alır (ya da ordusuyla bir kenti ele geçirir) ve kralın zanaatkârları yabancı peyzajlarda canlı kayalar üzerine imge ve yazılar yontar. Bronz kapı kabartmaları ve obelisk anlatılarının bu özelliği, onların daha geniş bir izleyici topluluğu için yapıldığını ortaya koyar ve bu nedenle burada kamusal anıt olarak kabul edilirler.

Obeliskler çeşitli kentlerde bütün ya da parçalanmış halde bulunmuştur. Bunlara örnek olarak Nīnuwa'da 11. yüzyıldan kalma ünlü Aššur-bēl-kala'nın (MÖ 1073-1056) "Kırık Obelisk"i ve I. Aššur-nasir-apli'ye (MÖ 1049-1031) ait olduğu tahmin edilen "Beyaz Obelisk" verilebilir.[51] Yedi resim bandı ve yirmi sekiz panelden oluşan Rassam obeliskinin görsel programında II. Aššur-nasir-apli yabancı devlet görevlilerinden oluşan tören alaylarından vergi alırken tasvir edilir. Siyah Obelisk, beş kayıtta yirmi kabartma panele sahiptir ve yabancı kralların takdimine ve Gilzānu, Humrî, Suhu ve Patina bölgesel devletlerinden vergi getiren tören alaylarına dair hepsi epigraflarda tespit edilen görsel bir rapor sunar (Grayson 1996: 62-71: metin A.0.102.87-91). Anıtın 190 satırlık vakanüvistik metni, kralın hükümdarlığının ilk otuz bir yıllık döneminde yaptıklarını anlatır. Bu, anıtı kabaca MÖ 828 ya da 827'ye tarihler.[52] Her iki obeliskte de kralın, belli törensel jestler yaparken tasvir edilen imgesi birçok panelde merkezde yer alır.

Obelisk anıtlara benzer şekilde yuvarlak tepeli steller de kült ve gösterişli ortamlara dikilmiştir ve daha yaygındır. Ann Shafer (1998) periferideki yeni Asur anıtları

---

51 "Kırık Obelisk" ve yazıtı üzerine bkz. Grayson 1991: 99-105. "Beyaz Obelisk" üzerine bkz. Reade 1975; Pittman 1996b. Parçalı obelisklerin büyük çoğunluğu Nīnuwa'dan, özellikle Ištar tapınak alanından gelmektedir ve Aššur-nasir-apli ve Šulmānu-ašarēd dönemine tarihlenir. Bkz. Russell 1999b: 244-65. Aššur'dan obelisk parçaları için bkz. Orlamünde 2003.
52 Siyah Obelisk yazıtı için bkz. Grayson 1996: 62-71; metin A.0.102.14.

üzerine hazırladığı tezde, *narû* anıtlarının (kaya kabartmalar ve yuvarlak tepeli steller) sınır yerleşimlerin kent kapıları ile ele geçirilen kent merkezlerine dikildiği ve nehir kaynakları ile göl kıyıları gibi simgesel olarak yüklü peyzajlara yontulduğunu göstermiştir. Kuzeybatı Sarayı'nın *babānu* avlusundaki Ziyafet Steli'nin törenleştirilmiş yerleşimi daha önce ele alınmış ve stelin ritüel etkinlik öznesi olabileceği düşüncesini destekleyen arkeolojik bulgular sunulmuştur. Aššur-nasir-apli, Nairi ve Yukarı Dicle bölgesi topraklarına yaptığı başarılı bir keşif gezisini içeren beşinci askeri seferin sonunda, Ninurta Tapınağı'nın ana cephesinin önünde tapınağın tali girişinin sağında ve Ninurta avlusunun kuzeybatı köşesinde "Büyük Monolit" ya da "Nimrūd Monoliti" olarak bilinen anıtsal bir stel yaptırmıştır.[53] Stelin önünde, onunla ilişkili ritüellerin var olduğuna dair sağlam bulgular sağlayan kalker taşından üç ayaklı bir altar bulunmuştur. Stel, bir kaidenin üzerinde yükselen yuvarlak tepeli bir levhadır ve üzerinde bir dizi kutsal sembol eşliğinde ubana tarasu dua hareketini (parmağını uzatırken) yapan kralın bir tasviri bulunur. Anıtın üzerindeki yazıtta URU.Aššur-nasir-apli ve Tušhan kentlerinin inşasını da içine alan kralın ilk beş askeri seferi anlatılır. Metinde ayrıca sefer sırasında üç anma steli dikildiği ve bunlardan ikisinin kent temellerine yerleştirildiği bildirilir.[54]

Yuvarlak tepeli steller ve obeliskler Asur kralları tarafından kentsel peyzajdaki kültik, yarı kültik ve istisnasız kamusal bağlamda yükseltilen anıtlardı. Bunlar bir yandan kralın yabancı peyzajlar ve Asur'da yaptıklarını anarken, diğer yandan yenilenen görsel ve yazılı anlatı temsilleriyle imparatorluk ideolojisini güncelleştirip arılaştırdılar. Ancak daha önemlisi inşa edildikleri kentsel mekânları dönüştürdüler – kültik avluları, kamusal meydanları ve kapıları ritüelleştirdiler ve törenleştirdiler, böylece kamusal mekânları, devletin resmi anlatısının görsel ve yazılı medya aracılığıyla iletildiği ritüel yerler dizisine karıştırdılar. Asur merkez ve sınırlarına kamusal anıtlar yapılması devlet tarihinde dönüştürücü ve öne çıkan anları imlemeye hizmet etti. Kral, zafer kazandığı her sefer dönüşünde ve bir inşaat projesi tamamlandığında, Asur resmi tarihinin yeni uyarlamalarını ve revize kısımlarını başkentin ve eyalet kentlerinin kamusal alanlarına tanıtan bu tür anıtlarla başarılarını andı. Bir anıtın inşa edilmesinin esas olarak o yere özel bir pratik olması sebebiyle her bir anıtın konumu tarihsel ve siyasi olarak anlamlıdır. Her yeni anıt ve her yeni vakayiname

---

53 Shafer 1998: 18 ve Cat No. 8: 151-5; Oates ve Oates 2001: 107. Metnin baskısı için bkz. Grayson 1991: 237-54, metin A.0.101.17.

54 Grayson 1991: metin A.0.101.17. URUAššur-nasir-apli'de *salam bunnānîya*: i.89-90; Tušhan'ın kuruluşu, Tušhan'da *salam bunnānîya* ve duvarındaki *narû* emanetler: ii.5-20; Mateiati kentinde *salam bunnānîya*: iv.7-18.

nüshasıyla birlikte tarih revize edilmiş ve ufak tashihler yapılmış anlatılar ve hiç durmadan revize edilen hikâyelerle kentsel mekânlar kademeli olarak inşa edilmiştir.

Bu anlatılar doğrudan toplumsal tasavvurlarla konuşan müzakere edilmiş bir iktidar söylemi olarak anlaşılmalıdır. Aslında söylem, iktidarını bu toplumsal tasavvurlardan elde eder. Anıtların ve siyasi tesirlerinin geçerliliği, ancak kendileriyle ilişkili devlet hikâyeleri ile söylenceleri canlı tutmakla mümkündür. Dahası ritüel bağlamlara yerleştirilmiş Ziyafet Steli ve Büyük Monolit örneklerinde bahsettiğim gibi, anıtlar kendi siyasi anlamlarını ancak kelimenin tam anlamıyla onlara bağlı kültürel pratikler aracılığıyla sürdürürler. Bu sebeple resmi söylemin bu anlatısallığı, Asurlulara ve yabancılara basitçe yazılı ya da görsel olarak iletilmiyor, aynı zamanda onlarla ilişkili anlatılaştırılmış mekânlar ve devam eden toplumsal pratikler biçiminde sunuluyor. Kamusal anıtlar yapılması ve yeni kentler inşa edilmesi ile birlikte anlatıların mekânsal bir biçim alarak maddileştiğini iddia ediyorum – iktidarlarını devam ettirenin yinelenen olaylar ve orada gerçekleşen canlı performanslar olduğu düşünülürse bu mekânlar ve anıtlar asla tamamlanmamıştır.

Peyzajlar ve kentsel mekânların anlatısallaştırılması, genelde varsayıldığı gibi bir gecede ya da tek bir siyasi aktör tarafından titizlikle hesaplanan bir program aracılığıyla gerçekleştirilebilecek bir süreç değildir. Burada mekânsal anlatılardan anlaşılan, kültürel söylemin sayısız düzenlemesi ve yeniden yönlendirilmesinden oluşan parçalı bir süreçtir. Mekânsal anlatıları kademeli bir süreç olarak anlamak, söylemsel ve mimari mekân üretiminin aktörleri olarak yazar çeşitliliğini kabul etmemizi de gerekli kılar (Potteiger ve Purinton 2002: 136). Anıtların kamusal alanlardaki dağılım ve yerleşimine yönelik eleştirel bir anlayışla mekânsal anlatılar, siyasi söylem ve peyzaj, kolonyel güç ve mahal kurma, devlet anıtları ve müşterek bellek arasındaki ilişkiler üzerine derinlemesine düşünmemize olanak verir. Gelecek başlıkta bir başka mekân anlatısallaştırılma örneği olarak bu kez Suriye-Hitit kenti Kargamış'ı gösteriyorum.

"Bu Kapılara Ben Ortostat Dizdim": Anıtlar, Bellek ve Kargamış'ta Törensel Mekân Yapımı

Suriye-Hitit devletlerinde kentleşme konusu önceki bölümlerde ayrıntılı olarak ele alınmıştır. Erken demir çağında (MÖ 1150-850 c.) Suriye-Hitit devletleri yeni ideolojik bağlar ve yeni bir sosyoekonomik çerçeveyle ortaya çıktılar (Melchert 2003; Mazzoni 2000b). Kuzey Suriye ve Güneydoğu Anadolu'dan elde edilen arkeolojik ve epigrafik bulgular, Orta Anadolu'nun dağlık bölgelerinden Levantine kıyısına, Kuzey ve Kuzeydoğu Suriye'ye uzanan ve Luvice, Aramice ve Fenikece konuşan kültürel gruplara ev sahipliği yapan bu bölgesel devletlerin coğrafi ve etnikbilimsel açıdan farklı olsalar da yeni kale tipi yerleşim ve kent inşa etme konusunda ortak bir pratiğe sahip olduklarını ortaya koyar (**ŞEKİL 1** ve **3**). Kent inşa etme ve çorak peyzajları işleme, Suriye-Hitit kentlerindeki kamusal anıtlarda sık görülen bir mevzudur ve resmi devlet söyleminin temel bileşeni olmuştur. Bu kentleşme ve tarımsal peyzajların gelişim süreci Orta ve Yukarı Dicle bölgeleri ile Cezire'deki orta ve geç Asur kentleşmesiyle eşzamanlıydı. Örneğin Tel Ahmar sit alanındaki Til Barsip/Masuwari gibi Suriye-Hitit başkentlerinin Asurlularca yeniden kurulması dikkate alındığında birbirine bağlı bu iki yerleşim süreci çoğu kez fiziksel olarak birbiriyle çakışmış ya da siyasi olarak çekişmiştir (Bunnens 1997c).

Suriye-Hititlerde kentleşme olgusu MÖ 12. ve 11. yüzyıllarda Yukarı Fırat'ta dağarası Malatya Havzası'nda kurulmuş bir bölgesel devlet olan Malizi/Melid örneği üzerinden Üçüncü Bölüm'de açıklanıyor. Malizi devleti kentleşme aracılığıyla, Tohma Su ve Kuruçay vadilerine ve Elbistan Ovası'na doğru yayılmıştır (Harmanşah 2011a). Suriye-Hitit kentlerinin kent inşa projeleri, tunç çağında Kuzey Suriye'de ve imparatorluk Hitit'indeki anıt inşa pratiklerini harmanlayan, farklı ve bölgeye has bir mimari gelenek üretmiştir.[55] Erken dönem Suriye-Hitit kent mekânları üzerine bir mimari çalışma yapmak için en uygun arkeolojik bulgular, orta tunç çağından demir çağının ortalarına dek bölgede çok önemli role sahip bölgesel bir devlet başkenti olan Kargamış'tan elde edilir. Dördüncü Bölüm'ün bu son kısmında erken demir çağı Kargamış hükümdarları, Suhis-Katuwas hanedanlığının inşaat işleri ve II. Aššur-nasir-apli'nin Kalhu'da yaptığı etkinliklere benzeyen kültürel yenileme programı ele alınacaktır. Kalhu'da olduğu gibi Kargamış ve diğer pek çok Suriye-Hitit kentinde kamusal mekânda ritüel pratikler ve siyaset yüklü olaylardan oluşan fevkalade bir harman vardır. Bu durumda kentsel mekânın boyutsal karakteri kralı, hanedan ailesini, orduyu, devlet görevlilerini, kentlileri, kentin tanrıları ve atalarını hep birden aynı anda bir araya toplayan kentin törensel olaylarıyla tesis edilir.

Suriye-Hitit devletleri ve onların mimari ve maddi kültürü üzerine yapılan yakın dönemli araştırmalarda toplumsal bellek konusu gündeme gelmiştir (bkz. ör. Bonatz 2001a; Ozyar 1998a; Mazzoni 1997b). Özellikle erken demir çağının erken yüzyıllarında bunun sebebi belki kısmen geç tunç çağının yerel ve bölgeler arası bağlamlarından miras kalan inşa pratikleri ile ikonografik dağarcık, ata ululamayla ilgili ayrıntılı ritüel pratikler ve Suriye-Hitit mimarisinde mimari spolia'nın yaygın kullanımıdır. Bunlar Suriye-Hitit topluluklarının kendilerini geçmişe bağlamak için kullandığı farklı maddi pratiklerdir. Suriye-Hitit maddi kültürünün geçmiş ile şimdiden oluşan bu melez karakteri, Suriye-Hitit krallık ve kültürel kimlik kavramlarını etkileyen toplumsal

---

55 Bkz. örneğin, Mazzoni 2002; Aro 2003; Hawkins (1982: 435) bugün itibariyle halen geçerli olan "Suriye-Hitit mimarisi üzerine ayrıntılı bir değerlendirmenin bir ihtiyaç olduğu"na, dikkat çeker. Daha yakın dönem için bkz. Brown 2008 ve Gilibert 2011.

belleğin rolüyle ilişkilendirilebilir. Luvice hiyeroglif stel ve kaya kabartmalar gibi anıtlar yükseltme pratiği, geç Hitit İmparatorluğu'ndan miras alınmış, ancak bu yazıtların içeriği önemli ölçüde değiştirilmiştir. Anıtsal yapıların duvarlarında ortostat kullanma ve bunlara kabartma tasvirler oyma pratiği, geç tunç çağı Kuzey Suriye pratiklerinin devamıydı. Ancak bu ortostat yüzeyler; kentsel, saray benzeri ve kutsal mekânları saran çok daha karmaşık görsel anlatı programları sunmuştur. Ortostatlar ve diğer kamusal anıtların üzerindeki görsel ve yazınsal anlatılar aracılığıyla yeni bir ikonografi dağarcığı ve yeni bir yazılı retorik de uygulamaya konmuştur (Mazzoni 2000b: 1048).

MÖ 10. yüzyılda ve 9. yüzyıl başında Kuzey Suriye ve Güneydoğu Anadolu kentlerinde yeni kentler kurma ve büyük ölçekli inşa etkinlikleri yürütmeye dair yeni bir dalganın varlığına arkeolojik ve epigrafik kayıtlarda rastlanır. Mazzoni'nin demir çağı kronolojisinde (Mazzoni 2000b) Suriye-Hitit dünyasındaki bu ihtiraslı kent projeleri dönemi, kent peyzajlarında anıtsal ölçekte yeni mimari biçimlerin kullanıldığı demir çağı 1C'ye karşılık gelir. Bu projelerin öne çıkan özelliklerinden biri tapınakları, sarayları, anıtsal kapıları ve heybetli karma duvarları içine alan törensel kent grupları inşasıydı. Bu grupların, demir çağı kent peyzajlarının yeniden düzenlenişinde başrol oynadığı görülür. Bu kamusal mekânların pek çoğu üzeri yazılı ortostat programlarıyla çevriliydi ve steller, tanrı ve ata heykelleri gibi kamusal anıtlarla sınırlandırılırdı. Ortostat programları saray ve tapınakların ünlü sütunlu cepheleri gibi özellikle kale yerleşiminin kapılarına yerleştirilmiştir. Tapınak ve sarayların sütunlu girişleri Suriye-Hitit mimarisine has mimari bir yeniliktir ve genellikle *bīt-hilāni* olarak adlandırılır. Asur krallık yazıtlarından *bīt-hilāni*'nin Suriye-Hitit kentlerinin ayırt edici bir mimari özelliği olduğu ve Asurlular tarafından egzotik bir kültürel öğe olarak devralındığı bilinir (Winter 1982). Erken demir çağının pek çok yeni kentinde geniş avlular etrafına, anıtsal heykeller ve ortostat programlarıyla bezeli, sütunlu *bīt-hilāni* cepheleri olan kültik-saray kompleksleri inşa edilmiştir.

Fırat üzerinde Tel Ahmar'ı merkeze alarak yerleşen Masuwari bölgesel devletinin (sonraki adıyla Til Barsip/Kār-Šulmānu-ašarēdu) Luvice konuşan "Taşra Beyleri" (Hapatilas-Hamiyatas hanedanlığı) yeni kent inşaları ve büyük ölçekli inşaat projelerindeki başarılarını anıştırıcı bir dizi anıtsal stel ve kapı aslanı diktirmiştir.[56] Sit alanında bulunan Luvice hiyeroglif yazıtlı iki devasa stel, Fırtına Tanrısı "semavi

---

56 Bkz. özellikle Hawkins 1980c. Tel Ahmar'ın eskiçağ isimleri üzerine bkz. Hawkins 1983, Bunnens 1995 ve Dalley 1997b: 68-70. Açıkça Hitit metinlerindeki *Mazuwati* ile ilişkilendirilmiştir. Dalley (1997b: 68) Asur yazılı kayıtlarında Kār-Šulmānu-ašarēdu'nun bütün kent için kullanılmadığını, muhtemelen III. Šulmānu-ašarēdu tarafından burada tesis edilen tüccar mahallesi *kāru* için kullanıldığını ileri sürer.

Tarhunzas"a adanmıştır.[57] Stellerden biri 10. yüzyılda Masuwari Kralı Hamiyatas tarafından yaptırılmıştır.[58] Dört kenarlı diğer büyük stelde günümüze ismi kalmamış bir hükümdar (Ariyahinas'ın oğlu), Masuwari'deki inşaatlarına atıfta bulunur:

[ve...] [Mas]uwari kentinin başını göğe [erdir]dim.[59]

Ne yazık ki, Tel Ahmar'da erken demir çağı tabakaları hakkında, Suriye-Hitit geleneğine ait bazalt taşından yapılma anıtsal aslanlarla bezeli Kuzeydoğu Kapısı dışında, pek az şey bilinir.[60] Hama'da, kale yerleşimin güney ucunda Danimarkalı arkeologların yaptığı kazıda bir kapı kompleksi ortaya çıkarılmıştır. Bu kapıdan geçen anıtsal bir merdiven kalenin saray yapılarıyla çevrili geniş bir açık avluya ulaşıyor.[61] Kapı strüktürü dikkat çekici biçimde Kargamış'taki Büyük Merdiven'e benzer (ilerleyen kısımda ele alınacaktır). 9. yüzyılın başından ortasına dek hüküm süren kralları, Hama, Urhilina ve oğlu Uratamis benzer biçimde kent kuruluşlarını steller ve ortostat

---

57 Winter 1983a: 181. Yakın dönemde Fırat üzerinde, Tel Ahmar ile Kargamış arasında Fırtına Tanrısı'nın bir üçüncü devasa yazılı steli bulunmuştur ve bugün Aleppo Museum'un orta avlusundadır. Basılmayı bekliyor (Aleppo Museum arkeologları, kişisel iletişim 2002).

58 TEL AHMAR 2, bugün Paris Louvre Müzesi'ndedir (Env. AO 11505). Bkz. Hawkins 2000 I: 227-30 ve levhalar 91-2.

59 Hawkins 2000 I: 239-43. Metin TEL AHMAR 1, satır 5. Bu metni TELL AHMAR 3, satır 1 ile karşılaştırın (Hawkins 2000 I: 243). Anıtların Suhis-Katuwas hanedanlığı anıtlarıyla üslup ve ikonografi benzerliği dikkat çekicidir (bkz. bu dipnotta sonraki tartışma). Tel Aviv Müzesi'ndeki Elie Borrowski koleksiyonunda yer alan kökeni belirlenemeyen bir stel (Hawkins 2000 I: 230-1'de BOROWSKİ 3 olarak geçer), yazıtta Haruha kentinin kuruluşunu anan Masuwari Kralı Hamiyatas ile ilişkilendirilir. Ancak antika pazarında bulunan stelin esas yeri belirsiz olduğundan bunun bulgu olarak kullanılmasına karşı burada dikkatli olmak gerekir. Stel Singer 1989'da yayımlanmıştır. Benzer şekilde Tel Ahmar'ın 35 km kuzeydoğusundaki Arslantaş'ta Doğu Kapısı'ndaki aslanlara yontulmuş üç dilli (Luvice, Aramice ve Akadca) yazıtta, Kār-Šulmānu-ašarēdu'nun Asur valisi Ninurta-bêl-usur, Luvice versiyonda kendisini Masuwari hükümdarı olarak tanıtır ve Arslantaş'ta Hatata (sonraki Hadatu) kentini inşa etmesini anar: " ... -tas, Masuwari Taşra Beyi, Hatata kentini bir yılda inşa ettim..." Hawkins 2000 I: 246-8 ve levha 103-5. Metin ARSLANTAŞ. Bu, Arslantaş'taki kapıda bulunan çift kapı aslanıdır, ancak bugün biri Raqqa'daki halka açık parkta (güney aslanı), diğeri Halep müzesindedir (kuzey aslanı). Bu tarihsel bağlamdan, aslanların en geç MÖ 9. yüzyılın ortalarına tarihlenmesi gerekir.

60 Kapı 1929-31'deki kazıda ortaya çıkarılmıştı. Bkz. Thureau-Dangin ve Durand 1936: 84-96; 125-131 ve Plan E; ayrıca Roobaert 1990. Melbourne Üniversitesi tarafından 1988-1997 arasında yapılan sınırlı kurtarma kazıları üzerine bkz. Bunnens (der.) 1990; Bunnens 1991, 1994, 1995; Roobaert ve Bunnens 1999. Arlette Roobaert (1990: 132-3) aslanların Asurlu *turtānu* Šamši-ilu zamanında MÖ 781 ve 784 arasında yazılanmasına rağmen, büyük ihtimalle çok daha önce 9. yüzyılda yontularak yapıldıklarını ileri sürer.

61 Bkz. Fugmann 1958; Riis ve Buhl 1990; Hawkins 2000: 402.

blokları üzerindeki bir dizi Luvice hiyeroglif yazıtla anıştırır.[62] Arami ve Luvi hükümdarları Amanos Dağları'ndaki büyük dağ geçidinin doğu ayağında yer alan Zincirli sit alanında, etkileyici bir tahkimli kale yerleşimi yapılmasını emretmişlerdir. Kalede kuzeybatıda anıtsal saray kompleksine (Unterer Palast) ulaşan art arda bir dizi anıtsal kapı bulunuyor (Älteres Burgtor, Thor in der Quermauer) (ŞEKİL 32).[63] En azından Dış Kale kapısı MÖ 10. yüzyıl ya da 9. yüzyıl başına tarihlenir (Naumann 1971). Amik Vadisi'ndeki Tel Ta'yinat'ta (Kunulua) MÖ 9. yüzyıl başından ortasına kadar kalenin batı kısmının ortasında geniş taş kaplı bir avlu çevresinde düzenlenmiş bīt hilāni cepheleriyle büyük bir kompleks inşa edilmiştir.[64] Üçüncü Bölüm'de ele alındığı gibi, o dönemde Tel Halaf da buna benzer büyük bir kentsel projeye sahipti. Kabaca eşzamanlı olan ve mimari dil açısından dikkat çekici biçimde paralellikler taşıyan bu çok sayıda kentsel proje, MÖ 10. ve 9. yüzyıllarda gelişen ortak bir kültürel ağı yansıtır.

Sit alanından elde edilebilen arkeolojik bulgu miktarı ile epigrafik malzeme zenginliği ve inşaat etkinliklerinin karmaşıklığına istinaden bu inşaat etkinlikleri içinde Suhis-Katuwas hanedanlığı tarafından Kargamış'ta yürütülen kentsel yenileme programı dikkat çekicidir. Üçüncü Bölüm, Kuzey Suriye'nin uzun soluklu bölgesel tarihinde Kargamış'ın önemini ele alıyor. Özellikle orta tunç çağı başından (MÖ 2000 c.) orta demir çağı sonuna dek (MÖ 700 c.) Karkamiš, Fırat'ın en önemli geçiş noktalarından birinde kurulmuş önemli bir kentsel merkezdi. Öne çıkan bir ticari antrepo ve zanaat üretim merkezi olarak MÖ 14. ve 13. yüzyıllarda Kuzey Suriye'deki Hitit İmparatorluğu iktidarının merkezi olmuştur. Hitit İmparatorluğu'nun çöküşünü takiben erken demir çağında kent, güçlü bir bölgesel devletin başkenti haline gelmiştir.

TABLO 4'te erken demir çağında Kargamış krallarının büyük anma yazıtlarını listeleniyor ve bunlar kentteki belirli mimari bağlamlarla ilişkilendiriliyor. J. David Hawkins bu yazıtlar arasında hanedana ait iki anıt grubu tespit etmiştir: "Arkaik grup" ve "Suhiler Evi" (Hawkins 2000 I: 76-8). İlki kendilerini "Büyük Kral, Kahraman" olarak tanımlayan ve çeşitli steller ile üzeri yazılı kapı aslanları yaptıran bir Kargamış kral soyunu kapsamaktadır.

---

62 Bkz. Hawkins 2000: 398-423, özellikle metin IX.5 HINES, bir ortostat blokta şöyle yazar: "Ben Urhilina, Hamat Kralı Paritas'ın oğlu. Bu kenti ben inşa ettim ve bu steli Ba'alatis'e yerleştirdim." (Hawkins 2000: 409); IX.8 HAMA 1-3 şöyle yazar: "Ben Uratamis, Hamat Kralı Urhilina'nın oğlu, bu kaleyi ben inşa ettim" (Hawkins 2000: 413).

63 Kazıların ayrıntılı ve orijinal raporu ve mimari için, bkz. Koldewey 1898. Tabakaların kısa özeti için bkz. Lehmann 1994. Zincirli'deki yakın tarihli arkeolojik çalışma için bkz. Casana ve Hermann 2010; Schloen ve Fink 2009.

64 Harrison 2001a: 124-6; Haines 1971: 37-58. Yerleşimde pek çok Luvice hiyeroglif anıt ele geçirilmiştir (Hawkins 2000: 365-78).

TABLO 4. Kargamış'taki erken demir çağı hükümdarları ve kamusal anıtlar

HÜKÜMDARLAR VE SIFATLARI	ANIT (KARGAMIŞ KENT PLANINDAKİ REFERANS NO.)	TANIMLAMA	HAWKİNS 2000'DEKİ YAZIT NO.	TARİH
Ura-Tarhunzas, Büyük Kral, Kahraman, Kargamış Ülkesi Kralı	Ura-Tarhunzas 1	Kubaba rahibi tarafından Büyük Kral Ura-Tarhunzas anısına dikilen bazalt stel.	KARGAMIŞ A 4b	
Tudhaliya, Kahraman, Kargamış Ülkesi Kralı (kızını Tudhaliya ile evlendiren II. Suhis'in çağdaşı)	Tudhaliya 1	Stel ya da obelisk parçası.	KARGAMIŞ A 16c	MÖ 10. yüzyıl başı?
Kargamış'taki Suhis-Katuwas Hanedanlığı Suhis, Hükümdar				MÖ 10. yüzyıl başı?
Astuwatamanzas, Hükümdar, Kargamış Taşra Beyi	Astuwatamanzas 1	"Ortostatlı" anıtsal "kapılar"ın inşa edilmesi anısına Bazalt Aslan heykelinin yazıtlı parçası.	KARGAMIŞ A14b ve A14a	MÖ 10. yüzyıl başı
II.Suhis, Hükümdar, Kargamış Taşra Beyi	Suhis 1	"Kabartmalı Uzun Duvar"da geniş duvar ortostatı. Altında meneviş desenli duvar süslemesi, askeri zaferler, tanrılar meclisi, tanrı heykelleri ve kralın kendi heykeli için bir yapı inşası anısına yazıt vardır.	KARGAMIŞ A1a	MÖ 10. yüzyıl

HÜKÜMDARLAR VE SIFATLARI	ANIT (KARGAMIŞ KENT PLANINDAKİ REFERANS NO.)	TANIMLAMA	HAWKİNS 2000'DEKİ YAZIT NO.	TARİH
	Suhis 2	Yüzü sağa dönük oturan bir kadın figürü ve sağ tarafta cepheden çıplak tanrıçanın olduğu duvar ortostatı. Suhis'in karısı, BONUS-tis tarafından yaptırılmış.	KARGAMIŞ A1b	
		Suhis'in kızının Tudhaliya ile evlenmesi anısına yaptırılan stel.	KELEKLİ	
Katuwas, Hükümdar, Kargamış Taşra Beyi	Katuwas 1	"Tören Alayı Girişi"nin güney ucundaki Kral Kapısı'ndan lambalı kapı sövesi biçiminde ana kapı ortostatı. Fırtına Tanrısı Tapınağı'nın, anıtsal kapıların, onların üst katlarının ve kapıya, oturan bir Atrisuhas heykeli dikilmesi anısınadır.	KARGAMIŞ 11a	MÖ 10. yüzyıl sonundan 9. yüzyıl başına kadar.
	Katuwas 2	Çift aslanlı kaide üzerinde oturan Tanrı Atrisuhas heykeli.	KARGAMIŞ A4d	

HÜKÜMDARLAR VE SIFATLARI	ANIT (KARGAMIŞ KENT PLANINDAKİ REFERANS NO.)	TANIMLAMA	HAWKINS 2000'DEKİ YAZIT NO.	TARİH
	Katuwas 3	Lambalı kapı söveleri biçiminde bir çift ana kapı ortostatı, devşirilerek Kralın Kapısı'nda kapı eşiği olarak kullanılmıştı. Yazıt Kargamış topraklarında kentler inşa edilmesi, Kawa kentinin ele geçirilmesi, harištani-anıtları inşa edilmesi, Karhuhas ve Kubaba tören alaylarının düzenlenmesi, onların heykelleri ve onlara verilen kurbanları anıştırır.	KARGAMIŞ A11b+c	
	Katuwas 4	Fırtına Tanrısı Tapınağı ana kapısında sağ ve sol taraflarda, kapı söveleri biçiminde bir çift ana kapı ortostatı. Yazıt, tapınağın inşasını ve tapınaklar için diğer kentlerden zanaatkâr getirilmesini anmaktadır.	KARGAMIŞ A2+3	

İkinci grup, Kargamış'ta bulunan yazılı anıtların büyük bölümüyle ilişkilendirilen dört kralın daha iyi tesis edilmiş bir hanedanlığına aittir. Kral Suhis (I), Astuwatamanzas, Suhis (II) ve Katuwas erken demir çağı Malizi hükümdarlarına benzer yeni bir krallık unvanı benimsemiş ve sürekli olarak kendilerinden Kargamış Taşra Beyleri olarak söz etmiştir. Hanedanlığın kronolojik çerçevesi kabaca MÖ 10. yüzyılın başlarından MÖ 9. yüzyılın başlarına dek uzanır (Hawkins 2000 I: 77-8). İlerleyen bölümde Kargamış'ın kamusal alandaki inşa faaliyetlerinin çoğunun Suhis-Katuwas hanedanlığı yönetiminde ve özellikle hükümdar Katuwas'ın zamanında başladığını iddia ediyorum.

Kargamış kenti, Fırat'ın batı yakasında geniş ve verimli nehir havzasının kuzey ucunda kurulmuştur (**ŞEKİL 43**).[65] Yüksek ve uzun kale höyüğü nehre tepeden bakarken tahkim edilmiş yukarı ("iç") kent ve aşağı ("dış") kent kale yerleşimin güneybatısına doğru art arda uzanır. Daha önce adı geçen Suriye-Hitit sit alanlarından farklı olarak kale yerleşimin tepesindeki erken demir çağı yapılarıyla ilgili hemen hiç bilgimiz yoktur. British Museum'dan kazı için gelen arkeologlar höyüğün karmaşık stratigrafisi yüzünden hedeflerine ulaşamamıştır.[66] Woolley kalenin kuzeybatı ucuna yakın bir yerde tespit edilmiş anıtsal bir yapıyı toprak altından çıkarmıştır. Yapının cephelerinde bir dizi ince işli oyma yalın bazalt ortostat bulunuyor, ancak belgelenen kalıntılardan yapının ne tarihi ne de işlevi belirlenebiliyor.[67] Zincirli'nin kentsel morfolojisinde kale topografyası yekpare değildir ve aslında geniş bīt-hilāni kompleksi, höyüğün tepe noktasının batısında kalan biraz daha alçak bir platform üzerinde yer alıyor. Bu kentsel morfolojiyle karşılaştırıldığında Kargamış'ın erken demir çağı saray-kültik kompleksinin, İngiliz arkeologlar tarafından keşfedilmemiş bir alanda, kalenin hemen batısında ve Kale Kapısı'nın hemen kuzey ve kuzeydoğusundaki daha alçak bir teras üzerinde konumlanmış olması oldukça mümkündür.

Aşağı Kent'teki sınırlı sayıda hendekten ve Yukarı ve Aşağı Kent tahkimatlarının ortaya çıkarılan büyük ana kapılarından ayrı olarak Kargamış kazıları, büyük

---

65 Yerleşim alanıyla ilgili coğrafi tartışmalar için bkz. Hawkins 1980a: 435; Winter 1983a: 177-8.

66 Woolley in Woolley ve Barnett 1952: 205-26. Woolley yaşadığı hayalkırıklığını, "kerpiç ya da moloz taşıyla örülmüş, üst üste binen, büyük bölümü yamalı ve yeniden yapılmış haliyle sürekli bir yerleşimi gösteren son derece vasat duvarlar silsilesi. . . " diyerek ifade eder (age. 211). Hiçbir anıtsal nitelik bulunmadığından Woolley bu karmaşık arkeolojik stratigrafiyi yok etmekte hiç tereddüt hissetmemiştir.

67 Woolley in Woolley ve Barnett 1952: 210-4, Levha 49-51. Yapı, açıkça bağlam dışı tek bir yazılı tuğlaya dayanarak ilk olarak "Şarrukin'in kalesi" olarak etiketlenmiştir, ancak son ciltte bu yorumunu değiştirir ve yapıyı Kubaba Tapınağı olarak teşhis eder. Bu hipotezi destekleyen bir arkeolojik ya da epigrafik bulgu yoktur (krş. bkz. Hawkins 1980a: 436).

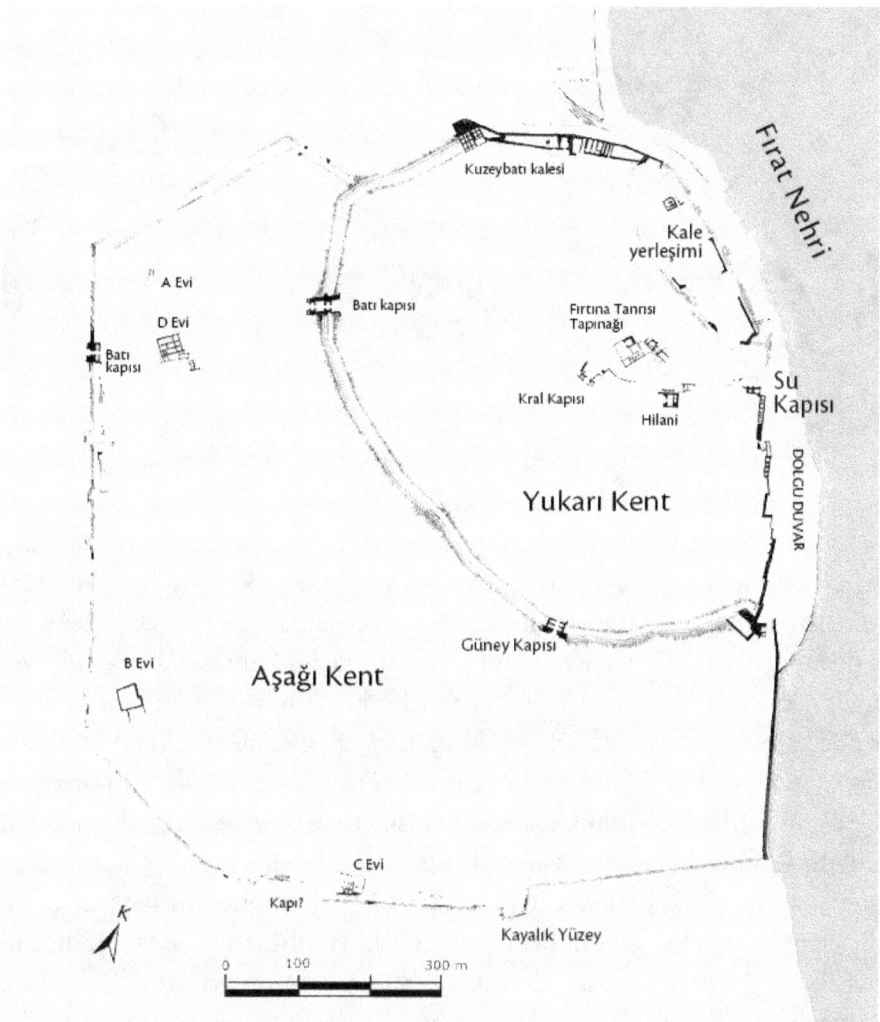

ŞEKİL 43 Kargamış, kent planı (Woolley ve Barnett 1921: pl. 3'ten uyarlanmıştır).

ölçüde kale höyüğünün hemen güneyinde kalan mekânsal olarak bağdaşık alanda yoğunlaşmıştır (**ŞEKİL 44**).[68] Kalenin Fırat kıyısındaki güney ucunda yer alan "Su Kapısı"ndan Yukarı Kent'in merkezine yakın yerde bulunan "Kral Kapısı"na kadar

---

68 Woolley in Woolley ve Barnett 1952: 157-204. Woolley "Büyük Merdiven," "Kabartmalı Uzun Duvar" ve "Fırtına Tanrısı Tapınağı"nın olduğu alana "Aşağı Saray alanı" adını verir. Bu kompleksin karşı tarafında yer alan "Kral Kapısı," "Tören Alayı Girişi," "Kral Burcu" ve "Haberciler Duvarı" ise başka bir yapı topluluğu oluşturur. Woolley "Hilani" ve "Su Kapısı"nı ayrı ayrı ele almıştır. Kargamış kazı raporlarında şaşırtıcı biçimde kompleksin tamamını kapsayan bir tartışma bulunmaz. Ancak bkz. kısaca Winter 1983a: 180, daha ayrıntılı olarak Mazzoni 1997b. Yapı topluluğu görsel temsillerin üslupsal analizleri ve ta-

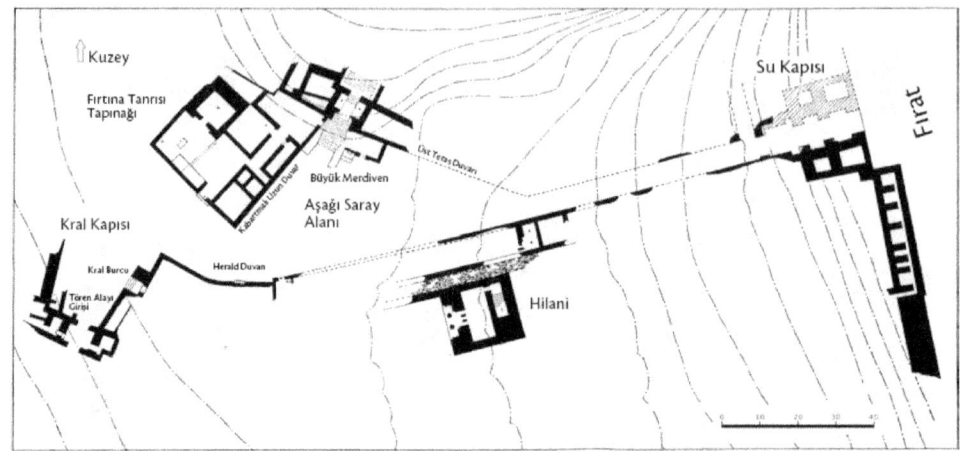

ŞEKİL 44 Kargamış, "Aşağı Saray Alanı" planı (Woolley ve Barnett 1978: 41a'dan uyarlanmıştır British Museum'un izniyle.

uzanan etkileyici kent grubu, bir dizi anıtsal yapıyı ve farklı kent bileşenlerini bağlayan eklemli bir kamusal mekânı barındırır. Bu kentsel grubun çekirdeği, anıtsal teras duvarlarıyla tariflenen kabaca üçgen şeklinde bir kamusal meydandır ve kale höyüğünü Yukarı Kent'in geri kalanına ve nehir kenarındaki setleri aynı anda Yukarı Kent'e ve kale tipi yerleşime bağlayan Kargamış topografyasında kritik öneme sahip bir orta terası işgal eder. Bunlardan daha da önemlisi, kompleksin tamamı kült, mitolojik ve tarihsel konulu kabartma temsillerle bazalt ve kireçtaşı ortostatlarla çevriliydi. Bunun dışında bu yoğun kentsel alan Luvice hiyeroglif anıt yazıtları, apotropaik kapı heykelleri, ata heykelleri ve diğer kamusal anıtlarla doludur. Bu şekilde kent kompleksi, kentin belli başlı kültik etkinliklerinin odaklandığı açıkça dramatik bir törensel mekâna dönüştürülmüş ve tam da aynı mekânsal düzende imparatorluk seçkinlerinin siyasi ve tarihi anlatıları topluma iletilmiştir. MÖ 10. yüzyılda ve 9. yüzyıl başındaki Suhis-Katuwas hanedanlığı zamanında Kargamış kamusal mekânının, ritüel pratikler ve devlet gösterilerinin birbiriyle dramatik bir karışımı aracılığıyla kentsel peyzaja yavaş yavaş nakşedilen "mekânsal bir anlatı" olarak inşa edildiğini iddia ediyorum.

Kent kompleksinin doğu ucuna doğru yer alan Su Kapısı'nın kent grubundaki en erken anıtsal öğe olduğu kabul edilir ve erken demir çağında yeniden inşa edilen 2. binyıla ait taş kaplı kaldırımla ilişkilendirilir (**ŞEKİL 45**).[69] Su Kapısı doğrudan

---

rihlemeleri açısından kapsamlı olarak ele alınmıştır. Ör. Güterbock 1954; Ussishkin 1976; Mallowan 1972; Orthmann 1971.

69 Woolley 1952: 233-4. Su Kapısı'nın mimari ve heykelleri üzerine bkz. Woolley ve Barnett 1921: 103-10; Pl. 16; Orthmann 1971: 497-8, pl. 20-1; Genge 1978 I: 78f.; Özyar 1991:

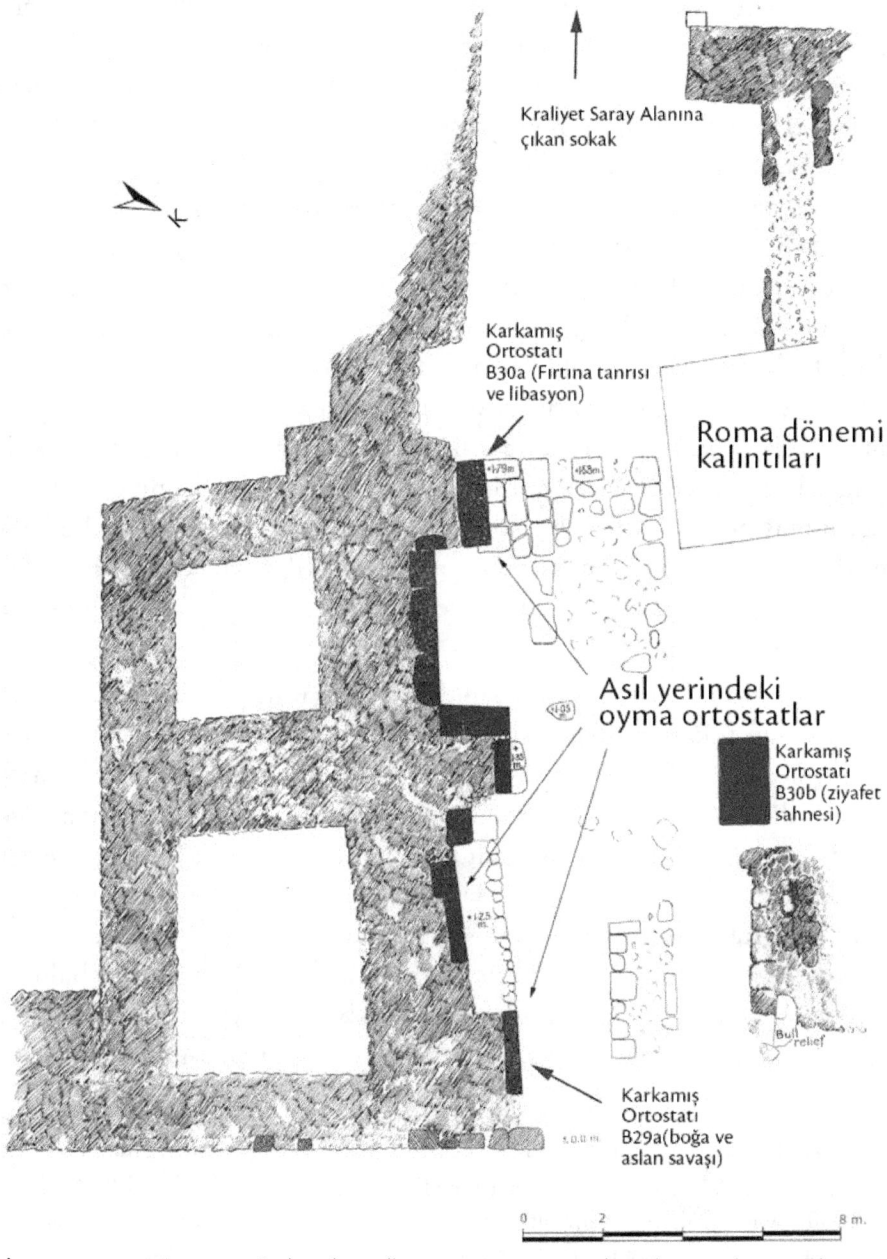

ŞEKİL 45 Kargamış, "Su Kapısı" planı (Woolley ve Barnett 1921: pl. 16'dan uyarlanmıştır).

18-35; Özyar 1998a: 634-5; Gilibert 2011: 25. Kapının kuzey yarısı sonraki inşaatlardan zarar görmüş olsa da güney bölümünden elde edilen bulgularla kapı yeniden kurgulanabilir. Naumann (1971: 288-9, 301) kapı mimarisini Tel Açana / Alalah ve Boğazköy / Hattuša'daki kapılarla karşılaştırır.

Fırat üzerinde set çekilmiş doklara açılmakta ve setleri kent çekirdeğine bağlanırdı. Kıyıya yakın bölgenin üzerinde olması için Su Kapısı setlerden yaklaşık 3 m yükseltilmiştir (Gilibert 2011: 25). Bu, her iki yöne uzanan geçit yolları üzerinde yükselen iki kulesiyle iki odalı bir kapı geçişidir. Bu mimari tasarım MÖ 2. binyıla ait olmalıdır. Kapı binasının eğimli geçit yolu üç set çıkıntılı dar payanda ile kontrol edilirdi. Bu payandalara kabartma ve sade ortostatlar dizilmişken kapı girişinin yanlarında büyük olasılıkla bazalt kapı aslanları yer alırdı.[70] *In situ* bulunan kapı ortostatlarında kanatlı aslanlar (B28b, B29a), muhafız bir boğa adam (B31a) ve bir boğayla bir aslanın karşı karşıya gelmesi anlatılır (B29a). Kapı sövelerinin önemli yüzlerinde ziyafet sahnesi (B30b), libasyon sahnesi ve boğaların çektiği arabasına binerken gösterilen Fırtına Tanrısı'na kurban sunulması (B30a) gibi az sayıda birkaç karmaşık anlatı sahnesi bulunur. Kentin kapısında Fırtına Tanrısı'nın Malizi Taşra Beyi'nden libasyon aldığı Malatya/Melizi, Arslantepe'de benzer sahneye sahip daha iyi korunmuş ortostat örnekleri olduğu bilinir.[71] Hem Kargamış'taki Su Kapısı hem Malizi'deki Aslanlı Kapı'da söylencesel anlatılar hanedanlık anlatılarıyla harmanlanmıştır ve bu sayede kapılar hem kültik hem siyasal öneme sahip tören alanlarıyla bütünleşmiştir.

Su Kapısı'nı merkezde üçgen şeklindeki kamusal meydanda yer alan yüksek alana bağlayan sokak yüzeyi, "yaklaşık 0,25 m kalınlığında, çamura oturtulan çok sert, ince çakılla" kaplıydı ve sokağın inşası çevresindeki anıtların inşasıyla ilişkilendirilir (Woolley 1952: 176). Günümüze en iyi şekilde kalan yapı kümesi meydanın kuzeybatısındadır. Kargamış ile ilgili yayınlarda "Büyük Merdiven" olarak adı geçen anıtsal merdiven, Hama'daki kale kapısına benzer şekilde kale yerleşime doğru kuzeydoğuya yol alır ve yamaca giden yolun yarısında bir şehir kapısı odacığına sahiptir (Woolley 1952: 157-64). Büyük Merdiven'in bulunduğu alanda, toprak altından bazıları *in situ*, bazıları bağlam dışı olmak üzere hükümdar Katuwas'a ait pek çok anıt yazıtı çıkarılmıştır. Kapı binasının yukarı (kuzey)

---

70 Bu plan tipi bilimsel yazında genelde Suriye, Anadolu ve Filistin'deki 2. binyıl mimari geleneklerinin ayırt edici özelliği olarak belirtilir. Bkz. Gregori 1986; Naumann 1971.

71 Akurgal (1968, 95), Malatya kabartmasında Fırtına Tanrısı'nın iki kez temsilinin (Delaporte 1940, Relief K pl. 24) —tanrının savaş arabasına bindiği ve kraldan libasyon aldığı— bir anlatı sahnesi olarak değerlendirilmesi gerektiğini ve çok erken Asur etkisi gösterdiğini ileri sürmüştür. Akurgal'ın dolaylı olarak sahneyi Aššur'dan I. Tukultī-Ninurta'nın (1244–208) kralı hareket halinde bir ritüel gerçekleştirirken gösteren, ünlü sembol *socle'i* ile karşılaştırdığı açıktır. Krş. bkz. Moortgat 1969, fig. 246; Pittman 1996b, 350. Bu karşılaştırma Güterbock (1957, 65) tarafından daha önce yapılmıştı. Akurgal'ın üslupsal yargıları bazen çok dolambaçlı olabilir, ancak bu önerme rahatlıkla doğru olabilir, çünkü görsel temsildeki bu tür anlatı aracı doğası gereği Mezopotamya'ya özgüdür ve Anadolu sanatında hemen hiç görülmez.

payandasının sol ve sağ taraflarındaki lambalı kapı sövesi ortostatlar (A23, A20a1 ve A20a2) dikkat çekicidir.[72] Bu iki kapı sövesi üzerindeki kesintisiz Luvice yazıt, Kargamış Kraliçesi Kubaba onuruna yapılan çeşitli yapıların inşasını anıştırır ve yazıtlarda ortostat (ku-ta-sa5-ra) kullanımından bahsedilir.[73] Bu yazıtın içeriği, ortostatları prestijli bir mimari teknoloji olarak ele alan Beşinci Bölüm'de ayrıntılı olarak ele alınıyor. Büyük Merdiven ile Su Kapısı arasında bir yerde (bağlam belgelenmemiş) toprak altından iki simetrik kapı aslanına ait bir dizi yazılı büyük parça çıkarılmış ve Woolley çizimlerde iki aslanı kapı binasının meydana tepeden bakan aşağı (güney) payandasının iki yanına yerleştirmiştir.[74] Aslanlı yazıtlar hanedanlığın ikinci kralı Astuwatamanzas'a aittir ve kapıların inşa edilmesini anıştırır:

> Ben Astuwatamanzas... Kargamış Taşra Beyi, hükümdar Suhis'in oğlu.
> Bu kapıları [... ben yaptırdım / inşa ettirdim]...
> ... bu orto]statlardan [her kim] benim adımı silerse,
> Karhuhas ve Kubaba ondan şikâyetçi olsun![75]

Meydanın batı sınırı muhteşem bir ortostat cepheyle tanımlanmıştır: Büyük Merdiven ve Kapı Binası'nın batı kanadına yaslanan "Kabartmalı Uzun Duvar" (ŞEKİL 46-48).[76] Uzun Duvar 2 m civarında yüksekliği olan ve üç sıra kesme taş üzerinde yükselen kalker ve bazalt ortostatlarla kaplıdır. Ortostat yüzeyler üzerine askeri ve kültik geçit töreni temsilleri ve II. Suhis ile karısı BONUS-tis'e ait anma yazıtları yontulmuştur. Ortostat programının güney bölümünde piyadelerin geçit törenleri ve savaş arabalarından oluşan alaylar göze çarpar. Bunların hepsi ilerledikçe düşman figürlerini ayakları altında ezerken tasvir edilmiştir (ŞEKİL 47).

---

72 Anıtın keşfi ve arkeolojik bağlamı üzerine bkz. Hawkins 2000 I: 116-7, Woolley 1952: 160-1.

73 Hawkins 2000 I: 118-21, metin II.19. KARKAMİŠ A20a1, A20a2 ve A23.

74 Woolley 1952: 163 ve pl. 30. Ayrıca bkz. Hawkins 2000 I: 84. 1878-1881'de Henderson ve ekibi tarafından aslanlar neredeyse hiç bozulmamış halde çıkarılmıştır, ancak ne yazık ki buluntu yeri saptanamamıştır. Aslanlar su üzerinden nakledilmek üzere Su Kapısı'na doğru çekilmiş, ancak karar değişince yerleşim alanında terk edilmişlerdi, ta ki Woolley ve ekibi Nisan 1912'de pek çok parçaya ayrılmış halde onları yeniden buluncaya kadar. Henderson kazılarını hatırlayan Woolley'nin işçileri aslanların Büyük Merdiven'den geldiklerini bildirdiler. Bu parçalar bugün Ankara Anadolu Medeniyetleri Müzesi'ndedir (Env. 60, 69), ancak sergilenmiyorlar. 2002 yazında müzenin izniyle, sergilemek için hazırlanmayı planlandıkları bu parçalar üzerinde çalışma yapmak üzere müze müdürü tarafından davet edilmiştim.

75 Hawkins 2000 I: 85-6, Metin II.4-5 KARKAMİŠ A14b, satır 1-3 ve KARKAMİŠ A14a, satır 6.

76 Woolley 1952: 164-7. Uzun Duvar'daki ortostat kataloğu için bkz. Orthmann 1971: 501-3; Özyar 1991: 76-87.

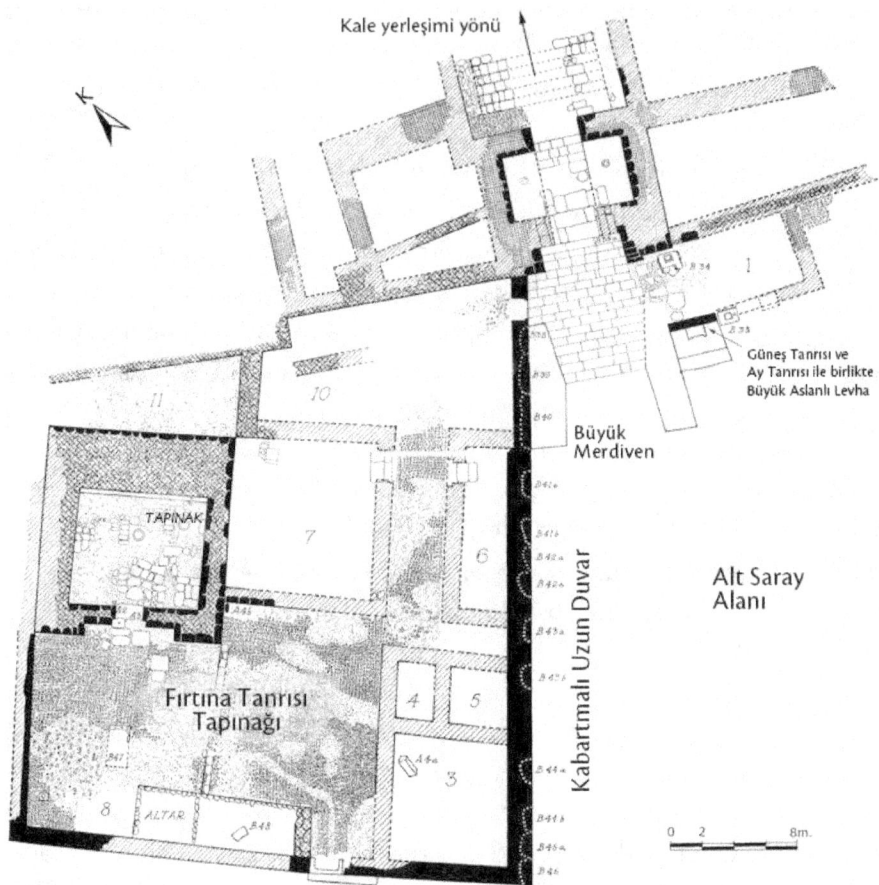

ŞEKİL 46 Kargamış, Aşağı Saray Alanı ayrıntı planı. Kabartmalı Uzun Duvar, Büyük Merdiven ve Fırtına Tanrısı Tapınağı (Woolley ve Barnett 1978: 41a'dan uyarlanmıştır; British Museum'un izniyle).

ŞEKİL 47 Kargamış, "Kabartmalı Uzun Duvar" kabartma anlatının şematik çizimi (Hawkins 1972: fig 4a'dan uyarlanmıştır; David Hawkins'in izniyle).

Piyadeler ile savaş arabası alaylarını II. Suhis'in uzun yazıtını barındıran büyük bir kalker levha ayırır. Levhadaki yazıtın ilk yarısında kralın askeri başarılarının vakanüvistik anlatı raporu ve ikinci yarısında onun çok sayıda kültik ve kamusal anıt inşa etmesi anlatılır:

ŞEKİL 48 Kargamış. Aşağı Saray Alanı ve Büyük Merdiven. Kazıların genel görünüşü (Woolley ve Barnett 1978: pl. 31a'dan uyarlanmıştır; British Museum'un izniyle).

Ben ortaya çıktığımda,
Bu tanrılar asamblesini yaptım,
ve bu muktedir Tarhunzas'ı ayağa kaldırdım,
ve onunla bu tanrıları ayağa kaldırdım.
Ve kendim için heykelimi ben...[77]

Uzun Duvar'ın kuzey bölümünde, duvarla merdiveni yandan kuşatan istinat duvarlarının birleştiği yerde görsel temsillerin ana konusu aniden bir kültik geçit töreni olur, ancak bir yazıt ve II. Suhis'in karısı BONUS-tis'in oturan figürü aracılığıyla güney bölümüne bağlanır. BONUS-tis burada Kargamış'ın beş tanrısından oluşan vakur bir tören alayı öncülüğünde ilerler. Tanrılar arasında Kubaba, büyük olasılıkla Karhuhas ve elbette Fırtına Tanrısı Tarhunzas vardır ve hepsi Büyük Merdiven'in anıtsal basamaklarını çıkarlar.[78] Kabartmalı Uzun Duvar'ın görsel anlatı programında II. Suhis'in yazıtında anlattıkları net olarak görülür: askeri başarıların

---

77 Hawkins 2000 I: 88-9, metin II.6 KARGAMIŞ A1a, satır 4.

78 Hawkins merdivenin tepesinden aşağıya doğru sırasıyla tanrıları Tarhunzas (kolunu kaldıran), Kubaba (başak tanesi tutan), Karhuhas (mızraklı) ve kimliği belirsiz bir tanrı / tanrıça ile Çıplak Tanrıça olarak yorumlar (1972: 106-7).

anıştırılması ve Kargamış tanrı ve tanrıçalarının asamblesi.[79] Kralın askeri gücü, kendisi ve eşiyle birlikte görsel anlatıya dahil olan Kargamış panteonunun bir birleşimiyle Kargamış hükümdarlarının tarih anlatısı bir kez daha kamusal alana son derece törenleşmiş bir üslupta sunulur.

Fırtına Tanrısı Tarhunzas'ın tapınak kompleksi, Kabartmalı Uzun Duvar'ın arkasında ve yükseltilmiş bir platform üzerinde konumlanmıştır. Tapınak yerleşim alanına Büyük Merdiven'in ortasındaki bir kapıdan girilirdi. Kapı, Fırtına Tanrısı'nı geçit törenine öncülük ederken gösteren ortostat levhadan hemen sonra yer alır. Aslında Uzun Duvar üzerindeki Kargamış panteonunun beş tanrı ve tanrıçası, kült komplekse çıkar gibi düşünülmelidir (Mazzoni 1997b: 324). Tapınak, çakıltaşı mozaiklerle incelikle döşenmiş avlunun kuzeybatı köşesine doğru yükseltilmiştir (Woolley 1952: 167f.). Tek odalı mabedin iç ve dış duvar yüzeyleri, kalker taşından yontulmuş çok ince düz ortostatlarla kaplıydı. Kare biçimli mabede bazalt taşından ortostat kapı söveleriyle desteklenen girintili bir kapı boşluğundan girilirdi. Söveler, Fırtına Tanrısı Tapınağı'nın yapımını anıştıran Katuwas'ın inşaat yazıtlarını taşır.[80] Avlunun ortasında ince yontulmuş kalker taşından podyum üzerine yerleştirilmiş tapınak cephesine bakan ve büyük olasılıkla devasa bir hükümdar ya da tanrı heykeli taşıyan geniş bir bazalt çift boğa başlı kaide bulunmuştur (Woolley 1952: 168). Aralarında Büyük Merdiven, Kabartmalı Uzun Duvar ve Fırtına Tanrısı Tapınağı'nın olduğu kent yapıları kompleksi bu haliyle esas olarak Astuwatamanzas (Kapı aslanları) ve II. Suhis (Uzun Duvar) tarafından başlatılan ve büyük ölçüde Katuwas (Kapı binası, Fırtına Tanrısı Tapınağı) tarafından tamamlanan bir proje olarak anlaşılabilir.[81]

Kent meydanının güneybatı kenarı, birbirini takip eden bazalt ve kalker ortostatlarla kaplı "Haberciler Duvarı" ile sınırlanmıştı. Duvardaki görsel program,

---

79 Bu görsel program okuması, geçmişe dönük olarak Ussishkin'in (1976) duvarın iki yarısının ayrı zaman dilimlerinde inşa edildiği iddiasını reddeder ve Hawkins'in orijinal değerlendirmesini destekler (1972). Ayrıca bkz. Özyar 1991: 82-3.

80 Bkz. Hawkins 2000 I: 108-12, metin II.13+14 KARKAMİŠ A2+3.

81 Epigrafik bulgu ve mimari grubun uyumuna dayanır. Kompleksin II. Suhis ve Katuwas tarihlemesi üzerine bkz. Güterbock 1954; Hawkins 1972; Winter 1973: 169. Özyar (1992: 87), tamamen üslupsal kritere dayanarak kutsal tören alayı ortostatlarının güney sektöründen daha sonraki bir zamanda dikildiğini ileri sürer, ancak ilk inşayı II. Suhis'e atfetmek konusunda Hawkins ile aynı fikirdedir. Burada askeri anlatının ve kutsal tören alayının besbelli II. Suhis'in karısı BONUS-tis yazıtıyla bağlantılı olduğunu ileri sürüyorum. Ayrıca kutsal tören alayı ortostatlarının Fırtına Tanrısı tapınağının girişinin hemen altında yer alması, Uzun Duvar ile Fırtına Tanrısı Tapınağı'nın aynı zamanda planlandığını akla getirir.

geleneksel Mezopotamya mitlerini arkaikleştirici görsel anıştırmalarla doğaüstü varlıkların rol aldığı söylence hikâyeleri ve anlatı sahnelerini konu alır.[82] Üçgen kent meydanı ve Fırtına Tanrısı Tapınağı'nın güneybatısına doğru bir diğer anıtsal kapı kompleksi inşa edilmiştir: Bu orta terası Yukarı Kent'in aşağı bölümüne ve nihayet Aşağı Kent'e bağlayan "Kral Kapısı" (ŞEKİL 49).[83] Alanın doğu cephesindeki ortostat kabartmaların konusu nedeniyle kazıyı yapanlar kapının önündeki dörtgen alana, "Tören Alayı Girişi" adını vermiştir. Bu duvar, merdivenli, girintili bir kapı geçidi ile kesintiye uğramaktadır. Kapı geçidi bu cephe ardında yükseltilmiş bir yapı kompleksine, büyük olasılıkla "Hilani" alanına açılırdı. Bu geçidin güneyindeki ardışık bazalt ve kalker kabartma programı, oturan bir tanrıça figürünün öncülük ettiği ilginç bir festival alayını konu alır. Bu figür genellikle Kargamış Kraliçesi Kubaba olarak belirlenir, çünkü bir aslan üzerine oturmakta ve elinde bir nar ile ayna tutmaktadır (ŞEKİL 50).[84] Bu figürü on beş rahibeden oluşan vakur bir tören alayı takip eder. Rahibeler, tanrıça ile aynı şekilde kumaşlara sarınmıştır ve kutsal eşyalarla adakları taşır. Onları, kurban edilecek hayvanları taşıyan on erkek figürü takip eder.

Girintili merdivenin kuzey kanadı bu giriş yolunu daha da anıtsallaştıran payanda benzeri bir mimari öğe ile tanımlanmış ve kazı raporlarında bu yapı "Kral Burcu" olarak etiketlenmiştir (Woolley 1952: 192). Kamusal mekânın festival şeklindeki artikülasyonu, merdiven girintisine bakan iki ortostatta görülen müzisyen betimlemesi ile daha da kuvvetlendirilir. Bu betimleme tören alayının varış noktasının merdivenin arkasındaki alan olduğunu ima eder. Kral Kapısı'nda kaplama levhalar olarak yeniden kullanılan Katuwas'ın iki kapı sövesi yazıtı, böylesi kutsal bir tören alayına ilgi çekici bir göndermede bulunur:

> Ben kendim efendim Karhuhas ve Kubaba'nın tören alayını seyrettim
> Ben kendim onlara bu podyumda yer verdim...[85]

Hawkins (1980a: 441) bu devşirme levhaların ilk olarak merdivenin tepesine, Tören Alayı Girişi ve Kral Burcu programları arasında kalan kapı geçişine yerleştirilmiş olabileceğini ileri sürmüştür. Tüm bu referanslara dayanarak ve Fırtına Tanrısı kompleksine girişin mimari yerleşimiyle karşılaştırıldığında, içeri girintili merdivenin arkasındaki yapı kompleksinin gerçekten de Kubaba Tapınağı olması

---

82 Woolley 1952: 185-191; Orthmann 1971: 503-5. Sahnelerin ayrıntılı bir tartışması için bkz. Özyar 1992: 36-52. Tüm bu ortostatları farklı zaman dilimlerinde üretilmiş devşirme parçalar olarak yorumlamıştır (age. 52).
83 Woolley 1952: 192-204; Orthmann 1971: 510-2; Özyar 1992: 53-63.
84 Bkz. örneğin, Mazzoni 1997b: 326; Özyar 1992: 72-5.
85 Hawkins 2000 I: 103, Metin Kargamış A11*b*3-*c*4. Ayrıca bkz. Hawkins 1981.

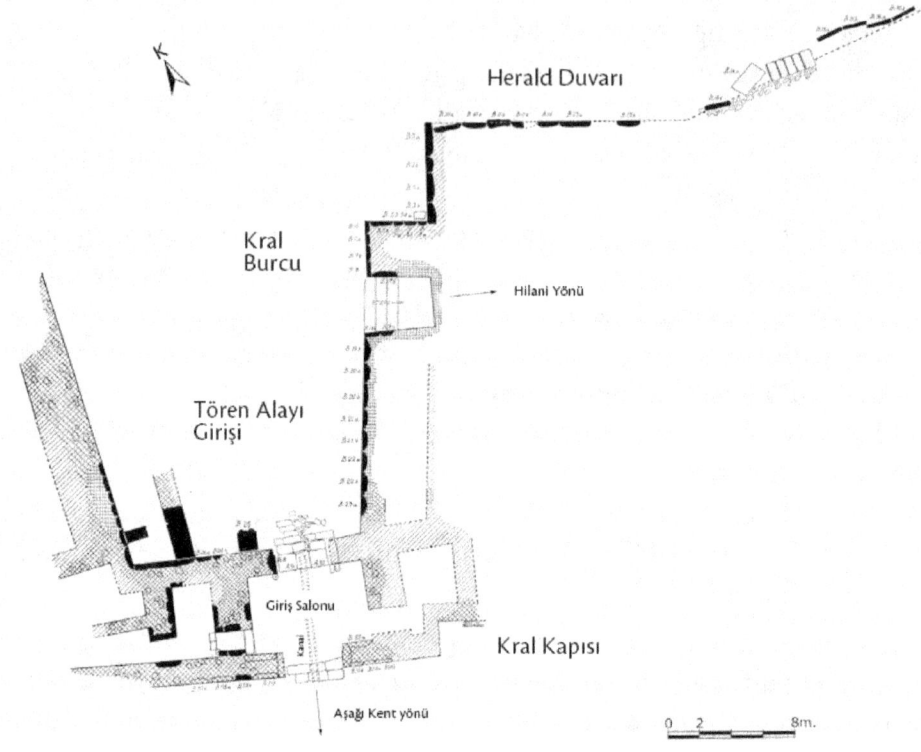

ŞEKİL 49 Kargamış, "Kral Kapısı Alanı" planı (Woolley ve Barnett 1978: pl. 43a'dan uyarlanmıştır; British Museum'un izniyle).

ŞEKİL 50 Kargamış, Kubaba-Karhuhas Tören Alayı. Ortostat kabartmalar, Ankara Anadolu Medeniyetleri Müzesi (Woolley ve Barnett 1921: pl. B17-24'ten uyarlanmıştır).

olası görünüyor. Bu alandaki yapıların mimari yöneliminden hareketle üçgen kent meydanının hemen güneydoğusunda bir platform üzerinde yükseltilen anıtsal "Hilani" yapısının Kubaba Tapınağı olması gerektiğini ileri sürmek mümkündür.[86] Günümüze sadece temel seviyesi kaldığından kazıyı gerçekleştirenler yapının kimliğiyle ilgili herhangi bir öneride bulunmamışlardır. İnce işlenmiş, düz ortostatlarla çevrili ve taş levhalarla döşeli yapı, in antis sundurması ve tek odalı ve kare

---

[86] Hilani yapısına ait arkeolojik kazı raporu için bkz. Woolley 1952:176-84.

şeklinde etkileyici bir mimariye sahiptir. Mimari planı ve yapı teknolojisiyle bize hemen Fırtına Tanrısı Tapınağı'nın ana mabedini hatırlatıyor ve bir tapınak olarak yorumlanması gerektiğini de akla getiriyor.[87]

Kral Kapısı'na dönersek, Kapı'nın ana cephesinin etkileyici öğesi, kısa yazıtında adı geçen Atrisuhas ata kültüne ait devasa bazalt heykeldi (B 25). Yazıt kült için yıllık ekmek, öküz ve koyun sunularını tayin eder. Anıt kapı geçidinin hemen batısında *in situ* bulunmuştur (Woolley 1952: 199). Bu, boynuzlu miğfer, uzun bir giysi giyen ve elinde topuz ile balta tutan, oturur vaziyetteki heybetli görünüme sahip sakallı bir ata heykelidir. Heykel geniş, çift aslanlı büyük bir bazalt kaide üzerine yükseltilmiştir. Kaidenin ön yüzünde aslanlar arasında diz çökmüş grifon başlı bir figürün kabartma temsili bulunur. Hawkins (2000 I: 101), heykelin Katuwas'ın babası ya da ulu büyükbabası olan tanrısallaştırılmış Kral Suhis'e adandığını belirterek ata Kral Atrisuhas'ın ismini "Suhis'in imgesi, ruhu" olarak tercüme eder. Suriye-Hitit kentlerinden, başta Tel Halaf ve Zincirli olmak üzere kentsel bağlamları, genel biçim ve ikonografik nitelikleri bakımından paralellikler içeren birçok ata heykeli biliniyor.

Kapı binası Katuwas tarafından inşa edilmiş ve bu olay kapı binasının lambalı bazalt kapı söveleri üzerindeki yedi satırlık yazıyla anıtsallaşmıştı:[88]

4.11 mu-pa-wa/i-'pi-na'LINGERE-sa-ti kar-ka-mi-si-za(URBS) (DEUS) TONITRUS-ti DEUS.DOMUS-tà PUGNUS-ru-ha

Fakat ben kendim Kargamış'ın Tarhunzas tanrısı için gösterişli tapınak(lar) inşa ettim (?)

4.12 wa/i-tú-ta-' PANIS(-)ara/i-si-na PONERE-wa/i-ha

Onun için arasi-ekmeğini yerleştirdim.

4.13 |za-ia-ha-wa/i "PORTA"-la/i/u-na á-ma |AVUS-ti-ia mu-|PRAE-na CRUS.CRUS-ta

Ve büyük atalarımın bana bıraktığı bu kapıları

4.14 a-wa/i PURUS-mi-ia DEUS.DOMUS-sa(?) ku-ma-na AEDIFICARE+mi-ha

---

87 Bkz. Naumann 1971: 483; Woolley 1952: 184. Bu hipotezin dayandığı daha ayrıntılı nedenler başka bir yerde sunulacaktır.

88 Hawkins 2000 I.1: 95-6; metin II.9. Kargamış A11a (A8). Ortostat bugün birkaç parça haldedir ve biri British Museum'da (BM 117916) olmak üzere çoğu Anadolu Medeniyetleri Müzesi'ndedir (nos. 10900ah). British Museum'daki, "girişin sağ tarafında lambalı kapı sövesi biçiminde, 7 satır yazı içeren bazalt bir ortostattır" (Hawkins 2000: 94).

Tapınağın en kutsal yerini (YA DA: Kutsal (olanın) tapınağını) inşa ettiğimde

4.15 wa/i-mu-tà-'|za-zi (SCALPRUM)ku-ta-sa5+ra/i-zi |POST-ní|| 5.15 |PES- wa/i-ta

bu ortostatlar benim "ardımdan geldi,"

4.16 a-wa/i za-ia "PORTA"-na |SCALPRUM-sa5+ra/i-ha

bu kapılara ben "ortostatlar dizdim"

4.17 wa/i-tà-' |FRONS-la/i/u ARGENTUM.DARE-si-ia sa-tá-'

pahada (?) en önde geldiler (?) (çok pahalıydılar?)

4.18 wa/i-tà-' "LiGNUM"-wa/i-ia-ti AEDIFICARE+mi-ha

Onları (ayrıca) ahşaptan inşa ettim

4.19|za-zi-pa-wa/i (DOMUS)ha + ra/i-sà-tá-ni-zi a-na-ia BONUS-sa-mi-i FEMINA-ti-i DOMUS + SCALA(-)tá-wa/i-ni-zi i-zi-i-ha

Ve bu üst katları sevgili eşim Anas'a TAWANI-daireleri olması için yaptım...

(Hawkins 2000 I.1: 95-6; metin II.9. KARGAMIŞ A11a [A8])

Metin, kapı yapılarından bahsederken Hawkins (2000 I: 86) ve Singer'ın Latin harfleriyle hilana olarak yazdığı PORTA-la-na kelimesini kullanır ve Luvice hiyeroglif terimin, Hitit metinlerindeki É.hilammar ve Asur krallık yazıtlarındaki bīt-hilāni ile ilişkilendirildiğini akla getirir. Hititlerde hilammar kelimesi belirli törensel etkinliklerle ilişkili anıtsal kapı binasına gönderme yaparken Asurlularda bīt-hilāni sürekli olarak Suriye-Hitit kentlerine has egzotik bir mimari biçim olarak tanımlanır.[89] Asur'da anma yazıtları III. Tukultī-apil-ešarra döneminden başlayarak (MÖ 744-727) sıklıkla bīt hilāni tamšil ekal KUR.Hatti inşasını tarif etmiştir – "Hatti ülkesinin sarayını model alan bir *bīt hilāni*" olarak çevrilebilir.[90] Araştırmacılar bu yazılı raporlar ve pek çok Suriye-Hitit yerleşiminden elde edilen arkeolojik bulgularla bağlantılı olarak, bu mimari biçim ile bīt hilāni arasında bire bir benzerlik kurulmasa da hilani ev kavramını Suriye-Hitit sarayları ve tapınak-

---

[89] Filoloji ile bu bağ Singer 1975 tarafından ikna edici biçimde tesis edilmiş ve bildiğim kadarıyla itiraz edilmemiştir.

[90] Demir çağında Hatti Ülkesi, Kargamış çevresindeki bölge olarak anlaşılmıştır. Bkz. örneğin, Kalhu/Nimrūd'dan Tukultī-apil-ešarra'nın "Özet Yazıtı" No.7 (Tablet K 3751), Tadmor 1994: 172-3 içinde Arkası: satır 18'. Bu mimari özellik kralın Kalhu'daki kendi "sedir" sarayında kullanılmıştır. Diğer örnekler için bkz. *CAD* H: 405 başlığı altında; J. Renger ve B. Hrouda, "*hilāni, bīt*" başlığı altında, *RlA* 4: 405-9; Winter 1982, özellikle 357f. 373'te bibliyografya: note18.

larının ince bezeli ve sütunlu cepheleriyle ilişkilendirmiştir.[91] Ne var ki geç Asur örneklerinden bağımsız olarak Akadca bīt hilāni ve Luvice hilana, imparatorluk Hitit'inde kelime anlamıyla "kapı binası" olan É. hilammar'dan, ancak özellikle kentsel yerleşimde yapılan KI.LAM (=hilammar) festivali ile ilişkili olan terimden geliyor gibidir.[92] Festival sırasında Hitit kralı, É.katapuzna- (büyük olasılıkla "eşik," kapı binası içinde yükseltilmiş platforma benzer bir yer) adı verilen bir yerde oturur ve "komedyenler dans eder, el çırpar ve müzik çalar"ken "tanrıların hayvanları" ve "kelimelerin ustaları"ndan oluşan kutsal tören alayının geçişini izlerdi (Singer 1983: 59). Festival sırasında kullanılan ana kült aslında Fırtına Tanrısı'dır. Bu festivalin bir biçimde erken demir çağında, en azından Fırtına Tanrısı kültünün hâkim olduğu Kargamış gibi kentlerde görülmeye devam etmesi oldukça muhtemeldir.[93]

Bu kültik bağlamdan hareketle ve mevcut arkeolojik bulgular dikkate alındığında demir çağındaki Suriye-Hitit *hilana*'sının, bir kamusal alana bakan, yarı açık, yükseltilmiş etrafı çevrili bir yer ve yontma taş ortostatlar, sütunlar ve kapı heykelleriyle incelikle bezenmiş her tür anıtsal cephe olarak anlaşılması gerektiğini ileri sürmek olasıdır. Bu sav, elbette ritüel tören alayları performansı ve halk festivalleri düzenlenmesinde dramatik mimari sahne hizmeti verme işlevini paylaşan tapınaklar, saraylar ve kent kapılarına da uyarlanabilir. Kuzey Suriye mimari geleneklerinde

---

91 *Bīt hilāni* Yakındoğu mimarlığında en fazla ele alınan hususlardan biridir (Frankfort 1952; Wachtsmuth 1958; Akurgal 1968: 69-80; Renger ve Hrouda1975; Naumann 1971: 417f.; Börker-Klähn 1980; Winter 1982). Frankfort ve Akurgal'ın tartıştığı Suriye-Hittit *bīt hilāni* lerinde –yani, Tel Ta'yinat, Tel Halaf, Sakçagözü ve Zincirli'dekiler– sütunlu giriş ortada bir ocakla dikdörtgen şeklindeki "taht odasına" kabul salonu olarak hizmet eder. Tel Halaf'taki erken demir çağı sarayında sütunlu girişin üç dev sütunu antropomorfiktir: iki aslan ve bir boğa üzerinde iki erkek ve bir kadın ayakta durur ve yapının tüm cephesi oyma ortostatlarla kaplıdır (bkz. özellikle Mellink 1974, 209-12). Ne var ki bu kendine has mimari yerleşimin ilk ortaya çıkışının MÖ 15. ila 14. yüzyılda Alalah IV'deki Saray kompleksi içindeki en dikkat çekici mekânsal birim olduğu yaygın olarak kabul edilmiştir. Burada avluya açılan iki sütunlu sundurma, cilalı bazalt ortostatlarla süslenmiştir (Woolley 1955, 112) ve buna ilaveten belki Ebla'da 2. binyıl başında yapılan Kuzey sarayıydı (Matthiae 1997).

92 Hitit metinlerinde É.*hilammar* kullanımını gösteren bulgular için bkz. Singer 1975. KI.LAM festivalinin tam basımı Singer 1983'tür. Naumann (1971: 455), Hitit É.*hilammar*'ını Hattuša'daki tapınakların kült odalarının önündeki sütunlu salonlar olarak saptadı. Bunlar -*hila*, "avlu" kelimesiyle ilişkiyi onaylayacak şekilde geniş bir avluya açılıyordu (Singer 1975: 76).

93 Suriye-Hitit kült pratikleriyle ilgili sınırlı bulgu için bkz. Popko 1995: 163–71. Kuzey Suriye'de Fırtına Tanrısı kültünün tarihi üzerine bkz. Klengel 1965; Souček ve Siegelová 1974; Deighton 1982; Houvink ten Cate 1992a; Alexander 2002; Schwemer 2001; Green 2003.

yer alan bīt hilāni'nin tek başına bir mimari üsluba indirgenemeyeceğini ancak kavramın, benzer şekilde oyma ortostatlar ve heykeller gibi belirli mimari öğeleri, çok öykülü bir anıtsallığı ve mekânlarla ilişkilenen belirli pratikleri çağrıştırdığını ileri sürüyorum. Geç tunç çağından erken demir çağına geçişte kült özellikli pratiğin mevkii olan É.*hilammar*'ın anlambilimsel çağrışımları aktarılırken, yeni kurulan ve gelişen Suriye-Hitit kentlerinde yeni bir mimari söz dağarcığı geliştirilmiştir. Bu yeni söz dağarcığı, yazılı ve görsel olarak mitopoetik, kültik ve hanedanlık anlatılarının yontulduğu taş ortostatların yoğun kullanımını içerirdi. Bu mevcut tanımla, görsel anlatılar ve yenilikçi mimari biçim ve teknolojiler kullanarak uyumlu biçimde harmanlanan kentin kült festivalleri ve devlet gösterilerinin mevkii olan Yukarı Kent Kargamış'ın kamusal yapılarının törensel toplumsal mekânı aniden anlam taşımaya başlar.

Burada Kargamış'ta kazı yapılan kamusal yapı alanının ağırlıklı olarak MÖ 10. yüzyıldan 9. yüzyıla kadar olan Suhis-Katuwas hanedanlığının ürünü olduğunu iddia ediyorum. I. Suhis zamanından Katuwas zamanına kadar bu alan, yapı ustaları ve zanaatkârlar eliyle uyumlu bir kentsel mekâna dönüştürülmüştür. Kargamış bölgesel devletinde idari iktidarı önceki hanedanlıktan (Ura-Tarhunzas ve Tudhaliya) devralan "Suhis Hanesi" hükümdarları, MÖ 10. yüzyılda kent merkezinde kapsamlı bir inşaat projesi başlatarak Kargamış'ı bir bakıma yeniden inşa ettiler. Bu yeni girişim, bir yandan atalardan kalan biçim ve yenilikleri bir araya getirip Su Kapısı gibi daha eski yapılara el koyarken, diğer yandan kamusal meydanların duvarlarını kaplayan dikkat çekici bir ortostat programını ilk kez uygulamaya koydu. Bu ortostat programlarının görsel bileşeni, ritüel pratikler, mitolojik bir geçmişin temsili ile devletin siyasi anlatıları arasında hassas bir denge kurarak kentteki iktidar ilişkilerinin uzlaşmasında aracı bir rol oynadı. Kentin mimarisinde Luvice hiyeroglif anma yazıtları, sergileme kültürünün ayrılmaz parçasıydı ve ortostatlara, anıtsal yapıların (tapınaklar ve kapılar gibi) kapı sövesi bloklarına ve stellere oyulmuşlardı. Kargamış kentsel peyzajı, yaklaşık yüzyıllık bir dönem içinde köhne ve atalara ait tunç çağı kentinden yeni kültürel çağrışımlar, mimari biçimler ve toplumsal pratikler içeren hareketli bir demir çağı kentine geçişini tamamladı. Bu, kentin yüzündeki geçmiş izlerinin tamamen silindiği anlamına gelmez. Yeni inşa edilen yapılarda devşirme malzeme kullanılması ya da yeni yapıların eski anıtları içine alması ile geçmişle anlamlı ve somut bir ilişki tesis edilmiştir.[94] Devşirme tekniği, Kargamış'ta yaygın bir mimari pratiktir (Özyar 1998a) ve üzeri yazılı ve bezenmiş

---

94 Etkileyici bir pratik olarak mimaride devşirme malzeme kullanımı üzerine bkz. Hansen 2003.

mimari parçaların etkin gücünü yeniden farklı yerleşimlere dahil ederek daima mekânları anlamlı yoldan yeniden şekillendirmiştir.

Kargamış ve Kalhu, erken demir çağının kentsel ölçekli yapı projelerinin önemli ve benzer örnekleridir. Ben sıklıkla yapıldığı gibi kültürel etkileşim ya da Kargamış ve Kalhu'nun zanaatkârları arasında teknolojik bilgi alışverişi bağlamında bu kentler arasında bir ilişki kurmakla ilgilenmedim. Bunun yerine kabaca aynı dönemde yapılan iki kentsel inşaat olayını ele alarak –Kargamış'ta Suhis-Katuwas hanedanlığı ve Kalhu'da II. Aššur-nasir-apli ve III. Šulmānu-ašarēd zamanı– onları karşılaştırmalı olarak inceledim. İki kentte de toplumsal mekânların örgütlenme ve inşası, kült festivaller ve devlet törenlerinin gerekliliklerine dayandırıldı. Kentle ilgili festivallerin bu dramatik karakteri göz önüne alındığında, bu olaylar zamanla kent peyzajlarına dramatik bir topografya kazandırdı. Dahası hem Kalhu hem Kargamış'ta kent tarihi boyunca görülen pek çok kritik anda kent peyzajları hanedanlık anmalarıyla imleyen ve bu suretle müşterek bellekte toplumsal zamanı ve toplumsal mekânı yeniden yapılandıran kamusal anıtlar yükseldi. Yazılı ve görsel biçimlerde hanedanlık anlatılarını taşıyan kamusal anıtların kullanımıyla tüm toplumsal mekân etkili ve güzel bir mekânsal anlatıya dönüştürüldü. Bir sonraki bölümde bu geniş ölçekli yapı projeleri sırasında kent peyzajları harmanlamak için ne kadar farklı mimari teknolojilerin nasıl kullanıldığını araştırıyorum.

Eskiçağ Yakındoğu'sunun kentlerini anlamak, kentsel peyzaj çalışmamızın mimari biçim tipolojileri ya da kent planlama programlarıyla sınırlı kalmamasını gerektiriyor. Kentlerin kalbi olaylar, kültürel pratikler, müşterek temsiller, kutlamalar, geçit törenleri ve gündelik yaşamın tekdüzeliğiyle çarpar ve bizim bu dinamizmle yakın ilişkide olmamızı talep eder. Kentsel mekânlar, siyasi seçkinlerin idealleri ile mekânın gerçek kullanıcılarının pratikleri arasında durmaksızın müzakere edilir. Bu nedenle kentsel mekânların tarihsel, mimari ve görsel kaydı ile maddi kalıntıların arkeolojik külliyatına kentlerin toplumsal olarak üretilen doğasını anlamaya yönelik bir istekle yaklaşılmalıdır. Asur ve Suriye-Hitit devletlerinin demir çağı kentlerinde kent inşa projeleri, kamusal anıtların parça parça kamusal mekâna girmesini içerir. Bu anıtlar devletin ideolojik açıdan yüklü anlatılarını halka açık toplanma ve ritüel pratik alanlarında gözler önüne serme işlevini yerine getirmiş ve tarih, krallık ve devlet üzerine resmi söylemi aktarmıştır. Richard Bradley'in iddia ettiği gibi (1993: 2-5) anıtlar, toplumsal bağlamlarda ritüellerin yaptığı gibi, belleği uyandırırlar. Anıtlar aynı zamanda yeni bir mekân hissi kullanıma sokar ve dikildikleri mekânsal bağlama yeni bir yön verirler. Dikilmeleri maceralı olsa da eşit derecede kalıcılık ve istikrar duygusu, insan yaşamından daha uzun süre devam edebilecek geçici bir boyut hissiyatı uyandırırlar. Ne var ki anıtların önemi, yeni kültürel pratikler ve siyasi değişimlerle çabucak farklılaşabilir. Tüm bunları dikkate alarak Kargamış ve Kalhu'nun farklılıklarına rağmen yeni kentler kurma, kentsel mekânları yapılandırma ve anıtlar inşa etme dinamiklerini ve tüm bu müdahalelerin nasıl tarihsel açıdan belirli ve yerel olarak rastlantısal süreçlerin ayrılmaz parçası olduğunu anlamak için bize pek çok kanıt sunacağını iddia etmek mümkün.

BEŞİNCİ BÖLÜM

Dikili Taşlar ve Yapım Hikâyeleri:
Mimari Teknolojiler ve Kentsel Mekânın Poetikası

> Maddi kültürün toplumsal rolü ve anlamını incelemeye teşebbüs eden arkeologlar için maddi üslup, ancak tekniklerin nesneleştirilmiş sonucu (doğrudan doğruya nesneleştirilmiş bilgiden ziyade) olarak görüldüğünde yararlı bir kavram olarak hizmet edebilir; daha net bir ifadeyle üretimdeki chaîne opératoire'ın bütün aşamalarında yapılan birbirine bağlı teknik, biçimsel ve dekoratif seçimlere karakteristik tepkilerin sonucu olarak görülmelidir. Bu nedenle maddi kültürü, istikrar süreçleri ve bu süreçlerin tarihsel gidişatındaki yenilenme dahil, toplumsal bir olgu olarak anlamak, bu seçimleri, seçimlerin arasındaki ilişkileri ve chaîne opératoire'ın farklı aşamalarında yapılan yeni seçimlerden kaynaklanan karşılıklı etkileri koşullandıran etmenleri anlama meselesi olur. Bu yaklaşım zanaat adamlarını toplumsal aktörler (sadece kültürün ürünleri/taşıyıcıları ya da kültürel uyumlulaştırma/kültür dışı uyumsal mühendislerden ziyade) olarak anlamamızı ve nesnelerin üretimi ve kullanımını toplumsal etkinlik olarak anlamamızı gerektirir.
>
> Dietler ve Herbich 1998: 246

> O halde dış görünüş ile teknoloji arasındaki ilişki çetrefillidir. Varlığın kanıtı görünüş olduğuna göre mimarın teknikleri düzenli kullanması bu görünüşü âşikar kılar, öyle ki bir binanın delili onun inşasına destek çıkan düşünce ve hikâyeden ayrılmaz.
>
> Blais 1999: 11

Teknolojik Üslup, Arkitektonik Kültür ve Zanaat Bilgisinin Mekânları

Antropolojik açıdan kültür insanın kaçamayacağı ve "[insanın] kendisinin ördüğü bir anlamlar ağı" olarak kabul edilmiştir (Geertz 1973: 5).[1] Peter Holliday'in Roma

---

1 Geertz burada Weberci semiyotik kültür anlayışına atıfta bulunur. Şöyle yazar: "anlamlandırılabilir işaretlerin birlikte çalışılan sistemleri olarak... kültür toplumsal olayların, davranışların, kurumların ya da süreçlerin gelişigüzel biçimde dayandırılacağı bir güç

kamusal anıtlar için söylediği gibi kültür, müşterek bir dünya görüşü inşasının temelinde yatan karmaşık bir sembol yaratma ve toplumsal temsiliyet sistemi olarak da anlaşılabilir.[2] Maddi bir dışavurum ve kültürel pratiklerin bir tortusu olan mimarlık bu sürecin temel bileşenidir ve önceki bölümlerde iddia edildiği gibi mimari mekân kaçınılmaz olarak toplumsal bir üründür. Bu bölüm inşaat projelerinin maddi işleme alanları olduğu fikrini ayrıntılandıracak. Bu alanlarda yoğun üretim teşebbüsü; fikir, zanaat bilgisi ve teknolojik yenilik alışverişi için alışılmadık bir mekânsal bağlam teşvik eder.

Myriam Blais kısa süre önce mimari malzemelerin metaforik niteliği üzerine yazdığı bir makalede yapı teknolojilerinin buluşlar aracılığıyla "malzeme şöleni" olarak canlandırılabileceğini iddia etmişti. Buluşlar da "düşünce ve malzemenin yaratıcı karşılaşması" ya da "farklı malzemelerin tasavvurda ustaca işlenmesi" olarak tanımlanır.[3] Önceki bölümde inşaat girişiminin şölensel karakteri ortaya konulmuştu. Bu bölümde amacım, anıtsal inşa etkinliğinin zanaat bilgisi ve teknolojik yenilik alışverişine ortam yarattığını göstermek. İnşa projesinin festival bağlamı, beşeri bilginin sınırlarını zorlayarak malzemelerin kültürel ürünlere ustalıkla dönüşmesine zemin yaratır. Simgesel başkentin maddi kaynaklar, işgücü ve dışarıdan nitelikli zanaatkârlar biçiminde siyasal merkeze doğru hareketlenmesiyle inşaat projesi alanı kültürler arası bir alışveriş yeri haline gelir.[4] Uzman zanaat etkinliği yapı teknolojilerinin gövdesini, bölgesel mimari pratiklerin maddi buluntusunu oluşturur. Bu aynı zamanda "mimari biçimlerin yerel bağlantı noktası" olarak da anlaşılabilir (Wheatley 2001). Buna karşın bu birleşme noktası zanaat bilgisinin dolaşıma girdiği maddi dünyayı oluşturur. Öyleyse bu dolaşım, belirli bir "bilgi mekânı," mimari ya da zanaat bilgisine has bir tür koine muhafaza etmektedir (Turnbull 2000).

---

değildir; kültür bir bağlam, bu bağlam içinde bunların anlaşılır biçimde –yani, belirgin biçimde– tanımlanabildiği bir şeydir" (Geertz 1973: 14). Bkz. özellikle Geertz'in iki makalesi "Thick description: toward an interpretive theory of culture" (Geertz 1973: 3-30) ve "Ideology as a cultural system" (Geertz 1973: 193-233). Toplumsal mekânı anlamada semiyotik yaklaşımın bir eleştirisi için krş. Lefebvre 1991: 220f.

2   Bkz. özellikle "Preface," Holliday 2002: xv-xxv içinde. Toplumsal dünya, bu dünyanın pratikleri ve temsilleri için bkz. özellikle Bourdieu 1977 ve Chartier 1997.
3   Blais 1999: 2-3, 5. Blais'in tartışması François Rabelais ve Philibert de l'Orme'un 16. yüzyıldaki çalışmalarını merkeze alır.
4   Anıtsal mimarinin sosyopolitik ve ekonomik simgeselliği için bkz. Trigger 1990. Zanaatkârların devingenliği özellikle geç tunç çağı Yakındoğu'sunda açıkça görülür. Bkz. Moorey 2001.

Anıtlar maddi nitelikleri bakımından pek çok katmanda anmayla ilgilidir. Ustaca inşa edilmeleri, tam olarak inşa edildikleri zamandaki ekonomik refah ve toplumsal dönüşümün tarihsel koşullarını anıştırır. Ancak imalatta kullanılan teknoloji ve toplumsal ilişkilere atıfta bulunarak, bu toplumsal olarak görünür olayın maddi bulgusu olarak kendi yapılışlarını da anıştırmayı sürdürürler. Bu bölüm tartışmayı mimari malzeme ve teknolojilere ve bunların büyük ölçekli inşa programları çerçevesindeki kültürel önemine çevirerek, yeni kent inşa pratiğine yaklaşımın üçüncü ölçeğini öne çıkarıyor. Üçüncü, Dördüncü ve Beşinci Bölüm yerleşim tarihinde uzun vadeli peyzaj dönüşümleri bağlamında kent inşa pratiklerini ve krallık aktörlerinin başlattığı kentsel kültürel yenilenme programlarını inceliyor. Bu bölümde yeni kentlerin hem fiziki çevresinin hem de temsili imgelerinin, özellikle bazı mimari teknolojiler tarafından şekillendirildiği savunuluyor. Dikkatlice seçilmiş prestijli yapı malzemelerinin, kalifiye usta ve yenilikçi teknolojilerin kullanımı sayesinde kültürel olarak belirli bir inşa estetiğinden yararlanarak yeni bir kent imgesi yaratılmaktadır. Bu tür simgesel olarak yüklü inşaat teknolojileri, o mahal ve bölgelere has, Kenneth Frampton'ın (1995) deyimiyle bir arkitektonik kültür tesis eder. "Arkitektonik" (ya da kısaca "tektonik") terimi burada inşayla ilgili yapı niteliklerine göre çağdaş mimarlık teorisiyle uyumlu olarak kullanılıyor. Mimari söylemde tektonik, sadece "yapısal ve maddi dürüstlüğü değil, aynı zamanda yapının poetik tekniğini belirtecek" şekilde kullanılır (Frampton 1990: 20; aynı zamanda Hartoonian 1994). Frampton tektonik karakterin, temsili ya da skenografik özelliğine karşı yapı inşasının ontolojik yanına gönderme yaptığını ileri sürer.[5] Öyleyse arkitektonik kültür, inşa edilmiş çevre yapımında maddi olarak yaygın olmakla kalmayan, aynı zamanda krallardan zanaatkârlara ve sıradan vatandaşlara dek toplumun geniş kesiminin yetkin bir şekilde aşina olduğu bir mimari pratik ve teknoloji külliyatına gönderme yapar. Buradaki önerme ince işlenmiş taş duvarlarcılığa, üzeri kabartmalı ve sade dik duvar levhalarına (ortostatlar) yaygın şekilde başvurulmasıyla Yukarı Mezopotamya'nın dönüştürücü erken demir çağı döneminin kamusal alanda yeni biçimlendirilmiş bir arkitektonik kültür meydana getirdiği ve bunun yeni kent inşa etme pratiğinin önemli bir bileşeni olduğudur.

Mimari teorideki inşa teknolojilerine yönelik çağdaş ilgi, özellikle disiplinler arası maddi kültür araştırmaları alanında, antropolojik ve arkeolojik teori çalışma-

---

5 Ancak Lefebvre 1991: 169-228 ile karşılaştırınız. Eskiçağ Yakındoğu'su bilimsel yazında bu terim bazen farklı anlamlarda kullanılır; bkz. ör. Smith 1999, ancak terimin Moortgat 1969:129'daki daha standart kullanımıyla karşılaştırın; bu standart kullanım Paley 1976: 18, n. 46'da belirgin biçimde yanlış anlaşılmıştır. Daha ayrıntılı tartışma için bkz. ilerleyen bölüm.

larındaki teknolojiye yönelik yeni eleştirel sorgulamalarla örtüşür. Teknoloji artık sıkıcı ve mekanik bir süreç olarak değil, fakat aslında yapıt üretimi ve bedensel tekniklerin simgesel olarak yüklü bir işletim zinciri olarak anlaşılır. Bu işletim zinciri üzerinden yapıtlar nitelikli bilgi, zanaat adamlarının aktörlüğü ve toplumsal üretim ilişkileri bütününün endeksi haline gelir. Bu anlamda teknolojik üslup (ya da maddi üslup) kavramı amacımız için can alıcı öneme sahiptir ve yakın dönemde teknolojik imalat süreçleri üzerine çalışan arkeolog ve tarihçilerin ilgisini çekmiştir.[6] Eskiçağdaki yapıtlar üzerine yapılan tartışmalar, bitmiş ürünler üzerine biçimsel-ikonografik kısır tartışmalardan ve tarihlemeye dönük konjonktürel iddialardan uzaklaşıp hızla yapıt yapımının toplumsal ve teknolojik bağlamına yönelmektedir. Malzemeler, aletler, teknikler, nitelikli işgücü örgütlenmesi, zanaat bilgisi dolaşımı ve zanaatkârların failliği – tüm bunlar yapıtların, anlamlarının, simgeselliklerinin ve üsluplarının imalatında etkin karmaşık ilişkileri oluşturur. Teknoloji, yalnızca çevresel kısıtlamalar ve zorluklara cevaben mekaniğin kurallarına uygun olarak geliştirilmiş, işlevsel bir uyarlama aracı değil,[7] daha çok malzeme üretim pratiği aracılığıyla "simgesel olarak anlamlı bir çevre yaratma ve sürdürme" aracı olarak anlaşılır.[8] İmalat süreç ve teknikleri toplum ve ideolojinin simgesel yapılarından ayrıştırılmış olarak düşünülmez. Tersine teknolojik süreçlerin bu yapıların içine gömüldüğüne inanılır (Hegmon 1998: 268).

David Summers (2003: 74-86) Latince *facio, facere*, "yapmak ya da etmek" kelimesiyle bağlantılı olarak teknolojik üslup kavramından "yapım" (*facture*) olarak bahseder. "Bir yapıtı yapımı üzerinden düşünmek, onu kendinin yapılmış olmasının kaydı olarak düşünmektir," der (Summers 2003: 74). Yapmak (zanaat etkinliği) ve kültürel yapıt arasında köprü kurma düşüncesi, bir bakıma Kenneth Frampton'ın kavramı olan insanın poetik tekniği olarak arkitektonik ifade ile örtüşür. Frampton'ın kullandığı bu kavram, mimarinin kendi yapılışından (*poiesis*) ayrıştırılamayacağını ve aslında simgeselliğini, anlamını ve üslubunu yapılışından aldığını kesinleştirir.[9] Zanaatkârın ustalığına, uzlaşmak zorunda olduğu tüm bu

---

6 Teknolojik üsluba yönelik yakın tarihli belli başlı tartışmalar için bkz. Summers 2003: 74-86'daki pek çok makale; Shortland (der.) 2001; Chilton (der.) 1999; Stark (der.) 1998; Winter 1998; Helms 1993. Bu bilim insanlarının birçoğu Leroi-Gourhan'ın imalat sürecindeki *châine opératoire* "işletim zinciri" kavramına gönderme yapar. Bkz. Leroi-Gourhan 1993 (1964) ve bu bölümdeki alıntı.

7 Bu bakışı örneğin Binford 1967 ve diğer süreçsel yaklaşımlarla karşılaştırınız.

8 Chilton 1999: 3, Lechtman 1977: 17'den alıntı.

9 Tektonik estetik ve tektonik kültür düşüncesi üzerine bkz. Frampton 1990, 1995; Hartoonian 1994; Schwarzer 1993. Mimarlık tarihi ve teorisinde bu tartışma, temelde Karl Bötticher ve Gottfried Semper'in 19. yüzyıl ortasındaki çığır açan çalışmalarından yola

erişilebilir malzeme ve aletlerin sınırları, ekolojik kısıtlamalar, toplumsal normlar ve hamilerinin talepleriyle meydan okunmuş olur. Diğer yandan üretim sürecinin başından sonuna kadar devam eden bir dizi bilinçli seçim üzerinden çalışmak zorundadır. Hammaddenin öz nitelikleri ve potansiyelleri açığa çıkarken yerel bir yapı estetiği elde edilir. Bina inşasında örneğin belirli bir taş işçiliği tekniği kullanımında usta zanaatkâr olmak, yüzyıllar içinde birikmiş ve sürekli pratik ve toplumsal bellek aracılığıyla muhafaza edilmiş sofistike bir inşa bilgisi bütünlüğünden elde edilir. David Turnbull (2000: 19-20) yöredeki bilginin sosyolojisi üzerine yaptığı çalışmada, yerel mimari pratiklerine ait buluntuların kentsel çevrede etkili bir "bilgi mekânı" yarattığını ileri sürer. Bilgi mekânı, sınırları zanaat bilgisinin dolaşımıyla tanımlanan, yerelleşmiş, görsel olarak imlenmiş ve son derece mekânsallaşmış bir coğrafi alandır. Eğer inşa edilmiş çevre kültürel olarak anlamlı tektonik bir ifade yardımıyla iç içe geçmişse Turnbull'un bilgi mekânı kentsel doku üzerinde temsili bir örtüdür. Aynı zamanda kentsel dokuyu muhafaza eder ve yeniden üretir.

İlerleyen başlıklar altında geniş ölçekli kent inşa projeleri bağlamında ortostatlarla –destek amacıyla duvarlara dizilen, dikili ince kesme taş levhalarla– gerçekleşen inşa pratiği mimari teknolojilere dair bu yaklaşımla ele alınıyor. Erken demir çağı sırasında Yukarı Mezopotamya'da kabartmalı ortostat programlarının ve bazalt, alçı taşı ile kalkerden ince traşlanmış kesmetaş duvarların çoğalması tektonik kültür ve çeşitli bölgelerde toplumsal önem kazanan bir teknolojik üslubun elde edilmesine dair çalışma için ideal bir paradigma sunar. Bu teknolojik yenilenme ve yayılma sürecinde pek çok faktör etkilidir: Birkaçını belirtmek gerekirse, taş işleme atölyelerinin gezgin doğası, imparatorluk nişanı olarak ortostatların son derece prestijli konumu, demir teknolojisinin gelişmesi ve yayılımıyla etkili taş işleme aletlerinin kullanılmaya başlanması. Bu bölümde en başta, takdire değer bir mimari tekniğin, yeni kentlerdeki kült mekânları, devletin gösteri alanlarını ve kamusal alanı şekillendirmek için giderek daha fazla ve etkili kullanılan bir temsil aracına dönüşmesi inceleniyor.

Ortostatlar: Aşınan Duvarlara Anıtsal Bir Bitiş

Mimaride anıtsal yapılarda yontma ortostat kullanma pratiği, daha çok demir çağında Yukarı Mezopotamya mimarisine has bir özellik olarak görülür. Dönemin geç Asur ve Suriye-Hitit hükümdarları erken demir çağında bir dizi anıtsal anma

---

çıkar. Bu iki kuram da eskiçağ mimarisi üzerine yapılan çalışmalar aracılığıyla düşünülmüştür, bu nedenle tektonik kültür meselesini buraya almanın yerinde olduğuna inanıyorum. Bkz. Bötticher 1844-1852 ve Semper 2004 (1860-3). Hartoonian (1994: 16f.) "tektoniği," "yapım ve anlamlamanın aracı" olarak tanımlar.

programı uygulamaya başladığında, kamusal yapılarda duvarların alt kısımlarını korumak için taş ortostatlar kullanma fikri Yukarı Mezopotamya'nın büyük ölçüde tamamına yayıldı. Temel çalışması Der Stil in den technischen und tektonischen Künsten'de (1860'ta yayımlandı) Gottfried Semper, Asur ortostatlarını mimari teknolojiler ile kendi deyimiyle "tektonik sanatlar"ın tarihsel gelişimi bağlamında ele alır:

> Ne var ki aslında yeni imparatorluğun tezahürüyle eşzamanlı olarak yeni bir duvar kaplama ilkesi gelişti. Bu ilke, hava koşullarından dolayı aşınmaya dirençli yeni bir malzeme kullanımını içeriyordu... güneşte kurutulmuş kerpiçten yapılma duvarlar... Bu ilke olmasa Asur saraylarında odaların alt bölümlerinin kaplandığı ve hasar görmeden kalan [*in-situ*] düz taşlar... yapılan kazılarda en iyi ihtimalle birkaç toprak kap, bronz eşya, taş silindir ve benzerleriyle yetinilirdi... Genellikle kaymaktaşından yapılan bu taş paneller mimaride ifadesini bulan mekânsal fikri korur. (Semper 2004 [1860])[10]

Semper, dikili taş levhaları anıtsal ifadeye doğru önemli bir adım ve taşın ustalıkla kullanımı aracılığıyla mimari mekânın niteliğine dair bir bilinçlenme olarak görür. Başka bir yerde oyma duvar levhalarından "taş işlemeciliği" olarak bahseder (Semper 2004: 276). 19. yüzyıl ortasında Asur'da yapılan ilk kazıları takiben o dönem Avrupa müzelerine getirilen Asur mimari parçalarının Semper'in mimari teknolojiler, üslup ve mekân teorisi üzerine etkisi büyük olmuştur.

Yakındoğu'da ortostat programları ortak krallık nişanı statüsü kazanmış ve akabinde törensel mekânları hareketlendiren resimli kabartma programları ve kraliyet yazıtlarına yer açmıştır. Önceki bölümde bu anlatı programlarının Kalhu ve Kargamış'taki kentsel mekânlarla ilişkisi ele alınmıştı. İlerleyen bölümde yontmataş temeller ve ortostatlı kaplamalarla duvarları sağlamlaştırma yönünde kullanılan bu mimari pratiğin soyağacını çıkarmaya çalışarak, siyasal ve ritüel imgelemeler için pano olarak kullanılmasından çok önce, başlangıçta bu tekniğin duvar yüzeylerindeki bozulmayı engellemek için kullanılan bir yapı stratejisi olduğunu ileri sürüyorum. Ortostat kullanımına yönelik arkeolojik bulgular Kuzey Suriye'de MÖ 20. ve 19. yüzyıllar arasındaki orta tunç çağının ilk yüzyıllarına dek gider. Bu erken dönem ortostatlar bölgenin tapınak ve saraylarının mimari bağlamında ince yontulmuş düz levhalar olarak ortaya çıkmış ve onları özel bir tektonik ifadeyle imlemiştir. Zaman zaman bu yüzeylere tek başına kabartma paneller ile sadeleştirilmiş anlatı sahneleri dahil olmuştur ve bu örneklerin pek çoğu Kuzey Suriye ve Anadolu'daki Hitit imparatorluk yapılarıyla ilişkilendirilir.

---

10 Harry Francis Mallgrave ve Michael Robinson (Semper 2004: 312) tarafından çevirilmiştir.

Erken demir çağında demir aletlerin inşa pratiğine ilk kez girişiyle birlikte taş kesme zanaatı, gelişen ve daha yaygın bir teknoloji haline gelmiştir. Suriye-Hitit dünyası ve Asur İmparatorluğu'nun demir çağı kentlerinde ince yontulmuş taş cephe yüzeyler, zamanla resimli anlatı ve anıt yazıtlar için temsili yüzeyler olarak kullanılmış, prestij ve iktidarın güçlü sembolizmini elde etmiştir. Anıtsal yapıların taş yüzeylerinde bu görsel anlatı ve anıt yazıtlarının kullanılması, Asur ve Suriye-Hitit devletlerindeki kent inşa projeleri bağlamında bir diğer yenilikle çakışır. İlerleyen başlıklarda Kuzey Suriye kentlerinde bir yapı tekniği olarak duvar levhaları kullanma pratiğinin orta tunç çağından itibaren görüldüğü, oysa duvar yüzeylerini görsel anlatı kompozisyonları sergilemek için kullanma fikrini büyük ölçüde Orta Fırat ve Asur'un duvar resmi geleneğine borçlu olduğumuz gösteriliyor. İkisinin birleşmesi ancak erken demir çağında Yukarı Mezopotamya'da ortak bir pratik olarak büyük ölçekli inşaat projelerinin parçası şeklinde belirginleşmiştir.

Ortostat kelimesi duvar yapımında kullanılan dikine taş levhaları tanımlamak için klasik Yunancadan [ὀρθοστάτης = *orthostatês*] ödünç alınmış bir mimari terimdir. Bu taş levhalar, uygulamada kerpiç duvarların alt seviyelerini yağmur, rüzgârın sebep olduğu aşınmaya ya da diğer gündelik fiziksel hasarlara karşı korumak üzere kullanılmıştır.[11] Bir duvar kaplama tekniği olarak (Alman mimari yazınında Bekleidung) ortostatlar öncelikle duvar yüzeylerinde aşınma etkilerini azaltmak için geliştirilmiştir. Bu teknik, sıva ve boya gibi diğer bitiş tekniklerinin kullanımıyla benzerdir. Aşınma (*weathering*), Oxford English Dictionary'de şöyle tanımlanır: "Atmosferik faaliyet ve öğelerin bunlara maruz kalan maddeler üze-

---

11 *Orthostatês*, antik Yunancada yalın bir ifadeyle "ayakta dikili" anlamına gelir, ancak diğer taraftan bir dizi Yunan yapı yazıtında "uzun kenarları dikine yerleştirilmiş yapı taşları" anlamına gelen özel bir mimari anlamla da karşılaşılmıştır (H.G. Liddell ve R. Scott, *A Greek-English Lexicon*, 9. baskı Oxford 1940: 1249). Kelimenin mimari bağlamlardaki örnekleri için bkz. örneğin *IG* 1².372; Atina'dan Erektheion'un inşasına dair(MÖ 409-405), özellikle 60. satır ve diğerleri; *IG* 2².1668, Pire Limanı'ndan Euthydomos ve Philon'nun, Pire Limanı'ndaki Skeuotheke için inşa tarifnamesi (MÖ 347-346 bce), özellikle 19. satır; ayrıca *IG* 4²[1].103, Epidauros Asklepieion'undan Tholos'un inşasına dair (MÖ 370-340 c.), 74. satır ve diğerleri. Kelimenin eskiçağ Yakındoğu'sunda mimari bir terim olarak kullanımı için, "orthostat" başlığı altında, Leick 1988:154'de; Aurenche 1977: 128; Hult 1983: 91; Arnold 1991: 296. Teknik özellikler en kapsamlı olarak Naumann 1971'de yer alır, özellikle 75-86. Naumann (1971: 75, n. 13) aynı anlamı veren bir terim mevcut olmadığından Yakındoğu bağlamında Yunanca bir mimarlık terimini bu kadar yaygın kullanmanın hem tuhaflığını hem de kaçınılmazlığını belirtir. Asurluların taş levhalar için kullandığı Akadca kelimeler *agurru* ve *askuppātu* idi; Kargamış'ın geç Hitit kralları tarafından kullanılan Luvice terim *kuttaššar* idi. Bu terimlerin önemleri için bkz. devam eden tartışma.

rindeki etkisi; bu eylemden kaynaklanan solma, dağılma ve benzerleri."[12] Aşınma kelimesi sadece zaman içinde binaya saldıran bu çevresel bozulmayı değil, aynı zamanda yapı sanatlarında bu bozulmayı önlemek amacıyla geliştirilen bitiş tekniğini de anlatır. Kelimenin bu ikili anlamı en iyi Mohsen Mostafavi ve David Leatherbarrow'ın etkileyici çalışması *On Weathering*'de (1993) ele alınmıştır; bu çalışmada zaman içinde ve çevresel/iklimsel koşullara karşı yapılardaki aşınma ile ilgili sahip olunan bilginin, inşaat zanaatkârları için, bu sorunu bir tasarım kriterine dönüştürmede ve mimari bitişte uygulanan çeşitli yenilikler aracılığıyla bina yüzeylerinin tektonik niteliklerini sürekli geliştirmede olanak sağladığı ileri sürülür. İnşaat pratiğinin aşınmanın sürekli izlenmesiyle uygun ilişki içinde refleks olarak kendisini yeni şartlara uydurma niteliği, mimari geleneklerin oluşumunda önemli bir bileşen olmuştur. Mostafavi ve Leatherbarrow yapı bozulması ile mimari bitiş tekniklerinin oluşumu arasındaki ardışık ilişkiyi mimarinin zaman ve çevresel şartlarla yüzleşmesine atıfla ele alır. Mostafavi ve Leatherbarrow parlak bir ifadeyle, "bitiş inşaatı sonlandırır, aşınma bitişi inşa eder," sonucuna varırlar (1993: 5).[13] Ortostatlar böyle bir yenilik olarak anlaşılmalıdır.

Yukarı Mezopotamya yerleşimlerinde duvar yapımında kullanılan malzemeler ve teknoloji, bölgeden bölgeye hatırı sayılır farklılıklar içermiştir, ancak en yaygın teknik kesinlikle ahşap çatkılı kerpiç dolgulu duvarlardır.[14] Anadolu Yaylası, Levant ya da Kıbrıs gibi bolca yapı taşı kaynağına ve daha nemli bir iklime sahip belirli bölgelerde kesmetaş temeller, zemin seviyesi üzerinde koruyucu bir "duvar kaidesi" olarak hizmet etmek üzere birkaç ince kesmetaş sırası ile dado seviyesine kadar yükseltilmiştir (Naumann 1971: 75).[15] Bir taş kaide kerpiç üstyapıya daha büyük bir yapısal denge kazandırır ve taşıyıcı duvarlar tabanında yüzey nemi, su sızıntıları ve erozyonu önler (Gregori 1986: 91-2). Buna alternatif olarak demir ça-

---

12 "weathering, n." OED Online. 2011 Haziran. Oxford University Press. http://www.oed.com/view/Entry/226660?rskey=WLDFoO&result=1 (erişim tarihi: 9 Haziran 2011).

13 Bu önemli çalışmaya dikkat çeken Yusuf Civelek'e özellikle minnettarım.

14 Genel olarak Mezopotamya inşa teknikleri için bkz. Moorey 1994: 302–62. Duvar yapımında farklı ahşap çatkı, taş temeller ve yüzey işleme kombinasyonlarıyla kil, *pisé*, güneşte kurutulmuş ya da fırınlanmış kerpiç tuğlalarla birlikte geniş bir teknik çeşitlilik bulunur. Rudolf Naumann'ın ufuk açıcı *Architektur Kleinasiens* (1971) cildi mimari teknolojiye dair hâlâ en ayrıntılı bilgiyi sunar, ancak kitap tarih öncesinden geç demir çağına kadar sadece Anadolu ve Kuzey Suriye'yi içine alır. Kerpiç üzerine ayrıca bkz. Oates 1990. Eskiçağ yapı teknolojileri için bkz. Wright 2000a, özellikle 40-9 Mezopotamya ve 69-78 Levant ve Ege üzerine. Güneşte kurutulmuş ve fırınlanmış tuğlalara ilişkin mimari teknolojiler üzerine bkz. Sauvage 1998.

15 Bu teknik *Orthostaten*'e karşı Naumann'da (1971) *Mauersockel* ("duvar kaidesi") olarak geçer.

ğında Kuzey Suriye ve Asur'da kullanılan yaygın pratik, duvarların alt yüzeylerini kaplamak için daha ince kesilmiş dikdörtgen taş levhalar kullanmaktır. Bu teknik, kerpiç duvar yapımında kaidelerin mimari ekonomizasyonu ve geliştirilmesidir (ŞEKİL 51). Duvar kaideleri ve ortostatlı taş işçiliğinin sunduğu nitelikli tektonik yüzey ve anıtsallık hissi sayesinde zanaatkârlar zamanla bu taş yüzeyleri ya tekil imgeler ya da resimli ve kabartma şeklinde anlatı programlarıyla görsel temsiliyet alanlarına dönüştürdüler. Tamamen ya da kısmen yontulmuş müstakil apotropaik heykeller önemli geçiş mekânlarını işaretlerdi (kapılar gibi). Bu süreç, geç tunç çağı boyunca duvar resmi ve sırlı tuğla dekorasyonu gibi –ikisi de daha önce temsili-anlatı mecrası olarak hizmet etmiş– diğer duvar kaplama tekniklerinin gelişimiyle ilintili düşünülmelidir. Öyleyse bu olguyu demir çağı zanaatkârlarının, ince işlenmiş duvarların tektonik yüzeylerine yazılan temsiliyeti, simgesel bir değer olarak kaynaştırmaları ya da sahiplenmeleri olarak anlamak mümkün. Bu sahiplenilmiş temsiliyet, erken demir çağı kentlerinde şüphesiz törensel, ritüel ve kurumsal mekânların temel bileşenidir. Ne var ki taş kullanımı ve içerdiği inşaat teknolojileri bu kentsel mekânların öneminin önüne geçmiştir.

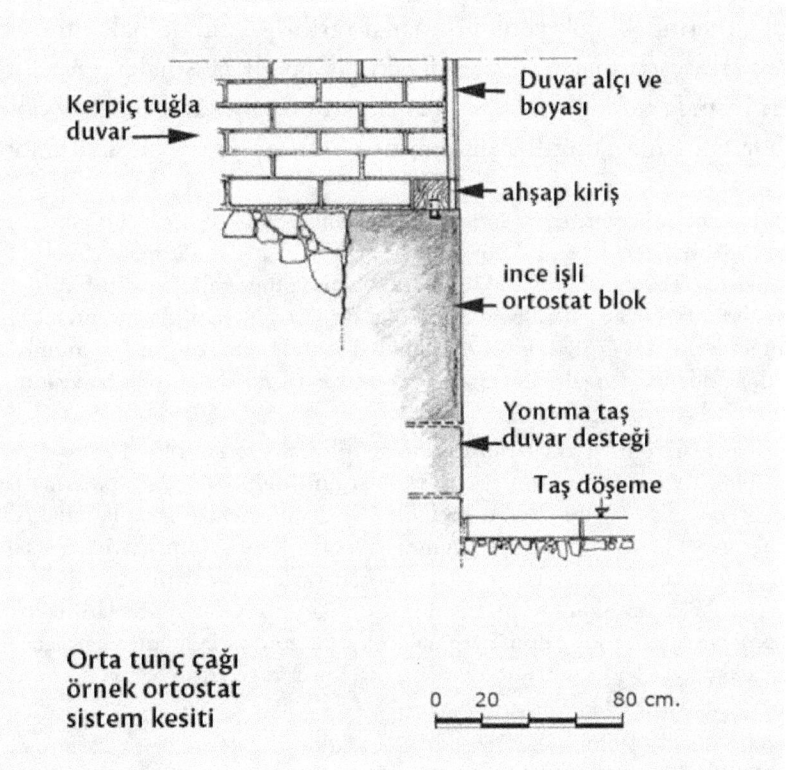

ŞEKİL 51 Tilmen Höyük. Orta tunç çağı sarayı kuzeybatı cephesi ortostatlarından sistem kesiti.

Erken ve orta demir çağında pek çok hükümdarın hamiliği altında gerçekleşen taş kabartma programlar dikkat çekici bir ivme ve giderek artan bir karmaşıklık kazandı. Suriye-Hitit kentlerinde genellikle kent kapıları, tapınaklar, kamusal meydanlar ve saray cepheleri gibi anıtsal kamu binalarının dış yüzeylerinde ortostat kabartma programlar bulundu. Ortostatlar sıklıkla yöredeki bazalt ya da kalker taşına oyulmuş ve görsel programlarını mitolojik ya da törensel konular teşkil etmiştir (Hawkins 1982a: 435-9). Öte yandan geç Asur ustaları ortostatları esas olarak saray komplekslerinin iç mekânlarında ve avlularında yükseltmiştir. Kent ya da kale kapıları ve tapınak ortostat programlarının da Asur kentlerinde yükseltildiği bilinir. Hem geç Asur hem de Suriye-Hitit ortostat programları görsel şemalara eşlik eden kapsamlı tarih yazıtları içerir.

Asur'un görkemli kabartma programlarının görsel olarak analiz edilmesi eski Yakındoğu sanat tarihi disiplininde farklı ve zengin bir araştırma alanıdır.[16] Bunun nedeni, kısmen belki, Avrupa müzelerine giren uzak Mezopotamya uygarlığına ait ilk sanat eserleri olması sebebiyle taş levhaların 19. yüzyıl ortasında oynadığı dikkat çekici tarihsel roldür.[17] Orta Dicle bölgesinde alçıtaşı levhalarda kullanılan yontma tekniklerinin kalitesi, programlı sunumlarının tarihsel anlatı karakteri ve ikonografilerindeki çok yönlülük, sanat tarihi yazınında hak edilen bir ilgiyi görür. Pek çok araştırmacının yaptığı yakın dönemli çalışmalar, görsel temsiliyet meseleleri dışında heykellerin saray bağlamlarında mekân artikülasyonuna nasıl katkıda bulunduğunu ayrıntılı olarak araştırır.[18] Ancak anıtsal duvarların yapısındaki

---

16 Asur programları üzerine sanat tarihsel yazın bibliyografisi geniştir. En güncel referanslar için bkz. Russell 1999a ve 1999b; Winter 1997: 377 n. 1; Pittman 1996b: 334-5 nos. 1-4; Cheng ve Fedman (der.) 2007. Asur kabartma programlarına yönelik yakın dönemli yaklaşımların birbirine eklemlenmesi üzerine bir tartışma için bkz. Winter 1997: 359 ve devamı ile özellikle 377 n. 2. Elinizdeki kitap da dahil bu tür çalışmaları mümkün kılanın, yakın dönemde kabartmalar ile onlara eşlik eden anıt yazıtlarının ilk baskısının yapılması olduğunu belirtmemiz gerek.

17 Asur kabartmalarının Avrupa müzelerine getirilmesi üzerine bkz. Larsen 1996; Bohrer 1989, 2003. Ayrıca Avrupa'nın estetik yargılarının Mezopotamya yapıtlarına nasıl uygulandığı üzerine bkz. Winter 2002b, özellikle 6 ve devamı. Müze ortamlarındaki bu kültürel yüzleşme genelde sancılıydı ve "Batı'nın iyi portre büstü formatlarına karşılık gelecek şekilde yarı insan figürleri kesip çıkararak 'sanatı' kabartmaların dışında tutan cerrahi müdahaleler"e sebep oldu (Winter 2002b: 10). Parça parça korunmaları nedeniyle duvar resim programları üzerine çalışma yapmak çok daha zordur. Belki de tek istisna Tel Ahmar, eskiçağdaki adıyla Til Barsip/Kār-Šulmānu-ašarēdu'daki geç Asur Sarayı duvar resimleridir. Bkz. ör. Tomabechi 1983.

18 Daha önce Reade (1980b) ve Winter (1983b) farklı makalelerde bu meseleye değinmiştir. John M. Russell'in yakın dönemli çalışması ise ortostatların "mimari bağlamı" üzerine yapılan çalışmaya belki de en büyük katkıyı sağlamıştır: Bkz. özellikle Russell 1991 ve

ince işlenmiş öğeler olan ortostatların, demir çağı kent bağlamlarında kullanılan mimari teknolojiler sözlüğünde önemli bir bileşen olarak görülen arkitektonik önemi daha az incelenmiştir.

Sanat tarihi söylemi, ortostatların maddeselliğini, ontolojik kalitesini ikonografik ve yazınsal içerik haline getirerek, öncelikle onları temsili yüzeyler olarak işlemiştir. Ortostatların kültürel öneminin yalnızca görsellik ve metinselliğine bağlı olduğunu varsayan standart sanat tarihsel ve filolojik analiz yöntemleri aracılığıyla üslupsal yapı ile birlikte bu ikonografik ve metinsel içerik üzerine uygun araştırmalar yapılmıştır. Bu akademik anlayışın kökleri 19. yüzyılda Irak'taki Asur saraylarında yapılan kazılara dayanır. Austen Henry Layard, 1845'te II. Aššur-nasir-apli'nin Nimrūd'daki Kuzeybatı Sarayı sit alanında Asur ortostatlarını keşfetmesinin ardından, onları İngiltere'ye daha kolay taşımak için "aşırı" yüklerinden kurtarmak üzere, Musul'dan taş ortostatları dilimler halinde kesecek mermer kesiciler getirtmiştir. Birçok ortostatın orta kısmını işgal eden "standart yazıtları" taşıyan bölümler parçalara ayrılmış ve levhaların arkası kesilerek toplam kalınlık azaltılırken parçalar, görünüşe göre Layard'ın dünyanın çeşitli yerlerindeki arkadaşlarına hediyelik eşya olarak gönderilmiştir (Layard 1849, 1: 140) (ayrıntı için bkz. bu bölümdeki diğer tartışmalar). Layard için bu sanat eserlerinin en değerli özelliği belli ki resimli içerikleriydi. Bu şekilde Asur duvar yapım teknikleriyle ilgili, saplama delikleri, alet izleri ve levha kalınlıkları gibi çok değerli mimari bulgular yok edilmiştir. Ancak daha da önemlisi ortostatların ontolojik kalitesi değiştirilmiştir: Sağlam mimari öğeler ince resimli plakalara dönüştürülür. O günden bugüne, Batı'daki müzelerde Asur ortostatları sergileme stratejileri ve bunların yayımlanma şekilleri, yalnızca ortostatlara bu iki-boyutlu düzlemsel birimler olarak bakışı desteklemeye devam etmiştir. Dolayısıyla bu bakış açısı bu yapıtların sanat tarihsel ve arkeolojik yorumlarına fazlasıyla egemen olmuştur. Bu nedenle anıtsal bağlamlarda arkitektonik öğeler olarak ortostatların maddi özelliklerini konuşmaya başlamak önemli görünüyor.

Benim buradaki temel iddiam, dikili taş levhalar kullanma tekniğinin geç Asur ve Suriye-Hitit kentlerindeki mimari yapıların her şeyden önce dikkat çekici bir yönü olduğu ve bir arkitektonik kültürün maddi bileşenleri olarak rol aldığıdır. Bu farklı bölgelerde paylaşılan bir mimari pratiktir ve belirgin bölgesel farklılıklara rağmen, nihayetinde hâkim seçkinlerin kullandığı krallık retoriğinin parçası olarak

---

1999a. II. Aššur-nasir-apli'nin Kuzeybatı Sarayı için, Russell (1999a: 662) "sarayın farklı bölümlerinin bezemesi ve işlevi arasındaki ilişkiye bir yorum getirmeye" çalışır. "Beyaz Obelisk" kabartma panellerinin mekânsal bir değerlendirmesi için bkz. Pittman 1996; Ninova/Nīnuwa'daki Sennaherib'in Güneybatı Sarayı üzerine yapılan yakın dönemli bir diğer mimari çalışma için bkz. McCormick 2002: 45-86.

kabartma anma programlarıyla ilişkili hale gelmiştir. Bu haliyle iki kültürel alan, Asur ve Suriye-Hitit devletleri, erken demir çağında Yukarı Mezopotamya'da aynı etkileşim dünyasına aittir.[19] Belirli taşların yerel olarak ve bölge dışı kaynaklardan seçilmesi ve elde edilmesi, bu yontma programlarının üretimi için nitelikli zanaatkârlığa erişilmesinin ilan edilmesi ve böylesine emek yoğun bir etkinliğe destek verecek iktisadi altyapının sergilenmesi krallık projelerinin önemli yanını teşkil etmiştir. Dolayısıyla kesmetaş işçiliği ve ortostatik kaplama kullanımıyla elde edilen tektonik ifadenin, mimari dağarcığı içinde zaten simgesel olarak yüklü bir husus olduğunu varsaymak mümkün olabilir.

Takip eden başlıklarda ortak mimari koine'in takip eden oluşumuna atfen kent peyzajlarındaki kültürel önemi üzerinde derinlemesine düşünmek için bir mimari pratik olarak ortostat geleneğinin erken gelişimiyle ilgili yazılı ve arkeolojik bulguları gözden geçiriyorum. Ancak bunu yapmadan önce Kalhu'ya dönecek ve tarihi net olan kimi yapılarda kullanılan taş işçiliğini gözden geçireceğim. Bu inceleme, bir inşaat projesindeki yenilikleri tespit etmeye ve bilimsel yazında genelde belirli bir kralın hükümdarlığında olduğu sorgulamadan kabul edilen mimari bilginin aktarımı meselesine sorular yöneltmeye yardımcı olacak. Ardından Suriye'de orta ve geç tunç çağlarına dönerek uygun arkeolojik bulgular ışığında ortostatların erken gelişimi bölgesel ölçekte örneklerle açıklanacak. Son olarak Asur İmparatorluğu ve Suriye-Hitit kent devletleri arasında anma yapısı pratiklerinin parçası olarak kabartma ortostat programlarının ortak kullanımında örneklenen ortak bir kültürel koine'in gelişimine dikkatimizi çevireceğiz.

Kalhu: Taş Teknolojileri, Mimari Yenilik ve Görsel Kültür

Dördüncü Bölüm'de Asur imparatorluk tarihinde yenilikçi bir girişim, "büyük bir sıçrama," olarak görülen II. Aššur-nasir-apli'nin imparatorluk kenti Kalhu'nun kuruluşundaki inşa programı ele alınıyor.[20] Kuzeybatı Sarayı'nın mimari "deko-

---

19 Aynı dönemde Urartu Krallığı'nın bu etkileşim alanı içinde değerlendirilebileceğine dikkat çekmek gerekir, ancak halihazırda bu konu ayrıntılandırılmayacak. Yakın zamanda Van Gölü'nün doğu kıyısındaki modern Ayanis, eskiçağdaki adıyla Rusahinili Eiduru-kai'de tanrı Haldi'ye adanan MÖ 17. yüzyıl ortasındaki Urartu *susi* tapınağında yapılan kazıda, kült odasında bir ortostat programı ortaya çıkarıldı. *Dado* seviyesinde kesmetaş duvar örgüsünün üç sırasında mitik ve apotropaik figürlerden oluşan kabartma taşlar bulundu. Bkz. Çilingiroğlu 2001: 37-65, özellikle fig. 28-30. Urartu Kralı II. Rusa dönemindeki bu yenilik Urartulu zanaatkârların Yukarı Mezopotamya'da mimari bilginin dolaşımından yararlandığını açıkça ortaya koyuyor.

20 İfade, Winter 1981a: 31'den alınmıştır. Ayrıca bkz. örneğin, Paley 1976: 4-6; Reade 1981: 149; Cifarelli 1998: 210 ve n. 3; Russell 1998: 655; Barbanes 1999: 83-6.

rasyon" programı imalat tekniklerinde ve görsel temsilleri konusunda önemli bir yenilik olarak kabul edilir.[21] Ziyafet Steli'ndeki metinde Aššur-nasir-apli farklı türde değerli ahşaplar kullanılan sekiz saray (*ēkallāte*) inşasını (satır 25-26) ve tapınakların bronz, altın ve lapis lazuli (lacivert taş) bitişlerini tarif eder. Bu satırlarda mimari malzemelerin titizlikle seçilmesine belirgin bir dikkat gösterildiği bilhassa fark edilir (satır 63-72). Bundan dolayı metinde güçlü bir yapı estetiği retoriği sergilendiği ortadadır.[22] Metinde daha sonra (satır 103) Kuzeybatı Sarayı'ndan, "Kalhu'nun nitelikli zanaatkâarlığının tamamını elinde bulunduran saray" [ēkallu kullat nēmeqi ša URU.Kalhu] olarak bahsedilir. Burada belirtilmesi gereken, büyük ölçekli bir inşa projesi olarak kent kuruluşu ile mimari bir bütünlüğün hem pratik hem de sembolik gerekliliklerini yerine getirecek yenilikçi teknolojiler bulmak için malzemenin işlenmesi fikri (ör. yoğun zanaat üretimi) arasında doğrudan bir ilişki bulunduğudur.

II. Aššur-nasir-apli'den önce Asur'un merkezinde bununla mukayese edilebilir benzer kapsamlı bir mimari bütünlük ve karmaşık bir görsel anlatıya sahip programının fiili eksikliği araştırmacıları şaşırtmaya devam ediyor. Kralın sarayındaki zanaatkârlara atfedilen en dikkat çekici buluş, Kuzeybatı Sarayı çevresinde iç ve yarı-iç mekânların duvarlarını kaplamak için kabartma ya da sade ortostatların yaygın kullanımıdır.[23] Bu ortostatlar etrafı çevrili alanlar için istisnai bir tektonik kalite ve törensel anlam yaratmıştır. Sarayın hemen tüm taş yüzeylerinde sergilenen yazıtlar, Taht Odası B, onun E Avlu'suna bakan cephesi ve Batı Kanadı kabul salonlarındaki tarihsel anlatı sahneleri ile mimari yüzeyler siyasi-ritüel bir üstanlatıyla karmaşık bir temsili şema kapsamında düzenli bir şekilde birbirine eklemlenir.

Ziyafet Steli yazıtında Kuzeybatı Sarayı'ndaki görsel anlatı programına gönderme yaptığı düşünülen bir başka çarpıcı ifade vardır:[24]

---

21 Reade (1979a) görsel özelliklere vurgu yaparak Asur saray programlarında kullanılan mimari tekniklerin ardışık bütünsel bir raporunu sunar. Asur görsel programlarının anlatı niteliği üzerine inceleme Reade 1979b'de sunulur. Bu makaleler Reade'in 1965 yılındaki tezine dayanıyor.

22 Sekiz É.GAL'in (*ekallu*=saray, kelimesi kelimesine "büyük ev") her birinin saray kompleksindeki farklı mimari birimlere karşılık gelebileceği ileri sürülmüştür (Grayson 1991: 288; Wiseman 1952: 26-7). Hatta sekiz taht odası/kabul salonuna da karşılık gelebilirler. "Yönetim dairelerinin" tipolojik incelemesi için bkz. Turner 1970.

23 Kuzeybatı Sarayı kabartma ortostatlarının ilk baskısı J. Meuszyński, S.M. Paley ve R. Sobolewski'nin düzenli çabalarıyla titizlikle tamamlanmıştır. Bkz. Paley 1976, Meuszyński 1981, Paley ve Sobolewski 1987 ve 1992.

24 Burada çeviri bana aittir ve büyük ölçüde Grayson (1991: 289f.) ile Wiseman (1952) ve Postgate'in (1973: n. 266) düzeltmelerine dayanıyor. Diğer çeviriler için krş. Grayson

30. Gittiğim sınır dağları, toprakları ve denizleri (olarak), savaşçılığıma övgüleri,
31. tüm fethettiğim toprakları zagindurê-renkle (?)tuğla duvarlara resmettim.
32. Pişmiş tuğlaları parlatıp mavi-sırlı tuğlalar yaptım ve onları kapılarına yerleştirdim.

Bu satırlar, kralın askeri seferleri ve av sahnelerinin anlatı temsillerine sahip olan Taht Odası B ve Batı Kanadı'ndaki bazı odaların (WG ve WK gibi) ortostat kabartma programlarına gönderme yapıyor olabilir mi? Zagindurû Sümerceden Akadcaya geçmiş bir kelimedir ve genellikle "yeşilimsi lapis lazuli" anlamında ya da cam, çayır, arpa ve benzerlerinin rengini belirtmek için kullanılır (CAD Z: 11). Hece hece ve olağan taş belirteci [NA4] olmadan yazılınca bu bağlamda ister sırlı tuğla dekorasyon, ister duvar resmi ya da yontulmuş taş ortostat olsun, burada bir renk metaforu (yeşilimsi mavi?) ya da kaplama malzemesinin başka bir görsel/yazılı niteliği olarak anlaşılmalıdır.[25] Ortostat kabartmalar üzerindeki belli ayrıntıları öne çıkarmak için en azından kısmen (ya da bazı araştırmacılara göre geniş alanlarda) renk pigmentleri uygulandığı bilinir.[26] Diğer taraftan duvarların ortostatlar üzerinde kalan üst yarısı (yaklaşık 3,7 m yüksekliğinde) ince işlenmiş toprak sıva üzerine renk pigmentleriyle resimlenmiştir ve anlatı sahneleri yanında geometrik desenler barındırmaktadır.[27] Sarayın Taht Odası B ve yanındaki Oda F'de bulunan fresk parçaları üzerinde, metnimizde geçen zagindurû kalitesini yansıtabilecek ar-

---

1972/76, II: 17.674-682; Oppenheim, Pritchard 1969, 99-104 içinde.

25 *CAD* makalesi DURU$_5$ sıfatı ile NA$_4$.ZA.GÌN.DURU$_5$ kelimesinin "ıslak görünümlü bir *lapis lazuli* türü"ne gönderme yapıyor olabileceğini belirtir (*CAD* Z: 11). Postgate ve Reade (1980: 311) "*zagindurû* boyası," olarak çevirmeyi tercih ederken Moorey (1994: 315) "duvar boyama" ya da "sırlı tuğla frizler" olarak "yeşilimsi sır"ı benimser. A.L. Oppenheim onu aslında şöyle çevirir: "Kahramanca yaptıklarımı canlı renkte duvar boyasıyla onların (saraylar) duvarlarına resmettim" (Pritchard 1969: 100). *Zagindurê'nin* sırlı tuğlalar ya da bu tuğlaların III. Şalmaneser'in Nimrûd'daki Şalmaneser Kalesi'nde görsel sahneler oluşturma yolunu ifade etmesi mümkün görünmüyor, çünkü 32. satırda bu teknik aslında NA$_4$ *a-gúr-ri ina* NA$_4$.ZA.GÌN, "*lapis lazuli* renginde (mavi-sırlı?) pişmiş tuğlalarla" olarak ifade ediliyor. Bkz. CAD A: 162, "agurru" başlığı altında.

26 Nimrûd ortostatlarındaki renk kullanımı için renk pigmentleri uygulamasının kısmi olduğunu iddia eden Mallowan 1966: 105 ve Reade 1979a: 18'e karşı bkz. özellikle Tomabechi 1986: 43-5 ve Paley 1976: 10-1. Sergilenen yazıtlarından birinde II. Şarrukin kalker ortostatlarının (*askuppi* NA$_4$ *pili rabâti*) boyalı oldukları hakkında oldukça nettir; bkz. Kinnier-Wilson 1972: 67, *lu-urraku*'dan "boya-sanatçısı" olarak bahseder.

27 Bkz. özellikle Tomabechi 1986 ve Nunn 1988: 123-24. Mallowan tarafından yapılan kazıda çıkarılan Taht Odası B'nin güneydoğu bölümünde savaş arabası sahnesinin fresk parçaları üzerine krş. Mallowan 1952: 10; B ve F Odaları'ndaki parçalar üzerine Mallowan 1953: 26-7.

ka planda "Mısır" mavisi ya da frit mavisi kullanılmıştır.[28] Aššur'daki Anu-Adad Tapınağı'nda ikinci bağlamda kimi zaman "tuğla ortostatlar" (Ziegelorthostaten) olarak adı geçen büyük boyutlu sırlı ve anlatı temsillere sahip tuğla çiniler bulundu ve II. Aššur-nasir-apli'nin babası II. Tukultī-Ninurta zamanına (MÖ 890-884) tarihlendi. Bu üzeri yazılı ve boyalı fırınlanmış kil levhaların orijinalde Aššur'daki kral sarayının ortostatları olabileceği ileri sürülmüştür.[29] Kuzeybatı Sarayı'ndaki yakın dönem Irak kazılarını raporlayan Muzhim Mahmud Hussein (2002: 143 ve fig. 4), "[yeni kazı yapılan] odaların bazılarında duvarların alt bölümlerinin yazılı pişmiş kil ortostatlarla kaplandığını" belirtir. Buna ilaveten A.H. Layard da Avlu E'de taht odası cephesinin önünde "hayvan, çiçek ve çiviyazısı karakterli" figür süslemelerle sırlı tuğladan "geniş bir seçki" bulur (Layard 1849 II: 13-4).[30] Satır 32'de belirtilen kemer kenarından geçen daha küçük, kenarı sırlı tuğlalar [NA4. agurri ina NA4.ZA.GÌN] bulunur ve Avlu Y'den Oda F'ye giden kapı mekânında zarif bir profil yaratırlar (Oates ve Oates 2002: 59-61, fig. 32).

Arkeolojik kayıtlar ve modern bilimsel yazında orantısız temsil edilmelerine rağmen Kuzeybatı Sarayı'nın mimarisinde kendine has bir duvar giydirme yöntemi ve temsiliyet alanı olan duvar resimleri ve sırlı tuğlalar, taş ortostatlarla birlikte yer aldı. Kalhu'daki III. Šulmānu-ašarēd'in (Şalmaneser) ekal mašarti ve Til Barsip/ Kār-Šulmānu-ašarēd'deki (Tel Ahmar) geç Asur sarayından elde edilen ve günümüze daha iyi durumda kalmış daha sonraki örneklerde bu tekniklerin sürekli kullanıldığı çok daha belirgindir.[31] Kale tipi yerleşimde görece iyi koşullarda günümüze

---

28 Tomabechi 1986: 53. Moorey (1994: 327-8), Sasani döneminden önce duvar resimleri için toz lapis lazuli kullanıldığına dair hiçbir analitik bulgu olmadığını belirtti. Mezopotamya'da Mısır Mavisi teknolojisi üzerine bkz. Moorey 1994: 186-9.

29 Andrae 1925: 25-31; Andrae 1977: 135; Moorey 1994: 315; Nunn 1988: 166-7; Reade 1979a: 19. Andrae'nin (1977: 135) ileri sürdüğü gibi Anu-Adad Tapınağı'nda II. Tukultī-Ninurta yazıtlarının olduğu tuğla ortostatlar, Adad zigguratının doğu köşesine yakın bir yerde III. Şalmaneser'in tuğla döşemesi üzerinde yeniden kullanılmış olarak bulundu. Büyük olasılıkla ilk olarak II. Tukultī-Ninurta'nın Aššur'daki sarayına yerleştirildiklerini belirtti. Ortostatlar 8-10 cm kalınlığındadır ve en çok alıntılanan tek parça savaş arabalı örnek 66,5 cm'e 46,5 cm'dir. "Geç Asur surlarının dış hattının kuzeybatı iç köşesine inşa edilmiş ufak bir geç Asur konutunda" benzer bir ortostat bulundu. Andrae 1925: 29. Bu da devşirme bir parça olabilir, yani tarihleme tartışmalıdır. Ortostatlar resimlenmiştir Andrae 1925: pl. 7-10; Andrae 1938: p. 65a ve Reade 1983, fig. 20; Nunn 1988: pl. 121-2.

30 Bugün varolmayan bu bulgunun yapısı üzerine ayrıca bkz. Moorey 1994: 315-6. Layard bunlara "boyalı pişmiş tuğla" adını verirken Moorey haklı olarak onun "sırlı" demek istediğini belirtir. Anlatıldığına göre üzerlerine II. Aššur-nasir-apli'nin adı kazınmıştır (Layard 1849 II: 14).

31 III. Şalmaneser'in *ekal mašarti*'sinde (literatürde Şalmaneser Kalesi olarak bilinir) yapı kompleksinin güneydoğu bölümündeki T3 Odası ile T Avlusu arasındaki kapı geçişinde

kalan duvar resimleriyle tanınan geç Asur sarayında, kerpiç duvarlara grimsi, kil bakımından zengin çamur sıva tabakası ve beyaz kireç kaplama sürülmüş, ardından tek renkli ve çok renkli boya uygulanmıştır.[32] Ancak taş ya da sırlı tuğla ortostatlarla aynı işlevi yerine getirmek (yani duvar yüzeylerinin en savunmasız bölümünü özellikle sudan korumak) üzere duvarların dado seviyesindeki temelleri 40-60 cm yüksekliğine kadar kadar katranla (2-5 mm kalınlığında) kaplanmıştır (Tomabechi 1983: 63). Dado seviyesine kadar katranla kaplamaya benzer bir teknik, I. Tukultī-Ninurta'nın (MÖ 1233-1197) Kār-Tukultī-Ninurta'daki Güney ve Kuzey sarayları ile Aššur Tapınağı'ndaki duvar resimlerinden bilinir.[33] Bu *al secco* fresklerin katran tabanı (Asphalt- Sockelanstrich) 45-50 cm yüksek ulaşmış ve bu bölüm kırmızı bir sıva şeridi ile yukarıdaki figüratif sahnelerden ayrılmıştır (Eickstedt vd. 1994: 17-8). "Kesin ve kalıcı" bir su geçirmezliği sağlamak için Kalhu'daki Kuzeybatı Sarayı'nda taş ortostat ve döşeme levhalarının yerleştirilmesi için bir kaide olarak katranın yaygın şekilde kullanıldığını belirtmek önemlidir (Moorey 1994: 335).[34]

II. Aššur-nasir-apli'nin zanaatkârlarının ortostat yapımında kullandığı taş aslında kompakt, kristalsiz yapısıyla alçıtaşıydı (hidratlı kalsiyum sülfat), çünkü alçıtaşı Kuzey Irak'ta bolca bulunurdu. Bilimsel yazında sıklıkla "alabaster," "beyaz kireçtaşı" ya da "Musul mermeri" olarak anıldığından bazı karışıklıklar olmuştur (Moorey 1994: 336). Benzer bir karışıklık bu taşların eskiçağ kayıtlarında da karşımıza çıkabiliyor: Moorey, *pīlu pēsu* (genellikle "beyaz kireçtaşı") ve *parūtu* ya da *gišnugallu* (genellikle "alabaster") kelimelerini çevirirken karşılaşılan güçlüklere

---

yer alan muhteşem sırlı tuğla panel ve yapının çeşitli bölümlerinde bulunan sırlı tuğla rozet şeklinde frizlere gönderme yapıyorum. Bkz. Moorey 1994: 316; Oates ve Oates 2002: 144-94, özellikle 182-6 ve fig. 112, 113 ve s. 184'deki etiketsiz fotoğraf. T21 ve T27'yi bağlayan kapı geçişi *dado* seviyesinde "yaklaşık 1,50 m yüksekliğinde, balıksırtı desenli elbise giyen figürler" tasvir edilmiş. "T27'nin kuzeydoğu kapı geçişinde [bir] cin figürü vardı... ve kapı geçişinin kuzey sövesinde, eşiğin yaklaşık 2,0 m üzerinde ayakta duran ve başı dışarı dönük bir boğa figürü vardı" (Oates ve Oates 2002: 182).

32 Sarayda 1929-1931'de kazı yapıldı ve duvar resimlerinin en erken aşaması *turtānu* Šamšī-īlu ya da kral III. Tiglat-pileser zamanına, yani MÖ 8. yüzyılın ikinci ya da üçüncü çeyreğine tarihlendi (Nunn 1988: 118). Til Barsip duvar resimleri üzerine bkz. Moorey 1994: 316; Nunn 1988: 103-23; Tomabechi 1983.

33 Bu duvar resimleri üzerine yakın dönemli bir çalışma için bkz. Eickstedt, Unger ve Wartke 1994. Resimlerin suluboya çizimleri, özellikle 11-20'de notlarla birlikte Andrae 1925'de yayımlanmıştır. Bkz. Ralf-Bernhardt Wartke, Harper vd. 1995: 110-1 içinde; Nunn 1988: 97-8, pl. 75-6.

34 Mezopotamya mimarlığında katran kullanımı üzerine bkz. Moorey 1994: 32 ve 332-5; Forbes 1955 I: 71-83. En yakın katran kaynağı Aşağı Zap ile Diyala arasındaki Kerkük bölgesiydi. Katranın Kuzeybatı Sarayı'nda kullanıldığına dair arkeolojik bulgular için bkz. Oates ve Oates 2002: 61.

dikkat çeker, çünkü bu kelimeler eskiçağ metinlerinde farklı yerlerde değerli beyaz taşlar yanında mimarlıkta kullanılan kalsiyum bazlı taşlar (alçıtaşı da dahil) için de kullanılmıştır (Moorey 1994: 343-4).[35] Atmosferle temas ettiğinde kararan ince damarlı, kaymaktaşı benzeri, yarı saydam yüzey kalitesi nedeniyle Asur ortostatlarında belki çok değerli görülen alçıtaşı, yumuşak, kırılgan olmayan bir taştır ve yontma için oldukça uygundur (Reade 1983: 25-6; Reade 1990: 46). Hava şartları ve neme dayanıksızdır, bu nedenle yağmurdan korunmadığı ve yüzeyleri cilalanmadığı ya da boyanmadığı sürece dış mekânda kullanıma uygun değildir. Asur'daki eskiçağ alçıtaşı ocakları hakkındaki sınırlı bilgiye göre Dicle üzerinde Ninova'nın (antik Nīnuwa) 40 km kuzeybatısında Eski Musul alanında önemli bir taş ocağı olduğu bilinir (geçici olarak Sennaherib'in yazıtları ve duvar kabartmalarına göre eskiçağdaki adıyla Balā'a olarak tespit edilmiştir). Büyük olasılıkla Dicle'nin batı yakasında Nīnuwa ve Balā'a arasındaki yolun yarısında olan Tastiāti'deki taş ocağı, söylentilere göre Sennaherib'den önceki krallar tarafından kullanılmıştır.[36] Diğer taraftan yörede Dicle'nin karşısında Nimrūd'un aşağı eteklerinde kireçtaşı elde edilebilmektedir (Paley 1976: 9). II. Aššur-nasir-apli'nin idari başkentini Aššur'dan Kalhu'ya taşımasının, diğer sebepler arasında, belki mantık çerçevesinde, geniş ölçekli inşaat projeleri için Nīnuwa-Kalhu bölgesinde iyi kalite yapı taşlarının ulaşılabilirliğinin teşvik etmiş olabileceği ileri sürülebilir. II. Aššur-nasir-apli'nin Kalhu'daki inşa programı alçıtaşının böylesi yaygın ve sürekli kullanımına aslında en erken örnektir. Bu durum kralın zanaatkârlarının büyük miktarda taş kullanımını karşılamak için Dicle Havzası'nda yeni taş ocakları açıldığını ve taş kesme işçiliği, yontma ve inşaat teknolojilerinde büyük denemeler meydana geldiğini ortaya koyar.

Daha etkili taş işleme aletlerinin üretimi için demirin elde edilebilmesinin, taş işçiliğinin gelişiminde birincil önemde olması kayda değerdir.[37] MÖ 2. binyılın sonuna doğru Yakındoğu'da demir teknolojisinin gelişmesi kademeli oldu ve bunun Yukarı Mezopotamya yazılı ve arkeolojik kayıtlarında yaygın olarak görülmesi erken

---

35 Nimrūd'daki III. Tukultī-apil-ešarra'nın yazılı eşiklerine göre alçıtaşı olarak tanımlanan *gassu*, çok daha ender kullanılır. Bkz. Lackenbacher 1982: 89-91. Postgate (1997: 209) MÖ 3. binyıl sözlük metni HARRA-*hubullu XVI*'ya rağmen ("kaymaktaşı" olduğunu ileri sürer (=*Sum.* NA$_4$.GIŠ.NU$_{11}$.GAL) açıklama gerektirmeyecek kadar açık taş eserleri temel olarak *gišnugallu*'yu "kalsit ya da ince taneli beyaz kireçtaşı" olarak tanımlar (Postgate 1997a: 215).

36 Bu Asur taş ocakları için bkz. Russell 1991: 94-100 ve Reade 1990. Konumları için bkz. Parpola ve Porter (der.) 2001: Harita 4, Izgara B5 ve Harita 28, Izgara 28.

37 Eskiçağ Yakındoğu'su taş işçiliği teknolojisi üzerine farklı araç gereçleri içine alan çalışmalar sınırlı. Ahamenit Pasargad için bkz. Nylander 1970; Pharaonic Egypt için bkz. Arnold 1991.

demir çağı ila orta demir çağından önce değildir.[38] Moorey (1994: 290), demirin Asur'da nispeten yaygın hale gelmesinin, MÖ 9. yüzyılda özellikle II. Aššur-nasir-apli ve III. Šulmānu-ašarēd hükümdarlıkları döneminde, Levant'ın Fenike kentleri ile birlikte Kilikya ve Yukarı Fırat'ın Suriye-Hitit devletlerinden gelen vergi, kraliyet armağanları ve ganimetlerinden oluşan uzun listede demirin görüldüğü zamana denk geldiğine dikkat çeker.[39] II. Tukultī-Ninurta ve II. Aššur-nasir-apli zamanında demir silahlar ve aletler çoktan yaygın olarak kullanılmaktaydı.

Taş levhaların kerpiç duvarların yapısıyla birleşim şeklini gösteren duvarcı aletlerinin izleri, saplama delikleri gibi bulgular ve kerpiç duvarların sistem kesitleri ya da levha kalınlıkları gibi en temel ölçüler dahil Kuzeybatı Sarayı ortostatlarının temsili-olmayan nitelikleri hakkında arkeolojik bilgimiz oldukça kısıtlı. Ryszard P. Sobolewski 1974-76'da Nimrūd'da Polonyalılar tarafından yapılan kazılarda temel hedeflerden birinin bu eksikliği gidermek olduğunu ifade etmiştir (Sobolewski 1981: 253):

> Taşların giydirilme, bir araya getirilme, sabitlenme ve duvarla birleşme şekillerinin ayrıntılı olarak incelenmesi şimdiye kadar Asur sanatının başyapıtları olarak ilgimizi çeken dekoratif öğelerin sadece dekorasyon amaçlı olmadığını, aynı zamanda mimari inşaların ayrılmaz bileşenleri olduklarını anlatır.

Ne var ki bu hedefe ulaşmak için daha yapacak çok iş var.[40] Daha önce de belirtildiği gibi ortostatların 1845'te ilk kez keşfedilmesinin ardından A.H. Layard, "aşırı" yükten kurtarmak için taş ortostatları kabartma kesitlerinden keserek ayırmıştır. Layard şöyle yazar (1849 I: 140):

> Bu nedenle, ikiye ayrılmış parçalar halinde levhaları (B odasındaki) yerinden sökmeye; ardından kabartma kısımları kesmeye ve arka kısımlarını tıraşlayarak olabildiğince küçültmeye karar verdim. Yazıtlar birbirinin tekrarı olduğundan ağırlığı artırdıkları için onları muhafaza etmeyi gerekli görmedim. Ahşap kaldıraçlar kullanarak ve levhaların arkasındaki kurutulmuş kerpiç tuğla duvarı kazarak onları hendeğin ortasına getirebildim ve burada Musul'dan gelen mermer kesiciler tarafından parçalara ayrıldılar.

Ortostatlarla ilgili çok değerli mimari bilgi bu şekilde yok edildi. Mallowan ayrıca yaklaşık 15 cm'lik "kaide"nin pek çok levha tabanından çıkarıldığını rapor eder

---

38 Bkz. Oppenheim 1977: 322. Asur'da demir teknolojisinin gelişimi üzerine bir inceleme için bkz. Pleiner ve Bjorkman 1974.

39 Pleiner ve Bjorkman 1974: 292; Kuhrt 1995 II: 409. "Asur demir geliri" haritası için bkz. Pleiner ve Bjorkman 1974: fig. 7.

40 Faydalı mimari çizimlerle birlikte sarayın arkitektonik öğelerini incelemeye dönük bazı çabalar için bkz. Sobolewski 1982a ve 1994.

(Mallowan 1966 I: 98 ve 324 n. 10). Farklı genişliklerdeki levhalar çok uzun (yaklaşık 2,70 m) ve inceydi (yaklaşık 25 cm) ve levhaların en altındaki 50 cm'lik sade kısım (Mallowan tarafından "süpürgelik" olarak adlandırılır) kaldırım bloklarıyla sıfır olduğundan yerin altında kalacaktır (Meuszyński 1974: 51). Daha önce bahsedildiği gibi levhalar katran içine oturtulmuş ve duvarın taşıyıcı kerpiç çekirdeğine ahşap elemanlar ya da belki kurşun kenetler yardımıyla bağlanmıştır. Blokların son bitişi kesinlikle duvara yerleştirilmelerinin ardından yapılmıştır (Moorey 1994: 32-3). Kuzeybatı Sarayı'ndaki pek çok oda kabartmasız levhalarla kaplanmış, ancak bitānu Y avlusu ve etrafındaki J, M, O, P, R ve X odaları dahil olmak üzere standart yazıtlar kazınmıştır (Paley ve Sobolewski 1987 ve 1992). Tek başına bu bulgu Asur ortostatlarının işlevinin sadece "dekoratif" bir tekniğe indirgenemeyeceğini doğrulamaktadır.

İnce işlenmiş taş duvar örgüsü, sadece II. Aššur-nasir-apli'nin kentindeki Kuzeybatı Sarayı ile sınırlı değildir. Kesmetaş duvar örgüsü kullanılan en az üç büyük anıtsal yapıdaki ortostatlı programlar ve kapı mekânı yontuları kralın zanaatkârlarının çalışmış olduğunu ortaya koyar. Bunlardan biri Dicle Nehri'ne bakan rıhtım duvarı, diğer ikisi Ninurta ve Šarrat-Niphi tapınak komplekslerinin ortostat programlarıdır. 1952'de Mallowan ve ekibi, Kalhu'nun kale duvarının yapısını anlamaya dönük önemli bir çaba göstererek duvarın batı tarafında, sarayın Dicle Nehri'ne bakan sınırını oluşturduğu sarp duvarın bulunduğu yerde yaptıkları kazıda derin bir yarık açtılar.[41] Rıhtım duvarındaki bu sondaj, devasa kerpiç duvarın kumtaşı anakaya üzerinde ve "doğal bir çakılkayaç yatağına" yaslanan kesme kireçtaşı temelleri (günümüze 8,8 m yükseklikte kalmış) olduğunu ortaya çıkarmıştır (Mallowan 1966 I: 78).[42] Alttaki beş sıra kaba bir görünüme sahipken onun üzerindeki günümüze kalan sekiz sıranın yüzeyleri kusursuz dikey ve yatay derzlerle incelikle işlenmiştir (**ŞEKİL 39**).[43] Uzunluğu 152 cm'ye varan bloklarla örülen sıralar yaklaşık 80 cm yüksekliğindedir. Katran içine yerleştirilen tepedeki iki sıra bu sayede su geçirmezlik kazanır. Ön sıranın arkasına kaba işlenmiş bloklardan ikinci bir dikey sıra örülmüştür. Kazıyı yapanlar bu sıranın arkasında çok daha

---

41 Daha ayrıntılı ön kazı raporu için bkz. Mallowan 1953: 38-42; ayrıca bkz. Mallowan 1966 I: 74-83. Sarayın yumuşak alçı taşına karşılık Mallowan'ın burada kullanılan taşı sert kalker olarak belirlemesi dikkate değer (Mallowan 1953: 42).

42 Rıhtım duvarının J.H. Reid tarafından yapılan sistem kesit ve kesitlerini gösteren son derece açıklayıcı mimari çizimleri için bkz. Mallowan 1966 I: fig. 30-1; Mallowan 1953: fig. 5. Burada kerpiç duvar kalınlığı 14,7 m'ydi.

43 Rıhtım duvarının karşısındaki molozda, beşinci kaba taş sırasının en üstünde duvarcı çentikleri bulundu. Bu durum üst sıraların ince işli yüzlerinin *in situ* yontulduğuna işaret ediyor. Bkz. Mallowan 1953: 41.

küçük ama yine de ustaca işlenmiş bloklarıyla daha eski dönemden kalma bir taş duvar cephesi bulurlar. Bu iki dönemi tarihlemek için elde herhangi bir arkeolojik bulgu olmadığından Mallowan, Nimrūd'daki Nabu Tapınağı'ndaki taş işçiliğiyle benzerliğini temel alarak eski evreyi II. Aššur-nasir-apli'nin inşa programı ile ve daha anıtsal evreyi III. Adad-nīrāri (MÖ 810-783) ile ilişkilendirmiştir (Mallowan 1961: 81). Ancak şimdilik bu sonuçlara tedbirli yaklaşılmalı ve tahmin gözüyle bakılmalıdır.

Önceki bölümde ele alındığı gibi, Ninurta ve Šarrat-niphi tapınak kompleksleri, Kalhu kale yerleşiminde II. Aššur-nasir-apli tarafından yürütülen diğer önemli inşa projelerini temsil eder.[44] Ninurta Tapınağı'nın tam kuzeyinde yer alan zigguratın inşası esasen III. Šulmānu-ašarēd ile ilişkilendirilse de tapınaklarda bulunan yazıtların yardımıyla ona bitişik iki tapınak kompleksinin kuruluşu güvenilir şekilde II. Aššur-nasir-apli'ye tarihlenir. Ninurta avlusundaki Oda 4'ün girişini insan başlı, kanatlı, üzeri yazılı dev aslanlar ve üç kayıt halinde sıralı kanatlı cinleri tasvir eden ortostatlar kuşatmış ve Šarrat-niphi Tapınağı'nın girişinde üzeri yazılı iki aslan bulunmuştur (Reade 2002b: sırasıyla fig. 31 ve 41).[45] Aslan yazıtının ön yüzü kapı mekânı figürlerinden şöyle bahseder: "[...] kapılara yerleştirilmiş beyaz kalker taşı [NA4 pili BABBAR-e] (ve) parūtu-alabaster [NA4 parūte] aslan (kopyaları) [UR. MAH.MEŠ]..." (Grayson 1991:A.0.101.28, satır 12). Tapınak B'nin girişi dışında üzeri yazılı büyük bir kalker stel ("Büyük Monolit") bulunmuştur.[46] Ninurta tapınak

---

44 Layard'ın Ninurta ve Šarrat-Niphi tapınaklarında yaptığı kazı üzerine bkz. Reade 2002b: 167-93. İngiliz arkeologların bölgedeki çalışmaları Mallowan 1966 I: 85-92'de yer almakta, ayrıca Oates ve Oates 2002: 107-10'da özetlenmektedir. Meuszyński (1972: 52-67) Ninurta Tapınağı'nın duvarlarındaki ortostatların yeniden yerleşimini yapmaya çalıştı.

45 Šarrat-niphi Tapınağı'nın aslan üzerindeki yazıtları Grayson 1991: 283-6 ve 295-7'de yayımlandı: metin A.0.101.28 (ön yüzü) ve 32 (arka yüzü). Aslanlardan biri British Museum (BM 118195), diğeri Musul Müzesi'ndedir.

46 Oda numaraları burada üç farklı plana göre veriliyor: Layard'ın (2002b: fig. 20 küçük harflerle), Mallowan'ın (Mallowan 1966 I: fig. 35, normal rakamla) ve Reade'in çizimlerine göre (Reade 2002b: fig. 2, büyük harflerle); ör. Mallowan ve Layard'ın planlarında sırasıyla Oda 4=c. Stelde yazanlar için bkz. Grayson 1991: 237-54; metin A.0.101.17. Stel "Nimrūd Monoliti" olarak da geçer. 1850'de ilk kez Layard tarafından keşfedilen stel bugün British Museum'dadır (Env. No: BM 118805, 51-9-2,32 = eski no. 847). Grayson, metnin ilk kez King ve Le Gac tarafından okunduğu zamana kıyasla kendi okuduğu sırada yazıtta belirgin bir bozulma olduğuna işaret eder. Anıt, Ann T. Shafer'ın tezinde kat. no. 8'dir (1998: 151-5 ve Levha 3). Yükseklik = 295 cm, genişlik = 138 cm, kalınlık = 38 cm; anıtın her yüzünü kaplayan 568 satırlık bir yazıt bulunur. Bu, stelin avlunun ortasında yükseldiğini gösterir. Yazıt kralın ilk beş seferinin raporunu verdiği için stel MÖ yaklaşık 879 ya da biraz daha sonraya tarihlenir. Ayrıca bkz. Postgate ve Reade 1980: 322.

kompleksinde kuzey mabedinin geniş kültik avluya bakan cephesi görünüşe göre Tanrı Ninurta'yı Anzu kuşunu kovalarken tasvir eden üzeri yazılı ve kabartmalı ortostatlarla (ŞEKİL 42) bezelidir (Reade 2002b: 169). Ninurta tapınaklarının iç mekânları duvar resimleriyle bezenmişken (Odalar 4/a, b, c) onların arasındaki kapı aralıkları apotropaik imgeler içeren oyma ve üzeri yazılı ortostatlarla sağlamlaştırılmıştır. Mevcut arkeolojik bulgulara bakıldığında II. Aššur-nasir-apli'nin inşaat programının kentsel ölçekte olduğu açıktır. Tapınakların, saray ve kent surlarının mimarisi, Kalhu'nun artbölgesinde yeni açılan taş ocaklarından ve sadece anıtsal kapı girişi oymalarında değil, aynı zamanda saray ve kültik bağlamlarda kullanılan ortostat üretiminde eşi görülmemiş ölçekte gelişmiş taş işçiliğinde görülen yeni teknolojilerden de yararlanmıştır. Özellikle yeni Asur kentindeki ortostatlar biçiminde kesmetaş duvar işçiliğinin böylesine gelişmesi daha geniş bir coğrafyanın kültürel bağlamında değerlendirilmelidir.

Dikili Taşlar: Bir Mimari Tekniğin Uzun Soluklu Geçmişi

1957 tarihli "Narration in Anatolian, Syrian and Assyrian Art" [Anadolu, Suriye ve Asur sanatında Anlatım] başlıklı makalesinde Hans G. Güterbock, "II. Aššur-nasir-apli'nin sanatı bir ilk olamayacak kadar olgundur" diye belirtmiş ve özellikle duvar resimleri, sırlı tuğla süslemeler, simgesel kaideler ve bilimsel yazında "obelisk" olarak geçen bir dizi taş kent anıtında kendini gösteren orta Asur görsel anlatı temsili geleneğine işaret etmiştir (Guterbock 1957: 65, ve n. 20-1).[47] Ne var ki Nimrūd ortostatlar sorununu bir inşa tekniği olarak değerlendiren Guterbock, II. Aššur-nasir-apli'nin bu tekniği, geç tunç çağı Hitit imparatorluk kentlerindeki inşa tekniklerinin varisi olarak görülen Kuzey Suriye'den devralmış olabileceği olasılığına dikkat çekmiş, bununla birlikte Asur ve geç Hitit kentleri arasında mimari gelenek alışverişi olduğu fikrini göz önüne almıştır. Ancak ihtiyatlı bir tutumla bu tür bir "varsayımın argumentum ex silentio"ya dayanmış olacağını da eklemiştir (Guterbock 1957: 66). Bu sırada J.D. Hawkins'in demir çağı Luvice hiyeroglif yazıtlar üzerine yaptığı kapsamlı çalışma, yörede Kargamış ve Malizi/Melid Luvi hanedanlıklarını Hattuša'daki Hitit hanedanlığına bağlayarak Suriye-Hitit kentlerindeki inşaat programları kronolojisini yeniden düzenlemiştir.[48] Bu

---

47 Orta ve geç Asur zanaat geleneklerinde anlatı geleneğinin sürekliliği üzerine bkz. Reade 1979b ve daha yakın tarihli bir çalışma için Pittman 1996.

48 Hawkins 1988, 1995a ve 1995b. Hawkins, Lidar Höyük'teki (Türkiye, Samsat'ın kuzeyinde Fırat'ın doğu yakasında) kazıda çıkarılan "bulla" üzerindeki "Büyük Kral, Kargamış Kahramanı" Kuzi-Tešub'un iki mühür baskısına dayanarak Kargamış'taki imparatorluk hanedanlığı ile Melid'deki yerel Luvi hanedanlığı arasında bir bağ kurmayı başardı.

epigrafik bulgu bütünü, aralarında Malatya'daki Aslanlı Kapı ve Kargamış'taki Suhis-Katuwas hanedanlığı inşaat programının da olduğu, Suriye-Hitit kabartma ortostat programlarının en erken dönem örneklerinden pek çoğunun ilk Asur kabartmalarından önce geldiğini "net bir ayrım"la ortaya koymuştur (Hawkins 1972: 106). Bu nedenle Asur sanatı üzerine çalışan bilim insanları, "Hititlerde kerpiç duvar tabanlarında oyma geleneği asla tamamen gündemden düşmezken, Aššur-nasir-apli'nin taş kullanımında Suriye'de gördükleri ve duyduklarından etkilendiği"ne, giderek daha fazla ikna olmuştur (Reade 1979a: 17). Benzer şekilde Irene Winter, Asur ve Suriye-Hitit devletleri arasındaki etkileşim mekaniklerini tartışırken bu meseleye eğilir. Winter'a göre bu etkileşim zanaat bilgisinin çok yönlü alışverişini içerirdi. Ancak diğer yandan Asur ile Suriye-Hitit devletleri arasında mimari aktarımın, içlerinde saklı karmaşık ideolojik ve kültürel söylemleri de kapsadığını, bunun asla tek başına bir inşa tekniği aktarımı meselesi olmadığını ileri sürer (Winter 1993: 32 ve Winter 1982: 356).[49] Nīnuwa'daki "Beyaz Obelisk"

---

49 Bu doğrultuda en önemlisi Winter 1982'dir. Winter burada *bīt hilāni* mimari yapı tipini Asurluların Kuzey Suriye'ye has unsurları benimseme yönündeki pratiklerini göstermek için bir paradigma olarak kullanır. M. Cifarelli (1998: 210) şöyle yazar: "[b]u dönemde saray bezemeleri için kabartma taş seçilmesinin bile ideolojik uzantıları bulunuyor. Bu titizlikle yontulmuş taş "duvar kâğıdı"nın sarayın kerpiç duvarlarında uygulanması aslen yabancı, bu olayda Kuzey Suriye'ye has, bir mimari bezeme unsurunun üslup ve tema olarak eskiçağ Asur geleneğine uyarlanmasını içeriyordu." II. Aššur-nasir-apli'nin saray duvarı yazıtlarını inceleyen J.M. Russell da (1999a, 229) aynı yargıya vardı: "[b]u nedenle kabartma duvar levhalarının ilk olarak Aššur-nasir-apli'nin Kargamış dönüşünün hemen ardından Asur yapılarında ortaya çıkmış olması elbette tesadüf değildir. Aššur-nasir-apli saray kabartmaları imgelerinin orta Asur duvar resimleri ve silindir mühürlerinde, Beyaz Obelisk'te ve II. Tukultī-Ninurta'nın sırlı ortostatlarında öncüleri olsa da bu imgelerin duvar kabartmalarına uyarlanması görünüşe göre tamamen yenidir ve kaynağını doğrudan Kargamış mimarisinden alır. Gerçekten de kent kapısı geçidindeki dev heykel ve yontma taş levhalarla Aššur-nasir-apli sarayı, Aššur-nasir-apli'nin krallığının boyutlarına yapılan yazılı referansları güzelce bütünleyen bir mimari benzerlik olarak sonraki kralların, 'Hatti ülkesinin bir sarayı gibi' diye tanımlayacağı üsluptaki ilk Asur sarayıydı. III. Tukultī-apil-ešarra'dan başlayarak sonraki Asur kralları Asur'daki saraylarında 'Hatti ülkesinin bir sarayı gibi' *bit hilaniler* inşa ederek bilinçli olarak Kuzey Suriye saraylarının benzerini yapacaklardı." Diğer taraftan yakın tarihli pek çok yayında II. Aššur-nasir-apli'nin batıya yaptığı seferlerin devam eden inşaat projeleri için kabartma duvar levhaları konusunda ona ve zanaatkârlarına ilham vermiş olabileceği fikri fazla söze dökülmeden ve genelde çok üzerinde durulmadan kabul edilmiştir. Örneğin Postgate (1992c: 260) Asur saray programının "iki geleneğin kaynaşmasından: Orta Asur saraylarının örme ve resimli duvar bezemeleri ve Kuzey Suriye'nin Arami ve yeni Hitit kasabalarının dış duvarlarında taş ortostat sıraları kullanılmasından" ortaya çıktığını iddia etmiştir. Moorey (1994: 343) II. Aššur-nasir-apli'nin Kalhu'daki Hatti'den gelen mahkûmlar yerleşimine ve bu bölgeden zanaatkâr kullanılmasının Kalhu'daki programın doğasını doğrudan etkilemiş olabileceğine dikkat

üzerine yeni bir değerlendirme yapan ayrıntılı bir makalede Holly Pittman (1996), günümüze ulaşan arkeolojik ve yazınsal bulgulara dayanarak Asur'da II. Aššur-nasir-apli öncesinde tarihsel anlatının gelişimini inceler. Pitmann, "Beyaz Obelisk"te olduğu gibi Asurluların görsel anlatıların tasvirine olan ilgisinin orta Asur'daki bulgularda çokça –parça parça da olsa– örneği olduğunu ileri sürmüştür. Burada orta Asur kent anıtlarında taşın simgesel olarak yüklü kullanımı ve tarihsel anlatıların gelişimi arasındaki ilişki aydınlatıldı ve bu bölümde daha sonra ayrıntılı olarak ele alınacaktır.

Tüm bu yorumlardaki en önemli sorun, ortostatların ve ortostatlar üzerine oyulmuş görsel imgelerin en baştan beri bir arada olduğunu ve ayrı ayrı kavramsallaştırılamayacağını varsaymaktır. Arkeolojik bulgular ise dikili levhaların kabartmalar için görsel alanlar olarak kullanılmasının Kuzey Suriye, Asur ve Anadolu'da sırayla daha sonraki (yani geç tunç çağı ve erken demir çağı) bir gelişme olduğunu, ancak anıtsal duvarlarda kullanılan bir mimari teknik olarak ortostatların kullanımının Yakındoğu'da orta tunç çağının en başına (MÖ 2000 c.) denk geldiğini ortaya koyar. Burada izini sürdüğümüz tam da bu dönüşümdür.

Arkeolojik bulguların kopukluğu ve Suriye içinde ve dışındaki pek çok sit alanından elde edilen yazılı bilginin karmaşık olması nedeniyle kabaca MÖ 2. binyıl başlarından MÖ 16. yüzyıl başında I. Murşili'nin Kuzey Suriye'ye yaptığı askeri sefere kadar uzanan Suriye'nin orta tunç çağı tarihini tarif etmek güçtür (Klengel 1992: 39-49) (ŞEKİL 52). Özellikle Yahdun-Lim (MÖ 1810 c.) egemenliği altında Orta Fırat'taki Mari Krallığı ve Habur ve Orta Fırat'a kadar yayılan I. Šamši-Amad (MÖ 1813-1781 c.) egemenliği altında kısa ömürlü Asur bölgesel devleti, orta tunç çağının ilk yarısında Yamhad, Katna ve Kargamış gibi Kuzeybatı Suriye krallıkları ile Ebla (Tel Mardikh) ve Alalah (Tel Açana) gibi önemli kentsel merkezlerin siyasi ve kültürel iklimini büyük olasılıkla etkilemiştir (Kuhrt 1995 I: 98-102). Ancak orta tunç çağının ikinci yarısında özellikle Mari, Alalah ve Hattuša'dan (Boğazköy) elde edilen yazılı kaynaklar, Hitit kralları I. Hattušili (MÖ 1650-1620) ve I. Murşili (MÖ 1620-1590) Kuzey Suriye'ye etkili seferler düzenleyene kadar Yamhad'ın "Büyük Kralları"nın Suriye'deki en güçlü bölgesel iktidarı temsil ettiğini ortaya çıkarmıştır (Bryce 1998: 75-89 ve 102-5). Öncelikle Tel Mardikh, Halep Kalesi, Tel Açana ve Tilmen Höyük sitlerinde yapılan kazılar kentsel bağlamlarda ortostat kullanımı

çekmiştir. Collon (1995, 130) remarked that, despite kabul görmüş bu esin modeline rağmen, "yürütmenin farklı bir üslup ve çok başka bir ölçekte" olduğunu belirtmiştir. Ayrıca bkz. Moortgat 1969: 131-132; Paley 1976: 6; Curtis ve Reade 1995: 40 ve Kuhrt 1995: 485-6.

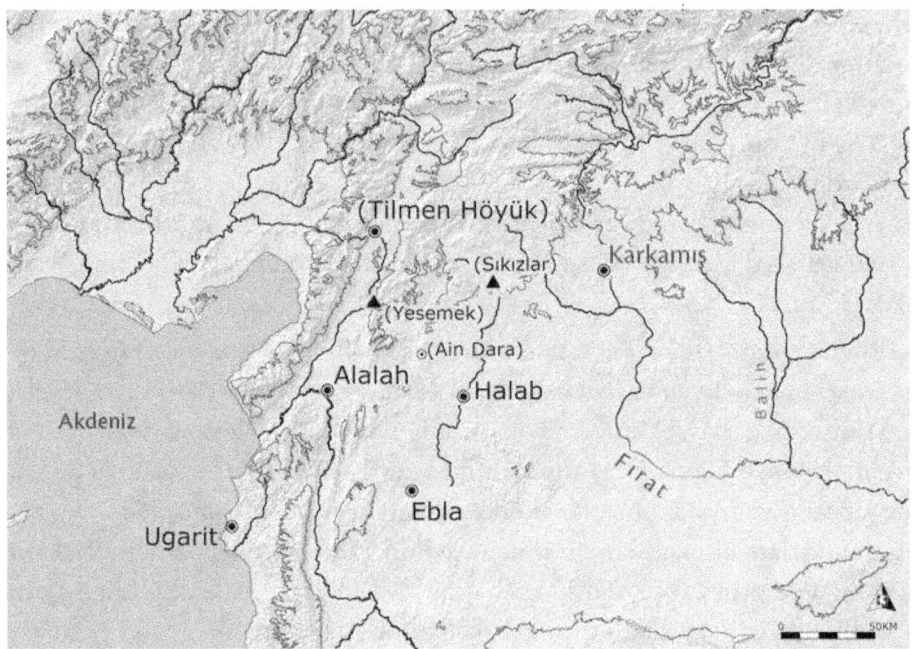

ŞEKİL 52 Orta ve geç tunç çağında Kuzey Suriye (Taban haritası Peri Johnson tarafından ESRI Topografik Veriler [Creative Commons: World Shaded Relief, World Linear Water ve World Elevation Contours] kullanılarak hazırlanmıştır).

için ilk bulguları sağlar ve orta tunç çağında Kuzeybatı Suriye'deki mimari geleneklerin bayındır karakteri ile ilgili fikir verir.

Yakın dönemde, kısa bir boşluktan sonra erken tunç çağı IVB (Mardikh IIB) tabakası kalıntılarının üzerini kapatan yeni bir kent inşası, planlı bir anıtsal proje olarak orta tunç çağı I Ebla'sının (Mardikh IIIA) "görece kısa bir zaman diliminde inşa edildiği" iddia edilmiştir (Pinnock 2001: 22; Matthiae 1997: 380).[50] Bu

---

50 1968'de Tel Mardikh kale yerleşiminde yapılan kazıda stratigrafik bağlam dışında gövde heykeli üzerinde çiviyazısı Akadca yazıt olan bir bazalt heykel parçalı halde çıkarıldı. Yazıt "Eblaite hanedanlığı kralı" [Y]ibbit-Lim tarafından tanrıça Ištar'a (bir kült teknesiyle ilgili olarak) adanmıştır. Kültik sahnelerden özenli kabartmalarıyla bazalt kült tekneleri Ebla'nın, özellikle Tapınak B1, N ve D'nin OT tabakalarında bulunanlar arasındadır. Bunlar tapınak eşyaları arasında büyük olasılıkla önemli bir öğeydi; bkz. Matthiae 1997: 400-4 ve fig. 14.21, 22 ve 23. Yazıt sit alanının Ebla ile özdeşliğini tasdiklemekle kalmaz, aynı zamanda orta tunç çağının ilk bölümünde krallığın yapısıyla ilgili fikir de verir. Pinnock'un (2001) kısa kronolojiyi izlediğine (en son bilimsel düşüncede tercih edilen) ve orta tunç çağı I başlangıcını MÖ 1900 civarına ve sonunu MÖ 1650 civarına yerleştirdiğine dikkat edelim; oysa Matthiae (en azından 1997) orta kronolojiyi izler ve OT I'i yaklaşık MÖ 2000-1800'e ve OT II'yi MÖ 1800-1600'e yerleştirir. Yakın dönemli kronolojilerle ilgili kısa kronoloji lehine bilimsel görüş üzerine bkz. Reade 2001; Suriye-Filistin kronolojilerine genel bir bakış için bkz. Dever 1992a.

inşa süreci biri kale tipi yerleşimi, diğeri aşağı kent olmak üzere iki ayrı istihkâm sistemini, kale yerleşiminde saray ve tapınak kompleksleri ile kalenin hemen çevresinde kamusal yapılardan oluşan bir kuşağın inşasını içine alırdı (ŞEKİL 53). Pek çok kamusal yapıda ince işlenmiş taş levhaların yaygın olarak kullanılması dahil bu yapıların inşasında pek çok mimari/zanaat yeniliği tespit edilmiştir. Alan A'da aşağı kentin Güneybatı ("Şam") Kapısı'nda yaklaşık 1,80 m yüksekliğindeki ince yontulmuş bazalt ve kalker ortostatlar, trapezoid bir giriş salonuna bağlanan iç ve dış kapı yapılarının duvarlarını kaplar (ŞEKİL 54 ve 55).[51] Bazalt kaplamalar dışarı çıkan üçlü-sütun ve ikili-sütunları sağlamlaştırmakta ve iç odaların/girintilerin dış kaplamasında kalker taşı kullanılmaktadır. Ortostatlar kısmen dışarı çıkan kesme taş temeller üzerinde yükselir (Matthiae 1981a: 121). Bu zaman diliminde Suriye ve Levant bölgesindeki kapılarda buna benzer bir mimari tasarım ve yapı teknolojisi görülür ve bölgede orta tunç çağı mimari pratiklerinin ayırt edici özellikleri olarak anlaşılmalıdır.[52] Kapı geçidinin iç ayağı yakınında başı olmayan, özel bir "*kaunakés*" ya da kalın bir pelerin giyen, oturur halde bir bazalt heykel bulunmuştur ve Matthiae tarafından mümkün olabilecek MÖ 20. yüzyıla tarihlenmiştir.[53] Kapının anıtsal tasarımı ve tektonik kalitesi ile birlikte bir kral/kült heykelle ilişkilenmesi Ebla'nın kentsel peyzajında kapının törensel bir karakteri olduğunu akla getirir. Daha sonra geç tunç çağı ve erken demir çağında Anadolu ve Suriye'de benzer mimari tasarım ve tam teşekküllü görsel anlatı programlarıyla törensel kent kapılarının ortaya çıktığı düşünülürse bu kendine has kentsel öğenin ilk örneklerinin orta tunç çağı sit alanlarında Suriye koine'inde görüldüğünü ileri sürmek mümkün olabilir.[54]

Ebla kale yerleşiminin Batı sınırında yine Mardikh IIIA başlangıcında inşa edilen Tapınak D, bir giriş holü ve sundurma yanında uzunlamasına kült odasıyla aksiyal plana sahiptir. Tapınağın kapı geçitleri, simetrik aks üzerindeki kült odasına ulaşan

---

51 Kapının ayrıntılı mimari tasviri için bkz. Matthiae 1997: 382 ve fig. 14.2; Matthiae 1981a: 118-23.

52 Bunlara sıklıkla "üç girişli kapılar" denir. Bkz. özellikle Gregori 1986 ve Ussishkin 1989. Bu istihkâmların önemli bir bileşeni olan dış yüzdeki topraktan yapılmış surlar da ortak bir öğedir. Bkz. örneğin Parr 1968. Ebla'nın diğer kapılarında –"Fırat" (Kuzeydoğu) kapısı (Alan BB), "Çöl" (Güneydoğu) kapısı (Alan L) ve "Halep" (Kuzey) kapısı (Alan DD)– kazılar devam ediyor ve tamamı yayımlanmamıştır. Fırat Kapısı'nın planı için bkz. Matthiae 2000: 1034-5 ve Pinnock 2001: fig. 16. Ebla'nın batı surlarında orta tunç çağı II kalesindeki yakın dönemli kazıda Peyronel (2000) kalker taşı ortostatik levhaların kullanıldığını bildirir.

53 Matthiae 1997: 399-400; Ussishkin 1989: 485.

54 Suriye-Hitit kapıları ve bunların törensel işlevleri üzerine bkz. Mazzoni 1997b.

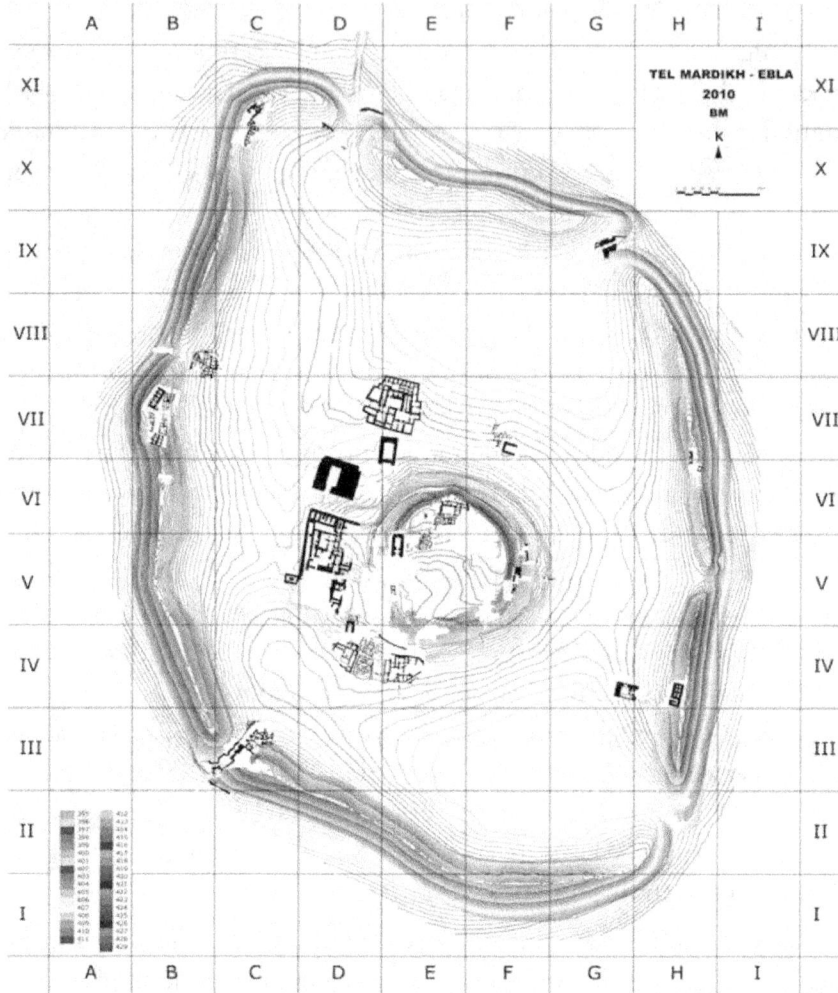

ŞEKİL 53 Orta tunç çağında Ebla (Tel Mardikh). Topografik harita ve kazı yapılan kalıntılar.

anıtsal ortostatik bloklarla sağlamlaştırılır (Matthiae 1997: fig. 14.1). Ana kült oda ince-işli kesmetaş bloklarla kaplı alçak bir kireçtaşı kaide üzerinde yükselir ve zemininin bazalt bloklarla kaplandığı tahmin edilmektedir. Ancak kesmetaş duvar işçiliği ile yüksek duvar kaidesi kullanımı belki de en iyi aşağı kent alanında, kale yerleşimin hemen kuzeybatısındaki İştar'a adanan büyük kült platformu (52,5 m x 42 m) olan Anıt P3 ile örneklenmektedir. İç avlu (23 m x 12,5 m) kaplamasında kullanılan kaba yontulmuş üç sıra geniş kalker blok, çok daha sonra geç tunç çağında Doğu Akdeniz'de ve Anadolu Ovası'ndaki imparatorluk Hitit kentlerinin anıtsal yapılarındaki taş işçiliğini anımsatır (Matthiae 1997: 391). İnce işlenmiş ortostat kullanımı, Ebla'da ortaya çıkarılan aynı dönem saray komplekslerinde, özellikle

DİKİLİ TAŞLAR VE YAPIM HİKÂYELERİ: MİMARİ TEKNOLOJİLER VE KENTSEL MEKÂNIN POETİKASI

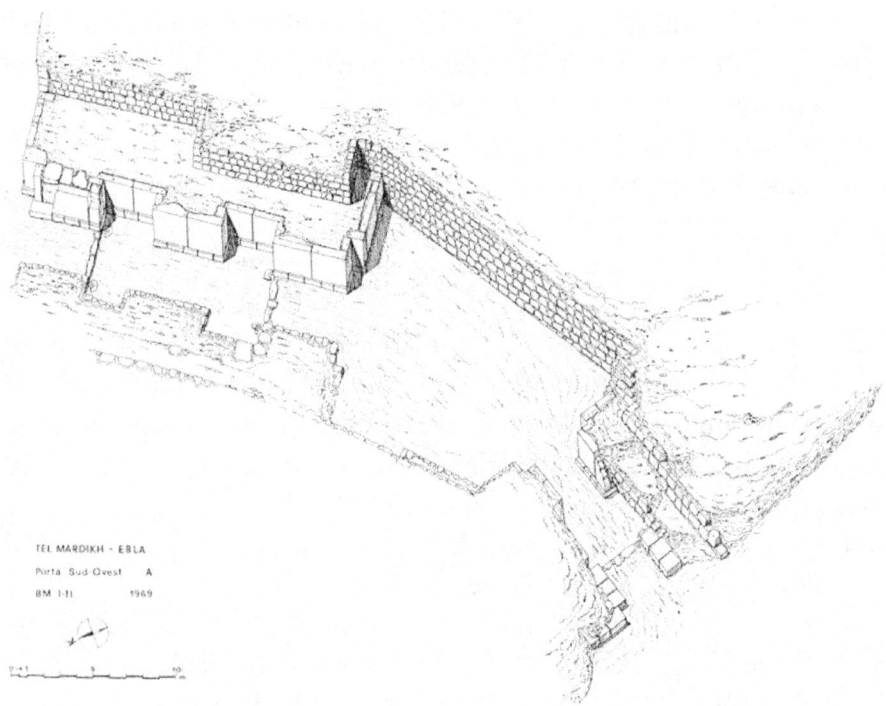

ŞEKİL 54 Ebla (Tel Mardikh), Alan A'da Aşağı Kentin Güneybatı ("Şam") Kapısı (Matthiae, Pinnock, ve Scandone Matthiae, der. 1995: s. 167'de alıntı; Ebla Project adına Frances Pinnock'un izniyle).

ŞEKİL 55 Ebla (Tel Mardikh), Alan A'da Aşağı Kent'in Güneybatı ("Şam") Kapısı. Kuzeybatıdan görünüş.

kale yerleşimin batısındaki Alan Q'da daha iyi koşullarda günümüze kalan Batı Sarayı'nda (büyük olasılıkla veliaht prensin sarayı) yaygın olarak görülmüştür.[55] Batı Sarayı'nın günümüze kalan kuzey ve güneydoğu cephelerinin büyük bölümü, iki ila üç sıra ince işlenmiş kesmetaş kaide üzerinde yükselen ortostatlarla (1,5 m yüksekliğinde) kaplanmıştır. Bunun yanında dikili kesmetaş levhalar kullanılarak belirli ayrıcalıklı mekânlar ve kapı geçişleri sağlamlaştırılmıştır (Matthiae 1997: 384). Saray kompleksinin anıtsallaştırılmış, ana kabul salonunda tekrarlanan çift sütunlu *in-antis* girişi;[56] Kuzey Suriye'de demir çağında kullanılan, orta tunç çağında gelişen saray tasarımının önemli unsurlarındandır ve daha sonra bu dönemde törensel *bīt hilāni* yapısının öncülleri olmuştur (bkz. takip eden tartışma). Kale yerleşimdeki Tapınak D'nin içinde ve yakınında toprak altından parçalar halinde muhteşem bir bazalt stel çıkarılmıştır – muhtemelen İştar'a adanmıştır (150 cm yüksekliğe, 45 cm taban genişliğine sahip).[57] Stelin dört tarafına düzenli sıralarla (üç ila beş) mitolojik ve kült olaylardan sahneler işlenmesi bize daha sonraki, Malatya bölgesinde İspekçür'deki geç Hitit stelleri (MÖ 11. yüzyıl sonu) ya da orta Asur obeliskleri gibi benzer kamusal anıtları anımsatır. Ebla'daki orta tunç çağından kalma B1, D ve N tapınaklarındaki bir dizi oyma bazalt ve kalker arınma teknesi ile birlikte[58] bu stelin ikonografisinin bölgede özellikle Kargamış, Halab/Halep ve 'Ain Dārā ile ayrıca Anadolu Ovası'ndaki Alacahöyük'te daha sonraları gelişmiş olduğu bilinen erken geç tunç çağı oyma ortostatlarının ikonografisiyle yakın ilişkili olabileceğini belirtmek gerekir.

Orta tunç çağı Suriye arkeolojisinde en önemli boşluklardan biri, haklı olarak Yamhad'ın başkenti olarak belirlenen Halab (Halep) kentinde az sayıda arkeolojik inceleme yapılmış olmasıdır. Mari, Hattuša ve Alalah'tan elde edilen yazılı kaynaklara göre büyük Yamhad Krallığı MÖ 2. binyılın ikinci çeyreğinde Kuzey Suriye'de

---

55 Bu zaman dilimindeki diğer iki saray kompleksi günümüze çok iyi koşullarda kalmamıştır; bkz. Matthiae 1997: 385-7.

56 Paolo Matthiae bu "mimari tarzdan" şöyle bahseder: "Planın enine üç bölüme ayrılması, orta bölümünün daha geniş kanadı olması, onun bir portiko aracılığıyla dinleyici salonu ve giriş olarak bölünmesi, daha ufak kenar kanatlarının düzensiz biçimi ile kendini belli eden [...] Eski Suriye kabul odası" (Matthiae 1997: 387). Alalah Tabaka VII ve Tilmen Höyük Tabaka IIc3 saraylarında da aynı kalıbı görür. Bu örnekler için bkz. bu bölümün devamındaki tartışma. Eski Suriye kabul odaları üzerine bkz. Matthiae 1984 ve 1990a.

57 Matthiae 1997: 404 ve fig. 14.24; ayrıca bkz. Matthiae vd. (der.) 1995: 390-1; kat. no. 236 iyi kalite fotoğraflar (s. 390 ve 403) ve stelin dört tarafına dair çizimler. Bugün Suriye'deki Idlib Müzesi'nde. En üst kısım kayıp ve yarıdairesel bir ucu olduğu tahmin ediliyor.

58 Bazalt arınma tekneleri üzerine bkz. Matthiae vd. 1995: 421-2: kat. no. 290-1 ve daha sonraki tartışma not 61.

Fırat'ın batı kıyısında Akdeniz'e kadar uzanan güçlü bir bölgesel devlet kurmuş ve Alalah, Emar ve Ebla gibi önemli kent devletler Yamhad vasal devletleri olarak hareket etmiştir.[59] 1996'dan bu yana Suriyeli ve Alman arkeologlardan oluşan bir ekip Halep Kalesi'nin yoğun inşa dokusu nedeniyle burada sınırlı bir alanda kazı çalışmalarını sürdürmüş ve araştırmacılar büyük bir orta tunç çağı tapınağı ile onun daha önceki 1. binyıl tarihli yeniden inşasını tespit etmiştir (Khayyatta ve Kohlmeyer 2000).[60] Kale topografyasında öne çıkan konumu, heybetli boyutları (muhtemelen yaklaşık 26,65 m genişliğindeki kült odası) ve şimdiye kadar ortaya çıkarılan 1. binyıl başlarına ait ortostatları üzerindeki kabartma programları göz önüne alındığında yapının, metinlerden bilinen Halab'ın Hava/Fırtına Tanrısı (Teššub) Tapınağı olduğu tespit edilmiştir (Khayyata ve Kohlmeyer 1998: 94; Kohlmeyer 2000b: 116-7) (ŞEKİL 6 ve 7). Erken 2. binyıldan kalma tapınağın kuzey ve batı duvarları, kesmetaş temeller üzerinde yükselen ince işlenmiş sade kalker ortostatlarla (1,2 m yüksekliğinde) kaplanmıştır ve işçilik olarak Ebla'daki Güneybatı kapısını anımsatır (ŞEKİL 7). Ortostatların üst yüzeyinde düzenli aralıklarla yerleştirilmiş ufak yuvarlak saplama delikleri ya da zıvana delikleri bulunuyordu, bu delikler tahminen erimiş kurşunla sabitlenen ahşap zıvanaları içine almakta, bunları yukarıdaki ahşap hatıllara ve bu sayede duvarın geri kalan yapısına bağlamakta kullanılıyordu (Hult 1983: 79).[61] Bu öğe, Ebla'nın Güneybatı Kapısı ile Tilmen

---

59 Bu gelişim özellikle Mari'deki Zimri-Lim'in çağdaşı ve müttefiki olan Halep/Yamhad Kralı Yarim-Lim zamanında görünür haldeydi. Yamhad Krallığı'nın yazılı kaynaklara dayanan kesintili tarihi üzerine bkz. Klengel 1992: 44-64; Kupper 1963: 32-8.

60 1996-7 sezonunun ön raporu Khayyata ve Kohlmeyer 1998'de göründü. Daha sonra, Kohlmeyer tapınak üzerine ufak bir monograf yayımlayarak (2000a) *Qal'at Halab*-I kazılarının ilk cildinin hazırlık aşamasında olduğunu ve 1996-8 seferleriyle ilgili bir rapor yazacağını belirtir (Kohlmeyer 2000a: 5, n. 1). Bu kitap üzerine iki inceleme çıktı: *ZA* 91 (2001) 308-309 (U. Seidl) ve *Orientalische Literaturzeitung* 96 (2001) 539-41 (R.B. Wartke). 1996-9 sezonlarına yönelik ayrıntılı bir arkeolojik rapor Kohlmeyer 2000b'de çıktı. 1996-7 sezonlarına yönelik İngilizce özet rapora Khayyata ve Kohlmeyer 2000'den ulaşılabilir. Tapınağın planı için bkz. Kohlmeyer 2000a: Abb.6; Khayyata ve Kohlmeyer 1998: Abb.3; Kohlmeyer 2000b: Plan 2. Bkz. Gonnella, Khayyata ve Kohlmeyer 2005. 2002 yazında yakın tarihli bir kazıda çıkarılan tapınak ortostatlarını inceleememe izin veren Prof. Kay Kohlmeyer'e özellikle teşekkür ederim.

61 Bu tür saplama delikleriyle ilgili bir başka varsayım Leonard Woolley'den gelir. Woolley Kargamış ve Alalah'ta kazı yapmış ve kimi zıvana deliklerinin temiz kumla doldurulduğunu keşfetmiştir. Bu deliklerin ağır blokları yerine kaldırmak için kullanılan kaldırma-delikleri olarak hizmet ettiklerini iddia etmiştir (Kargamış ortostatları üzerine bkz. Woolley ve Barnett 1921: 142 ve Alalah ortostatları üzerine bkz. Woolley 1955: 224). Rudolf Naumann Hattuša/Boğazköy'deki Tapınak I'deki benzer yuvarlak delikleri (*Bohrlöcher*) tartışırken Kargamış Tören Girişi ortostatlarının devşirme konumuna işaret ederek bu varsayıma

Höyük ve Alalah sarayları (bkz. sonraki başlıklar) dahil hemen hemen tüm orta tunç çağı örneklerinde görülmekte ve orta-geç tunç ve erken demir çağı ortostatlarının başlıca özelliği olarak ortaya çıkmaktadır.[62] Kuzey duvarının ortasında, büyük bir kült nişinin (7,85 m genişliğinde) yaratıldığı yerde ortostat dizisini büyük kesmetaş bloklar böler – bu 2. binyıl başında Suriye tapınaklarının ortak öğesidir. Tapınağın zemini taş levhalarla döşenmiş ve bu yüzeyin en üstünde en az üç kat alçı sıva tespit edilmiştir (Khayyata ve Kohlmeyer 2000: 735). Yapının ahşap öğeleri için Lübnan sediri ve meşe kullanılmıştır. Tapınağın daha sonraki yeniden yapım evrelerinin kesin stratigrafisi ve tarihlenmesine yönelik kazı raporları, kabartmasız ortostatlarıyla ilk tapınağın MÖ 2. binyılın başlarında bir tarihte olması gerektiğini ve tapınağın sonraki evrelerinde taş levhaların hatırı sayılır miktarda devşirilmesi ve yeniden yontularak kullanılmasının geç tunç ve erken demir çağı boyunca devam ettiğini ikna edici biçimde ortaya serer. Eski yapılardaki mimari öğelerin yeni yapılarda tekrar kullanılması anlamına gelen devşirme, erken ve orta demir çağlarında özellikle kabartma ortostatlarda simgesel bir pratik haline gelmiştir.

Arkeoloji, Halab'ın orta tunç çağı döneminde herhangi bir saray ya da kapı mimarisinde dikili levhalar aramamız yönünde bizi henüz bilgilendirmemiş olsa da o dönem Yamhad egemenliği altındaki iki yerleşme bu boşluğu doldurur: batıda Alalah (Tel Açana) ve kuzeyde Tilmen Höyük. Hem Tel Açana Tabaka VII ile ilişkili saray kompleksinde hem de Kuzeydoğu Kapısı'nda kesmetaş ortostatlar kullanılmıştır. Tel Açana'daki 7. tabakaya ait inşa etkinlikleri genellikle orta tunç IIB tabakasının son evresi ve Alalah'ın tarihi Yarim-Lim hükümdarıyla ilişkilendirilir.[63] Kapı, her iki yanında iki anıtsal kule olan iyi planlanmış, üç sütunlu bir yapıdır ve plan olarak

---

karşı çıkar (1971: 111-7). Bu zıvana delikleri çevresinde herhangi bir levye izi olmaması Naumann'ın görüşünü destekler.

62 Bazı demir çağı ortostatlarında yaygın olarak daha derin ve büyük dörtgen yarıklar görülür. Ne var ki bu, tarihleme krtiteri olarak kullanılamaz; bkz. Naumann 1971: 111-4. Ancak ortostatları 2. binyıla tarihlemek için tanı unsuru olarak yuvarlak saplama deliklerinin nasıl kullanıldığına dair tartışma için bkz. Özyar 1998a: 636. Hult (1983: 79), yuvarlak saplama deliklerinin kare olanlar gibi yontulmayıp delinerek açıldığını ve bunun gerçekten taşın sertliğine bağlı olduğunu belirtir. Benim tezim, delik şeklini belirleyenin bu delikler yardımıyla taş destekler üzerine sabitlenen yatay kirişler ya da taşın üzerindeki yarıklara yerleştirilen ahşap direkler kullanarak uygulanan belirli bir bölgedeki duvar tekniği olduğudur.

63 Stein 1997: 57. Bu daha çok Tabaka VII sarayında bulunan tabletlere dayanır. Tabletlerden bazıları Yamhad Kralı Hammurabi'ye ve daha büyük kısmı oğlu Yarim-Lim ve diğer varislere aittir. Bkz. Woolley 1955: 91. Tabaka VII'nin MÖ 1640-1600'e kesin tarihlenmesi üzerine bkz. Heinz 1992: 204. Ayrıca bkz. Marie-Henriette Gates'in Tabaka VI ve V'in tarihlemeleri üzerine yaptığı çalışma (1981).

Ebla'nın güneybatı kapısının iç (kuzeydoğu) kesimiyle yakın benzerlik gösterir. Hem geçit yolu boyunca uzanan sütunlar hem de kapının iki cephesi, yaklaşık 1,60 m yüksekliğine ulaşan dado seviyesinde ve 50 cm kalınlığında ince işlenmiş beyazımsı kalker ortostatlarla sağlamlaştırılmıştır. Ortostatların tepesindeki yatay ahşap kirişler de günümüze kalmıştır (Woolley 1955: 145-55 ve fig. 55). Tabaka VII'de yer alan sarayda (yüksek höyüğün kuzey/kuzeydoğusunda birbiri ardına sıralanan teraslar üzerine inşa edilmiş) Kabul Odası 5 ve Tören Avlusu 9 ile 1-13 nolu odaları içine alan kuzeydeki kamusal bölümde "üzeri ince sıvalı cilalı bazalt ortostatlar" göze çarpmaktadır.[64] Kabul salonu dört ahşap sütun ile iki ana mekâna ayrılır. Ortostat yükseklikleri 40-90 cm arasında değişir, ağır yatay ahşap dikmeler taşır ve kaba işlenmiş kesmetaş bloklardan oluşan alçak bir plinth üzerine yaslanır. Oda 17'den taş kaplı bir şaft ortaya çıkarılmıştır. Buradaki eğik, dik derzli üç sıra ince işlenmiş giydirme kesmetaş, kerpiç duvar için dado seviyesinde bir koruma oluşturmuştur. Sarayda duvar fresk parçaları yanında ahşap sütunlar için bazalt taşından sütun tabanları da bulunmuştur (Woolley 1955: 224-34 ve levha 36-9).

Halep'in 75 km kuzeyinde Karasu nehir vadisinin doğu kıyısında büyük bir orta tunç yerleşimi olan Tilmen Höyük'te, 1958 ve 1964 yılları arasında ve 1969'dan 1971'e kadar Uluğ Bahadır Akın ve ekibinin yaptığı kazılarda benzer arkitektonik kapsamda bir saray kompleksi ortaya çıkarılmıştır (**ŞEKİL 56-59**).[65] Tilmen Höyük'ün stratigrafik diziliminde Tabaka IIc1 (Alkım tarafından geçici olarak MÖ 18. ila 17. yüzyıla tarihlenmiştir), yüksek höyük üzerinde anıtsal saray yapısı, daha büyük bir aşağı kentin kurulması ile birçok kent kapısını içine alan kale ve aşağı kent için sandık duvarlı bir tahkim sistemi inşası ile kendini gösterir.[66] Saray yapısı, kalenin

---

64 Woolley 1955: 91-106, özellikle 92 ve fig. 35'de gösterildi, levha 13, 15. Ayrıca bkz. Hult 1983: 38; Heinz 1992: 14-8; Naumann 1971: 81-2.

65 Profesör Alkım'ın 1981 yılında ölmesi nedeniyle ne yazık ki son raporlar yayımlanmadı. Malzemeyi Alkım ile birlikte çalışmış olan Refik Duru'nun raporları yayımlaması bekleniyor. Alkım'ın çalışmasının ön raporları *Türk Arkeoloji Dergisi* ve *Belleten*'in 1960'dan 1970'e kadar olan sayılarında düzenli olarak yayımlandı. Yerleşimdeki orta tunç çağı tabakalarına dair en kapsamlı sunum, Ferit Koper'in yaptığı mükemmel mimari illüstrasyonlarla birlikte Alkım 1962b'dir. Alkım 1969'da Tilmen Höyük kazı sonuçlarının bölgesel bağlamda İngilizce özeti yayımlandı. Refik Duru geçmişe dönük bir inceleme yazısı (1980) ile bir kitap (2003) yayımladı.

66 Tilmen Höyük stratigrafisi üzerine bkz. Alkım 1969: 283-6; aşağı kentteki hendek G, H ve I üzerine bkz. Alkım 1970: 41; sarayın mimarisi üzerine bkz. Alkım 1962b: 459-63; savunma sistemi üzerine bkz. Duru 1980: 39-42. Tarihleme, temelde tabakalanan seramik bulgulara ve ufak buluntulara dayanıyor. Bunların arasında sarayın Tabaka IIc'nin en üstündeki yeniden kullanılan moloz içindeki damga baskıyla üzeri yazılı bir kil bulla bulunur (Alkım 1962a: 5-6). Mührün çizimi için bkz. Alkım 1969: 286 üst. Üç imzalı çiviyazı

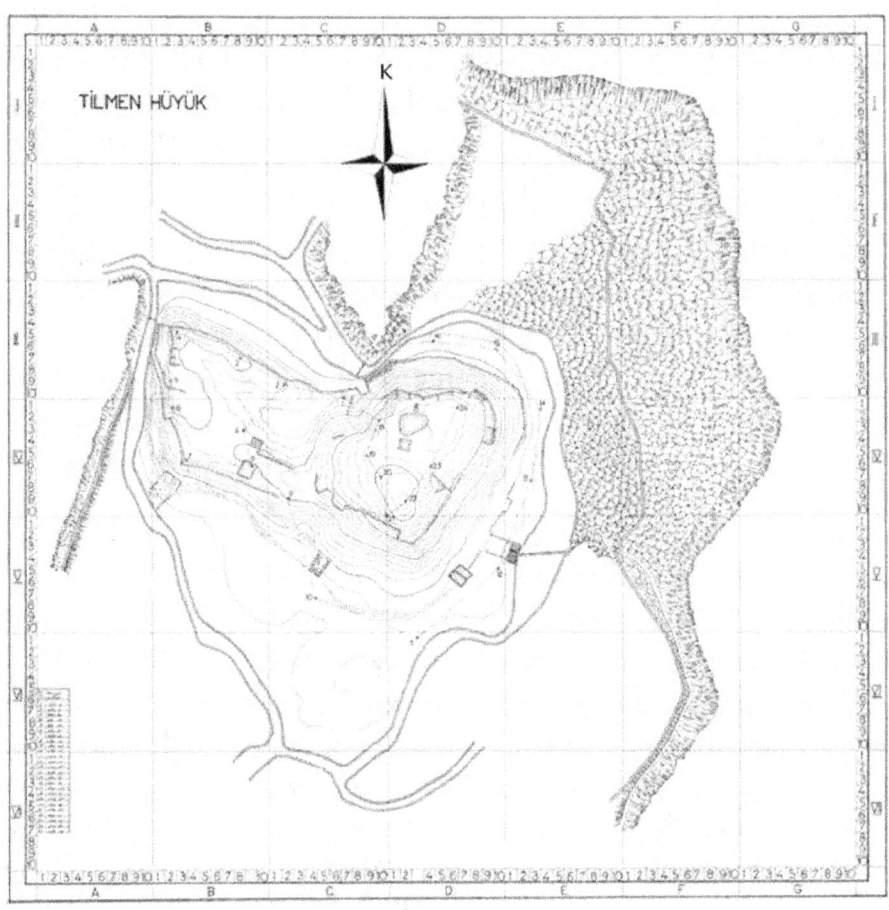

ŞEKİL 56 Tilmen Höyük topografik planı ((Duru 2003: pl. 1; Refik Duru'nun izniyle).

güneybatı sınırına inşa edilmiştir ve topografyanın dik olması nedeniyle yapıya anıtsal merdivenli K-5 Kale Kapısı üzerinden ulaşılmaktadır. Saraya giriş, bir dış tören avlusu hizmeti gördüğü tahmin edilen iyi planlanmış taş döşeli bir meydan üzerindendir ve buraya bakan saray duvarları dış yüzeyi anıtsal boyutta ve çok ince taraklanmış bazalt ortostatlarla çevrilidir.[67] Değişik genişlik ve yükseklikte (yaklaşık 33-45 cm kalınlık ve 72-90 cm yükseklik) ortostatlar kabaca işlenmiş kesmetaş temeller ve zemin seviyesi üstünde alçak bir kaide (25 cm yükseklik)

---

yazıtta *ib-la-du* geçer, büyük olasılıkla *Ibla* kentinden mühür sahibinin isminin bir kısmıdır. Tilmen Tabaka IIc Sarayı'nın Alalah Tabaka VII Sarayı ile mimari açıdan karşılaştırılması bu tarihlemeyi destekler. Alkım örneklerin C_{14} analizi için University of Pennsylvania'ya gönderildiğini belirtir, ancak bildiğim kadarıyla bunların sonuçları yayımlanmamıştır.

67 Bu gözlemler esasen yazarın 2002 Temmuzunda yerleşime yaptığı ziyarete dayanmaktadır.

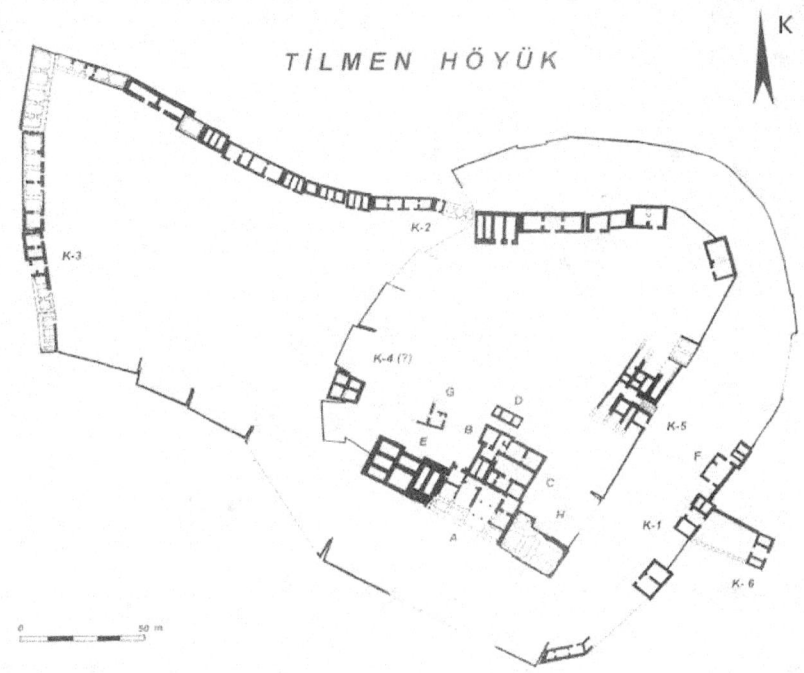

ŞEKİL 57 Tilmen Höyük, orta tunç çağında (Tabaka II) kale tipi yerleşim planı (Duru 2003: katlanabilir plan; Refik Duru'nun izniyle).

ŞEKİL 58 Tilmen Höyük, orta tunç çağı Saray kalıntıları, kuzeybatıdan genel görünüş.

ŞEKİL 59 Tilmen Höyük, sarayın kuzeybatı cephesinden orta tunç çağı ortostatlar, giriş avlusundan görünüş.

üzerinde yükseltilir ve üst yüzeylerinde yuvarlak zıvana delikleri bulunur (**ŞEKİL 51**). Kazı sırasında bulunan yanmış tuğlalar, iki kat yüksek duvarlardan oluşan üstyapısının kerpiç tuğladan yapıldığını kanıtlar (Alkım 1962b: 460). Kamusal ve özel bölümlere ayrılan kompleksin açık bir planı bulunmaktadır ve –Alalah sarayındakine benzer şekilde– tüm kamusal bölüm duvarları ortostatlarla sağlamlaştırılmıştır. Kale yerleşimin güney sınırına tepeden bakan Oda 4, dört sütunlu anıtsal boyutları ve olağanüstü tektonik nitelikleriyle görünüşe göre ana kabul salonudur. Kuzey duvarının geometrik merkezi ve sütunlarla yaratılan ana koridorun orta aksında ince işlenmiş ve yüksek bazalt bloklardan birbirine geçme basamaklı bir taht odası cephesi görülür.

Kuzey Suriye'den örneklenen bu dört yerleşimin MÖ 2. binyıl seviyelerinden elde edilen arkeolojik bulgular, başta tapınaklar, kent kapıları ve sarayların kamusal bölümleri ile kente bakan cepheler olmak üzere, önemli kamusal binalarda kabartmasız ortostatlar ve ince işlenmiş kesmetaş duvar yapımının prestijli mimari teknolojiler olarak kullanıldığını gösterir. İnşaat teknolojisindeki bu bölgesel gelişme bölgede dar anlamıyla Kuzey Suriye'de Fırat Geçişi'nde, Tel Mardikh'ten Tilmen Höyük'e kadar görülen karmaşık yapı teknolojileri serisinin sadece bir parçasıdır.[68]

---

68 Suriye'de o dönem siyasi *koinē* dikkate alındığında, sit alanının demir çağı öncesi arkeolojik katmanlarına ulaşılamamış olsa da Kargamış'ın bu ortak mimari kültüre dahil edilmesi

Ortak yapı tekniklerine üç girişli kent kapıları, tapınakların genel tasarımı ve saray konutlarının törensel/kabul bölümleri gibi kentsel bütünün mimari tasarımındaki belirgin benzerlikler eşlik etmektedir. Paulo Matthiae kümülatif olarak bunu, "eski Suriye mimarlık geleneği" olarak tanımlar (Matthiae 2002).[69] Hâkim seçkinlerin zanaatkârlarının, yenilikçi bir biçimde kesmetaş ve ortostatlı formata eklemlediği ve kentte anıtsal bağlamlarda, başta çevresel nedenlerle kullanılan sağlam ve iyi kalite taşlar, dikkat çekici sergileme öğeleri olarak sonradan simgesel bir önem kazanmış ve kültürel ifade biçimlerine dönüşmüştür.[70]

Orta tunç çağı kent peyzajlarının ince işlenmiş ortostatlı duvar örme teknikleri, kentsel mekâna biçim ve anlam kazandıran, simgesel olarak yüklü bir teknolojik üslup oluşturdu. Geç tunç ve erken demir çağlarındaki bu mimari teknolojinin temelleri üzerinde ortostatik yüzeyler, kült imgeler ve mitolojik ve devlet anlatılarına sahip kabartmalarda resimli temsil yüzeylerine dönüştürülmüştür.

Doğu Akdeniz iletişim bölgelerinde geç tunç çağındaki fark edilir bölgelerarasıcılık ve bu dönemde Hititler, Mısırlılar, Hurriler ve Asurlular gibi Yakındoğu bölge-aşırı iktidarların Suriye üzerine giderek artan maddi ilgileri ile birlikte taş işçiliği koine'i özellikle Anadolu Ovası, Levanten kıyıları ve Kıbrıs'ı içine almış, hatta nihayetinde Asur'un Orta Dicle kentlerine ulaşmıştı. Geç tunç çağının sonuna doğru Suriye kıyısında Ugarit (Ras Şamra) ve Ras İbn Hani, Kıbrıs'ın doğu kıyısında Enkomi ve Hala Sultan Tekke ve Anadolu Platosu'nun Hitit kentleri olan başkent Hattuša ile onun bölgesel merkezleri Šapinuwa (Ortaköy) ve Šarišša

---

gerekir. Katna (Tel Mişrife) de şüphesiz buna dahildi. Bu yerleşimdeki yeni kazıların bu noktayı aydınlatması umuluyor.

69 Matthiae'nin (1997) makalesi de bu bölgesel geleneğe dair pek çok önemli husus sunar. Kabul odaları üzerine bkz. Matthiae 1990a; anıtsal tapınak üzerine bkz. Matthiae 1990b.

70 Bu veriler ışığında Yukarı Mezopotamya (Orta Dicle/Habur) tapınaklarındaki spiral sütunlar ve palmiye gövdelerini taklit eden kalıplanmış kerpiç yüzeyler yaratmaya dönük mimari yenilik, benzer ve kabaca eşzamanlıdır. Bu yenilik Tel er-Rimah (*Katara?*) ve Tel Leilan (*Šubat-Enlil*) gibi I. Šamši-Adad kuruluşlarıyla ilişkili sit alanlarında görülmüştür (Oates 1990). Nīnuwa'nın 65 km batısında, büyük olasılıkla eski Suriye'deki *Qatara* olan Tel er-Rimah sit alanındaki kazıda Büyük Tapınak'ın II. Tabakası (Mitanni: MÖ 1550-1400 c.) ve I. Tabaka'sında (orta Asur: MÖ 1350-1200 c.) ikincil bağlamda ince taneli kalker taşından birkaç yontulmuş kemer bloku ve kabartma "ortostat" bulundu. Bkz. Postgate, Oates ve Oates 1997, 26; levha 6-9. Bu keşif ilk kez Oates 1967'de raporlandı. Kemer ayağındaki bloklar arasında bir tanrıça, boğa adam ve iki Humbaba figürü bulunuyor ve yoğun aşınmaya uğramış "ortostat"ta bir akrep adam resmedilmiş. Bütün bunlar ikincil bağlamda bulunduğundan, kazıyı gerçekleştirenler ortostat ve kemer bloklarının ilk yapılışlarını III. Tabaka'ya bağlayarak bunları eski Babil'e (MÖ 1800-1600) tarihlemeyi uygun buldu. Bu taş blokların hiçbiri duvarlarda herhangi bir yapısal kullanım akla getirmez.

(Kusaklı) gibi Doğu Akdeniz'in belli başlı girişimci kentleri, büyük ölçekli ince işlenmiş kesmetaş ve ortostatlı duvar tekniği kullanan bölgeler arası mimari pratiğe ortak olmuşlardır.[71] Bu kentsel çevrelerde pratik öylesine yaygın ve anıtsal ölçekte yürütülmüştür ki bize William MacDonald'ın Akdeniz'in Roma kentleri üzerine söylediklerini hatırlatır: "emperyal kentleşmenin net imgelemini bardındıran çerçeve"yi oluşturan yapı teknolojilerinin karmaşık maddi tezahürüne göre bir "kentsel armatür" (MacDonald 1986: 5). Bunun sadece mimari bilgi ve diğer zanaat teknolojilerinin bölgeden bölgeye geçerli dolaşımı aracılığıyla olası olmadığı (hibe alışverişi ve zanaatkârların devingenliği de dahil),[72] aynı zamanda hâkim seçkinlerin krallık nüfuzu ve taş yapı tekniklerinin lingua franca'sına olan kültürel ilgilerini ifade eden maddi tezahürleri biçiminde de olduğu iddia edilebilir.[73] Andrew ve Susan Sherratt'ın (2001: 20) "artı değer"in bu tür kentleşmiş, "teknolojik olarak gelişkin imalat merkezleri"nde yaratıldığına dair iddiaları, belki Yakındoğu mimarisinde taşın anıtsal yapılardaki kültürel değerini kalker ve bazalt ortostatların şekillendirdiği Kuzey Suriye'deki taş işleme teknolojilerine de uygulanabilir.

Hititlerin Suriye'nin kuzey bölgesine, özellikle Yamhad Krallığı'na yönelik ilgisi MÖ 17. yüzyıl sonu ve 16. yüzyıl başında I. Hattušili ve I. Muršili'nin askeri seferlerine tarihlenir, ancak sadece iki yüzyıl sonra I. Šuppiluliuma'nın (MÖ 1344-1322) kendi oğlu Šarri-kušuh'u (Piyaššili) Kargamış'a naip prens ve ayrıca Telipinu'yu muhtemelen Halab'ın Fırtına Tanrısı Teššub'un rahibi olarak Halep'e atamasıyla Hitit İmparatorluğu'nun bölgedeki bölgesel iktidarı pekişmiştir (Bryce 1998: 75-102, 195).[74] Bunun ardından zengin Kargamış kenti Kuzey Suriye'de Hitit varlığının esas merkezi haline gelmiş ve buradaki Hitit hanedanlığı Hattuša'nın tunç çağı sonunda yıkılmasının etkilerinden kurtulmuştur.

14. ve 13. yüzyılların Kuzey Suriye ve Hitit Anadolu'su temelde tapınak ve kent kapılarıyla ilişkilenen oyma ortostat programlara yönelik bol miktarda arkeolojik

---

71 Kesmetaş duvar işçiliği üzerine en kapsamlı çalışma, geç tunç çağı Kıbrıs ve Levant'ına özel bir vurguyla Hult 1983'dedir. Eskiçağda Kıbrıs'taki yapı teknolojileri üzerine bkz. Wright 1992; Güney Suriye ve Filistin üzerine bkz. Wright 1985; Anadolu Platosu için bkz. Naumann 1971. Hattuša yukarı kent üzerine yakın dönemli bir çalışma için bkz. Neve 1993 ve 1993b, Seeher 2006 ve Schachner 2006; yeni kazı yapılan Kuşaklı ve Ortaköy yerleşimleri için: Sırasıyla Müller-Karpe 2002 ve Süel 2002.

72 Demir işleme teknolojilerinin yayılımı özellikle ayrı incelenmelidir.

73 Yakındoğu'da geç tunç çağı siyasi temas bölgelerinin tarihsel sorununa Liverani (1990) yapısalcı bir bakış açısından değinir. Prestijli malların imalatında "uluslararası bir üslup" geliştirilmesine dair bkz. en yakın tarihli Feldman 2002. Zanaatkâr ve zanaatkâr bilgisinin devingenliği üzerine bkz. Zaccagnini 1983 ve Moorey 2001.

74 Bryce 1998: 75-102 ve 195; Klengel 1999: 155-67; Hawkins 1996: 76.

bulgu sunar. 1906-7'de Theodore Macridy'nin kazı yaptığı Alacahöyük'teki Hitit imparatorluk kentinin etkileyici ve eşsiz niteliklere sahip kale kapısı, yapılış tarihi tartışmalı olsa da tahminen bu ölçekteki en erken anlatı programına sahiptir.[75] Kapının çift geçit yolunun iki yanında, tek parça andezitten sfenks şeklinde dev koruyucu heykeller bulunur. Bunlar Hattuša'nın Yukarı Kent'indeki kapı heykelleri ve Tilmen Höyük yakınındaki Yesemek taş ocağındaki tamamlanmamış bazalt sfenkslerle benzerdir. Ancak girişin her iki yanında uzanan sandık tipi surların iç ve dış cephesinde belirli bir kurban törenini tasvir eden sahneler ve av sahnelerinin oyulduğu bir dizi andezit kesmetaş blok bulunur.[76] Oyma mimari bloklar, incelikli bir kiklop tekniğiyle en az üç sırada birleştirilmiştir ki bunu geç tunç ya da erken demir çağının Kuzey Suriye yerleşmelerinde görmedik.[77] Ünlü anıtsal kapı mekânı dışında 13. yüzyılda Hattuša'nın Yukarı Kent tapınakları kabartmasız ortostatlarla birlikte kiklop/sıralı kesmetaş örgüsünün çok daha sofistike bir yorumunu ortaya koyar. Orada sadece eğri ya da çatallı ve hassas derzlerle megalitik duvar kaideleri değil, ince işli ortostatlar da görürüz (Hult 1983: 42-3). Hattuša'nın taş blokları işleme biçimini asla düz ve sıkıcı yüzeyler oluşturmaz, genelde dışarı doğru çıkıntılı ve yastık benzeri yüzeylere sahip bloklar yumuşak bir üç boyutluluk kazanır, son derece kendine has bir tektonik estetik yaratılırdı. Örneğin Yukarı Kent'in önemli kült komplekslerinden birinde bulunan Tapınak V bir ata kültüyle ilişkilendirilmektedir ve IV. Tudhaliya zamanında inşa edilmiştir (MÖ 1235-1216). Tapınakta kesmetaş kaide üzerinde yükselen incelikle işlenmiş ortostatlar bulunur (1,80 m yüksekliğinde) ve bu ortostatlar kült odayla birlikte tapınağın kuzey ve doğu cephelerini kaplar (Neve 1993a: 34-7, Abb. 93 ve 96; Naumann 1971: 76). Neve'nin rekonstrüksiyonuna göre aynı tapınakta ata kültü yapılarından biri olarak hizmet veren A Evi'ndeki bir sütunda ortostat seviyesi üzerinde bir IV. Tudhaliya kabartma ortostatı yükselir (Neve 1993a: Abb. 100-3; Neve 1993b: 114-5). Özellikle geç tunç çağının son iki yüzyılında Hitit kralları hamiliğinde bu taş ve heykel işçiliği geleneğinin gelişmesini, genel anlamda Doğu Akdeniz mimari koine'ine olan Hitit iştiraki ve özellikle o dönem Hititlerin Kuzey Suriye'ye yoğun müdahalesi ile ilişkilendirmek gerektiğini iddia etmek mümkün görünüyor.

---

75 Bkz. Macridy 1908. Tarihleme üzerine tartışmalar için bkz. Naumann 1971: 81-2. Naumann 13. yüzyılın sonunu tercih ederken Mellink bu geç tarihi reddeder (1970: 18).

76 Özellikle Bitik ve İnandık'tan çıkarılan bir kısım Hitit kabartma vazodan anlatının konusu da bilinmekte; bkz. Mellink 1970: 18.

77 Alacahöyük kabartma programı üzerine bkz. Mellink 1970 ve 1974. Mellink (1974: 203), ondan önce kabartma blokların mimari karakterine işaret etmiştir; Naumann (1971: 79-81) yapının arkitektonik yanlarını kısaca ele almıştır.

Temsiliyetin Benimsenmesi: Kuzey Suriye'de Erken Demir Çağına Geçiş

'Ain Dārā ve Halep Kalesi adını alan iki Kuzey Suriye yerleşiminde yakın dönemde yapılan kazılar, sadece kültik komplekslerdeki oyma ortostat programların erken dönem oluşumunu aydınlatmakla kalmamış, aynı zamanda bölgede geç tunç çağı ve demir çağı arasındaki kültürel geçişe de ışık tutmuştur. Bu iki anıt Üçüncü Bölüm'de kısaca ele alınmıştır. Tel 'Ain Dārā'da (Halep'in yaklaşık 40 km kuzeybatısı) geç tunç-demir çağı yerleşiminde 1980-5 yıllarında İştar-Šawuška'ya adanan anıtsal bir tapınak ortaya çıkarılmıştır (ŞEKİL 4 ve 5) (Abū 'Assaf 1990). Yapı bazalt ve kalker taşından etkileyici bir kabartma programıyla bezelidir. Kazıları yürüten Abū 'Assaf, kabartma programına dayanarak yapının MÖ 1300'den 740'a uzanan tarihinde en az üç inşa evresi tespit etmiştir.[78] Tahminen geç tunç çağında kurulan ilk tapınak Kuzey Suriye'deki tapınak planına iyi bir örnek teşkil eder: Yükseltilmiş kalker bir platform üzerinde, çift sütunlu anıtsal bir girişi, bir antecella ile ana kült odası bulunur. Tapınağın arkitektonik nitelikleri, oyma steller, ortostatlar ve üzeri bezeli mimari öğelerin tapınak yapımının bütününe dahil olduğu, biraz daha sonraki ikinci aşamada daha iyi anlaşılır.[79] Tapınağın mimari yontu programı pek çok yenilik barındırır. Bunlar arasında kültik kabartmalar, meneviş desenli ortostatlar ve meneviş desenlerle yontulmuş merdivenler gibi pek çok mimari öğe bulunur (ŞEKİL 4-5). Kalker taşından tektonik öğeler ile bazalt taşından yontu öğeleri arasında çarpıcı bir malzeme karşıtlığı yaratmak için tapınakta

---

78 Kabartma programlarının yapım aşamaları ve tarihlemesi üzerine bkz. Abū Assaf 1990: 20-4 ve 39-41. Elizabeth C. Stone ve Paul E. Zimansky yönetiminde Amerikalı arkeolog ekip de 1983-4'de 'Ain Dārā yerleşiminin aşağı kentinde yüzey araştırmaları ve sondaj çalışmaları yürüttü. Bu çalışmanın sonuçlarını Stone ve Zimansky 1999'da yayımladılar. Araştırmanın birincil hedefi "tunç-erken demir çağı geçişinde kültürel ve çevresel değişikliklerin ayrıntılı bir dizilimini" yapmaktı. Bu tamamen gerçekleşmedi, ancak sondajlardan elde edilen malzeme buluntuları 'Ain Dārā'daki kentin tunç çağı sonunda (MÖ 13. yüzyıl) büyük bir yerleşime sahip olduğunu ve büyük olasılıkla en çok Demir II döneminde geliştiğini kanıtladı (Stone ve Zimansky 1999: 139-40). Ayrıca bkz. Zimansky 2002.

79 Abū Assaf mimari öğelerden bağımsız ve daha çok üslupsal kriterlere dayanarak tapınağın yontu programını tarihledi ve dağ-tanrısının kabartma ortostatlarını içine alan ilk üslup grubunu (E1-7) 13. ila 12. yüzyıla; aslan ve sfenks protomları (C5-26 ve 31-42) ile *ante-cella*'nın D 1-4 kabartmalarını içine alan ikinci grubu (yani, yukarı dönük parmakları ile dağ-tanrısı kabartması ve meneviş desenli "sağır pencere" ile ortostatlar) MÖ 10. yüzyıla tarihleme sonucuna vardı. Özellikle İştar-Šawuška kabartmasıyla ilgili sanat tarihsel kriterlere dayanarak yapılan bu tarihlemenin getirdiği sorunlara zaten işaret edildi (Alexander 2002; Orthmann 1993; Stone ve Zimansky 1999: 3; Mazzoni 2000b: 1044; Zimansky 2002). Abū Assaf, 'Ain Dārā'da bulunan kabartmaların en azından bazılarının demir çağı Suriye-Hitit üslübüyle değil, Hitit imparatorluk dünyasıyla ilişkilendirilmesi ve bu nedenle MÖ 13. ila 12. yüzyıla tarihlenmesi gerektiğini kabul etti.

kalker taşı ile bazalt taşı bir arada kullanılmıştır. Tapınağın erken demir çağına denk gelen son aşamasında *cella*'yı tamamen çevrelemiş koridor benzeri törensel bir platform ve burada kalker taşı kaideler üzerinde yükselen bir dizi bazalt stel ile tapınağın bütün cephelerini bezeyen aslan ve sfenks ortostatlar ile protomlar ortaya çıkmıştır. Bugüne kadar Kuzey Suriye'de ortostat ve kapı heykelleri üreten heykel atölyesi biçiminde iki taş ocağı incelenmiştir. Bugün Türkiye-Suriye sınırına yakın olan taş ocaklarından biri Yesemek, diğeri Sıkızlar'dadır. Bazalt ocaklarının ikisi de bölgede geç tunç çağından orta demir çağına kadar yakın kentlerin anıtsal heykel ve ortostat programı taleplerini karşılamak için bu bölgesel tür taş işleme atölyelerinin yoğun olarak işlediğini gösteren ayrıntılı bulgular ortaya koymuştur (Alkım 1974; Mazzoni 1987).

Anıtsal yapıların duvarlarına dizilen sade ortostat kullanımından ortostatların yüzeylerine karmaşık kabartma programlarının uygulanmasına geçişte belki en iyi örnek, yakın zamanda Halep Kalesi'nde ortaya çıkarılan Halab Hava Tanrısı (Halablı Tarhunzas ya da Fırtına Tanrısı olarak da bilinir) Tapınağı'dır. Kazıyı gerçekleştiren Kay Kohlmeyer ve Walid Khayyata kabartmasız ortostatlı orta tunç çağı tapınağından onun erken demir çağındaki etkileyici kabartma dizilimine sahip ortostatlarla yeniden inşasına uzanan mimari geleneklerde sürekliliğin, imparatorluk Hitit üslubu kabartma temsiller taşıyan devşirme geç tunç çağı ortostat bloklarıyla doğrulandığını bildirir (Khayyata ve Kohlmeyer 1998; Kohlmeyer 2000a ve 2000b). Buradan hareketle devşirmenin mimari teknolojilerde sürekliliğe ve bu teknolojilerle ilişkili simgesel olarak yüklü görsel kültüre katkıda bulunan sosyosembolik bir pratik olarak anlaşılması gerektiğini iddia ediyorum: Tarihte yansımasını bulan maddi bir pratik.

Malatya, Zincirli ve Karatepe-Arslantaş gibi kentsel bağlamlarda pek çok belagatlı kabartma programı olduğunu bilmekteyiz ve kent kapılarının kentin kutsal ve siyasi peyzajında kült olarak stratejik, törensel olarak önemli bir yeri olduğunu ve bu kapıların kentin esenliği için korunması gereken bir eşik olduğunun müşterek olarak kabul edildiğini de biliyoruz. Kargamış'ın erken demir çağı döneminden elde edilen arkeolojik bulgular, bu ortostat programlarının kentsel peyzajı nasıl bağdaşık bir uzamsal anlatıya dönüştürdüğüne dair hemen hemen eksiksiz bir tablo sunar (önceki bölümde ele alındığı gibi). Bu anlamda tüm kamusal mekân, Luvice hiyeroglif anıt yazıtları ve askeri ve kült temalı anma sahneleriyle sıklıkla birbirini takip eden bazalt ve kalker ortostatlarla canlanmaktadır.

Halep ve 'Ain Dārā'nın anıtsal kent tapınakları, Alacahöyük, Kargamış ve Malatya'nın törensel kapılarından elde edilen bulgular en azından geç tunç çağı boyunca karmaşık görsel anlatılar biçiminde kabartma temsil düzeninin kullanılmaya başlanmasının öncelikle kültik gösteriler ve kentteki kült festivallerle ilişkilenmiş olduğunu akla getirir. Bu festivallerin Suriye-Hititlerin Tarhunzas/Fırtına Tanrısı ya da Asurluların Ninurta'sı gibi genelde güçlü bölge üstü kültlerle ilişkili olduğunu iddia ediyorum. Bu kültlerin ideolojisi her zaman hâkim seçkinlerin ideolojileri ve devlet törenselliği ile bir ağ gibi sarılmıştır. Bu düşünce, özellikle Kalhu ve Kargamış'ta, ortostat programlarının nihai olarak erken demir çağında bir yandan kültik ve mitopoetik önemlerini devam ettirirken, diğer yandan hâkim seçkinlerin tarihsel anma alanı haline gelmesi olgusuyla desteklenmektedir. Kanımca bu süreçte bölgesel ritüel bağlamlardaki temsil ortamlarının siyasi olarak benimsendiğini görmekteyiz. Orta ve geç tunç çağlarında devlet aygıtları kabartma ortostatların kültik ve ritüel önemine adım adım sahip olmuş ve demir çağı boyunca resmi devlet anlatılarını kamusal alanlarda sergilemek için seferber olmuştur.

Ortostatların bu siyasi olarak sahiplenilmesini örneklerle daha net göstermek için daha önceki bölümde ele alınan Kargamış'taki Katuwas yazıtına dönmek istiyorum. Bu, Kral Kapısı'nın sövesi üzerinde ortostatlarla bezeli TAWANI-katlarının yapımını anan bir yazıttır (Hawkins 2000 I.1: 95-6; Metin II.9. KARGAMIŞ A11a [A8]).

> 4.13 Ve atalarımın bana bıraktığı bu kapıları
> 4.14 Tapınağın en kutsal yerini (YA DA: Kutsal (olanın) tapınağını) inşa ettiğimde
> 4.15 bu ortostatlar benim "ardımdan geldi,"
> 4.16 bu kapılara ben "ortostatlar dizdim"
> 4.17 pahada (?) en önde geldiler (?) (çok pahalıydılar?)
> 4.18 Onları (ayrıca) ahşaptan inşa ettim
> 4.19 Ve bu üst katları sevgili eşim Anas'a TAWANI daireleri olması için yaptım...

Burada David Hawkins'in "ortostat" olarak çevirdiği kelime kuttaššar'dır ([SCAL-PRUM] ku-ta-sa5+ra). Bu kelime Hititlilerdeki kutt-, "duvar" ile ilişkiliyken Boğazköy yazıtlarında "duvar, duvar örme" için kullanılan Luvice kuttesar kelimesi de görülüyor (Melchert 1993: 113). Hawkins'in çevirisini takip edip bağlama baktığımızda kelimenin burada, aynı yazıtta daha sonra "devrilmesi" lanetlenen ortostatlar için kullanıldığı net olarak doğrulanır. Ortostatlar bu metinde sadece öne çıkan bir mimari topluluğun bileşenleri olarak değil, kralın sosyopolitik iktidarını destekleyen güçlü aktörlerin timsali olarak da ortaya çıkar. Buna ek olarak ortostatların kültürel gücü ve toplumsal önemi tek başına üzerlerindeki görsel ve yazılı anlatılara bağlı değildir. Etkinlikleri tam olarak maddeselliklerinden, prestijli teknolojiler biçimindeki arkitektonik karakterlerinden kaynaklanır. Kümülatif bulgular bu tür ortostatik yüzeylerin temsil ve performatif yüzeylerine dönüşmesinin, erken demir çağında kentsel mekânların üretilmesiyle, yeni kent kuruluşlarının kapsamlı programlarıyla tam olarak örtüştüğünü ortaya koymaktadır. Erken demir çağı anıtsal projelerinin karmaşık anlatı şemaları gücünü, daha önce varolan pratik ve simgesel bir teknik olan ortostatlar yükseltme tektonik kültürü üzerine inşa ettiler.

Sonuç olarak bu kümülatif bulgulardan hareketle ortostatik yüzeyleri temsil ve performatif yüzeyleri haline getirmenin erken demir çağı kentsel mekânlarının üretimiyle tam olarak örtüştüğünü ileri sürmek mantıklı görünüyor. Bu inşaat projeleri simgesel bir teknoloji olarak varolan ortostatlarla inşa pratiğine yaslanmıştır. Ne var ki kabartma temsillerin tarihsel anmalar, devlet törenleri ve ritüel gösterilerden oluşan ve sürekli mitopoetik bir geçmişe gönderme yapan bir karışıma eklemlenmesinin, Asur ve Suriye-Hitit kentlerindeki erken demir çağı zanaatkârları için çarpıcı bir yenilik olduğu görülüyor. Sonraki başlık altında Suriye-Hitit kültür alanından Asur'a geçip, tarihi anmaların yükseliş ve eklemlenmesi ve Asur'un aynı dönem batıyla olan bölgeler arası temasıyla yakından bağlantılı olarak ortostatların doğuşunu anlamak için erken demir çağından elde edilen yazılı bulgular değerlendiriliyor.

I. Tukultī-Apil-Ešarra (Tiglat-Pileser): Orta Asur Ortostatları ve Anma Fikri

Erken demir çağında ortostat ve kapı heykelleri kullanımına yönelik yazılı bulgular için Asur dönemine bakıldığında I. Tukultī-apil-ešarra'nın (Tiglat-pileser) vakayinamelerinden oluşan zengin bir külliyat bulunur. Tukultī-apil-ešarra'nın hükümdarlığı (MÖ 114-1076) orta Asur tarihinin sonraki kısmında sadece Yukarı Mezopotamya'da Asur varlığının siyasi yayılımı bakımından değil, aynı zamanda kültürel dünyadaki bir dizi yenilik sebebiyle de önemli bir dönem olarak görülür.[80] Vakayinamelerin kil silindir ve prizmalar üzerine yazılması ve kralın av partileri ve inşa etkinliklerini anlatan raporlar eşliğinde askeri seferlerin kronolojik sırayla bu yeni anlatı formatında sunulması aynı kral dönemindedir.[81] Kralın vakayinamelerine bakıldığında batıya ve kuzeye yoğun seferler düzenlemiş olduğu görülür. Kral Fırat'ı geçerek Amurru (Fenike) topraklarına yaptığı seferde Ahlamû-Aramileri yenmiş

---

80 I. Tukultī-apil-ešarra'nın hükümdarlığı üzerine bkz. Wiseman 1975 (*CAH*³ 2.2) 457-64, Kuhrt 1995 I: 358-62; Postgate 1985.

81 Tadmor (1997: 327) I. Tukultī-apil-ešarra'nın saray kâtiplerinin bu zaman dilimindeki iki edebiyat türünü harmanlandığını ileri sürer: "kahramanlık destanı" ve "hatırat." Ayrıca bkz. Tadmor 1977. Askeri başarılar ile inşaat etkinliğini benzer sebep-sonuç ilişkisinde kapsama düşüncesinin izleri, Mari'nin orta tunç çağı krallarından biri olan Yahdun-Lim'e kadar (MÖ 19. yüzyıl sonu) takip edilebilir. Yahdun-Lim'in Mari'de bulunan kilden koni yazıtları yeni kent Dūr-Yahdun-Lim'in kuruluşunu da içine alan bölgesel kazanımları ve inşaat projelerini anlatır. Bkz. Sasson 1990b.

(Schwartz 1989: 277), Yukarı Deniz'de (Akdeniz) dini törenle "silahlarını yıkamış," Sedir Dağı'nda sedir ağaçlarını devirmiş ve Hatti Kralı Kargamışlı Ini-Teššub'dan vergi almıştır (Tadmor 1999: 56 ve Hawkins 1982: 380). I. Tukultī-apil-ešarra kuzeye ve batıya yaptığı seferlerde Melid (Malatya) kentine iki kez gitmiş –biri Dayeni ülkesinden dönerken (dördüncü sefer) ve ikincisi Akdeniz'den dönerken– ve Kral Allumari'den vergi almıştır (Hawkins 2000 I.1: 283). Vakayinameleri kralın MÖ 11. yüzyıl başında Suriye-Hitit kentlerini henüz mevcudiyetlerini sürdürürken görmüş olduğuna dair sağlam kanıtlar sunmaktadır. Bunlar arasında gelişmiş ortostat programlarıyla Melid ve Kargamış kentleri de vardır.

Aššur'da yapılan kazılardan çıkarılan bir dizi kil ve taş tablet ve bir kil prizmadan elde edilen dikkat çekici bir metinde I. Tukultī-apil-ešarra kültik bir komplekste yeniden bīt šahūru ve bīt labbūnu inşa etmesini anlatır. Yapılarda kullanılan mimari teknolojiye dair çeşitli ayrıntılar arasında bu kült oda ve kapı yontuları için taş kaplama temin etmiş olduğunu da iddia etmektedir:[82]

> 62 ... bu (aynı) sedir ağacıyla, temellerinden mazgallarına kadar bu bīt šahūru'yu inşa ettim
> 63 Onun her tarafını bazalt levhalarla çevirdim. Karşısındaki, bīt labbūnuyu,
> 64 temellerinden mazgallarına kadar sakız ağacından inşa ettim. Kireçtaşı levhalarla
> 65 her tarafını çevirdim. Sedir ağacından
> 66 ve sakız ağacından inşa ettiğim bu sarayı eksiksiz bir şekilde tamama erdirdim ve ona uygun bezemelerle görkemli kıldım.
> 67 deniz-atı anlamına gelen nahiruyu kendi yaptığım bir pariangu (zıpkın?) ile,
> 68 yüce tanrılar, benim efendilerim, Tanrı Ninurta ve Nergal'in emriyle, [Büyük] Deniz'de
> 69 [A]murru topraklarında] öldürdüm ve canlı bir burhiš, Lumaš topraklarından getirilen
> 70 ... Habhu'nun diğer yakasından. Bazalt taşından temsillerini yaptım.
> 71 Onları [benim kra]lık [girişimin] sağına ve soluna yerleştirdim. (Grayson 1991: 38-45; Metin A.0.87.4)

Yapı pratiğinin metaforik niteliğine yönelik olağandışı belirgin göndermeleri ve mimari projeler aracılığıyla sömürgeleşmiş peyzajları anayurda bağlama yöntemi açısından bu son derece zengin bir metindir. Daha sonra aynı metinde kral, gišnugallu taşından levhalarla çevirdiği ve içine krallık yazıtları yerleştirdiği, bu kez şimşirden başka bir saraya işaret eder. Bu anıtsal yapılarda kullanılan taşların çeşitliliğine ve

---

82 Metnin en yeni çevirisi Grayson 1991: 38-45; metin A.0.87.4. Burada onun çevirisini takip ettim. İlk olarak Weidner (1958: 347-359) tarafından karşılaştırıldı, çevirisi yapıldı ve yayımlandı.

bunların çarpıcı biçimde teşhir edildiği imasına bakıldığında agurru burada ortostatlar olarak anlaşılabilir.[83] Krallık girişinde yükselen apotropeik yontuların tasviri daha da ilginçtir; egzotik canavarlar olan nahiru ve burhiš'in bazalt taşından kopyaları. Bunlar avcı kralın yabancı topraklardaki seferlerinin parlak kazanımlarıdır ve Aššur çevresinde kolay bulunmayan ve ithal edilmesi gereken bazalt taşından üretilmişlerdir (Moorey 1994: 345-6; Stol 1979: 83-8). Walter Andrae'nin 1905'te Aššur'da kralın sarayının olduğu yerde yaptığı keşifte, hatırı sayılır miktarda I. Tukultī-apil-ešarra zamanından kalma bazalt hayvan heykeli parçaları ve yazılı levhalar çıkarıldı.[84] Bu koleksiyonda artık kayıp olan yazıtlardan biri Grayson tarafından düzeltildi (1991: 62-3, metin A.0.87.17) ve yazıtta şöyle yazmakta:

> Asur [kralı], [Akkad Ülkesi'ndeki] Babil['den] Lübnan Dağı'na [Amurru ülkesindeki] [Büyük] Deniz'e ve [Nairi ülkesi] denizine kadar fatih, [sedir sarayının] yaratıcısı Tiglat-[pileser]'in saray (mülkü).

Özellikle kalker ve bazalt taşının almaşık kullanımı, kralın batıdaki avının kurbanı olan hayvanların, batıda olduğu gibi bazalta oyulmuş kopyası şeklindeki kapı yontusu fikri ve yazıtın tarihi bağlamı, I. Tukultī-apil-ešarra'nın seferleri sırasında ziyaret ettiği Suriye-Hitit kentlerinin mimari teknolojilerine gönderme yapıyor olabileceğini akla getiriyor. Metin, kralın Asur başkentinde başlattığı inşa programına belirli bir yabancı bölgenin mimari tekniği ve malzemesinin dahil edilmesini ifade eden ideolojik bir beyanı olarak okunmalı ve Kuzey Suriye'den gelmiş olduğu vurgulanan mimari bir öğe olarak bīt hilāni'yi ithal eden sonraki Asur kralları ile aynı çizgide anlaşılmalıdır. Bu durumda Asur'un, ortostatlar kullanarak Yukarı Mezopotamya'da yapımdaki kültürel önemi etrafında şekillenen krallık retoriğine olduğu kadar mimarideki ortak dile de önceden iştirak ettiğini iddia etmek olasıdır.

Son Sözler

Bu bölümde demir çağında Yukarı Mezopotamya'daki kamusal anıtlar ile konuyla ilgili kültürler arası bağlamda bu anıtların yorumlanmasına yönelik arkeolojik

---

83 Krş. "agurru" *CAD* A, Bölüm I: 160-3. Orijinali "fırında-pişen tuğla." Ardından bir taş türü gelen bir taş nitelemesi ile birlikte kullanıldığında I. Tukultī-apil-ešarra, Sennaherib ve Esarhaddon yazıtlarında "kaplama taşı, (taş) tuğla, levha" olarak görülür. Alternatif *askuppu* kelimesi, III. Tukultī-apil-ešarra döneminden itibaren benimsendi ve mimari bağlamlardaki dikili levhalar için kullanıldı. Krş. "askuppu," *CAD* A, Bölüm II: 334-5.

84 Grayson 1991: 62. Yazılı levha parçalarına dair kısa bir tanımlama için bkz. Andrae, 1905: 52-6. Bu heykelsi parçaların resimleri için bkz. Weidner 1958: Abb. 1-5, 357-8 içinde. Bkz. Weidner'in metnin baskısına yaptığı açıklamada 355-9'da *nahiru* ve *burhiš* heykelleri üzerine tartışma. Bu başlık üzerine bkz. Briquel-Chatonnet ve Bordreuil 2000.

ve yazınsal bulgulardaki karmaşıklığın ön plana çıkarılması hedeflenmektedir. Yapılardaki tarihi anma pratikleri, toplumsal olarak kabul gören yazılı ve görsel temsil sistemlerinden faydalanır ve tarihsel bilinç ve müşterek belleğin toplumsal düzeyinde işler. Kültürel referanslar ve tarihsel temsille yüklü anıtlar mekânı dile getirir ve "anma topografyaları" (Jonker 1995) ya da "bellek alanları" (Nora 1989) yaratırlar. Tekrar eden toplumsal pratikler aracılığıyla bu tür kamusal anıtların kapsanması (örneğin, ritüel etkinlik sırasında tapınaklar) bu tarihselleştirilmiş topografyaların zihinsel haritalarının devamlılığını sağlar. Anıtlar sıklıkla büyük sosyopolitik öneme sahip belirli tarihsel olayları hatırlatır ve temsili programlarındaki anlatılar, toplum ve tarih arasındaki kavramsal ilişkiyi müzakere eder. Ne var ki II. Aššur-nasir-apli'nin Kuzeybatı Sarayı ya da Kargamış'ta Tarhunzas için yapılan Katuwas Tapınağı gibi Yakındoğu'da pek çok örnekte görüldüğü üzere anıtın dikilmesi tarihsel olarak dikkat çekici bir olay haline gelir. Diğer anlam seviyeleri arasında üzerlerine kazınmış kutlama metinleri de inşa edilen yazıtlar aracılığıyla kendi yapılışlarını anıştırırlar. Anıtların metaforik dili, onların sunabileceği görsel ve yazılı anlatılarla sınırlı değildir. Bu tartışma boyunca iddia edildiği gibi yapı malzemeleri ve teknikleri ve yapıların tektonik estetiği, mimari temsiliyetin metaforik dilinin ayrılmaz parçası ve dolayısıyla Yakındoğu mimarisinde çeşitli bağlamlarda ortostatların kullanılmasının yarattığı bir durumdur.

Irene J. Winter bir keresinde Asur ortostatik geleneğiyle ilgili zor bir soru yöneltti. Nitelikli bilginin dolaşımı aracılığıyla zanaat pratiklerinin bölge üstü paylaşımı ve hâkim seçkinlerin simgesel olarak yüklü retoriğinde kültürel olarak anlamlı yabancı öğelerin bilinçli aktarımı (Winter 1993) arasındaki fark tam olarak nedir? Benim buradaki iddiam Asurluların ortostatlı inşanın mimari pratiğine katılımını çeşitli anlam düzeylerinde okumak gerektiğidir. Yakındoğu mimarisi bağlamında ortostatların uzun vadeli gelişiminin incelenmesi, bu yapı tekniğinin farklı bölgeler ve zaman dilimlerinde sadece fiziksel biçimini ve mimari bağlamını değiştirmekle kalmadığını, aynı zamanda tekniğin kültürel anlamını da değiştirdiğini ortaya çıkarmıştır. Buna rağmen ortostatlar seçkin mimarinin ve kamusal anıtların bileşeni olarak kalmış, bu sebeple çok saygın bir mimari teknik olarak ona dair bilgi kültürler arası ve bölgeler dışı dolaşıma girmiştir. Özellikle imparatorluğun idari merkezinin Nīnuwa-Kalhu bölgesinin taş açısından zengin bölgelerine kaymasının ardından Asur, taş işçiliğinin koine'ine önemli bir katılımcı olagelmiştir. Bilimsel yazında layıkıyla ele alındığı gibi ortostatların temsili kullanımına Asurluların katkısı olağanüstüdür. Arkeolojik ve yazılı bulgular, Kalhu'daki kent inşası ve kendisinin büyük ölçekli yapı projeleri bağlamında II. Aššur-nasir-apli hükümdarlığının yapı teknolojisinin kesinlikle denemeler ve yenilikler içerdiğini göstermektedir. Aksi halde, hem en geç I. Tukultī-apil-ešarra'dan itibaren Asur'un monarkları ortostatlardan haberdar olur, hem de sembolik önemleri üzerine açıklamada bulunulurdu. I. Tukultī-apil-ešarra'nın inşaat raporlarında ortostatlar dikme başarısı simgesel bir sermaye olarak sunulmaktadır (yani, belirli bir prestijli hammadde ve onunla ilişkili zanaatkârlığın temini). Asur tarihinde I. Tukultī-apil-ešarra ve II. Aššurnasir-apli hükümdarlıkları gibi yeniliğe açık dönemler, bölgesel yönetimlerin hâkim seçkinleri arasında ortak iktidar retoriği bağlamında olduğu kadar, uzun vadeli bölgeler üstü kültürel etkileşim ve zanaat bilgisinin dolaşımı bağlamında da değerlendirilmelidir. Bu da, zanaat pratiği zaten kullanımda olsa da, yapı tekniklerinin yenilikçi türevler olarak kültürel anlamda devşirmeleriyle ilgili farklı hükümdarların ideolojik beyanatlarda bulunduğunu akla getirir. Asur tarihinin bu belirli anında II. Aššur-nasir-apli'nin Kuzeybatı Sarayı'nda olduğu gibi Ninurta ve Šarrat-Niphi'de neden ve nasıl sofistike bir ortostatik programa ön ayak olduğuyla ilgili sebep onun Suriye-Hitit dünyasıyla olan ilişkisi olabilir, çünkü I. Tukultī-apil-ešarra gibi onun inşa politikası da anma inşası pratiklerinin kültürler arası bağlamına açık ve istekli görünmektedir. Bütün bunlara rağmen bunu, yepyeni bir başkent inşasını içeren kültürel projesiyle birlikte anlamak gerekir. Onun Kalhu projesi, pek çok açıdan Pers Kralı Darius'un yeni kurulmuş Persopolis'teki inşa etkinliğiyle ve Roma İmparatoru Augustus'un pater urbis olarak nitelendirildiği Roma'daki kapsamlı kentsel yenileme projesiyle benzerdir.

Mimarlık eğitiminde ele alınan en temel meselelerden biri öğrencilere binaların soyut mekân kapları olmadığını, canlı yapı malzemesi bünyesiyle karmaşık bir yapıya sahip olduklarını fark ettirmektir. Çevresel koşullar tektonik şiddet ve aşınmaya bağlı uzun vadeli etkilerde bulunurken yapı, bozulma kuvvetlerine ve öncelikle de zamana karşı direnir. Kaideler, ortostatlar, duvar resimleri ve diğer aşınma öğeleri binaların sadece yapısal yanları değildir, seçkin malzemeleri ve nitelikli işçilik aracılığıyla aynı zamanda anıtsal yapıların en etkileyici yüzeyleri olarak ortaya çıkarlar. Mimari teknolojide ister yerel kaynaklardan elde edilsin ister ithal edilsin, farklı yapı malzemesi seçimi ve zanaatkârların ustalığı aracılığıyla bu hammaddenin yeniden şekillendirilip belirli bir arkitektonik maddeye dönüştürülmesi, bizi yapı estetiği kavramıyla karşı karşıya getirmiştir. Eğer eskiçağ Yakındoğu kent imgesinin bu tür tektonik kültür ve sahip olduğu yapı estetiğinin ortaya çıkardığı bu görünüşe dayandığı kabul edilirse, kentsel biçim ve onun sergileme kültürü üzerine tartışmalara yapı tekniklerini dahil etmek zaruri olacaktır.

Eskiçağ Yakındoğu dünyasında yeni kentlerin inşası ütopik üslupla, ihtiraslı inşaat projeleridir ve tarih kayıtlarında bize kısa vadeli, siyasi güdümlü olaylar olarak sunulmuştur. Ne var ki bu projelerin başarısı, ciddi ölçüde uzun vadede birikmiş mimari bilgi ve nitelikli zanaatkârlığa dayanmaktaydı. Ancak herhangi bir büyük ölçekli yapı projesi alanının, ister istemez malzeme işleme ve teknolojik yenilenme alanı ve mimari bilginin değiş tokuş edildiği bir yer haline gelmesi de aynı derecede dikkate değerdir. Malzeme ve teknolojinin yenilikçi ve yaratıcı kullanımına açık olarak inşaat projeleri, her zaman uzun süreli teknolojik geleneklerden sapma olanağına sahiptir ya da daha doğrusu bunu üretir. Bu düşünceleri akılda tutarak erken demir çağında Asur ve Suriye-Hitit dünyasındaki kentler bağlamında kabartma ortostatların mimari teknolojisi üzerinde duruyorum. Dikili taşlar, orta tunç çağından itibaren uzun ve merak uyandırıcı kültürel bir biyografiye sahip olduklarını gösterdiler. Erken demir çağına ait kentleşme ve peyzaj dönüşümü bağlamında, ortostat yüzeyleri devletin siyasal ve ritüel anlatılarının panosu olarak kullanma fikri, kentlerin kamusal ve ritüel alanlarına çarpıcı biçimde canlılık kazandıran ortak bir yenilik olarak uygulamaya kondu. Asur "Hatti Ülkesi"ne tamamen dahil olduğunda, Asur ve Suriye-Hitit dünyası arasında bazalt ve kalker taşı ortostatlar üzerine mimari bilgi alışverişinin, egzotik bir kültürel özelliğin ithal edilmesi olarak ortaya çıktığı görülür. Ancak ortostat üzerine zanaatkârlık, içinde bulundukları belirli mimari bağlamlar, kullanılan taş türleri, ana tema ve görsel imgeleme ve anıtsal metinlerin doğası, belki farklı bölgeler arasındaki siyasi çekişme ve kasıtlı ayrışma gereği, bu farklı bölgelerde çarpıcı değişiklikler göstermiştir. Yerel anlam ve birlikteliklerin bu karmaşık ilişkisi, eskiçağ bağlamlarında belli başlı teknolojiler üzerine ayrıntılı çalışmamız gerektiğini gösterir. Burada önemli olan sadece süslü temsili yüzeyler değil, aynı zamanda onların tektonik maddeselliğinin poetikasıdır.

ALTINCI BÖLÜM

Kentler, Mekân ve Arzu

> Kentlerle ilişkimiz rüyalarla olduğu gibidir: hayal edilebilen her şey aynı zamanda düşlenebilir, oysa en beklenmedik rüyalar bile bir arzuyu, ya da arzunun tersi bir korkuyu gizleyen resimli bir bilmecedir. Kentleri de rüyalar gibi arzular ve korkular kurar; söylediklerinin ana hattı gizli de olsa, kuralları saçma, verdiği umutlar aldatıcı, her şey, başka bir şeyi gizliyor olsa da.
>
> (Calvino, 1990: 52)

Kentler ve Arzu

Kentler arzulardan yapılmıştır. Bu arzuların kentlerin büyük proje planlamacılarının ütopik idealleri mi, yoksa kent sakinlerinin gündelik hayalleri mi olduğu bir başka soru. Italo Calvino'nun Kubilay Han ve Marco Polo'su gibi biz de, hem rahat yaşayacağımız bir yer hem de bizi kanatları altına alacak müşterek bir aidiyet hissi arayışıyla durmaksızın ideal kent imgesini besleriz. Walter Benjamin'in *Pasajlar*'da (2002) gösterdiği gibi, kentler aynı zamanda fantazmagorya, yanılsama ve hızlı değişim mahalleridir. Kimi zaman kentin labirentimsi sokaklarında kaybolmaktan ve bize sunduğu anonimliğe sığınmaktan hoşlanırız. Kentsel mekânlar, sokak yaşamının bize sunduğu bu kısa süreli, olaylı ve içten gelen niteliği ile anıtlar, arşivler, mezarlıklar, harabeler ve daha gündelik yerlerde saklı tutulan maddi bellekler arasında gizlice müzakere edilirler. Kentin ikilemi, inşa pratiklerinin siyasi ekonomisi ile geçip giden zaman içinde bu siyaset, ekonomi ve inşaların nasıl altüst edildiği, tasavvur edildiği ve ifade edildiği arasında yatar. Calvino, *Görünmez Kentler*'de Marco Polo'nun Kubilay Han'a söylediklerinde aynı gerilimi şöyle ifade eder: "Kentler de düşüncenin ya da rastlantının eseri olduklarını sanırlar hep, ama ne biri, ne öteki ayakta tutmaya yeter onların surlarını. Bir kentte hayran kaldığın şey onun yedi ya da yetmiş yedi harikası değil, senin ona sorduğun bir soruya verdiği yanıttır" (Calvino 1990: 52).

Calvino'nun *Görünmez Kentler* kitabı, içinde yaşadığımız gerçek mekânların tekrar tekrar tasavvur edildiği, arzulandığı, hayal edildiği ve yeniden tasarlandığına dair oyunbaz düşünce üzerine inşa edilir. Kentlerle ilgili hiç durmaksızın hikâyeler anlatılır. Öyle ki hikâye anlatıcılığı, mahal kurma ve mekân inşa etmenin temel unsurudur. Ancak bu hayaller ve arzular ilhamını gerçek mahallerin deneyiminden alır. Sonuç olarak Marco Polo yüzlerce hayali kent üzerine anlattığı hikâyelerin sonunda, en başından beri sadece Venedik'i anlattığını açıklar. Bu açıklama, *Eski Yakındoğu'da Kent, Bellek, Anıt*'ta konu edilen temel sorunun anlaşılmasını kolaylaştırır ve bu bölüm için seçilen başlığın içinde gizlidir. Eskiçağ kentleri üzerine yazarken her zaman arkeolojik ve yazılı kayıtlara maddi iz ve kalıntılar bırakmış gerçek yerler ve peyzajlarla çalışıyoruz. Ne var ki bu bulgular aracılığıyla aynı zamanda geçmişteki bireylerin arzularıyla, kusursuz bir kent –dünyada cenneti– kurma arzularıyla, mahaller üzerine hikâyeler anlatma arzularıyla ve tarihi şekillendirme ve kentteki olayları anıştırma arzularıyla yüzleşiyoruz. Tutkulu toplumsal mekânlar olan kentlerin bu karmaşıklığı bizi mekânı malzeme ile tasavvurun, ütopyalar ile gündelik yaşamın gerçekleri, hikâyeler ile mekân yaratma pratiklerinin heterojen bir karışımı olarak kavramak zorunda bırakıyor.

Tutkulu Mahaller

Peki, mahal nedir? Mahal, yerel pratikler ve hareket ile birikmiş maddi buluntuların kesişen yörüngeleri etrafında üretilen anlamlı bir yerellik olarak tanımlanabilir; hikâyeler, efsaneler ve diğer yerel bilgi biçimleri tarafından kalıcı hale getirilir (Massey 2005: 130-46; Zedeño ve Bowser 2009). Yaşanmış deneyimin ayrılmaz birimi olarak mahaller, Živković'in dediği gibi, "yaşam anılarımızı dayandırdığımız" katmanlı yerelliklerdir (2010: 169) ya da Escobar'ın dediği gibi, "önemli bir kültür ve kimlik kaynağıdır" (2008: 7). Mahallerin toplumsal hayattaki bu güçlü doğası nedeniyle siyasi aktörler her zaman mahalleri, örneğin anıtlar yaparak kendi ideolojilerine dahil etmeye çalışırlar. Mahal üretimi ya da mahal kurma, yerel kültürel pratikler ile tepeden gelen siyasi müdahaleler arasında bir müzakereyi içine alır ve kültürel bellek ile resmi tarih anlatıları arasında hassas bir denge gerektirir. Bu sebeple mahal arkeolojisi mahallerin uzun vadeli biyografilerine ve onları dönüştüren kısa vadeli olaylara dikkat talep eder. Anıt inşası varolan "iktidar mahalleri"ni birleştirirken onları yeni ifade, pratik ve müzakere biçimlerine açar. Sıklıkla siyasi iktidarın gösterileri olarak sunulan anıt yapımı, mahallerin uzun vadeli tarihinde önemli bir toplumsal olaydır ve anıtsallaşmanın bu müdahaleleri, mahalleri daha geniş iktidar coğrafyaları içine çeker.

Eski Yakındoğu'da Kent, Bellek, Anıt'ta mekân kurma pratiği olarak kent inşa pratiğini iki farklı açıdan ele alıyorum. Öncelikle Asur ve Suriye-Hitit devletlerinde hâkim seçkinlerin yeni kent inşa etmesinin, kültürel öneme sahip mevcut mahalleri eşevreli, devlet destekli kentsel inşa projelerine yeniden tahsis ettiği gösteriliyor. Kentin mimari açıdan anıtsallaştırılmasına ek olarak bu projeler yeni kenti çevreleyen peyzajın ağaç dikimi, yeni sulama kanalları yapılması, yeni taş ocakları açılması ve nüfusun yeniden iskânı ile kapsamlı bir rehabilitasyonunu içerir. Bu projeler, sadece uzun vadeli perspektiften gözlenebilen peyzaj süreçlerindeki geniş eğilimlere ve yerleşim modellerindeki değişimlere hizmet eder ya da tepki gösterirken aynı zamanda toplumsal ütopyaları hayata geçirir. İkinci olarak kentsel peyzaj yapılandırması, törensel ve ritüel mekânlar yapımı aracılığıyla kademeli olarak kamusal mekânlar oluşmasına yol açtı. Kentteki tenha mahaller çeşitli kamusal anıtların hâkim olduğu anlamlı kamusal alan topluluğuna dikkatlice kaynaştırıldı. Kentsel bağlamdaki dikili, incelikle işlenmiş kabartma duvar levhalar gibi mimari teknolojilerin potansiyelleri benimsenerek hem kentsel mekânların arkitektonik estetiği yaratıldı hem de bu teknolojiler görsel anlatılar ve anıt yazıtlarının siyasal olarak yüklü gösteri kültürünün hizmetine sunuldu.

Bu kitabın çeşitli kısımlarında kayalara kabartma oyma pratiği kentlerin kurulmasında bir diğer mahal yaratma pratiği olarak ele alındı. Akad Krallığı'ndan Sasani İmparatorluğu'na kadar Yakındoğu kaya kabartmaları dikkat çekici türde kamusal anıtlardı ve bu kaya kabartmalar, nehir ve pınar kaynakları, mağaralar ve obruklar, dağ geçitleri ve nehir koyaklarını içine alan kültürel açıdan önemli, siyasi olarak yüklü ya da coğrafi olarak harika yerlere yerleştirildiler. Kayıtlara geç tunç çağı ve erken demir çağında Anadolu ve Yukarı Mezopotamya'dan bolca kaya kabartma geçmiştir. Hitit, Asur ve Suriye-Hitit hükümdarlarını cezbeden onların uzun ömürlülüğüydü (ŞEKİL 60). Kabartma ve yazıtlar sıklıkla peyzajda

ŞEKİL 60 İvriz'de Tabal Kralı Warpalawaš'ın kaya kabartması.

korunaklı ve uzak mahallerdeki canlı kayalar üzerine oyulduğu için anakayanın jeolojik ömrünü kendilerine mal ederler. Ann Shafer (1998) bunların, araziye özel bir dizi ritüel pratikler ile anma törenlerini bir araya getirdiğini gösterdi. Bu durumda, mahal kurma pratiği olarak kaya kabartmaların, çekişmeli sınır peyzajlar bağlamında yeni kent inşa etme pratiğiyle belirli benzerlikleri bulunur. Çok farklı hırs ve fiziksel müdahale ölçeklerinde olsa da, özellikle ritüel ve sembolik öneme sahip yerel mahalleri kendine mal etme iddialarıyla iki eylem de kolonyel jestler olarak anlaşılır. Kanımca belirli demir çağı hükümdarlarının krallık yazıtlarında "kaya el değmemişti" gibi ifadeler kullanıp kendi kent inşalarını *terra nullius* söylemi ile nitelemesi bir rastlantı değildir (bkz. Üçüncü Bölüm'deki tartışma). Yeni bir kent inşa etme bu raporlarda canlı kayayı ilk kez ve sonsuza dek kalacak biçimde yontma metaforuyla birlikte sunulmuştur.

Tasavvur Edilen Kentler

Eski Yakındoğu'da Kent, Bellek, Anıt elimizin altındaki tarihi bir sorunla yola çıkıyor: Hem belirli hem kapsamlı bir dizi tarihsel soru ortaya koyan bir sorun. Bu sorun eskiçağ Yakındoğu'sunda kent inşa etme biçimleri ve kentlerle kasabaların kurulduğu belirli tarihsel koşullar hakkında –bildik ya da bilinmedik peyzajlarda, atadan kalma ya da yenilikçi biçim ve teknolojilerle– belirli sorular ortaya çıkarır. Aynı şekilde geniş kapsamlı sorular da ortaya koyar: yeryüzünde nasıl yaşadığımız, eskiçağ toplumlarının inşa pratiklerini nasıl sundukları ve bu toplumların anma aracılığıyla tarihle ilişkilerini nasıl tesis ettikleri hakkında. Kitabın başından sonuna kadar maddi bulgulara yönelik tartışmalar arasında bu sorular araştırıldı. Dahası, bu tarihi sorun aynı zamanda historiyografik ve yöntembilimsel soruları da teşvik eder. Araştırma projesinin karşılaştığı zorluklardan biri eldeki bulguların doğasıydı, çünkü yazılı, görsel, arkeolojik, çevresel ve mimari temsillerin bir araya getirilmesi gerekiyordu. Buradaki soru, farklı eksiklik ve eğilimler içeren çeşitli bulguları kullanarak eskiçağ mekânları üzerine yazmaya nasıl başlanabileceğiydi. Malzeme üzerine uzak-görmez tartışmaların üstesinden gelmenin bir yolu, zamansal ve mekânsal bir dizi ölçek içinde odağı, uzun vadeli ve ekolojik perspektiflerden durmaksızın kısa vadeli ve malzeme esaslı iddialara kaydırmaktı, öyle ki her bölümde taze bir yorum için bulgular yeni bir mekânsal ve geçici bağlamda yeniden düzenlendi.

Kitabın dört bölümünde (İkinci Bölüm'den Beşinci Bölüm'e kadar) yeni kent kurmanın tarihsel bağlamında mekânın yorumlanmasındaki üç ölçek sunuldu. İkinci ve Üçüncü Bölüm'de Asur ve Suriye-Hitit devletlerinde yeni kent kurma pratiği, yerleşim sistemleri ve bunların bölgenin uzun soluklu tarihindeki karmaşık dönüşüm süreçleri bağlamında sorunsallaştırıldı. Dördüncü Bölüm'de tartışma özelde kentsel inşa projesi çevresinde formüle edildi ve inşa projelerine büyük şenlikli olaylar olarak yaklaşarak anıtsallaştırılmış kent peyzajlarının fiziki ve simgesel yapılanmaları incelendi. Son olarak Beşinci Bölüm'de kentlerde simgesel olarak yüklü mimari teknolojiler araştırıldı ve belirli bölgelerin sınırları ötesinde tektonik kültürün, devlet ideolojileri ve kültürel temsillerin sergilendiği maddi zeminler meydana getirmesi üzerine düşünüldü.

Bu nedenlerle yeni kent kurma pratiği üzerine eğilirken kent anıtlarının ve mimari mekânların yorumlanmasında kullanılan geleneksel yöntembilimlerin mimari tarihinin sınırları ötesine gitmek zorundayız. *Eski Yakındoğu'da Kent, Bellek, Anıt* üzerine araştırma yapıp kitabı yazarken, kendi yaklaşımım mimari mekân analizine yönelik derin ilgiden peyzajlar, mahaller ve anıtlara karşı bir ilgiye kaydı. Benzer şekilde eskiçağ kentlerini siyasal aktörlerin tasarımları olarak sunan geleneksel bakış yerine, giderek daha fazla belirli peyzajlarda mahal kurma ve bellek pratiklerinin siyasi yanlarıyla ilgilendim. Yöntembilimsel açıdan konuşursak, eskiçağların mimari mekânları, mimari plan ve kesitlerin, mekândaki hareketin akış diyagramları ya da inşa projelerine yatırılan köle emeğinin termodinamik hesaplarının soyut temsilleri yerine mahal ve peyzajların arkeolojik olarak araştırılması yoluyla daha doğru incelenir. Ancak bunun tek şartı arkeolojiyi, hem disiplinle ilgili anlamda malzeme buluntuları ve geçmişin tortularının belgelenmesi ve yorumlanması hem de Foucault'cu anlamda mahallerin ve pratiklerin soykütüğünün izini sürmek olarak daha geniş anlamda düşünmektir. Bu nedenle kitapta, mekâna yönelik genelleştirilmiş mimarlık tarihi çalışmalarından peyzaj ve mahalin yöreye özel arkeolojilerine doğru yöntembilimsel bir kayma öneriyorum.

Mimari Mekândan Peyzaj ve Mahal Arkeolojilerine

Modernist mimari eleştiri söyleminde mimari mekân sıklıkla nesnelleştirilir ve görsel ya da algısal bir fetiş olarak sunulur, o kadar ki kapitalist dünya düzeninde ticari bir nesne haline gelir.[1] 19. yüzyılda mimarlık üzerine özellikle Almanya'da varolan söylem, ilk kez kendi başına estetik, biçimsel bir kategori olarak mimari mekân kavramını üretti (Panin 2003). Algısal deneyim üzerinden değerlendirilen mekân, psikoloji terimleriyle incelendi ve mimarinin biçimsel yönleri ile insan algısı arasında bir empati (Einfühlung) alanı olarak algılandı.[2] Modernist

---

1 Maddi nesnelerin toplumsal ilişkilerinin metalaşma, fetişleştirilme ve silinmesi üzerine Jones ve Stallybrass 2000: 7ff. Bu tartışma büyük ölçüde Marx'ın kapitalizm eleştirisine dayanır.
2 Bkz. Robert Vischer, Conrad Fiedler, Heinrich Wölfflin, Adolf Göller, Adolf Hildebrand ve August Schmarsow tarafından yazılan çeşitli metinler, Mallgrave ve Ikomomou 1994'de çevrilip yayımlanmıştır.

mimarlık söyleminin merkezine yerleştirilen mimari mekân, sanki onu var eden mekânsal pratiklerden bağımsız bir "sanat eseri" olarak analiz edilebilirmiş gibi zamanla toplumsal üretim ilişkilerinden ayrıştırıldı ve kendine münhasır bir şey olarak görüldü (Lefebvre 1991: 90).[3] Soyut ve biçimci mekân anlayışı artık çağdaş mimarlık tarihinin söylemsel oluşumunda yer edinmiştir; sosyal ve beşeri bilimlerin diğer alanlarındaki mimari yorumlar üzerinde de etkilidir. Postmodernizmin ortaya çıkışıyla ilişkili sözde mekânsal dönüşe rağmen (Blake 2004: 233), eskiçağın mimari mekânları üzerine yapılan araştırmalar, genel olarak o döneme ait olmayan modern mekân kavramlarının eskiçağın inşa edilmiş çevrelerine uygulanmasından muzdariptir.[4] Özellikle mimari mekânın yaşanmadan önce tasarlandığı ve üretildiğine dair modernist fikir, arkeolojik mekân yorumlarında sık sık yüzeye çıkar. Eskiçağa yönelik bu mimarlık anlayışı, inşa etkinliğini toplumsal üretimin kültürel süreci olmaktan çıkarır, mekân üretimi ardındaki gerçek toplumsal ilişkileri ihmal eder ve inşa projesi sonrası mekânı fiziksel ve kavramsal olarak dönüştüren tüm dramatik etkinlikleri yok sayar.

Bunun aksine, arkeoloji söyleminin süreç sonrası kritiği maddi kültürün anlamlı olarak tesis edildiğini göstermiştir (Hodder ve Hutson 2003; Tilley ve Shanks 1987). Mimari mekân maddi kültürün önemli bir bileşeni olarak kabul edilir (Blake 2004). Ancak arkeoloji açısından bakıldığında mimariye yaklaşımda kullanılan yöntembilimlerde belirgin bir kayma görülür. İkinci Bölüm'de detaylı bir şekilde ele alındığı gibi bu kayma, mimari mekânları soyut varlıklar olarak ele almaktan onları gelişen mahal ve peyzaj arkeolojileri alanına dahil etmeye doğrudur. Bu, günümüze en iyi durumda kalanlara –kent anıtlarına– öncelik vermemize değil, peyzajda insan eliyle yapılan diğer pratiklere dair işaretleri aramamıza olanak sağlar.

---

3 Smith (2003), modernist söylemde mekân kavramıyla birlikte zaman kavramının da beşeri pratiklerin toplumsal bağlamından soyutlanıp çıkartıldığını savunur.

4 Amaçlarımıza uygun iki önemli örnek, Reade'in geç Asur saraylarındaki mimari mekân yorumu (Reade 1979d) ve Novák'ın Yakındoğu kentleri üzerine yaptığı çalışmadır (1999). Reade, "yeni Asur döneminde mimari ve dekoratif tekniklerin pek az değiştiğini," iddia eder. Kompleksin farklı bölümleri için ayrılmış belirli "özenli uygulamalarla" karma ve örnek bir saray tasarımı "tahayyül etmeye" çalışmıştır (Reade 1979d: 75). Reade'in çalışması Asur saraylarının mimarisini anlamaya yönelik en sağlam çabalardan birini temsil ederken onun analitik yöntembilimi, mekânın deneysel nitelikleri üzerine modernist kavramlardan beslenir. Benzer şekilde Novák (1999: xxiii) Yakındoğu kentinin kentsel biçiminin "egemen sistemin ideolojik programı" tarafından şekillendiğini ve mimari mekânın kozmolojik anlamlarının, yerleşik halkla "psikolojik iletişim aracılığıyla " iletişime geçtiğini ileri sürdü. Arkeoloji ve antropolojideki izlenimci ve biçimci mekân yaklaşımlarının bir eleştirisi için bkz. Ingold 2000: 178-81 ve Turnbull 2002: 129-30.

Eski Yakındoğu'da Kent, Bellek, Anıt'ta yeni kent kurulması bilinçli bir mekânsal üretim eylemi olarak değerlendiriliyor, ancak aynı zamanda da, mimari mekânların geçmişin anlam ve simgeleriyle yüklenmesine olanak verecek şekilde, kentsel mekânların parça parça ve kademeli dönüşümü olarak da anlaşılıyor. Bu iki süreç içinde farklı toplumsal aktörler –iktidardaki seçkinlerin ideolojik güdümlü kararlarından farklı toplumsal grupların gündelik pratiklerine dek– işbaşındadır. Kitabın temel önceliklerinden biri mimari anlamın, bu mekânsal üretim süreçleri aracılığıyla ve kendilerini mimari mekânlar üzerine kazıyan retoriksel ve ayrıntılı, tortu-bırakıcı pratikler tarafından oluşturulduğu olgusunu örneklerle açıklamak oldu. O halde mimari kalıntılar insanın çevreyle ve özellikle kendi geçmişiyle etkileşiminin önemli kayıtlarıdır. Öyle ki mimari mekânlar tarihi temsilin somut dünyaları gibi görünür. Bir açıdan en önemlisi de (belki) dünya üzerinde nasıl yaşadığımızı söylemeleridir.

Kenti çeşitli temsili şemayla sunup idealleştirerek onu küçültme eğilimindeyiz: kent planları, tasarım şemaları, hava fotoğrafları, uydu görüntüleri, kuşbakışı görüntüler, belirsiz perspektifler ve siluet görüntüleri, tıpkı Michel de Certeau'nun Dünya Ticaret Merkezi'nin (bugün yok) 110. katından Manhattan'a bakan öznesi gibi (De Certeau 1984: 91). Ama kentler dağınık yerlerdir. Kentlilerin gündelik pratikleri, sokak yaşamının kokuları, manzaraları ve sesleri, sahip oldukları anlamlı mahallerin kültürel tasavvuru, bellek alanları, toprağı işleme modellerinin karmaşık dinamikleri ve kamusal ile özel olan arasındaki müzakere mekânları onları aynı derecede inşa ediyor ve tanımlıyor. Kentler yaşamın çoklu zamansallıklarını ve heterojen kültürlerini besliyor. Bu nedenle kentsel mekânlar her zaman siyasi aktör ve karar vericilerin örgütleyici ve yapılandırıcı jestleri ile gündelik hayatın kırılgan yapıları ve ritmleri arasında bir çatışma alanı olagelmiştir ve bu ikincisi, planlanlanan ve düzenlenen kentsel çevreleri sürekli bozar/söker, yeniden şekillendirir ve yeniden anlamlandırır. O halde eskiçağ dünyasının arkeologları olarak kentlerin hikâyelerini anlatmaya giriştiğimizde, kentsel mekânlar ve onların kültürel biyografilerini sunarken planlama ve tasarım jestleri karşısında gündelik mahal ve peyzajlardaki yerel olarak özgül ve çok daha incelikli pratikler arasında denge kurmak gibi bir sorumluluğumuz var.

Kaynakça

Abul Amir, S.-J.; 1988. *Archaeological survey of ancient settlements and irrigation systems in the Middle Eauphrates region of Mesopotamia*. Doktora tezi, University of Chicago.

Abū Assaf, Alī; 1990. *Der Tempel von 'Ain Dārā*. Mainz am Rhein: Verlag Philipp von Zabern.

———, 1993. "Der Tempel von 'Ain Dārā in Nordsyrien," *AW* 24: 155-171.

Adams, Robert M.; 1981. *Heartland of cities: surveys of ancient settlement and land use on the central floodplain of the Euphrates*. Chicago: The University of Chicago Press.

Adamwhite, Murray R.; 2001. *Late Hittite Emar: The chronology, synchronisms, and socio-political aspects of a Late Bronze Age fortress town*. Ancient Near Eastern Studies Supplement 8. Louvain: Peeters Press.

Akkermans, Peter M.M.G.; 1984. "Archäologische Gelandebegehung im Balih-Tal," *AfO* 31: 188-90.

———, 2006. "The fortress of Ili-pada. Middle Assyrian architecture at Tell Sabi Abyad, Syria," *Les espaces Syro-Mésopotamiens: dimensions de l'expérience humaine au Proche-Orient ancien. Volume d'hommage offert à Jean-Claude Margueron* içinde, der. P. Butterlin, M. Lebeau, J. Y. Monchambert, J. L. Montero Fenollós ve B. Muller, Subartu XVII, Turnhout: Brepols, European Centre for Upper Mesopotamian Studies, 201-12.

Akkermans, Peter M.M.G. ve F. Wiggermann; 1999. "Sentinelle de l'empire assyrien: La forteresse de Tell Sabi Abyad," *Archeologia* 358: 56-65.

Akkermans, Peter M.M.G. ve Glenn M. Schwartz; 2003. *The archaeology of Syria: from complex hunter-gatherers to early urban societies (ca. 16000-300 BC)*. Cambridge World Archaeology. Cambridge: Cambridge University Press.

Akkermans, Peter M.M.G ve Inge Rossmeisl; 1990. "Excavations at Tell Sabi Abyad, Northern Syria: a regional centre on the Assyrian frontier," *Akkadica* 66: 13-60.

Akkermans, Peter M.M.G., José Limpens, Richard H. Spoor; 1993. "On the frontier of Assyria: excavations at Tell Sabi Abyad, 1991," *Akkadica* 84-85: 1-52.

Akkermans, Peter M.M.G. ve Kim Duistermaat; 2001. "A Middle Assyrian pottery kiln at Tell Sabi Abyad," *Beiträge zur Vorderasiatischen Archäologie Winfried Orthmann gewidmet* içinde, der. Jan-Waalke Meyer, Mirko Novák ve Alexander Pruß, Frankfurt: Johann Wolfgang Goethe-Universität, Archäologisches Institut, 12-9.

Akurgal, Ekrem; 1968. *The art of Greece: Its origins in the Mediterranean and the Near East*. New York: Crown Publishers.

Albenda, Pauline; 1986. *The palace of Sargon, king of Assyria: monumental wall reliefs at Dur-Sharrukin, from original drawings made at the time of their discovery in 1843-1844 by Botta and Flandin*. Paris: Editions Recherche sur les Civilisations.

———, 2003. "Dur-Sharrukin, the royal city of Sargon II, king of Assyria," *BCSMS* 38: 5-13.

Alcock, Susan E.; 1993. *Graecia capta: the landscapes of Roman Greece*. Cambridge and New York: Cambridge University Press.

———, 2001. "The reconfiguration of memory in the eastern Roman Empire," *Empires: perspectives from archaeology and history* içinde, der. S.E. Alcock, Terence N. D'Altroy, Kathleen D. Morrison, Carla M. Sinopoli, Cambridge: Cambridge University Press, 323-50.

———, 2002. *Archaeologies of the Greek past: landscape, monuments, and memories*. Cambridge: Cambridge University Press.

Alcock, Susan E. ve John F. Cherry (der.); 2004. *Side-by-side survey: comparative regional studies in the Mediterranean*. Oxford: Oxbow Books.

Alexander, Robert L.; 2002. "The Storm-God at 'Ain Dara," *Recent developments in Hittite archaeology and history: papers in memory of Hans G. Güterbock* içinde, der. K.A. Yener, Harry A. Hoffner Jr. ve Simrit Dhesi, Winona Lake: Eisenbrauns, 11-9.

Algaze, Guillermo; 1989. "A new frontier: first results of the Tigris-Euphrates Archaeological Reconnaissance Project, 1988," *JNES* 48: 241-81.

Algaze, Guillermo, Ray Breuninger, James Knudstad; 1994. "The Tigris-Euphrates Archaeological Reconnaissance Project: final report of the Birecik and Carchemish Dam survey areas," *Anatolica* 20: 1-96.

Algaze, Guillermo, Ray Breuninger, Chris Lightfoot, Michael Rosenberg, 1991. "The Tigris-Euphrates Archaeological Reconnaissance Project: a preliminary report of the 1989-1990 seasons," *Anatolica* 17: 175-240.

Al-Khalesi, Yasin; 1977. "The Bīt Kispim in Mesopotamian architecture: Studies in form and function," *Mesopotamia* 12: 53-81.

Alkım, U. Bahadır; 1960a. "Sam'al ile Asitawandawa arasındaki yol: Amanus bölgesinin tarihi coğrafyasına dair araştırmalar," *Belleten* 24: 349-400.

———, 1960b. "1959 İslahiye bölgesi araştırmaları: Yesemek çalışmaları ve Tilmen höyük sondajı," *TAD* 10: 7-9.

———, 1961. "1961 dönemi Tilmen höyük ve Yesemek kazıları," *TAD* 11: 5-7.

———, 1962a. "Dördüncü dönem Tilmen höyük kazısı," *TAD* 12: 5-7.

———, 1962b. "Tilmen Höyük çalışmaları (1958-1960)," *Belleten* 26: 447-99.

———, 1964. "İslahiye bölgesi araştırmaları: Yesemek çalışmaları ve Tilmen höyük kazısı (1963)," *TAD* 13: 5-9.

———, 1969. "The Amanus region in Turkey: new light on the historical geography and archaeology," *Archaeology* 22: 280-9.

———, 1970. "Tilmen ve Kırışkal Höyük Kazıları," *Türk Arkeoloji Dergisi* 19/2: 39-50.

———, 1974. *Yesemek taş ocağı ve heykel atölyesinde yapılan kazı ve çalışmalar.* Ankara: Türk Tarih Kurumu.

Altaweel, Mark; 2003. "The roads of Ashur and Nineveh," *Akkadica* 124: 205-12.

———, 2008. *The Imperial Landscape of Ashur: Settlement and Land Use in the Assyrian Heartland.* Heidelberg: Heidelberger Orientverlag.

Alvaro, C.; 2010. "Malatya-Melid: a new look on the 20th century's archaeological research. Some remarks on the topographical and architectural evidence," *Proceedings of the 6th International Congress of the Archaeology of the Ancient Near East* içinde, der. P. Matthiae, F. Pinnock, L. Romano ve L. Nigro, Wiesbaden: Harrassowitz, Cilt 3: 273-8.

Andrae, Walter; 1905. "Aus den Berichten W. Andraes aus Assur von Oktober 1904 bis März 1905," *MDOG* 26: 52-6.

———, 1913. *Die Stelenreihen in Assur.* Leipzig: J. C. Hinrichs'sche Buchhandlung.

———, 1925. *Colored ceramics from Ashur and earliest ancient Assyrian wall-paintings.* Londra: Kegan Paul, Trench, Trubner and Co., Ltd.

———, 1977. *Das wiedererstandene Assur*, with additions and updating by Barthel Hrouda. Münih: Verlag C. H. Beck (1938).

Andrae, Walter ve Walter Bachmann; 1914. "Aus den Berichten über die Grabungen in Tulul Akir (Kar Tukulti-Ninib) Oktober 1913 bis März 1914," *Mitteilungen der Deutschen Orient-Gesellschaft* 53: 41-57.

Annus, Amar; 2002. *The God Ninurta in the mythology and royal ideology of ancient Mesopotamia.* State Archives of Assyria Studies 14. Helsinki: The Neo-Assyrian Text Coprus Project.

Ardzinba, Vladislav G.; 1982. "On the structure and functions of Hittite festivals," *Gesellschaft und Kultur im alten Vorderasien* içinde, der. H. Klengel, Berlin: Akademie Verlag, 11-6 [*Eskiçağ Anadolu Ayinleri ve Mitleri*, İng. çev. Orhan Uravelli, Ankara: Kafdav Yayınları, 2010].

Arendt, Hannah; 1958. *The human condition.* Chicago: University of Chicago Press (tekrar basım 1998) [*İnsanlığın Durumu*, İng. çev. Bahar Sina Şener, İstanbul: İletişim Yayınları, 2012].

Arnold, Dieter; 1991. *Building in Egypt: Pharaonic stone masonry.* Oxford: Oxford University Press.

Aro, Sanna; 2003. "Art and architecture," *The Luwians* içinde, der. H. Craig Melchert, Leiden: Brill, 281-337.

Ashmore, Wendy; 1989. "Construction and cosmology: Politics and ideology in lowland Maya settlement patterns," *Word and image in Maya culture: Explorations in language, writing and Representation* içinde, der. W. F. Hanks ve D. S. Rice, Salt Lake City: University of Utah Press, 272-86.

Ashmore, Wendy ve A. Bernard Knapp (der.); 1999. *Archaeologies of landscape: contemporary perspectives.* Blackwell: Malden MA.

Ataç, Mehmet-Ali; 2003. *Scribal-sacerdotal agency in the production of the Neo-Assyrian palace reliefs: toward a hermeneutics of iconography*. Doktora tezi, Harvard University.

———, 2010. *Mythology of kingship in Neo-Assyrian art*. Cambridge: Cambridge University Press.

Athanassopoulos, Effie ve LuAnn Wandsnider (der.); 2004. *Mediterranean archaeological landscapes: current issues*. Philadelphia: The University of Pennsylvania Museum of Archaeology and Anthropology.

Aurenche, Olivier; 1977. *Dictionaire illustré multilingue de l'architecture du Proche Orient ancien*. Lyon: Maison de l'Orient.

Bachhuber, Christoph ve R. Gareth Roberts (der.); 2009. *Forces of transformation: the end of the Bronze Age in the Mediterranean: proceedings of an international symposium held at St. John's College, University of Oxford 25-6th March, 2006*. Oxford: Oxbow, British Association for Near Eastern Archaeology.

Bachmann, Martin ve Sırrı Özenir, 2004. "Das Quellheiligtum Eflatun Pınar," *Archaologischer Anzeiger* 2004/1: 85-122.

Bagg, Ariel M.; 2000a. *Assyrische Wasserbauten: Landwirtschaftliche Wasserbauten in Kernland Assyriens zwischen der 2. und der i. Hälfte des i. Jahrtausends v. Chr*. Mainz am Rhein: Verlag Philipp von Zabern.

———, 2000b. "Irrigation in Northern Mesopotamia: water for the Assyrian capitals (12th-7th centuries BC)," *Irrigation and drainage systems* 14: 301-24.

Bahar, Hasan; 1998. "Hatip-Kurunta anıtı ve çevresi yüzey araştırmaları 1996," *XV. Araştırma Sonuçları Toplantısı*. Ankara: T.C. Kültür Bakanlığı Anıtlar ve Müzeler Genel Müdürlüğü, cilt II: 105-20.

Bahrani, Zainab; 2003. *The graven image: representation in Babylonia and Assyria*. Philadelphia: The University of Pennsylvania Press.

Bahrani, Zainab ve Marc Van de Mieroop; 2004. "Editor's introduction," *Myth and politics in Ancient Near Eastern historiography* içinde, Mario Liverani; Z. Bahrani ve M. Van de Mieroop tarafından yayına hazırlandı. Londra: Equinox, vii-xiii.

Ball, Warwick (der.) Stuart Campell, Susan Gill, Anthony Green, Marion Pagan, St John Simpson, David Tucker ve Michael Roaf'un katkılarıyla; 2003. *Ancient settlement in the Zammar region. Excavations by the British Archaeological Expedition to Iraq in the Saddam Dam Salvage Project, 1985-86. Cilt I: Introduction and overview. Excavations at Siyana Ulya, Khirbet Shireena, Khirbet Karhasan, Seh Qubba, Tell Gir Matbakh, and Tell Shelgiyya, and other recorded sites*. BAR International Series 1096. Oxford: Archeopress.

Barbanes, Eleanor; 1999. *Heartland and Province: Urban and rural settlement in the Neo-Assyrian Empire*. Doktora tezi, University of California, Berkeley.

———, 2003. "Planning an empire: city and settlement in the Neo-Assyrian period," *BCSMS* 38: 15-22.

Barjamovic, Gojko; 2011. *A Historical Geography of Anatolia in the Old Assyrian Colony Period*. Carsten Niebuhr Institute Publications 38. Kopenhag: Museum Tusculanum Press.

Barker, Graeme; 1995. *A Mediterranean valley: landscape archaeology and Annales history in the Biferno Valley*. Londra: Leichester University Press.

Barnett, R.D.; 1959. *Assyrian palace reliefs and their influence on the sculptures of Babylonia and Persia*. W. Forman (illusts.), Londra: Batchworth Press.

——, 1973. "More Balawat gates: a preliminary report," *Symbolae Biblicae et Mesopotamicae Francisco Mario Theodoro de Liagre Böhl dedicatae* içinde, der. Franz Marius, Theodor Böhl, M. A. Beek ve A.A. Kampman, Leiden: Brill, 19-22.

——, 1982. "Urartu," *CAH*² 3.1: 314-71.

Barnett, R.D., J.E. Curtis, L.G. Davies, M.M. Howard, C.B.F. Walker; 2008. *The Balawat Gates of Assurnasirpal II*, der. J.E. Curtis ve N. Tallis, Londra: The British Museum Press.

Bartl, Karin; 1989. "Zur Datierung der *altmonochromen* Ware von Tell Halaf," *To the Euphrates and beyond: archaeological studies in honor of Maurits N. van Loon* içinde, der. O.M.C. Haex, H.H. Curvers ve P. M.M.G. Akkermans, Roterdam: A.A. Balkema, 257-74.

——, 2001. "Eastern Anatolia in the Early Iron Age," *Migration und Kulturtransfer: Der Wandel vorder- und zentralasiatischer Kulturen im Umbruch vom 2. zum 1.vorchristlichen Jahrtausend* içinde, der. R. Eichmann, H. Parzinger, Kolloquien zur Vorund Frühgeschicte Band 6. Bonn: Dr. Rudolf Habelt GmbH, 383-410.

Beckman, Gary; 1999. *Hittite diplomatic texts*. 2. baskı. Society of Biblical Literature Writings from the Ancient World Series. Atlanta, Georgia: Scholars Press.

Bender, Barbara; 1993. "Introduction: landscape – meaning and action," *Landscape: politics and Perspectives* içinde, der. B. Bender, Providence: Berg Publishers, 1-17.

——, 2001. "Introduction," *Contested landscapes: movement, exile and place* içinde, der. Barbara Bender ve Margot Winer, Berg: Oxford, 1-18.

——, 2006. "Place and landscape," *Handbook of material culture* içinde, der. C. Tilley, W. Keane, S. Kuechler, M. Rowlands ve P. Spyer, Londra: Sage, 303-14.

Bender, Barbara (der.); 1993. *Landscape: politics and perspectives*. Providence: Berg Publishers.

Bender, Barbara ve Margot Winer (der.); 2001. *Contested landscapes: movement, exile and place*. Oxford: Berg.

Benjamin, Walter; 2002. *The arcades project*. Cambridge Mass.: Harvard University Press [*Pasajlar*, Alm. çev. Ahmet Cemal, İstanbul: Yapı Kredi Kültür Sanat Yayıncılık, 2011].

Bernbeck, Reinhard; 1993. *Steppe als Kulturlandschaft: Das 'Ağığ-Gebeit Ostsyriens vom Neolithikum zur islamischen Zeit*. Peter Pfälzner ile ortak çalışma. Berlin: Dietrich Reimer Verlag.

———, 1999. "An empire and its sherds," *Iron Age pottery in Northern Mesopotamia, Northern Syria and South-Eastern Anatolia* içinde, der. Arnulf Hausleiter ve Andrzej Reiche, Münster: Ugarit Verlag, 151-72.

Bidmead, Julye; 2002. *The akītu festival: religious continuity and royal legitimation in Mesopotamia*. Gorgias Dissertations Near Eastern Studies 2. Piscataway, NJ: Gorgias Press.

Bietak, Manfred; 2003. "The synchronization of civilizations in the Eastern Mediterranean in the 2nd Millennium bc," *Proceedings of the First International Congress on the Archaeology of the Ancient Near East* içinde, der. Paolo Matthiae, Alessandra Enea, Luca Peyronel, Frances Pinnock, Roma: Università degli studi di Roma "La Sapienza," Dipartimento di Scienze Storiche, Archeologiche e Anthropologiche dell'Antichità, 99-107.

Binford, Lewis R.; 1967. "Smudge pits and hide smoking: the use of analogy in archaeological reasoning," *American antiquity* 32: 1-12.

Bintliff, John (der.); 1991. *The Annales School and archaeology*. New York: New York University Press.

Bittel, Kurt; 1986. "Hartapus and Kızıldağ," *Ancient Anatolia: aspects of change and cultural development, essays in honor of Machteld J. Mellink* içinde, der. Jeanny Vorys Canby, Edith Porada, Brunildo Sismondo Ridgway, Tamara Stech, Madison, WI: University of Wisconsin Press: 103-11.

Black, Jeremy; 2000. *Maps and history: Constructing images of the past*. Yale University Press: New Haven ve Londra.

Black, Jeremy A.; 1981. "The new year ceremonies in ancient Babylon: 'taking Bel by the hand' and a cultic picnic," *Religion* 11: 39-59.

Black, Jeremy A., G. Cunningham, J. Ebeling, E. Robson ve G. Zólyomi; 2006. *The literature of ancient Sumer*. Oxford: Oxford University Press.

Black, Jeremy A. ve Antony Green; 1992. *Gods, demons and symbols of Ancient Mesopotamia*. Austin: University of Texas Press.

Blais, Myriam; 1999. "Invention as a celebration of materials," *Chora 3: Intervals in the philosophy of architecture* içinde, der. Alberto Pérez-Gómez ve Stephen Parcell, Montreal: McGill-Queen's University Press, 1-24.

Blake, Emma; 2004. "Space, spatiality and archaeology," *A companion to social archaeology* içinde, der. Lynn Meskell ve Robert W. Preucel, Malden, MA: Blackwell Publishing, 230-54.

Blanton, Richard E.; 1976. "Anthropological studies of cities," *Annual Review of Anthropology* 5: 249-64.

———, 1978. *Monte Albán: settlement patterns at the ancient Zapotec capital*. New York: Academic Press.

———, 1980. "Cultural ecology reconsidered," *American antiquity* 45: 145-51.

Blaylock, Stuart; 1998. "Rescue excavations by the BIAA at Tille Höyük, on the Euphrates, 1979-1990," *Ancient Anatolia: fifty years' work by the British Institute of Archaeology at Ankara* içinde, der. R. Matthews, British Institute of Archaeology at Ankara, Londra, 111-26.

———, 1999. "Iron age pottery from Tille Höyük, South-Eastern Turkey," in *Iron Age pottery in Northern Mesopotamia, Northern Syria and South-Eastern Anatolia*. Arnulf Hausleiter ve der. Andrzej Reiche, Münster: Ugarit Verlag, 263-86.

Blaylock, Stuart, David H. French ve Geoffrey D. Summers; 1990. "The Adıyaman survey: an interim report," *AnSt* 40: 81-135.

Bohrer, Frederick N.; 1989. "Assyria as art: a perspective on the early reception of ancient Near Eastern artifacts," *Culture and History* 4: 7-33.

———, 2003. *Orientalism and visual culture: Imagining Mesopotamia in Nineteenth-Century Europe*. Cambridge ve New York: Cambridge University Press.

Bonatz, Dominik; 2000a. *Das syro-hethitische Grabdenkmal: Untersuchungen zur Entstehung einer neuen Bildgattung in der Eisenzeit im nordsyrisch-südostanatolischen Raum*. Mainz: Verlag Philipp von Zabern.

———, 2000b. "Syro-Hittite funerary monuments: a phenomenon of tradition or innovations?," *Essays on Syria in the Iron Age* içinde, der. G. Bunnens, Louvain: Peeters Press, 189-210.

———, 2001a. "Mnemohistory in Syro-Hittite iconography," *Historiography in the cuneiform world* içinde, der. Tzvi Abusch, Paul-Alain Beaulieu, John Huehnergard, Peter Machinist, Piotr Steinkeller; Carol Noyes, William W. Hallo; Irene J. Winter, Bethesda, Maryland: CDL Press, 65-77.

———, 2001b. "Die Kunst des Vergessens: Eine kurzgefaßte Ikonologie der früharamäischen Stadtanlage auf dem Tell Halaf, dem alten Guzana," *AW* 32: 25-33.

Bordreuil, Pierre; 2000. "Tiglath-phalasar I a-t-il pêché ou chassé le nahiru?," *Topoi Orient-Occident* Supplement 2: 117-24.

Börker-Klähn, Jutta; 1980. "Der *bît hilâni* im *bît šahûri* des Aššur-Tempels," *ZA* 70: 258-273.

———, 1982. *Altvorderasiatische Bildstelen und vergleichbare Felsreliefs*, Baghdader Forschungen 4. Mainz am Rhein: Philip von Zabern.

———, 1997. "Mauerkronenträgerinnen," *Assyrien im Wandel der Zeiten: XXXIXe Rencontre Assyriologique Internationale Heidelberg 6.-10. Juli 1992* içinde, der. H. Waetzoldt ve H. Hauptmann, Heidelberg: Heidelberger Orientverlag, 227-234.

Bossert, Helmuth Theodor; 1933. "Bît hilāni – des Rätsels Lösung?," *AfO* 9: 127.

———, 1942. *Altanatolien: Kunst und Handwerk in Kleinasien von den Anfängen bis zum Völligen aufgehen in der Griechischen Kultur*. Berlin: Verlag Ernst Wasmuth G.M.B.H.

Bossert, Helmuth Theodor ve U. Bahadır Alkım; 1947. *Karatepe: Kadirli ve dolayları (ikinci ön-rapor)*. İstanbul: Pulhan Basımevi.

Bossert, Helmuth Theodor, U. Bahadır Alkım, Halet Çambel; 1950. *Karatepe Kazıları; Die Ausgrabungen auf dem Karatepe, erster vorbericht*, Ankara.

Bottema, Sytze, G. Entjes-Nieborg, W. Van Zeist (der.); 1990. *Man's role in the shaping of the Eastern Mediterranean landscape*. Rotterdam: A. A. Balkema.

Bottema, Sytze ve Henk Woldring; 1990. "Anthropogenic indicators in the polen record of the Eastern Mediterranean," *Man's role in the shaping of the Eastern Mediterranean landscape* içinde, der. S. Bottema, G. Entjes-Nieborg, W. Van Zeist, Roterdam: A.A. Balkema, 231-264.

Bottema, Sytze ve R.T.J. Cappers; 2000. "Palynological and archaeobotanical evidence from Bronze age Northern Mesopotamia," *Rainfall and agriculture in Northern Mesopotamia* içinde, der. R.M. Jas, Proceedings of the Third Mos Symposium, Leiden 1999; İstanbul: Nederlands Historisch-Archaeologisch Instituut, 37-70.

Bourdieu, Pierre; 1977. *Outline of a theory of practice*. R. Nice (trans.), Cambridge: Cambridge University Press. Originally published as *Esquisse d'une théorie de la pratique, précédé de trois études d'ethnologie kabyle*, Genève: Librairie Droz; 1972.

———, 1990. *The logic of practice*. Çev. Richard Nice, of *La sens pratique* (Les Éditions de Minuit, Paris 1980), Stanford, California: Stanford University Press.

———, 1993a. *The field of cultural production: essays on art and literature*. Randal Johnson (der. ve giriş), New York: Columbia University Press.

———, 1993b. "Some properties of fields," *Sociology in question* içinde, der. Richard Nice (çev.), Londra: Sage Publications, 72-7.

Bozdoğan, Sibel; 2001. *Modernism and nation building: Turkish architectural culture in the Early Republic*. Seattle ve Londra: University of Washington Press [*Modernizm ve Ulusun İnşası*, İng. çev. Tuncay Birkan, İstanbul: Metis Yayınları, 2012].

Bötticher, Karl; 1852. *Die Tektonik der Hellenen*. Potsdam: Verlag von Ferdinand Riegel.

Bradley, Richard; 1993. *Altering the Earth: The Origins of Monuments in Britain and Continental Europe*. Edinburgh: Society of Antiquaries of Scotland.

Braidwood, Robert J.; 1937. *Mounds in the plain of Antioch: an archaeological survey*. The University of Chicago Oriental Institute Publications 58. Chicago, Illinois: The University of Chicago Press.

Braudel, Fernand; 1972. *The Mediterranean and the Mediterranean world in the age of Philip II*. New York: Harper and Row. Çev. *La Méditerranée et le Monde Méditerraneén à l'Époque de Philippe II*. Paris: Librairie Armand Colin, 1966 [*II. Felipe Dönemi'nde Akdeniz ve Akdeniz Dünyası*, Fr. çev. Mehmet Ali Kılıçbay, Ankara: İmge Kitabevi, 1993].

Braun-Holzinger, E.A.; 2000. "Ninurta Ninğirsu. B. In der Bildkunst," *RlA* 9: 522-4.

Briant, Pierre; 1982. *Etats et pasteurs au Moyen-Orient ancien*. Paris: Maison des sciences de l'homme.

———, 2002. *From Cyrus to Alexander: A History of the Persian Empire*. Winona Lake: Eisenbrauns.

Brinkman, J.A.; 1997. "Unfolding the drama of the Assyrian empire," *Assyria 1995. Proceedings of the 10th Anniversary Symposium of the Neo-Assyrian Text Corpus Project* içinde, der. S. Parpola ve R.M. Whiting, Helsinki: The Neo-Assyrian Text Corpus Project, 1-16.

Briquel-Chatonnet, F. ve P. Bordreuil; 2000. "Tiglath-phalazar Ier a-t-il pêché ou chassé la nahiru?," *Topoi Supplément* 2: 117-24.

Brogiolo, G.P. ve Bryan Ward-Perkins (der.); 1999. *The idea and ideal of the town between late antiquity and the early middle ages.* Leiden: Brill.

Brown, Brian Ashley; 2008. *Monumentalizing Identities: North Syrian Urbanism, 1200-800 BCE.* Doktora tezi, University of California at Berkeley.

Bryce, Trevor R.; 1986. "The boundaries of Hatti and Hittite border policy," *Tel Aviv* 13: 85-102.

———, 1998. *The kingdom of the Hittites.* Clarendon Press: Oxford.

———, 2002. *Life and society in the Hittite world.* Oxford: Oxford University Press [*Hitit Dünyasında Yaşam ve Toplum*, İng. çev. Müfit Günay, Ankara: Dost Kitabevi, 2003].

———, 2003a. "History" *Luwians* içinde, der. H. Craig Melchert, Handbook of Oriental Studies: Section 1: The Near and Middle East, cilt 68. Leiden and Boston: Brill, 27-127.

———, 2003b. *Letters of the Great Kings of the Ancient Near East: the royal correspondence of the Late Bronze Age.* Londra ve New Tork: Routledge.

Buccellati, Giorgio; 1964. "The enthronement of the king and the capital city in texts from ancient Mesopotamia and Syria," *Studies presented to A. Leo Oppenheim* içinde. Chicago: The Oriental Institute of the University of Chicago, 54-61.

———, 1977. "The 'urban revolution' in a socio-political perspective," *Mesopotamia* 12: 19-39.

———, 1990a. "From Khana to Laqê: the end of Syro-Mesopotamia," *De la Babylonie à la Syrie, en passant par Mari* içinde, der. Ö. Tunca, Liège: 229-253.

———, 1990b. "'River bank,' 'high country,' and 'pasture land': the growth of nomadism on the Middle Euphrates and the Khabur," *Tell al Hamīdīya* 2 içinde, der. S. Eichler, M.Wäfler ve D. Warburton, Göttingen: 87-117.

———, 1990c. "The rural landscape of the ancient Zor: the Terqa evidence," *Techniques et pratiques hydro-agricoles traditionelles en domain irrigué. Approche pluridisciplinaire des modes de culture avan la motorisation en Syrie* içinde, der. Bernard Geyer, Actes du Colloque de Damas Damas 27 juin – 1er julliet 1987. Institut Français d'Archéologie du Proche-Orient, Beyrouth-Damas-Amman, Bibliothèque archéologique et historique –T. cxxxvi. Paris: Libraire Orientaliste Paul Geuthner, 155-69.

———, 1996. "The role of the socio-political factors in the emergence of 'public' and 'private' domains in early Mesopotamia," *Privatization in the ancient Near East and the classical World* içinde, der. M. Hudson ve B.A. Levine, Peabody Museum Bulletin 5: Cambridge Massachusetts, 129-147.

———, 1997. "Syria in the Bronze age," *OEANE* 5: 126-131.

Bunnens, Guy; 1989. "Tell Ahmar on the Euphrathes: A New Research Project of the University of Melbourne," *Akkadica* 63: 1-11.

———, 1991. "Melbourne University excavations at Tell Ahmar: 1988 season," *Mesopotamie et Elam: Actes de la XXXVIème Rencontre Assyriologique Internationale*, der. L. de Meyer ve H. Gasche, Ghent: University of Ghent, 163-170.

———, 1994. "Tell Ahmar/ Til Barsip: 1988-1992," *AfO* 50-51: 221-225.

———, 1995. "Hittites and Aramaeans at Til Barsip: a reappraisal," *Immigration and emigration within the Ancient Near East: Festschrift E. Lipiński* içinde, der. K. Van Lerberghe ve A. Schoors, Leuven: Uitgeverij Peeters en Departement Oriëntalistiek, 19-27.

———, 1996. "Syro-Anatolian Influence on Neo-Assyrian Town Planning," *Cultural Interactions in the Ancient Near East* içinde, der. G. Bunnens, Abr-Nahrain Supplemet Series 5. Louvain: Peeters Press, 113-128.

———, 1997a. "Carved ivories from Til Barsip," *AJA* 101: 435-450.

———, 1997b. "[New texts from Til Barsip:] the archaeological context," *Abr-Nahrain* 34: 61-65.

———, 1997c. "Til Barsip under Assyrian domination: a brief account of the Melbourne University excavations at Tell Ahmar," *Assyria 1995. Proceedings of the 10th Anniversary Symposium of the Neo-Assyrian Text Corpus Project* içinde, der. Simo Parpola ve R. M. Whiting, Helsinki: The Neo-Assyrian Text Corpus Project, 17-28.

———, 1999. "Aramaeans, Hittites, and Assyrians in the Upper Euphrates valley," *Archaeology of the Upper Syrian Euphrates: the Tishrin dam area* içinde, der. G. Del Olmo Lete ve J. L. Montero Fenollós, Barcelona: Editorial Ausa, 605-24.

———, 2000a. "Syria in the Iron Age: problems of definition," *Essays on Syria in the Iron Age* içinde, der. G. Bunnens, Ancient Near Eastern Studies Supplement 7; Louvain: Peeters Press, 3-20.

———, 2000b. "Géographie historique de la région du barrage de Tishrin," *La Djéziré et l'Euphrate Syriens de la Protohistoire à la fin du IIe Millénaire av. J. C. Tendances dans l'interprétation historique des données nouvelles* (Subartu VII) içinde, der. Olivier Rouault ve Markus Wäfler, Turnhout: Brepols, 299-308.

———, 2006. *A new Luwian stele and the cult of the Storm-God at Til Barsip-Masuwari*. Louvain: Peeters.

Bunnens, Guy (der.); 1990. *Tell Ahmar 1988 Season*. Abr Nahrain Supplement 2. Leuven: Orientaliste.

———, 2000. *Essays on Syria in the Iron Age*. Ancient Near Eastern Studies Supplement 7; Peeters Press: Louvain.

Burke, Peter; 1990. *The French historical revolution: The Annales school 1929-89*, Stanford, California: Stanford University Press [*Fransız Tarihi Devrimi*, İng. çev. Mehmet Küçük, Ankara: Doğu Batı Yayınları, 2010].

Calvino, Italo; 1978. *Invisible cities. Le città invisibili* (Guilio Einaudi Editore 1972), çev. William Weaver. San Diego: Harcourt, Inc [*Görünmez Kentler*, İt. çev. Işıl Saatçıoğlu, İstanbul: Remzi Kitabevi, 1990].

Canepa, M.P.; 2010. "Technologies of memory in early Sasanian Iran: Achaemenid sites and Sasanian identity," *AJA* 114: 563-96.

Casana, Jesse ve Jason T. Herrmann; 2010. "Settlement history and urban planning at Zincirli Höyük, Southern Turkey," *JMA* 23.1: 55-80.

Caubet, Annie (der.); 1995. *Khorsabad, le palais de Sargon II, roi d'Assyrie. Actes du colloque organisé au musée de Louvre par le Service culturel les 21 et 22 janvier 1994*. Paris: La documentation Français.

Chang, Mike ve Nigel Thrift (der.); 2000. *Thinking space*. Londra ve New York: Routledge.

Cheng, Jack ve Marian H. Feldman (der.); 2007. *Ancient Near Eastern Art in Context: Studies in Honor of Irene J. Winter by her students*. Leiden: Brill Publishers.

Chartier, Roger; 1997. *On the edge of the cliff: history, language and practices*. L. G. Cochrane (çev.), Baltimore: The Johns Hopkins University Press.

Chavalas, Mark W.; (der.) 2006. *The Ancient Near East: Historical Sources in Translation*. Malden MA: Blackwell.

Cherry, John F.; 1983. "Frogs round the pond: perspectives on current archaeological survey projects in the Mediterranean region," *Archaeological survey in the Mediterranean area* içinde, der. Donal R. Keller ve David W. Rupp, BAR International Series 155. Oxford: B.A.R., 375-416.

———, 1987. "Power in space: archaeological and geographical studies of the state," *Landscape and culture: geographical and archaeological perspectives* içinde, der. J. M. Wagstaff, Oxford: Basil Blackwell, 146-72.

———, 2003. "Archaeology beyond the site: regional survey and its future," *Theory and practice in Mediterranean archaeology: Old World and New World perspectives* içinde, der. R. Leventhal ve J. Papadopoulos, Los Angeles, 137-60.

Chilton, Elizabeth S.; 1999. "Material meanings and meaningful materials: an introduction," *Material meanings: critical approaches to the interpretation of material culture* içinde, der. Elizabeth S. Chilton, Foundations of Archaeological Inquiry. Salt Lake City: The University of Utah Press, 1-6.

Chilton, Elizabeth S. (der.); 1999. *Material meanings: critical approaches to the interpretation of material culture*. Foundations of Archaeological Inquiry. Salt Lake City: The University of Utah Press.

Chouquer, Gérard; 2000. *L'É tude de paysages: essais sur leurs formes et leur histoire*. Paris: Editions Errance.

Cifarelli, Megan; 1995. *Enmity, alienation and Assyrianization: The role of cultural difference in the visual and verbal expression of Assyrian ideology in the reign of Aššurnasirpal II (883-859 B.C.)*. Doktora tezi. (UMI microform edition), Columbia University.

———, 1998. "Gesture and Alterity in the Art of Ashurnasirpal II of Assyria," *Art Bulletin* 80: 210-28.

Clark, Stuart (der.); 1999. *The Annales school: critical assessments*. 4 volumes (I. *Histories and overviews*; II. *The Annales school and historical studies*; III. *Fernand Braudel*; IV. *Febvre, Bloch and other Annales historians*). New York: Routledge.

Clayden, T.; 1996. "Kurigalzu I and the restoration of Babylonia," *Irak* 58: 109-121.

Cohen, Mark E; 1993. *The cultic calendars of the ancient Near East*. Bethesda, Maryland: CDL Press.

Cohen, Mark E, Daniel C. Snell ve David B. Weisberg (der.); 1993. *The tablet and the scroll: Near Eastern studies in honor of William W. Hallo*. Bethesda, Maryland: CDL Press.

Cohen, Sol; 1973. *Enmerkar and the Lord of Aratta*. Doktora tezi, University of Pennsylvania.

Collins, Billie Jean (der.); 2002. *A history of the animal world in the ancient Near East*. Leiden: Brill.

Collon, Dominique; 1969. "Mesopotamian columns," *JANES* 2: 1-18.

———, 1977. "Ivory," in *Trade in the ancient Near East. Papers presented to the XXIII Rencontre Assyriologique Internationale, University of Birmingham 5-9 July 1976*, der. John David Hawkins, Londra: British School of Archaeology in Iraq, 219-22.

———, 1981. "The Aleppo workshop: a seal-cutters' workshop in Syria in the second half of the 18th c. bc," *Ugarit-Forschungen* 13: 33-43.

———, 1992. "Banquets in the art of the ancient Near East," in *Banquets d'Orient*, der. R. Gyselen, Bures-sur-Yvette: Groupe pour l'Étude de la Civilisation du Moyen-Orient, 23-30.

———, 1995. *Ancient Near Eastern art*. Berkeley ve Los Angeles CA: University of California Press.

Connerton, Paul; 1989. *How societies remember*. Cambridge, UK and New York: Cambridge University Press [*Toplumlar Nasıl Anımsar?*, İng. çev. Alâeddin Şenel, İstanbul: Ayrıntı Yayınları, 1999].

Cornelius, F.; 1970. "Das hethitische ANTAHŠUM(ŠAR)-Fest," *Actes de la XVIIᵉ Rencontre Assyriologique Internationale*. Université Libre de Bruxelles, 30 juin – 4 julliet 1969, içinde, der. André Finet, Publications du Comité Belge de Recherches Historiques, Épigraphiques et Archéologisch en Mésopotamie. Ham-sur-Heure: Comité Belge de Recherches en Mésopotamie, 171-74.

Cosgrove, Denis; 1985. *Social formation and symbolic landscape*. Totowa, New Jersey: Barnes and Noble Books.

Cosgrove, Denis ve Stephen Daniels (der.); 1988. *The iconography of landscape. Essays on the symbolic representation, design and use of past environments*. Cambridge: Cambridge University Press.

Crang, Mike ve Penny S. Travlou; 2001. "The city and topologies of memory," *Environment and Planning D: Society and Space* 19: 161-77.

Crinson, Mark; 2005. "Urban memory: an introduction," *Urban Memory: History and Amnesia in the Modern City* içinde, der. M. Crinson, Londra and New York: Routledge, xi-xx.

Curtis, John E.; 1982. "Balawat," *Fifty years of Mesopotamian discovery: the work of the British School of archaeology in Iraq (1932-1982)* içinde, der. John E. Curtis, Londra: The British School of Archaeology in Iraq, 113-19.

———, 1988. "Assyria as a bronzeworking centre in the Late Assyrian period," *Bronzeworking centres of Western Asia c. 1000-539 B.C.* içinde, der. John E. Curtis, Londra: Kegan Paul International, 83-96.

———, 1997. "Nimrud," s.v. in *The Oxford Encyclopedia of Archaeology in the Near East.* Eric M. Meyers (baş der.), Oxford: Oxford University Press, III: 141-44.

———, 2002. "Reflections on Balawat," *Of pots and plans: papers on the archaeology and history of Mesopotamia and Syria presented to David Oates in honour of his 75th birthday* içinde, der. Lamie Al-Gailani Werr, John Curtis, Harriet Martin, Augusta McMahon, Joan Oates ve Julian Reade, Londra: Nabu Publications, 54-64.

———, 2008. "The excavations and discoveries at balawat," *The Balawat Gates of Assurnasirpal II.* J. içinde, der. E. Curtis ve N. Tallis, Londra: The British Museum Press, 7-22.

Curtis, John E. (der.); 1982. *Fifty years of Mesopotamian discovery: the work of the British School of archaeology in Iraq (1932-1982).* Londra: The British School of Archaeology in Iraq.

Curtis, John E., Dominique Collon, Anthony Green ve Ann Searight; 1993. "British Museum excavations at Nimrud and Balawat in 1989," *Irak* 55: 1-36.

Curtis, John E. ve Julian E. Reade (der.); 1995. *Art and Empire: Treasures from Assyria in the British Museum.* New York: Metropolitan Museum of Art.

Curtis, John E., T.S. Wheeler, J.D. Muhly ve R. Maddin; 1979. "Neo-Assyrian ironworking technology," *PAPS* 123: 369-90.

Czichon, Rainer M.; 1999. "Das Umland der Hethetischen Hauptstadt Hattuša – Erste Ergebnisse eines Surveys," *Stadt und Umland: Neue Ergebnisse der archäologischen Bau-und Siedlungsforschung* içinde, der. E.L. Schwandner ve K. Rheidt, Mainz am Rhein: Verlag Philipp von Zabern, 123-28.

———, 2000. "Das Hattuša/Boğazköy Surveyproject (Karte)," *Proceedings of the First International Congress on the Archaeology of the Ancient Near East* içinde, der. Paolo Matthiae, Alessandra Enea, Luca Peyronel ve Frances Pinnock, Roma: Università delgi studi di Roma "La Sapienza," Dipartimento di Scienze Storiche, Archeologiche e Anthropologiche dell'Antichità, 269-77.

Çambel, Halet; 1948. "Karatepe: an archaeological introduction to a recently discovered Hittite site in Southern Anatolia," *Oriens* 1: 147-62.

———, 1986. "Domuztepe: son araştırmalar ışığında yeni bir değerlendirme," *AnaAraş* 10: 31-44.

———, 1993. "Das Freilichtmuseum von Karatepe-Aslantaş," *IstMitt* 43: 495-509.

Çambel, Halet ve Aslı Özyar; 2003. *Karatepe – Aslantaş, Azatiwataya: Die Bildwerke.* Deutsches Archäologisches Institut. Mainz am Rhein: Verlag Philipp von Zabern [*Karatepe-Aslantaş ve Domuztepe 1988 yılı çalışmaları,* 1991].

Çambel, Halet, Wolfgang Röllig ve David Hawkins; 1999. *Corpus of Hieroglyphic Luwian Inscriptions,* cilt II: *Karatepe-Arslantaş: The Inscriptions: facsimile edition,* Berlin: Walter de Gruyter.

Çelik, Zeynep; 1999. "New approaches to the 'non-Western' city," *JSAH* 58: 376-81.

Çınar, Alev ve Thomas Bender (der.); 2007. "Introduction. The city: experience, imagination, and place," *Urban imaginaries: locating the modern city* içinde, der. Minneapolis, Minn.: University of Minnesota Press, xi-xxvi.

Çilingiroğlu, Altan; 1983. "Mass deportations in the Urartian kingdom," *AnaAraş* 9: 319-23 [*Urartu'da Toplu Nüfus Aktarımları,* İstanbul: İ.Ü. Edebiyat Fakültesi, 1983].

———, 2001. "Temple area," *Ayanis I: Ten years' excavations at Rusahinili Eiduru-kai 1989-1998* içinde, der. A. Çilingiroğlu ve M. Salvini, Roma: CNR Istituto per gli Studi Micenei ed Egeo-Anatolici, 37-65.

Çilingiroğlu, Altan ve Roger J. Matthews (der.); 1999. *Anatolian Iron Ages 4: Proceedings of the Fourth Anatolian Iron Ages Colloquium held at Mersin, 19-23 May 1997* [AnSt 49]. Londra: The British Institute of Archaeology at Ankara.

Çilingiroğlu, Altan ve Mirjo Salvini; 1995. "*Rusahinili* in front of Mount *Eiduru*: The Urartian fortress of Ayanis (7th century B.C.)," *SMEA* 35: 111-124. (der.); 2001. *Ayanis I: Ten years' excavations at Rusahinili Eiduru-kai 1989-1998.* Roma: CNR Istituto per gli Studi Micenei ed Egeo-Anatolici.

Dalfes, H. Nüzhet, George Kukla ve Harvey Weiss (der.); 1997. *Third Millennium BC climate change and Old World collapse.* 19-24 Eylül 1994, Türkiye'nin Kemer ilçesinde düzenlenen NATO İleri Araştırma Atölyesi Tutanakları. New York: Springer.

Dalley, Stephanie; 1988. "Neo-Assyrian textual evidence for bronzeworking centres," *Bronzeworking centres of Western Asia c. 1000-539 B.C.* içinde, der. John E. Curtis, Londra: Kegan Paul International, 97-110.

———, 1989. *Myths from Mesopotamia: creation, the flood, Gilgamesh and others.* Oxford: Oxford University Press.

———, 1994. "Nineveh, Babylon and the hanging gardens: cuneiform and classical sources reconciled," *Irak* 56: 45-58.

———, 1997a. "The hanging gardens of Babylon at Nineveh," *Assyrien im Wandel der Zeiten: XXXIXe Rencontre Assyriologique Internationale Heidelberg 6.-10. Juli 1992* içinde, der. H. Waetzoldt ve H. Hauptmann, Heidelberg: Heidelberger Orientverlag, 19-24.

———, 1997b. "Neo-Assyrian tablets from Til Barsip," *Abr Nahrain* 34 (1996-1997) 66-99.

———, 2002. "More about the hanging gardens," *Of pots and plans: papers on the archaeology and history of Mesopotamia and Syria presented to David Oates in honour of his*

75th birthday içinde, der. Lamie Al-Gailani Werr, John Curtis, Harriet Martin, Augusta McMahon, Joan Oates ve Julian Reade, Londra: Nabu Publications, 67-73.

Dalley, Stephanie ve John Peter Oleson; 2003. "Sennacherib, Archimedes and water screw," *Technology and culture* 44: 1-26.

Dalley, Stephanie ve J. Nicholas Postgate; 1984. *The tablets from Fort Shalmaneser*. Oxford: British School of Archaeology in Iraq.

Dalley, Stephanie (der.); 1998. *The legacy of Mesopotamia*. New York: Oxford University Press.

Damerji, Muayad Said Basim; 1987. *The development of the architecture of doors and Gates in ancient Mesopotamia*. Çev. Tomio Takase ve Yasuyoshi Okada. Tokyo: Institute for Cultural Studies of Ancient Iraq, Kokushikan University.

———, 1999. *Gräber assyrischer Königinnen aus Nimrud*. Mainz: Verlag des Römisch-Germanischen Zentralmuseums.

Daniels, Stephen ve Denis Cosgrove; 1988. "Introduction: iconography and landscape," *The iconography of landscape. Essays on the symbolic representation, design and use of past environments* içinde, der. Denis Cosgrove ve Stephen Daniels, Cambridge: Cambridge University Press, 1-10.

Davey, Christopher J.; 1985. "The Negūb tunnel," *Irak* 47: 49-55.

Daviau, P.M. Michèle, John W. Wevers ve Michael Weigl (der.); 2001. *The world of the Aramaeans II: Studies in history and archaeology in honor of Paul-Eugène Dion*. Journal for the Study of the Old Tastement Supplement Series 325, Sheffield: Sheffield Academic Press.

David, Bruno ve Julian Thomas (der.); 2010. *Handbook of landscape archeaology*. Walnut Creek, CA: Left Coast Press.

De Certeau, Michel; 1974. "L'opération historique," in *Faire de l'histoire: Nouveaux problèmes*, der. J. Le Goff ve P. Nora, Gallimard: Paris; 3-41.

———, 1984. *The practice of everyday life*. Trans. S. Rendall [of *Arts de faire*], Berkeley: University of California Press.

———, 1988. *The writing of history*. Çev. Tom Conley (of *L'écriture de l'histoire*, Paris: Gallimard, 1975). New York: Columbia University Press.

Deighton, Hilary J.; 1982. *The 'Weather-God' in Hittite Anatolia: an examination of the archaeological and textual sources*. BAR International Series 143. Oxford: British Archaeological Reports.

Delaporte, Louis; 1933. "Malatia: La ville et la pays de Malatia, Histoire de Malatia, Arslantepe en 1932; La palais du IXe ou du Xe siècle après J.C." *RHA* 3: 129-54.

———, 1934. "Malatia: Céramique de Hittite récent," *RHA* 4: 257-85.

———, 1939. "La troisième campagne de fouilles à Malatya," *RHA* 5: 43-56.

———, 1940. *Malatya, fouilles de la Mission archéologique française. Arslantepe, La porte de lions*. Paris: E. de Boccard.

Deller, K., A. Fadhil ve K.M. Ahmad; 1994. "Two new royal inscriptions dealing with construction work in Kar-Tukulti-Ninurta," *BaM* 25: 459-71.

Del Olmo Lete, G. ve J.L. Montero Fenollós (der.); 1999. *Archaeology of the Upper Syrian Euphrates: the Tishrin dam area*. 28-30 1998, Barcelona'da düzenlenen Uluslararası Sempozyum Tutanakları. Aula Orientalis Supplementa 15. Barcelona: Editorial Ausa.

DeMarrais, Elizabeth, Luis Jaime Castillo ve Timothy Earle; 1996. "Ideology, materialization and power strategies," *Current Anthropology* 37: 15-31.

Denel, Elif; 2006. *Development of elite cultures and socipolitical complexity in Early Iron Age kingdoms of Northern Syria and Southeastern Anatolia*. PhD diss., Bryn Mawr College.

———, 2007. "Ceremony and kingship at Carchemish" *Ancient Near Eastern Art in Context: Studies in Honor of Irene J. Winter by her students*, der. Jack Cheng ve Marian H. Feldman, Leiden: Brill Publishers, 179-204.

Deshayes, Jean, Maurice Sznycer ve Paul Garelli; 1981. "Remarques sur les monuments de Karatepe," *RA* 75: 31-46.

Dever, William G; 1992a. "The chronology of Syria-Palestine in the Second millennium bce: a review of current issues," *BASOR* 288: 1-25.

———, 1992b. "The Late Bronze age-Early Iron I horizon in Syria-Palestine: Egyptians, Canaanites, 'Sea Peoples' and Proto-Israelites," *The crisis years: the twelfth century B.C. from beyond the Danube to the Tigris* içinde, der. William A. Ward ve Martha S. Joukowsky, Dubuque: Kendall/Hunt Publishing Company, 99-110.

DeVries, Keith, Peter Ian Kunih, olm, G. Kenneth Sams ve Mary M. Voigt; 2003. "New dates for Iron age Gordion," *Antiquity* 77 [http://www.antiquity.ac.uk/projgall/devries296/].

Diakonoff, Igor M. 1969. "Main features of the economy in the monarchies of the ancient Western Asia," *Troisième conférence internationale d'histoire économique, Munich 1965, cilt 3* içinde, der. M.I. Finley, Paris: La Haye, Mouton, 13-32.

Dick, Michael B. (der.); 1999. *Born in heaven, made on earth: the making of the cult image in the Ancient Near East*. Winona Lake, Indiana: Eisenbrauns.

Dietler, Michael ve Brian Hayden (der.); 2001. *Feasts: archaeological and ethnographic perspectives on food, politics, and power*. Washington ve Londra: Smithsonian Institution Press.

Dietler, Michael ve Ingrid Herbich; 1998. "*Habitus*, techniques, style: an integrated approach to the social understanding of material culture and boundaries," *The archaeology of social boundaries* içinde, der. Miriam T. Stark, Washington ve Londra: Smithsonian Institution Press, 232-63.

Di Nocera, G.M.; 2005. "2003 Archaeological survey in the Malatya territory," *22. Araştırma Sonuçları Toplantısı* içinde, der. K. Olşen, F. Bayram ve A. Özme, Cilt 2: 325-36. Ankara: T. C. Kültür ve Turizm Bakanlığı Anıtlar ve Müzeler Genel Müdürlüğü.

Dion, Paul E.; 1995. "Aramaean tribes and nations of First-Millennium Western Asia," *Civilizations of the Ancient Near East* içinde, der. J. M. Sasson, New York: Simon & Schuster Macmillan, cilt II, s. 1281-94.

———, 1997. *Les Araméens à l'âge du Fer: histoire politique et structures sociales.* Études Bibliques Nouvelle série Sayı 34. Paris: Libraire Lecoffre.

Dittmann, Reinhard; 1990. "Ausgrabungen der Freien Universität Berlin in Assur and Kār-Tukultī-Ninurta in den Jahren 1986-89," *MDOG* 122: 157-71.

———, 1992. "Aššur and Kār-Tukultī-Ninurta," *AJA* 96: 307-12.

———, 1995. "Ruinen beschreibungen der Machmur-Ebene aus dem Nachlaß von Walter Bachmann," *Beiträge zur Kulturgeschichte Vorderasiens: Festschrift für Rainer Michael Boehmer* içinde, der. U. Finkbeiner, R. Dittmann ve H. Hauptmann, Mainz am Rhein: Verlag Philipp von Zabern, 87-102.

———, 1997. s.v. "Kar-Tukulti-Ninurta," *OEANE* 3: 269-71.

———, 1999. "Einbindungen altorientalischer Städte," *Fluchtpunkt Uruk: Archäologische Einheit aus methodischer Vielfalt: Schriften für Hans Jörg Nissen* içinde, der. Hartmut Kühne, Reinhard Bernbeck, Karin Bartl, Rahden/Westf.: Verlag Marie Leidorf GmbH, 159-83.

Dittmann, Reinhard, Christian Eder ve Bruno Jacobs (der.); 2003. *Altertumswissenschaften im Dialog: Festschrift für Wolfram Nagel zur Vollendung seines 80. Lebensjahres.* Münster: Ugarit-Verlag.

Dittmann, Reinhard, Tilman Eickoff, Rainer Schmitt, Roland Stengele ve Sabine Thürwächter; 1988. "Untersuchungen in Kār-Tukultī-Ninurta (Tulūl al-'Aqar) 1986," *MDOG* 120: 97-138.

Dittmann, Reinhard, Barthel Hrouda, Ulrike Löw, Paolo Matthiae, Ruth Mayer-Opificus ve Sabine Thürwächter (der.); 2000. *Variatio Delectat: Iran und der Westen. Gedenkschrift für Peter Calmeyer.* Alter Orient und Altes Testament: Veröffentlichungen zur Kultur und Geschichte des Alten Orients und des Alten Testaments Band 272, Münster: Ugarit-Verlag.

Dodd, Lynn Swartz; 2002. *The ancient past in the ancient present: cultural identity in Gurgum during the Late Bronze Age-Early Iron Age transition in North Syria.* Doktora tezi, University of California Los Angeles.

Doğan, Uğur; 2009. "The geomorphology of the Birkleyn caves (Diyarbakır-Türkiye): Preliminary results," *Assyriens Könige an einer der Quellen des Tigris: Archäologische Forschungen im Höhlensystem von Birkleyn und am sogenannten Tigris-Tunnel* içinde, der. Andreas Schachner ve Karen Radner. İstanbuler Forschungen 51. Tübingen: Wasmuth Ernst Verlag, 20-31.

Donceel, R ve R. Lebrun (der.); 1983. *Archéologie et religions de l'Anatolie ancienne. Mélanges en l'honneur du professeur Paul Naster.* Louvain-La-Neuve: Centre d'Histoire de Religions.

Dönbaz, Veysel ve Grant Frame; 1983. "The building activities of Shalmaneser I in Northern Mesopotamia," *Anuual Review of the Royal Inscriptions of Mesopotamia Project* 1: 1-5.

Dönbaz, Veysel ve Hannes D. Galter; 1997. "Assurnasirpal II. and die Subnatquelle," *MDOG* 129: 173-86.

Durand, Jean-Marie; 2003. "La conscience du temps et sa commmémoration en Mésopotamie: l'example de la documentation mariote," *Akkadica* 124: 1-11.

Duru, Refik; 1980. "İslahiye bölgesinde M.Ö.2.Binyılına ait önemli bir kent: Tilmen höyük," *Anadolu* 21: 37-46.

——, 2003. *A forgotten capital city Tilmen (Story of a 5400 year old settlement in the Islahiye region-Southeast Anatolia)*. İstanbul: Türsab Kültür Yayınları.

Eagleton, Terry; 1983. *Literary theory: an introduction*. Oxford: Basil Blackwell [*Edebiyat Kuramı*, İng. çev. Tuncay Birkan, İstanbul: Ayrıntı Yayınları, 2004].

——, 1991. *Ideology: an introduction*. Londra: Verso [*İdeoloji*, İng. çev. Muttalip Özcan, İstanbul: Ayrıntı Yayınları, 1996].

Earle, Timothy K.; 2000. "Institutionalization of chiefdoms: why landscapes are built," *From leaders to rulers* içinde, der. Jonathan Haas, New York: Kluwer Academic/Plenum Publishers, 105-124.

——, 2002. *Bronze age economics: the beginnings of political economies*. Oxford: Westview Press.

Ehrenberg, Erica (der.); 2002. *Leaving no stones unturned: essays on the Ancient Near East and Egypt in honor of Donald P. Hansen*. Winona Lake, Indiana: Eisenbrauns.

Eichler, Seyyare, Volkert Haas, Daniel Steudler, MarkusWäfler ve David Warburton; 1985. *Tall al-Hamīdīya 1: Vorbericht 1984*. Orbis Biblicus et Orientalis Series Archaeologica 4; Götingen: Universtätsverlag Freiburg Schweiz, Vandenhoeck & Ruprecht.

Eichler, Seyyare, Markus Wäfler ve David Warburton; 1990. *Tall al-Hamīdīya 2: Recent excavations in the Upper Khabur region*. Orbis Biblicus et Orientalis Series Archaeologica 6; Götingen: Universtätsverlag Freiburg Schweiz.

Eichmann, Ricardo; 1989. *Uruk, die Stratigraphie: Grabungen 1912-1977 in den Bereichen 'Eanna' und 'Anu-Ziqqurrat.'* Ausgrabungen in Uruk-Warka. Endberichte; Bd. 3. Mainz am Rhein: P. von Zabern.

——, 2001. "Musik und Migration," *Migration und Kulturtransfer: Der Wandel vorder- und zentralasiatischer Kulturen im Umbruch vom 2. zum 1. vorchristlichen Jahrtausend* içinde, der. R. Eichmann ve H. Parzinger, Bonn: Dr. Rudolf Habelt GmbH, 473-83.

Eichmann, Ricardo ve Hermann Parzinger (der.); 2001. *Migration und Kulturtransfer: Der Wandel vorder- und zentralasiatischer Kulturen im Umbruch vom 2. zum 1. vorchristlichen Jahrtausend*, Kolloquien zur Vor- und Frühgeschicte Band 6. Bonn: Dr. Rudolf Habelt GmbH.

Eickhoff, Tilman; 1980. s.v. "Kār-Tukulti-Ninurta, B. Archäologisch," *RlA* 5 (1976-1980) 456-459.

———, 1985. *Kār Tukulti Ninurta: eine mittelassyrisch Kult- und Rezidenzstadt*, Abhandlungen der Deutschen Orient-Gesellschaft 21; Berlin: Mann (Gebr.).

Eickstedt, Uta V., Achim Unger ve Ralf B. Wartke; 1994. "Untersuchungen an den Resten bemalten Wandputzes aus Kar Tukulti Ninurta," *Handwerk und Technologie im Alten Orient: ein Beitrag zur Geschichte der Technik im Altertum* içinde, der. Ralf B. Wartke, Mainz: Verlag Philipp von Zabern, 17-26.

Eidem, Jesper ve Karin Pütt; 1999. "Tell Jurn Kabir and Tell Qadahiye: Danish excavation in the Tishrin Dam Area," *Archaeology of the Upper Syrian Euphrates: the Tishrin Dam area* içinde, der. G. Del Olmo Lete ve J.L. Montero Fenollós, Aula Orientalis Supp. 15. Barcelona: Editorial Ausa, 193-204.

Einwag, Berthold ve Adelheid Otto; 1999. "Tall Bazi," *Archaeology of the Upper Syrian Euphrates: the Tishrin Dam area* içinde, der. G. Del Olmo Lete ve J.L. Montero Fenollós, Aula Orientalis Supp. 15. Barcelona: Editorial Ausa, 179-91.

Eitam, David ve Michael Heltzer (der.); 1996. *Olive oil in antiquity. Israel and neighbouring countries from the Neolithic to the Early Arab period.* History of the Ancient Near East / Studies – Cilt VII. Padova, Sargon srl.

Elden, Stuart; 2004. *Understanding Henri Lefebvre: theory and the possible.* Londra ve New York: Continuum.

Emberling, Geoff; 2003. "Urban social transformations and the problem of the 'First City,'" *The social construction of ancient cities* içinde, der. Monica L Smith, Washington ve Londra: Smithsonian Books, 254-68.

Emre, Kutlu, Barthel Hrouda, Machteld Mellink ve Nimet Özgüç (der.); 1989. *Anatolia and the Ancient Near East: studies in honor of Tahsin Özgüç.* Kutlu Emre, Ankara: Türk Tarih Kurumu.

Eralp, G.; 1998. "Sevdiliköy Geç Hitit aslanı." *In Memoriam I. Metin Akyurt Bahattin Devam Anı Kitabı Studien über Alte Vorderasiatische Kulturen* içinde, der. A. Erkanal, H. Erkanal, H. Hüryılmaz, A.T. Ökse, N. Çınardalı, S. Günel, H. Tekin, B. Uysal ve D. Yalcıklı, İstanbul: Arkeoloji ve Sanat Yayınları, 115-20.

Ergenzinger, Peter J., Wolfgang Frey, Hartmut Kühne ve Harald Kurschner; 1988. "The reconstruction of environment, irrigation and development of settlement on the Hābūr in North-East Syria," *Conceptual issues in environmental archaeology* içinde, der. John L. Bintliff, Donald A. Davidson; Eric G. Grant, Edinburgh: Edinburgh University Press, 108-128.

Erkanal, Armağan; 1998. "Cudi dağı araştırmaları," *XXXIVème Rencontre Assyriologique Internationale, XXXVI. Uluslararası Assiriyoloji Kongresi, Kongreye Sunulan Bildiriler* içinde, der. Hayat Erkanal, Veysel Dönbaz, Ayşegül Uğuroğlu, Ankara: Türk Tarih Kurumu Basımevi, 185-97.

Erkut, Sedat; 1998. "Hititlerde AN.TAH.ŠUM[SAR] bitkisi ve bayramı üzerine bir inceleme," *III. Uluslararası Hititoloji Kongresi Bildirileri Çorum 16-22 Eylül 1996. Acts of the*

IIIrd International Congress of Hititology, Çorum 16-22 September, 1996 içinde, der. Sedat Alp ve Aygül Süel, Ankara: Uyum Ajans, 189-95.

Escobar, Arturo; 2008. *Territories of Difference: Place, Movements, Life, Redes.* Durham: Duke University Press.

Fales, Frederick Mario; 1984. "The Neo-Assyrian period," *Circulation of goods in nonpalatial context in the Ancient Near East.* Proceedings of the International Conference organized by the Istituto per gli studi Micenei ed Egeo-Anatolici; Incunabula Graeca vol. 82 içinde, der. Alfonso Archi, Roma: Edizioni dell'Ateneo, 207-20.

———, 1989a. "The Assyrian village of Bit Abu-Ila'a," *Production and consumption in the Ancient Near East* içinde, der. Carlo Zaccagnini, Budapeşte: Chaire Egyptol. Univ. Eötvös Lórand, 169-200.

———, 1989b. "A Middle Assyrian text concerning vineyards and fruit groves," *SAAB* 3: 53-8.

———, 1990. "The rural landscape of the Neo-Assyrian empire," *SAAB* 4: 81-142.

———, 2002. "Central Syria in the letters of Sargon II," *Kein Land für sich allein: Studien zum Kulturkontakt in Kanaan, Israel/Palästina und Ebirnâri für Manfred Weippert zum 65. Geburtstag* içinde, der. Ulrich Hübner ve Ernst Axel Knauf, Orbis Biblicus et Orientalis 186; Universitätsverlag Freiburg Schweiz: Vandenhoeck & Ruprecht Göttingen, 134-52.

Fales, Frederick Mario ve J. Nicholas Postgate; 1992. *Imperial administrative records, Part I: Palace and temple administration.* State Archives of Assyria 7; The Neo-Assyrian Text Corpus Project; Helsinki: Helsinki University Press.

———, 1995. *Imperial administrative records, Part II: Provincial and military administration.* State Archives of Assyria 11; The Neo-Assyrian Text Corpus Project, Helsinki: Helsinki University Press.

Favro, Diane; 1996. *The urban image of Augustan Rome.* Cambridge: Cambridge University Press.

———, 2000. "Meaning and experience: urban history from antiquity to the Early Modern period," *JSAH* 58: 364-73.

Febvre, Lucien; 1932. *A geographical introduction to history.* In collaboration with Lionel Bataillon; E.G. Mountford and J.H. Paxton (çev.); Londra: Kegan Paul, Trench, Trubner & Co. Ltd.

———, 1973. "A new kind of history," *A new kind of history: from the writings of Febvre* içinde, der. P. Burke, çev. K. Folca, New York: Harper & Row.

———, 1992. *Combats pour l'histoire.* Paris: Armand Colin Éditeur.

Feinman, Gary M. ve Linda M. Nicholas (der.); 2004. *Archaeological perspectives on political economies.* Foundations of Archaeological Inquiry. Salt Lake City: University of Utah Press.

Feldman, Marian H.; 2002. "Luxurious forms: refining a Mediterranean 'international style,' 1400-1200 b.c.e." *Art Bulletin* 84: 6-29.

———, 2006a. *Diplomacy by Design: Luxury Arts and an "International Style" in the Ancient Near East, 1400-1200 BCE.* Chicago: The University of Chicago.

———, 2006b. "Assur Tomb 45 and the Birth of the Assyrian Empire," *BASOR* 343: 21-43.

Finet, Andre; 1992. "Le Banquet de Kalah offert par le roi d'Assyrie Ašurnasirpal II (883-859)," *Banquets d'Orient* içinde, der. R. Gyselen, Bures-sur-Yvette: Groupe d'études pour la civilisation du Moyent-Orient, 31-44.

Finkel, Irving L. ve M.J. Geller (der.); 1997. *Sumerian gods and their representations.* Styx: Groningen.

Fischer, Bettina, Hermann Genz, Éric Jean ve Kemalettin Köroğlu (der.); 2003. *Identifying changes: the transition from Bronze to Iron ages in Anatolia and its neighbouring regions.* 8-9 Kasım 2002 İstanbul Uluslararası Atölye Tutanakları. İstanbul: Türk Eskiçağ Bilimleri Enstitüsü.

Fish, Suzanne K. ve Stephen A. Kowalewski (der.); 1990. *The archaeology of regions: a case for full-coverage survey.* Wahington DC: Smithsonian Institution Press.

Forbes, Hamish; 2007. *Meaning and identity in a Greek landscape: an archaeological ethnography.* Cambridge: Cambridge University Press.

Forbes, R.J.; 1955-1964. *Studies in ancient technology.* 9 vols. Leiden: E. J. Brill.

Fortin, Michel ve Olivier Aurenche (der.) 1998. *Espace Naturel, Espace Habité en Syrie du Nord (10e-2e millénaires av. J-C.) [Natural Space, Inhabited Space in Northern Syria (10th-2nd millenium b.c.)].* Actes du colloque tenu à l'Université Laval (Quebec) du 5 au 7 mai 1997. Quebec: Canadian Society for Mesopotamian Studies, Bulletin 33.

Frachetti, Michael D.; 2008. *Pastoralist landscapes and social interaction in Bronze Age Eurasia.* Berkeley: University of California Press.

Frame, Grant; 1997. "Balawat," s.v. *OEANE* 1: 268.

———, 1999. "My neighbour's god: Aššur in Babylonia and Marduk in Assyria," *BCSMS* 34: 5-22.

Frampton, Kenneth; 1990. "Rappel à l'ordre, the case for the tectonic," *Architectural Design* 60 (nos. 3-4): 19-25.

———, 1995. *Studies in tectonic culture: the poetics of construction in nineteenth and twentieth century architecture.* Cambridge, Massachusetts: The MIT Press.

Francovich, Riccardo, Helen Patterson ve Graeme Parker (der.); 2000. *Extracting meaning from ploughsoil assemblages.* Londra: Oxbow Books.

Frangipane, Marcella; 1993. "Melid (Malatya, Arslan-Tepe), B. Archäologisch," *RlA* 8: 42-52.

Frangipane, Marcella (der.); 2004. *Alle origini del potere. Arslantepe, la collina dei leoni.* Milano: Electra.

Frank, Andre Gunder; 1993. "Bronze age world system cycles," *Current Anthropology* 34: 383-429.

Frankfort, Henri; 1952. "The Origin of the Bit Hilani." *Iraq* 14: 120-1.

———, 1996. *The art and architecture of the ancient Orient*. İlave kaynakça ve kısaltmalar Donald Matthews ve Michael Roaf. Beşinci baskı. New Haven ve Londra: Yale University Press (1954).

Frayne, Douglas R.; 1990. *Old Babylonian period (2003-1595 BC)*. The Royal Inscriptions of Mesopotamia, Early Periods, Cilt 4. University of Toronto Press: Toronto.

———, 1997. *Ur III period (2112-2004 BC)*. The Royal Inscriptions of Mesopotamia, Early Periods, Cilt 3/2. Toronto: University of Toronto Press.

———, 1998. "New light on the reign of Išme-Dagan," *ZA* 88: 6-44.

Freedman, Sally M.; 1998. *If a city is set on a height: the Akkadian omen series šumma Alu ina Mēle Šakin*. Volume 1. Tablets 1-21. Occasional Publications of the Samuel Noah Kramer Fund 17. Philadelphia: The University of Pennsylvania Mueum.

French, David F.; 1991. "Commagene: territorial definitions," *Studien zum antiken Kleinasien* 3 [*Friedrich Karl Dörner zum 80. Geburtstag gewidmet*]: 11-9.

Fugmann, E.; 1958. *Hama: fouilles et recherches 1931-1938. Volume 2 Part 1: L'architecture des périodes préhellénistiques*. Nationalmuseet Skrifter Storre Beretninger IV; Foundation Carlsberg. Kopenhag: Nationalmuseet.

Galter, Hannes D. (der.); 1986. *Kulturkontakte und ihre Bedeutung in Geschichte und gegenwart des Orients*. Beiträge zum 1. Grazer Morgenländischen Symposion (19.3.1986); Graz: Verlag für die Technische Universität Graz.

Garbini, Giovanni, Biancamaria Scarcia Amoretti ve Piero Corradini (der.); 1994. *The east and the meaning of history: international conference (23-27 November 1992)*. Università di Roma 'La Sapienza' Studi Orientali 13. Roma: Bardi Editore.

Gates, Marie-Henriette; 1981. *Alalakh levels VI and V: a chronological reassessment*. Syro-Mesopotamian Studies 4.2; Malibu: Undena Publications.

———, 1990. "Artisans and art in Old Babylonian Mari," *Investigating Artistic Environments in the Ancient Near East* içinde, der. Ann C. Gunter, Arthur M. Sackler Gallery, Washington DC: Smithsonian Instituton, 29-38.

———, 2005. "Archaeology and the ancient Near East: methods and limits," *A companion to the ancient Near East* içinde, der. Daniel C. Snell, Malden, MA: Blackwell, 65-78.

Geertz, Clifford; 1973. *The interpretation of cultures: selected essays*. New York: Basic Books.

Gelb, Ignace J.; 1939. *Hittite hieroglyphic monuments*. Oriental Institute Publications XLV. Chicago: The University of Chicago Press.

———, 1969. "On the alleged temple and state economies in ancient Mesopotamia," *Estratto da studi di onore di Edoardo Volterra*. Cilt VI: 137-54.

———, 1984. "The inscription of Jibbit-Lîm, king of Ebla," *Studia Orientalia* 55: 213-29.

Gelb Ignace J. ve B. Kienast; 1990. *Die altakkadischen königsinschriften des dritten jahrtausends v. chr*. Freiburger Altorientalische Studien 7; Franz Steiner Verlag: Stuttgart.

Genge, Heinz; 1979. *Nordsyrisch-südanatolisch Reliefs. Eine archäologisch-historische Untersuchung. Datierung und Bestimmung.* Copenhagen: Det Kongelige Danske Videnskabernes Selskab, kommissionær, Munksgaards Boghandel.

Genito, Bruno; 2000. "The Achaemenids and their artistic and architectural heritage: an archaeological perspective," *Proceedings of the First International Congress on the Archaeology of the Ancient Near East* içinde, der. Paolo Matthiae, Alessandra Enea, Luca Peyronel, and Frances Pinnock, Roma: Università degli studi di Roma "La Sapienza," Dipartimento di Scienze Storiche, Archeologiche e Anthropologiche dell'Antichità, 533-54.

Genz, Hermann; 2000. "Die Eisenzeit in Zentralanatolien im Lichte der keramischen Funde vom Büyükkaya in Boğazköy/Hattuša," *Tüba-Ar* 3: 35-54.

———, 2003. "The Early Iron age in Central Anatolia," *Identifying changes: the transition from Bronze to Iron ages in Anatolia and its neighbouring regions*. Proceedings of the International Workshop, İstanbul, November 8-9, 2002 içinde, der. Bettina Fischer, Hermann Genz, Éric Jean ve Kemalettin Köroğlu, İstanbul: Türk Eskiçağ Bilimleri Enstitüsü, 179-91.

George, Andrew R.; 1993b. *House most high: The temples of Ancient Mesopotamia*, Winona Lake, Indiana: Eisenbrauns.

———, 1992. *Babylonian topographical texts*. Leuven: Departement Ori☒ntalistiek.

———, 1993. "Babylon revisited: archaeology and philology in harness," *Antiquity* 67: 734-46.

———, 1996. "Studies in cultic topography and ideology," [Review of Ina Šulmi Īrub. Die kulttopographische und ideologische Programmatik der akītu-Prozession in Babylonien und Assyrien im 1. Jahrtausend v. Chr., Beate Pongratz-Leisten. Baghdader Forschungen 16. Mainz am Rhein: Verlag Philipp von Zabern, 1994] *Bibliotheca Orientalis* 53: 363-95.

———, 1997. "'Bonds of the lands': Babylon, the cosmic capital," *Die orientalische Stadt: Kontinuität, Wandel, Bruch* içinde, der. G. Wilhelm, Saarbrücken: SDV Saarbrücker Druckerei und Verlag: 125-45.

———, 1999a. *The epic of Gilgamesh: the Babylonian epic poem and other texts in Akkadian and Sumerian*. Çev. ve giriş. Londra: The Penguin Press, Allen Lane.

———, 1999b. "E-sangil and E-temen-anki, the archetypal cult-center," *Babylon: Focus mesopotamischer Geschichte, Weige früher Gelehrsamkeit, Mythos in der Moderne* içinde, der. J. Renger, Berlin: SDV Saarbrücker Druckerei und Verlag, 67-86.

Gerlach, Iris; 2000. "Tradition-Adaptation-Innovation: Zur Reliefkunst Nordsyriens / Südostanatoliens in Neuassyrischer Zeit," *Essays on Syria in the Iron Age* içinde, der, G. Bunnens, Louvain: Peeters Press, 235-57.

Gernot, Wilhelm; 1989. *The Hurrians*. Çev. Jennifer Barnes, *Grundzüge der Geschichte und Kultur der Hurriter* (Darmstadt: Wissenschaftliche Buchgesellschaft, 1982); bir bölüm Diana L. Stein. Warminster, İngiltere: Aris & Philips Ltd.

Geyer, Bernard (der.); 2001. *Conquête de la steppe et la appropriation des terres sur les marges arides du Croissant fertile*. Travaux de la Maison de l'Orient Méditerranéen No 36. Lyon: Maison de l'Orient.

Geyer, Bernard ve Jean-Yves Monchambert; 1987. "Prospection de la Moyenne Vallée de l'Euphrate: rapport préliminaire: 1982-1985," *Mari* 5: 293-344.

Gibson, McGuire ve Robert D. Biggs (der.); 1991. *Organization of power: aspects of bureaucracy in the ancient Near East*. Chicago, Illinois: The Oriental Institute of the University of Chicago, Studies in the Oriental Civilization 46. Corrected 2nd ed. (1987).

Gilbert, Allan S.; 2002. "The native fauna of the ancient Near East," *A history of the animal world in the Ancient Near East* içinde, der. Billie Jean Collins, Leiden: Brill, 3-75.

Gilibert, Alessandra; 2008. "On Kār-Tukultī-Ninurta: chronology and politics of a Middle Assyrian ville neuve," *Fundstellen: Gesammelte Schriften zur Archäologie und Geschichte Altvorderasiens ad honorem Hartmut Künhe* içinde. Wiesbaden: Harrassowitz Verlag, 177-88.

———, 2011. *Syro-Hittite Monumental Art and the Archaeology of Performance: The Stone Reliefs at Carchemish and Zincirli in the Earlier First Millennium BCE*. Berlin ve New York: Walter de Gruyter.

Gitin, Seymour, Amihai Mazar ve Ephraim Stern (der.); 1998. *Mediterranean peoples in transition: thirteenth to early tenth centuries BC*. Kudüs: Israel Exploration Society.

Glatz, Claudia; 2009. "Empire as network: spheres of material interaction in Late Bronze Age Anatolia." *Journal of Anthropological Archaeology* 28: 127-41.

Gonnella, J., W. Khayyata and K. Kohlmeyer; 2005. *Die Zitadelle von Aleppo und der Tempel des Wettergottes: Neue Forschungen und Entdeckungen*. Münster: Rhema.

Gonnet, Hatice; 1983a. "Nouvelles données archéologiques relatives aux inscriptions hiéroglyphiques de Harpatusa à Kızıldağ" *Archéologie et religions de l'Anatolie ancienne: mélanges en l'honneur du professeur Paul Naster* içinde, der. R. Donceel ve R. Lebrun, Homo Religiosus 10. Louvain-La Neuve: Centre d'Histoire des Religions, 119-25.

———, 1983b. "L'inscription n. 2 de Kızıldağ," *Hethitica* 5: 21-8.

———, 1990. "Telibinu et l'organisation de l'espace chez les hittites," *Tracés de fondation* içinde. Sous la direction d Marcel Detienne. Bibliothèque de l'École des Hautes Études Section des Sciences Religieuses Volume XCIII. Louvain-Paris: Peeters, 51-7.

———, 1998. "Remarques sur le monument de Beşkardeş à la lumiere d'une nouvelle interpretation de Fraktın," *III. Uluslararası Hititoloji Kongresi Bildirileri Çorum 16-22 Eylül 1996* içinde, der. Sedat Alp ve Aygül Süel, Ankara: Uyum Ajans, 247-59.

Gorny, Ronald L.; 1989. "Environment, archaeology and history in Hittite Anatolia," *Biblical Archaeologist* 52: 78-96.

———, 1995a. "Hittite imperialism and anti-imperial resistance as viewed from Alişar höyük," *BASOR* 299/300: 65-89.

———, 1995b. "Viniculture and ancient Anatolia," *The origins and ancient history of wine* içinde, der. Patrick E. McGowern, Stuart J. Fleming, Solomon H. Katz, Lüksemburg: Gordon and Breach Publishers, 133-74.

———, 1997. "Zippalanda and Ankuwa: the geography of Central Anatolia in the Second Millennium BC," [Review of *Zippalanda: Ein Kultzentrum im hethitischen Kleinasien*, M. Popko. Heidelberg, 1994.] *JAOS* 117: 549-57.

Grayson, A. Kirk; 1971. "The early development of Assyrian monarchy," *Ugarit-Forschungen* 3: 311-9.

———, 1972/1976. *Assyrian royal inscriptions*, 2 vols. Wiesbaden: O. Harrassowitz.

———, 1976. "Studies in Neo-Assyrian history: the Ninth century BC," *Bibliotheca Orientalis* 33: 134-45.

———, 1980. "Assyria and Babylonia," *Orientalia* 49: 140-94 [Article series in *Orientalia* on "Histories and historians of the ancient Near East" der. John Wm Wevers].

———, 1982. "Assyria: Ashur-dan II to Ashur-Nirari V (934-745 b.c.)" CAH^2 3.1: 238-81.

———, 1987. *Assyrian rulers of the Third and Second Millennia B.C. (to 1115 B.C.)*. RIMA 1. Toronto: University of Toronto Press.

———, 1991. *Assyrian rulers of the Early First Millennium B.C. I (1114-859 B.C.)*. RIMA 2. Toronto: University of Toronto Press.

———, 1996. *Assyrian rulers of the Early First Millennium B.C. II (858-745 B.C.)*. RIMA 3. Toronto: University of Toronto Press.

———, 1999. "The struggle for power in Assyria: challenge to absolute monarchy in the Ninth and Eighth centuries BC," *Priests and officials in the Ancient Near East* içinde, der. K. Watanabe, Heidelberg: Universitätsverlag C. Winter, 253-70.

Green, Alberto R. V.; 2003. *The Storm-God in the Ancient Near East* içinde. Biblical and Judaic Studies Cilt 8. Winona Lake, Indiana: Eisenbrauns.

Green, Anthony; 1983. "Neo-Assyrian apotropaic figures: figurines, rituals and monumental art, with special reference to the figurines from the excavations of the British School of Archaeology in Iraq at Nimrud," *Iraq* 45: 87-96.

———, 1994. "Mischwesen, B. Archäologie. Mesopotamien" *RlA* 8 (1994:) 246-64.

Green, M.W.; 1978. "The Eridu lament," *JCS* 30: 127-61.

———, 1984. "The Uruk lament," *JAOS* 104: 253-79.

Gregori, Barbara; 1986. "Three-entrance city gates of the Middle Bronze age in Syria and Palestine," *Levant* 18: 83-102.

Gunter, Ann C. (der.); 1990. *Investigating Artistic Environments in the Ancient Near East*. Arthur M. Sackler Gallery, Washington DC: Smithsonian Instituton.

———, 1992. *The construction of the Ancient Near East. Culture and History* 11: Copenhagen: Academic Press.

Güterbock, Hans G.; 1949. "Kitabeli dikili taş," *Türk Tarih Kurumu tarafından yapılan Karahöyük hafriyatı raporu 1947* içinde, der. Tahsin Özgüç ve Nimet Özgüç, Türk Tarih Kurumu Yayınları V. Seri No.7. Ankara: Türk Tarih Kurumu, 52-3.

———, 1954. "Carchemish," *JNES* 13: 102-14.

———, 1957. "Narration in Anatolian, Syrian and Assyrian art," *AJA* 61: 62-71.

———, 1967. "The Hittite conquest of Cyprus reconsidered," *JNES* 26: 73-81.

———, 1970. "Some aspects of Hittite festivals," *Actes de la XVIIe Rencontre Assyriologique Internationale*. Université Libre de Bruxelles, 30 juin – 4 julliet 1969 içinde, der. André Finet, Publications du Comité Belge de Recherches Historiques, Épigraphiques et Archéologisch en Mésopotamie. Ham-sur-Heure: Comitéé Belge de Recherches en Mésopotamie, 175-80.

———, 1975. "The Hittite temple according to written sources," *Le temple et le culte: Compte rendu de la vingtième rencontre assyriologique internationale* içinde, İstanbul: Nederlands Historisch-Archeologisch Instituut, 125-132.

———, 1983. "Hittite historiography: a survey," *History, historiography and interpretation: Studies in Biblical and cuneiform literatures* içinde, der, H. Tadmor ve M. Weinfeld, Kudüs: Magnes Press, Hebrew University, 21-35.

———, 1998. "To drink a god," *XXXIVème Rencontre Assyriologique Internationale, XXXVI. Uluslararası Assiriyoloji Kongresi, Kongreye Sunulan Bildiriler* içinde, der. Hayat Erkanal, Veysel Dönbaz, Ayşegül Uğuroğlu, Ankara: Türk Tarih Kurumu Basımevi, 121-9.

Güterbock, Hans. G. ve Sedat Alp; 1947. "Şırzı'da bulunan Hitit Hiyeroglif Kitabesi," *Ankara Üniversitesi Dil ve Tarih-Coğrafya Fakültesi Dergisi* 5/2: 147-58.

Gyselen, Rika (der.); 1992. *Banquets d'Orient*, [*Res Orientales Volume IV*], Bures-sur-Yvette: Groupe pour l'Étude de la Civilisation du Moyen-Orient.

Haas, Jonathan (der.); 2000. *From leaders to rulers*. New York: Kluwer Academic/Plenum Publishers.

Haines, Richard C.; 1971. *Excavations in the plain of Antioch II: the structural remains of the later phases. Chatal Hüyük, Tell al-Judaidah, and Tell Ta'yinat*. The University of Chicago Oriental Institute Publications 95. Chicago: The University of Chicago Press.

Halbwachs, Maurice; 1992. *On collective memory*. Lewis A. Coser (çev.). Chicago: The University of Chicago Press.

Hansen, Donald P.; 1970. "Al-Hiba 1968-69: A Preliminary report," *Artibus Asiae* 32: 243-50.

———, 1973. "Al-Hiba 1970-71: A Preliminary report," *Artibus Asiae* 35: 62-70.

———, 1978. "Al-Hiba: A summary of four seasons of excavation: 1968-1976," *Sumer* 34: 72-85.

———, 1992. "Royal building activity at Sumerian Lagash in the Early Dynastic Period," *BiblArch* 55: 206-11.

Hansen, Maria Fabricius; 2003. *The Eloquence of Appropriation: Prolegomena to an Understanding of Spolia in Early Christian Rome*. Roma: L'Erma di Bretschneider.

Hansen, Morgens Herman (der.); 2000. *A comparative study of thirty city-state cultures: an investigation conducted by the Copenhagen Polis Center*. Historisk-filosofiske Skrifter 21. Kopenhag: C.A. Reitzels Forlag.

Hansman, J.; 1976. "Gilgamesh, Humbaba and the Land of the Erin-trees," *Iraq* 38: 23-35.

Harley, J.B. ve David Woodward (der.); 1992. *The history of cartography. Vol I: cartography in prehistoric, ancient and medieval Europe and the Mediterranean, Vol. II: Cartography in the traditional Islamic and South Asian societies*. Chicago: The University of Chicago Press.

Harmanşah, Ömür; 2005. *Spatial Narratives, Commemorative Practices and the Building Project: New Urban Foundations in Upper Syro-Mesopotamia During the Early Iron Age*. Doktora tezi, University of Pennsylvania.

———, 2007a. "Upright stones and building narratives: formation of a shared architectural practice in the ancient Near East" *Ancient Near Eastern Art in Context: Studies in Honor of Irene J. Winter by her students* içinde, der. Jack Cheng ve Marian H. Feldman, Leiden: Brill Publishers, 69-99.

———, 2007b. "Source of the Tigris: event, place and performance in the Assyrian landscapes of the Early Iron Age," *Archaeological Dialogues* 14.2 (December): 179-204.

———, 2009. "Stones of Ayanis: New Urban Foundations and the Architectonic Culture in Urartu during the 7th C. BC," *Bautechnik im Antiken und Vorantiken Kleinasien. Internationale Konferenz 13-16. Juni 2007 in İstanbul. (Byzas 9)* içinde, der. Martin Bachmann, İstanbul: Ege Yayınları, 177-97.

———, 2011a. "Moving Landscapes, Making Place: Cities, Monuments and Commemoration at Malizi/Melid" *JMA* 24.1: 55-83.

———, 2011b. "Monuments and memory: Architecture and visual culture in ancient Anatolian history," *Oxford Handbook of Ancient Anatolia (10,000-323 BCE)* içinde, der. S. R. Steadman ve G. McMahon, Oxford: Oxford University Press, 623-51.

———, 2012. "Beyond Aššur: New Cities and the Assyrian Politics of Landscape," *BASOR* 365: 53-77.

———, Forthcoming. "The Cattlepen and the Sheepfold: Cities, Temples, and Pastoral Power in Ancient Mesopotamia," *Heaven on Earth: Temples, Rituals and Cosmic Symbolism in the Ancient World* içinde, der. Deena Ragavan, Chicago: The Oriental Institute Publications.

Harper, Prudence O, Evelyn Klengel-Brandt, Joan Aruz ve Kim Benzel (der.); 1995. *Discoveries at Ashur on the Tigris: Assyrian origins. Antiquities in the Vorderasiatisches Museum, Berlin*. New York: The Metropolitan Museum of Art.

Harrison, Timothy P.; 2001. "Tell Ta'yinat and the Kingdom of Unqi," *The world of the Aramaeans: studies in history and archaeology in honor of Paul-Eugène Dion* içinde, der. P. M. Michèle Daviau, John W. Wevers ve Michael Weigl, Journal for the

Study of the Old Testament Supplement Series 325. Sheffield: Sheffield Academic Press, Vol II: 115-32.

Hartoonian, Gevork; 1994. *Ontology of construction: on nihilism of technology in theories of modern architecture*. Cambridge: Cambridge University Press.

Hausleiter, Arnulf; 1999a. "Kalhu und Dūr Katlimmu: Zur Herkunft neuassyrischer Relieffragmente aus Tell Šēh Hamad," *Munuscula Mesopotamica: Festschrift für Johannes Renger* içinde, der. B. Böck, E. Cancik-Kirschbaum, T. Richter, Münster: Ugarit Verlag, 201-16.

———, 1999b. "Graves, chronology and ceramics: some considerations on Neo-Assyrian Assur," *Iron age pottery in Northern Mesopotamia, Northern Syria and South-Eastern Anatolia. Papers presented at the meetings of the international "table ronde" at Heidelberg (1995) and Nieborów (1997) and other Contributions* içinde, der. A. Hausleiter ve A. Reiche, Münster: Ugarit Verlag, 127-47.

Hausleiter, Arnulf, Susanne Kerner ve Bernd Müller-Neuhof (der.); 2002. *Material culture and mental spheres. Rezeption archäologischer Denkrichtungen in der Vorderasiatischen Altertumskunde*. Internationales Symposium für Hans J. Nissen Belin, 23-24. Juni 2000; Alte Orient und Altes Testament Band 293. Münster: Ugarit-Verlag.

Hausleiter, Arnulf ve Andrej Reiche (der.); 1999. *Iron Age pottery in Northern Mesopotamia, Northern Syria and South-Eastern Anatolia. Papers presented at the meetings of the international "table ronde" at Heidelberg (1995) and Nieborów (1997) and other contributions*. Altertumskunde des Vorderen Orients, Archäologische Studien zur Kultur und Geschichte des Alten Orients Band 10. Münster: Ugarit Verlag.

Hawkins, J. David; 1969. "The Babil stele of Assurnasirpal," *AnSt* 19: 111-18.

———, 1971. "'To come' and 'to build' in Hieroglyphic Hittite." *RHA* 29: 113-131.

———, 1972. "Building Inscriptions of Carchemish: The Long Wall of Sculpture and Great Staircase," *AnSt* 22: 87-114.

———, 1974. "Assyrians and Hittites," *Iraq* 36: 67-83.

———, 1975a. "The Negatives in Hieroglyphic Luwian," *AnSt* 25: 119-56.

———, 1975b. "Hilakku," *RlA* 4 (1972-1975) 402-3.

———, 1979. "Some historical problems of the hieroglyphic Luwian inscriptions," *AnSt* 29: 153-67.

———, 1980a. s.v. "Karkamiš" *RlA* 5 (1976-1980): 426-46.

———, 1980b. "Late Hittite funerary monuments," in *Death in Mesopotamia: Papers read at the XXVIe Rencontre assyriologique internationale*, der. B. Alster, Kopenhag: Akademisk Forlag, 213-25.

———, 1980c. "The 'autobiography of Ariyahinas's son': an edition of the hieroglyphic Luwian stelae *Tell Ahmar 1* and *Aleppo* 2," *AnSt* 30: 139-56.

———, 1981. "Kubaba at Karkamis and elsewhere," *AnSt* 31: 147-77.

———, 1982. "Neo-Hittite States in Syria and Anatolia," in *CAH*² 3.1: 372-441.

——, 1983. "The Hittite name of Til Barsip: evidence from a new hieroglyphic fragment from Tell Ahmar," *AnSt* 33: 131-6.

——, 1986a. "Royal statements of ideal princes: Assyrian, Babylonian, and Hittite," *Ancient Anatolia: Aspects of Change and Cultural Development, Essays in Honor of Machteld J. Mellink* içinde, der. Jeanny Vorys Canby, Edith Porada, Brunildo Sismondo Ridgway, Tamara Stech, Madison, Wisc.: University of Wisconsin Press, 93-102.

——, 1986b. "Writing in Anatolia: imported and indigenous systems," *WA* 17: 363-76.

——, 1988. "Kuzi-Tesub and the 'Great Kings' of Karkamis," *AnSt* 38: 99-108.

——, 1989. "More Late Hittite funerary monuments," *Anatolia and the Ancient Near East: studies in honor of Tahsin Özgüç* içinde, der. Kutlu Emre, Barthel Hrouda, Machteld Mellink, Nimet Özgüç, Ankara: Türk Tarih Kurumu, 189-98.

——, 1992. "The inscriptions of Kızıldağ and the Karadağ in the light of the Yalburt inscription," *Hittite and other Anatolian and Near Eastern studies in honour of Sedat Alp içinde, der.* Heinrich Otten, Ekrem Akurgal, Hayri Ertem ve Aygül Süel, Anadolu Medeniyetlerini Araştırma ve Tanıtma Vakfı Yayınları- Sayı 1. Ankara: Türk Tarih Kurumu Basımevi, 259-74.

——, 1993a. "The historical significance of the Karahöyük (Elbistan) stele," *Aspects of art and iconography: Anatolia and its neighbors. Studies in honor of Nimet Özgüç* içinde, der. M. J. Mellink, Edith Porada ve Tahsin Özgüç, Ankara: Türk Tarih Kurumu, 273-9.

——, 1993b. "Melid (Malatya, Arslan-Tepe), A. Historisch," *RlA* 8: 35-41.

——, 1994. "The end of the Bronze age in Anatolia: new light from recent discoveries," *Anatolian Iron ages 3: the proceedings of the third Anatolian Iron ages colloquium* içinde, der. Altan Çilingiroğlu ve David H. French, The British Institute of Archaeology at Ankara Monograph 16: Londra: British Institute of Archaeology at Ankara, 91-4.

——, 1995a. "Karkamish and Karatepe: Neo-Hittite City-States in North Syria" *Civilizations of the Ancient Near East* içinde, der. J.M. Sasson, New York: Simon & Schuster Macmillan, cilt II, s. 1295-307.

——, 1995b. "Great Kings and Country Lords at Malatya and Karkamis" *Studio Historiae Ardens: Ancient Near Eastern Studies Presented to Philo H.J. Houwink ten Cate* içinde, der. Theo P. J. van den Huot ve Johan de Roos, İstanbul: Nederlands Historisch-Archaeologisch Instituut te İstanbul, 75-86.

——, 1995c. "The Political Geography of North Syria and South-East Anatolia in the Neo-Assyrian Period" *Neo-Assyrian Geography* içinde, der, Mario Liverani, Università di Roma "La Sapienza," Dipartimento di Scienze storiche, archeologiche e anthropologiche dell'Antichità, Quaderni di Geografia Storica 5: Roma: Sargon srl, 87-101.

——, 1995d. *The hieroglpyhic inscription of the Sacred Pool Complex at Hattusa (südburg)*. Arkeolojik sunum Peter Neve. Studien zu den Boğazköy-Texten Beiheft 3. Wiesbaden: O. Harrassowitz Verlag.

———, 1996. "The Hittites and their empire," *Royal cities of the Biblical world* içinde, der. Joan G. Westenholz, Kudüs: Bible Lands Museum, 69-79.

———, 1997. "[New texts from Til Barsip:] a new Luwian inscription of Hamiyatas, king of Masuwari," *Abr-Nahrain* 34: 108-17.

———, 1998a. "Hittites and Assyrians at Melid (Malatya)," *XXXIVème Rencontre Assyriologique Internationale, XXXVI. Uluslararası Assiriyoloji Kongresi, Kongreye Sunulan Bildiriler* içinde, der. Hayat Erkanal, Veysel Dönbaz, Ayşegül Uğuroğlu, Ankara: Türk Tarih Kurumu Basımevi, 63-77.

———, 1998b. "Hattusa: home to the thousand gods of Hatti," *Capital cities: urban planning and spiritual dimensions* içinde, der. J. G. Westenholz, Kudüs: Bible Lands Museum, 65-81.

———, 1998c. "The land of Išuwa: the hieroglphic evidence," *III. Uluslararası Hititoloji Kongresi Bildirileri Çorum 16-22 Eylül 1996. Acts of the IIIrd International Congress of Hititology, Çorum 16-22 September, 1996* içinde, der. Sedat Alp ve Aygül Süel, Ankara: Uyum Ajans, 281-95.

———, 2000. *Corpus of hieroglyphic Luwian inscriptions.* (3 vols) Berlin: De Gruyter.

———, 2002. "Anatolia: the end of the Hittite empire and after," *Die nahöstlichen Kulturen und Griechenland an der Wende vom 2. zum 1. Jahrtausend v. Chr.: Kontinuität und Wandel von Strukturen und Mechanismen kultureller Interaktion* içinde, der. Eva Andrea Braun- Holzinger ve Hartmut Matthäus, Möhnesee: Bibliopolis, 143-51.

———, 2009. "Cilicia, the Amuq and Aleppo: new light in a dark age." *Near Eastern Archaeology* 72: 164-73.

———, 2011. "The inscriptions of the Aleppo temple," *AnSt* 61: 35-54.

Hawkins, J. David (der.); 1977. *Trade in the ancient Near East. Papers presented to the XXIII Rencontre Assyriologique Internationale, University of Birmington 5-9 July 1976.* Londra: British School of Archaeology in Iraq.

Hayden, Brian; 2001. "Fabulous feasts: a prolegomenon to the importance of feasting," *Feasts: archaeological and ethnographic perspectives on food, politics, and power* içinde, der. Michael Dietler ve Brian Hayden, Washington ve Londra: Smithsonian Institution Press, 23-64.

Hegmon, Michell; 1998. "Technology, style and social practices: archaeological approaches" *The archaeology of social boundaries* içinde, der. Miriam T. Stark, Washington ve Londra: Smithsonian Institution Press, 264-79.

Heinrich, Ernst; 1982. *Tempel und Heiligtümer im alten Mesopotamien*, Berlin: Deutsches Archäologishes Institut, Denkmäler Antiker Architektur 14.

———, 1984. *Paläste im Alten Mesopotamien.* Berlin: Deutsches Archäologishes Institut, Denkmäler Antiker Architektur 15.

Heinz, Marlies; 1992. *Tell Atchana/Alalakh: Die Schichten VII-XVII.* Neukirchen-Vluyn: Neukirchener Verlag.

———, 1997a. "Räumliche Ordnung und Stadtkonzepte bronzezeitlicher Siedlungen am mittleren Euphrat in Syrien," *Die orientalische Stadt: Kontinuität, Wandel, Bruch* içinde, der. Gernot Wilhelm, Saarbrücken: SDV Saarbrücker Druckerei und Verlag, 289-305.

———, 1997b. Der Stadt als Spiegel der Gesellschaft: Siedlungs-strukturen in Mesopotamien als Indikator für Formen wirtschaftlicher und gesellschaftlicher Organisation. Berlin: Dietrich Reimer Verlag.

———, 2002. *Altsyrien und Libanon: Geschichte, Wirtschaft und Kultur vom Neolithikum bis Nebukadnezar.* Darmstadt: Wissenschaftliche Buchgesellschaft.

Heinz, Marlies ve Dominik Bonatz (der.); 2002. *Bild-Macht-Geschichte: visuelle Kommunikation im Alten Orient.* Berlin: Dietrich Reimer Verlag.

Helms, Mary W.; 1993. *Craft and the kingly ideal.* Austin: University of Texas Press.

Hirsch, Eric; 1995. "Landscape: between place and space," *The anthropology of landscape: perspectives on place and space* içinde, der. Eric Hirsch ve Michael O'Hanlon, Oxford: Clarendon Press, 1-30.

Hirsch, Eric ve Michael O'Hanlon (der.); 1995. *The anthropology of landscape: Perspectives on place and space.* Oxford: Clarendon Press.

Hodder, Ian; 1987. "The contribution of the long-term," *Archaeology as long-term history* içinde, der. I. Hodder, New Directions in Archaeology; Cambridge: Cambridge University Press, 1-8.

Hodder, Ian (der.); 1987. *Archaeology as long-term history.* New Directions in Archaeology; Cambridge: Cambridge University Press.

Hodder, Ian ve Clive Orton; 1976. *Spatial analysis in archaeology.* Cambridge: Cambridge University Press.

Hodder, Ian ve Craig Cessford; 2004. "Daily practice and social memory at Çatalhöyük," *American Antiquity* 69: 17-40.

Hodder, Ian ve Scott Hutson; 2003. *Reading the past: current approaches to interpretation in archaeology.* Cambridge: Cambridge University Press [*Geçmişi Okumak: Arkeolojiyi Yorumlamada Güncel Yaklaşımlar*, İng. çev. Burcu Toprak, Emre Rona, Ankara: Phoenix Yayınevi, 2010].

Hodder, Ian; Michael Shanks; Alexandra Alexandri; Victor Buchli; John Carman; Jonathan Last ve Gavin Lucas (der.); 1995. *Interpreting archaeology: finding meaning in the past.* Londra: Routledge.

Holliday, Peter; 2002. *The origins of Roman historical commemoration in the visual arts.* Cambridge: Cambridge University Press.

Holloway, Steven W.; 1995. "Harran: Cultic geography in the Neo-Assyrian empire and its implications for Sennacherib's 'Letter to Hezekiah' in 2 Kings," *The pitcher is broken: Memorial essays for Gösta W. Ahlström* içinde, der, S.V. Holloway ve L.K. Handy, Journal for the Study of the Old Tastement Suppl. Series 190, Sheffield: Sheffield Academic Press, 276-314.

———, 2001. "The ᵍⁱˢ*kakki Aššur* and Neo-Assyrian loyalty oaths," *Historiography in the cuneiform world* içinde, der, Tzvi Abusch, Paul-Alain Beaulieu, John Huehnergard, Peter Machinist, Piotr Steinkeller; Carol Noyes, William W. Hallo ve Irene J. Winter., Bethesda, Maryland: CDL Press, 239-66.

———, 2002. *Aššur is king! Aššur is king! Religion in the exercise of power in the Neo-Assyrian empire.* Leiden: Brill.

Horden, Peregrine and Nicholas Purcell; 2000. *The corrupting sea: A study of Mediterranean history.* Oxford: Blackwell.

Houwink ten Cate, Philo H.J.; 1992a. "The Hittite Storm God: his role and his rule according to Hittite cuneiform sources," *Natural phenomena: their meaning, depiction and description in the Ancient Near East* içinde, der. Diederik J.W. Meijer, Proceedings of the colloquium, Amsterdam, July 6-8, 1989. Royal Netherlands Academy of Arts and Sciences vol. 152. Amsterdam: Royal Netherlands Academy of Arts and Sciences, 83-148.

———, 1992b. "The Bronze Tablet of Tudhaliyas IV and its geographical and historical relations," [Review of H. Otten, *Die Bronzetafel aus Boğazköy*. Studien zu den Boğazköy-Texten Beiheft 1. Wiesbaden: Otto Harrassowitz, 1988] *ZA* 82: 233-70.

Hrouda, Barthel; 1965. *Kulturgeschichte des assyrischen Flachbildes.* Saarbrücker Beiträge zur Altertumskunde Bd. 2; Bonn: Habelt.

Hudson, Michael ve Baruch A. Levine (der.); 1996. *Privatization in the ancient Near East and the classical world.* Peabody Museum Bulletin 5; Peabody Museum of Archaeology and Ethnology, Cambridge MA: Harvard University.

———, 1999. *Urbanization and land ownership in the ancient Near East.* Peabody Museum Bulletin 7; Peabody Museum of Archaeology and Ethnology, Harvard University: Cambridge MA.

Hult, Gunnel; 1983. *Bronze Age ashlar masonry in the Eastern Mediterranean: Cyprus, Ugarit and neighboring regions.* Studies in Mediterranean Archaeology LXVI; Göteborg: Paul Åströms Förlag.

———, 1994. "Qatna and Nitovikla," *Levant* 26: 189-97.

Hunger, Hermann ve Regine Pruzsinszky (der.); 2004. *Mesopotamian dark age revisited: proceedings of an international conference of SCIEM 2000 (Vienna 8th-9th November 2002).* Österreichischen Akademie der Wissenschaften Denkschriften der Gesamtakademie Band 32: Contributions to the Chronology of the Eastern Mediterranean Cilt VI. Viyana: Verlag der Österreichischen Akademie der Wissenschaften.

Huot, Jean-Louis; 1988. "Les villes neuves de l'Orient ancien," *La ville neuve: une idée de l'antiquite?* içinde, der. J.-L. Huot, Paris: Editions Errrance, 7-35.

———, 1990. "La création des villes," *Naissance de cités* içinde. J.L. Huot, J.P. Thalmann, D. Valbelle; Paris: Nathan, 207-216.

———, 1994. *Les premiers villageois de Mesopotamie: du village à la ville.* Paris: Armand Colin.

———, 1997. "Aux sources de l'urbanisme: le cas du Proche-Orient ancien," *La ville régulière: modèles et tracés* içinde, der. X. Malverti ve P. Pinon, Paris: Picard, 13-22.

———, 1999. "The archaeology of landscape," *Landscapes: Territories, frontiers and horizons in the Ancient Near East*. Papers presented to the XLIV Rencontre Assiriologique Internationale Venezia, 7-11 July 1997 içinde, der. L. Milano, S. de Martino, F.M. Fales, G.B. Lanfranchi, Padova: Sargon srl, cilt I (Davetli dersler): 29-35.

———, 2000. "La changement et la crise: réalités archéologiques et modèles interprétatifs," *Proceedings of the First International Congress on the Archaeology of the Ancient Near East* içinde, der. Paolo Matthiae; Alessandra Enea; Luca Peyronel; Frances Pinnock, Roma: Università degli studi di Roma "La Sapienza," Dipartimento di Scienze Storiche, Archeologiche e Anthropologiche dell'Antichità, 631-37.

Huot, Jean-Louis (der.); 1988. *La ville neuve: une idée de l'antiquite?* Paris: Éditions Nathan.

Huot, Jean-Louis, Jean-Paul Thalmann ve Dominique Valballe; 1990. *Naissance des cités*. Paris: éditions Nathan [*Kentlerin Doğuşu*, Fr. çev. Ali Bektaş Girgin, Ankara: İmge Kitabevi, 2000].

Hussein, Muzahim Mahmud; 2002. "Excavations of the Department of Antiquities and Heritage at Nimrud, 1988-1993," *Of pots and plans: papers on the archaeology and history of Mesopotamia and Syria presented to David Oates in honour of his 75th birthday* içinde, der. Lamie Al-Gailani Werr, John Curtis, Harriet Martin, Augusta McMahon, Joan Oates ve Julian Reade, Londra: Nabu Publications, 143-157.

Ibn Khaldûn; 1958. *The Muqaddimah: an introduction to history*. (Çev. Franz Rosenthal); New York: Pantheon Books.

Ikeda, Yutaka; 1979. "Royal cities and fortified cities," *Iraq* 41: 75-87.

———, 1984. "Hittites and Aramaeans in the land of Bit-Adini," *Monarchies and socio-religious traditions in the Ancient Near East* içinde, der. T. Mikasa, Wiesbaden: Otto Harrassowitz: 27-36.

———, 1985. "Assyrian kings and the Mediterranean sea: the twelfth to ninth centuries b.c.," *Abr-Nahrain* 23: 22-31.

———, 1999. "Looking from Til Barsip on the Euphrates: Assyria and the West in Ninth and Eighth centuries BC," *Priests and officials in the Ancient Near East* içinde, der. K. Watanabe, Heidelberg: Universitätsverlag C. Winter, 103-37.

Ingold, Tim; 1992. "Culture and the perception of the environment," *Bush base: forest farm. Culture, environment and Development* içinde, der. Elisabeth Croll ve David Parkin, Londra ve New York: Routledge, 39-56.

———, 2000. *The Perception of the environment: Essays in livelihood, dwelling and skill*. Londra: Routledge.

Jackson, Michael; 2007. *Excursions*. Durham: Duke University Press.

Jacob, Stefan; 2003. *Mittelassyrische Verwaltung und Sozialstruktur: Untersuchungen*. Cuneiform monographs 29. Leiden ve Boston: Brill – Styx.

Jacobsen, Thorkild; 1958. "La géographie et les voies de communication du pays de Sumer," *RA* 52: 127-9.

———, 1960. "The waters of Ur," *Iraq* 22: 174-85.

———, 1969. "A survey of the Girsu (Telloh) region," *Sumer* 25: 103-9.

———, 1970a. "Early political development in Mesopotamia," *Toward the image of Tammuz and other essays on Mesopotamian history and culture* içinde, der. William L. Moran, Cambridge, Massachusetts: Harvard University Press, 1970: 132-56. Orijinal baskı *ZA* 52 (1957) 91-140.

———, 1970b. *Toward the image of Tammuz and other essays on Mesopotamian history and culture.* der. William L. Moran, Cambridge, Massachusetts: Harvard University Press.

———, 1976. *The treasure of darkness: A history of Mesopotamian religion.* New Haven ve Londra: Yale University Press.

———, 1981. "The Eridu Genesis," *Journal of Biblical Literature* 100: 513-29.

———, 1987a. *The harps that once... Sumerian poetry in translation.* New Haven: Yale University Press.

———, 1987b. "Pictures and Pictorial Language (The Burney Relief)" *Figurative Language in the Ancient Near East* içinde, der, M. Mindlin, MJ Geller ve JE Wansbrough, Londra: University of London, 1-11.

Jacobsen, Thorkild ve Seton Lloyd; 1935. *Sennacherib's aqueduct at Jerwan.* The University of Chicago Oriental Institute Publications Volume 24. Chicago: The University of Chicago Press.

Jesus, Prentiss S. de; 1980. *The development of prehistoric mining and metallurgy in Anatolia.* BAR International Series 74. 2 vols. Oxford: BAR.

Joffe, Alexander H.; 1998a. "Disembedded capitals in Western Asian perspective," *Comparative Studies in Society and History* 40: 549-80.

———, 1998b. "Alcohol and social complexity in ancient Western Asia," *Current Anthropology* 39: 297-322.

———, 2002. "The rise of secondary states in the Iron Age Levant," *JESHO* 45: 425-67.

Jones, Ann Rosalind ve Peter Stallybrass; 2000. *Renaissance clothing and materials of memory.* Cambridge: Cambridge University Press.

Jonker, Gerdien; 1995. *The topography of remembrance: The dead, tradition and collective memory in Mesopotamia,* Leiden: E.J. Brill.

Karauğuz, Güngör, Hasan Bahar ve H. İbrahim Kunt; 2002. "Kızıldağ üzerine yeni bazı gözlemler," *TUBA-AR* 5: 7-32.

Karg, Norbert; 1999. "Grê Dimsê 1998: Preliminary report," *Salvage Project of the Archaeological Heritage of the Ilısu and Carchemish dam reservoirs: activities in 1998* içinde, der. N. Tuna ve J. Öztürk, Ankara: Middle East Technical University, Centre for Research and Assessment of the Historic Environment, 262-96.

———, 2001. "First soundings at Grê Dimsê 1999," *Salvage Project of the Archaeological Heritage of the Ilısu and Carchemish dam reservoirs: activities in 1999* içinde, der. N. Tuna, J. Öztürk, J. Velibeyoğlu, Ankara: Middle East Technical University, Centre for Research and Assessment of the Historic Environment, 671-93.

Kedar, Banjamin Z. ve R.J. Zwi Werblowsky (der.); 1998. *Sacred space: shrine, city, land.* New York: New York University Press.

Kessler, Karlheinz; 1980. *Untersuchungen zur Historischen Topographie Nordmesopotamiens: nach keilinscriften Quellen des 1. Jahrtausends v. Chr.* Wiesbaden: Dr Ludwig Reichert Verlag.

———, 1995. "Šubria, Urartu and Aššur: topographical questions around the Tigris sources," *Neo-Assyrian geography* içinde, der. Mario Liverani, Università di Roma "La Sapienza," Dipartimento di Scienze storiche, archeologiche e anthropologiche dell'Antichità, Quaderni di Geografia Storica 5: Roma: Sargon srl, 55-67.

———, 1997. "Royal Roads and other questions of the Neo-Assyrian communication system," *Assyria 1995. Proceedings of the 10th Anniversary Symposium of the Neo-Assyrian Text Corpus Project* içinde, der. Simo Parpola ve R. M. Whiting, Helsinki: The Neo-Assyrian Text Corpus Project, 129-36.

———, 2000. "Untersuchungen zur Historischen Topographie von Nordmesopotamien. Eine philologische Perspektive?" *La Djéziré et l'Euphrate Syriens de la Protohistoire à la fin du IIe Millénaire av. J. C. Tendances dans l'interprétation historique des données nouvelles (Subartu VII)* içinde, der. Olivier Rouault ve MarkusWäfler, Turnhout: Brepols, 309-15.

Kezer, Zeynep; 1998. "Contesting urban space in Early Republican Ankara," *JAE* 52: 11-9.

Khayyata, Wahid ve Kay Kohlmeyer; 1998. "Die Zitadelle von Aleppo – Vorläufiger Bericht über die Untersuchungen 1996 und 1997," *DaM* 10: 69-95.

———, 2000. "Syro-German excavations on the citadel of Aleppo," *Proceedings of the First International Congress on the Archaeology of the Ancient Near East* içinde, der. Paolo Matthiae, Alessandra Enea, Luca Peyronel ve Frances Pinnock, Roma: Università delgi studi di Roma "La Sapienza," Dipartimento di Scienze Storiche, Archeologiche e Anthropologiche dell'Antichità, 733-9.

King, L.W.; 1915. *The bronze reliefs from the gates of Shalmaneser III, king of Assyria 860-825 BC.* Londra: Trustees of the British Museum, Department of Oriental Antiquities.

Kinnier-Wilson, J.V.; 1972. *The Nimrud wine lists: a study of men and administration at the Assyrian capital in the eighth century B.C.* Hertford: British School of Archaeology in Iraq.

Klengel, Horst; 1965. "Der Wettergott von Halab," *JCS* 19: 87-93.

———, 1967. "Der Libanon und seine Zedern in die Geschichte des Alten Vorderen Oriens," *Das Altertum* 13: 67-76.

———, 1977. "Nomaden und Handel," *Trade in the ancient Near East. Papers presented to the XXIII Rencontre Assyriologique Internationale, University of Birmington 5-9 July*

1976 içinde, der. John David Hawkins, Londra: British School of Archaeology in Iraq, 163-9.

———, 1990. "Hattuša: Residence and cult center," *Tenth international economic history congress, Session B-16: The town as regional economic centre in the Ancient Near East* içinde, der. Erik Aerts, Studies in the social and economic history vol. 20. Leuven: Leuven University Press: 45-50.

———, 1992. *Syria 3000 to 300* b.c. *A handbook of political history*. Berlin: Akademie Verlag.

———, 1995. "The history of Ashur in the Third and Second millennium bce," Discoveries at Ashur on the Tigris: Assyrian origins. Antiquities in the Vorderasiatisches Museum, Berlin içinde, der. P. O. Harper, E. Klengel-Brandt, J. Aruz, K. Benzel, New York: The Metropolitan Museum of Art, 21-24.

———, 1996. "Handwerker im hethitischen Anatolien," *Altorientalische Forschungen* 23: 265-77.

———, 1997a. "Beute, Tribut und Abgaben: Aspekte assyrischer Syrienpolitik," *Assyrien im Wandel der Zeiten: XXXIXe Rencontre Assyriologique Internationale Heidelberg 6.-10. Juli 1992* içinde, der. H. Waetzoldt ve H. Hauptmann, Heidelberg: Heidelberger Orientverlag, 71-6.

———, 1997b. "Die historische Rolle der Stadt Aleppo im vorantiken Syrien," *Die orientalische Stadt: Kontinuität, Wandel, Bruch* içinde, der. G. Wilhelm, Saarbrücken: SDV Saarbrücker Druckerei und Verlag, 359-74.

———, 1999. *Geschichte des Hethitischen Reiches*. Unter mitwirkung von Fiorella Imparati, Volkert Haas, Theo P.J. van den Hout; Leiden: Brill.

———, 2000. "The 'crisis years' and the new political system in Early Iron Age Syria: some introductory remarks," *Essays on Syria in the Iron Age* içinde, der. Guy Bunnens, Ancient Near Eastern Studies Supplement 7; Louvain: Peeters Press, 21-30.

———, 2001. "Einige Bemerkungen zur hethitischen Herrschaftsordnung in Syrien," *Akten des IV. Internationalen Kongresses für Hethitologie, Würzburg, 4-8 Oktober 1999* içinde, der. Gernot Wilhelm, Studien zu den Boğazköy-Texten 45; Wiesbaden: Harrassowitz Verlag, 255-71.

———, 2002a. "Problems in Hittite history, solved and unsolved," *Recent developments in Hittite archaeology and history: papers in memory of Hans G. Güterbock* içinde, der. K. A. Yener, Harry A. Hoffner Jr. ve Simrit Dhesi, Winona Lake: Eisenbrauns, 101-9.

———, 2002b. *Hattuschili und Ramses: Hethiter und Ägypter – ihr langer Weg zum Frieden*. Mainz am Rhein: Verlag Philipp von Zabern.

Klengel, Horst (der.); 1982. *Gesellschaft und Kultur im alten Vorderasien*, Berlin: Akademie Verlag.

Klengel, Horst ve Johannes Renger (der.); 1999. *Landwirtschaft im Alten Orient: Ausgewählte Vorträge der XLI. Rencontre Assyriologique Internationale Berlin 4.-8.7.1994*. Berlin: Dietrich Reimer Verlag.

Knapp, A. Bernard; 1990. "Paradise gained and paradise lost: Intensification, specialization, complexity, collapse," [Book review] *Asian Perspectives* 28 (1988-89) 179-214.

———, 1992. "Archaeology and the *Annales*: time, space and change," *Archaeology, Annales, and ethnohistory* içinde, der. A. B. Knapp, Cambridge: Cambridge University Press, 1-21.

———, 1998. "Mediterranean Bronze Age trade: distance, power and place," *The Aegean and the Orient in the Second millennium*. Proceedings of the 50th anniversary symposium Cincinnati, 18-20 April 1997 içinde, der. Eric H. Cline ve Diane Harris-Cline, Université de Liège, Histoire de l'art et archéologie de la Grèce antique, University of Texas at Austin Program in Aegean scripts and prehistory. Aegaeum 18: Liège: Annales d'archéologie égéenne de l'Université de Liège et UT-PASP, 193-205.

———, 1999. "Ideational and industrial landscape on prehistoric Cyprus" *Archaeologies of landscape: contemporary Perspectives* içinde, der. W. Ashmore ve A.B. Knapp, Malden MA: Blackwell, 229-52.

———, 2009. "Monumental architecture, identity and memory," *Proceedings of the Symposium: Bronze Age architectural traditions in the East Mediterranean: diffusion and diversity*. (Gasteig, Munich, 7-8 May, 2008) içinde, der. Apostolos Kyriatsoulis, Weilheim: Verein zur Förderung der Aufarbeitung der Hellenischen Geschichte e.V., 47-59.

Knapp, A. Bernard (der.), 1992. *Archaeology, Annales, and ethnohistory*. der. A.B. Knapp, Cambridge: Cambridge University Press.

Knapp, A. Bernard ve Wendy Ashmore; 1999. "Archaeological landscapes: constructed, conceptualized, ideational," *Archaeologies of landscape: contemporary Perspectives* içinde, der. W. Ashmore ve A.B. Knapp, Blackwell: Malden MA, 1-30.

Knight, Vernon James; 2001. "Feasting and the emergence of platform mound ceremonialism in Eastern North America," *Feasts: Archaeological and ethnographic perspectives on food, politics, and power* içinde, der. Michael Dietler ve Brian Hayden, Washington ve Londra: Smithsonian Institution Press, 311-33.

Kohlmeyer, Kay; 1982. "Felsbilder der hethitischen Großreichszeit," *Acta Praehistorica et Archaeologica* 15: 7-153.

———, 1995. "Anatolian architectural decorations, statuary, and stelae," *Civilizations of the Ancient Near East* içinde, der. Jack M. Sasson, New York: Simon & Schuster Macmillan, cilt IV: 2639-60.

———, 2000a. Der Tempel des Wettergottes von Aleppo. Münster: Rhema.

———, 2000b. "Halab: Neues zu Aleppo im 2. und 1. Jahrtausend vor Christus," *Nürnberger Blätter zur Archäologie* 16 (1999/2000) 111-30.

———, 2009. "The temple of the Storm God in Aleppo during the Late Bronze and Early Iron Ages." *Near Eastern Archaeology* 72: 190-9.

———, 2011. "Building activities and architectural decoration in the 11th century BC. The temples of Taita, King of Padasatini/Palistin in Aleppo and 'Ain Dārā." *Empires after the Empire: Anatolia, Syria and Assyria after Suppiluliuma II (ca. 1200-800/700 BC)* içinde, der. K. Strobel, Firenze: LoGisma editore, 255-80.

Koldewey, Robert; 1898. "Die Architektur von Sendschirli," *Ausgrabungen in Sendschirli II: Ausgrabungsbericht und Architektur* içinde, der. Felix von Luschan, Carl Humann, Robert Koldewey; Königliche Museen zu Berlin, Mitteilungen aus den Orientalischen Sammlungen Heft XII. Berlin: W. Spemann, 103-99.

Koliński, Rafal; 2001. *The Mesopotamian dimātu of the Second Millennium BC*. Oxford: British Archaeological Reports International Series 1004.

———, 2002. "Tell al-Fakhar: a *dimtu*-settlement or the city of Kurruhani?" *Studies on the civilization and culture of Nuzi and the Hurrians* 12 [General Studies and Excavations at Nuzi 10/3] içinde, der David I. Owen ve Gernot Wilhelm, Bethesda: CDL Press, 3-31.

Kose, Arno; 2000. "Das 'Palais' auf Tell A von Girsu – Wohnstätte eines hellenistischpartischen Sammlers von Gudeastatuen?," *BaM* 31: 377-431.

Kostof, Spiro; 1991. *The city shaped: urban patterns and meanings through history*. New York: Bulfinch Press, 9-41.

———, 1992. *The city assembled: the elements of urban form through history*. Londra: Thames and Hudson, 123-36.

———, 1995. *A history of architecture: settings and rituals*. Gözden geçirilmiş ikinci baskı Greg Castillo. New York ve Oxford: Oxford University Press, 1985.

Kouchoukos, Nicholas; 2001. "Sattelite images and Near Eastern landscapes," *Near Eastern Archaeology* 64: 80-91.

Köroğlu, Kemaletti; 1998. *Üçtepe I*. Ankara: Türk Tarih Kurumu Yayınları.

———, 2002. "Demir Çağı'nda Yukarı Dicle bölgesi," *Anadolu Araştırmaları* 16: 449-75.

———, 2003. "The transition from Bronze Age to Iron Age in Eastern Anatolia," *Identifying changes: the transition from Bronze to Iron ages in Anatolia and its neighbouring regions*. Proceedings of the International Workshop, İstanbul, November 8-9, 2002 içinde, der. Bettina Fischer, Hermann Genz, Éric Jean ve Kemalettin Köroğlu, İstanbul: Türk Eski Çağ Bilimleri Enstitüsü, 231-41.

Kraeling, C.H. ve Robert McC. Adams (der.); 1960. *City invincible: A symposium on urbanization and cultural development in the ancient Near East*. Chicago: The University of Chicago Press.

Kraus, Christina Shuttleworth (der.); 1999. *Limits of historiography: genre and narrative in ancient historical texts*. Leiden: Brill.

Kuhrt, Amélie; 1987. "Usurpation, conquest and ceremonial: from Babylon to Persia," *Rituals of royalty: power and ceremonial in traditional societies* içinde, der. David Canadine ve Simon Price, Cambridge: Cambridge University Press, 20-55.

———, 1995. *The Ancient Near East: c. 3000-330 B.C.* 2. cilt. Londra ve New York: Routledge [*Eski Çağ'da Yakındoğu*, İng. çev. Dilek Şendil, İstanbul: Türkiye İş Bankası Kültür Yayınları, 2010].

———, 1998. "The Old Assyrian merchants," *Trade, traders and the ancient city* içinde, der. H. Parkins ve C. Smith, Londra: Routledge, 1-15.

———, 2001a. "The Achaemenid Persian empire (c.550-c.330 B.C.E.): continuities, adaptations, transformations," *Empires: perspectives from archaeology and history* içinde, der. S. E. Alcock, Terence N D'Altroy; Kathleen D Morrison; ve Carla M Sinopoli, Cambridge: Cambridge University Press, 93-124.

———, 2001b. "The palace(s) of Babylon," *The royal palace institution in the First Millennium B.C.: regional development and cultural interchange between East and West* içinde, der. Inge Nielsen, Atina: Monographs of the Danish Institute at Athens, 77-94.

———, 2002. "Babylon," *Brill's companion to Herodotus* içinde, der. Egbert J. Bakker, Irene J.F. de Jong, Hans van Wees, Leiden: Brill, 475-496.

Kuhrt, Amélie ve Susan Sherwin-White (der.); 1987. *Hellenism in the east: the interaction of Greek and non-Greek civilizations from Syria to Central Asia after Alexander.* Berkeley ve Los Angeles: University of California Press.

———, 1993. *From Samarkhand to Sardis: a new approach to the Seleucid empire.* Londra: Duckworth.

Kupper, J.R.; 1952. "Le canal Išîm-Iahdunlim," *Bibliotheca Orientalis* 9: 168-9.

———, 1963. "Northern Mesopotamia and Syria," *CAH²* 2.1: 3-46.

———, 1982. "Mari entre la Mésopotamie et la Syrie du Nord a l'époque Paléo-Babylonienne," Mesopotamien und seine Nachbarn: politische und kulturelle Wechselbeziehungen im alten Vorderasien vom 4. bis 1. Jahrtausend v. Chr. XXV. Rencontre Assyriologique Internationale Berlin 3. bis 7. Juli 1978 içinde, der. Hans-Jörg Nissen ve Johannes Renger, Berlin: Dietrich Reimar Verlag, 173-85.

Kühne, Cord; 1996. "Aspects of the Middle Assyrian Harbu archive," *SAAB* 10.2: 3-7.

Kühne, Hartmut; 1983. "Tall Šēh Hamad/Dūr Katlimmu, die Wiederentdeckung einer mittelassyrischen Stadt," *DaM* 1: 149-63.

———, 1990a. "Gedanken zur historischen und städtbaulichen Entwicklung der Assyrischen Stadt Dūr-Katlimmu in *Resurrecting the past: a joint tribute to Adnan Bounni* içinde, der. P. Matthiae, Maurits Nanning van Loon ve Harvey Weiss, Leiden: Nederlands Historisch-Archaeologisch Instituut te İstanbul, 153-69.

———, 1990b. "The effects of irrigation agriculture: Bronze and Iron Age habitation along the Khabur, Eastern Syria," *Man's role in the shaping of the Eastern Mediterranean landscape* içinde, der. S. Bottema, G. Entjes-Nieborg, W. van Zeist, Roterdam: A.A. Balkema, 15-30.

———, 1990c. "Ein Bewässerungssystem der Ersten Jahrtausends v. Chr. am Unteren Habur," *Techniques et pratiques hydro-agricoles traditionelles en domain irrigué. Approche pluridisciplinaire des modes de culture avan la motorisation en Syrie* içinde, der. B. Geyer, Actes du Colloque de Damas 27 juin-1ᵉʳ julliet 1987. Institut Français d'Archéologie du Proche-Orient, Beyrouth-Damas-Amman, Bibliothèque archéologique et historique – T. CXXXVI. Paris: Libraire Orientaliste Paul Geuthner, 193-215.

———, 1994. "The urbanization of Assyrian provinces," *Nuove fondazioni nel Vicino Oriente antico: realta e ideologia*. Atti del colloquio 4-6 dicembre 1991; Dipartimento di Scienze Storiche del Mondo Antico içinde, der. Stefania Mazzoni, Sezione di Egittologia e Scienze Storiche del Vicino Oriente; Università degli studi di Pisa. Pisa: Giardini, 55-84.

———, 1995a. "The history of the Lower Habur-Region in the light of the excavation of Tell Sheikh Hamad/Dur Katlimmu," *Proceedings of the symposium on Syria and the Ancient Near East 3000-300 B.C* içinde, der. Farouk Ismail, Aleppo: Aleppo University Publications, 95-123.

———, 1995b. "The Assyrians on the Middle Euphrates and the Hābūr," *Neo-Assyrian geography* içinde, der. Mario Liverani, Quaderni di Geografia Storica 5: Roma: Università di Roma, Dipartimento di scienze storiche, archeologiche e antropologiche dell'Antichità, 69-85.

———,1998. "Tall Šeh Hamad – the Assyrian city of Dūr-Katlimmu: a historicgeographical approach," *Essays on Ancient Anatolia in the Second Millennium BC içinde.*, H.I.H. Prince Takahito Mikasa (der.), Bulletin of the Middle Eastern Culture Center in Japan Vol X. Wiesbaden: Harrassowitz Verlag, 279-307.

———, 2000a. "Dūr-katlimmu and the Middle-Assyrian empire," *La Djéziré et l'Euphrate Syriens de la Protohistoire à la fin du IIe Millénaire av. J. C. Tendances dans l'interprétation historique des données nouvelles (Subartu VII)* içinde, der. Olivier Rouault ve Markus Wäfler, Turnhout: Brepols, 271-7.

———, 2000b. "The 'Red House' of the Assyrian provincial center of Dur-Katlimmu," *Proceedings of the First International Congress on the Archaeology of the Ancient Near East* içinde, der. Paolo Matthiae, Alessandra Enea, Luca Peyronel ve Frances Pinnock, Roma: Università degli studi di Roma "La Sapienza," Dipartimento di Scienze Storiche, Archeologiche e Anthropologiche dell'Antichità, 761-71.

———, 2010. "The rural hinterland of Dūr Katlimmu," *Dūr Katlimmu 2008 and Beyond* içinde, der. Hartmut Kühne, Studia Chaburensia Vol. 1. Wiesbaden: Harrassowitz Verlag, 115-28.

Kühne, Hartmut (der.); 1991. *Die rezente Umwelt von Tall Šēh Hamad und daten zur Umweltrekonstruktion der assyrischen Stadt Dūr-Katlimmu*. Berichte der Ausgrabung Tall Šēh Hamad / Dūr-Katlimmu (BATSH) Band 1. Berlin: Dietrich Reimer Verlag.

Kühne, Hartmut, Reinhard Bernbeck ve Karin Bartl (der.); 1999. *Fluchtpunkt Uruk: Archäologische Einheit aus methodischer Vielfalt: Schriften für Hans Jörg Nissen*. Rahden/Westf.: Verlag Marie Leidorf GmbH.

Lackenbacher, Sylvie; 1982. *Le roi bâtisseur: le récits de construction assyriens des origines à Teglatphalasar III*. Paris: Études Assyriologique, Éditions Recherche sur les civilisations.

———, 1990. *Le palais sans rival: le récit de construction en assyrie*. Paris: Éditions la Découverte.

Læssøe, Jørgen; 1951. "The irrigation system at Ulhu, 8th century BC," *JCS* 5: 21-32.

———, 1959. "Building inscriptions from Fort Shalmaneser," *Iraq* 21: 38-41.

———, 1993. "The biography of an object: the intercultural style vessels of the third millennium B.C.," *History from things: essays on material culture* içinde, der. S. Lubar ve W.D. Kingery, Washington DC: Smithsonian Institution Press.

Lambert, Wilfred G.; 1963. "The Great Battle of the Mesopotamian religious year," *Iraq* 25: 189-90.

———, 1974. "The reigns of Aššurnasirpal II and Shalmaneser III: an interpretation," *Iraq* 36: 103-9.

———, 1981. "Studies in UD.GAL.NUN," *Oriens antiquus* 20: 81-97.

———, 1982. "The hymn to the Queen of Nippur," *Zikir šumim: Assyriological Studies presented to F.R. Kraus on the occasion of his seventieth birthday* içinde, der. G. Van Driel, Th J.H. Krispijn ve Marten Stol., Leiden, E.J. Brill, 173-218.

———, 1983. "The god Aššur," *Iraq* 45: 82-6.

———, 1987. "The Sumero-Babylonian brick-god Kulla," *JNES* 46: 203-4.

———, 1991. "An unknown king in an unknown city," *Ah, Assyria... Studies in Assyrian history and ancient Near Eastern historiography presented to Hayim Tadmor* içinde, der. Mordechai Cogan ve Israel Eph'al, [Scripta Hierosolymitana 33] The Magnes Press, Kudüs: The Hebrew University, 314-9.

———, 1992. "Nippur in ancient ideology," *Nippur at the centennial* içinde, der. M. deJong Ellis, Philadelphia: Occasional Publications of the Samuel Noah Kramer Fund 14, 119-126.

———, 1997. "Processions to the akītu house," [Review of *Ina šulmi īrub. Die kulttopographische und ideologische Programmatik der akītu-Prozession in Babylonien und Assyrien im I. Jahrtausend v. Chr.*, Beate Pongratz-Leisten. Deutsches Archäologisches Institut, Abteilung Baghdad, Baghdader Forschungen: Band 16. Mainz am Rhein: Philipp von Zabern, 1994.] *RA* 91: 49-80.

———, 1998. "Technical terminology for creation in the ancient Near East," *Intellectual life of the Ancient Near East: Papers presented at the 43rd Rencontre assyriologique internationale Prague July 1-5, 1996* içinde, der. Jiří Prosecký, Prag: Academy of Sciences of the Czech Republic Oriental Institute, 189-93.

Lamprichs, Roland W.; 1995. "Der Expansionprozeß des neuassyrischen Reiches: Versuch einer Neubewertung," *Zwischen Euphrat und Indus: aktuelle Forschungsprobleme in der Vorderasiatischen Archäologie* içinde, der. Karin Bartl, Reinhard Bernbeck, Marlies Heinz, Hildesheim: Georg Olms Verlag, 209-21.

———1997. s.v. "Aššur" *OxEncANE* 1: 225-8.

Larsen, Mogens Trolle (der.); 1979. *Power and Propaganda: A Symposium on Ancient Empires.* Kopenhag: Akademisk Forlag.

———, 1976. *The Old Assyrian city-state and its colonies.* Mesopotamia 4. Kopenhag: Akademisk Forlag.

———, 1977. "Partnerships in the Old Assyrian trade," *Trade in the ancient Near East* Papers presented to the XXIII Rencontre Assyriologique Internationale, University of Birmington 5-9 July 1976 içinde, der. John David Hawkins, Londra: British School of Archaeology in Iraq, 119-45.

———, 1979. "The Tradition of Empire in Mesopotamia," *Power and Propaganda: A Symposium on Ancient Empires* içinde, der. M.T. Larsen, Kopenhag: Akademisk Forlag 75-103.

———, 1987a. "Commercial networks in the Ancient Near East," *Centre and Periphery in the ancient world* içinde, der. Michael Rowlands, Morgens Larsen, Kristian Kristiansen, Cambridge: Cambridge University Press, 47-56.

———, 1987b. "The Mesopotamian lukewarm mind: reflections on science, divination and literacy," *Language, literature and history: philological and historical Studies presented to Erica Reiner* içinde, der. Francesca Rochberg-Halton, New Haven, Connecticut: American Oriental Society, 201-25.

———, 1988. "Orientalism and Near Eastern archaeology," *Domination and resistance* içinde, der. D. Miller, M.J. Rowlands ve Christopher Y. Tilley, Londra: Unwin Hyman, 229-39.

———, 1994. "The appropriation of the Near Eastern past: contrasts and contradictions ," *The east and the meaning of history: international conference (23-27 November 1992)* içinde, der. Giovanni Garbini, Biancamaria Scarcia Amoretti ve Piero Corradini, Università di Roma 'La Sapienza' Studi Orientali 13. Roma: Bardi Editore, 29-51.

———, 1996. *The conquest of Assyria: excavations in an antique land 1840-1860.* Londra ve New York: Routledge.

———, 2000. "The Old Assyrian city-state," *A comparative study of thirty city-state cultures: an investigation conducted by the Copenhagen Polis Center* içinde, der. Morgens Herman Hansen, Kopenhag: Historisk-filosofiske Skrifter 21, 77-88.

Lawrence, Denise L. ve Setha M. Low; 1990. "The built environment and spatial form," *Annual Review of Anthropology* 19: 453-505.

Layard, Austin Henry; 1849. *Nineveh and its remains with an account of a visit to the Chaldæan christians of Kurdistan and the Yezidis, or devil-worshippers, and an Enquiry into the manners and arts of the ancient Assyrians.* 2 cilt. Londra: John Murray.

———, 1853a. *Discoveries among the ruins of Nineveh and Babylon.* Londra: John Murray.

———, 1853b. *The monuments of Nineveh, from drawings made on the spot.* Londra: John Murray.

Lebeau, Marc (der.); 1998. *About Subartu: Studies devoted to Upper Mesopotamia, Vol 1. Landscape, archaeology, settlement* (Subartu IV, 1). European Center for Upper Mesopotamian Studies, Turnhout: Brepols.

Lebeau, Marc ve Antoine Suleiman (der.), 1997. *Tell Beydar, Three Seasons of Excavations (1992-1994): A Preliminary Report* [=Subartu III]. Turnhout: Brepols.

Lebrun, René; 1984. "À propos de quelques rois Hittites bâtisseurs," *Archéologie et religions de l'Anatolie ancienne: Mélanges en l'honneur du professeur Paul Naster* içinde, der. Robert Donceel ve René Lebrun, Homo Religiosus 10; Louvain-la-Neuve: Centre d'Histoire des Religions, 157-66.

———, 2000. "Le Hatti et la Djéziré," *La Djéziré et l'Euphrate Syriens de la Protohistoire à la fin du IIeMillénaire av. J.-C. Tendances dans l'interprétation historique des données nouvelles* (Subartu VII) içinde, der. Olivier Rouault ve MarkusWäfler, Turnhout: Brepols:, 281-5.

Lechtman, H.; 1977. "Style in technology – some early thoughts," *Material culture: styles, organization, and dynamics of technology* içinde, der. H. Lechtman ve R. Merrill, Proceedings of the American Ethnological Society. St. Paul, Minnesota: West Publishing, 3-20.

Lefebvre, Henri; 1991. *The production of space*. Çev. D. Nicholson-Smith, Oxford: Balckwell.

Lehmann, Gunnar; 1994. "Zu den Zerstörungen in Zincirli während des fr ühen 7. Jahrhunderts v.Chr.," *MDOG* 126: 105-22.

———, 2001. "The 'Sea-People phenomenon': migration and transmission of culture in the Levant at the end of the Late Bronze Age," Migration und Kulturtransfer: Der Wandel vorder- und zentralasiatischer Kulturen im Umbruch vom 2. zum 1. vorchristlichen Jahrtausend içinde, der. R. Eichmann ve H. Parzinger, Bonn: Dr. Rudolf Habelt GmbH, 411-26.

Lehmann-Haupt, C.F.; 1907. *Materialen zur älteren Geschichte Armeniens und Mesopotamiens*. Abhandlungen der Koniglichen Gesellschaft der Wissenschaften zu Göttingen, Philologisch-Historische Klasse. Neue Folge Band IX. Nro.3. Berlin: Weidmannsche Buchhandlung.

———, 1910. Armenien einst und jetzt: Reisen und Forscungen. Erster Band: Vom Kaukasus zum Tigris und nach Tigranokerta. Berlin: B. Behr's Verlag.

Leichty, E.; 2011. *The royal inscriptions of Esarhaddon, King of Assyria (680-669 BC)*. Royal Inscriptions of the Neo-Assyrian Period 4. Winona Lake, Indiana: Eisenbrauns.

Leick, Gwendolyn; 1988. *A dictionary of ancient Near Eastern architecture*. Londra: Routledge.

———, 2001. *Mesopotamia: the invention of the city*. Londra: Allen Lane, The Penguin Press.

Leroi-Gourhan, André; 1993. *Gesture and speech*. Çev. Anna Bostock Berger, Randall White (giriş); Cambridge, Massachusetts: The MIT Press. Originally published as *Le geste et la parole* (Paris: Éditions Albin Michel 1964).

Liddell, Henry George ve Robert Scott; 1992. *An intermediate Greek-English lexicon*. Oxford: the Clarendon Press.

Lion, Brigitte ve Cécile Michel; 2003. "Un banquet à la cour assyrienne," *Dossier d'archeologie* 280: 24-31.

Lipiński, Edward; 2000a. "The linguistic geography of Syria in Iron Age (c. 1000-600 b.c.)," *Essays on Syria in the Iron Age* içinde, der. G. Bunnens, Ancient Near Eastern Studies Supplement 7; Louvain: Peeters Press, 125-42.

———, 2000b. *The Aramaeans: their ancient history, culture, religion.* Orientalia Lovaniensia Analecta 100. Leuven, Paris, Sterling, Virginia: Uitgeverij Peeters and Department Oosterse Studies.

Liverani, Mario; 1973. "Memorandum on the approach to historiographic texts," *Orientalia* 42: 178-94.

———, 1979. "The ideology of the Assyrian empire," *Power and propaganda: a symposium on ancient empires* içinde, der. Morgens Trolle Larsen, Kopenhag: Akademisk Forlag, 297-317.

———, 1987a. "The collapse of the Near Eastern regional system at the end of the Bronze Age: the case of Syria," *Centre and periphery in the ancient world* içinde, der. Michael Rowlands, Morgens Larsen, Kristian Kristiansen, Cambridge: Cambridge University Press, 66-73.

———, 1987b. "La città vicino-orientale antica," *Modelli di città: strutture e funzioni politiche* içinde, der. P. Rossi, Giulio Einaudi: Torino: 57-85.

———, 1988. "The growth of the Assyrian empire in the Habur / Middle Euphrates area: a new paradigm," *SAAB* 2/1: 81-98.

———, 1989. "Economy of Ugaritic royal farms," *Production and consumption in the Ancient Near East* içinde, der. Carlo Zaccagnini, Budapeşte: Chaire Egyptol. Univ. Eötvös Lórand, 127-68.

———, 1990. *Prestige and Interest: international relations in the Near East ca. 1600-1100 bc.* Padua: Sargon srl.

———, 1991. *Antico Oriente: storia, società, economia.* Roma: Editori Laterza.

———, 1992. *Studies in the annals of Ashurnasirpal II: 2. Topographical analysis.* Roma: Università di Roma "La Sapienza," Dipartimento di scienze storiche, archeologiche e antropologiche dell'antichità.

———, 1994a. "Ideologia delle nuove fondazioni urbane in età Neo-Assira," in *Nuove fondazioni nel Vicino Oriente antico: realta e ideologia.* Atti del colloquio 4-6 dicembre 1991; Dipartimento di Scienze Storiche del Mondo Antico. Stefania Mazzoni (der.), Sezione di Egittologia e Scienze Storiche del Vicino Oriente; Università degli studi di Pisa. Pisa: Giardini, 375-83.

———, 1994b. *"Voyage en Orient:* the origins of archaeological surveying in the Near East," *The east and the meaning of history: international conference (23-27 November 1992)* içinde, der. Giovanni Garbini, Biancamaria Scarcia Amoretti ve Piero Corradini, Università di Roma 'La Sapienza' Studi Orientali 13. Roma: Bardi Editore, 1-16.

———, 1995. "The deeds of ancient Mesopotamian kings," *Civilizations of the Ancient Near East* içinde, der, Jack Sasson, New York: Simon & Schuster Macmillan, cilt IV: 2353-66.

———, 1997a. "'Half-nomads' on the Middle Euphrates and the concept of dimorphic society," *Altorientalische Forschungen* 24: 44-8.

———, 1997b. "Beyond deserts, beyond oceans," *Profumi d'Arabia: atti del convegno* içinde, der. A. Avanzini, Roma: L'Erma di Bretschneider, 557-64.

———, 1997c. "Ancient Near Eastern cities and modern ideologies," *Die orientalische Stadt: Kontinuität, Wandel, Bruch* içinde, der. G. Wilhelm, Saarbrücken: SDV Saarbrücker Druckerei und Verlag, 85-107.

———, 1999. "History and archaeology in the Ancient Near East," *Fluchtpunkt Uruk: Archäologische Einheit aus methodischer vielfalt: Schriften für Hans Jörg Nissen* içinde, der. Hartmut Kühne, Reinhard Bernbeck, Karin Bartl, Rahden/Westf.: Verlag Marie Leidorf GmbH, 1-11.

———, 2001a. "The fall of the Assyrian empire: ancient and modern interpretations," *Empires: perspectives from archaeology and history* içinde, der, S.E. Alcock, Terence N. D'Altroy, Kathleen D. Morrison ve Carla M. Sinopoli, Cambridge: Cambridge University Press, 374-91.

———, 2001b. "The Sargon Geography and the Late Assyrian mensuration of the earth," *SAAB* 13 (1999-2001) 58-85.

———, 2004. *Myth and Politics in Ancient Near Eastern Historiography*. Londra: Equinox.

Liverani, Mario (der.); 1995. *Neo-Assyrian geography*. Università di Roma "La Sapienza," Dipartimento di Scienze storiche, archeologiche e anthropologiche dell'Antichità, Roma: Quaderni di Geografia Storica 5.

Livingstone, Alasdair; 1986. *Mystical and mythological explanatory works of Assyrian and Babylonian scholars*. Oxford: Oxford University (Clarendon) Press.

———, 1997. "New dimensions in the study of Assyrian religion," *Assyria 1995. Proceedings of the 10th Anniversary Symposium of the Neo-Assyrian Text Corpus Project* içinde, der. Simo Parpola ve R.M. Whiting, Helsinki: The Neo-Assyrian Text Corpus Project, 165-77.

Loud, G. and C.B. Altman; 1938. *Khorsabad, Part II: the citadel and the town*. Oriental Institute Publications 40. Chicago: University of Chicago.

Loud, G., H. Frankfort ve T. Jacobsen; 1936. *Khorsabad, Part I: Excavations in the palace and at a city gate*. Oriental Institute Publications 38. Chicago: University of Chicago.

Luciani, Marta; 2001. "On Assyrian frontiers and the Middle Euphrates," *SAAB* 13 (1999-2001) 87-114.

Luckenbill, Daniel David; 1924. *The annals of Sennacherib*. Chicago: University of Chicago, Oriental Institute Publications II. [abbr. *OIP* 2]

———, 1989. *Ancient records of Assyria and Babylonia. Volume II: Historical records of Assyria, from Sargon to the end*. Londra: Histories & Mysteries of Man. [abbr. *ARAB* II]

Lumsden, Stephen; 2000. "On Sennacherib's Nineveh," *Proceedings of the First International Congress on the Archaeology of the Ancient Near East* içinde, der. Paolo Matthiae, Alessandra Enea, Luca Peyronel ve Frances Pinnock, Roma: Università degli studi di Roma "La Sapienza," Dipartimento di Scienze Storiche, Archeologiche e Anthropologiche dell'Antichità, 815-34.

———, 2001. "Power and identity in the Neo-Assyrian world," *The royal palace institution in the First Millennium B.C.: regional development and cultural interchange between East and West* içinde, der. Inge Nielsen, Atina: Monographs of the Danish Institute at Athens, 15-32.

———, 2002. "Gavurkalesi: investigations at a Hittite sacred place," *Recent developments in Hittite archaeology and history: papers in memory of Hans G. Güterbock* içinde, der. K.A. Yener, Harry A. Hoffner Jr. ve Simrit Dhesi, Winona Lake: Eisenbrauns, 111-25.

———, 2005. "The production of space at Nineveh," *Nineveh: Papers of the XLIXe Rencontre Assyriologique Internationale London, 7-11 July 2003* içinde, der. Dominique Collon ve Andrew George, Londra: British School of Archaelogy in Iraq. Cilt 1: 187-98.

Lyon, Jerry D.; 2000. "Middle Assyrian expansion and settlement development in the Syrian Jazira: the view from the Balikh valley," *Rainfall and agriculture in Northern Mesopotamia.* der. R.M. Jas, Proceedings of the Third MOS Symposium, Leiden 1999; İstanbul: Nederlands Historisch-Archaeologisch Instituut, 89-126.

Lyonnet, Bertille; 2001. "L'occupation des marges arides de la Djéziré: pastoralimse et nomadisme aux débuts du 3e et du 2e millénaire," *Conquête de la steppe et la appropriation des terres sur les marges arides du Croissant fertile* içinde, der. Bernard Geyer, Travaux de la Maison de l'Orient Méditerranéen No 36. Lyon: Maison de l'Orient, 15-26.

MacDonald, William L.; 1986. *The architecture of the Roman Empire, volume II: an urban appraisal.* New Haven: Yale University Press.

Machinist, Peter; 1976. "Literature as politics: the Tukulti-Ninurta epic and the Bible," *Catholic Biblical Quarterly* 38: 455-82.

———, 1982. "Provincial governance in Middle Assyria and some new texts from Yale," *Assur* 3/2: 1-37.

———, 1985. "The Assyrians and their Babylonian problem," *Wissenschaftskolleg- Institute for Advanced Study- zu Berlin Jahrbuch* 1984/85: 353-64.

———, 1986. "On self-consciousness in Mesopotamia," *The origins and diversity of axial age civilizations* içinde, der. S. N. Eisenstadt, Albany: State Universtiy of New York Press, 183-202.

———, 1993. "Assyrians on Assyria in the First Millennium BC," *Anfänge politischen Denkens in der Antike: die nahöstlichen Kulturen und die Griechen* içinde, der. Kurt Raaflaub ve Elisabeth Müller-Luckner, Münih: R. Oldenbourg Verlag, 77-104.

Macridy, Theodore; 1908. *La porte des sphinx à Euyuk: fouilles du Musée Impérial Ottoman.* Mitteilungen der Vorderasiatischen Gesellschaft 1908.3; Berlin: Wolt Peiser Verlag.

Mahmoud, As'ad and Hartmut Kühne; 1994. "Tall 'Ağāğa/Šadikanni," *AfO* 40-41 (1993-1994) 215-21.

Mallgrave, Harry Francis ve Eleftherios Ikonomou (der./çev./önsöz); 1994. *Empathy, form and space: problems in German aesthetics 1873-1893*. Santa Monica, California: The Getty Center for the History of Art and the Humanities.

Mallowan, Max E.L.; 1950. "Excavations in Nimrud 1949-1950," *Iraq* 12: 147-83.

———, 1952. "Excavations at Nimrud (Kalhu), 1951," *Iraq* 14: 1-23.

———, 1953. "Excavations in Nimrud (Kalhu), 1952," *Iraq* 15: 1-42.

———, 1954. "Excavations in Nimrud (Kalhu), 1953," *Iraq* 16: 59-163.

———, 1957. "Excavations in Nimrud (Kalhu), 1956," *Iraq* 19: 1-25.

———, 1959. *Twenty-five years of Mesopotamian discovery*. Londra: The British School of Archaeology in Iraq.

———, 1966. *Nimrud and its remains*. 2. cilt. Londra: Collins.

———, 1972. "Carchemish: reflections on the chronology of the sculpture," *AnSt* 22: 63-85.

———, 1978. "Samaria and Calah-Nimrud: conjunctions in history and archaeology," *Archaeology in the Levant: essays for Kayhleen Kenyon* içinde, der. R. Moorey ve P. Parr, Warminster: Aris & Phillips Ltd, 149-55.

Mallowan, Max E.L. ve Leri Glynne Davies; 1970. *Ivories in Assyrian style: commentary, catalogue and plates*. Londra: British School of Archaeology in Iraq.

Malm, Gunilla (der.); 2001. *Archaeology and buildings. Papers from a session held at the European Association of Archaeologists Fifth Annual Meeting in Bournemouth 1999*. BAR International Series 930; Oxford: Archeopress.

Manzanilla, Linda (der.); 1997. *Emergence and change in early urban societies*. New York: Plenum Press.

Marcolongo, B. ve A.M. Palmieri; 1983. "Environment, water supply and cultural development at Arslantepe (Malatya, Turkey)," *Origini* 12: 619-28.

Marcus, Joyce ve Jeremy A. Sabloff; 2008. "Introduction," *The ancient city: new perspectives on urbanism in the old and new world* içinde. School for Advanced Research Residents Scholar Series. Santa Fe: School for Advance Research Press, 3-26.

Marcus, Michelle I.; 1987. "Geography as an organizing principle in the imperial art of Shalmaneser III," *Iraq* 49: 77-90.

———, 1990. "Centre, province and periphery: a new paradigm from Iron-age Iran," *Art History* 13: 129-50.

———, 1995a. "Geography as visual ideology: landscape, knowledge, and power in Neo-Assyrian art," *Neo-Assyrian geography* içinde, der, Mario Liverani, Università di Roma "La Sapienza," Dipartimento di Scienze storiche, archeologiche e anthropologiche dell'Antichità, Quaderni di Geografia Storica 5: Roma: Sargon srl, 193-202.

―――, 1995b. "Art and ideology in ancient Western Asia," *Civilizations of the Ancient Near East* içinde, der. Jack M. Sasson, New York: Simon & Schuster Macmillan, cilt IV: 2487-2505.

Marro, Catherine; 2004. "Upper Mesopotamia and the Caucasus: an essay on the evolution of routes and road networks from the Old Assyrian kingdom to the Ottoman Empire," *A view from highlands: archaeological studies in honor of Charles Burney* içinde, der. Anthony Sagona, Herent: Peeters, 91-120.

Marx, Karl; 1934. *The Eighteenth Brumaire of Louis Bonaparte*. Moskova: Progress Publishers [*Louis Bonaparte'in 18 Brumaire'i*, Fr. çev. Sevim Belli, Ankara: Sol Yayınları, 2012].

Marzahn, Joachim ve Beate Salje (der.); 2003. *Wiedererstehendes Assur: 100 Jahre deutsche Ausgrabungen in Assyrien*. Mainz am Rhein: Verlag Philipp von Zabern.

Masetti-Rouault, Maria Grazia; 1998. "Syriens et Assyriens dans la Djéziré, XIVème-IXème siècle av. J.C.," *About Subartu: Studies devoted to Upper Mesopotamia, Vol 1. Landscape, archaeology, settlement (Subartu IV, 1)* içinde, der. Marc Lebeau, European Center for Upper Mesopotamian Studies, Turnhout: Brepols, 223-42.

―――, 2000. "Aspects du paysage social et politique du Moyen-Euphrate Syrien à l'âge dur Fer," *Landscapes: Territories, frontiers and horizons in the Ancient Near East*. Papers presented to the XLIV Rencontre Assiriologique Internationale Venezia, 7-11 July 1997 içinde, der. L. Milano, S. de Martino, F.M. Fales ve G.B. Lanfranchi, Padova: Sargon srl, Cilt II (Geography and cultural landscapes): 129-38.

―――, 2001. *Cultures locales du Moyen-Euphrate: Modèles et évenements IIe-Ier mill. av. J.C. [Subartu VIII]*, Turnhout: Brepols.

―――, 2010. "Rural economy and steppe management in an Assyrian colony in the west. a view from Tell Masaikh Lower Middle Euphrates, Syria," *Dur Katlimmu 2008 and beyond* içinde, der. Hartmut Kühne, Wiesbaden: Otto Harrassowitz Verlag, 129-50.

Massey, Doreen; 2005. *For space*. Londra: Sage.

Matney, Timothy; 1998 "The First Season of Work at Ziyaret Tepe in the Diyarbakır Province: Preliminary Report," *Anatolica* 24: 7-30.

―――, 1999. "Surface and subsurface survey at Ziyaret Tepe, Diyarbakır Province, 1997-1998," *Salvage Project of the Archaeological Heritage of the Ilısu and Carchemish dam reservoirs: activities in 1998* içinde, der. Numan Tuna ve Jean Öztürk, Ankara: Middle East Technical University, Centre for Research and Assessment of the Historic Environment, 297-331.

Matney, Timothy ve Andrew Bauer; 2000. "The Third Season of archaeological survey at Ziyaret Tepe, Diyarbakır Province, Turkey, 1999," *Anatolica* 26: 119-28.

Matney, Timothy, Tina Greenfield, Britt Hartenberger, Azer Keskin, Kemalettin Köroğlu, John MacGinnis, Willis Monroe, Lynn Rainville, Mary Shepperson, Tasha Vorderstrasse ve Dirk Wicke; 2009. "Excavations at Ziyaret Tepe 2007-2008," *Anatolica* 35: 37-84.

Matney, Timothy ve Lewis Somers; 1999. "The Second Season of Work at Ziyaret Tepe in the Diyarbakır Province," *Anatolica* 25: 1-26.

Matthiae, Paolo; 1970. "Mission archeologique de l'Universite de Rome a Tell Mardikh, rapport sommaire sur la quatrieme et la cinquemes, 1967 et 1968," *AAAS* 20: 55-71.

———, 1980. "Two princely tombs at Tell Mardikh – Ebla," *Archaeology* 33/2: 9-17.

———, 1981a. *Ebla: an empire rediscovered.* Çev. Christopher Holme; New York: Doubleday & Company, Inc.

———, 1981b. "The Western Palace of the Lower City of Ebla: a new administrative building of Middle Bronze I-II," *Vorträge gehalten auf der 28. Rencontre Assyriologique Internationale in Wien* içinde. Archive für Orientforschung Beiheft 19; Horn, Avusturya: Verlag Ferdinand Berger & Söhne Gesellschaft M.B.H., 121-129.

———, 1984. "New discoveries at Ebla: the excavation of the Western palace and the royal necropolis of the Amorite period," *BiblArch* 47: 18-32.

———, 1989. "Masterpieces of Early and Old Syrian art: discoveries of the 1988 Ebla excavations in a historical perspective," *Proceedings of the British Academy* 75: 25-56.

———, 1990a. "The reception suites of the Old Syrian palaces," *De la Babylonie à la Syrie, en passant par Mari* içinde, der, Ö. Tunca, Liège: Université de Liège, 209-28.

———, 1990b. "A new monumental temple of Middle Bronze II at Ebla and the unity of the architectural tradition of Syria-Palestine," *AAAS* 40: 111-21.

———, 1994. "Da Nimrud à Khorsabad: storia di un modello tra progetto e realizzazione," *Nuove fondazioni nel Vicino Oriente antico: realta e ideologia.* Atti del colloquio 4-6 dicembre 1991; Dipartimento di Scienze Storiche del Mondo Antico içinde, der. Stefania Mazzoni, Sezione di Egittologia e Scienze Storiche del Vicino Oriente; Università delgi studi di Pisa. Pisa: Giardini: 29-45.

———, 1997. "Ebla and Syria in the Middle Bronze age," *The Hyksos: new historical and archaeological Perspectives* içinde, der. Eliezer D. Oren, Philadelphia: The University of Pennsylvania Museum Monograph 96: 379-414.

———, 2000. "Monuments séculaires et religieux dans la Ville Basse et fortifications d'Ebla au BM I-II: fouilles à Tell Mardikh, 1991-1997," *Proceedings of the First International Congress on the Archaeology of the Ancient Near East* içinde, der. Paolo Matthiae, Alessandra Enea, Luca Peyronel ve Frances Pinnock, Roma: Università delgi studi di Roma "La Sapienza," Dipartimento di Scienze Storiche, Archeologiche e Anthropologiche dell'Antichità, 1029-42.

———, 2001. "The face of Ishtar of Ebla," *Beiträge zur Vorderasiatischen Archäologie Winfried Orthmann gewidmet* içinde, der. Jan-Waalke Meyer, Mirko Novák ve Alexander Pruß, Frankfurt am Main: Johann Wolfgang Goethe-Universität, Archäologisches Institut, 272-81.

———, 2002. "About the formation of Old Syrian architectural traditions," *Of pots and plans: papers on the archaeology and history of Mesopotamia and Syria presented to David Oates in honour of his 75th birthday* içinde, der. Lamie Al-Gailani Werr, John

Curtis, Harriet Martin, Augusta McMahon, Joan Oates ve Julian Reade ve diğ., Londra: Nabu Publications, 191-209.

Matthiae, Paolo, Alessandra Enea, Luca Peyronel ve Frances Pinnock (der.); 2000. *Proceedings of the First International Congress on the Archaeology of the Ancient Near East.* Roma, May 18-23, 1998, 2 vols. Roma: Università degli studi di Roma "La Sapienza," Dipartimento di Scienze Storiche, Archeologiche e Anthropologiche dell'Antichità.

Matthiae, Paolo, Frances Pinnock ve Gabriella Scandone Matthiae (der.); 1995. *Ebla: alle origini della civiltà urbana. Trent'anni di scavi in Siria dell'Università di Roma "La Sapienza."* Milano: Electa.

Maul, Stefan M.; 1992. *Die Inschriften von Tall Bderi.* Berliner Beiträge zum Vorderen Orient Texte 2. Berlin: Dietrich Reimer Verlag.

———, 1997. "Die altorientalische Hauptstadt – Abbild und Nabel der Welt," *Die orientalische Stadt: Kontinuität, Wandel, Bruch* içinde, der. G. Wilhelm, Saarbrücken: SDV Saarbrücker Druckerei und Verlag, 109-24. [İngilizce çeviri http://www.gatewaystobabylon.com/religion/ancientcapitals.html>].

———, 1999. "Der assyrische König – Hüter der Weltordnung," *Priests and officials in the Ancient Near East* içinde, der. K. Watanabe, Heidelberg: Universitätsverlag C. Winter, 201-14.

———, 2003. "Der Sieg über die Mächte des Bösen: Götterkampf, Triumphrituale and Torarchitekur in Assyrien," *Rituel und Poesie: Formen und Orte religiöser Dichtung im alten Orient, im Judentum und um Christentum* içinde, der. Erich Zenger, Herder's Biblische Studien Band 36. Freiburg, Basel, Viyana, Barcelona, Roma, New York: Herder, 47-71.

Mazoyer, Michel; 2002. "Cité hittite, cité des dieux," *Ville et pouvoir. Origines et developpements. Actes du Colloque International de Paris* içinde, der. Michel Mazoyer, Jorge Péréz Rey, Florence Malbran-Labat ve Rene Lebrun; Universite de Paris I, Institut Catholique de Paris, Collection Kubaba Série Actes I. Paris: Association Kubaba-L'Harmattan, 51-69.

———, 2003. "Les divinités de la campagne dans le panthéon hittite," *La campagne antique: espace sauvage, terre domestique* içinde, der. M. Mazoyer, Cahiers KUBABA Numéro V. Paris: L'Harmattan, 169-83.

Mazoyer, Michel; Jorge Péréz Rey, Florence Malbran-Labat, Rene Lebrun (der.); 2002. *Ville et pouvoir. Origines et developpements. Actes du Colloque International de Paris.* Universite de Paris I, Institut Catholique de Paris, Collection Kubaba Série Actes I. Paris: Association Kubaba-L'Harmattan.

Mazzoni, Stefania; 1987. "A sculptures quarry at Sıkızlar," *AAAS* 36-37 (1986-1987) 268-275.

———, 1990. "Tell Afis and the chronology of Iron Age in Syria," *AAAS* 40: 76-92.

———, 1992. "Tell Afis e il Ferro I in Siria" *Tell Afis e l'Età del Ferro* içinde, der. Stefania Mazzoni, Seminari di Orientalistica 2. Pisa: Giardini Editori e Stampatori in Pisa, 157-96.

———, 1994. "Aramaean and Luwian new foundations," *Nuove fondazioni nel Vicino Oriente antico: realta e ideologia*. Atti del colloquio 4-6 dicembre 1991; Dipartimento di Scienze Storiche del Mondo Antico içinde, der. Stefania Mazzoni, Sezione di Egittologia e Scienze Storiche del Vicino Oriente; Università degli studi di Pisa. Pisa: Giardini, 319-39.

———, 1995a. "Aramaean period in Syria: Continuity and development," *Proceedings of the symposium on Syria and the Ancient Near East 3000-300 B.C.* içinde, der. F. Ismail, Aleppo: Aleppo University Publications, 125-41.

———, 1995b. "Settlement pattern and new urbanization in Syria at the time of the Assyrian conquest," *Neo-Assyrian geography* içinde, der. Mario Liverani, Università di Roma "La Sapienza," Dipartimento di Scienze storiche, archeologiche e anthropologiche dell'Antichità, Quaderni di Geografia Storica 5: Roma: Sargon srl, 181-92.

———, 1997a. "Complex societies, urbanization and trade: the case of Eastern and Western Arabia," *Profumi d'Arabia: atti del convegno* içinde, der. A. Avanzini, Roma: L'Erma di Bretschneider: 23-35.

———, 1997b. "The gate and the city: change and continuity in Syro-Hittite urban ideology," *Die orientalische Stadt: Kontinuität, Wandel, Bruch* içinde, der. G. Wilhelm, Saarbrücken: SDV Saarbrücker Druckerei und Verlag, 307-38.

———, 1998a. "La Siria nell'Età del Ferro: un modello di sviluppo," *Isimu* 1: 13-24.

———, 1998b; "The Late Iron I and Early Iron II levels," *Tell Afis (Siria) Scavi sull'acropoli 1988-1992. The 1988-1992 Excavations on the Acropolis* içinde, der. Serena Maria Cecchini ve Stefania Mazzoni, Pisa: Edizioni ETS, 163-99.

———, 2000a. "Syria and the periodization of the Iron Age: a cross-cultural perspective," *Essays on Syria in the Iron Age* içinde, der. Guy Bunnens, Ancient Near Eastern Studies Supplement 7; Louvain: Peeters Press, 31-59.

———, 2000b. "Crisis and change: the beginning of the Iron age in Syria," *Proceedings of the First International Congress on the Archaeology of the Ancient Near East* içinde, der. Paolo Matthiae, Alessandra Enea, Luca Peyronel ve Frances Pinnock; Roma: Università degli studi di Roma "La Sapienza," Dipartimento di Scienze Storiche, Archeologiche e Anthropologiche dell'Antichità, 1045-58.

———, 2000c. "Pots, people and cultural borders in Syria," *Landscapes: Territories, frontiers and horizons in the Ancient Near East*. Papers presented to the XLIV Rencontre Assiriologique Internationale Venezia, 7-11 July 1997 içinde, der. L. Milano, S. de Martino, F. M. Fales, G. B. Lanfranchi, Padova: Sargon srl, Cilt II (Geography and cultural landscapes): 139-52.

———, 2001a. "Syro-Hittite pyxides between major and minor art," *Beiträge zur Vorderasiatischen Archäologie Winfried Orthmann gewidmet* içinde, der. Jan-Waalke Meyer, Mirko Novák ve Alexander Pruß, Frankfurt am Main: Johann Wolfgang Goethe-Universität, Archäologisches Institut, 292-309.

———, 2001. "Tell Afis and the Lu'ash in the Aramaean period," *The world of the Aramaeans: studies in history and archaeology in honor of Paul-Eugène Dion* içinde, der. P.M. Michèle Daviau, John W. Wevers, Michael Weigl, Journal for the Study of the Old Testament Supplement Series 325. Sheffield: Sheffield Academic Press, Cilt II: 99-114.

———, 2002. "Temples in the city and the countryside: new trends in Iron age Syria," *DaM* 13: 89-99.

Mazzoni, Stefania (der.); 1992. *Tell Afis e l'Età del Ferro*. Seminari di Orientalistica 2. Pisa: Giardini Editori e Stampatori in Pisa.

———, (der.) 1994. *Nuove fondazioni nel Vicino Oriente antico: realta e ideologia*. Pisa: Giardini.

McCormick, Clifford Mark; 2002. *Palace and temple: a study of architectural and verbal icons*. Beihefte zur Zeitschrift für die alttestamentliche Wissenschaft 313. Berlin: Walter de Gruyter.

McEwan, Calvin W., Linda S. Braidwood, Henri Frankfort, Hans G. Güterbock, Richard C. Haines, Helene J. Kantor ve Carl H. Kraeling; 1958. *The soundings at Tell Fakhariyah*. The University of Chicago Oriental Institute Publications vol. 79. Chicago, Illinois: The University of Chicago Press.

McEwan, G.J.P.; 1982. "Agade after the Gutian destruction: the afterlife of a Mesopotamian city," *28. Rencontre Assyriologique Internationale in Wien* içinde, der. H. Hirsch, AfO Beiheft 19, Avusturya: Horn, 8-15.

Meijer, Diederik J.W. (der.); 1992. *Natural phenomena: their meaning, depiction and description in the Ancient Near East*. Proceedings of the colloquium, Amsterdam, 6-8 July 1989. Royal Netherlands Academy of Arts and Sciences cilt 152. Amsterdam: Royal Netherlands Academy of Arts and Sciences, 83-148.

Melchert, H. Craig; 1993. *Cuneiform Luvian Lexicon*. Lexica Anatolica Cilt 2. Chapel Hill: N.C.

———, 1996. "Anatolian hieroglyphics," *The world's writing systems* içinde, der. Peter T. Daniels ve William Bright, New York ve Oxford: Oxford University Press, 120-4.

———, 2003. "Language," *The Luwians* içinde, der. H. Craig Melchert, Leiden: Brill, 170-210.

Melchert, H. Craig (der.); 2003. *The Luwians*. Leiden: Brill.

Melikishvili, G.A.; 1960. *Urartskie klinoobraznye nadpisi*. Moskova: Akademija Nauk SSSR.

Mellink, Machteld J. (der.); 1964. *Dark ages and nomads c. 1000 B.C.: Studies in Iranian and Anatolian archaeology*, İstanbul: Nederlands Historisch-Archaeologisch Instituut.

Mellink, Machteld J.; 1970. "Observations on the sculptures of Alaca Höyük," *Anadolu* 14: 15-25.

———, 1974. "Hittite friezes and gate sculptures" *Anatolian Studies presented to Hans Gustav Güterbock on the occasion of his 65th birthday* içinde, der. Kurt Bittel, Ph. H.J.

Houwink ten Cate, Erica Reiner, İstanbul: Nederlands Historisch-Archaeologisch Instituut in het Nabije Oosten, 201-14.

―――, 1991. "The tumulus of Nemrud Dağ and its place in the Anatolian tradition," *Studien zum antiken Kleinasien 3 [Friedrich Karl Dörner zum 80. Geburtstag gewidmet]*: 7-10.

―――, 1998. "Bilinguals and the alphabet in Cilicia, Tabal and Phrygia," *Light on Top of the Black Hill: Studies presented to Halet* içinde, der. G. Arsebük, M.J. Mellink, W. Schirmer, İstanbul: Ege Yayınları, 495-8.

Merrifield, Andrew; 1993. "Place and space: a Lefebvrian reconciliation," *Transactions of the Institute of British Geographers* N.S. 18: 516-31.

―――, 2000. "Henri Lefebvre: a socialist in space," *Thinking Space* içinde, der. M. Crang ve N. Thrift. Londra: Routledge, 167-82.

Meuszyński, Janusz; 1972. "The representations of four-winged genies on the bas-reliefs from Aššur-nasir-apli times," *Études et Travaux* 6: 27-70.

―――, 1974. "The throne-room of Aššur-nasir-apli II. (Room B in the North-west palace at Nimrud)," *ZA* 64: 51-73.

―――, 1976a. "Neo-Assyrian reliefs from the central area of Nimrud citadel," *Iraq* 38: 37-43.

―――, 1976b. "Some reliefs from the North-West Palace at Kalhu (Nimruˆd)," *Études et Travaux* 9: 29-45.

―――, 1976c. "Preliminary report on the first season of Polish excavations at Kalhu (Nimruˆd)," *Études et Travaux* 9: 265-72.

―――, 1979. "La façade de la salle du trône au Palais Nord-Oest à Nimrud," *Études et Travaux* 11: 5-13.

―――, 1981. *Die Rekonstruktion der Reliefdarstellung und ihrer Anordnung im Nordwestpalast von Kalhu (Nimrūd) (Räume B.C.D.E.F.G.H.L.N.P)*. Mainz am Rhein: Verlag Philipp von Zabern.

Meyer, Jan-Waalke, Mirko Novák ve Alexander Pruß (der.); 2001. *Beiträge zur Vorderasiatischen Archäologie Winfried Orthmann gewidmet*. Frankfurt am Main: Johann Wolfgang Goethe-Universität, Archäologisches Institut.

Meyers, Eric M. (der.); 1997. *The Oxford Encylopedia of Archaeology in the Near East*, 4 cilt. Oxford University Press: New York and Oxford.

Miglus, Peter A.; 1984. "Another look at the 'Stelenreihen' in Assur," *ZA* 74: 133-40.

―――, 1987. "Assur – von der Ziqqurat und dem Alten Palast," *MDOG* 119: 135-56.

―――, 1993. "Architektur der Festhäuser in Assur und Uruk sowie des Aššur-Tempels in Kār-Tukultī-Ninurta," *BaM* 24: 193-215.

―――, 2000. "Altmesopotamische Stadtplanung zwischen Theorie und Wirklichkeit," *Zeitschrift für Assyriologie* 90: 123-38.

———, 2001. "Der Aššur-Tempel des Königs Šamši-Adad I und die mesopotamische Sakralarchitektur seiner Zeit," *Beiträge zur Vorderasiatischen Archäologie Winfried Orthmann gewidmet* içinde, der. Jan-Waalke Meyer, Mirko Novák ve Alexander Pruß, Frankfurt am Main: Johann Wolfgang Goethe-Universität, Archäologisches Institut, 322-31.

Milano, Lucio (der.); 1994. *Drinking in Ancient Societies: History and culture of drinks in the Ancient Near East*, Padova: Sargon srl.

Milano, Lucio, S. de Martino, F. M. Fales ve G. B. Lanfranchi (der.); 2000. *Landscapes: Territories, frontiers and horizons in the Ancient Near East*. Papers presented to the XLIV Rencontre Assyriologique Internationale, Venedik 7-11 July 1997. Padova: Sargon srl.

Miller, Daniel ve Christopher Tilley; 1984. "Ideology, power and prehistory: an introduction" *Ideology, power and prehistory* içinde, der. D. Miller ve C. Tilley, Cambridge ve New York: Cambridge University Press, 1-15.

———, 1984. "Ideology, power, material culture and long-term change," *Ideology, power and prehistory* içinde, der. D. Miller ve C. Tilley, Cambridge ve New York: Cambridge University Press, 147-52.

Miller, Jared L.; 2001. "Hattušili's expansion into Northern Syria in the light of the Tikunani letter," *Akten des IV. Internationalen Kongresses für Hethitologie, Würzburg, 4-8 Oktober 1999* içinde, der. Gernot Wilhelm, Studien zu den Boğazköy-Texten 45; Wiesbaden: Harrassowitz Verlag, 410-29.

Miller, Naomi F.; 1995. s.v. "Viticulture," *OEANE* 5: 304-6.

———, 1997. "Farming and herding along the Euphrates: environmental constraint and cultural choice 9fourth to second millennia B.C.)," *Subsistence and settlement in a marginal environment: Tell es-Sweyhat, 1989-1995 Preliminary report* içinde, der. Richard L. Zettler, MASCA Research Papers in Science and Archaeology Cilt 14; Philadelphia: University of Pennsylvania Museum of Archaeology and Anthropology, 123-32.

———, 1998. "The macrobotanical evidence for vegetation in the Near East, c. 18000/16000 BC to 4000 BC," *Paléorient* 23.2: 197-207.

———, 2001. "Down the garden path: how plant and animal husbandry came together in the Ancient Near East," *Near Eastern Archaeology* 64: 4-7.

———, 2002. "Tracing the development of the agropastoral economy in Southeastern Anatolia and Northern Syria," *The dawn of farming in the Near East* içinde, der. René T.J. Cappers ve Sytze Bottema, Studies in Early Near Eastern Production, Subsistence and Environment 6, 1999. Berlin: ex oriente, 85-94.

———, 2004. "Long-term vegetation changes in the Near East," *The archaeology of global change: the impact of humans on their environment* içinde, der. Charles R. Redman, Steven R. James, Pavel R. Fish, J. Daniel Rogers, Washington DC: Smithsonian Institute, 130-40.

Moorey, Peter Roger Stuart; 1964. "The 'plano-convex building' at Kish and early Mesopotamian palaces," *Iraq* 26 (1964) 83-98.

―――, 1994. *Ancient Mesopotamian materials and industries: the archaeological evidence.* Oxford: Clarendon Press.

―――, 1995. "The craft of the metalsmith in the Ancient Near East: the origins of iron-working," *From Gulf to Delta and beyond* içinde, der. Kudüs: Ben Gurion University of the Negev Press, 53-68.

―――, 2001. "The mobility of artisans and opportunties for technology transfer between Western Asia and Egypt in the Late Bronze Age," *The social context of technological change: Egypt and the Near East, 1650-1550 BC* içinde, der. Andrew J. Shortland, Oxford: Oxbow Books, 1-14.

Moortgat, Anton; 1956. *Archäologische Forschungen der Max Freiherr von Oppenheim – Stiftung im nördliche Mesopotamien 1955.* Arbeitgemeinschaft für Forschung des Landes Nordrhein-Westfalen Geisteswissenschaften Abhandlung Heft 62. Köln und Opladen: Westdeutscher Verlag.

―――,1959. *Archäologische Forschungen der Max Freiherr von Oppenheim – Stiftung im nördliche Mesopotamien 1956.* Wissenschaftichen Abhandlung der Arbeitgemeinschaft für Forschung des Landes Nordrhein-Westfalen Band 7. Harita B. Hrouda. Köln ve Opladen: Westdeutscher Verlag.

―――, 1969. *The art of Ancient Mesopotamia: The classical art of the Near East.* Londra ve New York: Phaidon.

Morandi, Daniele; 1988. "Stele e statue reali Assire: localizzazione, diffusione e implicazione ideologiche," *Mesopotamia* 23: 105-55.

Morandi Bonacossi, Daniele; 1996a. *Tra il fiume e la steppa: insediamento e uso del territorio nella bassa valle del fiume ‡ābūr in epoca neo-assira.* Padova: Sargon srl.

―――, 1996b. "Landscapes of power: the political organisation of space in the Lower Habur valley in the Neo-Assyrian period," *SAAB* 10.2: 15-49.

―――, 2000. "The Syrian Jezireh in the Late Assyrian period: a view from the countryside ," *Essays on Syria in the Iron Age* içinde, der. Guy Bunnens, Ancient Near Eastern Studies Supplement 7. Louvain: Peeters Press, 349-96.

Morrison, Kathleen D.; 2001. "Sources, approaches, definitions," *Empires: Perspectives from archaeology and history* içinde, der. Susan E. Alcock, Terence N. D'Altroy, Kathleen D. Morrison ve Carla M. Sinopoli, Cambridge, Mass.: Cambridge University Press, 1-9.

Moskowitz, Marina; 2009. "Back yards and beyond: landscapes and history," *History and material culture: a student's guide to approaching alternative sources* içinde, der. Karen Harvey, Londra ve New York: Routledge, 67-84.

Mostafavi, Mohsen ve David Leatherbarrow; 1993. *On weathering: the life of buildings in time.* Cambridge, Massachusetts: The MIT Press.

Müller, Uwe; 1999a. "Die eisenzeitliche Stratigraphie von Lidar Höyük," *AnSt 49 [Anatolian Iron Ages IV,* Altan Çilingiroğlu ve Roger J. Matthews (der.)]: 123-32.

———, 1999b. "Die eisenzeitliche Keramik des Lidar Höyük," *Iron age pottery in Northern Mesopotamia, Northern Syria and South-Eastern Anatolia* içinde, der. Arnulf Hausleiter ve Andrzej Reiche, Münster: Ugarit Verlag, 403-34.

———, 2003. "A change to continuity: Bronze Age traditions in Early Iron age," *Identifying changes: the transition from Bronze to Iron ages in Anatolia and its neighbouring regions*. Proceedings of the International Workshop, İstanbul, November 8-9, 2002 içinde, der. Bettina Fischer, Hermann Genz, Éric Jean ve Kemalettin Köroğlu, İstanbul: Türk Eskiçağ Bilimleri Enstitüsü, 137-49.

Müller-Karpe, Andreas; 2002. "Kuşaklı-Sarissa: a Hittite town in the 'Upper Land,'" *Recent developments in Hittite archaeology and history: papers in memory of Hans G. Güterbock* içinde, der. K. A. Yener, Harry A. Hoffner Jr. ve Simrit Dhesi, Eisenbrauns: Winona Lake: 145-55.

Mumford, Lewis; 1961. *The city in history: its origins, its transformations and its prospects*. New York: Harcourt, Brace and World, Inc [*Tarih Boyunca Kent: Kökenleri, Geçirdiği Dönüşümler ve Geleceği*, İng. çev. Gürol Koca, Tamer Tosun, İstanbul: Ayrıntı, 2007].

Myers, Fred R.; 1986. *Pintupi country, Pintupi self: sentiment, place and politics among Western Desert Aborigines*. Berkeley: The University of California Press. Na'aman, Nadav; 1974. "Syria at the transition from the Old Babylonian period to the Middle Babylonian period," *UF* 6: 265-74.

———, 1976. "Two notes on the Monolith inscription of Shalmaneser III from Kurkh," *Tel Aviv* 3: 89-106.

———, 1984. "Statements of time-spans by Babylonian and Assyrian kings and Mesopotamian chronology," *Iraq* 46: 115-23.

———, 1991. "Forced participation in alliances in the course of the Assyrian campaigns to the West," *Ah Assyria… Studies in Assyrian history and Ancient Near Eastern historiography presented to Hayim Tadmor* içinde, der. M. Cogan ve I. Eph'al, Scripta Hierosolymitana 33. Kudüs: The Magnes Press, The Hebrew University, 80-98.

Nakmura, Mitsuo; 2002. *Das hethitische nuntarriyasha-Fest*. Leiden: Nederlands Instituut Voor Het Nabije Oosten.

Naumann, Rudolf; 1971. *Architektur Kleinasiens von ihren Anfängen bis zum Ende der hethitischen Zeit*. Tübingen: Verlag Ernst Wasmuth.

———, 1991. *Eski Anadolu Mimarlığı*. Çev. Beral Madra. 3. baskı. Ankara: Türk Tarih Kurumu Basımevi.

Nelson, Robert S. (der.); 2000. *Visuality before and beyond the Renaissance*. Cambridge: Cambridge University Press.

———, 2000a. "Descartes's cow and other domestications of the visual," *Visuality before and beyond the Renaissance* içinde, der, Robert S. Nelson, Cambridge: Cambridge University Press, 1-21.

———, 2000b. "To say and to see: ekphrasis and vision in Byzantium," *Visuality before and beyond the Renaissance* içinde, der, Robert S. Nelson, Cambridge: Cambridge University Press, 143-68.

Nelson, Robert S. ve Margaret Olin; 2003. "The rhetoric of monument making: the World Trade Center," *Monuments and memory: made and unmade* içinde, der, Robert S. Nelson ve Margaret Olin, Chicagove Londra: The University of Chicago Press, 305-25.

Neve, Peter J.; 1987. "Die Ausgrabungen in Boğazköy-Hattuša 1986," *AA* 102: 381-412.

———, 1990. "Boğazköy-Hattusha. New results of the excavations in the upper city," *Anatolica* 16 (1989-1990) 7-19.

———, 1991. "Die Ausgrabungen in Boğazköy-Hattuša 1990," *AA* 106: 299-348.

———, 1993a. *Hattusa – Stadt der Götter und Tempel: Neue Ausgrabungen in der Hauptstadt der Hethiter*, Mainz am Rhein: Verlag P. Von Zabern [*Tanrılar ve Tapınaklar Kenti Hattuşa*, İstanbul: Anadolu Araştırmaları, 1990].

———, 1993b. "Hattusha, the city of the gods and temples: results of excavations in the Upper city," *Proceedings of the British Academy* 80: 105-32.

———, 1999. "Hattuša – Planungskonzept und anlage der Hethetischen Hauptstadt zur zeit des Hethetischen Grossreiches," *Stadt und Umland: Neue Ergebnisse der archäologischen Bau- und Siedlungsforschung* içinde, der. E.L. Schwandner ve K. Rheidt, Mainz am Rhein: Verlag Philipp von Zabern, 254-62.

Nielsen, Inge (der.); 2001. *The royal palace institution in the First Millennium B.C.: regional development and cultural interchange between East and West*. Atina: Monographs of the Danish Institute at Athens.

Nissen, Hans-Jörg ve Johannes Renger (der.); 1982. *Mesopotamien und seine Nachbarn: politische und kulturelle Wechselbeziehungen im alten Vorderasien vom 4. bis 1. Jahrtausend v. Chr.* XXV. Rencontre Assyriologique Internationale Berlin 3. bis 7. Juli 1978. Berlin: Dietrich Reimar Verlag.

Nora, Pierre; 1989. "Between memory and history: Les lieux de memoire," *Representations* 26: 7-24 [*Hafıza Mekânları*, Fr. çev. Mehmet Emin Özcan, Ankara: Dost Kitabevi, 2006].

Norberg-Schulz, Christian; 2000. *Architecture: Presence, Language, Place*. Skira: Milano.

Novák, Mirko; 1996. "Der Landschaftbezug in der orientalischen Palastarchitektur," *Altorientalische Forschungen* 23: 335-78.

———, 1997. "Die orientalische Residenzstadt: Funktion, Entwicklung und Form," *Die orientalische Stadt: Kontinität, Wandel, Bruch* içinde, der. G. Wilhelm, Saarbrücken: SDV Saarbrücker Druckerei und Verlag, 169-98.

———, 1999. *Herrschaftsform und Stadtbaukunst: Programmatik im mesopotamischen Residenzstadtbau von Agade bis Surra man ra'ā*. Schriften zur Vorderasiatischen Archäologie Band 7. Saarbrücken: Saarbrücker Druckerei und Verlag GmbH.

———, 2001. "Hofhaus und Antentempel: überlegungen zur Entwicklung des assyrischen Tempelbaus," *Beiträge zur Vorderasiatischen Archäologie Winfried Orthmann gewidmet* içinde, der. Jan-Waalke Meyer, Mirko Novák ve Alexander Pruß, Frankfurt am Main: Johann Wolfgang Goethe-Universität, Archäologisches Institut, 366-85.

———, 2002a. "Akkulturation von Aramäern und Luwien und der Austausch von ikonographischen Konzepten in der späthethitischen Kunst," *Brückenland Anatolien? Ursachen, Existensität und Modi des Kulturaustausches zwischen Anatolien und seinen Nachbarn* içinde, der. Hartmut Blum, Betina Faist, Peter Pfälzner, Anne-Maria Wittke, Tübingen: Attempto Verlag, 147-71.

———, 2002b. "The artificial paradise: programme and ideology of royal gardens," *Sex and gender in the Ancient Near East. Proceedings of the 47th Rencontre Assyriologique Internationale, Helsinki, July 2-6 2001* içinde, der. S. Parpola ve R.M. Whiting, Helsinki: The Neo-Assyrian Text Corpus Project, Part II, 443-60.

———, 2005. "From Ashur to Nineveh: the Assyrian town-planning programme," *Nineveh: Papers of the XLIXe Rencontre Assyriologique Internationale London, 7-11 July 2003* içinde, der. Dominique Collon ve Andrew George, Londra: British School of Archaelogy in Iraq. Cilt 1: 177-86.

Novotny, Jamie R.; 2002. "A note on the *Akītu-house* at Harrān," *Mining the archives: Festschrift for Christopher Walker on the occasion of his 60th birthday 4 October 2002* içinde, der. Cornelia Wunsch, Dresden: Islet, 193-99.

Nunn, Astrid; 1988. *Die Wandmalerei und der glasierte Wandschmuck im alten Orient.* Leiden: E.J. Brill.

Nylander, Carl; 1966. "Remarks on the Urartian acropolis at Zernaki Tepe," *Orientalia Suecana* 14-15: 141-54.

———, 1970. *Ionians in Pasargadae*, Uppsala: Almqvist and Wiksell.

Oates, David; 1957. "Ezida: the temple of Nabu," *Iraq* 19: 26-39.

———, 1966. "The excavations at Tell al Rimah, 1965," *Iraq* 28: 122-39.

———, 1967. "The excavations at Tell al Rimah, 1966," *Iraq* 29: 70-96.

———, 1968. *Studies in the ancient history of Northern Iraq*, The British Academy, Londra: Oxford University Press.

———, 1972. "The development of Assyrian towns and cities," *Man, settlement and urbanism* içinde, der. P.J. Ucko, R. Tringham ve G.W. Dimbleby, Londra: Duckworth, 799-804.

———, 1973. "Early vaulting in Mesopotamia," *Archaeological theory and practice (Mélanges Grimes)* içinde, der. D. E. Strong, Londra: Seminar Press.

———, 1974. "Balawat (Imgur Enlil): The site and its buildings," *Iraq* 36: 173-78.

———, 1982. "Tell al Rimah," *Fifty years of Mesopotamian discovery: the work of the British School of archaeology in Iraq (1932-1982)* içinde, der. J. Curtis, Londra: The British School of Archaeology in Iraq, 86-98.

———, 1985. "Walled cities in Northern Mesopotamia in the Mari period," *Mari* 4: 585-94.

———, 1990. "Innovations in mud-brick: decorative and structural techniques in ancient Mesopotamia," *WA* 21: 388-406.

Oates, Joan; 1960. "Ur and Eridu: the prehistory," *Iraq* 22: 32-50.

———, 1977. "Archaeology and geography in Mesopotamia," *Mycenaean geography* içinde. British Association for Mycenaean Studies. Cambridge: University Library Press,101-8.

———, 1983a. "Urban trends in Prehistoric Mesopotamia," *La ville dans le Proche-Orient Ancien* içinde, der. F. Brüschweiler, Leuven: Peeters, 81-92.

———, 1983b. "Balawat: recent excavations and a new gate," *Essays on Near Eastern art and archaeology in honor of Charles Kyrle Wilkinson* içinde, der. Prudence O. Harper ve Holly Pittman, New York: The Metropolitan Museum of Art, 40-7.

Oates, Joan ve David Oates; 1992. "Aspects of Hellenistic and Roman settlement in the Khabur basin," *Resurrecting the past: a joint tribute to Adnan Bounni* içinde, der. P. Matthiae, Maurits Nanning van Loon ve Harvey Weiss, Leiden: Nederlands Historisch-Archaeologisch Instituut te İstanbul, 227-48.

———, 2001. *Nimrud: an Assyrian imperial city revealed*. Londra: British School of Archaeology in Iraq.

Oppenheim, A. Leo; 1943. "Akkadian *pul(u)h(t)u* and *melammu*," *JAOS* 63: 31-4.

———, 1957. "A bird's eye view of Mesopotamian economic history," *Trade and market in the early empires: economies in history and Theory* içinde, der. K. Polanyi, Conrad M Arensberg ve Harry W Pearson, The Free Press: New York: 27-37.

———, 1959. "A new prayer to the 'gods of the night,'" *Analecta Biblica* 12: 282-301.

———, 1960. "The city of Assur in 714 B.C.," *JNES* 16: 133-47.

———, 1964. *Ancient Mesopotamia: Portrait of a dead civilization*. Chicago ve Londra: The University of Chicago Press [Gözden geçirilmiş baskıyı tamamlayan Erica Reiner, 1977].

———, 1965. "On royal gardens in Mesopotamia," *JNES* 24: 328-33.

———, 1967a. "A new look at the structure of Mesopotamian society," *JESHO* 10: 1-16.

———, 1967b. "Essay on overland trade in the first millennium BC" *JCS* 21: 236-54.

———, 1969a. "Comment," [to "Main features of the economy in the monarchies of the ancient Western Asia," by I.M. Diakonoff] *Troisième conférence internationale d'histoire économique, Munich 1965, vol 3* içinde, der. M.I. Finley, Paris: Mouton, 33-40.

———, 1969b. "Mesopotamia: land of many cities," *Middle Eastern cities: A symposium on Ancient, Islamic, and Contemporary Middle Eastern urbanism* içinde, der, Ira M. Lapidus, Berkeley and Los Angeles: University of California Press, 3-18.

———, 1977. *Ancient Mesopotamia: Portrait of a dead civilization*, Gözden geçirilmiş baskıyı tamamlayan Erica Reiner, Chicago ve Londra: University of Chicago Press (1964).

Oppenheim, Max Freiherr von, Felix Langenegger, Karl Müller ve Rudolf Naumann; 1950. *Der Tell Halaf Zweiter Band: Die Bauwerke*. Berlin: Walter de Gruyter & Co.

Oren, Elizabeth (der.); 2000. *The sea peoples and their world: a reassessment*. Philadelphia: University of Pennsylvania Museum of Archaeology and Anthropology Press.

Orlamünde, Julia; 2003. "In Stein gehauen: Inschriften assyrische Könige," *Wiedererstehendes Assur: 100 Jahre deutsche Ausgrabungen in Assyrien* içinde, der. Joachim Marzahn ve Beate Salje, Mainz am Rhein: Verlag Philipp von Zabern: 139-47.

Orthmann, Winfried; 1971. *Untersuchungen zur Späthethitische Kunst*, Bonn: Rudolf Habelt Verlag.

————, 1974. "Der Löwe von Zilfe," *Anatolian Studies presented to Hans Gustav Güterbock on the occasion of his 65th birthday* içinde, der. Kurt Bittel, Ph. H.J. Houwink ten Cate, Erica Reiner, İstanbul: Nederlands Historisch-Archaeologisch Instituut in het Nabije Oosten, 239-43; pl. 26-7.

————, 1993. "Zur Datierung des Ištar-Reliefs aus Tell 'Ain Dārā," *IstMitt* 43: 245-51.

————, 2001. "Die Ausgrabung am Tell Halaf – Architektur und Bildwerke," *Faszination Orient: Max von Oppenheim – Forscher, Sammler, Diplomat* içinde, der. Gabriele Teichmann ve Gisela Völger, Köln: Max Freiherr von Oppenheim-Stiftung, 204-47.

————, 2002a. *Die Aramäisch-Assyrische Stadt Guzana: ein Rückblick auf die Ausgrabungen Max von Oppenheims in Tell Halaf*. Saarbrücken: Saarbrücker Druckerei und Verlag.

————, 2002b. "Die Bildkunst im übergang von der Großreichzeit zur späthethitischen Periode," *Die nahöstlichen Kulturen und Griechenland an der Wende vom 2. zum 1. Jahrtausend v.Chr.: Kontinuität und Wandel von Strukturen und Mechanismen kultureller Interaktion* içinde, der. E. A. Braun-Holzinger ve H. Matthäus, Möhnesee: Bibliopolis, 153-57.

Otten, Heinrich; 1988. *Die Bronzetafel aus Boğazköy: Ein Staatsvertrag Tuthalijas IV*. Wiesbaden: Otto Harrassowitz.

Otten, Heinrich, Ekrem Akurgal, Hayri Ertem ve Aygül Süel (der.), 1992. *Hittite and other Anatolian and Near Eastern studies in honour of Sedat Alp*. Anadolu Medeniyetlerini Araştırma ve Tanıtma Vakfı Yayınları- Sayı 1. Ankara: Türk Tarih Kurumu Basımevi.

Otto, Adelheid; 2000. "The collapse of the balance of power in the middle of the 18th c. BC and its reflection in Syro-Mesopotamian glyptic," *Proceedings of the First International Congress on the Archaeology of the Ancient Near East* içinde, der. Paolo Matthiae, Alessandra Enea, Luca Peyronel ve Frances Pinnock, Roma: Università delgi studi di Roma "La Sapienza," Dipartimento di Scienze Storiche, Archeologiche e Anthropologiche dell'Antichità, 1235-42.

Özdoğan, Mehmet; 1977. *Lower Euphrates basin 1977 survey*. Lower Euphrates Project Publications Series 1, No 2. İstanbul: Middle East Technical University.

Özgüç, Tahsin; 1993. "Temples of Kanish," *IstMitt* 43: 167-74.

————, 2000. "Kanish-Nesa, the earliest international trade center of the Near East," *Proceedings of the First International Congress on the Archaeology of the Ancient*

Near East içinde, der. Paolo Matthiae, Alessandra Enea, Luca Peyronel ve Frances Pinnock, Roma: Università degli studi di Roma "La Sapienza," Dipartimento di Scienze Storiche, Archeologiche e Anthropologiche dell'Antichità, 1247-58.

Özgüç, Tahsin ve Nimet Özgüç; 1949. *Türk Tarih Kurumu tarafından yapılan Karahöyük hafriyatı raporu 1947. Ausgrabungen in Karahöyük: Bericht über die im Auftrage der Türkischen Geschichts Komission im 1947 Durchgef\uhrten Ausgrabungen*. Türk Tarih Kurumu Yayınları V. Seri No.7. Ankara: Türk Tarih Kurumu.

Özyar, Aslı; 1992. *Architectural Relief Sculpture at Karkamish, Malatya, and Tell Halaf. A Technical and Iconographic study*. Doktora tezi, Bryn Mawr College.

———, 1998a. "The use and abuse of re-use at Karkamish," *Light on top of the Black Hill: Studies presented to Halet Çambel* içinde, der. Güven Arsebük, Machteld J. Mellink ve Wulf Schirmer, İstanbul: Ege Yayınları, 633-40.

1998b. "Die Schiffsszene aus Karatepe-Arslantaş," *IstMitt* 48: 97-106.

Page, Stephanie; 1968. "A stela of Adad-Nirari III and Nergal-Ereš from Tell al Rimah," *Iraq* 30: 139-53.

Painter, Joe; 2000. "Pierre Bourdieu," *Thinking space* içinde, der. Mike Chang ve Nigel Thrift, Londra ve New York: Routledge, 239-59.

Paley, Samuel M.; 1976. *King of the world: Ashur-nasir-pal II of Assyria 883-859 B.C.* New York: Brooklyn Museum.

———, 1977. "The texts, the palace and the reliefs of Ashurnasirpal II," *AJA* 81: 533-42.

———, 1985. "Reconstruction of an Assyrian palace," *BSMS* 10: 11-24.

Paley, Samuel M. ve Richard P. Sobolewski; 1987. *The reconstruction of the relief representations and their positions in the North-west palace at Kalhu (Nimrūd) II (Rooms: I.S.T.Z, West Wing)*. Mainz am Rhein: Verlag Philipp von Zabern.

———, 1992. *The reconstruction of the relief representations and their positions in the Northwest palace at Kalhu (Nimrūd) III (The principal entrances and courtyards)*. Mainz am Rhein: Verlag Philipp von Zabern.

Panin, Tonkao; 2003. *Space-art: the dialectic between the concepts of Raum and Bekleidung*. Yayınlanmamış doktora tezi, University of Pennsylvania.

Panofsky, Erwin; 1991. *Perspective as symbolic form*. Christopher S. Wood (çev.), New York: Zone Books [*Perspektif Simgesel Bir Biçim*, Alm. çev. Yeşim Tükel, İstanbul: Metis Yayınları, 2013].

Parker, Barbara; 1955. "Excavations at Nimrud, 1949-1953: Seals and seal impressions," *Iraq* 17: 93-125.

———, 1997a. "Garrisoning the empire: Aspects of the construction and the maintenance of forts on the Assyrian frontier," *Iraq* 59: 77-87.

———, 1997b. "The Northern frontier of Assyria: An archaeological perspective," *Assyria 1995. Proceedings of the 10th Anniversary Symposium of the Neo-Assyrian Text Corpus*

Project içinde, der. Simo Parpola ve R. M. Whiting, Helsinki: The Neo-Assyrian Text Corpus Project, 217-44.

———, 1998a. *The mechanics of empire: The Northern frontier of Assyria as a case Study in imperial dynamics*. Doktora tezi, University of California, Los Angeles.

———, 1998b. "Archaeological evidence for the location of Tušhan: A provincial capital on the Northern frontier of Assyria," *Intellectual life in the Ancient Near East* içinde, der. J. Prosecký, Prag: Oriental Institute, 299-314.

———, 2001a. "The colonizer, the colonized... and the colonists: Empire and settlement on Assyria's Anatolian frontier," *Upper Tigris Archaeological Research Project (UTARP) website at:* http://128.125.100.56/reports/frontiers2001.html içinde.

———, 2001b. *The mechanics of empire: The northern frontier of Assyria as a case Study in imperial dynamics*. Helsinki: The Neo-Assyrian Text Corpus Project.

———, 2002. "At the edge of the empire: conceptualizing Assyria's Anatolian frontier ca 700 BC," *Journal of Anthropological Archaeology* 21: 371-95.

———, 2003. "Archaeological manifestations of empire: Assyria's imprint on Southeastern Anatolia," *AJA* 107: 525-57.

Parmegiani, Neda ve Maurizio Poscolieri; 2000. "Digital spatial analysis of the Sevan Lake landscape (Armenia)," *Proceedings of the First International Congress on the Archaeology of the Ancient Near East* içinde, der. Paolo Matthiae, Alessandra Enea, Luca Peyronel ve Frances Pinnock, Roma: Università degli studi di Roma "La Sapienza," Dipartimento di Scienze Storiche, Archeologiche e Anthropologiche dell'Antichità, 1297-1305.

Parpola, Simo; 1987. *The correspondence of Sargon II*, Bölüm I. State Arcives of Assyria cilt 1. The Neo-Assyrian Text Corpus Project; Helsinki: Helsinki University Press.

———, 1995. "The construction of Dur-šarrukin in the Assyrian royal correspondence," *Khorsabad, le palais de Sargon II, roi d'Assyrie. Actes du colloque organisé au musée de Louvre par le Service culturel les 21 et 22 janvier 1994* içinde, der. Annie Caubet, Paris: La documentation Français, 49-77.

———, 1998. "The esoteric meaning of the name of Gilgamesh," *Intellectual life of the Ancient Near East: Papers presented at the 43rd Rencontre assyriologique internationale Prague July 1-5, 1996* içinde, der. Jiří Prosecký, Prag: Academy of Sciences of the Czech Republic Oriental Institute, 315-29.

Parpola, Simo (baş der.); 1998. *The prosopography of the Neo-assyrian Empire*. The Neo-Assyrian Text Corpus Project. Helsinki: University of Helsinki.

Parpola, Simo ve Michael Porter (der.); 2001. *The Helsinki atlas of the Near East in the Neo-Assyrian period*, The Casco Bay Assyriological Institute, Helsinki: The Neo-Assyrian Text Corpus Project.

Parpola, Simo ve R. M. Whiting (der.); 1997. *Assyria 1995. Proceedings of the 10th Anniversary Symposium of the Neo-Assyrian Text Corpus Project*. Helsinki: The Neo-Assyrian Text Corpus Project.

Parr, Peter J.; 1968. "The origin of the rampart fortifications of Middle Bronze age Palestine and Syria," *Zeitschrift des Deutscher Palästina-Verein* 84: 18-45.

Pecorella, Paolo Emilio; 1967. "Report on the 1967 campaign at Arslantepe (Malatya)," *TAD* 16.2: 173-5.

———, 1975. *Malatya-III. Rapporto preliminare delle campagne 1963- 1968. Il levello Eteo Imperiale e quelli Neoetei*. Ek bölümde katkılarıyla G. R. Castellino, I. Montalto ve C. Placidi. Roma: Centro per le Antichità e la Storia dell'Arte del Vicino Oriente.

———, 1978. "Neo-Hittite levels of Malatya," *The Proceedings of the Xth International Congress of Classical Archaeology, Ankara-Izmir 23-30/IX/1973* içinde, der. Ekrem Akurgal, Ankara: Türk Tarih Kurumu Basımevi, Vol 1: 135-42.

———, 1990. "The Italian excavations at Tell Barri (Kahat)," *Tall al-Hamīdīya 2: Recent excavations in the Upper Khabur region* içinde, der. Seyyare Eichler, MarkusWäfler, David Warburton, Orbis Biblicus et Orientalis Series Archaeologica 6; Götingen: Universtätsverlag Freiburg Schweiz, 47-66.

———, 1994. "Nuove fondazioni ad Oriente dello Zagros in età Urartea," *Nuove fondazioni nel Vicino Oriente antico: realta e ideologia*. Atti del colloquio 4-6 dicembre 1991; Dipartimento di Scienze Storiche del Mondo Antico içinde, der. Stefania Mazzoni, Sezione di Egittologia e Scienze Storiche del Vicino Oriente; Università degli studi di Pisa. Pisa: Giardini, 309-18.

Perinbanayagam, R. S.; 1985. *Signifying acts: structure and meaning in everyday life*. Carbondale: Southern Illinois University Press.

Peyronel, Luca; 2000. "The Middle Bronze II fortress V at Tell Mardikh-Ebla (Syria). Preliminary analysis of architectural contexts and archaeological materials," *Proceedings of the First International Congress on the Archaeology of the Ancient Near East* içinde, der. Paolo Matthiae, Alessandra Enea, Luca Peyronel ve Frances Pinnock, Roma: Università degli studi di Roma "La Sapienza," Dipartimento di Scienze Storiche, Archeologiche e Anthropologiche dell'Antichità, 1353-77.

Pinnock, Frances; 1994. "Elements of urbanization in inner Syria in the Late Bronze age," *Nuove fondazioni nel Vicino Oriente antico: realta e ideologia*. Atti del colloquio 4-6 dicembre 1991; Dipartimento di Scienze Storiche del Mondo Antico içinde, der. Stefania Mazzoni, Sezione di Egittologia e Scienze Storiche del Vicino Oriente, Università delgi studi di Pisa. Pisa: Giardini, 187-212.

———, 2000a. "The relations between North-Syria and Iran in the early second millennium BC," *Variatio Delectat: Iran und der Westen. Gedenkschrift für Peter Calmeyer* içinde, der. Reinhard Dittmann, Barthel Hrouda, Ulrike Löw, Paolo Matthiae, Ruth Mayer-Opificus, Sabine Thürwächter, Münster: Ugarit-Verlag, 593-606.

———, 2000b. "Some thoughts about the transmission of iconograhies between North Syria and Cappadocia, end of the third-beginning of the second millennium BC," *Proceedings of the First International Congress on the Archaeology of the Ancient Near East* içinde, der. Paolo Matthiae, Alessandra Enea, Luca Peyronel ve Frances

Pinnock, Roma: Università degli studi di Roma "La Sapienza," Dipartimento di Scienze Storiche, Archeologiche e Anthropologiche dell'Antichità, 1397-1415.

———, 2001. "The urban landscape of Old Syrian Ebla," *JCS* 53: 13-33.

Piper, Karen; 2002. *Cartographic fictions: maps, race, and identity*. New Brunswick, New Jersey: Rutgers University Press.

Pittman, Holly; 1984. *Art of the Bronze Age: Southeastern Iran, Western Central Asia and the Indus Valley*, New York: Metropolitan Museum of Art.

———, 1993. "Pictures of an administration: The Late Uruk scribe at work," *Between the rivers and over the mountains: Archaeologica Anatolica et Mesopotamica Alba Palmieri dedicata* içinde, der. M. Frangipane, H. Hauptmann, M. Liverani, P. Matthiae ve M. Mellink, Roma: Dipartimento di Scienze Storiche Archeologiche e Antropologiche dell'Antichità, Università di Roma "La Sapienza," 235-46.

———, 1994. "Towards an understanding of the role of glyptic imagery in the administrative systems of the Proto-literate greater Mesopotamia" *Archives before writing: Proceedings of the International Colloquium Oriolo Romano, October 23-25, 1991* içinde, der. P. Ferioli, Torino: Scriptorium, Ministero per i beni culturali e ambientali, Ufficio centrale per i beni artistici, 177-204.

———, 1995. Review of *Sennacherib's palace without rival at Nineveh*, John Malcolm Russell. Chicago: University of Chicago Press, 1991. *Art Bulletin* 77: 497-99.

———, 1996a. "Constructing context: The Gebel el-Arak knife – Greater Mesopotamian and Egyptian interaction in the Late Fourth millenium B.C.," *The study of the Ancient Near East in the Twenty-First century* içinde, der. J.S. Cooper ve G.M. Schwartz, Winona Lake, Indiana: Eisenbrauns: 9-32.

———, 1996b. "The White Obelisk and the problem of historical narrative in the art of Assyria," *Art Bulletin* 78: 334-55.

———, 2002. "The 'Jeweler's' seal from Susa and art of Awan," *Leaving no Stones unturned: essays on the Ancient Near East and Egypt in honor of Donald P. Hansen* içinde, der. E. Ehrenberg, Winona Lake, Indiana: Eisenbrauns, 211-35.

———, 2003. "Reconsidering the *Trouvaille de la statuette d'or:* Late Sukkalmah period at Susa," *Yeki Bud Yeki Nabud: Essays on the archaeology of Iran in honor of William M. Sumner* içinde, der. Naomi F. Millar ve Kamyar Abdi, Cotsen Institute of Archaeology at UCLA Monograph 48, Los Angeles: American Institute of Iranian Studies and the University of Pennsylvania Museum of Archaeology and Anthropology, 177-91.

Pleiner, Radomir ve Judith K. Bjorkman; 1974. "The Assyrian Iron age: the history of iron in the Assyrian civilization," *PAPS* 118: 283-313.

Pollock, Susan ve Reinhard Bernbeck; 2000. "And they said, let us make gods in our image: gendered ideologies in ancient Mesopotamia," *Reading the Body: Representations and remains in the archaeological record* içinde, der. Alison E. Rautman, Philadelphia: University of Pennsylvania Press.

Pongratz-Leisten, Beate; 1994. *Ina šulmi īrub: die kulttopographische und ideologische Programmatik der akītu-Prozession in Babylonien und Assyrien im I. Jahrtausend v. Chr.* Mainz Am Rhein: Verlag Philipp von Zabern.

———, 1997a. "The interplay of military strategy and cultic practice in Assyrian Politics," *Assyria 1995. Proceedings of the 10th Anniversary Symposium of the Neo-Assyrian Text Corpus Project* içinde, der. Simo Parpola ve R. M. Whiting, Helsinki: The Neo-Assyrian Text Corpus Project, 245-52.

———, 1997b. "Toponyme als Ausdruck assyrischen Herrschaftsanspruchs," *Ana šadî Labnāni lū allik: Beiträge zu altorientalischen und mittelmeerischen Kulturen. Festschrift für Wolfgang Röllig* içinde, der. B. Pongratz-Leisten, H. Kühne ve P. Xella, Verlag Butzon & Bercker Kevelaer, Neukirchener Verlag: Neukirchen -Vluny, 325-43.

———, 1999. *Herrschaftswissen in Mesopotamien: Formen der Kommunikation zwischen Gott und König im 2. und 1. Jahrtausend v.Chr.* State Archives of Assyria Studies Cilt X. Helsinki: The Neo-Assyrian Text Corpus Project.

2001. "The other and the enemy in the Mesopotamian conception of the world" *Mythology and mythologies: methodological approaches to intercultural influences* içinde, der. R. M. Whiting, Helsinki: The Neo-Assyrian Text Corpus Project, 195-231.

Pongratz-Leisten, Beate, Hartmut Kühne ve Paolo Xella (der.); 1997. *Ana šadî Labnāni lū allik: Beiträge zu altorientalischen und mittelmeerischen Kulturen. Festschrift für Wolfgang Röllig.* Neukirchen -Vluny: Verlag Butzon&Bercker Kevelaer, Neukirchener Verlag.

Popko, Maciej; 1995. *Religions of Asia Minor.* Varşova: Academic Publications Dialog.

Postgate, Carolyn, David Oates ve Joan Oates; 1997. *The Excavations at Tell el Rimah: The Pottery,* Wiltshire: British School of Archaeology in Iraq.

Postgate, J. Nicholas; 1971. "Land tenure in the Middle Assyrian period: a reconstruction," *Bulletin of the School of Oriental and African Studies* 34: 496-520.

———, 1973. *The governor's palace archive,* Londra: British School of Archaeology in Iraq.

———, 1974a. "Some remarks on conditions in the Assyrian countryside," *JESHO* 17: 223-43.

———, 1974b. "The bit akiti in Assyrian Nabu temples," *Sumer* 30: 51-74.

———, 1979. "The economic structure of the Assyrian Empire," *Power and propaganda* içinde, der. M. Trolle Larsen, Kopenhag: Akademisk Forlag, 193-221.

———, 1980. "Imgur-Enlil," s.v. *RlA* 5 (1976-1980) 66-7.

———, 1982a. "Abu Salabikh," *Fifty years of Mesopotamian discovery: the work of the British School of archaeology in Iraq (1932-1982)* içinde, der. J. Curtis, Londra: The British School of Archaeology in Iraq, 48-61.

———, 1982b. "*Ilku* and land tenure in the Middle Assyrian kingdom – a second attempt," *Societies and languages of the Ancient Near East: Studies in honor of I.M. Diakonoff* içinde, der. J. N. Postgate, Warminster, Wilts: Aris and Phillips Ltd., 304-13.

———, 1985. "Review of *Die Orts-und Gewässer-namen der mittelbabylonischen und mittelassyrischen Zeit,* Khaled Nashef. Weisbaden: Reichert, 1982." *AfO* 32: 95-101.

———, 1989. "The ownership and exploitation of land in Assyria in the 1ˢᵗ millennium B.C.," *Reflets de deux fleuves: volume de mèlanges offerts à André Finet.* Akkadica Supplementum IV, içinde, der. M. Lebeau ve P. Talon, Leuven: Peeters, 141-52.

———, 1990a. "Excavations at Abu Salabikh, 1988-1989," *Iraq* 52: 95-106.

———, 1990b. "Archaeology and the texts-Bridging the gap," *Zeitschrift für Assyriologie und vorderasiatische Archäologie* 80: 228-40.

———, 1992a. *Early Mesopotamia: Society and Economy at the dawn of history*, Londra ve New York: Routledge.

———, 1992b. "Trees and timbers in the Assyrian texts," *Bulletin on Sumerian Agriculture* 6: 177-91.

———, 1992c. "The Land of Assur and the Yoke of Assur." *WA* 23.3: 247-63.

———, 1994. "How Many Sumerians per Hectare? – Probing the Anatomy of an Early City," *CAJ* 4: 47-65.

———, 1995a. "Royal ideology and state administration in Sumer and Akkad," *Civilizations of the Ancient Near East* içinde, der. J. M. Sasson, New York: Simon & Schuster Macmillan, cilt I: 395-411.

———, 1995b. "Assyria: the home provinces," *Neo-Assyrian geography* içinde, der. Mario Liverani, Università di Roma "La Sapienza," Dipartimento di Scienze storiche, archeologiche e anthropologiche dell'Antichità, Quaderni di Geografia Storica 5: Roma: Sargon srl, 1-17.

———, 1997a. "Mesopotamian petrology: Stages in the classification of the material world," *CAJ* 7: 205-24.

———, 1997b. "Imperial motivation – a Mesopotamian view [Review feature: *Askut in Nubia*," *CAJ* 7: 133-7.

———, 1997c. "Middle Assyrian to Neo-Assyrian: the nature of the shift," *Assyrien im Wandel der Zeiten: XXXIXe Rencontre Assyriologique Internationale Heidelberg 6.-10. Juli 1992* içinde, der. H. Waetzoldt ve H. Hauptmann, Heidelberg: Heidelberger Orientverlag, 159-168.

———, 2002. "Business and government in Middle Assyrian Rimah," *Of pots and plans: papers on the archaeology and history of Mesopotamia and Syria presented to David Oates in honour of his 75ᵗʰ birthday* içinde, der. Lamie Al-Gailani Werr, John Curtis, Harriet Martin, Augusta McMahon, Joan Oates ve Julian Reade ve diğ. Londra: Nabu Publications, 297-308.

Postgate, J. Nicholas ve Julian E. Reade; 1980. "Kalhu," *RlA* 5 (1976-1980) 303-23.

Potteiger, Matthew ve Jamie Purinton; 2002. "Landscape narratives," *Theory in Landscape Architecture: a Reader* içinde, der. Simon Swaffield, Philadelphia PA: University of Pennsylvania Press, 136-44.

Prayon, Friedhelm ve Wolfgang Röllig (der.); 2000. *Akten des Kolloquiums zum Thema Der Orient und Etrurien: Zum Phänomen des 'Orientalisierung' im westlichen Mittelmeerraum (10.-6. Jh. v. Chr.)*, Pisa Roma: Istituti Editoriali e Poligrafici Internazionali.

Pritchard, James B. (der.); 1969. *The Ancient Near East volume II: A new antology of texts and pictures*, Princeton N.J.: Princeton University Press.

Prosecký, Jiři (der.); 1998. *The intellectual life in the Ancient Near East: Papers presented at the 43rd Rencontre assyriologique internationale Prague July 1-5 1996*, Prag: Academy of Sciences of the Czech Republic Oriental Institute.

———, 2002. "Ein Licht in der Nacht? Die Amuq-Ebene während der *Dark Ages*," *Die nahöstlichen Kulturen und Griechenland an der Wende vom 2. zum 1. Jahrtausend v. Chr.: Kontinuität und Wandel von Strukturen und Mechanismen kultureller Interaktion* içinde, der. Eva Andrea Braun-Holzinger ve Hartmut Matthäus, Möhnesee: Bibliopolis, 161-76.

Pruss, Alexander ve 'Abd al-Masīh Bagdo; 2002. "Tell Fecheriye: Bericht über die erste Kampagne der deutsch-syrischen Ausgrabungen 2001," *MDOG* 134: 311-29.

Puglisi, S. M. ve A. Palmieri; 1966. "Researches in Malatya district (1965-1966)." *Türk Arkeoloji Dergisi* 15 (2): 81-101.

Radner, Karin; 1999a. "Traders in the Neo-Assyrian period," *Trade and finance in Ancient Mesopotamia*. MOS Studies 1, Proceedings of the First MOS Symposium (Leiden 1997) içinde, der. J. G. Dercksen, Leiden: Nederlands Historisch-Archaeologisch Instituut te İstanbul, 101-26.

———, 1999b. "Money in the Neo-Assyrian Empire," *Trade and finance in Ancient Mesopotamia*. MOS Studies 1, Proceedings of the First MOS Symposium (Leiden 1997) içinde, der. J. G. Dercksen, Leiden: Nederlands Historisch-Archaeologisch Instituut te İstanbul, 127-57.

———, 2000. "How did the Neo-Assyrian king perceive his land and its resources," *Rainfall and agriculture in Northern Mesopotamia* içinde, der. R. M. Jas, Proceedings of the Third Mos Symposium, Leiden 1999; İstanbul: Nederlands Historisch-Archaeologisch Instituut, 233-46.

———, 2003. Review of *Aššur is King! Aššur is King! Religion in the exercise of power in the Neo-Assyrian Empire*, Steven W. Holloway. Leiden, 2002. *JESHO* 46: 226-30.

———, 2011. "The Assur-Nineveh-Arbela Triangle: Central Assyria in the Neo-Assyrian Period," *Between the cultures: The Central Tigris region in Mesopotamia from the 3rd to the 1st Millennium* bc içinde, der. Peter A. Miglus ve Simone Mühl, Heidelberger Studien zum Alten Orient 14. Heidelberg: Heidelberger Orientverlag, 321-9.

Radner, Karin ve Andreas Schachner; 2001. "From Tušhan to Amēdi: topographical questions concerning the Upper Tigris region in the Assyrian period," *Salvage project of the archaeological heritage of the Ilısu and Carchemish dam reservoirs: activities in 1999* içinde, der. Numan Tuna, Jean Öztürk ve Jâle Velibeyoğlu, Ankara: Middle

East Technical University, Centre for Research and Assessment of the Historic Environment, 753-76, resimler 749-52.

Rainey, A. F. (der.); 1993. *Kinattūtu ša dārâti. Raphael Kutscher memorial volume*. Tel Aviv: Tel Aviv University, Institute of Archaeology.

Rassam, Hormuzd; 1897. *Asshur and the Land of Nimrod being an account of the discoveries made in the ancient ruins of Nineveh, Asshur, Sepharvaim, Calah, Babylon, Borsippa, Cutnah, and Van including a narrative of different journeys in Mesopotamia, Assyria, Asia Minor, and Koordistan*. Cincinati: Curts and Gennings, New York: Eaton and Mains.

Reade, Julian E.; 1975. "Aššurnasirpal I and the White Obelisk," *Iraq* 37: 129-50.

―――, 1978. "Studies in Assyrian geography: Part 1. Sennacherib and the waters of Nineveh," *Revue d'Assyriologie* 72: 47-72 and (*suite*) 157-80.

―――, 1979a. "Assyrian architectural decoration: techniques and subject-matter," *Baghdader Mittelungen* 10: 17-49, Plates 1-25.

―――, 1979b. "Narrative composition in Assyrian sculpture," *Baghdader Mittelungen* 10: 52-110; Plates 1-25.

―――, 1979c. "Ideology and propaganda in Assyrian art," *Power and Propaganda: A Symposium on Ancient Empires* içinde, der. Mogens Trolle Larsen, Kopenhag: Akademisk Forlag, 329-43.

―――, 1979d. "The architectural context of Assyrian sculpture," *BaM* 10: 75-87.

―――, 1980a. "The Rassam obelisk," *Iraq* 42: 1-22.

―――, 1980b. "Space, scale and significance in Assyrian art," *BaM* 11: 71-4.

―――, 1981. "Neo-Assyrian monuments in their historical context," *Assyrian royal inscriptions: New horizons in literary, ideological and historical analysis* içinde, der. F. M. Fales, Roma: Istituto per l'Oriente, Centro per le Antichità e la Storia dell'Arte del Vicino Oriente, 143-67.

―――, 1982. "Nimrud," *Fifty years of Mesopotamian discovery: The work of the British School of Archaeology in Iraq 1932-1982* içinde, der. John Curtis, Londra: The British School of Archaeology in Iraq, 99-112.

―――, 1983. *Assyrian sculpture*. Cambridge MA: Harvard University Press.

―――, 1985. "Texts and sculptures from the North-west Palace, Nimrud," *Iraq* 47: 203-14.

―――, 1989. "Shalmaneser or Ashurnasirpal in Ararat?" *SAAB* 3: 93-7.

―――, 1990. "Carriers et prefabrication dans le monde neo-assyrien," *Pierre eternelle du Nil au Rhin. Carriers et prefabrication* içinde, der. M. Waelkens, Bruxelles: Crédit Communal, 45-52.

―――, 1995. "The *symposion* in ancient Mesopotamia: archaeological evidence," *In Vino Veritas* içinde, der. Oswyn Murray ve Manuela Tecuşan, Londra: British School at Roma, 35-56.

———, 1997. "Sumerian origins," *Sumerian gods and their representations* içinde, der. I.L. Finkel ve M.J. Geller, Styx: Groningen: 221-9.

———, 2000a. "Restructuring the Assyrian sculptures," *Variatio Delectat: Iran und der Westen. Gedenkschrift für Peter Calmeyer* içinde, der. Reinhard Dittman, Barthel Hrouda; Ulrike Löw, Paolo Matthiae, Ruth Mayer-Opificius ve Sabine Thürwachter, Münster: Ugarit-Verlag, 607-25.

———, 2000b. "Alexander the Great and the hanging gardens of Babylon," *Iraq* 62: 195-217.

———, 2001. "Assyrian king-lists, the royal tombs of Ur, and Indus origins," *JNES* 60: 1-29.

———, 2002a. "Shiru Maliktha and the Bandwai canal system," *Of pots and plans: papers on the archaeology and history of Mesopotamia and Syria presented to David Oates in honour of his 75th birthday* içinde, der. Lamie Al-Gailani Werr, John Curtis, Harriet Martin, Augusta McMahon, Joan Oates ve Julian Reade, Londra: Nabu Publications, 309-18.

———, 2002b. "The ziggurat and temples of Nimrud," *Iraq* 64: 135-216.

Renger, Johannes; 1996. "Handwerk und Handwerker im alten Mesopotamien," *Altorientalische Forschungen* 23: 211-31.

———, 1997a. "Aspekte von Kontinuität und Diskontinuität in den assyrischen Königsinschriften," *Assyrien im Wandel der Zeiten: XXXIXe Rencontre Assyriologique Internationale Heidelberg 6.-10. Juli 1992* içinde, der. H. Waetzoldt ve H. Hauptmann, Heidelberg: Heidelberger Orientverlag, 169-75.

———, 1997b. "Ein Bericht über das Assurprojekt der Deutschen Orient-Gesellschaft und des Vorderasiatischen Museums zu Berlin," *Assyria 1995. Proceedings of the 10th Anniversary Symposium of the Neo-Assyrian Text Corpus Project* içinde, der. Simo Parpola ve R. M. Whiting, Helsinki: The Neo-Assyrian Text Corpus Project, 261-79.

———, 2003. "Assur 1903-2003: 100 Jahre Ausgrabung der DOG in Assur und ein Bericht über das Assur-Projekt," *MDOG* 135: 121-29.

Renger, Johannes ve Bartel Hrouda; 1975. "Hilāni, bīt" *RlA* 4: 405-9.

Rigney, Ann; 1990. *The rhetoric of historical representation: three narrative histories of the French Revolution*. Cambridge: Cambridge University Press.

Riis, P. J. ve Marie-Louise Buhl; 1990. *Hama: fouilles et recherches de la Fondation Carlsberg 1931-1938. Volume II, Part 2. Les objects de la période dite Syro-Hittite (Â ge du Fer)*. Simo Parpola ve Benedikt Otzen'in katkılarıyla. Nationalmuseet Skrifter Storre Beretninger XII, Foundation Carlsberg. Kopenhag: Nationalmuseet.

Röllig, Wolfgang; 1993. "Aktion oder Reaktion? Politisches Handeln assyrischer Könige," *Anfänge politischen Denkens in der Antike: die nahöstlichen Kulturen und die Griechen* içinde, der. Kurt Raaflaub ve Elisabeth Müller-Luckner, Münih: R. Oldenbourg Verlag, 105-13.

———, 1995. "Historical geography: past and present," *Neo-Assyrian geography* içinde, der. Mario Liverani, Università di Roma "La Sapienza," Dipartimento di Scienze storiche, archeologiche e anthropologiche dell'Antichità, Quaderni di Geografia Storica 5: Roma: Sargon srl, 117-25.

Röllig, Wolfgang ve Hartmut Kühne; 1983. "The Lower Habur second preliminary report on a survey in 1977," *Annales Archéologique Arabes Syriennes* 33/2: 187-99.

Roobaert, Arlette; 1990. "The City Gate lions," *Tell Ahmar 1988 Season* içinde, der. Guy Bunnens, Abr Nahrain Supplement 2. Leuven: Orientaliste, 126-33.

Roobaert, Arlette ve Guy Bunnens; 1999. "Excavations at Tell Ahmar – Til Barsip," *Archaeology of the Upper Syrian Euphrates: the Tishrin dam area* içinde, der. G. Del Olmo Lete ve J. L. Montero Fenollós, Barcelona: Editorial Ausa: 163-78.

Rosenberg, Michael ve Hakan Togul; 1991. "The Batman River archaeological site survey, 1990," *Anatolica* 17: 240-54.

Rothman, Mitchell S. (der.); 2001. *Uruk Mesopotamia & its neighbors: cross-cultural interactions in the era of state formation*. Santa Fe: School of American Research Press.

Rouault, Olivier ve MarkusWäfler; 2000. "Introduction aux recherches sur l'histoire de la Djéziré et de l'Euphrate syriens," *La Djéziré et l'Euphrate Syriens de la Protohistoire à la fin du IIe Millénaire av. J.-C. Tendances dans l'interprétation historique des données nouvelles* (Subartu VII) içinde, der. O. Rouault ve M. Wäfler, Turnhout: Brepols: 5-8.

Rouault, Olivier ve Markus Wäfler (der.); 2000. *La Djéziré et l'Euphrate Syriens de la Protohistoire à la fin du IIe Millénaire av. J. C. Tendances dans l'interprétation historique des données nouvelles* (Subartu VII). Turnhout: Brepols.

Rowlands, Michael; 1987. "Centre and periphery: a review of a concept," *Centre and periphery in the ancient world* içinde, der. Michael Rowlands, Morgens Larsen, Kristian Kristiansen, Cambridge: Cambridge University Press, 1-11.

———, 1993. "The role of memory in the transmission of culture," *World Archaeology* 25: 141-51.

Rowlands, Michael, Morgens Larsen ve Kristian Kristiansen (der.); 1987. *Centre and periphery in the ancient world*. Cambridge: Cambridge University Press.

Rowton, Michael B.; 1973a. "Autonomy and nomadism in Western Asia," *Orientalia* 42: 247-58.

———, 1973b. "Urban autonomy in a nomadic environment," *JNES* 32: 201-15.

———, 1974. "Enclosed nomadism," *JESHO* 17: 1-30.

———, 1980. "Pastoralism and the periphery in evolutionary perspective," *L'archéologie de l'Iraq du début de l'époque Néolithique a 333 avant notre ère: Perspectives et limites de l'interprétation anthropologique des documents* içinde. Paris: Éditions du centre national de la recherche scientifique, 291-301.

———, 1982. "Sumer's strategic periphery in topological perspective," *Zikir šumim: Assyriological studies presented to F.R. Kraus on the occasion of his seventieth birthday* içinde, der. G. Van Driel, Th J.H. Krispijn ve Marten Stol e., Leiden: E.J. Brill, 318-25.

Russell, Harry F.; 1984. "Shalmaneser's campaign to Urartu in 856 BC and the historical geography of Eastern Anatolia according to the Assyrian sources," *AnSt* 34: 173-201.

———, 1985. "The historical geography of the Euphrates and Habur according to the Middle - and Neo-Assyrian sources," *Iraq* 47: 57-74.

———, 1986. "Assyrian monuments at the Tigris Tunnel," *III. Araştırma Sonuçları Toplantısı* içinde. Ankara: T.C. Kültür ve Turizm Bakanlığı Eski Eserler ve Müzeler Genel Müdürlüğü, 361-3.

Russell, John Malcolm; 1987. "Bulls for the palace and order in the empire: The sculptural program of Sennacherib' Court VI at Nineveh," *Art Bulletin* 69: 520-39.

———, 1991. *Sennacherib's palace without rival at Nineveh*, Chicago: The University of Chicago Press.

———, 1993. "Sennacherib's Lachish narratives," *Narrative and event in ancient art* içinde, der. P. J. Holliday, Cambridge: Cambridge University Press, 55-79.

———, 1997. "Sennacherib's palace without rival revisited: Excavations at Nineveh and in the British Museum archives," *Assyria 1995. Proceedings of the 10th Anniversary Symposium of the Neo-Assyrian Text Corpus Project* içinde, der. Simo Parpola ve R. M. Whiting, Helsinki: The Neo-Assyrian Text Corpus Project, 295-306.

———, 1998. "The program of the palace of Assurnasirpal II at Nimrud Issues in the research and presentation of Assyrian art," *AJA* 102: 655-715.

———, 1999a. *The writing on the wall: Studies in the architectural context of Late Assyrian palace inscriptions*, Winona Lake: Eisenbrauns.

———, 1999b. "Neuassyrische Kunstperiode III: Reliefs," *RlA* 9 (1998-2001) 243-64.

Rutz, Matthew; 2008. *Scholars, Texts, and Contexts: An Archaeological and Textual Study of the Diviners' Archive from Late Bronze Age Emar, Syria*. Doktora tezi, University of Pennsylvania.

Sader, Héléne S.; 1987. *Les États Arameéns de Syrie depuis leur fondation jusqu'à leur transformation en provinces assyriennes*, [Beiruter Texte und Studien Band 36] Beyrut: Orient-Institut der Deutschen Morgenländischen Gesellschaft and Wiesbaden: In Kommission bei F. Steiner.

———, 1992. "12th century BC in Syria: the problem of the rise of the Aramaeans," *The crisis years: the 12th century BC; from beyond the Danube to the Tigris* içinde, der. William A. Ward ve Martha Sharp Joukowsky, Dubuque, Iowa: Kendall/Hunt Publishing Company, 157-63.

———, 2000. "The Aramaean kingdoms of Syria: origin and formation processes," *Essays on Syria in the Iron Age* içinde, der. G. Bunnens, Ancient Near Eastern Studies Supplement 7, Louvain: Peeters Press, 61-76.

Sagona, Antonio G ve Claudia Sagona; 2004. *Archaeology at the North-east Anatolian Frontier, I: An Historical Geography and a Field Survey of the Bayburt Province.* Herent: Peeters.

Salvini, Mirjo; 1995. "Some historic-geographical problems concerning Assyria and Urartu," *Neo-Assyrian geography* içinde, der. Mario Liverani, Università di Roma "La Sapienza," Dipartimento di Scienze storiche, archeologiche e anthropologiche dell'Antichità, Quaderni di Geografia Storica 5: Roma: Sargon srl, 43-53.

———, 1996. *The Habiru prism of the king Tunip-Teššup of Tikunani*. Documenta Asiana 3. Roma: Istituti Editoriali e Poligrafici Internazionali.

———, 2001a. "Die Einwirkung des Reiches Urartu auf die politischen Verhältnisse auf dem Iranischen Plateau," *Migration und Kulturtransfer: Der Wandel vorder- und zentralasiatischer Kulturen im Umbruch vom 2. zum 1. vorchristlichen Jahrtausend* içinde, der. R. Eichmann ve H. Parzinger, Bonn: Dr. Rudolf Habelt GmbH, 343-56.

———, 2001b. "Inscriptions of Ayanis: Cuneiform and Hieroglyphic," *Ayanis I: ten years' excavations at Rusahinili Eiduru-kai 1989-1998* içinde, der. A. Ç ilingiroğlu – M. Salvini, CNR Istituto per gli Studi Micenei ed Egeo-Anatolici (Roma 2001) 251-319.

Sams, G. Kenneth; 1989. "Sculpted orthostates at Gordion," *Anatolia and the Ancient Near East: studies in honor of Tahsin Özgüç* içinde, der. Kutlu Emre, Barthel Hrouda, Machteld Mellink, Nimet Özgüç, Ankara: Türk Tarih Kurumu, 447-53.

Sasson, Jack M.; 1966. "A sketch of North Syrian economic relations in the Middle Bronze age," *JESHO* 9: 161-81.

———, 1990a. "Artisans… Artists: documentary perspectives from Mari," *Investigating Artistic Environments in the Ancient Near East* içinde, der. Ann C. Gunter, Arthur M. Sackler Gallery, Washington DC: Smithsonian Instituton, 21-7.

———, 1990b. "Mari historiography and the Yakhdun-Lim disc inscription," *Lingering over words: studies in ancient Near Eastern literature in honor of William L. Moran* içinde, der. Tzvi Abusch, John Huehnergard ve Piotr Steinkeller, Atlants: Scholars Press, 439-49.

Sauer, Carl O.; 1925. "The morphology of landscape," *University of California Publications in Geography* 2.2: 19-53.

Sauvage, Martin; 1998. *La brique et sa mise en oeuvre enMésopotamie: des origins à l'époque achéménide*. Paris: Éditions Recherche sur les Civilisations.

Schachner, Andreas; 1999. *Von der Rundhütte zum Kaufmannshaus: Kulturhistorische Untersuchungen zur Entwicklung prähistorischer Wohnhäuser in Zentral-, Ost- und Südostanatolien*. BAR International Series 807, Oxford: Archeopress.

———, 2003. "From the Bronze to the Iron Age: Identifying changes in the Upper Tigris Region: The case of Giricano," *Identifying changes: The transition from Bronze to Iron Ages in Anatolia and its neighbouring regions: Proceedings of the International Workshop, İstanbul, November 8-9, 2002* içinde, der, B. Fischer, H. Genz, E. Jean ve K. Köroğlu, İstanbul: Türk Eskiçağ Bilimleri Enstitüsü, 151-63.

———, 2006. "Auf welchen Fundamenten? überlegungen zum Stand der Erforschung der hethitischen Architektur," *Strukturierung und Datierung in der hethitischen*

Archäologie içinde, der. Dirk Paul Mielke, Ulf-Deitrich Schoop ve Jürgen Seher. BYZAS 4. İstanbul: Ege Yayınları, 149-165.

———, 2007. *Bilder eines Weltreichs, Kunst- und Kulturhistorische Untersuchungen zu den Verzierungen eines Tores in Balawat (Imgur-Enlil) aus der Zeit von Salamanassar III.* Turnhout: Brepols.

———, 2009. *Assyriens Könige an einer der Quellen des Tigris, Archäologische Forschungen im Höhlensystem von Bırkleyn und am so genannten Tigris-Tunnel.* İstanbuler Forschungen 51. Tübingen: E. Wasmuth.

Schiffer, Michael Brian (der.); 2000. *Social theory in archaeology.* Foundations of Archaeological Inquiry. Salt Lake City: The University of Utah Press.

Schirmer, Wulf; 1993. "Die Bauanlagen auf dem Göll üdag in Kappadokien" *Architectura* içinde. 23: 121-31.

———, 1999a. "Eine richtige Bergstadt? Die Bauanlagen auf dem Göll üdağ und ihre historischen Zugangswege," *Stadt und Umland: Neue Ergebnisse der archäologischen Bau- und Siedlungsforschung* içinde, der. E. L. Schwandner ve K. Rheidt, Mainz am Rhein: Verlag Philipp von Zabern: 129-42.

———, 1999b. "Göllüdağ," 17. *Araştırma Sonuçları Toplantısı.* Ankara: T.C. Kültür Bakanlığı Anıtlar ve Müzeler Genel Müdürlüğü, cilt I: 177-84.

Schloen, John David; 2001. *The house of the father as fact and symbol: Patrimonialism in Ugarit and the Ancient Near East*, Winona Lake, Indiana: Eisenbrauns.

Schloen, J. David ve Amir S. Fink; 2009. "New Excavations at Zincirli Höyük in Turkey (Ancient Sam'al) and the Discovery of an Inscribed Mortuary Stele." *BASOR* 356: 1-13.

Schmandt-Besserat, Denise; 1993. "Images of enship," *Between the rivers and over the mountains: Archaeologica Anatolica et Mesopotamica Alba Palmieri dedicata* içinde, der. M. Frangipane, H. Hauptmann, M. Liverani, P. Matthiae ve M. Mellink, Roma: Dipartimento di Scienze Storiche Archeologiche e Antropologiche dell'Antichità, Università di Roma "La Sapienza," 201-19.

———, 2001. "Feasting in the Ancient Near East," *Feasts: archaeological and ethnographic perspectives on food, politics, and power* içinde, der. Michael Dietler ve Brian Hayden, Washington ve Londra: Smithsonian Institution Press, 391-403.

Schmidt-Colinet, Constanze; 2001. "Die Löwenjagd am assyrischen Neujahrsfest 672 v.Chr. Beobachtungen an den Jagdreliefs in Raum C im Nordpalast con Niniveh," *Mesopotamia* 36: 103-18.

Scholz, Bernhard (der.); 1989. *Der orientalische Mensch und seine beziehungen zur Umwelt.* Beiträge zum 2. Grazer morgenländischen Symposion (2-5.März 1989), Graz; Grazkult.

Schwartz, Glenn; 1989. "The origins of Aramaeans in Syria and northern Mesopotamia: research problems and potential strategies," *To the Euphrates and beyond: archae-*

ological studies in honor of Maurits N. van Loon içinde, der. O.M.C. Haex, H.H. Curvers ve P. M.M.G. Akkermans, Roterdam: A. A. Balkema, 275-91.

———, 1994a. "Before Ebla: models of pre-state political organization in Northern Mesopotamia," *Chiefdoms and early states in the Near East: the organizational dynamics of complexity* içinde, der. G. Stein ve M.S. Rothman, Monographs in World Archaeology 18. Madison Wisconsin: Prehistory Press, 153-74.

———, 1994b. "Rural economic specialization and early urbanization in the Khabur valley, Syria," *Archaeological views from the countryside: village communities in early complex societies* içinde, der. Glenn M. Schwartz ve Steven E. Falconer, Washington: Smithsonian Institution Press, 19-36.

Schwartz, Glenn, Hans H. Curvers, Fokke A. Gerritsen, Jennifer A. MacCormack, Naomi F. Miller ve Jill A. Weber; 2000. "Excavation and survey in the Jabbul Plain, Western Syria: The Umm el-Marra Project 1996-1997," *AJA* 104: 419-62.

Schwartz, Glenn M. ve Steven E. Falconer; 1994. "*Rural approaches to social complexity,*" *Archaeological views from the countryside: village communities in early complex societies* içinde, der. Glenn M. Schwartz ve Steven E. Falconer, Washington: Smithsonian Institution Press, 1-9.

Schwartz, Glenn M. ve Steven E. Falconer (der.); 1994. *Archaeological views from the countryside: village communities in early complex societies*. Washington: Smithsonian Institution Press.

Schwartz Dood, Lynn; 2002. *The ancient past in the ancient present: cultural identitiy in Gurgum during the Late Bronze Age- early Iron Age transition in North Syria*. Doktora teziDoktora tezi, University of California, Los Angeles.

Schwarzer, Mitchell; 1993. "Ontology and representation in Karl Bötticher's theory of tectonics," *JSAH* 52: 267-80.

Schwemer, Daniel; 2001. *Die Wettergottgestalten Mesopotamiens und Nordsyriens im Zeitalter der Keilschriftkulturen: Materialien und Studien nach den schriftlichen Quellen*. Wiesbaden: Harrassowitz.

Seeher, Jürgen; 1998. "Neue Befunde zur Endzeit con Hattuša: Ausgrabungen auf Büyükkaya in Boğazköy," *III. Uluslararası Hititoloji Kongresi Bildirileri Çorum 16-22 Eylül 1996. Acts of the IIIrd International Congress of Hititology, Çorum 16-22 September, 1996* içinde, der. Sedat Alp ve Aygül Süel, Ankara: Uyum Ajans, 515-23.

———, 2000. "Hattuşa/Boğazköy'ün yerleşim tarihine yeni katkılar: Büyükkaya kazılarına toplu bir bakış," *Tüba-Ar* 3: 15-34.

———, 2001. "Die Zerstörung der Stadt Hattuša," *Akten des IV. Internationalen Kongresses für Hethitologie, Würzburg, 4-8 Oktober 1999* içinde, der. Gernot Wilhelm, Studien zu den Boğazköy-Texten 45; Wiesbaden: Harrassowitz Verlag, 623-34.

———, 2006. "Chronology at Hattuša: new approaches to an old problem," *Strukturiering und Datierung in der hethitischen Archäologie* içinde, der. D.P. Mileke, U.D. Schoop ve J. Seeher, Byzas 4. İstanbul: Ege Yayınları, 197-214. Seidl, Ursula; 2001.

"Siegelabdrücke auf Tonverschlüssen aus Toprakkale," *Beiträge zur Vorderasiatischen Archäologie Winfried Orthmann gewidmet* içinde, der. Jan-Waalke Meyer, Mirko Novák ve Alexander Pruß, Frankfurt am Main: Johann Wolfgang Goethe-Universität, Archäologisches Institut, 446-55.

Séiquer, Gonzalo Matilla; 1999. "Tell Khamīs," *Archaeology of the Upper Syrian Euphrates: the Tishrin Dam area* içinde, der. G. Del Olmo Lete ve J. L. Montero Fenollós, Aula Orientalis Supp. 15. Barcelona: Editorial Ausa, 205-25.

Semper, Gottfried; 2004. *Style in the technical and tectonic arts; or, practical aesthetics*. Çev. Harry Francis Mallgrave ve Michael Robinson; Giriş Harry Francis Mallgrave; orijinal baskı *Der Stil in den technischen und tektonischen Künsten; oder, Praktische Aesthetik: Ein Handbuch für Techniker, Künstler und Kunstfreunde*, 2 cilt. (Frankfurt am Main: Verlag für Kunst und Wissenschaft, 1860; Munich: F. Bruckmann, 1863). Metin ve Belgeler. Los Angeles, The Getty Research Institute.

Sérandour, Arnaud (der.); 1997. *Des Sumériens aux Romains d'Orient: la perception géographique du monde. Espaces et territoires au Proche-Orient ancien.* Actes de table ronde du 16 novembre 1996 organisée par l'URA 1062 'études sémitiques.' Antiquités Sémitiques II; Paris: Jean Maisonneuve.

Seux, M. J.; 1967. *Épithe`tes royales akkadiennes et sumériennes*. Paris: Letouzey et Ané.

Sevin, Veli; 1987. "Malatya-Elazığ-Bingöl illeri yüzey araştırması, 1985," *4. Araştırma Sonuçları Toplantısı*. Ankara: T.C. Kültür ve Turizm Bakanlığı Eski Eserler ve Müzeler Genel Müdürlüğü, 279-300.

———, 1988. "Elazığ yöresi Erken Demir Çağı ve Muşkiler sorunu," *Höyük* 1: 51-71.

———, 1994. "Three Urartian rock-cut tombs from Palu," *Tel Aviv* 21: 58-67.

———, 1999. *Yeni Assur sanatı I: Mimarlık*, (2nd printing). Ankara: Türk Tarih Kurumu Yayınları.

———, 2000. "Urartu bahçeleri," *Belleten* 64: 395-405.

———, 2003. "The Early Iron age in the Van region," *Archaeology in the borderlands: investigations in Caucasia and beyond* içinde. Cotsen Institute of Archaeology. Der. Adam T. Smith ve Karen S. Rubinson, Los Angeles: University of California, 185-96.

Shafer, Ann Taylor; 1998. *The carving of an empire: Neo-Assyrian monuments on the periphery*. Doktora tezi, Harvard University.

———, 2007. "Assyrian royal monuments on the periphery: ritual and the making of imperial space" *Ancient Near Eastern Art in Context: Studies in Honor of Irene J. Winter by her students*. Jack Cheng ve Marian H. Feldman (der.), Leiden: Brill Publishers, 133-60.

Shanks, Michael ve Ian Hodder; 1995. "Processual, post-processual and interpretive archaeologies," *Interpreting archaeology: finding meaning in the past* içinde, der. Ian Hodder, Michael Shanks, Alexandra Alexandri, Victor Buchli, John Carman, Jonathan Last ve Gavin Lucas, Londra: Routledge, 3-29.

Shaw, Brent D.; 2001. "Challenging Braudel: a new vision of the Mediterranean," *Journal of Roman Archaeology* 14: 419-53.

Sherratt, Andrew; 2004. "Material resources, capital and power: the coevolution of society and culture," *Archaeological perspectives on political economies* içinde, der. Gary M. Feinman ve Linda M. Nicholas, Foundations of Archaeological Inquiry. Salt Lake City: University of Utah Press, 79-104.

Sherratt, Andrew ve Susan Sherratt; 1991. "From luxuries to commodities: the nature of Mediterranean Bronze age trading systems," *Bronze Age trade in the Mediterranean: papers presented at the conference held ate Rewley House, Oxford, in December 1989*, der. N. H. Gale, Jonsered: Paul Åströms Förlag, 351-86.

———, 1993. "The growth of the Mediterranean economy in the Early First Millennium BC," *WA* 24 [3: *Ancient trade: new perspectives,* der. Joan Oates]: 361-78.

———, 1998. "Small worlds: interaction and identity in the Ancient Mediterranean," *The Aegean and the Orient in the Second millennium.* Proceedings of the 50th anniversary symposium Cincinnati, 18-20 April 1997 içinde, der. Eric H. Cline ve Diane Harris-Cline, Université de Liège, Histoire de l'art et archéologie de la Grèce antique, University of Texas at Austin Program in Aegean scripts and prehistory. Aegaeum 18: Annales d'archéologie égéenne de l'Université de Liège et UT-PASP. Liège: Université de Liège, 329-42.

———, 2001. "Technological change in the East Mediterranean Bronze age: capital, resources and marketing," *The social context of technological change: Egypt and the Near East, 1650-1550 BC* içinde, der. Andrew J. Shortland, Oxford: Oxbow Books, 15-38.

Sherratt, Susan; 1998. "'Sea peoples' and the economic structure of the late Second Millennium in the Eastern Mediterranean," *Mediterrannean peoples in transition: Thirteenth to early tenth centuries BCE* içinde, der. Seymour Gitin, Amihai Mazar, Ephraim Stern, Kudüs: Israel Exploration Society, 292-313.

Shortland, Andrew J. (der.); 2001. *The social context of technological change: Egypt and the Near East, 1650-1550 BC.* Proceedings of a conference held at St Edmund Hall, Oxford, September 12-14, 2000. Oxford: Oxbow Books.

Sicker-Akman, Martina; 1999. "Untersuchungen zur Architektur der Späthethitischen Burganlage Karatepe-Aslantaş," *IstMitt* 49: 529-41.

———, 2000. "Die Fürstensitz der späthethitischen Burganlage Karatepe-Aslantaş," *IstMitt* 50: 131-42.

Siegel, Jeff; 2001. "Koine formation and creole genesis," *Creolization and contact* içinde, der. Norval Smith ve Tonjes Veenstra, Amsterdam ve Philadelphia: John Benjamins Publishing Company, 175-98.

Singer, Itamar; 1975. "Hittite *hilammar* and the Hieroglyphic Luwian *hilana*," *ZA* 65: 69-103.

———, 1983. *The Hittite KI.LAM festival.* Wiesbaden: Otto Harrassowitz.

———, 1985. "The battle of Nihriya and the end of the Hittite empire," *ZA* 75: 100-23.

———, 1987. "Dating the end of the Hittite empire," *Hethitica* 8: 413-21.

———, 1989. "A new stele of Hamiyatas, king of Masuwari," *Tel Aviv* 16: 184-92.

———, 1994. "'The thousand gods of Hatti': the limits of an expanding pantheon," *Concepts of the other in Near Eastern religions* içinde, der. Ilai Alon, Ithamar Gruenwald, Itamar Singer, Israel Oriental Studies XIV. Leiden: E. J. Brill, 81-102.

———, 1996a. "Great kings of Tarhuntašša," *SMEA* 38: 63-71.

———, 1996b. *Muwatalli's prayer to the assembly of gods through the Storm-God of Lightning. CTH 381.* Atlanta: Scholars Press.

———, 1998a. "From Hattuša to Tarhuntašša: some thoughts on Muwatalli's reign," *III. Uluslararası Hititoloji Kongresi Bildirileri Ç orum 16-22 Eylül 1996. Acts of the IIIrd International Congress of Hititology, Ç orum 16-22 September, 1996* içinde, der. Sedat Alp ve Aygül Süel, Ankara: Uyum Ajans, 535-41.

———, 1998b. "A city of many temples: Hattuša, capital of the Hittites," *Sacred space: shrine, city, land* içinde, der. Banjamin Z. Kedar ve R.J. Zwi Werblowsky, New York: New York University Press, 32-44.

———, 2001. "The traeties between Karkamiš and Hatti," *Akten des IV. Internationalen Kongresses für Hethitologie, Würzburg, 4-8 Oktober 1999* içinde, der. Gernot Wilhelm, Studien zu den Boğazköy-Texten 45, Wiesbaden: Harrassowitz Verlag, 635-41.

Skibo, James M. ve Gary M. Feinman (der.); 1999. *Pottery and people: a dynamic interaction* içinde. Foundations of Archaeological Inquiry. Salt Lake City: University of Utah Press.

Small, David B. (der.); 1995. *Methods in the Mediterranean: Historical and archaeological views on texts and archaeology.* Leiden: E.J. Brill.

Smith, Adam T.; 1996. *Imperial archipelago: The making of an Urartian landscape in Southern Transcaucasia.* Doktora tezi, University of Arizona.

———, 1999. "The making of an Urartian landscape in Southern Transcaucasia: A Study of political architectonics" *AJA* 103: 45-71.

———, 2000. "Rendering the political aesthetic: Political legitimacy in Urartian representations of the built environment," *Journal of Anthropological Archaeology* 19: 131-63.

———, 2001. "On landscapes in the ancient Near East," [Review of *Landscapes: territories, frontiers and horizons in the Ancient Near East,* der. L. Milano, S. de Martino, F.M. Fales ve G.B. Lanfranchi, XLIV Rencontre Assyriologique Internationale'e sunulan belgeler. Padova: Sargon srl, 2000.] *JESHO* 44: 363-71.

———, 2003. *The political landscape: constellations of authority in early complex polities.* Berkeley: University of California Press.

Smith, Adam T. ve Nicholas David; 1995. "The production of space and the house of Xidi Sukur," *Current Anthropology* 36: 441-71.

Smith, Adam T. ve Karen S. Rubinson (der.); 2003. *Archaeology in the borderlands: investigations in Caucasia and beyond*. Cotsen Institute of Archaeology. Los Angeles: University of California.

Smith, Catherine Delano; 1992. "The *Annales* for archaeology?" *Antiquity* 66: 539-42.

Smith, Michael E.; 1992. "Braudel's temporal rhythms and chronology theory in archaeology," *Archaeology, Annales, and ethnohistory* içinde, der. A. B. Knapp, Cambridge: Cambridge University Press, 23-34.

———, 2007. "Form and Meaning in the Earliest Cities: A New Approach to Ancient Urban Planning," *Journal of Planning History* 6.1: 3-47.

Smith, Monica L. (der.); 2003b. *The social construction of ancient cities*. Washington ve Londra: Smithsonian Books.

———, 2003c. "Introduction: the social construction of ancient cities," *The social construction of ancient cities* içinde, der. Monica L Smith, Washington ve Londra: Smithsonian Books, 1-36.

Smith, Sidney; 1957. "Yarim-Lim of Yamhad," *Rivista Studi Orientali* 32: 155-84.

Snead, James E. ve Robert W. Preucel; 1999. "The ideology of settlement: ancestral Keres landscapes in the Northern Rio Grande," *Archaeologies of landscape: contemporary Perspectives* içinde, der. Wendy Ashmore ve A. Bernard Knapp, Malden MA: Blackwell, 169-97.

Sobolewski, Ryszard P.; 1977. "Kalhu (Nimrud)," *AfO* 25: 230-8.

———, 1979. "Preliminary report on the third season of Polish excavations at Kalhu Nimruˆd (March-April 1976)," *Études et Travaux* 11: 253-65.

———, 1981. "The Polish work at Nimrud: Ten years of excavation and study," *Zeitschrift für Assyriologie und vorderasiatische archäeologie* 71: 248-73.

———, 1982a. "Beitrag zur theoretischen Rekonstruktion der Architektur des Nordwest-Palastes in Nimrūd (Kalhu)," *Palast und Hütte: Beiträge zum Bauen und Wohnen im Altertum von Archäologen, Vor- und Frühgeschichtlern* içinde, der. D. Papenfuss ve Volker Michael Strocka, Mainz am Rhein: Verlag Philipp von Zabern, 237-50.

———, 1982b. "The Shalmaneser III building in the central area of the Nimrud citadel," *Vorträge gehalten auf der 28. Rencontre Assyriologique Internationale in Wien* içinde, der. Hans Hirsch, AfO Beiheft 19; Horn: Verlag Ferdinand Berger, 329-39.

———, 1994. "Rekonstruktion des Nordwestpalastes in Nimrud: Bemerkungen zu einegen *in situ* gefundenen architektonischen Elementen," *Beiträge zur altorientalischen Archäologie und Altertumskunde: Festschrift für Barthel Hrouda zum 65. Geburtstag* içinde, der. Peter Calmeyer, Karl Hecker, Liane Jacob-Rost ve C.B.F. Walker, Wiesbaden: Harrassowitz Verlag, 255-64.

Souček, Vladimir ve Jana Siegelová; 1974. "Der Kult des Wettergottes von Halap in Hatti," *Archiv Orientální* 42: 39-52.

Stark, Miriam T. (der.); 1998. *The archaeology of social boundaries*. Washington ve Londra: Smithsonian Institution Press.

Steadman, Sharon R.; 1996. "Recent research in the archaeology of architecture: beyond the foundations," *Journal of archaeological research* 4: 51-92.

Stein, Diana L.; 1997. "Alalakh," kelimesi altında *The Oxford Encyclopedia of Archaeology in the Near East* içinde, baş der. Eric M. Meyers, Oxford: Oxford University Press, I: 55-9.

Stein, Gil J.; 1994. "The organizational dynamics of complexity in Greater Mesopotamia," *Chiefdoms and early states in the Near East: the organizational dynamics of complexity* içinde, der. G. Stein ve M. S. Rothman, Madison, Wisconsin: Prehistory Press, 11-22.

———, 1996. "Producers, patrons and prestige: craft specialists and emergent elites in Mesopotamia from 5500-3100 BC." *Craft specialization and social evolution: in memory of V Gordon Childe* içinde, der. Bernard Wailes, Philadelphia: University of Pennsylvania Museum of Archaeology and Anthropology, 25-38.

———, 1999. *Rethinking world-systems: diasporas, colonies and interaction in Uruk Mesopotamia*. Tucson: The University of Arizona Press.

———, 2000. "'Who was king? Who was not king?' Social group composition and competition in early Mesopotamian state societies," *From leaders to rulers* içinde, der. Jonathan Haas, New York: Kluwer Academic / Plenum Publishers, 205-31.

———, 2002. "Colonies without colonialism: a trade diaspora model of Fourth Millennium b.c. Mesopotamian enclaves in Anatolia," *The archaeology of colonialism* içinde, der. C0. L. Lyons ve J. K. Papadopoulos, Los Angeles; The Getty Research Institute, 27-64.

———, 2004. "Structural parameters and sociocultural factors in the economic organization of North Mesopotamian urbanization in the Third Millennium BC," *Archaeological perspectives on political economies* içinde, der. Gary M. Feinman ve Linda M. Nicholas, Foundations of Archaeological Inquiry. Salt Lake City: University of Utah Press, 61-78.

Stein, Gil J. ve Mitchell S. Rothman (der.); 1994. *Chiefdoms and early states in the Near East: the organizational dynamics of complexity*. Monographs in World Archaeology 18. Madison Wisconsin: Prehistory Press.

Steinkeller, Piotr; 1988. "The date of Gudea and his dynasty," *JCS* 40: 47-53.

———, 1999. "On rulers, priests and sacred marriage: tracing the evolution of Early Sumerian kingship," *Priests and officials in the Ancient Near East* içinde, der. K. Watanabe, Heidelberg: Universitätsverlag C. Winter, 103-37.

———, 2001. "New light on the hydrology and topography of Southern Babylonia in the third millennium," *ZA* 91: 22-84.

———, 2002. "Archaic city seals and the question of early Babylonian unity," *Riches in hidden places: ancient Near Eastern studies in memory of Thorkild Jacobsen* içinde, der. T. Abusch, Winona Lake, Indiana: Eisenbrauns, 249-57.

Stewart, Pamela J. ve Andrew Strathern; 2003. "Introduction," *Landscape, memory and history: anthropological perspectives* içinde, der. Pamela J. Stewart ve Andrew Strathern, Londra: Pluto Press, 1-15.

Der. Stewart, Pamela J. ve Andrew Strathern; 2003. *Landscape, memory and history: anthropological perspectives.* Londra: Pluto Press.

Stol, M.; 1979. *On trees, mountains and millstones in the ancient Near East.* Leuven: Ex Oriente Lux.

Stone, Elizabeth C.; 1981. "Texts, architecture and ethnographic analogy: patterns of residence in Old Babylonian Nippur," *Iraq* 63: 19-33.

———, 1987. *Nippur Neighborhoods.* Chicago: Oriental Institute of the University of Chicago.

———, 1990. "The Tell Abu Dhuwari Project, Iraq, 1987," *JFA* 17: 141-62.

———, 1991. "The spatial organization of Mesopotamian cities," *Aula Orientalis* 9: 235-42.

———, 1995. "The development of cities in Mesopotamia," *Civilizations of the Ancient Near East* içinde, der. J. Baines, G. Beckman, K. Rubinson, New York: Simon & Schuster Macmillan, cilt I: 235-48.

———, 1996. "Houses, households and neighborhoods in the Old Babylonian period: the role of extended families," *Houses and households in ancient Mesopotamia* içinde. Proceedings of the 40th Rencontre Assyriologique Internationale, Leiden 1993; der. K.R. Veenhof, Leiden: Nederlands Historisch-Archaeologisch Instituut te İstanbul, 229-35.

———, 1997. "City-states and their centers: the Mesopotamian example," *The archaeology of city-states: cross-cultural approaches* içinde, der. D.L. Nichols ve T.H. Charlton, Washington: Smithsonian Institution Press.

———, 2005. "Mesopotamian cities and countryside," *A companion to the Ancient Near East* içinde, der. Daniel C. Snell, Malden MA: Blackwell, 141-54.

Stone, Elizabeth C. ve Paul Zimansky; 1994. "The Tell Abu Dhuwari Project, 1988-1990," *Journal of Field Archaeology* 21: 437-55.

———, 2001. "Survey and soundings in the outer town of Ayanis 1996-1998," *Ayanis I: ten years' excavations at Rusahinili Eiduru-kai 1989-1998* içinde, der. A. Çilingiroğlu ve M. Salvini, Roma: Istituto per gli Studi Micenei ed Egeo-Anatolici, 355-75.

Stone, Elizabeth C., Paul Zimansky, Patricia L. Crawford, Murray C. McClellan, Carol J. Frey ve Curtis W. Marean; 1999. *The Iron Age settlement at 'Ain Dara, Syria: survey and soundings.* British Archaeological Reports International Series 786, Oxford.

Stone, Elizabeth C., Paul Zimansky, Piotr Steinkeller, Vincent Pigott, Lisa Wells ve Tony Wilkinson; 2004. *The anatomy of a Mesopotamian city: survey and soundings at Mashkan-shapir.* Winona Lake, Indiana: Eisenbrauns.

Streck, M. P.; 2000. "Ninurta Ninğirsu, A. In Mesopotamien" *RlA* 9: 512-22.

Strobel, Karl; 2002. "State formation by the Galatians of Asia Minor: politico-historical and cultural processes in Hellenistic Central Anatolia," *Anatolica* 28: 1-46.

———, 2008. "Die kulturelle und religiöse Entwicklung Altphrygiens II: von Hattuša nach Gordion. Mit einem Anhang zum Kızıl Dağ," *Vom Euphrat bis zum Bosporus; Kleinasien in der Antike. Festschrift für Elmar Schwertheim zum 65. Geburtstag* içinde, der. E. Winter, Bonn: Habelt, 639-71.

Stronach, David; 1994a. "Village to Metropolis: Nineveh and the beginnings of urbanism in Northern Mesopotamia," *Nuove fondazioni nel Vicino Oriente antico: realta e ideologia* içinde. Atti del colloquio 4-6 dicembre 1991; Dipartimento di Scienze Storiche del Mondo Antico. Der. Stefania Mazzoni, Sezione di Egittologia e Scienze Storiche del Vicino Oriente; Università degli studi di Pisa. Pisa: Giardini, 85-114.

———, 1994b. "Parterres and stone watercourses at Pasargadae: notes on the Achaemenid contribution to garden design," *Journal of Garden History* 14: 3-12.

———, 1995a. "Notes on the topography of Nineveh," *Neo-Assyrian geography* içinde, der. Mario Liverani, Università di Roma "La Sapienza," Dipartimento di Scienze storiche, archeologiche e anthropologiche dell'Antichità, Quaderni di Geografia Storica 5: Roma: Sargon srl, 161-70.

———, 1995b; "The imagery of the wine bowl: wine in Assyria in the early First millennium BC," *The origins and ancient history of wine* içinde, der. Patrick E. McGowern, Stuart J. Fleming, Solomon H. Katz, Lüksemburg: Gordon and Breach Publishers, 175-96.

———, 1997a. "Anshan and Parsa: Early Achaemenid history, art and architecture on the Iranian plateau," *Mesopotamia and Iran in the Persian period: Conquest and imperialism 539-331 B.C.* içinde, der. J. Curtis, Londra: British Museum Press, 35-53.

———, 1997b. "Notes on the fall of Nineveh," *Assyria 1995. Proceedings of the 10th Anniversary Symposium of the Neo-Assyrian Text Corpus Project* içinde, der. Simo Parpola and R. M. Whiting, Helsinki: The Neo-Assyrian Text Corpus Project, 307-24.

Studevent-Hickman, B. ve C. Morgan; 2006. "Old Akkadian period texts" *The Ancient Near East: Historical Sources in Translation* içinde, der. Mark Chavalas, Madlen MA: Blackwell, 17-44.

Süel, Aygül; 1998a. "Ortaköy-šapinuwa: Bir Hitit Merkezi," *Tüba-Ar* 1: 37-62.

———, 1998b. "Ortaköy-Šapinuwa tabletlerinin tarihlendirilmesi," *III. Uluslararası Hititoloji Kongresi Bildirileri Çorum 16-22 Eylül 1996. Acts of the IIIrd International Congress of Hititology, Çorum 16-22 September, 1996* içinde, der. Sedat Alp ve Aygül Süel, Ankara: Uyum Ajans, 551-8.

———, 2002. "Ortaköy-Šapinuwa," *Recent developments in Hittite archaeology and history: papers in memory of Hans G. Güterbock* içinde, der. K.A. Yener, Harry A. Hoffner Jr. ve Simrit Dhesi, Winona Lake: Eisenbrauns: 157-165.

Summers, David; 2003. *Real spaces: world art history and the rise of Western modernism.* Londra: Phaidon Press.

Summers, Geoffrey D.; 1991. "Kummuh and Assyria: the evidence from Tille Höyük," *Studien zum antiken Kleinasien 3 [Friedrich Karl Dörner zum 80. Geburtstag gewidmet]*: 1-6.

———, 1993. *Tille Höyük 4: The Late Bronze age and the Iron age transition*. Dominique Collon, Peter Cuniholm, Shana Tarter ve Carol Griggs'in katkılarıyla. The British Institute of Archaeology at Ankara Monograph 15. Londra: British Institute of Archaeology at Ankara.

———, 1994. "Grey ware and the Eastern limits of Phrygia," *Anatolian Iron ages 3: the proceedings of the third Anatolian Iron ages colloquium* içinde, der. Altan Çilingiroğlu ve David H. French, The British Institute of Archaeology at Ankara Monograph 16: London: British Institute of Archaeology at Ankara, 241-52.

———, 1998. "Tille höyük: control of an Euphrates crossing" *XXXIVème Rencontre Assyriologique Internationale, XXXVI. Uluslararası Assiriyoloji Kongresi, Kongreye Sunulan Bildiriler* içinde, der. Hayat Erkanal, Veysel Dönbaz, Ayşegül Uğuroğlu, Ankara: Türk Tarih Kurumu Basımevi, 399-406.

———, 2000. "The Median Empire reconsidered: a view from Kerkenes Dağ," *AnSt* 50: 55-73.

Sürenhagen, Dietrich; 1986. "Ein Königssiegel aus Kargamis," *MDOG* 118: 183-90.

Tadmor, Hayim; 1977. "Observations on Assyrian historiography," *Essays on the Ancient Near East in memory of Jacob Joel Finkelstein* içinde, der. Maria de Jong Ellis, Memoirs of the Connecticut Academy of Arts & Sciences XIX, Hamden: Published for the Academy by Archon Books, 209-13.

———, 1994. *The inscriptions of Tiglath-pileser III, King of Assyria. Critical edition, with introductions, translations and commentary*. Jerusalem: The Israel Academy of Sciences and Humanities.

———, 1997. "Propaganda, literature, historiography: Cracking the code of the Assyrian royal inscriptions," *Assyria 1995. Proceedings of the 10th Anniversary Symposium of the Neo-Assyrian Text Corpus Project* içinde, der. Simo Parpola ve R.M. Whiting, Helsinki: The Neo-Assyrian Text Corpus Project, 325-38.

———, 1999. "World dominion: The expanding horizon of the Assyrian Empire," *Landscapes: Territories, frontiers and horizons in the Ancient Near East* içinde. XLIV Rencontre Assiriologique Internationale Venezia, July 7-11, 1997'de sunulan belgeler, der. L. Milano, S. de Martino, F.M. Fales ve G.B. Lanfranchi, Padova: Sargon srl, Cilt I (Davetli dersler): 55-62.

Tezcan, Burhan; 1968. "Göllüdağ Kazısı," *Türk Arkeoloji Dergisi* 17: 211-35.

Thomas, Julian; 2001. "Archaeologies of place and landscape," *Archaeological Theory Today* içine, der. Ian Hoddet, Cambridge: Polity, 165-86.

Thompson, R. Campbell; 1931. *The prisms of Esarhaddon and Ashurbanipal*. Londra: The British Museum.

Tilley, Christopher; 1994. *A phenomenology of landscapes: places, paths, monuments*. Oxford/ Providence: Berg.

Tilley, Christopher ve Michael Shanks; 1987. *Re-Constructing Archaeology: Theory and Practice*. Cambridge: Cambridge University Press.

Tinney, Steve; 1996. *The Nippur Lament: Royal rhetoric and divine legitimation in the reign of Išme-Dagan of Isin (1953-1935 BC)*. Occasional Publications of the Samuel Noah Kramer Fund, 16: Philadelphia: The University of Pennsylvania Museum.

Tomabechi, Yoko; 1983. "Wall Paintings from Til Barsip," *AfO* 29: 63-74.

———, 1986. "Wall Paintings from the Northwest Palace at Nimrud," *AfO* 33: 43-54.

Trigger, Bruce; 1974. "The archaeology of government," *WA* 6: 95-105.

———, 1985. "The evolution of pre-industrial cities: a multilinear perspective," *Mélanges offerts à Jean Vercoutter* içinde, der. H. S. Smith, Paris: Editions Recherche sur les Civilisations, 343-53.

———, 1990. "Monumental architecture: a thermodynamic explanation of symbolic behaviour," *WA* 22: 119-32.

———, 2003. *Understanding early civilizations: a comparative study*. Cambridge: Cambridge University Press.

Tucker, D. J.; 1994. "Representations of Imgur-Enlil on the Balawat gates," *Iraq* 56: 107-16.

Tuna, Numan ve Owen Doonan (der.) ; 2011. *Ilısu Karkamış Baraj Gölleri Altında Kalacak Arkeolojik ve Kültür Varlıklarını Kurtarma Projesi 2002 Yılı Çalışmaları / Salvage Project of the Archaeological Heritage of the Ilisu and Carchemish Dam Reservoirs Activities in 2002*. Ankara: ODTÜ Tarihsel Çevre Araştırma ve Değerlendirme Merkezi (Taçdam).

Tuna, Numan ve Jean Öztürk (der.); 1999. *Salvage Project of the Archaeological Heritage of the Ilısu and Carchemish dam reservoirs: activities in 1998*. Ankara: Middle East Technical University, Centre for Research and Assessment of the Historic Environment.

Tuna, Numan, Jean Öztürk ve Jâle Velibeyoğlu (der.); 2001. *Salvage Project of the Archaeological Heritage of the Ilısu and Carchemish dam reservoirs: activities in 1999*. Ankara: Middle East Technical University, Centre for Research and Assessment of the Historic Environment.

Turnbull, David; 1993. *Maps are territories, science is an atlas: a portfolio of exhibits*. Chicago: University of Chicago Press.

———, 2000. *Masons, tricksters and cartographers: Comparative studies in the sociology and indigenous knowledge*, Singapore: Harwood Academic Publishers.

———, 2002. "Performance and narrative, bodies and movement in the construction of places and objects, spaces and knowledges: The case of the Maltese megaliths," *Theory Culture & Society* 19: 125-43.

Turner, Geoffrey; 1968. "The palace and *bâtiment aux ivories* at Arslan Tash: a reappraisal," *Iraq* 30: 62-8.

―――, 1970. "The state apartments of late Assyrian palaces," *Iraq* 32: 177-213.

―――, 1970. "Tell Nebi Yūnus: The *ēkal māšarti* of Nineveh," *Iraq* 32: 68-85.

―――, 1998. "The architecture of the palace," *Sculptures from the Southwest palace of Sennacherib at Nineveh* içinde, der. Richard David Barnett; Erika Bleibtreu; Geoffrey Turner ve Dominique Collon Londra: British Museum Press, 20-39.

Unger, Eckhard; 1913. *Zum Bronzetor von Balawat*. Leipzig: Druck von Metzger & Wittig.

―――, 1917. *Die Stele des Bel-Harran-beli-ussur: ein Denkmal der Zeit Salmanassars IV*. Publicationen der Kaiserlich Osmanischen Museen III; Konstantinopel: Druck von Ahmed Ihsan & Co.

Unwin, Tim; 1991. *Wine and the vine: an historical geography of viticulture and the wine trade*. Londra ve New York: Routledge.

Ur, Jason; 2003. "Corona satellite photography and ancient road networks: a Northern Mesopotamian case," *Antiquity* 77: 102-15.

―――, 2005. "Sennacherib's northern Assyrian canals: new insights from satellite imagery and aerial photography," *Iraq* 67: 317-45.

―――, 2010. *Urbanism and cultural landscapes in Northeastern Syria. The Tell Hamoukar Survey 1999-2001*. The Oriental Institute Publications No. 137. Chicago: The Oriental Institute of the University of Chicago.

Ussishkin, David; 1967. "Observations on some monuments from Carchemish," *JNES* 26: 87-92.

―――, 1970. "The Syro-Hittite ritual burial of monuments," *JNES* 29: 124-8.

―――, 1971. "Was Bit-Adini a Neo-Hittite or Aramaean state?" *Orientalia* 40: 431-7.

―――, 1976. "The monuments of the Lower Palace area in Carchemish: a rejoinder," *AnSt* 26: 105-12.

―――, 1989. "The Erection of Royal Monuments in City-Gates," *Anatolia and the Ancient Near East: studies in honor of Tahsin Özgüç* içinde, der. Kutlu Emre, Barthel Hrouda, Machteld Mellink, Nimet Özgüç, Ankara: Türk Tarih Kurumu, 485-96.

―――, 1994. "On the Architectural Origins of the Urartian Standard Temples," *Tel Aviv* 21: 144-55.

Van de Mieroop, Marc; 1997. *The ancient Mesopotamian city*. Oxford: Oxford University Press.

―――, 1999a. "Literature and political discourse in Ancient Mesopotamia: Sargon II of Assyria and Sargon of Agade," *Munuscula Mesopotamica: Festschrift für Johannes Renger* içinde, der. B. Böck, E. Cancik-Kirschbaum, T. Richter, Münster: Ugarit Verlag, 327-39.

―――, 1999b. "Thoughts on urban real estate in ancient Mesopotamia," *Urbanization and land ownership in the ancient Near East* içinde, der. M. Hudson ve B. L. Levine, Peabody Museum of Archaeology and Ethnology, Cambridge MA: Harvard University, 253-88.

———, 1999c. *Cuneiform texts and the writing of history*. New York: Routledge.

———, 1999d. "The government of an ancient Mesopotamian city: what we know and why we know so little," *Priests and officials in the Ancient Near East* içinde, der. K. Watanabe, Heidelberg: Universitätsverlag C. Winter, 137-61.

———, 2002. "In search of prestige: foreign contacts and the rise of an elite in Early Dynastic Babylonia," *Leaving no stones unturned: essays on the Ancient Near East and Egypt in honor of Donald P. Hansen* içinde, der. E. Ehrenberg, Winona Lake, Indiana: Eisenbrauns, 125-37.

———, 2003. "Reading Babylon," *AJA* 107.2: 257-75.

———, 2004. *A history of the Ancient Near East. ca 3000-323 BC*. Oxford: Blackwell Publishing [*Antik Yakındoğu'nun Tarihi*, İng. çev. Sinem Gül, Ankara: Dost Kitabevi, 2006].

Van Driel, G.; 1969. *The cult of Aššur*. Assen: Van Gorcum & Comp.

Van Driel, G., Th J.H. Krispijn ve Marten Stol (der.); 1982. *Zikir šumim: Assyriological studies presented to F. R. Kraus on the occasion of his seventieth birthday*. Leiden: E. J. Brill.

Van Dyke, Ruth M. ve Susan E. Alcock (der.); 2003. *Archaeologies of memory*. Oxford: Blackwell Publishing.

Van Koppen, Frans; 2006. "Old Babylonian Period Inscriptions," *The Ancient Near East: Historical Sources in Translation* içinde, der. Mark W. Chavalas, Malden MA: Blackwell, 88-106.

VanPool, Todd L. ve Christine S. VanPool (der.); 2003. *Essential tools in archaeological method and theory*. Foundations of Archaeological Inquiry. Salt Lake City: University of Utah Press.

Van Zeist, Willem; 2000. "Third to First Millennium BC plant cultivation on the Khabur North-eastern Syria," *Palaeohistoria* 41/42 (1999/2000) 111-25.

———, 2003. *Reports on archaeobotanical studies in the Old World*. Groningen: kişisel basım.

Van Zeist, Willem ve H. Woldring; 1980. "Holocene vegetation and climate of Northwestern Syria," *Palaeohistoria* 22: 111-25.

Van Zeist, Willem ve Sytze Bottema; 1982. "Vegetational history of the Eastern Mediterranean and the Near East during the last 20,000 years," *Palaeoclimates, palaeoenvironments and human communities in the Eastern Mediterranean region in later prehistory* içinde, der. John L. Bintliff ve Willem Van Zeist, BAR International Series I 33(ii); Oxford: British Archaeological Reports, 277-321.

———, 1991. *Late Quaternaty vegetation of the Near East*. Wiesbaden: Dr. Ludwig Reichert Verlag.

———, 1999. "Plant cultivation in ancient Mesopotamia: the palynological and archaeological approach," *Landwirtschaft im Alten Orient: Ausgewählte Vorträge der XLI. Rencontre Assyriologique Internationale Berlin 4.-8.7.1994* içinde, der. H. Klengel ve J. Renger, Berlin: Dietrich Reimer Verlag, 25-41.

Vogelzang, Marianna E. ve Herman L.J. Vanstiphout (der.); 1992. *Mesopotamian epic literature: oral or aural?* Lewistown, New York: The Edwin Mellen Press.

———, 1996. *Mesopotamian poetic language: Sumerian and Akkadian.* Proceedings of the Groningen Group for the Study of Mesopotamian Literature. Groningen: Styx.

Volk, Lucia; 2008. "When memory repeats itself: the politics of heritage in post civil war Lebanon." *International Journal of Middle East Studies* 40: 291-314.

Von Dassow, Eva Melita; 1997. *Social stratification of Alalah under the Mittani Empire.* Doktora tezi, New York University.

Von Luschan, Felix; C,arl Humann ve Robert Koldewey; 1898. *Ausgrabungen in Sendschirli II: Ausgrabungsbericht und Architektur.* Königliche Museen zu Berlin, Mitteilungen aus den Orientalischen Sammlungen Heft XII. Berlin: W. Spemann.

Waelkens, Marc (der.); 1990. *Pierre eternelle du Nil au Rhin. Carriers et prefabrication.* Brüksel: Crédit Communal.

Waelkens, Marc, Norman Herz ve Luc Moens (der.); 1992. *Ancient stones: quarrying, trade and provenance: interdisciplinary studies on stones and stone technology in Europe and Near East from the prehistoric to the Early Christian period.* Katholike Universiteit Leuven Acta Archaeologica Loveniensia Monographiae 4. Leuven: Leuven University Press.

Waetzoldt, Hartmut; Harald Hauptmann (der.); 1997. *Assyrien im Wandel der Zeiten.* 39. Rencontre Assyriologique Internationale, Heidelberg 6.-10. Juli 1992. Ruprecht-Karls-Universität Heidelberg, Heidelberger Studien zum Alten Orient Band 6. Heidelberg: Heidelberger Orientverlag.

Wagstaff, J. Malcolm (der.); 1987. *Landscape and culture: geographical and archaeological perspectives.* Oxford: Basil Blackwell.

Wailes, Bernard (der.); 1996. *Craft specialization and social evolution: in memory of V Gordon Childe.* Philadelphia: University of Pennsylvania Museum of Archaeology and Anthropology.

Wall-Romana, Christophe; 1990. "An aereal location of Agade" *JNES* 49-: 205-45.

Waltham, A.C., 1976: "The Tigris Tunnel and Birkleyn caves, Turkey," *Bulletin of the British Cave Research Association* 14: 31-4.

Wandsnider, LuAnn; 1998. "Regional scale processes and archaeological landscape units," *Unit issues in archaeology: measuring time, space, and material* içinde, der. Ann F. Ramenofsky ve Anastasia Steffen, Foundations of Archaeological Inquiry. Salt Lake City: The University of Utah Press, 87-102.

Ward, William A. ve Martha S. Joukowsky (der.); 1992. *The crisis years: the twelfth century b.c. from beyond the Danube to the Tigris.* Dubuque: Kendall/Hunt Publishing Company.

Ward-Perkins, Bryan; 1995. "Can the survival of an ancient town-plan be used as evidence of dark-age urban life?" *Splendida civitas nostra: studi archeologici in onore di Antonio Frova* içinde, der. G. C. Manasse ve E. Roffia, Roma: Quasar, 23-9.

Wartke, Ralf-B. (der.); 1994. *Handwerk und Technologie im Alten Orient: ein Beitrag zur Geschichte der Technik im Altertum*. Mainz: Verlag Philipp von Zabern.

Watanabe, Kazuko (der.); 1999. *Priests and officials in the Ancient Near East*. Papers of the Second Colloquium on the Ancient Near East -The City and its Life hed at the Middle Eastern Culture Center in Japan (Mitaka, Tokyo), March 22-24, 1996. Heidelberg: Universitätsverlag C. Winter.

Weidner, Ernst F.; 1940. "Studien zur Zeitgeschichte Tukulti-ninurtas I," *AfO* 13: 109-24.

———, 1958. "Die Feldzüge und Bauten Tiglatpilesers I," *AfO* 18: 342-60.

———, 1959. *Die Inschriften Tukulti-Ninurtas I und seiner Nachfolger* (AfO Beiheft 12), Graz: E. Weidner.

Weiss, Harvey (der.); 1985a. *Ebla to Damascus: art and archaeology of ancient Syria*. Washington: Smithsonian Institution.

———, 1986. *The origins of cities in dry-farming Syria and Mesopotamia in the Third millenium B.C.* Guilford, Connecticut: Four Quarters.

Wengrow, David; 2001. "The evolution of simplicity: aesthetic labour and social Change in the Neolithic Near East," *WA* 33: 168-88.

Wenke, Robert J.; 1989. "Egypt: origins of complex societies," *Annual Review of Anthropology* 18: 129-55.

Westenholz, Joan Goodnick (der.); 1996. *Royal cities of the biblical world*. Bible Lands Museum; Jerusalem.

———, 1998. *Capital cities: Urban planning and spiritual dimensions: Proceedings of the symposium held on May 27-29, 1996, Jerusalem, Israel*. Jerusalem: Bible Lands Museum.

Wheatley, Paul; 1969. "City as symbol," *An inaugural lecture delivered at University College London 20 November 1967*. Londra: H.K. Lewis and Co. Ltd.

———, 1971. *The pivot of the four quarters: a preliminary inquiry into the origins and character of the ancient Chinese city*. Edinburgh: University Press.

———, 1972. "The concept of urbanism," *Man, settlement and urbanism* içinde, der. Peter J. Ucko, Ruth Tringham, G.W. Dimbleby, Cambridge, Massachusetts: Gerald Duckworth and Co. Ltd.; 601-37.

———, 1976. "Levels of space awareness in the traditional Islamic city," *Ekistics* 253: 354-66.

———, 2001. *The places where men pray together: Cities in Islamic lands, seventh through tenth centuries*. Chicago: Chicago University of Chicago Press.

Whiting, R. M. (der.); 2001. *Mythology and mythologies: methodological Approaches to intercultural influences*. 4-7 Ekim 1999'da Fransa'nın Paris kentinde düzenlenen Assyrian and Babylonian Intellectual Heritage Project İkinci Sene Sempozyum tutanakları, Melammu symposia II. Helsinki: The Neo-Assyrian Text Corpus Project.

Wiggermann, Frans A. M.; 1992. *Mesopotamian protective spirits: The ritual texts*, Groningen: Styx & P.P. Publications.

———, 1996. "Scenes from the shadow side," *Mesopotamian Poetic Language: Sumerian and Akkadian* içinde, der. M.E. Vogelzang ve H.L.J. Vanstiphout, Styx: Groningen, 207-30.

———, 2000. "Agriculture in the Northern Balikh Valley: The case of Middle Assyrian Tell Sabi Abyad," *Rainfall and agriculture in Northern Mesopotamia* içinde, der. R. M. Jas, Proceedings of the Third Mos Symposium, Leiden 1999; İstanbul: Nederlands Historisch-Archaeologisch Instituut, 171-231.

Wilhelm, Gernot (der.); 1997. *Die orientalische Stadt: Kontinuität, Wandel, Bruch*. 1. Internationales Colloquium der Deutschen Orient-Gesellschaft 9-10 Mai 1996 in Halle/Saale. Saarbrücken: SDV Saarbrücker Druckverei und Verlag.

2001. *Akten des IV. Internationalen Kongresses für Hethitologie, Würzburg, 4-8 Oktober 1999.*
———, Studien zu den Boğazköy-Texten 45; Wiesbaden: Harrassowitz Verlag.

Wilkinson, Tony J.; 1990. "Soil development and early land use in the Jazira region, Upper Mesopotamia," *WA* 22: 87-103.

———, 1994. "The structure and dynamics of dry-farming states in Upper Mesopotamia" *Cultural Anthropology* 35: 483-520.

———, 1995. "Late-Assyrian settlement geography in Upper Mesopotamia" *Neo-Assyrian Geography* içinde, der. Mario Liverani, Università di Roma "La Sapienza," Dipartimento di Scienze storiche, archeologiche e anthropologiche dell'Antichità, Quaderni di Geografia Storica 5: Roma: Sargon srl, 139-59.

———, 1997a. "Environmental fluctuations, agricultural production and collapse: A view from Bronze Age Upper Mesopotamia" *Third Millenium B.C. climate Change and old world collapse* içinde, der. H. N. Dalfes, G. Kukla ve H. Weiss, New York: Springer, 67-106.

———, 1997b. "The history of the lake of Antioch: a preliminary note," *Crossing boundaries and linking horizons: Studies in honor of Michael C. Astour on his 80th birthday* içinde, der. Gordon D. Young, Mark W. Chalavas, Richard E. Averbeck, Bethesda, Maryland: CDL Press, 557-76.

———, 1998a. "Settlement and irrigation in the Balikh valley, Syria from the 3rd to the 1st Millennium B.C. A preliminary view," *About Subartu: Studies devoted to Upper Mesopotamia, Vol 1. Landscape, archaeology, settlement (Subartu IV, 1)* içinde, der. Marc Lebeau, Brepols: European Center for Upper Mesopotamian Studies, 151-70.

———, 1998b. "Water and human settlement in the Balikh valley, Syria: investigations from 1992-1995," *JFA* 25: 63-87.

———, 2000a. "Regional approaches to Mesopotamian archaeology: the contribution of archaeological surveys," *Journal of Archaeological Research* 8: 219-67.

———, 2000b. "Settlement and land use in the zone of uncertainty in Upper Mesopotamia," *Rainfall and agriculture in Northern Mesopotamia* içinde, der. R.M. Jas, Proceedings of the Third Mos Symposium, Leiden 1999; İstanbul: Nederlands Historisch-Archaeologisch Instituut, 3-35.

―――, 2000c. "Archaeological survey of the Tell Beydar region, Syria 1997," *Tell Beydar: environmental and technical studies* içinde, der. Karel Van Lerberghe ve Gabriella Voet, Brepols: Subartu VI, 1-37.

―――, 2002. "The settlement transition of the Second Millennium BC in the Western Khabur," *Of pots and plans: papers on the archaeology and history of Mesopotamia and Syria presented to David Oates in honour of his 75th birthday* içinde, der. Lamie Al-Gailani Werr, John Curtis, Harriet Martin, Augusta McMahon, Joan Oates ve Julian Reade, Londra: Nabu Publications, 361-71.

―――, 2003. *Archaeological landscapes of the Near East*. Tucson: The University of Arizona Press.

―――, 2010. "Empire and environment in the northern Fertile Crescent," *Landscapes and societies: selected cases* içinde, der. I Peter Martini ve Ward Chesworth, Londra ve New York: Springer, 135-52.

Wilkinson, Tony J. ve Eleanor Barbanes; 2000. "Settlement patterns in the Syrian Jazira during the Iron age," *Essays on Syria in the Iron Age* içinde, der. Guy Bunnens, Ancient Near Eastern Studies Supplement 7. Louvain: Peeters Press, 397-422.

Wilkinson, Tony J. ve D. J. Tucker; 1995. *Settlement development in the North Jazira, Iraq: a study of the archaeological landscape*. Warminster, Wiltshire: British School of Archaeology in Iraq.

Wilkinson, Tony J., Jason Ur, Eleanor Barbanes Wilkinson ve Mark Altaweel; 2005. "Landscape and settlement in the Neo-Assyrian Empire," *BASOR* 340: 23-56.

Wilkinson, Tony. J., Jason Ur ve Jesse Casana. 2004. "Nucleation to dispersal: Trends in settlement pattern in the Near East and Eastern Mediterranean" *Side-by-side survey: Comparative regional studies in the Mediterranean world* içinde, der. S. Alcock ve J. Cherry, Oxford: Oxbow, 198-205.

Willey, Gordon R.; 1979. "The concept of the 'disembedded capital' in Comparative perspective," *Journal of anthropological research* 35: 123-37.

Wilson, E. Jan; 1994. *"Holiness" and "purity" in Mesopotamia*. Verlag Butzon & Bercker Kevelaer, Neukirchener Verlag: Neukirchener-Vluyn.

―――, 1996. *The cylinders of Gudea: transliteration, translation and index*. Verlag Butzon & Bercker Kevelaer, Neukirchener Verlag: Neukirchener-Vluyn.

Winter, Irene J.; 1973. *North Syria in the early First Millenium BC, with special reference to ivory carving*. Doktora tezi, Columbia University; Xerox University Microfilms, Ann Arbor, Michigan (1975).

―――, 1975. Review of *Untersuchungen zur späthethitischen Kunst,* Winfried Orthmann. Bonn, 1971. *JNES* 34: 137-42.

―――, 1976a. "Carved ivory furniture panels from Nimrud. A coherent subgroup of the North Syrian style," *Metropolitan Museum Journal* 11: 25-54.

―――, 1976b. "Phoenician and North Syrian ivory carving in historical context. Question of style and distribution," *Iraq* 38: 1-22.

———, 1979. "On the problems of Karatepe: the reliefs and their context," *AnSt* 29: 115-51.

———, 1981a. "Royal rhetoric and the development of historical narrative in Neo-Assyrian reliefs," *Studies in Visual Communication* 7: 2-38.

———, 1981b. "Is there a South Syrian style of ivory carving in the early First Millennium b.c.?," *Iraq* 43: 101-30.

———, 1982. "Art as evidence for interaction: relations between the Assyrian empire and North Syria," *Mesopotamien und seine Nachbarn: politische und kulturelle Wechselbeziehungen im alten Vorderasien vom 4. bis 1. Jahrtausend v. Chr.* içinde, XXV. Rencontre Assyriologique Internationale Berlin 3. bis 7. Juli 1978. Hans-Jörg Nissen ve Johannes Renger (der.), Berlin: Dietrich Reimar Verlag, 355-82.

———, 1983a. "Carchemish ša kišad Puratti," *AnSt* 33: 177-97, levhalar 44-9.

———, 1983b. *"The Program of the throneroom of Asurnasirpal II" Essays on Near Eastern Art and Archaeology in Honor of Charles Kyrle Wilkinson* içinde, der. P. O. Harper ve H. Pittman, New York: Metropolitan Museum of Art, 15-31.

———, 1984. "Rew: A. Spycket, *La statuaire de Proche-Orient Ancien,* Leiden: E. J. Brill, 1981," *JCS* 36: 103-14.

———, 1985. "After the battle is over: the stele of the vultures and the beginning of historical narrative in the art of the ancient Near East." *Studies in the History of Art.* 16: 11-32.

———, 1986a. "The King and the cup: Iconography of the royal presentation scene on Ur III seals" *Insight through images, Studies in honor of Edith Porada* içinde, der. Marilyn Kelly-Buccelati, Paolo Matthiae ve Maurits Nanning van Loon, [Bibliotheca Mesopotamica 21], Malibu: 253-68.

———, 1986b. "Eannatum and the King of Kish?: Another look at the stele of the vultures and 'cartouches in early Sumerian art" *Zeitschrift für Assyriologie und Vorderasiatische Archeologie* 76: 205-12.

———, 1987a. "Legitimization of authority through image and legend: seals belonging to officials in the administrative bureaucracy of the Ur III state" *The organization of power: Aspects of bureaucracy in the ancient Near East* içinde, der. McGuire Gibson ve Robert D. Biggs, Chicago: The Oriental Institute of the University of Chicago, 69-106.

———, 1987b. "Women in public: the disk of Enheduanna, the beginning of the office of En-priestess, and the weight of visual evidence" *La Femme dans le Proche-Orient Antique* içinde, der. J.-M. Durand, Paris: Editions Recherche sur les Civilisations, 189-201.

———, 1988. "North Syria as a bronzeworking centre in the early first millennium b.c. Luxury commodities at home and abroad," *Bronzeworking centres of Western Asia c. 1000-539 B.C.* içinde, der. John E. Curtis, Londra: Kegan Paul International, 193-225.

———, 1989a. "The Hasanlu gold bowl: thirty years later," *Expedition* 31/2-3: 87-105.

———, 1989b. "North Syrian ivories and Tell Halaf reliefs. The impact of luxury goods upon 'major' arts" *Essays in ancient civilization presented to H.J. Kantor* içinde, Chicago: Oriental institute of the University of Chicago, 321-32.

———, 1989c. "The body of the able ruler: Toward an understanding of the statues of Gudea," *DUMU-E2-DUB-BA-A, Studies in Honor of Ake W. Sjöberg* içinde, der. Hermann Behrens, Darlene Loding ve Martha Roth, Occasional Publications of the Samuel Noah Kramer Fund, 11. Philadelphia: University of Pennsylvania Museum, 573-83.

———, 1991. "Reading concepts of space from ancient Mesopotamian monuments," *Concepts of space: ancient and modern* içinde, der. Kapila Vatsyayan, New Delhi: Indira Gandhi National Centre for the Arts, Abhinav Publications, 57-73.

———, 1992. "Idols of the King: royal images as the recipients of ritual action in ancient Mesopotamia," *Journal of Ritual Studies* 6: 13-42.

———, 1993. "Seat of kingship/a wonder to behold: the palace as construct in the ancient Near East," *Ars Orientalis*. v. 23, 27-55.

———, 1994. "Radiance as an aesthetic value in the art of Mesopotamia," *Art: the integral vision: a volume of essay in felicitation of Kapila Vatsyayan* içinde, der. B. N. Saraswati, S. C. Malik, Madhu Khanna, D. K. Printworld: New Delhi, 123-32.

———, 1995. "Aesthetics in Ancient Mesopotamian art," *Civilizations of the Ancient Near East* içinde, baş der. Jack M. Sasson, New York: Simon & Schuster Macmillan, cilt IV: 2569-80.

———, 1996a. "'Agency': an alternative to subjectivity," *Field Work: sites in literary and cultural studies* içinde, der. M. Garber, Paul B. Franklin ve Rebecca L. Walkowitz, New York: Routledge, 196-203.

———, 1996b. "Sex, rhetoric and the public monument: the alluring body of Naram-Sin of Agade" *Sexuality in Ancient Art* içinde, der. N. B. Kampen, Cambridge: Cambridge University Press, 11-26.

———, 1997. "Art in empire: The royal image and the visual dimensions of Assyrian ideology," *Assyria 1995. Proceedings of the 10th Anniversary Symposium of the Neo-Assyrian Text Corpus Project* içinde, der. Simo Parpola ve R.M. Whiting, Helsinki: The Neo-Assyrian Text Corpus Project, 359-81.

———, 1998. "The affective properties of styles: An inquiry into analytical process and the inscription of meaning in art history," *Picturing Science, Producing Art* içinde, der. C.A. Jones ve P. Galison, New York ve Londra: Routledge, 55-77.

———, 1999a. "The aesthetic value of lapis lazuli in Mesopotamia," *Cornaline et pierre précieuses: La Méditerranée, de l'Antiquité à l'Islam* içinde, der. Annie Caubet, Paris: La documentation Française, Musée du Louvre, 43-58.

———, 1999b. "Tree(s) on the mountain: landscape and territory on the victory stele of Naram-Sîn of Agade," *Landscapes: Territories, frontiers and horizons in the Ancient Near East* içinde. XLIV Rencontre Assiriologique Internationale Venezia'da sunulan belgeler, 7-11 Temmuz 1997, der. L. Milano, S. de Martino, F.M. Fales, G.B. Lanfranchi, Padova: Sargon srl, Cilt I (Davetli dersler): 63-72.

—, 1999c. "Reading ritual in the archaeological record: deposition pattern and function of two artifact types from the Royal Cemetery of Ur," *Fluchtpunkt Uruk: Archäologische Einheit aus methodischer Vielfalt: Schriften für Hans Jörg Nissen* içinde, der. Hartmut Kühne, Reinhard Bernbeck, Karin Bartl, Rahden/Westf.: Verlag Marie Leidorf GmbH, 230-56.

—, 2000a. "The eyes have it: Votive statuary, Gilgamesh's axe, and cathected viewing in the Ancient Near East," *Visuality before and beyond the Renaissance* içinde, der. Robert S. Nelson, Cambridge: Cambridge University Press, 22-44.

—, 2000b. *"Le Palais imaginaire:* scale and meaning in the iconography of Neo-Assyrian cylinder seals" *Images as media: Sources for the cultural history of the Near East and the Eastern Mediterranean* içinde, der. Christopher Uehlinger, Göttingen: Orbis Biblicus et Orientalis, 51-87.

—, 2000c. "Babylonian archaeologists of the(ir) Mesopotamian past," *Proceedings of the First International Congress on the Archaeology of the Ancient Near East* içinde, der. Paolo Matthiae, Alessandra Enea, Luca Peyronel ve Frances Pinnock, Roma: Università degli studi di Roma "La Sapienza," Dipartimento di Scienze Storiche, Archeologiche e Anthropologiche dell'Antichità, 1785-9.

—, 2002a. "How tall was Naram Sîn's victory stele? Speculation on the broken bottom," *Leaving no stones unturned: essays on the Ancient Near East and Egypt in honor of Donald P. Hansen* içinde, der. E. Ehrenberg, Winona Lake, Indiana: Eisenbrauns, 301-11.

—, 2002b. "Defining 'aesthetics' for non-western studies: the case of ancient Mesopotamia," *Art history, aesthetics, visual studies* içinde, der. Micheal Ann Holly ve Keith Moxey, Clark Studies in the Visual Arts; New Haven ve Londra: Yale University Press, 3-28.

—, 2003. "'Surpassing work': mastery of materials and the value of skilled production in ancient Sumer," *Culture through objects: ancient Near Eastern studies in honor of P. R. S. Moorey* içinde, der. Timothy Potts, Michael Roaf, Diana Stein, Oxford: Griffith Institute, 403-21.

Wiseman, Donald J.; 1952. "A new stela of Aššur-Nasir-Pal II," *Iraq* 14: 24-39.

—, 1975. "Assyria and Babylonia *c.* 1200-1000 B.C.," *CAH3* 2.2: 443-81.

—, 1983. "Mesopotamian gardens," *AnSt* 33: 137-44.

—, 1984. "Palace and temple gardens in the ancient Near East," *Monarchies and socio-religious traditions in the Ancient Near East* içinde, der. T. Mikasa, Wiesbaden: Otto Harrassowitz, 37-43.

Wiseman, James ve Konstantinos Zachos (der.); 2003a. *Landscape archaeology in Southern Epirus, Greece I.* Hesperia Supplement 32. Princeton, N.J.: The American School of Classical Studies at Athens.

Wiseman, James ve Konstantinos Zachos; 2003b. "The Nikopolis Project: concept, aims and organization," *Landscape archaeology in Southern Epirus, Greece I* içinde, der. J. Wiseman ve K. Zachos, Hesperia Supplement 32. Princeton, N.J.: The American School of Classical Studies at Athens, 1-22.

Woolley, C. Leonard (der.); 1914. *Carchemish. Report on the excavations at Djerabis on behalf of the British Museum. Part I. Introduction.* Londra: Trustees of the British Museum.

Woolley, C. Leonard; 1955. *Alalakh: an account of the excavations at Tell Atchana in the Hatay, 1937-1949.* Oxford: Oxford University Press.

Woolley, C. Leonard ve R. D. Barnett; 1921. *Carchemish. Report on the excavations at Djerabis on behalf of the British Museum. Part II: The town defenses*, London.

———, 1952. *Carchemish. Report on the excavations at Djerabis on behalf of the British Museum. Part III: The excavations in the inner town, and the Hittite inscriptions.* Londra: Trustees of the British Museum.

Wright, G.R.H.; 1985. *Ancient building in South Syria and Palestine.* 2 Cilt. Leiden: Brill.

———, 1992. *Ancient building in Cyprus.* 2 Cilt. Leiden: Brill.

———, 2000a. *Ancient Building Technology Volume I: Historical background*, Leiden: Brill.

———, 2000b. "Assur field I 1990: the excavation and building remains," *Anatolica* 26: 193-226.

Wyatt, Nicolas; 2001. *Space and time in the religious life of the Near East.* Sheffield: Sheffield Academic Press.

Yakar, Jak; 2000. *Ethnoarchaeology of Anatolia. Rural socio-economy in the Bronze and Iron ages.* Tel Aviv: Tell Aviv University.

Yakar, Jak, Ali M. Dinçol, Belkıs Dinçol ve Avia Taffet; 2001. "The territory of the appanage kingdom of Tarhuntassa: an archaeological appraisal," *Akten des IV. Internationalen Kongresses für Hethitologie, Würzburg, 4-8 Oktober 1999* içinde, der. Gernot Wilhelm, Studien zu den Boğazköy-Texten 45, Wiesbaden: Harrassowitz Verlag, 711-20.

Yakar, Jak ve Ayşe Gürsan-Salzmann; 1978. "The provinces of Malatya and Sivas: an archaeological survey of preclassical sites," *Expedition* 20/4: 59-62.

———, 1979. "Archaeological survey in the Malatya and Sivas provinces – 1977," *Tel Aviv* 6: 34-53.

Yamada, Shigeo; 2000. *The construction of the Assyrian empire: A historical study of the inscriptions of Shalmaneser III (859-824 B.C.) relating to his campaigns to the West.* Leiden: Brill.

Yener, K. Aslıhan; 1995. "The archaeology of empire in Anatolia: comments," *BASOR* 299/300: 117-21.

———, 2000. "Between the Tigris-Euphrates and the Mediterranean Sea: The Oriental Institute Amuq Valley Regional Projects, Turkey," *Proceedings of the First International Congress on the Archaeology of the Ancient Near East* içinde, der. Paolo Matthiae, Alessandra Enea, Luca Peyronel ve Frances Pinnock, Roma: Università degli studi di Roma "La Sapienza," Dipartimento di Scienze Storiche, Archeologiche e Anthropologiche dell'Antichità, 1801-12.

Yener, K. Aslıhan, Christopher Edens, Timothy P. Harrison, J. Verstraete ve Tony J. Wilkinson; 2000. "The Amuq valley regional project, 1995-1998," *AJA* 104: 163-220.

Yener, K. Aslıhan ve Harry A. Hoffner Jr. (der.); 2002. *Recent developments in Hittite archaeology and history: papers in memory of Hans G. Güterbock*. Winona Lake, Indiana: Eisenbrauns.

Yener, K. Aslıhan, Tony J. Wilinson, Scott Branting, E.S. Friedman, J.D. Lyon ve C. D. Reichel; 1996. "The Oriental Institute Amuq Valley projects, 1995," *Anatolica* 22: 49-84.

Yoffee, Norman; 2005. *Myths of the archaic state: evolution of the earliest cities, states and civilizations*. Cambridge, UK; New York: Cambridge University Press.

Yoffee, Norman (der.); 2007. *Negotiating the past in the past: identity, memory, and landscape in archaeological research*. Tucson: University of Arizona Press.

Yon, Marguerite; 1992. "The end of the kingdom of Ugarit," *The crisis years: the twelfth century* B.C. *from beyond the Danube to the Tigris* içinde, der. William A. Ward ve Martha S. Joukowsky, Dubuque: Kendall/Hunt Publishing Company, 111-22.

Young, T. Cuyler; 1983. "The Assyrian army on the Middle Euphrates: evidence from the current excavations," *BSMS* 6: 19-32.

Zaccagnini, Carlo; 1979. *The rural landscape of the Land of Arraphe*. Università di Roma, Istituto di Studi del Vicino Oriente, Quaderni di Geografia Storica 1. Roma: Copisteria S. Pietro.

———, 1983. "Patterns of mobility among ancient Near Eastern craftsmen," *JNES* 42: 245-64.

Zaccagnini, Carlo (der.); 1989. *Production and consumption in the Ancient Near East*. Budapeşte: Chaire Egyptol. Univ. Eötvös Lórand.

Zanker, Paul; 1988. *The power of images in the age of Augustus*. Çev. Alan Shapiro. Ann Arbor: The University of Michigan Press.

Zedeño, M.N. ve B.J. Bowser; 2009. "The archaeology of meaningful places" *The Archaeology of Meaningful Places* içinde, der. B.J. Bowser ve M.N. Zedeño, Salt Lake City: University of Utah Press, 1-14.

Zeder, Melinda A.; 1988. "Understanding urban process through the study of specialized subsistence economy in the Near East," *Journal of Anthropological Archaeology* 7: 1-55.

———, 1991. *Feeding cities: specialized animal economy in the ancient Near East*. Washington DC: Smithsonian Series in Archaeological Inquiry.

Zimansky, Paul E.; 2002. "The 'Hittites' at 'Ain Dara," *Recent developments in Hittite archaeology and history: papers in memory of Hans G. Güterbock* içinde, der. K.A. Yener, Harry A. Hoffner Jr. ve Simrit Dhesi, Winona Lake: Eisenbrauns, 177-91.

Zukas, Alex; 2005. "*Terra Incognita/Terra Nullius:* modern imperialism, maps and deception," *Lived topographies and their mediational forces* içinde, der. Gary Backhaus ve John Murungi, Lanham, MD: Lexington Books, 49-76.

Zvelebil, Marek ve Jaromír Beneš; 1997. "Theorising landscapes: the concept of the historical interactive landscape," *Landscapes in flux: Central and Eastern Europe in antiquity* içinde, der. J. Chapman ve P. Dolukhanov, Colloquia Pontica 3: Oxford: Oxbow books, 23-40.

Dizin

A

Abū 'Assaf 240
Adad-nīrāri, III. 118, 172, 222
Adad (tanrı) 62, 107, 113, 117-21, 159, 167, 170, 172, 217, 222, 237
Adanawalı Azativatas (Suriye-Hitit Kralı) 22, 49
Afrika 50
Afrin Vadisi 68
Agade 27
Ahamenit 22, 219
ahlamû 95; ayrıca bkz. Aramiler
Ahuni (Arami lideri) 66, 97
aiialu-geyik 160
'Ain Dārā 9, 68-71, 95, 230, 240-1
'Ajaja 44, 63
Akadca 16, 58, 181, 199, 209, 216, 226
Akad Krallığı 26, 251
Akad yazıtları 27
Akhenaton 26
Akhetaton (Tel el Amarna) 126
akītu 149, 172-3; festivali 126, 171; evi 170
Alacahöyük 230, 239, 241
Alalah (Tel Açana) 42, 43, 58, 100, 189, 199, 225, 230-2, 234
alçıtaşı 56, 129, 162, 212, 218-9
Al-Khalesi 120, 174
Alkım, Uluğ Bahadır 233

Allumari (Malizi Kralı) 82, 244
altın 215
Amenophis, IV. 126
Amerika 50
Amik Ovası 42, 63-5, 99, 150
Amik Vadisi 42, 182
Ana-Aššur-utēr-asbat 97
Anadolu 56-60, 115, 126, 139, 148-9, 210, 225, 228 madencilik 113
Andrae, Walter 122, 245
anıt yazıtları 26, 67, 76, 170, 188, 241
anma: pratikleri 31, 55, 143, 207, 209, 246; steli 116, 172, 175, 177; topografyaları 246; törenleri 30, 56, 108, 132, 141, 252 yazıtları 28, 33, 132-3, 191, 198, 200
Annales Okulu 54
Annus, Amar 168
AN.TAH.ŠUM festivali 149
Aramiler 65-7, 95-9, 150, 182, 224; kültürü 65
Aramice 28, 65, 96, 98, 178, 181
Ararat Ovası 49
Arbela 74, 108, 113-4, 117, 139, 149, 155, 172-3
Argištihinili 49
Argišti, I. (Urartu Kralı) 49
arkitektonik öğeler 32-3, 83, 132, 147, 165, 205-6, 213, 220, 233, 239-40, 242, 247, 251

Armananis 81, 87

Armavir (sit) 49

Arnuwantis (Malizi/Melid hükümdarı) 85-8, 90

Arqānia 78

Arslanlı Kapı 83

Arslantaş (Hadatu) 22, 97, 156, 181, 241

Arslantepe (Malatya) 9, 78, 82-5, 92-4, 190

Aššur-ahe-iddina 172-3

Aššur-bēl-kala 127, 176

Aššūr-kettī-leše 115

Aššur-nasir-apli, II. 10, 32, 35-6, 49, 96, 114, 116, 119-20, 127-30, 133-4, 142-3, 150-1, 154-8, 168, 172, 175, 179, 201, 213,-25, 246-7

Aššur-uballit, I. 113

Aššur Ülkesi 9, 31, 74, 107-9, 113, 117, 119, 126-30, 137, 139, 155, 172

Astuwatamanzas 183, 186, 191, 194

Asur: *bīt kispim* (mezarlık kompleksi) 174; çiviyazısı 98; krallık yazıtları 31, 50, 107, 119; KUR.aššur (Asur Ülkesi) 107-8; peyzajları 31, 108; sarayları 129, 148, 155, 208, 212-8, 224; ve Suriye-Hitit kentlerinin kuruluşu 23-6

aşağı kent 114, 148-9, 153, 161-3, 227-8, 233

Aşağı Zap Nehri 31, 56, 108, 122, 125, 218

ata heykelleri 32, 67, 180, 188

Augustus 26, 154, 247

Avustralya 50

Ayanis 17, 49, 156, 214

ayrıştırılmış göçebelik 96

Azativatas (Luvi Kralı) 22, 49

Azativataya 22, 49, 148, 153, 156

B

Babil 21, 22, 49, 114, 122, 126, 141, 171, 237, 245

Bachmann, W. 122

Bahrani, Zainab 133

Balih 40, 56, 63, 112, 115

başkentler 21-4, 29-30, 46, 58, 74, 95, 110-2, 149; 156, 161, 179; ayrıştırılmış 24; imparatorluk 22, 30

Batman 38, 116

bazalt 56, 69-70, 90, 119, 175, 181, 183, 186, 188, 190-1, 194-5, 197, 199, 207, 212, 226-8, 230, 233-4, 236, 238-41, 244-5, 248

Bēl Habur 98

bellek alanları 77, 246, 255

Bender, Barbara 35-6, 52, 53

Bernbeck, Reinhard 43, 61, 64

Beyaz Obelisk 176, 213, 224, 225

Bingöl 93

Birkleyn Çayı 137

Birklinçay 55

Bit-Adini 66, 97

Bīt-Bahiāni 95-6, 98

bīt hilāni 166, 182, 198-200, 224, 230, 245

Bitlis 116

Boğazköy 58, 72-3, 75-6, 189, 225, 231, 242

Bohtan 116-7

bronz 9-10, 72, 81, 134,-6, 153, 176, 208, 215

Burunkaya 75, 81

Büyük İskender 26

Büyük Kral 72-3, 75-6, 81, 87, 182-3, 223

Büyük Merdiven 10, 181, 187, 190-4

C

Cafer Harabesi 93
Calvino, Italo 141, 147, 249
Castillo, Luis Jaime 145
Cebbul Ovası 41, 63
Cebel Karahuk 125
Cebel Sincar 45, 46, 62
Ceyhan Nehri 91
Cezire 31, 40, 45-6, 56-7, 60, 95, 110-1, 113-4, 127, 139, 149, 179
Cezire peyzajları 31, 40, 57
Coğrafi Bilgi Sistemleri (CBS) 54

Ç

çiftçiler 95
çiftlik 30, 38
çiviyazısı 10, 73, 98, 114, 118, 138, 141, 217, 226
çobanlar 95
çöl 48, 66, 95

D

Daiēni 82
DARENDE 85, 88, 90
Darius (Pres Kralı) 154, 247
De Certeau 55, 111, 144, 146-7, 255
Demarrais 51
DeMarrais, Elizabeth 145
deve 66, 153, 173
devekuşu 159
devingen peyzajlar 100
devlet gösterileri 32, 74, 143, 146, 159, 172
devşirme 200
Dibni Su 137
Dicle Havzası 31, 38, 47, 60, 62, 108, 114, 117, 119, 129, 139, 155, 219
Dittmann, Reinhard 48, 121-5

Diyarbakır 55, 116-7, 133, 137
doğanın süreçleri 132
Dunnu-ša-Uzibi 112
Dūr-Adad-nīrāri 118
Dūr-Aššur 118
Dūr-bēl-Harrān-bēlu-usur (Tel Abta) 112
Dūr-Inanna 118
Dūr-Katlimmu 43, 44, 114, 148, 151
Dūr-Kurigalzu 58, 126
Dūr-Marduk 118
Dur Šarrukin (Dūr-Šarruken) 21, 108, 111, 130, 146, 151, 155-6, 161
Dūr-Untaš 126

E

Eagleton, Terry 51
Earle, Timothy 145
Ebla 10, 17, 148, 176, 199, 225-31, 233
Eflatun Pınarı 77
ekal māšarti (teftiş sarayı) 161-2, 173-4
ekili-dikili alanlar 30, 62, 65
ekolojik refah 31
Elamlar 58, 126
Elbistan 9, 31, 48, 65, 78-82, 91-4; Ovası 78-9, 81-2, 87, 89, 91-2, 179
Emar (Tel Meskene) 58, 148, 153, 231
EMİRGAZİ 77
Enkomi 237
Eqū Dağı 134
Ergani 78
Erišum, I. 121
Escobar, Arturo 250, 276

F

Fahgami 44, 63, 114
Fales 50, 112
Feldman, Marian H. 18, 50, 119, 126, 238

Fenike 26, 65, 67, 166, 220, 243; kültürü 65
Fenikece 28, 65, 178
festivaller 26, 30-2, 141-6, 149, 159-60, 170, 173-4, 195, 201, 204
Fırtına Tanrısı Tapınağı 9, 10, 70-1, 184-5, 187, 192, 194-5, 197
fil avlaması 159
fildişi 66
Frampton, Kenneth 205-6
Frangipane, M. 82-3
Frigyalılar 74

G

Garzan 38, 116-7
geçit törenleri 135, 173, 191, 201
Gilibert, Alessandra 48, 122, 126, 179, 189-90
Gilzānu 176
göçebe hayvancılık 57, 64, 96-7
göçebeler 59, 96, 118, 154
göçebelik 48, 52, 96; ayrıştırılmış 96
Gök Medrese (Sivas) 90
gösteriler 142, 242
Grê Dimsê 67, 117
Guzāna 98-9, 148, 150, 151
Gürsan-Salzmann, Ayşe 92
GÜRÜN 81, 84, 87, 91, 92
Güterbock, Hans 81, 223

H

Habur 38, 43-5, 56, 59, 62, 95-6, 98-100, 112,-5, 118, 129, 225, 237
Hadad-Tešub (hava tanrısı) 98
Halab 69, 72, 230-2, 238, 241
Hala Sultan Tekke 237
Halbwachs, Maurice 55
Halep 9, 41, 58, 63, 68-72, 97, 181, 225, 227, 230-1, 233, 238, 240-1
halk festivalleri 148, 199
Halys Bendi 74
Hama 65, 95, 181, 190
Hamat 65, 182
Hanigalbat Ülkesi 113
Harbu 150
Harman Suyu 91
Hartapu 9, 75-6
Haseke 44, 63
Hatata 98, 181
hatıra peyzajları 55, 84, 132, 139
HATİP 77
Hatti Ülkesi 58, 73-4, 108, 139, 198, 248
Hattuša 58, 67, 71-5, 81, 141, 148-9, 189, 199, 223, 225, 230-1, 237-9
Hattušili, I. 225, 238
Hawkins, John David 73, 81, 83, 195, 223, 242
hayvancılık 57, 64, 97
Hirbe Aloki 62
Hitit İmparatorluğu 23, 31, 48, 58, 65, 67, 72-6, 81, 93, 108, 180, 182, 238
Horsâbad 21, 24
Hotamış Gölü 9, 75-6
Humrî 176
Hurman Suyu 79, 87
Hurrice 113
Hurriler 237
Hussein, Muzhim Mahmud 217

I

Ilısu Barajı 116
Ili-ipada 112
Ini-Teššub (Hatti Kralı) 244

Ištar 68, 114, 122, 127, 166, 173, 176, 226, 228, 230, 240

Ištar Kidmuru Tapınağı 166

Ištar-Šawuška 68, 240

IZGIN 81, 89, 91-2

İbn-i Haldûn 25

ideoloji 50-1, 144

ikonografik dağarcık 179

iktidar mahalleri 93, 250

imparatorluk peyzajları 30, 160

İspekçür 9, 87, 90-1, 176, 230

İSPEKÇÜR 85, 87, 90, 91

İstanbul 15, 89

işlenmemiş araziler 26, 48, 64, 77, 151

J-K

Joffe, Alexander 100

Kadıoturan Tepesi 93

Kalat Şergat 119

kale yerleşim 148

Kalhu (Nimrūd) 9, 10, 32, 49, 74, 108, 111, 114, 116-7, 127-34, 139-40, 142-3, 148, 150-1, 154-75, 179, 198, 201-2, 208, 214-5, 217-9, 221-4, 242, 246-7

kalker 56, 69, 77, 79, 90, 129, 150, 156, 164, 175, 177, 191-2, 194-5, 212, 216, 221-2, 227-8, 230-1, 233, 237-8, 240-1, 245, 248

kamusal alan 148, 174

kamusal anıtlar 12, 23, 27-30, 32, 71, 76-7, 82, 127, 131, 134, 139-40, 142, 148, 160, 168, 173-4, 177, 179, 183, 201, 204, 245

kamusal mekânlar 142, 177

Kapadokya 65, 74-6, 93

kapı heykelleri 32, 174, 188, 239, 241, 243

KARADAĞ 75, 81

Karahöyük 9, 79-82, 91, 94, 176

KARAHÖYÜK 78, 81, 87, 94

Karatepe 22, 49, 83, 153, 156, 241

Karatepe-Arslantaş 22, 156, 241

Kargamış 10, 12, 32, 36, 39, 58, 59, 65, 71-4, 81, 83, 87, 93, 95, 116, 139-40, 142-3, 148, 166, 178, 179, 181-202, 208-9, 223-5, 230-1, 236, 238, 241-2, 244, 246

Kār-Sīn 118

Kār-Šulmānu-ašarēdu (Kar-Şalmaneser) 97, 180-1, 212

Kār-Tukultī-Ninurta 9, 48, 58, 74, 111, 122-6, 151, 155, 165, 218

Kassitler 58, 126

Katna 148, 225, 237

Katuwas 179, 181-6, 188, 190, 194-5, 197, 200-1, 224, 242, 246

kayan peyzajlar 93, 139

kent: anıtları 142, 156, 253; (etimolojik anlamı) 25; inşa projeleri 27; kuruluşları 24, 30; mekânı kurma 140; peyzajları 24, 29, 58, 94, 148-9, 180, 237, 253

kentleşme 65, 110; emperyal kentleşme 238

kentsel: antropoloji 24; armatür 238; mekânın üretimi 143-7; mekânlar 16, 30, 141, 143, 178, 200-1, 237, 249, 255; ritüeller 174

Kerkenes Dağ 153

kerpiç 32, 79, 82, 83, 128, 150, 163-4, 186, 209-1, 218, 220-1, 224, 233, 236-7

Khayyata, Walid 241

Kıbrıs 73, 210, 237-8

KI.LAM festivali 149, 199

Kızıldağ 9, 75-6, 81

Kızılırmak 93

Kilikya 22, 49, 57, 58, 65, 72, 92, 93, 156, 220
Kilise Tepe 67
Kinet Höyük 67
kitlesel sürgün 61
Knapp, Bernard 52-3, 55, 140
Kohlmeyer, Kay 241
koine 49-50, 204, 214, 227, 237, 239, 246
Konya Ovası 72, 74-6
Kostof, Spiro 110
Köşkerbaba Höyük 93
köy 30, 44, 62, 79
Köylütolu Yaylası 77
kral heykelleri 174
krallık; kentleri 27, 96-7, 131; retoriği 28, 30, 32, 36, 51, 65, 67, 76, 94, 130, 132, 160, 168
Kranzhügel 57, 150
Kubaba 10, 183, 185-6, 191, 193, 195-6; Tapınağı 186, 195-6
Kue 65
Kurigalzu, I. (Kassit Kralı) 126
Kuru Çay (Fırat'ın kolu) 77-8, 89
kutlamalar 142, 201
Kuzi Tešub (Talmi Tešub'un oğlu) 73, 83
kült törenleri 32

L

lapis lazuli 215-7
Layard, Austen Henry 174-5, 213, 217
Layard, Muzhim Mahmud 220
Leatherbarrow, David 210
Lefebvre, Henri 110, 143-7
Lehmann-Haupt, Ferdinand 137
Levant 56, 129, 155, 210, 220, 227, 238
Lidar Höyük 67, 73, 223

Liverani, Mario 50-1, 129, 134, 238
Luvice 28, 32, 65-7, 70, 87, 90-3, 96-8, 100, 178, 180-2, 188, 191, 198-200, 209, 223, 241-2; hiyeroglif yazıtlar 9, 12, 22, 66-7, 70, 75-7, 79-82, 84, 87, 90-3, 97-8, 100, 180, 182, 188, 198, 200, 223, 241
Luvi kültürü 65
Lübnan 75, 232, 245

M

MacDonald, William 238
Macridy, Theodore 239
madencilik 78, 107, 129
maden kaynakları 129
mahal kurma 31, 48, 55, 100-1, 139, 178, 249-50, 252-3
mahalleri yazılama 131
Māhmūr Ovası 122, 125
Malatya 9, 31, 39, 48, 65, 74, 81-4, 92-4, 179, 190, 224, 230, 241, 244; Ovası 77-8, 82, 85, 87-9, 92
Malizi Krallığı 77, 82, 93-5
Malizi/Melid Krallığı 31, 65, 77, 82, 86-7, 100, 176, 223
Mallowan, Max 128, 135, 150
Marduk (Babil tanrısı) 118, 126, 171
Masuwari 66, 96-8, 179, 180-1
Matthiae, Paulo 227, 237
Mazzoni 180
medeniyet (kelime anlamı) 25
mekânlaştırılmış anlatılar 31
mekânsal: anlamlandırma 147; anlatılar 32, 178 düzenlemeler 109; hikâyeler 55; pratikler 34, 55, 146-7; üretim 25, 34, 130, 143-4, 147-8, 255
Melid/Malizi 71, 77, 92

mesukku-kuş 160
meyve bahçeleri 31, 35, 49, 77, 129
mezra 62
Mısır 59, 126, 217
mimari: mekân 29, 33, 34, 144, 147, 178, 204, 208, 253-4; teknolojiler 24, 29-30, 32, 66, 127, 129, 205, 208, 210, 213, 236, 253; yenileme programları 32
Mitanni 38, 40, 43, 45, 47, 58, 60, 62, 64, 95, 111-3, 115, 118, 128, 237
Moorey, Peter 218
Moskowitz, Marina 35, 36
Mostafavi, Mohsen 210
Mumford, Lewis 110
Muršili, I. 225, 238
Mursilis 76
Musul 47, 156, 213, 218-20, 222
Muvatalli, II. 72, 126
mühür baskılar 67, 73

N

Nabopolassar (Babil hükümdarı) 21
Nabu Tapınağı 162, 172, 222
Nairi 82, 177, 245; Denizi 108, 119, 135
narû anıtları 32, 133, 134, 148, 174, 177
Nebukadnezzar, II. (Babil hükümdarı) 21
Nehr el-Kalb 75, 108
Nergal-Ereš (Rasappa valisi) 118
Nimrūd Monoliti 116, 129, 170, 177, 222
Ninova 24, 46, 47, 114, 155, 162, 173, 213, 219
Ninurta 9, 19, 25, 48, 58, 74, 98, 107, 111-2, 121-6, 132, 150-1, 155, 165, 181, 190, 217-8, 220-4, 247; Tapınağı 10, 116, 129, 133, 156, 159, 166-72, 175, 177, 222

Nīnuwa 36, 74, 111, 113-4, 117-8, 127, 129-30, 134, 139, 149-50, 154-6, 161-2, 172, 175-6, 213, 219, 224, 237, 246
Nippur 25, 171-2
Nişantepe 149
Norşuntepe 67

O-Ö

obeliskler 30, 32, 160, 174-5, 176-7
Orta Dicle 23, 31, 47, 74, 107, 118-9, 127, 155, 212, 237
ortostatlar 9, 69, 71, 175, 180, 207, 210, 212, 217, 227, 242
ortostat: programları 32, 168, 208, 212; tekniği 30
özel mülk 112

P

Parker, Bradley 117
Pasargad 22, 219
Patina 65, 176
Patina/Unki 65
Patti He(n)galli 49
Pecorella, Paolo Emillio 83
Persepolis 22, 154
Persopolis 247
peyzaj: arkeolojisi 37, 64, 101, 110; dönüşümleri 30, 61; morfolojisi 5; peyzaj politikası 114; sömürgeleştirme 119, 131; süreçleri 24, 30, 95, 100, 130, 139, 142
Pitmann, Holly 225
POCULUM 81
Porsuk Zeyve Höyük 67
PUGNUS-mili (Malizi Kralı) 83-5, 87, 88, 91

R

Rassam, Hormuzd 135, 174-5
Rassam obeliski 175-6
retorik söylem 51
Rowton, M.B. 96
Rusahinili Eiduru-kai 49, 214
Rusa, II. (Urartu Kralı) 22, 49, 156, 214

S

Sam'al (Zincirli) 96, 151, 154
Šamši Adad, V. 172
Šamši-Amad, I. 225
Sangarios Vadisi 74
Šapinuwa 237
Šarišša 237
Šarrat-Niphi 159, 166, 221-2, 247; Tapınağı 166, 222
Šarri-Kušuh 72, 73
Sauer, Carl O. 52
Sedir Dağı 132, 244
Seeher, Jurgen 73
Semper, Gottfried 208
seramikler 44, 60-1, 63, 64, 67, 99, 233
Sevdiliköy 93
Shafer, Ann 176
Sherratt, Andrew 238
Sherratt, Susan 238
sınır kalesi 30, 44
Sikāni 98, 99
Sinābu 117
Singer, Itamar 73, 75
Sivas 87, 89-90, 92
Siyah Obelisk 175-6
Smith, Adam 16, 49, 53, 54, 55, 141, 147, 205, 254

steller 9, 30, 32, 79-87, 90, 93, 97, 117, 127, 132-3, 137, 139, 142, 147, 156, 160, 174-7, 180-4, 222, 230, 240, 241
Strobel 81
Šubnat Nehri 108
Suhis, II. 183, 191-4
Suhis-Katuwas (hanedanlık) 179, 181-3, 186, 188, 200-1, 224
Suhu 46-7, 176
sulama 9, 23, 27, 30-1, 35-6, 43, 48-50, 53, 56, 108, 115, 119, 122, 129-31, 139, 159, 250; kanalları 31, 43, 53, 250
Šulmānu-ašarēd (Asur Kralı) 107, 113-4, 117, 121, 128, 133, 135, 156, 160, 162, 172-6, 201, 217, 220, 222
Šulmānu-ašarēd, I. 107, 113-4, 117, 121, 128
Šulmānu-ašarēdu, III. 180
Summers, David 206
Šuppiluliuma, I. 72, 118, 238
Šuppiluluima, II. 73, 76
Sümerce 216

Ş

Şalmaneser, I. 98, 113, 128
Şalmaneser, III. 9, 10, 62, 97, 135-8, 161, 164, 216, 217
Şarrukin, II. 21-2, 83, 130, 146, 151, 155, 172, 216
Şeyh Hamad 43, 44, 63

T

Tabal 11, 65, 74-5, 78, 85, 93, 152, 156, 251; Krallığı 74, 78
Ta'ban 44, 63
Ta'idu 113
Taita 70, 81, 84, 87, 89, 91-2
Talmi Tešub 73

Tarhuntašša 58, 67, 72-5, 77, 81, 93, 126
Tarhunzas (Fırtına Tanrısı) 97, 181, 183, 193-4, 197, 200, 241, 242, 246
tarım 27, 30, 56, 64, 94, 96, 110, 112, 118, 127, 129-30, 168; arazileri 112, 127
tarihsel peyzaj 52
taş anıtlar 17, 67, 132
taş işçiliği 22, 32, 66, 207-8, 219, 237
taş ocakları 31, 118, 133, 219, 250
Taylor, J.E. 133
Taylor, J.G 137
tekstil 66
Tel Açana (Alalah) 42, 100, 122, 189, 225, 232
Tel Afis 67
Tel Ahmar 66, 96-7, 179, 180-1, 212, 217
Tel 'Ain Dārā 9, 68-9, 240
Tel Balawat (İmgur Enlil) 9-10, 134-6, 176
Tel Bazı 63, 148
Tel Beydar 45, 63
Tel Chuera (Huwēra) 112
Tel el Amarna 26, 126
Tel el-Hava 46-7, 62, 64, 112
Tel es-Siveyhat 41, 63, 64
Tel Fahar 112
Tel Feheriye 95, 98-9, 114, 122
Tel Hadidi 41, 63
Tel Halaf 9, 67, 94-5, 98-9, 122, 150-1, 182, 197, 199
Tel Halaf/Gūzāna 95
Tel Hamis 63
Tel Hammam et Turkman 115
Tel Jurn Kabir 63
Tel Kadahiye 63
Tel Mardik 32
Tel Mardikh 10, 225-6, 228-9, 236

Tel Meskene 58, 153
Tel Munbaka 41, 58, 63
Tel Nebi Yunus Höyüğü 173
Tel Nimrūd (Nemrut) 127-8, 150
Tel Sabi Abyad 40, 112, 115, 150
Tel Šeh Hamad 114
Tel Ta'bān 114
Tel Ta'yinat 100, 122, 150, 182, 199
terk edilmiş araziler 26, 30, 35, 40-1, 63, 149, 151
terra nullius (boş topraklar) 50, 77, 252
Teššub 231, 238, 244
Teşrin 63
Tezcan, Burhan 152
Thomas, Julian 51, 52
ticaret limanları 27
Tīdu (Üçtepe) 117
Tiglat-pileser, I. 10, 137-8
Til Barsip 66, 96-7, 179-80, 212, 217-8
Tille Höyük 67
Tilmen Höyük 10-1, 32, 211, 225, 230-6, 239
tīlu 58, 149
Tohma Su 77-8, 85, 87-8, 92-3, 179
tören alayları 194-5, 199
Tucker 45-6, 60, 62, 134
Tudhaliya, IV. 72-3, 75, 239
Tukultī-apil-ešarra, I. 74, 82, 92, 95, 97, 115, 127-8, 131, 155, 165, 243-5, 247
Tukultī-Ninurta, I. 48, 98, 107, 112, 121, 122, 150-1, 155, 165, 171, 190, 218
Tukultī-Ninurta, II. 217, 220, 224
Tulul ul 'Aqar Höyüğü 122
Turnbull, David 207
Tušhan 112, 116-7, 177
Tušhu (Tušhan) 112

Tušpa 36, 49, 148

U

Ubaid Höyüğü 62
Ugarit 58, 237
Ulu Cami (Darende) 88, 90
Umm el-Marra 41, 63
Untaš-Napiriša 58
Urartu 22, 28-9, 36, 49, 57, 78, 82, 93, 116, 151, 156, 214
Urmiye Gölü 135
ušarri'unni (saray açılış şöleni) 159
Üçtepe 117

V

Vadi Ajij 43, 61, 64
vakayiname 28, 132, 177
Van Gölü 132, 214
von Oppenheim, Max Freiherr 98

W

Waššukanni 58
Wilkinson, Tony J. 37, 40-1, 45-6, 52, 53, 56, 58, 60-4, 110-1, 115, 125, 129-30, 151
Winter, Irene J. 244, 246
Woolley, C. Leornard 186

Y

Yahdun-Lim (Mari Kralı) 27, 225, 243
Yakar, Jak 92
Yalburt 75, 77
Yamhad 69, 225, 230-2, 238
Yarim-Līm (Alalah hükümdarı) 232
Yazılıkaya 149
Yukarı Dicle Havzası 31, 108, 113, 117, 119, 129, 139
Yukarı Zap Nehri 31, 74, 123, 127, 129-30, 156, 160
Yunan kolonileri 26
yüksek höyük 148, 233
yüzey araştırmaları 23, 29, 38, 39, 41-2, 51, 53-4, 59, 60, 64, 92, 110, 240
yukarı kent 174, 188, 195, 200, 239

Z

zagmukku 173
Zagros 56-7, 108, 129
Zincirli 10, 74, 95-6, 152, 154, 182, 186, 197, 199, 241
Živković, M. 250
Ziyafet Steli 10, 35, 49, 156-9, 166, 177-8, 215
Ziyaret Tepe 38, 112, 116
zorunlu iskân 61

www.ingramcontent.com/pod-product-compliance
Lightning Source LLC
Chambersburg PA
CBHW080523020526
44112CB00046B/2768